TRADITIO CHRISTIANA

Band I: Heinrich Karpp, Die Busse

TRADITIO CHRISTIANA

Texte und Kommentare zur patristischen Theologie

In Verbindung mit P. Barthel, F. Bolgiani, O. Cullmann, M. Geiger,
H. Karpp, A. Labhardt, H.-I. Marrou, J. Meyendorff, H.-Ch. Puech,
M. A. Schmidt, W. C. van Unnik, L. Vischer

herausgegeben von
André Benoit, John Gordon Davies, Willy Rordorf

Band I

Heinrich Karpp

Die Busse

Quellen zur Entstehung des altkirchlichen Busswesens

EVZ-VERLAG, ZÜRICH

Die Busse

Quellen
zur Entstehung des altkirchlichen
Busswesens

Herausgegeben und übersetzt
von
HEINRICH KARPP

EVZ-VERLAG, ZÜRICH

Gedruckt mit einer Beihilfe des Herrn Kultusministers
des Landes Nordrhein-Westfalen

© 1969
EVZ-Verlag, Zürich

Printed in Switzerland

Der Hohen Theologischen Fakultät
der
Philipps-Universität
zu Marburg an der Lahn

gewidmet

als Zeichen des Dankes für die ehrenhalber
verliehene Würde

eines Doktors der Theologie

Inhaltsverzeichnis

Einleitung

   I. Problematik und Entstehung des kirchlichen Busswesens . .   IX
  II. Entwicklung vom dritten Jahrhundert bis ins Mittelalter .   XX
 III. Anlage und Einrichtung dieser Quellensammlung   XXIX
Abkürzungen   XXXII
Literatur   XXXIII

Texte und Übersetzung

Neues Testament   2
Klemens von Rom, Brief I   18
Elkesai   24
Ignatius von Antiochien   28
Plinius der Jüngere   32
Aristides   34
Barnabas   34
Die Lehre der Apostel (Didache)   36
Polykarp von Smyrna   38
Hermas   40
Sog. Zweiter Klemensbrief   94
Justin der Märtyrer   100
Die Montanisten   102
Dionysius von Korinth   104
Brief der Gemeinden zu Vienne und Lyon   104
Celsus   108
Über den Gnostiker Markus   108
Irenäus   110
(Apokrypher) Dritter Korintherbrief   118
Symbolum Romanum   118
Über Natalius   120
Klemens von Alexandrien   122
Über Bischof Kallist von Rom   158
Tertullian   162
Hippolyt von Rom   224
Origenes   226
Cyprian   282

Register I–III

   I. Alphabetisches Verzeichnis der Quellenstücke   333
  II. Verzeichnis biblischer Zitate und Anspielungen   339
 III. Sachregister   347

Vorwort

Die Herausgeber der Reihe *Traditio Christiana* verfolgen das Ziel, alle wichtigen Texte aus den ersten christlichen Jahrhunderten zu jeweils einem zentralen theologischen Thema in Einzelbänden gesammelt und kommentiert darzubieten. Die Texte werden in ihrer Originalsprache wiedergegeben und von einer modernen Übersetzung begleitet. Die Reihe ist dementsprechend sowohl für den Spezialisten als auch für den gebildeten Laien bestimmt, d. h. einerseits soll sie als «Instrumentum studiorum» dienen, andererseits will sie aber auch dazu beitragen, Glauben und Denken der Kirchenväter in weiteren Kreisen bekanntzumachen.

Die Herausgeber hoffen, dass die Reihe auch zum ökumenischen Gespräch der Gegenwart eine Handreichung bieten kann, da sie Themen und Texte der allen Christen gemeinsamen Vergangenheit zum Gegenstand hat. Nicht zuletzt deswegen wird die Reihe in einer französischen und eventuell in einer englischen Parallelausgabe erscheinen. (Die Herausgabe der französischen Reihe wird vom Verlag Delachaux & Niestlé, Neuchâtel – Paris, besorgt.)

Es ist erfreulich, dass die Reihe mit einem Band zum zentralen Thema «Die Busse» eröffnet werden kann; er wurde dankenswerterweise bearbeitet von Herrn Prof. D. Dr. H. Karpp, Bonn. Weitere Bände sollen in regelmässigen Abständen folgen. Sie werden wohl im allgemeinen von geringerem Umfang sein als der erste, werden aber nach im wesentlichen gleichen Prinzipien wie dieser vorbereitet werden.

Der nunmehr vorliegende erste Band bietet Gelegenheit, die Bearbeitungs- und Gestaltungsprinzipien der Reihe einer praktischen Überprüfung zu unterziehen. Der Herausgeberkreis wird Erfahrungsberichte und Anregungen gern entgegennehmen, um sie den weiteren Bänden zugute kommen zu lassen.

Im Namen des Herausgebers dieses ersten Bandes sei hier noch denen gedankt, die besonders zu seinem Erscheinen beigetragen haben. An erster Stelle sind die zahlreichen jungen Helfer zu erwähnen, welche die Ausarbeitung des Manuskriptes mit Eifer und Verständnis gefördert haben. Die unverdrossene Mitarbeit der Setzer und Drucker angesichts grosser und zahlreicher Schwierigkeiten verdient nicht geringeren Dank. Besonders aber ist das Kultusministerium des Landes Nordrhein-Westfalen in Düsseldorf zu nennen, dessen finanzielle Hilfe dem Verlag erst die Drucklegung des Bandes ermöglicht hat.

Neuchâtel, im Juni 1969   Willy Rordorf

Einleitung

I

Problematik und Entstehung des kirchlichen Busswesens

Der Gedanke der Busse gehört sicher zu den wesentlichen Gütern des Christentums, und doch kann man ihn der Anfangszeit nur in einem ganz bestimmten Sinne zuschreiben. Im Mittelalter war das Busssakrament die Stelle der intensivsten Berührung jedes Gläubigen mit der Kirche und ihrem priesterlichen Amt, und der regelmässige Gebrauch dieses Sakramentes galt als ein Zeichen christlicher Frömmigkeit; aber diese Art Busse war der ältesten Kirche ganz und gar fremd. Es war ein weiter Weg von dem Bussruf, den die Überlieferung (Mark. 1, 15 Par.) Jesus zuschreibt, bis zu dem kirchlich geleiteten Busswesen, das Beichte, Gericht, Strafe und Vergebung zu einem ordnungsgemässen Bestandteil des Lebens der Christen machte. Gewiss begann die Sammlung der ersten Gemeinde mit der Botschaft: *Die Zeit ist erfüllt, und das Reich Gottes ist herbeigekommen. Tut Busse und glaubt an das Evangelium!* Aber dieser Ruf Jesu meinte die einmalige, über das ganze Leben entscheidende Abkehr des Menschen von seinem gottfernen und gottfeindlichen Leben und die Hinwendung zu der mit Jesus hereinbrechenden Gottesherrschaft. Die Mahnung *Kehrt um!* gehört zusammen mit der Einladung *Glaubet!*. Diese entscheidende Umkehr kann nicht als Stiftung und Einführung einer wiederholbaren kirchlichen Handlung verstanden werden, wie sie das spätere und heutige kirchliche Busssakrament darstellt. In Jesu eschatologischem Ruf zur Umkehr angesichts des nahe bevorstehenden Endes besagt also das Wort Busse *(metanoia)* etwas völlig anderes als in jenem späteren kirchlichen Sprachgebrauch, wo es sowohl die persönliche Reue wie auch das Sakrament und einen Rechtsakt mit bestimmten Riten und Leistungen bezeichnet. Von diesem ausgebauten kirchlichen Busswesen war nicht nur Jesus, sondern auch die älteste Christenheit recht weit entfernt, und die natürlich bestehenden geschichtlichen Zusammenhänge sind erst noch aufzusuchen und zu bestimmen. Denn auch die Alte Kirche rief zunächst allein zur einmaligen, entscheidenden Umkehr auf, und sie gewährte dem Reuigen die Vergebung seiner Sünden im einmaligen, unwiederholbaren Akt der Taufe, der zugleich die Aufnahme in die Gemeinde des neuen Äon bedeutete, der neuen, göttlichen Weltzeit, die jeder irdisch-geschichtlichen Zeit ein Ende setzt.

Die vorliegende Textsammlung soll es ermöglichen, bis zur Mitte des dritten Jahrhunderts den Weg mitzugehen, auf dem das kirchliche Busswesen entstanden ist. Es sind daher keine Texte aufgenommen, die ganz eindeutig nur von der „Bekehrungsbusse", jener ersten, zu der Taufe führenden Hinwendung zum christlichen Glauben, sprechen. Allenfalls beiläufig und zur Abrundung kommen solche Stellen in Betracht, an denen *metanoia* die persönliche Reue bezeichnet, in der der Gläubige für leichte Vergehen die Verzeihung Gottes oder seines gekränkten Nächsten sucht. Im Mittelpunkt stehen vielmehr alle die Zeugnisse, die erkennen lassen, ob und wie auch bei ernsteren Verfehlungen die Zugehörigkeit zur Gemeinde noch bestehen bleiben oder erneuert werden konnte und ob und wie eine Heilung, Wiedergutmachung oder Vergebung möglich war.

In der Tat ist die Möglichkeit der Christenbusse, d. h. der Busse eines Getauften, längere Zeit ein Hauptproblem oder teilweise sogar das Hauptproblem in der Geschichte der Busse gewesen; die Frage, wie sie zu vollziehen sei, tritt hinter der Grundfrage ihrer Möglichkeit durchaus zurück.

Es ist vielleicht nicht unnütz, sich das *Sachproblem* von Reue und Vergebung einmal aus dem allgemeinen menschlichen Miteinanderleben zu verdeutlichen. Verträgt es sich hier mit einem Gelöbnis, das man der Taufe vergleichen kann, z. B. dem Versprechen der Treue in Liebe und Ehe, dass seine Übertretung noch Verzeihung findet? Darf man sie erbitten und kann man sie gewähren, ohne das erste, grundlegende Versprechen zu entwerten? Sollte eine solche Verzeihung sogar mehrmals möglich sein? Kann wirklich die Reue dessen aufrichtig sein, der weiss, dass er noch öfter Verzeihung suchen und finden wird? Und kann andrerseits der ehrlich und vollständig verzeihen, der durch Verfehlungen des andern wiederholt enttäuscht wird? Wie lässt sich die Liebe, die ohne Einschränkung zum Verzeihen bereit ist, mit der Busse vereinigen, die nur aufrichtig ist, wenn sie das Böse ganz und ein für allemal abtut? Offenbar verträgt die Ganzheit der Liebe und Güte es nicht, dass man jemandem die erbetene Verzeihung deshalb verweigert, weil es nun zuviel des Unrechts wäre; andrerseits erlaubt die Busse keine Abschwächung ihres Ernstes durch die allgemeine Überlegung, sie müsse wohl durch weitere Verfehlungen noch öfter nötig werden. Es wird also vom Bereuenden erwartet, dass er jetzt in seiner Reue das Böse ohne Einschränkung verwirft. Aber das genügt noch nicht. Wenn ihm das Gewicht seiner Verschuldung ganz vor Augen steht, muss er ernstlich mit der

Möglichkeit rechnen, dass sein Nächster ihm die Verzeihung diesmal verweigert. Er kann ihn zwar an Gottes Gebot, Liebe zu üben, erinnern, aber einen Anspruch auf Verzeihung kann er nicht erheben. So bleibt die Verzeihung freie Tat des Verzeihenden. Trotzdem steht sie nicht in dessen Belieben. Die Treue und Liebe, deren Verletzung ihn kränkt und ihn hindert, die Gemeinschaft fortzusetzen, bindet ihn ja auch selber. Er kann sie nicht bejahen und schützen wollen, ohne sie zugleich uneingeschränkt als Verpflichtung für sich selbst anzuerkennen. Vor einem höheren Richter wäre die Verweigerung der Vergebung, wenn an der Aufrichtigkeit der Busse kein Zweifel besteht, eigene Verschuldung. Die Vergebung sieht also den Büssenden und den Vergebenden in verschiedener Haltung: Vom Vergebenden aus gesehen setzt die Vergebung keinen neuen Anfang, sondern sie bedeutet die Bewährung der einen, ganzen Liebe und Treue trotz der Gefährdung und über diese hinaus; der aufrichtig Bereuende aber erfährt eben diese Bewährung der Unendlichkeit völliger Gemeinschaft als unverdienten Neuanfang, genauer, als ein Wiederanknüpfung des zerrissenen Bandes.

Ganz ähnlich sind die Fragen, vor die sich bereits in der Frühzeit die Gläubigen angesichts ihrer Sünden gestellt sahen. Vor Gott kam allerdings eines nicht in Frage, was unter Menschen eine so grosse Rolle spielt: dass die Schuld des einen Partners zutiefst kaum ohne die Mitschuld des andern zustande kommt. Und auch die Tatsache, dass der Einzelne nicht bloss dem Einzelnen, sondern der Gemeinde als Ganzer gegenübersteht, schränkt die Entsprechung ein. Aber sonst spiegelt sich das Problem des mitmenschlichen Verzeihens in dem Bemühen der Kirche um die richtige Behandlung ihrer sündigen Glieder wider. Betrachten wir die einzelnen Momente.

Die Unbedingtheit der eigenen, grundlegenden Bindung in der Taufe, die zu lebenslänglicher Treue verpflichtete, wurde gesichert, indem man — von seltenen Ausnahmen in einigen Gruppen abgesehen — die Taufe als unwiederholbar behandelte. Dass allenfalls der Märtyrertod und später der Eintritt in den Mönchsstand als zweite Taufe gelten konnten, steht auf einem andern Blatt und ändert nichts daran, dass die Busse und Vergebung von Sünden nach der Taufe nicht als zweite Taufe gerechnet wurden. In den Quellen erkennt man trotzdem, dass die Stellung des Büssenden mit der des Katechumenen, also die Busse innerhalb der Kirche mit der Bekehrungsbusse vor dem Eintritt in die Gemeinde, in Parallele gesetzt wurde. Andrerseits bemühte man sich, die durch die Taufe frei geschenkte Vergebung von der in mühsamer Busse zu erringenden Vergebung zu unterscheiden; man nannte jene gern *aphesis,* diese dagegen *syngnome,* also eigentlich: Nachsicht. In der Ablehnung einer zweiten Taufe und in der Unterscheidung zwischen der Vergebung durch

Busse und der einen Taufgnade wurde die Einmaligkeit der von Jesus geforderten eschatologischen Bekehrungsbusse dauernd festgehalten. Aber es blieb dabei die wichtige Frage, ob man die Wirkung der Taufe auf die vor ihr begangenen Sünden einschränken (vgl. z. B. Text Nr. 120) oder die göttliche Gnade als ein unteilbares Ganzes verstehen wollte.

Obwohl die Alte Kirche mit der Abnahme der eschatologischen Naherwartung mehr und mehr feste Institutionen ausbaute und ausbauen musste, verlor sie nicht so rasch das Bewusstsein, dass Vergebung den Charakter des Ereignisses hat, weil sie der Freiheit des Vergebenden entspringt. Man bekundete es durch den Satz, Gott allein könne schwere Sünden nach der Taufe vergeben. Der Ausgleich dieses Bekenntnisses mit der kirchlichen Binde- und Lösegewalt gehört zu den Problemen, die in unsrer Textsammlung zu beobachten und zu studieren sind. An dieser Frage schieden sich bald die Geister in heftigen Kämpfen; Tertullian gestattet einen guten Einblick in diese wichtige Auseinandersetzung. Eine ganz sachgemässe Frage war dabei die, ob man im konkreten Fall die Freiheit Gottes dadurch bezeugen müsse, dass man den Sünder zwar zur Busse aufforderte und ihn darin unterstützte, aber seine Wiederaufnahme in die Kirche unterliess und ihn allein auf die Gnade Gottes in seinem Gericht verwies, die über die Vollmacht der irdischen Kirche hinausgehen kann. Während man im allgemeinen annahm, die Wiederherstellung der kirchlichen Gemeinschaft sei die wirksame Voraussetzung oder sogar der (sakramentale) Vollzug der göttlichen Vergebung, ging der montanistische Radikalismus in gewissen schweren Fällen von dieser Annahme ab. Damit unterstrich er die Freiheit in Gottes Güte und Treue, aber auch die Gesetzlichkeit im Handeln der Kirche. Obwohl der Streit unmittelbar um die Vergebungsvollmacht der Kirche ging, berührte er doch zugleich die Frage nach dem Wesen Gottes, in dem Heiligkeit und Gerechtigkeit mit unbedingter Güte zusammenzudenken sind.

Der Ernst des Taufgelöbnisses und der Verwerfung der Sünde führte auch zu dem Bemühen, die Vorbedingungen für das göttliche Verzeihen, sei es unmittelbar, sei es durch die Kirche, so rein und vollkommen wie möglich sicherzustellen. Dass man echte Reue verlangte und damit den uneingeschränkten Bruch mit der Sünde, versteht sich. Schwierig war nur die praktische Durchführung. Man stand vor der Frage, wie man erkennen könne, ob die Reue wirklich echt sei. So kam man dazu, nach äusseren Zeichen der Reue zu fragen, und fand sie in sichtbaren Akten der Demütigung, des Büssens und der Genugtuung. Die Frage, ob und wie die Sünde auszusprechen sei und vor wem, hing damit engstens zusammen. Vor allem aber ist seit Hermas deutlich zu erkennen, dass man die Wiederholbarkeit der kirchlichen Busse weithin ausschloss; in den ernstesten Fällen traute man es niemandem zu, dass bei einer weiteren Wiederholung die Reue noch echt und deshalb zur Vergebung ausreichend sein könne.

Auch die menschliche Erfahrung des Neuanfangs kehrt im kirchlichen Verhalten wieder. Sie kann freilich zwischen dem einzelnen Schuldigen und der Kirche, die sich als reine Braut Christi versteht, schwerer zustande kommen als zwischen Einzelnen, die sich beide als unvollkommene Menschen wissen. So nimmt es nicht wunder, wenn die Kirche bei der Wiederaufnahme von Büssern vielfach gewisse Beschränkungen vornahm. Es wird darauf zu achten sein, wann und wie diese auftraten; anfangs fehlen sie.

So viel über das Sachproblem der Busse nach dem Empfang der völligen Vergebung aller begangenen Sünden in der Taufe.

Ein anderes ist das *geschichtliche Problem*. Es liegt in der Frage, wie und wann sich eine gewisse einhellige Meinung über die Christenbusse herausbildete. Unbedingt nötig ist es, sowohl hinsichtlich der *Möglichkeit* wie des *Vollzugs* der Busse mit örtlicher und zeitlicher Mannigfaltigkeit der Meinungen zu rechnen, bis sich im dritten Jahrhundert bei den letzten Schriftstellern unserer Textsammlung eine ziemlich einheitliche Anschauung von der einmaligen öffentlichen Kirchenbusse bei schweren Sünden, der sogenannten *paenitentia secunda,* herausbildete.

Die etwa aus den Jahren 51 bis 64 stammenden Briefe des Paulus sind unsre ältesten Quellen. In Erwartung der nahen Wiederkunft Christi hatte der Apostel keine Ursache, sich mit Fragen der Gemeindezucht und der Busse grundsätzlich und eingehend zu befassen. Aber die praktischen Fälle, die in seinen Briefen bruchstückhaft erkennbar werden, lehren, dass er die Möglichkeit einer solchen Busse und Vergebung mit erneuter voller Zugehörigkeit zur Gemeinde nicht grundsätzlich bestritten hat. Freilich findet sich der Grenzfall (Nr. 6), dass ein Unbussfertiger ausgeschlossen wird „zum Verderben des Fleisches"; aber die Errettung seines Geistes soll dadurch nicht ausgeschlossen, vielmehr gerade sichergestellt werden. Unklar bleibt, ob die Gemeinde den Betroffenen im Falle einer durch die leibliche Schädigung bewirkten echten Reue wiederaufnehmen sollte oder nicht. Wahrscheinlich rechnete Paulus nicht damit. Dann ergibt sich, dass er auch ohne vorhergehende Wiederaufnahme in die Gemeinde, die Rekonziliation, Gottes jenseitige Vergebung für möglich hielt. Das heisst aber, Paulus verfuhr nicht nach dem Worte Jesu von der Schlüsselgewalt (Nr. 1 und 2), sondern meinte einen mittleren, keinesfalls sakramentalen Weg zwischen dem dort den Aposteln übertragenen endgültigen Binden und ihrem Lösen; denn die Bindung, die Paulus zusammen mit der Gemeinde auf Erden vollzieht, soll gerade nicht vor Gott bestehen bleiben, sondern vielmehr die göttliche Lösung von der Schuld erwirken. Für die Behandlung schwerer

Fälle von Sünde ist also neben der paulinischen eine abweichende Tradition der Evangelien anzunehmen. Doch auch diese ist nicht in sich einheitlich. Einmal ist zu fragen, ob das Binden und Lösen des Matthäusevangeliums dasselbe meint wie das Vergeben und Behalten in Johannes 20, 23 (Nr. 5) oder ob es dieses zwar einschliesst, aber noch darüber hinausreicht (vgl. z. B. Nr. 138). Ferner gehen die Aussagen über den Träger der Bussvollmacht auseinander. Neben der Ausstattung des Petrus mit der Schlüsselgewalt (Nr. 1) steht die Bevollmächtigung der zwölf Apostel zum Binden und Lösen (Nr. 2). Wie aber verhält es sich mit der Beteiligung der Gemeinde und der Autorität des Geistes, die uns bei Paulus entgegentraten?

Damit stehen wir vor wichtigen Fragen, auf die unsere Texte nicht einheitlich antworten. Ein besonders schwieriges Problem kommt noch hinzu. Einige Belege aus der nachapostolischen Zeit scheinen überhaupt die Möglichkeit der Vergebung zu verneinen. Daran lässt vor allem der Hebräerbrief denken (Nr. 17—19); aber auch der Verzicht auf Fürbitte, den der 1. Johannesbrief bei Sünden zum Tode empfiehlt (Nr. 24), gehört hierhin. Ist diese Unmöglichkeit subjektiv zu verstehen, d. h. als Urteil der Erfahrung, dass ein Ehebrecher oder Glaubensverleugner kaum die Vergebung und Wiederaufnahme in die Kirche begehrte? Dann bliebe es grundsätzlich möglich, ihn im seltenen Fall einer Umkehr wiederaufzunehmen. Diese Möglichkeit wäre dagegen verschlossen, wenn man die Unvergebbarkeit objektiv verstand als in der Schwere gewisser Sünden selber begründet. Dann durfte die Kirche keine Ausnahme machen. Das verlangt z. B. Tertullian als Montanist (Nr. 138). Zu solchen Fragen nötigte auch das Wort Jesu von der Sünde wider den Heiligen Geist (Nr. 3). Lässt sie sich inhaltlich bestimmen oder liegt sie bei jeder bewusst begangenen, vorsätzlichen schwereren Verfehlung vor? Oder besteht sie in der Verstockung, die trotz besserer Einsicht nicht bereuen will, und endet mit ihr? Oder begeht sie nur der, der die Voraussetzung des Christseins überhaupt, also den Glauben an Christus und die Taufe, zurücknimmt? Die Texte zeigen, dass manche um das Jahr 200 zu einem Sündenkatalog zu kommen suchten und insbesondere die Gruppe der drei Sünden Unzucht (und Ehebruch), Mord und Abfall vom Glauben, die sogenannten Triassünden, von der allgemeinen kirchlichen Busse ausgenommen wissen wollten. Die Vermeidung derartiger Sünden hatte das Apostelkonzil (Apg. 15) als Mindestforderung beschlossen; das Aposteldekret konnte daher leicht als apostolische Entscheidung auch für das Busswesen aufgefasst werden. Man kommt schwerlich daran vorbei, mit verschiedener Beurteilung der Bussmöglichkeit in den einzelnen Gemeinden oder Sprengeln zu rechnen. Aus dem Fehlen klarer grundsätzlicher Entscheidungen der apostolischen Zeit, für die das Problem noch wenig Gewicht hatte, und aus dem Aufeinandertreffen verschiedener inzwischen aufgekommener, zum Teil rigoroser Lösungsversuche kam es dahin, dass selbst noch bei Origenes in der Mitte des dritten Jahrhunderts eine Unsicherheit der Gemeinden über die Möglichkeit der Kirchenbusse und über ihre Wirkung zu erkennen ist.

Nicht minder wichtig erwies sich die weitere Frage, ob bei schweren Verfehlungen mehr an die Gefährdung des Sünders oder an die der Gemeinde zu denken sei. Beide waren geheiligt und zur Reinheit verpflichtet. Die Texte zeigen auch in dieser Frage keineswegs eine einhellige Meinung, und schon in den Briefen des Paulus spürt man das Bestreben, beide Gesichtspunkte in ein Gleichgewicht miteinander zu bringen (Nr. 6). Im ganzen überwiegt in der Frühzeit aber der Gedanke an die Reinhaltung der Gemeinde der Heiligen.

Dieser Gesichtspunkt verlangte den Ausschluss nicht nur der Sünde, sondern auch des Sünders. Aber was sollte ein solcher Ausschluss bedeuten? Sollte er eine Zuchtmassnahme sein, die man bei ehrlicher Reue und ihrer Bewährung in sichtbaren Bussakten wieder aufheben konnte, weil ihr Zweck erreicht war? Oder musste die Abtrennung des kranken oder gar abgestorbenen Gliedes vom Leibe Christi unwiderruflich sein? War der Ausschluss vielleicht bei sofortiger Reue ganz entbehrlich? Es liegt auf der Hand, dass diese Frage nach dem Sinn und Vollzug der Exkommunikation nur eine andere Form der beherrschenden Frage ist, ob es auch für den getauften Christen die Möglichkeit gibt, für schwere Verfehlung in der Kirche Busse zu tun bis zur Wiederaufnahme. Da eine verbindliche Weisung aus apostolischer Zeit fehlt — 1. Kor. 5 ist keine solche —, bleibt es in den Texten noch lange Zeit undeutlich, in welcher Absicht und in welcher Weise der Ausschluss von Sündern gehandhabt wurde. Wenn man sich mit dem Ausschluss von der Eucharistiefeier begnügte, so blieb die weitere Bindung an die Gemeinde noch deutlich und stark genug, um die Exkommunikation als eine vorübergehende Zuchtmassnahme verständlich zu machen, mit der die Gemeinde sich schützen und zugleich den Büsser mit Fürbitte und Mahnung unterstützen konnte. Es war aber auch ein völliges Meiden des Betreffenden denkbar, ein Boykott, und es war ebenfalls denkbar, ihn durch Mahnung zum freiwilligen Verzicht auf die Kommunion oder auch auf die sonstige kirchliche Gemeinschaft zu bewegen.

Während des Ausschlusses und erst recht während der Dauer des kirchlichen Bussverfahrens, das sich allmählich entwickelte, erwartete man von dem Büsser bestimmte Handlungen. Welchen Sinn hatten sie? Dienten sie lediglich als Erweis echter, demütiger Reue, oder hatten sie vielleicht sühnende Kraft? In der Tat ist ihre satisfaktorische Wirkung in der Alten Kirche wichtig. Hat die Kirche damit die bedingungslose

Vergebung, die die Evangelien von Christus berichteten, eingeschränkt oder gar preisgegeben? Man wird auch diese Frage nicht unterlassen dürfen, wenn man die Quellen liest. Denn Busse als eine Reihe freiwilliger oder kirchlich angeordneter körperlicher Übungen, die Gott gnädig stimmen und die Schuld sühnen sollen, kennt das Neue Testament nicht. Wenn es in diesem Zusammenhang von Fasten und Almosengeben sprach, so folgte es hierin dem Alten Testament. Eben dieses übte zusammen mit dem Judentum bei der Ausbildung der altkirchlichen Busspraxis einen kräftigen Einfluss aus. Ob und wieweit daneben auch heidnische, zum Teil ähnliche Bräuche mit eingewirkt haben, erfordert im Einzelfall genaue Beobachtung und Erwägung. Aus der Literatur sei die These von A. E. Wilhelm-Hooijberg zitiert (S. 106): ‚The character of penitential exercise in Tertullian's „de paenitentia" is perhaps a fusion of Old Testament and Roman pagan elements.' Aber diese Formulierung geht zu weit.

Unsere Texte lassen das Wachstum fester Formen und eines festeren Sprachgebrauchs, in dem *metanoia* weniger die Reue als die Bussleistung bezeichnet, nicht gleichmässig, aber doch deutlich erkennen. Es vollzog sich, wie zu erwarten, in engem Zusammenhang mit dem Verständnis der Kirche und ihres Amtes. Hinter dem Amt trat einerseits die Beteiligung der Gesamtgemeinde, andererseits die einzelner Charismatiker an Bedeutung zurück. Das geschah nicht kampflos; namentlich die Märtyrer spielten bei der Rückführung der Sünder lange eine helfende oder zuweilen sogar die entscheidende Rolle, wie vor allem die Schriften Tertullians und Cyprians erkennen lassen. Aber das Ergebnis ist, dass die Leitung des kirchlichen Busswesens ganz in die Hand des Bischofs gelangte; die Ausbildung des monarchischen Episkopats und die der öffentlichen Kirchenbusse förderten sich gegenseitig. Auch im kirchlichen Amtsträger selber erhielten sich gewisse Vollmachten charismatischer Art; darauf ist vor allem bei den kirchlichen Gnostikern Klemens und Origenes zu achten, die freilich manche persönliche Sondermeinung vorbrachten. Origenes fragt auch schon nach den Grenzen des kirchlichen Urteils im Vergleich mit dem göttlichen.

Mit der Ausbildung des Kirchenwesens hängt dann weiter der sakramentale Charakter der Busse zusammen. Dass Jesus selber das Busssakrament eingesetzt habe, wird man als Historiker nicht sagen; aber dass die Grosskirche sich gegen bestehende Zweifel und mancherlei Formen des Rigorismus für die Möglichkeit der Christenbusse entschied und mit der sakramentalen Ausgestaltung dem Einzelnen ihre Wirksamkeit vor Gott verbürgte, muss man als richtiges Verständnis ihres Auftrags bewerten. Denn Jesus hatte seine Jünger gelehrt, dass sie Gottes Verzeihung nicht für sich selber empfangen und zugleich andern verweigern könnten und selber vergeben sollten, wie Gott vergibt — ohne Grenze und ohne eine andere Bedingung als die Reue. Diese Botschaft hat sich gegen alle Zweifel im kirchlichen Busswesen durchgesetzt [1].

Freilich wurde die Vergebung eingeengt durch die Auflage harter, demütigender Bussleistungen. Um die Härte des altkirchlichen Busswesens zu verstehen, muss man sich vor Augen halten, dass schwere Sünden wie Mord, Ehebruch und Glaubensverleugnung in den kleinen Gemeinden des ersten und zweiten Jahrhunderts nicht häufig gewesen sein können. Falls es damals überhaupt einen Mörder unter den Christen gegeben hat, wird er kaum versucht oder auch nur gewünscht haben, wieder Aufnahme in die Gemeinde zu finden. Eher war dieser Wunsch bei einem geschlechtlichen Fehltritt zu erwarten, und so überrascht es nicht zu sehen, dass an der Schwelle zum dritten Jahrhundert gerade solche Fälle die Kirche sehr ernst beschäftigten. Erst die grossen, allgemeinen Verfolgungen in der Mitte dieses Jahrhunderts erforderten auch eine Entscheidung über Glieder, die ihren Glauben verleugnet hatten und ihn doch nicht aufgeben wollten. Echter, aber vorübergehend erschütterter Glaube an Christus und die Furcht vor ewiger Strafe liessen viele Abgefallene nicht zur Ruhe kommen, bevor die Kirche ihnen wieder den Frieden gewährte, der das Unterpfand des Friedens mit Gott war. In dieser Lage lernten es die Träger des kirchlichen Amtes erst recht, mit seelsorgerlicher Weisheit und geistlichem Urteil die Fälle nach Schwere und Art zu unterscheiden und die Formel „Sünde gleich Sünde" als Missverständnis zu verwerfen; aber gerade wegen der grossen Zahl der Fälle konnten sie die Vergebung nicht zusprechen, wenn der Umkehrende nicht die Echtheit seiner Reue und Erneuerung in einem kirchlich geleiteten Bussverfahren sichtbar machte. Solange man es mit wenigen Ausnahmen zu tun gehabt hatte, war es leicht gewesen, auf die private Reue und Bussübung hin die Vergebung auszusprechen; jetzt dehnte man den Einfluss des Amtes und der kirchlichen synodalen Entscheidungen weiter aus.

Schliesslich darf man auch nicht übersehen, dass die Last der Busse, irdisch gesehen, nur Freiwilligen auferlegt wurde. Jeder konnte sich ihr ohne bürgerlichen Schaden entziehen. Denn solange die Kirche eine vom Staat bestenfalls einstweilen geduldete, aber nicht rechtlich anerkannte Gemeinschaft war, konnte sie niemanden zur Kirchenbusse zwingen; jeder derartige Versuch wäre daran gescheitert, dass der Betroffene sich durch eine Anzeige bei den weltlichen Behörden der drohenden kirch-

---

[1] Vor einer Überschätzung der „evangelischen" Reaktion gegen unbarmherzige Gesetzlichkeit in der Bussfrage warnte Harnack allerdings mit Recht (Lehrbuch der Dogmengeschichte 1⁵, S. 444, Anm. 1).

lichen Strafe hätte entziehen können. Man mag sich diese Lage verdeutlichen an dem, was Augustin am Ende des vierten Jahrhunderts über die Manichäer sagt: Weil sie eine verbotene Vereinigung waren, konnten sie aus Angst vor Verrat nicht einmal ihre Erwählten bei sittlichem Versagen zur Busse und Besserung zwingen (De moribus ecclesiae cath. et de moribus Manichaeorum 2, 19, 68). So nimmt es nicht wunder, die kirchlichen Schriftsteller schon seit dem beginnenden dritten Jahrhundert darüber klagen zu hören, dass sich viele der Beschämung durch die öffentliche Busse entzogen. Der Appell an die mittragende und verstehende Brüderlichkeit reichte nicht aus, um die freiwillige Busszucht in der Kirche wirklich allgemein durchzuführen. An eine Konkurrenz kirchlicher und weltlicher Strafen war vollends nicht zu denken.

Bei Tertullian sieht man die äusseren Formen eines kirchlichen öffentlichen Busswesens ziemlich ausgebildet vor sich. Aber noch immer bestehen viele Abweichungen und Schwankungen, auch der Sprachgebrauch ist zu dieser Zeit noch keineswegs ganz fest. Von dem Bemühen, Vergebung und Nachsicht zu unterscheiden, war schon die Rede. Zu beachten ist weiter, dass die Worte *metanoia* und *paenitentia* jetzt seltener die Busse meinen, die aus Schuldgefühl bereut und das Geschehene verurteilt, sondern sehr häufig den engeren Sinn der zu ihrem Ziel kommenden, also von Gott angenommenen Busse haben (vgl. schon z. B. Hebr. 12, 17 = Nr. 19). D. h. es ist nicht bloss menschliche ziellose Reue gemeint, sondern eine wahrhaft kirchliche Busse, die im festen Zusammenhang mit der Botschaft und dem Amt der Versöhnung steht. Weil schwere Fälle nicht schon durch die Bitte zu Gott vergeben werden, sondern das Urteil und die Hilfe der Gemeinde (oder ihrer Amtsträger oder beider) erfordern, ist hier das Geständnis oder Sündenbekenntnis unerlässlich. So kann *exomologesis,* das Sündenbekenntnis, die Bezeichnung für die Busse überhaupt werden.

Im einzelnen ist dann weiter zu fragen, wann und vor wem die Sünde gebeichtet wird. Es ist keineswegs sicher, nicht einmal wahrscheinlich, dass man die schweren Sünden mitsamt den Begleitumständen vor der ganzen Gemeinde zu bekennen hatte; namentlich Origenes lehrt vielmehr, dass ein solches Geständnis vor einem Einzelnen erfolgte und dass es erst dann, wenn dieser Seelsorger es für nötig hielt, das öffentliche Bussverfahren in Gang brachte. Wie weit die Vollmacht dieses Seelsorgers reichte und ob er immer ein Bischof oder dessen Beauftragter sein musste, ist nicht leicht zu sagen. Er konnte jedenfalls nicht darauf verzichten, die subjektiven und die objektiven Umstände sorgfältig abzuwägen; die persönlichen Beweggründe mussten ebenso berücksichtigt werden wie die Schwere der Tat. Dann aber musste auch die Strafe, wenn eine solche nun einmal verhängt wurde, abgestuft werden. Daher zeigt sich in dieser Zeit das Bestreben, die „volle" und „angemessene" Busse zu fordern und ihre Leistung zu überwachen.

Wichtig ist, dass man die *paenitentia secunda* grundsätzlich nur einmal für den Christen bereithielt. Um diese Einschränkung zu verstehen, muss man sich der Bedeutung erinnern, die die eschatologische Naherwartung für die Entwicklung des Busswesens besass. Ursprünglich hatte sie das Problem der Sünde innerhalb der christlichen Gemeinde im Hintergrund gehalten; angesichts des baldigen Endes war es ja auch leichter, ernsten Versuchungen zu widerstehen. Bei dem „Apokalyptiker" Hermas dagegen forderte die Erwartung des baldigen Endes gerade zur Busse heraus, damit die Gemeinde wirklich dem kommenden Herrn in Heiligkeit begegne, und zugleich war sie neben den psychologisch-seelsorgerlichen Erwägungen der Hauptgrund, die Busse zu befristen. Dabei ist in seinen Ausführungen nicht überall klar, was noch apokalyptische Erwartung ist und was ein in der Gemeinde tatsächlich geübtes Verfahren widerspiegelt. Das Ausbleiben des Endes aber stellte die Kirche vor die Frage, was aus dieser Befristung und damit aus der Einmaligkeit der kirchlichen Busse werden sollte. In dieser Lage hätte man die These der Unwiederholbarkeit der Christenbusse überprüfen und aufgeben können. Aber die Kirche hat es nicht getan. Wie sie sich half, sieht man bei Klemens von Alexandrien. Die Grenze bleibt, aber statt im Weltende liegt sie nunmehr im Tod des Einzelnen. Einmal im Leben ist die Kirchenbusse als die grosse, mühselige Ausnahme in einem sonst geheiligten Leben jedem Christen bei schwerer Sünde möglich, selbst bei Verleugnung des Glaubens; wer sie abgeleistet hat, den lässt der Bischof wieder zur vollen kirchlichen Gemeinschaft zu und versichert ihn damit der göttlichen Vergebung.

Die einmalige öffentliche Kirchenbusse ist um die Mitte des dritten Jahrhunderts das ziemlich allgemein anerkannte Ergebnis der Entwicklung des Busswesens. Das Wachstum der Gemeinden und der Druck der Verfolgung haben zu seiner Ausprägung entscheidend beigetragen. Der öffentliche Vollzug beweist zweierlei: einerseits, dass das kirchliche Amt die Gemeinde weitgehend aus ihrer Mitwirkung verdrängt, andererseits, dass die Reinhaltung der Gemeinde den Vorrang hat vor der seelsorgerlichen Hilfe am einzelnen Sünder, obwohl deren Bedeutung zunimmt. Wären die Trennung des Sünders von seiner Sünde und seine Versöhnung mit Gott das Hauptziel, dann brauchte die Busse keine öffentliche zu sein. Nur mittelbar zielt, so kann man sagen, dass Bussinstitut auf Seelsorge, nämlich sofern es den Ausschluss als Bestandteil dem Wiederaufnahmeverfahren einordnet. Unvergebene Sünde scheidet vom Leibe des Herrn und der heiligen Kirche, aber Vergebung ist möglich. Um sie jedoch nicht zu verschleudern, sucht die Kirche durch den Ausschluss entweder den

Schuldigen erst zu Reue und Schuldbekenntnis überhaupt willig zu machen oder, wenn er schon willig ist, ihn diesen Willen bewähren zu lassen. Die Gemeinde prüft aber in der Person des Priesters oder Bischofs nicht nur, ob der Büsser sich der göttlichen Vergebung und der Wiederaufnahme in die Kirche durch seine Bussübungen genügend würdig gemacht hat, sondern sie hilft ihm auch dabei durch Fürbitte, Mitbeten und Mitfasten. Gefährlich wird an diesem Busswesen, dass die Bussleistungen nicht nur als Voraussetzung für die Bildung des kirchlichen Urteils und die Gemeindezucht, sondern auch als Bedingung für die Gnade Gottes und den Erlass der jenseitigen Strafen gelten können.

In dieser verengerten Weise hat die Kirche aber Gottes Freude über den Sünder, der Busse tut, mit Entschiedenheit gegen alle Rigoristen gelehrt und in der Rekonziliation bekundet.

II

Entwicklung vom dritten Jahrhundert bis ins Mittelalter

Bis hierhin hat sich die Einleitung mit dem Zeitraum befasst, aus dem die vorgelegten Texte dieses Bandes stammen. Deshalb genügte es, auf die sachlichen und geschichtlichen Probleme hinzuweisen, die beim Studium der Quellen beachtet sein wollen, und in ihr Verständnis einzuführen. Dagegen war es nicht angebracht, durch den Versuch einer zusammenhängenden Darstellung das Ergebnis der Quellenlektüre vorwegzunehmen oder dem Leser sozusagen vorzuschreiben. Der zweite Teil dieser Einleitung aber erfordert ein anderes Vorgehen. Er führt nicht mehr in bereitgestellte und erläuterte Texte ein, sondern ist der *übrigen Zeit* des kirchlichen Altertums bis etwa zum Ausgang des sechsten Jahrhunderts gewidmet und leitet dann ins Mittelalter über. Zwar muss auch der zweite Teil wie der erste die Probleme aufzeigen, die dem kirchlichen Busswesen jeweils gestellt sind; aber in Verbindung mit diesen Problemen ist auch der *Ablauf* der geschichtlichen Veränderungen in den Hauptlinien nachzuzeichnen, damit schliesslich das gesamte altkirchliche Busswesen in seinem Werden und Wesen sichtbar wird.

Wie die abschliessenden Texte des Origenes und Cyprian zeigen, hat in der Mitte des dritten Jahrhunderts sowohl im Osten wie im Westen die Christenbusse als eine einmalige und öffentliche in der *Ecclesia catholica* ihren festen Platz und ihre einigermassen feste Form gefunden. Das heisst aber nicht, dass ihre Rechtmässigkeit von allen anerkannt und ihre

Gestalt schon völlig ausgebildet gewesen wäre. Innerhalb der Kirche selber stehen sich streng und milde denkende Gläubige gegenüber, und die Vorwürfe der Hartherzigkeit oder der Leichtfertigkeit verstummen noch nicht. Wie Cyprian an dem grossen Entgegenkommen der Bekenner und Märtyrer Anstoss nahm, tat es in Alexandrien sein Kollege und Zeitgenosse Dionysius, nur milder und weniger um seine bischöfliche Autorität besorgt (Brief an Fabian, ed. Feltoe, 1904, S. 18 s. = Euseb., Hist. eccl. VI, 42, 5 s.). Auch in anderen Einzelfragen war man darauf bedacht, nicht lax zu werden. Man war sich z. B. nicht darüber einig, ob jemand, der in Todesgefahr die Vergebung empfangen hatte, im Falle der Genesung fehlende Bussleistungen nachholen müsse. Der genannte Dionysius wandte dagegen mit Recht ein: „Sollten wir die Entscheidungen unsres Urteilsspruches Gott zur Beachtung vorlegen, sie aber selber nicht einhalten? Sollten wir die Güte des Herrn verkündigen, unsre eigene aber vorenthalten?" (Brief an Konon, ed. Feltoe, S. 61.) Er gibt dann den verständigen Rat, nötigenfalls den Betreffenden zu freiwilliger Busse zu ermahnen, die ihm und der übrigen Gemeinde nützlich sei. Doch wie unsicher Dionysius dabei ist, ob letztlich die Vergebung und Wiederaufnahme durch die Gemeinde entscheidend ist oder die satisfaktorische Leistung des Sünders — wobei seine aufrichtige Reue immer vorausgesetzt ist —, das zeigt die merkwürdige Fortsetzung seines Briefes: „Wenn er (sc. der Sünder) gehorcht, ist es sein eigener Vorteil; wenn er nicht gehorcht und widerspricht, dann wird dies ein ausreichender Grund für eine zweite Exkommunikation sein!" (Vgl. Poschmann, Paenitentia secunda S. 472 s.)

Die Kirche war um so mehr darauf bedacht, ihre Milde nicht missbrauchen zu lassen, als sich auch nach den Montanisten noch andere Rigoristen fanden, die ihren Widerstand gegen die vorherrschende Busspraxis in eignen Gemeinschaften organisierten. Die Anhänger des römischen Presbyters und Gegenbischofs Novatian sammelten seit der Decischen Verfolgung (249—251) alle die, welche die Sünde der Verleugnung und überhaupt die Todsünden für unvergebbar erklärten und die persönliche Heiligkeit der Glieder (im Sinne der Freiheit von Todsünden) zur Voraussetzung für die Anerkennung ihrer Gemeinschaft als Kirche machten. Während sie die lebhafte weitere Entwicklung der kirchlichen Glaubenslehre billigten, hielten sie ihr Schisma bis ins fünfte Jahrhundert hinein aufrecht, vor allem im Osten.

Bis ins vierte Jahrhundert hinein haben hier und da auch katholische Gemeinden Todsündern die Aufnahme verweigert (vgl. z. B. Papst Innozenz I., Ep. 6, 2, 6; Migne, Patrol. Lat. 20, 498). Aber dazu veranlasste wohl mehr die Sorge um die Kirchenzucht als der Zweifel an der kirchlichen Vollmacht, auch schwere Sünden zu vergeben. Schon auf dem ersten ökumenischen Konzil im Jahre 325 lehnte man den Standpunkt der Novatianer ab; auch auf Mörder wurde in dieser Zeit die kirchliche Bussmöglichkeit ausgedehnt.

Inzwischen hatte man begonnen, den Ausschluss und die Wiederzulassung in verschiedener Weise abzustufen. Frühe Ansätze finden sich dazu beispielsweise in der Didascalia apostolorum, einer Predigtsammlung über die Ordnung des kirchlichen Lebens, die wahrscheinlich noch vor der Mitte des dritten Jahrhunderts in Syrien entstanden ist. (Die geeigneten Stellen gehörten also zeitlich gesehen in unsre Quellensammlung; aber auf sie wurde schliesslich wieder verzichtet, teils aus Raumgründen, teils weil der Text nur auf syrisch vollständig erhalten ist. Es sei auf die Angaben im Literaturverzeichnis verwiesen.) Vielleicht hat die Didaskalie in ihrer ursprünglichen Gestalt eine strengere Auffassung enthalten. So, wie sie überliefert ist, lehrt sie folgendes. Man forderte zwar in vielen Fällen den Ausschluss des Sünders, gestattete aber dafür die Busse mehr als einmal. Falls sich der Betreffende ihr schon freiwillig unterzogen hatte, beschränkte man sich auf eine rein liturgische Exkommunikation und Busse von wenigen Wochen und schritt dann zur Aufnahme. Diese verleiht dem Büsser aufs neue den Heiligen Geist, den er in der Taufe empfangen, aber durch die Todsünde verloren hatte. Mit anderen Zeugnissen weist die Didaskalie auf einen wichtigen neuen Schritt in der Geschichte des altkirchlichen Busswesens voraus: die Ausbildung fest abgegrenzter Bussstufen.

Auf deren Entstehung und Ausbildung hat neuerdings Joseph Grotz durch eine umfassende Untersuchung wieder die Aufmerksamkeit gelenkt (siehe das Literaturverzeichnis). Aber trotz gewisser älterer Ansätze wird man sich das Bussstufensystem nicht so früh und so allgemein verbreitet denken dürfen, wie er es möchte. Die Grenzen zwischen Bussübungen ausserhalb und solchen innerhalb der Kirche sind bei Cyprian noch recht unbestimmt, ebenso fehlen bei ihm feste Vorschriften über ihre Dauer. Beide Lücken füllte man im Osten durch eine klare Regelung aus, wobei die Zahl der Stufen allerdings schwanken konnte. Wahrscheinlich darf man schon (mit Grotz) bei dem Kleinasiaten Gregorius Thaumaturgus († um 270) alle vier Bussstufen erkennen, die sonst erst im nächsten Jahrhundert bezeugt sind, und zwar nur in einigen Gebieten des Ostens. Diese Bussordnung zeigt besonders deutlich, wie sehr man bemüht war, die Strafe jeweils dem Vergehen anzupassen. Das erschien dann dem Kaiser Julian so vorbildlich, dass er nach dem Bericht des Gregor von Nazianz (Orat. 4, 111) und des Sozomenus (Hist. eccles. 5, 16, 3) plante, für das Heidentum etwas Entsprechendes einzuführen.

Basilius der Grosse, Bischof von Cäsarea in Kappadozien († 379), zeigt — namentlich in seinen drei kanonischen Briefen — das Bussstufenwesen in voller Entfaltung. Schrittweise führt es den Sünder in die

Kirche zurück. Die „Weinenden" (προσκλαίοντες) flehen ausserhalb der kirchlichen Räume die eintretenden Gläubigen um Fürbitte für ihre Schuld an. Auf dieser untersten Stufe (die an anderen Orten fehlte) erfolgt also eine Art Vorbusse, d. h. eine persönliche, nicht innerkirchliche Vorbereitung, um zur eigentlichen Busse überhaupt zugelassen zu werden. Das öffentliche Bekenntnis zur Schuld und die mitleiderregenden Äusserungen der Reue verschaffen die Aufnahme in den Stand der kirchlichen Büsser, in dem drei Stufen zu durchlaufen sind. Zunächst wird man unter die „Hörenden" aufgenommen. Diese ἀκούοντες oder ἀκροώμενοι haben beim Gottesdienst ihren Platz bei der Gemeinde, aber doch nur in einem Vorraum zum Kirchenschiff. Sie entsprechen den Katechumenen auf der unteren Stufe. Wie diese werden sie nach der Schriftlesung und der Predigt ohne Gebet entlassen. Nach einer bestimmten Zeit kann der Büsser dann unter die „Niederfallenden" oder „Liegenden" (ὑποπίπτοντες) aufrücken. Sie empfangen bei ihrer Entlassung aus dem Gottesdienst wie die Katechumenen (und die Besessenen) eine besondere Fürbitte und Segnung, aber kniend, während die Gemeinde steht. Diese dritte Stufe heisst zuweilen auch schlechthin „die Busse", der gegenüber alles Vorausgehende eine zugewachsene Vorstufe darstellt. Die vierte und letzte Stufe endlich erlaubt den „Mitstehenden" (συστάντες) wie der Gemeinde selber die Anwesenheit beim ganzen Gottesdienst, nur dürfen sie sich noch nicht an der Darbringung der Opfergaben und dem Empfang der Eucharistie beteiligen. Für diese Stufe fehlt bei den Katechumenen naturgemäss die Entsprechung; denn erst der Getaufte nimmt an der eucharistischen Feier, dem zweiten Teil der Messe, teil. Auf der obersten Stufe erkennt man die Taufe der Büsser bedingt wieder an; sie berechtigt wenigstens zur passiven Teilnahme an der Eucharistiefeier. Hier bedeutet die Exkommunikation nur den Ausschluss von der Kommunion, und dieser Ausschluss ist zum Bestandteil eines sehr umfangreichen und schwierigen Bussverfahrens geworden.

Im übrigen ersieht man aus der Ähnlichkeit in der Art, Neulinge und Rückkehrende zu behandeln, dass man die kirchliche Busse als einen Erziehungsprozess betrachtet, in dem die Bewährung jeweils zu grösseren Rechten verhilft. Diese Erziehung ist nicht weniger notwendig, um den Sünder behutsam, aber dauerhaft von seiner Sündhaftigkeit zu lösen und einem Rückfall vorzubeugen, als um die Gemeinde mit grösstmöglicher Wahrscheinlichkeit vor Verunreinigung durch unverdiente Wiederaufnahme zu bewahren und von eigener Verfehlung abzuschrecken. Ausserdem spielt auch weiterhin der Gedanke der Sühne und Strafe eine grosse Rolle; das beweist vor allem die lange Dauer der Strafen. Basilius sah z. B. für einen Mörder auf den vier Stufen vier, fünf, sieben und wieder vier Jahre Ausschluss vor, insgesamt also zwanzig Jahre, bei unfreiwilliger Tötung insgesamt zehn Jahre, davon für die letzte Stufe nur eines (Ep. 217, Kanon 56 und 57). Erwähnt sei auch, dass er dem, der im Kriege Blut vergossen hatte, empfahl, sich drei Jahre lang der Eucharistie zu enthalten, also sich freiwillig in die oberste Bussklasse einzureihen. Man empfand und betonte weiterhin den Unterschied zwischen der leichten und uneingeschränkten Vergebung in der Taufe und der mühsam zu erwerbenden, eben dadurch auch lange Zeit unsicheren Lösung in der Busse. Aber der Unterschied verringert sich doch etwas, wenn man bedenkt, dass auch die Taufe — vor allem in der Frühzeit — eine längere Bewährung und den Erweis sittlicher Reife voraussetzte.

Eine bemerkenswert kurze Busszeit ordneten die Apostolischen Konstitutionen an, die gegen Ende des vierten Jahrhunderts durch Überarbeitung älterer Kirchenordnungen im Osten entstanden. Sie begnügten sich mit einer Busse von einigen Wochen. Auch lehrten sie, nicht bloss die schweren und nicht verheimlichbaren Sünden zu bekämpfen — was leicht zum Pharisäismus führt —, sondern auch die kleinen Sünden zu rügen, um die Heiligkeit der ganzen Gemeinde zu verwirklichen.

Das Bussstufenwesen führte keine völlige Vereinheitlichung und trotz verbindlicher Kanones doch keine völlige Verrechtlichung herbei. Man räumte dem Bischof auch weiterhin das Recht ein, je nach der Haltung, die der Sünder vor und während der Busszeit einnahm, die Fristen zu verkürzen oder zu verlängern (so z. B. Kanon 5 von Ancyra aus dem Jahre 314). Hier meldet sich das seelsorgerliche und noch mehr das erzieherische Bemühen der altchristlichen Frömmigkeit.

Eben dieses steht auch hinter der Beauftragung besonderer Busspriester. Man kannte sie im Osten, vielleicht aber nur in Konstantinopel. Soweit der Busspriester sich als Seelsorger mit der Frage befasste, ob ausser der individuellen Reue und Busse auch noch die öffentliche Busse mit der Lossprechung durch den Bischof erforderlich sei, setzte er nur fort, was in unserer Quellensammlung schon Origenes empfiehlt. Die Beauftragung einzelner, besonders vertrauenswürdiger Priester war im vierten Jahrhundert in hohem Masse angebracht, als sich die Gemeinden nach der staatlichen Anerkennung rasch vergrösserten und dabei die Höhe der Sittlichkeit unvermeidlich sank. Aber schon bald veranlassten Missstände, die mit dem mehr privaten Dienst des Busspriesters zusammenhingen, den Patriarchen von Konstantinopel dazu, dieses Amt wieder abzuschaffen. Es geschah im Jahre 391.

Der Entwicklung der eigentlichen Seelsorge dienten erst recht die Erfahrungen, die Basilius als Vater des griechischen Mönchtums machte und in bestimmten Weisungen weitergab. Damit die Klostergemeinschaft verwirkliche, was das Neue Testament über christliches Gemeindeleben sagt, hielt Basilius sie an, vor Gott auch Sünden wie Lästerung, Habgier oder Trunkenheit als tödliche Sünden ernst zu nehmen und sie daher regelmässig einander zu beichten. Schwere Vergehen hatten die Mönche vor dem Leiter zu bekennen, der kein Priester zu sein brauchte. Es entsprach der Absicht des Basilius, dass diese Vertiefung des Kampfes gegen die Sünde und das Hilfsmittel der regelmässigen, seelsorgerlichen Beichte vom Mönchtum auf die ganze Kirche ausstrahlte. Doch machte er daraus keine Forderung. Erst auf grossen Umwegen kamen seine Anregungen dem Busswesen und der Frömmigkeit des Abendlandes zugute. In der östlichen Kirche dagegen ging die Bussgewalt allmählich und für lange Zeit vornehmlich auf die Mönche über. Unter ihnen fand man die erfahrenen Seelsorger, deren die Gemeinden für das Sündenbekenntnis bedurften, wie schon Origenes hervorhob, und sie bewiesen auch die besondere persönliche Vollmacht, die entweder zum priesterlichen Amt als das Wesentlichste hinzukam oder auf dem Stand des Mönches an sich beruhte. Die Bussgewalt des Mönchtums hat als Theorie aber erst Symeon der neue Theologe (um 1000) ausgesprochen. Nach seiner Lehre ging die kirchliche Schlüsselgewalt einst von den Aposteln auf die Bischöfe und Priester, von diesen weiter auf die Mönche über, und zwar nicht nur auf die zu Priestern geweihten. Das war möglich, weil die Mönche als Geistträger und insofern als Nachfolger der Märtyrer galten, die ja auch eine gewisse Vollmacht, Sünde zu vergeben, ausgeübt hatten. Der Charismatiker aber kann ohne kanonische Bestimmungen und ohne Amtsvollmacht, zumal da der Mönch selbst im Stande der Busse lebt, von Gott wirksam die Vergebung erbitten. Gegenüber dieser mönchischen Bussgewalt verlor die alte öffentliche Busse in der griechischen Kirche an Bedeutung, wenn sie auch grundsätzlich für schwere Sünden bis zum Ausgang des Mittelalters in Kraft blieb. Ihr Rückgang ergab sich daraus, dass sie, namentlich durch das feste Bussstufensystem, zu schwer durchzuführen war.

Auch die Kirche des Westens hatte inzwischen erfahren müssen, dass sich das altkirchliche Busswesen unter den anderen Verhältnissen der Staats- und Volkskirche nicht ohne erhebliche Einschränkungen aufrechterhalten liess. Zu dem Verfall der alten *paenitentia secunda* trug erheblich bei, dass man an ihrer Einmaligkeit festhielt und dass man sie dem Herkommen gemäss noch immer zu wenig als Mittel der Seelsorge und zu sehr als Strafe handhabte. Was in der kleinen, mit dem öffentlichen bürgerlichen Leben nicht verwachsenen Kirche des zweiten und dritten Jahrhunderts möglich war, passte aber nicht mehr ins vierte und noch weniger in die gärende Welt des fünften und sechsten Jahrhunderts. Das gilt erst recht, wenn die Last der Busse schwerer und nicht leichter wurde. Wie der Osten den Ernst der Heiligung durch das Bussstufenwesen zu erhalten suchte, so der Westen durch die Belastung der kirchlichen Busse — die ursprünglich nichts als tätige Reue bedeutet hatte — mit drückenden Folgen im bürgerlichen Leben. Wer sich der öffentlichen Kirchenbusse unterzog, musste nunmehr darauf verzichten, eine Ehe zu schliessen oder weiterzuführen, und verlor mehr oder weniger seine Amts-, Geschäfts- und Wehrfähigkeit. Die Möglichkeit, sich dieser gemischten kirchlich-weltlichen Busse durch die Flucht aus der Kirche zu entziehen, bestand aber seit dem ausgehenden vierten Jahrhundert im Römischen Reiche grundsätzlich nicht mehr. Dieselben Zustände wie hier bildeten sich bald auch in den Missionskirchen des Westens heraus. Daher konnte die Kirche diese einschneidend veränderte öffentliche Busse nur noch beibehalten, wenn sie den gesteigerten Lasten in anderer Hinsicht einige Erleichterungen gegenüberstellte.

Zunächst einmal beschränkte man den Öffentlichkeitscharakter dieses Bussverfahrens auf die Bussleistungen und auf die allgemeine Rüge vor der Gemeinde, während das Schuldbekenntnis mit seinen Einzelheiten — als *confessio secreta,* wie Papst Leo I. (Ep. 168, 2; Migne, Patrol. Lat. 54, 1211) sagte — vor dem Bischof oder Priester erfolgte. Augustin kannte diese sogenannte halböffentliche Busse. Sie ist noch keine wirkliche Privatbusse. (Deren Aufkommen gehört zu den umstrittensten Fragen in der Geschichte des Busswesens.) Wohl darf man sagen, Augustin habe dieser späteren Bussform durch Lehre und Handeln einigermassen vorausgearbeitet. Denn der grosse Seelenkenner und Vorkämpfer der Erbsündenlehre hat dazu beigetragen, das Schuldgefühl auch gegenüber kleinen, innerlichen Sünden zu vertiefen und hat weniger auf die Ausscheidung der Gestrauchelten gedrängt als auf ihre Wiedergewinnung und Heilung durch vorübergehenden Ausschluss vom Abendmahl. Ohne die Kirchenzucht zu unterschätzen, rechnete er doch ernsthaft damit, dass die Trennung der Spreu vom Weizen dem Gericht Gottes anheimzustellen und nicht in der Kirche vorwegzunehmen sei. So entsprach seine Handhabung der Busse seinem Kirchenbegriff, den er dem Rigorismus der Donatisten entgegensetzte.

Eine andere Einschränkung der alten Kirchenbusse lag darin, dass man sie nur bei öffentlich begangenen oder öffentlich bekannt gewordenen schweren Vergehen unmittelbar verhängte. Nur in diesem Falle also konnten die geschilderten schweren Folgen viele Jahre oder Jahrzehnte hindurch belasten und entehren und dadurch besonders einen jungen Menschen in die Verzweiflung treiben. Das lag nicht nur an der langen Dauer der Busse, sondern auch an ihrer Unwiederholbarkeit im Falle eines neuen Versagens. Die Kirche kam der begrenzten menschlichen Tragfähigkeit dadurch entgegen, dass sie im späten Altertum immer mehr empfahl, die einmalige öffentliche Kirchenbusse erst in späteren Lebensjahren, dann aber lebenslänglich zu übernehmen. Das Konzil von Agde bestimmte im Jahre 506 (Kanon 15): *Iuuenibus etiam paenitentia non facile committenda est propter aetatis fragilitatem,* und derartige Mahnungen verschafften sich Geltung. Aber um dem möglichen Leichtsinn vorzubeugen, mahnte ein Seelsorger wie Caesarius von Arles um dieselbe Zeit, sich schon in früheren Jahren durch Gesinnung und Tat auf die später zu übernehmende Busse vorzubereiten. Die ganze Einrichtung verlor auch dadurch einiges von ihrer entehrenden Wirkung, dass man im sechsten Jahrhundert die Übernahme der strengen Busse angesichts des Todes allgemein von jedem Christen erwartete und andererseits in manchen Fällen den, der ihre spätere Übernahme zusagte, schon nach einer vorübergehenden Exkommunikation wieder zur kirchlichen Gemeinschaft zuliess. Dieses Verfahren ist eine Vorstufe zur bald aufkommenden Privatbusse. Zu dem, was die spätantike Busse noch von der Privatbusse trennte, gehört die mit jener verbundene besonders grosse Wichtigkeit der Satisfaktionsleistung. Man erkennt dies daran, dass der auf dem Krankenlager Absolvierte im Falle seiner Genesung die fehlenden Bussleistungen regelmässig nachholen sollte, um der Vergebung sicher zu sein. Beichte und priesterliche Lösung (die damals noch in der Form der Fürbitte erfolgte) sicherten allein die jenseitige Wirkung nicht.

Auch im Mittelalter blieb im Westen die einmalige öffentliche Busse in einigen wenigen, besonders schweren Fällen in Geltung. Im ganzen musste sie aber der Beicht- und Privatbusse weichen. Diese Weiterbildung der alten Mönchsbeichte erfolgte zuerst in der irischen Kirche, die in ihrem Aufbau und Wesen vom Mönchtum bestimmt war und daher leicht aus diesem die Beichte übernehmen konnte. Irische und angelsächsische Missionare brachten seit der Wende zum siebten Jahrhundert diese Form der Busse aufs Festland, das durch manche der schon erwähnten Formen, zu denen noch die sogenannte Konversionsbusse kommt, auf die Neuerung vorbereitet war. Die Beichtbusse schloss nur von der Kommunion aus; sie war auch nicht dem Bischof vorbehalten und nicht wie jetzt die öffentliche an bestimmte Zeiten des Kirchenjahres (mit Rekonziliation am Gründonnerstag) gebunden, sondern sie oblag dem Priester; und vor allem war sie unbegrenzt wiederholbar und schädigte nicht das bürgerliche Ansehen durch ungewöhnliche sichtbare Belastungen. So konnte die kirchliche Busse, die ursprünglich eine peinliche Störung und Ausnahme im Leben des Christen gewesen war, zu einer regelmässigen Übung und sogar zu einem Zeichen lebendigen Glaubens werden.

Zu dieser moderneren, bis heute bestehenden Busspraxis gehörte im frühen Mittelalter noch ein sehr hartes, in Bussbüchern aufgezeichnetes Strafsystem, das aber, weil es Erleichterungen durch Kommutationen und Redemptionen nötig machte, die kirchliche Zucht auch wieder gefährdete. Aber tatsächlich trat nunmehr die Satisfaktion an Bedeutung hinter der Reue, der Beichte und der kirchlichen Schlüsselgewalt zurück; daher konnte sie seit dem elften Jahrhundert auch zeitlich hinter die Absolution rücken. Die öffentliche Rekonziliation wurde zur persönlichen Absolution des Einzelnen, und diese ging später aus der Form der priesterlichen Fürbitte in die des richterlich-sakramentalen Freispruchs über. Die ursprüngliche Mitwirkung der Gemeinde war bei dieser Beichtbusse entfallen. Die mittelalterliche Privatbusse besass auch den sakramentalen Charakter, den früher nur die öffentliche Busse gewonnen hatte. Indem sie so die Gewissheit der Vergebung stärkte und sich persönlich an den Einzelnen wandte, konnte sie viel deutlicher und entschiedener der Seelsorge dienen als die altkirchliche *paenitentia secunda*. Freilich entging die Beichtbusse nicht dem Schicksal, in hohem Masse verrechtlicht zu werden, so dass die Bedeutung und Reinheit der Reue und die Echtheit des Glaubens an die Vergebung der Sünden doch wieder gefährdet wurden. Die Beichtbusse war keineswegs von Anfang an ein einheitliches, abgeschlossenes Gebilde, sondern blieb während des Mittelalters — und erst recht dann in der Reformationszeit — noch mancher Veränderung unterworfen. Erst nachdem die Busspraxis sich erheblich gewandelt hatte, entwickelte die Scholastik auch eine entsprechende — wiederum nicht einheitliche — Lehre. Man musste sich vor allem mit der Frage befassen, in welchem Verhältnis das Handeln des büssenden Menschen (in Reue, Beichte und Genugtuung) zum kirchlichen und göttlichen Vollzug der Schlüsselgewalt stehe. In mancherlei Auseinandersetzungen wurde der sakramentale Charakter der Busse, der für die Gewissheit der Vergebung wichtig war, gesichert und zum Teil sogar auf die Reue ausgedehnt.

Eine so weitgehende theoretische und systematische Durchdringung des Busswesens hatte die Alte Kirche nie geleistet. In diesen mittelalterlichen Lehrentwürfen und noch vielmehr in ihrer Überprüfung oder Bekämpfung während der Reformationszeit wurde man sich auch des Abstandes von der altkirchlichen Busslehre und Busspraxis bewusst. Deren Eigenart zu erkennen, gewann für die Begründung der konfessionellen Unterscheidungslehren unmittelbare Gegenwartsbedeutung. Aber gerade diese lebhafte innere Beteiligung konnte den Blick des Forschers ebensoleicht trüben wie schärfen. Bis in unsre Gegenwart hinein hat die Konfessionsverschiedenheit die Auffassung vom altkirchlichen Busswesen vielfach und mehr oder weniger offen mitbestimmt. Man erkennt das z. B. an der immer erneuten Behandlung der Frage, ob es von jeher in der Kirche die Möglichkeit gegeben habe, noch nach der Taufe für schwere Sünde Busse zu tun und Vergebung zu erlangen. Katholische Forscher neigten begreiflicherweise stets dazu, diese Frage zu bejahen und sogar von Anfang an mit einem Sakrament der Busse zu rechnen; evangelische hielten nicht nur die Ohrenbeichte mit Recht für ein Ergebnis langer geschichtlicher Entwicklung, sondern meinten klar zu sehen, dass die Vergebung von Ehebruch und Unzucht, Glaubensverleugnung und schliesslich auch des Mordes eine umwälzende, schrittweise erfolgende Neuerung seit dem ausgehenden zweiten Jahrhundert gewesen sei. Der lebhaften und zum Teil recht verwickelten Geschichte der Erforschung des altchristlichen Busswesens nachzugehen kann nicht die Aufgabe dieses Buches sein. Es will nicht mehr, als das Quellenmaterial bereitstellen und erschliessen helfen, das einen Einblick in die Anfänge des Busswesens gestattet — und damit in die Geschichte, welche die Botschaft von Gottes Güte und Vergebung in unsrer Welt gehabt hat [1].

III

Anlage und Einrichtung dieser Quellensammlung

Den Abschluss dieser Einleitung mögen einige Bemerkungen zur *Anlage und Einrichtung des Bandes* bilden, die seine Benutzung erleichtern können.

Die Texte sind zeitlich geordnet. In den wenigen Zeugnissen der ersten hundert Jahre nach Christus wurde — mit Ausnahme der biblischen Texte — Vollständigkeit angestrebt; der Leser soll selbst prüfen können, ob ein Text Rückschlüsse auf die Möglichkeit oder den Verlauf der Busse gestattet oder nicht. Solche Unsicherheit besteht beispielsweise in Nr. 53, 77 und 80. Von Hermas an zwang die Fülle des Stoffes zur Auswahl. Die gelegentlichen und meist kurzen Äusserungen aus der Zeit zwischen ihm und Tertullian sollten zwar auch noch möglichst vollständig beigebracht werden; dagegen sind Schriften, die ganz und ausdrücklich der Busse gewidmet sind, nur durch ihre wichtigsten Abschnitte vertreten. Um das Busswesen dieser Zeit gründlich zu erkennen, wären also der „Hirt" des Hermas, Tertullians Schriften De paenitentia und De pudicitia sowie Cyprians Schrift De lapsis unbedingt vollständig heranzuziehen. Immerhin ist zu hoffen, dass die Auswahl alles Wesentliche enthält und die übergangenen Texte das zu gewinnende Bild lediglich bestätigen.

---

[1] Eine Quellensammlung zur gesamten Bussgeschichte von den Anfängen bis zur Gegenwart in englischer Übersetzung und mit ausführlichen Einleitungen bietet Paul F. Palmer, S. J.: Sacraments and Forgiveness. History and Doctrinal Development of Penance, Extreme Unction and Indulgences. (Sources of Christian Theology Vol. II.) Westminster (U.S.A.) 1959 — London 1960. 410 p. Vgl. Palmers Aufsatz in: Theol. Studies 1945 und 1946 (Lit.-Verzeichnis III).

(Über die ganz beiseite gelassene Didascalia apostolorum wurde oben in Teil I einiges gesagt.) Die Kürzung der Texte ist nicht immer auf dieselbe Weise erfolgt; z. B. sind einige Briefe Cyprians vollständig aufgenommen, um einen besseren Einblick in die Denkweise des Schreibers zu gewähren. Andere Abschnitte sollen zeigen, welchen Einfluss gewisse Bibelstellen auf die Entwicklung des Busswesens ausgeübt haben.

Fast alle Texte geben die Meinung ihres Verfassers wieder und erscheinen daher selbstverständlich unter seinem Namen. Wenn dagegen ein Schriftsteller über die Lehre eines anderen oder über einen bemerkenswerten Fall von kirchlicher Busse berichtet, ist sein Bericht unter dem Namen und nach der Zeit des Betroffenen eingeordnet. So erscheinen Texte Hippolyts und Eusebs als Nr. 41 und 42 unter der gemeinsamen Überschrift De Elchasaeo zwischen Clemens Romanus und Ignatius von Antiochien am Anfang des zweiten Jahrhunderts. Zuweilen aber wurde, um den literarischen Zusammenhang nicht zu zerreissen und Wiederholungen zu vermeiden, an der zeitlich richtigen Stelle nur auf einen Bericht verwiesen, der später in anderem Zusammenhang folgt, z. B. hinter Kallistus (Nr. 124) auf eine afrikanische Synode, über die Cyprian unter Nr. 191 einzusehen ist. Alle diese Berichte findet man im Autorenverzeichnis (Register I). Dieses nennt aus dem Neuen Testament auch einige Stellen, die für die Geschichte der Busse eine gewisse Bedeutung haben, aber nicht in die Sammlung aufgenommen werden konnten. Das Sachregister (Register III) bietet nur eine Auswahl. Die neutestamentlichen Texte blieben ganz unberücksichtigt, und Begriffe (wie Beichte, Busse, Reue, Vergebung), die unmittelbar zum Thema des ganzen Buches gehören, wurden nur in einigen wichtigen Beispielen aufgenommen. Für Begriffe wie Schlüsselgewalt oder Sünde wider den Heiligen Geist leistet das ausführliche Verzeichnis der Bibelstellen (Register II) Ersatz. Die Register geben die Laufnummern an.

Wie in der Frage der Auswahl und Anordnung wurde auch bei der Rechtschreibung und Zeichensetzung, soweit man den benutzten Ausgaben wegen der Uneinheitlichkeit ihrer Massstäbe nicht folgen konnte, zuweilen mehr nach Zweckmässigkeit als nach einer starren Regel verfahren, vorausgesetzt, dass Klarheit und Deutlichkeit nicht darunter litten, sondern eher — wenigstens durch die Zeichensetzung — gewannen. (Im allgemeinen freilich wurden gewisse Richtlinien beachtet, die für die Reihe der *Traditio Christiana* aufgestellt worden sind und z. B. für die Textausgabe samt Apparat die lateinische Sprache vorschreiben.) Die Unvollständigkeit eines Satzes ist im Urtext und in der Übersetzung zu ersehen (...), die eines Abschnittes im allgemeinen nur im Urtext, sei es gleichfalls durch Pünktchen, sei es durch zusätzliche Angabe der Seiten- und Zeilenzahlen in einem längeren Kapitel (wie öfter bei Origenes), wenn eine andere Unterteilung bisher fehlt. Bei den Stellenangaben trennt ein Punkt gleichgeordnete Zahlen; VI, 3, 4.6 bedeutet daher: Buch VI, Kapitel 3, Paragraph 4 und 6 (oder entsprechende Einteilungen). Wenn über einem exegetischen Text die ausgelegte Stelle angegeben ist, wurden die Anspielungen und Zitate oft im Apparat nicht einzeln nachgewiesen. Im textkritischen Apparat weist ein „coni." entweder darauf hin, dass der Gewährsmann die betreffende Form nur in den Apparat, aber nicht in den Text seiner uns als Druckvorlage dienenden Ausgabe gesetzt hat oder dass der Vorschlag recht unsicher ist.

Die Übersetzung will verständlich und lesbar sein, ist aber vorwiegend als Hilfe bei der Lektüre der Originale gedacht [1]. Vereinzelt wurde ein Ausdruck doppelt wiedergegeben; besonders forderten die Worte μετάνοια und *paenitentia* dazu heraus, die ja ebensogut die Reue oder innere Busse wie die äussere Bussübung und sogar die Busse als von der Kirche angenommene einschliesslich der Wiederaufnahme und Vergebung bezeichnen können. Zusätze des Übersetzers wurden, wenn sie nicht sofort als solche zu erkennen sind, durch sc. (*scilicet*) herausgehoben.

---

[1] Mit Genehmigung des Verlags Kösel in München konnte für Klemens von Alexandrien die Übersetzung O. Stählins aus der Bibliothek der Kirchenväter abgedruckt werden. Dem Verlag sei auch an dieser Stelle dafür gedankt. Alle andern Texte wurden neu übersetzt.

Abkürzungen

ACW	=	Ancient Christian Writers
BKV	=	Bibliothek der Kirchenväter (2. Auflage)
CC L	=	Corpus Christianorum, Series Latina
CSEL	=	Corpus Scriptorum Ecclesiasticorum Latinorum
GCS	=	Die Griechischen Christlichen Schriftsteller
RAC	=	Reallexikon für Antike und Christentum
TU	=	Texte und Untersuchungen
Rech. de sc. rel.	=	Recherches de science religieuse
annot.	=	annotatio. Anmerkung
Art.	=	Artikel
hrsg.	=	herausgegeben
l.	=	linea, Zeile
Lit.	=	Literaturverzeichnis
par.	=	(und) die Parallelstellen der Evangelien
uar.	=	uaria lectio oder ähnlich

Andere Abkürzungen wie „z. St." usw. dürften sich ohne weiteres verstehen lassen. In der Textausgabe sind die Namen der biblischen Bücher so abgekürzt wie im Thesaurus Linguae Latinae.

Literatur

I. Zum Busswesen im allgemeinen

Artikel Pénitence: Dictionnaire de Théologie Catholique 12, 1, Paris 1933,
  Sp. 722—1138 (É. Amann, A. Michel, M. Jugie)
Art. Penitenza: Enciclopedia Cattolica 9, 1952, 1104—1131 (A. Mayer, A. Gennaro,
  A. Raes, M. Federici)
Art. Busse: Evangelisches Kirchenlexikon 1, Göttingen 1956, Sp. 630—638 (F. Melzer,
  H. Karpp, E. Kinder)
Art. Busse: Die Religion in Geschichte und Gegenwart ^{3}1, Tübingen 1957,
  Sp. 1534—1538 (R. Hermann)
Art. Busswesen: ibidem Sp. 1541—1554 (G. Mensching, P. Meinhold)
Art. Busse: Lexikon für Theologie und Kirche ^{2}2, Freiburg 1958, Sp. 815—820
  (R. Mohr, K. Rahner, A. Dörrer, H. C. Wendlandt)
Galtier, P., De paenitentia. Tractatus dogmatico-historicus. Ed. novissima. Rom 1956

II. Gesamtdarstellungen der Geschichte des Busswesens

Lea, H. Ch., A History of Auricular Confession and Indulgences in the Latin Church.
  1—3. Philadelphia 1896
Watkins, O. D., A History of Penance. 1—2. London 1920
Poschmann, B., Busse und Letzte Ölung (Handbuch der Dogmengeschichte, hrsg.
  von M. Schmaus, J. R. Geiselmann, H. Rahner, IV, 3). Freiburg 1951
Anciaux, P., Histoire de la discipline pénitentielle. Paris 1963

III. Zum altkirchlichen Busswesen vornehmlich im 1. bis 3. Jahrhundert

Funk, F. X., Zur altchristlichen Bussdisziplin. Kirchengeschichtliche Abhandlungen
  und Untersuchungen 1, Paderborn 1897, S. 155—181
Holl, K., Enthusiasmus und Bussgewalt beim griechischen Mönchtum. Eine Studie
  zu Symeon dem Neuen Theologen. Leipzig 1898
Windisch, H., Taufe und Sünde im ältesten Christentum bis auf Origenes. Tübingen
  1908
Rauschen, G., Eucharistie und Busssakrament in den ersten sechs Jahrhunderten der
  Kirche. Freiburg i. Br. ^{2}1910
Schwartz, E., Bussstufen und Katechumenatsklassen (= Schriften der wissensch.
  Gesellschaft in Strassburg 7). Strassburg 1911. Auch: Gesammelte Schriften 5,
  1963, S. 274—362
D'Alès, A., L'Édit de Calliste. Étude sur les origines de la pénitence chrétienne.
  Paris 1914

Xiberta, B., Clavis ecclesiae. De ordine absolutionis sacramentalis ad reconciliationem cum ecclesia dissertatio inauguralis. Rom 1922 (nicht erreichbar)

Galtier, P., La rémission des péchés moindres dans l'Église du troisième au cinquième siècle. Recherches de science religieuse 13, 1923, S. 97—129

Poschmann, B., Die abendländische Kirchenbusse im Ausgang des christlichen Altertums (= Münchener Studien zur historischen Theologie, hrsg. von G. Pfeilschifter, Heft 7). München 1928
Dazu: Adam, K., Die abendländische Kirchenbusse im Ausgang des christlichen Altertums. Kritische Bemerkungen zu Poschmanns Untersuchungen. Gesammelte Aufsätze zur Dogmengesch. u. Theol. der Gegenwart, hrsg. von Fr. Hofmann, Augsburg 1936, S. 268—312

Hoh, J., Die kirchliche Busse im 2. Jahrhundert (= Breslauer Studien zur historischen Theologie 22). Breslau 1932

Galtier, P., L'Église et la rémission des péchés aux premiers siècles. Paris 1932

Rahner, K., Sünde als Gnadenverlust in der frühchristlichen Literatur. Zeitschrift für katholische Theologie 60, 1936, S. 471—510

Mortimer, R. C., The Origins of Private Penance in the Western Church. Oxford 1939

Art. Pénitence: Dictionnaire d'Archéologie Chrétienne et de Liturgie, hrsg. von F. Cabrol und H. Leclercq. Bd. 14, 1, Paris 1939, Sp. 186—202 (H. Leclercq). (Es folgen die Artikel Pénitencier, Pénitentiels, Pénitents.)

Poschmann, B., Paenitentia secunda (Theophaneia. Beiträge zur Religions- und Kirchengeschichte des Altertums 1). Bonn 1940

Galtier, P., Comment on écarte la pénitence privée. Gregorianum 22, 1940, S. 183 bis 202

Joyce, G. H., Private Penance in the Early Church. Journal of Theological Studies 42, 1941, S. 18—42

Köhne, J., Zur Frage der Busse im christlichen Altertum. Theologie und Glaube 35, 1943, S. 26—36

Saint-Palais d'Aussac, F., La réconciliation des hérétiques dans l'Église latine. Paris 1943

Palmer, P. F., Jean Morin and the Problem of Private Penance. Theological Studies 6, 1945, S. 317—357; 7, 1946, S. 281—308

Cuesta, J., La penitencia medicinal desde la Didascalia Apostolorum a S. Gregorio de Nisa. Revista Española de Teología 7, 1947, S. 337—362

Dölger, F. J., Ante absidem. Der Platz des Büssers beim Akt der Rekonziliation. Antike und Christentum 6, 1950, S. 196—201

Galtier, P., Aux origines du sacrement de Pénitence (= Analecta Gregoriana cura Pontificiae Universitatis Gregorianae edita. Vol. 54. Series Facultatis Theologicae, Sectio A, n. 6). Rom 1951

Art. Busse. B. Christlich: RAC 2, 1954, Sp. 805—812 (Poschmann)

Grotz, J., Die Entwicklung des Bussstufenwesens in der vornicänischen Kirche. Freiburg 1955

Rondet, H., Aux origines de la théologie du péché. Nouvelle revue théologique 79, 1957, S. 16—32

Omodeo, A., Saggi sul Cristianesimo antico. Gesù il Nazoreo. Il Cristianesimo nel secondo secolo (Opere III). Napoli 1958. S. 257—296: La prassi penitenziale

D'Ercole, G., Foro interno e foro esterno nella penitenza delle origini cristiane. Apollinaris 1959, 32, S. 273—303

Tanghe, D. A., L'Eucharistie pour la rémission des péchés. Irénikon 34, 1961, S. 165—181

May, G., Bemerkungen zu der Frage der Diffamation und der Irregularität der öffentlichen Büsser. Münchener Theologische Zeitschrift 12, 1961, S. 252—268
D'Ercole, G., Penitenza canonico-sacramentale dalle origini alla pace costantiniana. Communio 4. Rom 1963.
Benko, St., The Meanining of Sanctorum Communio. Studies in Historical Theology 3, 1964

IV. Zur Vorgeschichte des altkirchlichen Busswesens
(Vgl. auch die Literatur zum Neuen Testament)

Steinleitner, F., Die Beicht im Zusammenhange mit der sakralen Rechtspflege in der Antike. Leipzig 1913
Latte, K., Schuld und Sünde in der Griechischen Religion. Archiv für Religionswissenschaft 20, 1920—21, S. 254—298
Art. Busse A. Nichtchristlich: RAC 2, 1954, Sp. 802—805. (Emonds)
Braun, H., „Umkehr" in spätjüdisch-häretischer und in frühchristlicher Sicht. Zeitschrift für Theologie und Kirche 50, 1953, S. 243—258 = Gesammelte Studien zum Neuen Testament und seiner Umwelt 1962, S. 70—85 (über die Bekehrungsbusse)
Wilhelm-Hooijbergh, A. E., Peccatum. Sin and Guilt in ancient Rome. Diss. Utrecht. Groningen 1954
Hunzinger, C. H., Die jüdische Bannpraxis im neutestamentlichen Zeitalter. Diss. Göttingen 1954 (in Maschinenschrift)
Rudolph, K., Die Mandäer, Bd. 2, Göttingen 1961, S. 236—254 (§ 23: Sünde, Sündenbekenntnis, Sündenvergebung)
Art. Pénitence: Supplément au Dictionnaire de la Bible 7, Paris 1966. Sp. 628—687.

V. Spezielle Literatur zu den Quellen des 1. bis 3. Jahrhunderts

1. Zum Neuen Testament

Bauernfeind, O., Die Fürbitte angesichts der „Sünde zum Tode". Von der Antike zum Christentum. Untersuchungen als Festgabe für Victor Schultze zum 80. Geburtstag. Stettin 1931, S. 43—54
Bonnard, P., La discipline ecclésiastique selon le Nouveau Testament. Centenaire de la Faculté de Théologie de l'Église Évangélique libre du Canton de Vaud (1847—1947). Lausanne 1947, S. 115—135
Hoffer, Margarete, Metanoia (Bekehrung und Busse) im Neuen Testament. Diss. Tübingen, o. J., Maschinenschrift (nicht erreichbar)
Schnackenburg, R., Typen der Metanoia-Predigt im Neuen Testament. Münchner Theologische Zeitschrift 1, 1950, Nr. 4, S. 1—13
Kohlmeyer, E., Charisma oder Recht? Vom Wesen des ältesten Kirchenrechts. Zeitschrift der Savigny-Stiftung für Rechtsgeschichte 69, kanonistische Abteilung 38, 1952, S. 1—36
Bohren, R., Das Problem der Kirchenzucht im Neuen Testament. Zollikon—Zürich 1952

Rüthy, A. E., Zur neutestamentlichen Begründung des Bussakraments. Internationale Kirchliche Zeitschrift 44, 1954, S. 218—234
Käsemann, E., Sätze heiligen Rechtes im Neuen Testament. New Testament Studies 1, 1954/55, S. 248—260 (= Exeget. Versuche ... ²2, 1965, S. 69—82)
Schniewind, J., Die Freude der Busse. Zur Grundfrage der Bibel. Mit einem Vorwort hrsg. von E. Kähler, Göttingen 1956 (Kleine Vandenhoeck-Reihe 32)
Doskocil, W., Der Bann in der Urkirche. Eine rechtsgeschichtliche Untersuchung. Münchner Theologische Studien 3. Kanonistische Abteilung. 11. Bd. München 1958
Cullmann, O., Petrus. Zürich ²1960

2. Zu einzelnen Schriftstellern

Clemens Romanus

Kumor, B., Problemy pokutne w I liście św. Klemensa do Koryntian. Roczniki Teologiczno-Kanoniczne. Lublin. 3/2 (1957) S. 395—401 (nicht erreichbar)
Hall, S. G., Repentance in I Clement. In: Studia Patristica Vol. VIII. Ed. by F. L. Cross (= TU Bd. 93). Berlin 1966. S. 30—43

Plinius

Karpp, H., Bezeugt Plinius ein kirchliches Busswesen? (Zu Plinius, Ep. ad Traianum 96, 6). Rheinisches Museum für Philologie N. F. 105, 1962, S. 270—275

Hermas

Koch, H., Die Bussfrist des Pastor Hermä. Festgabe von Fachgenossen und Freunden A. v. Harnack zum 70. Geburtstag dargebracht. Tübingen 1921. S. 173—182
Young, F. W., The Shepherd of Hermas. A Study of his Concept of Repentance. Diss. Duke-University 1946 (nicht erreichbar)
Joly, R., La doctrine pénitentielle du Pasteur d'Hermas et l'exégèse récente. Revue de l'histoire des religions 147, 1955, S. 32—49
Rahner, K., Die Busslehre im Hirten des Hermas. Zeitschrift für katholische Theologie 77, 1955, S. 385—431
Knorz, P., Die Theologie des Hirten des Hermas. Theol. Diss. Heidelberg 1958 (Maschinenschrift)
Clark, K. W., The Sins of Hermas. Early Christian Origins. Studies in honor of H. R. Willoughby. Edited by A. Wikgren. Chicago 1961. S. 102—119
Giet, S., L'Apocalypse d'Hermas et la Pénitence. Studia Patristica Vol. III. Ed. by F. L. Cross (= TU Bd. 78). Berlin 1961. S. 214—218.
O'Hagen, A. P., The Great Tribulation to Come in the Pastor of Hermas. Studia Patristica Vol. IV (TU Bd. 79). Berlin 1961. S. 305—311.
Giet, S., Hermas et les pasteurs. Les trois auteurs du pasteur d'Hermas. Paris 1963
— De trois expressions: *Auprès de la tour, la place inférieure, et les premiers murs,* dans le Pasteur d'Hermas. Studia Patristica Vol. VIII. Ed. by F. L. Cross (= TU Bd. 93). Berlin 1966. S. 24—29.

Irenaeus

Holstein, H., L'Exhomologèse dans l'„Adversus Haereses" de Saint Irénée. Recherches de Science Religieuse 35, 1948, S. 282—288

Rahner, K., Die Sündenvergebung nach der Taufe in der Regula fidei des Irenäus. Zeitschrift für katholische Theologie 70, 1948, S. 450—455

Clemens Alexandrinus

Hoh, J., Die Busse bei Clemens von Alexandrien. Zeitschrift für katholische Theologie 56, 1932, S. 175—189

Karpp, H., Die Busslehre des Klemens von Alexandrien. Zeitschrift für die neutestamentliche Wissenschaft und die Kunde der älteren Kirche 43, 1950/51, S. 224—242

Völker, W., Der wahre Gnostiker nach Clemens Alexandrinus (= TU Bd. 57). Berlin — Leipzig 1952

Méhat, A., „Pénitence seconde" et „péché involontaire" chez Clément d'Alexandrie. Vigiliae Christianae 8, 1954, S. 225—233

Tertullianus und *Calixtus (Callistus)*

Esser, G., Die Bussschriften Tertullians De paenitentia und De pudicitia und das Indulgenzedikt des Papstes Kallistus. Ein Beitrag zur Geschichte der Bussdisziplin. Bonner Universitätsprogramm 1905

Esser, G., Nochmals das Indulgenzedikt des Papstes Kallistus und die Bussschriften Tertullians. Der Katholik 87, 1907, S. 184—204; 88, 1908, S. 12—28. 93—113

— Der Adressat der Schrift Tertullians „De pudicitia" und der Verfasser des römischen Bussediktes. Bonn 1914

Koch, H., Kallist und Tertullian (Sitzungsberichte der Heidelberger Akademie der Wissenschaften. Philosophisch-Historische Klasse. Jg. 1919. Abhandlung 10). Heidelberg 1920

Chartier, C., L'excommunication ecclésiastique d'après les écrits de Tertullien. Antonianum 10, 1935, S. 301—344. 499—536

Altaner, B., Omnis ecclesia Petri propinqua (Tertullian, Pud. 21, 9). Theologische Revue 38, 1939, Sp. 129—138

Köhler, W., Zum Toleranzedikt des römischen Bischofs Calixt. Zeitschrift für Kirchengeschichte 61, 1942, S. 124—135

Dekkers, E., Tertullianus en de geschiedenis der liturgie. Brüssel—Amsterdam 1947. S. 217—230 (De Boeteliturgie)

Daly, C. B., The Sacrament of Penance in Tertullian. Irish Eccleriastical Record 69, 1947, S. 693—707. 815—821; 70, 1948, S. 731—746. 832—848

Quacquarelli, A., Libertà, peccato e penitenza secondo Tertulliano. Rassegna di science filosofiche 2, 1948, S. 16—37

Rahner, K., Zur Theologie der Busse bei Tertullian. Abhandlungen über Theologie und Kirche. Festschrift für K. Adam. Hrsg. von M. Reding. Düsseldorf 1952. S. 139—167

Kumor, B., De poenitentia apud Tertullianum. (In polnischer Sprache.) Roczniki teologiczno-kanoniczne 4/2, 1957, S. 123—141 (nicht erreichbar)

Langstadt, E., Tertullian's Doctrine of Sin and the Power of Absolution in De pudicitia. Studia Patristica Vol. II. Ed. by K. Aland and F. L. Cross (= TU Bd. 64). Berlin 1957. S. 251—257.

Τιμιάδου, Α., Ὁ Τερτυλλιανὸς καὶ ἡ Ἐξομολόγησις. Gregorius ho Palamas (Thessaloniki) 44, 1961, S. 17—22. 187—191. 257—263

Daly, C. B., The „Edict of Callistus". Studia Patristica Vol. III. Ed. by F. L. Cross (= TU Bd. 78). Berlin 1961. S. 176—182

Le Saint, W. P. S. J., *Traditio* and *Exomologesis* in Tertullian. Studia Patristica Vol. VIII. Ed. by F. L. Cross (= TU Bd. 93). Berlin 1966. S. 414—419

Hippolytus Romanus

Hamel, A., Kirche bei Hippolyt von Rom (Beiträge zur Förderung christlicher Theologie. Hrsg. von P. Althaus und J. Jeremias. 2. Reihe, 49. Bd.). Gütersloh 1951

Elfers, H., Neue Untersuchungen über die Kirchenordnung Hippolyts von Rom. In: Abhandlungen über Theologie und Kirche. Festschrift für K. Adam. Hrsg. von M. Reding. Düsseldorf 1952. S. 169—211

Beyschlag, K., Kallist und Hippolyt. Theologische Zeitschrift (Basel) 20, 1964, S. 103—124

Didascalia

Beaucamp, P., Un évêque du IIIe siècle aux prises avec les pécheurs: son activité apostolique. Bulletin de littérature ecclésiastique 69, 1949, S. 26—47 (nicht erreichbar)

Galtier, P., La date de la Didascalie des Apôtres. Revue d'Histoire Ecclésiastique 42, 1947, S. 315—351. (Wieder abgedruckt bei Galtier, Aux origines ..., 1951; s. oben III.)

Rahner, K., Busslehre und Busspraxis der Didascalia Apostolorum. Zeitschrift für katholische Theologie 72, 1950, S. 257—281

Origenes

Poschmann, B., Die Sündenvergebung bei Origenes. Ein Beitrag zur altchristlichen Busslehre. Braunsberg 1912

Stufler, J., Öffentliche und geheime Busse bei Origenes. Zeitschrift für katholische Theologie 37, 1913, S. 193—201

Galtier, P., Les péchés ,incurables' d'Origène. Gregorianum 10, 1929, S. 177—209

Völker, W., Das Vollkommenheitsideal des Origenes. Tübingen 1931

Latko, E. F., Origen's Concept of Penance. Diss. Univ. Laval-Québec, 1949 (nicht zu erreichen)

Rahner, K., La doctrine d'Origène sur la Pénitence. Recherches de Science Religieuse 37, 1950, S. 47—97. 252—286. 422—456

Teichtweier, G., Die Sündenlehre des Origenes (= Studien zur Geschichte der kathol. Moraltheologie, hrsg. von M. Müller, 7). Regensburg 1958

Cyprianus

Poschmann, B., Die Sichtbarkeit der Kirche nach der Lehre des hl. Cyprian. Eine dogmengeschichtliche Untersuchung (= Forschungen zur christlichen Literatur- und Dogmengeschichte. Hrsg. von A. Ehrhard und J. P. Kirsch. 8. Bd., 3. Heft). Paderborn 1908

Koch, H., Cyprianische Untersuchungen (= Arbeiten zur Kirchengesch. Hrsg. von K. Holl und H. Lietzmann 4). Bonn 1926 (Kap. VI: Die Bussfrage bei Cyprian, S. 211—285)

Köhne, J., Die Bussdauer auf Grund der Briefe Cyprians. Theologie und Glaube 29, 1937, S. 245—256

Chartier, C., La discipline pénitentielle d'après les écrits de saint Cyprien. Antonianum 14, 1939, S. 17—42. 135—156

Taylor, J. H., St. Cyprian and the Reconciliation of Apostates. Theological Studies 3, 1942, S. 27—46

Bévenot, M., A Bishop is responsible to God alone (St. Cyprian). Recherches de Science Religieuse 39, 1951/52, S. 397—415

Rahner, K., Die Busslehre des hl. Cyprian von Karthago. Zeitschrift für katholische Theologie 74, 1952, S. 257—276. 381—438
Bévenot, M., The Sacrament of Penance and St. Cyprian's De Lapsis. Theological Studies 16, 1955, S. 175—213
Daly, C. B., Absolution and Satisfaction in St. Cyprian's Theology of Penance. Studia Patristica Vol. II. Ed. by K. Aland and F. L. Cross (= TU Bd. 64). Berlin 1957. S. 202—207
Hübner, S., Kirchenbusse und Exkommunikation bei Cyprian. Zeitschrift für katholische Theologie 84, 1962, S. 49—84 und 171—215

VI. *Die kirchliche Busse in der altchristlichen Kunst*

Wilpert, J., Die Malereien der Katakomben Roms. Freiburg 1903. Textband S. 149 (über Goldgläser)
O. Marucchi — F. Segmüller, Handbuch der christlichen Archäologie. Einsiedeln 1912. S. 180, 298, 311 s.
Achelis, H., Altchristliche Kunst: 4. Die Sündenvergebung, Zeitschrift für die neutestamentliche Wissenschaft, 16. Jahrgang, 1915, S. 1—23
Schrijnen, J., Die Entwicklung der Bussdisziplin im Lichte der altchristlichen Kunst. Collectanea Schrijnen. Nijmwegen und Utrecht 1939. S. 277—294. (Zuerst: De ontwikkeling der boetetucht in het licht der oudchristelijke kunst. De Beiaard 1, 1916, S. 201 ss.)
Wilpert, G., I Sarcofagi Cristiani Antichi. Testo, Vol. I, Roma 1929. S. 49 s. Tavole, Vol. I, Roma 1929. Tafel 38, 3. Volume III, Supplemento, Roma 1936. S. 43—46
Dölger, F. J., Ante absidem. Der Platz des Büssers beim Akte der Rekonziliation, Antike und Christentum, Band 6, 1950, S. 196—201, besonders S. 199 s.
Cecchelli, C., Monumenti cristiano-eretici di Roma. Rom (1944). S. 224—228. (Über ein verlorenes Mosaik in S. Pudenziana, das als Zeugnis der kirchlichen Bussmöglichkeit gegen den Novatianismus gedeutet wird.)
Fink, J.: Noe der Gerechte in der frühchristlichen Kunst. (Beihefte zum Archiv für Kulturgeschichte. Hrsg. von H. Grundmann und F. Wagner. Heft 4.) Münster — Köln 1955.

Texte und Übersetzung

Nouum Testamentum Graece
ed. Eb. Nestle. Nouis curis elaborauerunt E. Nestle
et K. Aland, 1963/1967 (Editio uicesima quinta)

1   Matth. XVI, 19

Δώσω σοι τὰς κλεῖδας τῆς βασιλείας τῶν οὐρανῶν, καὶ ὃ ἐὰν δήσῃς ἐπὶ τῆς γῆς ἔσται δεδεμένον ἐν τοῖς οὐρανοῖς, καὶ ὃ ἐὰν λύσῃς ἐπὶ τῆς γῆς ἔσται λελυμένον ἐν τοῖς οὐρανοῖς.

2   ibidem XVIII, 15—22

15. Ἐὰν δὲ ἁμαρτήσῃ ὁ ἀ δ ε λ φ ό ς σου, ὕπαγε ἔ λ ε γ ξ ο ν αὐτὸν μεταξὺ σοῦ καὶ αὐτοῦ μόνου. Ἐάν σου ἀκούσῃ, ἐκέρδησας τὸν ἀδελφόν σου· 16. ἐὰν δὲ μὴ ἀκούσῃ, παράλαβε μετὰ σοῦ ἔτι ἕνα ἢ δύο, ἵνα ἐ π ὶ σ τ ό μ α τ ο ς δ ύ ο μ α ρ τ ύ ρ ω ν ἢ τ ρ ι ῶ ν σ τ α θ ῇ π ᾶ ν ῥ ῆ μ α ·
5 17. ἐὰν δὲ παρακούσῃ αὐτῶν, εἰπὸν τῇ ἐκκλησίᾳ· ἐὰν δὲ καὶ τῆς ἐκκλησίας παρακούσῃ, ἔστω σοι ὥσπερ ὁ ἐθνικὸς καὶ ὁ τελώνης. 18. Ἀμὴν λέγω ὑμῖν, ὅσα ἐὰν δήσητε ἐπὶ τῆς γῆς ἔσται δεδεμένα ἐν οὐρανῷ, καὶ ὅσα ἐὰν λύσητε ἐπὶ τῆς γῆς ἔσται λελυμένα ἐν οὐρανῷ. 19. Πάλιν [ἀμὴν] λέγω ὑμῖν ὅτι ἐὰν δύο συμφωνήσωσιν ἐξ ὑμῶν ἐπὶ τῆς γῆς περὶ παντὸς πράγ-
10 ματος οὗ ἐὰν αἰτήσωνται, γενήσεται αὐτοῖς παρὰ τοῦ πατρός μου τοῦ ἐν οὐρανοῖς. 20. Οὗ γάρ εἰσιν δύο ἢ τρεῖς συνηγμένοι εἰς τὸ ἐμὸν ὄνομα, ἐκεῖ εἰμι ἐν μέσῳ αὐτῶν. 21. Τότε προσελθὼν ὁ Πέτρος εἶπεν αὐτῷ· Κύριε, ποσάκις ἁμαρτήσει εἰς ἐμὲ ὁ ἀδελφός μου καὶ ἀφήσω αὐτῷ; ἕως ἑπτάκις; 22. Λέγει αὐτῷ ὁ Ἰησοῦς· Οὐ λέγω σοι ἕως ἑπτάκις, ἀλλὰ ἕως
15 ἑβδομηκοντάκις ἑπτά.

3   Marc. III, 28—29

28. Ἀμὴν λέγω ὑμῖν ὅτι πάντα ἀφεθήσεται τοῖς υἱοῖς τῶν ἀνθρώπων τὰ ἁμαρτήματα καὶ αἱ βλασφημίαι, ὅσα ἐὰν βλασφημήσωσιν· 29. ὃς δ'

2, 1 cf. Leu. 19, 17
3 s. cf. Deut. 19, 15

2, 1 ἁμαρτήσῃ: εἰς σέ add. alii (cf. lin. 13)

Neues Testament

Matth. XVI, 19   1

Ich will dir die Schlüssel des Himmelreichs geben, und alles, was du auf Erden bindest, wird im Himmel gebunden sein, und alles, was du auf Erden lösest, wird im Himmel gelöst sein [1].

Ebenda XVIII, 15—22   2

15. Wenn dein *Bruder* [1] sündigt, so geh hin und *weise* ihn unter vier Augen *zurecht*. Wenn er auf dich hört, so hast du deinen Bruder gewonnen. 16. Hört er aber nicht, so nimm noch einen oder zwei zu dir, damit *die ganze Sache durch die Aussage von zwei oder drei Zeugen unangreifbar ist.* 17. Wenn er aber nicht auf sie hört, dann sage es der Gemeinde. Wenn er auch auf die Gemeinde nicht hört, so sei er dir wie ein Heide und ein Zöllner [2]. 18. Wahrlich, ich sage euch: Alles, was ihr auf Erden bindet, wird im Himmel gebunden sein, und alles, was ihr auf Erden löset, wird im Himmel gelöst sein [3]. 19. Wahrlich, ich sage euch weiter: Wenn zwei unter euch auf Erden in der Bitte um irgendeine Sache einig werden, so wird sie ihnen von meinem Vater im Himmel zuteil werden. 20. Denn wo zwei oder drei auf meinen Namen versammelt sind, da bin ich mitten unter ihnen. 21. Da trat Petrus herzu und fragte ihn: Herr, wie oft muss ich, wenn mein Bruder gegen mich sündigt, ihm vergeben? Bis zu siebenmal? 22. Jesus sprach zu ihm: Ich sage dir: nicht bis siebenmal, sondern bis siebenzigmal siebenmal.

Mark. III, 28—29   3

28. Wahrlich, ich sage euch: Alles wird den Menschenkindern vergeben werden, die Sünden und Lästerungen, soviel sie auch lästern

---

1 Vgl. H. Thyen, Art. „Schlüsselgewalt" in RGG³.   1
1 Die Lesart „gegen dich" zerstört die Mitverantwortlichkeit jedes Gemeindegliedes für das Ganze.   2
2 Über die Nähe zum jüdischen Zuchtmittel des Bannes s. Kohlmeyer, Charisma od. Recht 4 und Doskocil, Der Bann 30 ff.
3 Zum Verhältnis von Matth. 18, 18 zu 16, 19 vgl. auch G. Klein: Die Verleugnung des Petrus, Ztschr. f. Theol. u. Kirche 58, 1961, 326 s.

ἂν βλασφημήσῃ εἰς τὸ πνεῦμα τὸ ἅγιον, οὐκ ἔχει ἄφεσιν εἰς τὸν αἰῶνα, ἀλλὰ ἔνοχός ἐστιν αἰωνίου ἁμαρτήματος.

4   Luc. XXII, 31—32

31. Σίμων Σίμων, ἰδοὺ ὁ σατανᾶς ἐξῃτήσατο ὑμᾶς τοῦ σινιάσαι ὡς τὸν σῖτον· 32. ἐγὼ δὲ ἐδεήθην περὶ σοῦ ἵνα μὴ ἐκλίπῃ ἡ πίστις σου· καὶ σύ ποτε ἐπιστρέψας στήρισον τοὺς ἀδελφούς σου.

5   Ioh. XX, 21—23

21. Εἶπεν οὖν αὐτοῖς ὁ Ἰησοῦς πάλιν· Εἰρήνη ὑμῖν· καθὼς ἀπέσταλκέν με ὁ πατήρ, κἀγὼ πέμπω ὑμᾶς. 22. Καὶ τοῦτο εἰπὼν ἐνεφύσησεν καὶ λέγει αὐτοῖς· Λάβετε πνεῦμα ἅγιον. 23. Ἄν τινων ἀφῆτε τὰς ἁμαρτίας, ἀφέωνται αὐτοῖς· ἄν τινων κρατῆτε, κεκράτηνται.

6   1. Cor. V, 1—13

1. Ὅλως ἀκούεται ἐν ὑμῖν πορνεία, καὶ τοιαύτη πορνεία ἥτις οὐδὲ ἐν τοῖς ἔθνεσιν, ὥστε γυναῖκά τινα τοῦ πατρὸς ἔχειν. 2. Καὶ ὑμεῖς πεφυσιωμένοι ἐστὲ καὶ οὐχὶ μᾶλλον ἐπενθήσατε, ἵνα ἀρθῇ ἐκ μέσου ὑμῶν ὁ τὸ ἔργον τοῦτο πράξας; 3. Ἐγὼ μὲν γάρ, ἀπὼν τῷ σώματι, παρὼν δὲ τῷ
5 πνεύματι, ἤδη κέκρικα ὡς παρὼν τὸν οὕτως τοῦτο κατεργασάμενον 4. ἐν τῷ ὀνόματι τοῦ κυρίου Ἰησοῦ συναχθέντων ὑμῶν καὶ τοῦ ἐμοῦ πνεύματος σὺν τῇ δυνάμει τοῦ κυρίου ἡμῶν Ἰησοῦ 5. παραδοῦναι τὸν τοιοῦτον τῷ σατανᾷ εἰς ὄλεθρον τῆς σαρκός, ἵνα τὸ πνεῦμα σωθῇ ἐν τῇ ἡμέρᾳ τοῦ κυρίου. 6. Οὐ καλὸν τὸ καύχημα ὑμῶν. Οὐκ οἴδατε ὅτι μικρὰ ζύμη ὅλον

3, 3 εἰς τῶν αἰῶνα: om. alii
5, 4 ἀφέωνται: ἀφίενται uar., ἀφεθήσεται unus e codd.

mögen. 29. Wer aber gegen den Heiligen Geist lästert, empfängt keine Vergebung in Ewigkeit, sondern er ist ewiger Sünde schuldig.

Luk. XXII, 31—32

31. Simon, Simon, siehe, euch hat der Satan sich ausgebeten, um euch zu sieben wie den Weizen. 32. Ich aber habe für dich gebeten, dass dein Glaube nicht aufhöre. Und du, wenn du dich einst bekehrt hast [1], stärke deine Brüder.

Joh. XX, 21—23

21. Da sagte Jesus zu ihnen nochmals: Friede sei mit euch! Wie mich der Vater gesandt hat, so sende ich euch. 22. Und nach diesen Worten hauchte er sie an und sagte zu ihnen: Empfanget den Heiligen Geist! 23. Wenn ihr jemandem die Sünden vergebt, dann sind sie ihm vergeben; wenn ihr sie jemandem behaltet, dann sind sie behalten.

1. Kor. V, 1—13

1. Überhaupt hört man von Unzucht unter euch, und sogar von solcher Unzucht, wie sie selbst unter den Heiden nicht vorkommt, dass nämlich einer die Frau seines Vaters [1] besitzt. 2. Und ihr seid hochmütig und habt nicht vielmehr Leid getragen [2], damit der aus eurer Mitte entfernt würde, der diese Tat begangen hat? 3. Denn ich — dem Leibe nach abwesend, aber im Geist gegenwärtig [3] — habe schon, als wäre ich anwesend, über diesen Übeltäter einen Beschluss gefasst: 4. nämlich im Namen des Herrn Jesus, wenn ihr und mein Geist mitsamt der Kraft unsres Herrn Jesus versammelt seid, 5. den Betreffenden dem Satan zu übergeben zum Verderben des Fleisches, damit der Geist gerettet werde am Tage des Herrn [4]. 6. Euer Ruhm ist nicht gut. Wisst ihr nicht, dass

---

1 Ἐπιστρέψας lässt sich auch transitiv verstehen (vgl. Nr. 20, Z. 8): „bringe einstmals deine Brüder zurecht und stärke sie". — Zu Nr. 4 vgl. den zu Nr. 2 genannten Aufsatz von G. Klein.
1 Also die Stiefmutter.
2 Πενθεῖν meint oft die überindividuelle Trauer einer Gemeinschaft über die Sünde eines Gliedes und über ihre eigne Verunreinigung durch diese.
3 Zu diesem Topos vgl. Thraede, Jahrbuch für Antike u. Christentum 5, 1962, 141—145.
4 Über diesen Akt charismatisch-eschatologischen Rechtes s. E. Käsemann: Sätze heiligen Rechtes im NT. New Test. Studies 1, 1954/55, 248—260, besonders 251—253 (Exegetische Versuche u. Besinnungen 2², 69—82).

το φύραμα ζυμοῖ; 7. Ἐκκαθάρατε τὴν παλαιὰν ζύμην, ἵνα ἦτε νέον φύραμα, καθώς ἐστε ἄζυμοι. Καὶ γὰρ τὸ πάσχα ἡμῶν ἐτύθη Χριστός. 8. Ὥστε ἑορτάζωμεν μὴ ἐν ζύμῃ παλαιᾷ μηδὲ ἐν ζύμῃ κακίας καὶ πονηρίας, ἀλλ' ἐν ἀζύμοις εἰλικρινείας καὶ ἀληθείας. 9. Ἔγραψα ὑμῖν ἐν τῇ ἐπιστολῇ μὴ συναναμίγνυσθαι πόρνοις, 10. οὐ πάντως τοῖς πόρνοις τοῦ κόσμου τούτου ἢ τοῖς πλεονέκταις καὶ ἅρπαξιν ἢ εἰδωλολάτραις, ἐπεὶ ὠφείλετε ἄρα ἐκ τοῦ κόσμου ἐξελθεῖν. 11. Νῦν δὲ ἔγραψα ὑμῖν μὴ συναναμίγνυσθαι, ἐάν τις ἀδελφὸς ὀνομαζόμενος ᾖ πόρνος ἢ πλεονέκτης ἢ εἰδωλολάτρης ἢ λοίδορος ἢ μέθυσος ἢ ἅρπαξ, τῷ τοιούτῳ μηδὲ συνεσθίειν. 12. Τί γάρ μοι τοὺς ἔξω κρίνειν; Οὐχὶ τοὺς ἔσω ὑμεῖς κρίνετε; 13. Τοὺς δὲ ἔξω ὁ θεὸς κρινεῖ. **Ἐξάρατε τὸν πονηρὸν ἐξ ὑμῶν αὐτῶν.**

ibidem XI, 27—32

27. Ὥστε ὃς ἂν ἐσθίῃ τὸν ἄρτον ἢ πίνῃ τὸ ποτήριον τοῦ κυρίου ἀναξίως, ἔνοχος ἔσται τοῦ σώματος καὶ τοῦ αἵματος τοῦ κυρίου. 28. Δοκιμαζέτω δὲ ἄνθρωπος ἑαυτὸν καὶ οὕτως ἐκ τοῦ ἄρτου ἐσθιέτω καὶ ἐκ τοῦ ποτηρίου πινέτω· 29. ὁ γὰρ ἐσθίων καὶ πίνων κρίμα ἑαυτῷ ἐσθίει καὶ πίνει μὴ διακρίνων τὸ σῶμα. 30. Διὰ τοῦτο ἐν ὑμῖν πολλοὶ ἀσθενεῖς καὶ ἄρρωστοι καὶ κοιμῶνται ἱκανοί. 31. Εἰ δὲ ἑαυτοὺς διεκρίνομεν, οὐκ ἂν ἐκρινόμεθα· 32. κρινόμενοι δὲ ὑπὸ τοῦ κυρίου παιδευόμεθα, ἵνα μὴ σὺν τῷ κόσμῳ κατακριθῶμεν.

2. Cor. II, 5—11

5. Εἰ δέ τις λελύπηκεν, οὐκ ἐμὲ λελύπηκεν, ἀλλὰ ἀπὸ μέρους, ἵνα μὴ ἐπιβαρῶ, πάντας ὑμᾶς. 6. Ἱκανὸν τῷ τοιούτῳ ἡ ἐπιτιμία αὕτη ἡ ὑπὸ τῶν πλειόνων, 7. ὥστε τοὐναντίον μᾶλλον ὑμᾶς χαρίσασθαι καὶ παρακαλέσαι,

---

6, 20 Deut. 17, 7 etc.

7, 4 πίνων: ἀναξίως *add. alii*

ein wenig Sauerteig den ganzen Teig durchsäuert? 7. Entfernt den alten Sauerteig, damit ihr ein neuer Teig seid, wie ihr ja Ungesäuerte seid; denn als unser Passahlamm ist Christus geschlachtet worden. 8. Lasst uns deshalb das Fest nicht mit dem alten Sauerteig feiern und nicht mit dem Sauerteig der Bosheit und Schlechtigkeit, sondern mit dem ungesäuerten Brot der Reinheit und Wahrheit. 9. Ich habe euch in meinem Brief geschrieben, ihr solltet nicht mit Unzüchtigen verkehren; 10. — natürlich nicht überhaupt mit den Unzüchtigen in dieser Welt oder den Betrügern, Räubern oder Götzendienern; denn dann müsstet ihr ja aus der Welt fortgehen. 11. Jetzt aber schreibe ich euch, ihr sollt nicht mit einem verkehren, der sich Bruder nennen lässt und ein Unzüchtiger ist oder ein Betrüger oder Götzendiener oder Lästerer oder Trunkenbold oder Räuber; mit einem solchen sollt ihr auch nicht zusammen essen [5]. 12. Denn was habe ich die zu richten, die draussen sind? Richtet ihr nicht die, die drinnen sind? 13. Die draussen wird Gott richten. *Verstosset den Bösen aus eurer eignen Mitte!*

Ebenda XI, 27—32

27. Wer also in unwürdiger Weise das Brot isst oder den Kelch des Herrn trinkt, wird sich am Leibe und am Blute des Herrn versündigen. 28. Der Mensch prüfe sich aber selbst, und dann esse er von dem Brot und trinke aus dem Kelch; 29. denn wer isst und trinkt, isst und trinkt sich selbst zum Gericht, wenn er dabei den Leib nicht (sc. von gewöhnlicher Speise) unterscheidet. 30. Deshalb sind unter euch viele schwach und krank, und eine Anzahl sind entschlafen. 31. Wenn wir uns aber selbst beurteilten, würden wir nicht gerichtet; 32. wenn wir aber vom Herrn gerichtet werden, so werden wir gezüchtigt, damit wir nicht zusammen mit der Welt verurteilt werden [1].

2. Kor. II, 5—11

5. Wenn jemand Betrübnis verursacht hat, so hat er nicht mich betrübt, sondern — um nicht zuviel zu sagen: mehr oder weniger — euch alle. 6. Es genügt für den Betreffenden diese Bestrafung durch die Mehrheit (sc. der Gemeinde). 7. Daher müsst ihr im Gegenteil vielmehr ver-

---

[5] Dieser Boykott geht über den Ausschluss von der Eucharistie hinaus.
[1] Über den Zusammenhang zwischen Busse, Selbstausschluss und Abendmahlsempfang s. 1. Kor. 16, 20—22 und Didache 10, 6 (Nr. 59). Vgl. auch W. Elert: Abendmahl und Kirchengemeinschaft in der alten Kirche hauptsächlich des Ostens, 1954, bes. Kap. 8, und G. Bornkamm: Das Ende des Gesetzes (Paulusstudien), ³1961, 123 ss.

μή πως τῇ περισσοτέρᾳ λύπῃ καταποθῇ ὁ τοιοῦτος. 8. Διὸ παρακαλῶ
ὑμᾶς κυρῶσαι εἰς αὐτὸν ἀγάπην· 9. εἰς τοῦτο γὰρ καὶ ἔγραψα, ἵνα γνῶ
τὴν δοκιμὴν ὑμῶν, εἰ εἰς πάντα ὑπήκοοί ἐστε. 10. ᾯ δέ τι χαρίζεσθε,
κἀγώ· καὶ γὰρ ἐγὼ ὃ κεχάρισμαι, εἴ τι κεχάρισμαι, δι' ὑμᾶς ἐν προσώπῳ
Χριστοῦ, 11. ἵνα μὴ πλεονεκτηθῶμεν ὑπὸ τοῦ σατανᾶ· οὐ γὰρ αὐτοῦ τὰ
νοήματα ἀγνοοῦμεν.

9   ibidem VII, 8—10

8. Ὅτι εἰ καὶ ἐλύπησα ὑμᾶς ἐν τῇ ἐπιστολῇ, οὐ μεταμέλομαι· εἰ καὶ
μετεμελόμην, βλέπω ὅτι ἡ ἐπιστολὴ ἐκείνη εἰ καὶ πρὸς ὥραν ἐλύπησεν
ὑμᾶς, 9. νῦν χαίρω, οὐχ ὅτι ἐλυπήθητε, ἀλλ' ὅτι ἐλυπήθητε εἰς μετάνοιαν·
ἐλυπήθητε γὰρ κατὰ θεόν, ἵνα ἐν μηδενὶ ζημιωθῆτε ἐξ ἡμῶν. 10. Ἡ γὰρ
κατὰ θεὸν λύπη μετάνοιαν εἰς σωτηρίαν ἀμεταμέλητον ἐργάζεται· ἡ δὲ
τοῦ κόσμου λύπη θάνατον κατεργάζεται.

10   ibidem XII, 21

(Φοβοῦμαι ...) μὴ πάλιν ἐλθόντος μου ταπεινώσῃ με ὁ θεός μου πρὸς
ὑμᾶς, καὶ πενθήσω πολλοὺς τῶν προημαρτηκότων καὶ μὴ μετανοησάντων
ἐπὶ τῇ ἀκαθαρσίᾳ καὶ πορνείᾳ καὶ ἀσελγείᾳ ᾗ ἔπραξαν.

11   Gal. VI, 1

Ἀδελφοί, ἐὰν καὶ προλημφθῇ ἄνθρωπος ἔν τινι παραπτώματι, ὑμεῖς οἱ
πνευματικοὶ καταρτίζετε τὸν τοιοῦτον ἐν πνεύματι πραΰτητος, σκοπῶν
σεαυτόν, μὴ καὶ σὺ πειρασθῇς.

zeihen und Zuspruch üben, dass der Betreffende nicht in übermässiger Betrübnis versinkt. 8. Deshalb fordere ich euch auf, gegen ihn Liebe walten zu lassen. 9. Denn ich habe ja auch in der Absicht geschrieben [1], eure Bewährung zu erkennen, ob ihr in allem gehorsam seid. 10. Wem ihr aber etwa verzeiht, dem verzeihe ich auch. Denn auch ich habe, was ich verziehen habe — wenn ich überhaupt etwas zu verzeihen hatte —, es um euretwillen vor dem Angesicht Christi getan, 11. damit wir nicht vom Satan überlistet werden; seine Absichten kennen wir ja recht gut.

Ebenda VII, 8—10

8. Denn wenn ich euch auch mit dem Brief betrübt habe, so bereue ich das nicht. Und wenn ich es auch bereute — ich sehe, dass jener Brief euch, wenn auch nur vorübergehend, betrübt hat —, 9. freue ich mich jetzt doch, nicht dass ihr betrübt worden seid, sondern dass ihr betrübt worden seid zur Busse [1]. Denn ihr seid nach dem Willen Gottes betrübt worden, damit ihr von uns in keiner Weise Schaden erleiden müsstet. 10. Denn die Betrübnis nach dem Willen Gottes bewirkt eine Reue zum Heil, die man nicht zu bereuen hat; aber die Betrübnis der Welt bewirkt den Tod.

Ebenda XII, 21

(Ich fürchte...,) dass mein Gott mich, wenn ich wiederkomme, vor euch demütigt und ich trauern muss um viele, die vorher gesündigt und nicht Busse getan haben über die Unreinheit, Unzucht und Schwelgerei, die sie begangen haben.

Gal. VI, 1

Liebe Brüder, wenn jemand bei einem Fehltritt angetroffen wird, so bringet ihr als die Geisterfüllten den Betreffenden im Geist der Sanftmut wieder zurecht; dabei sieh auf dich selbst, dass du nicht auch in Versuchung geratest.

---

1 In diesem früheren Briefe (vgl. Nr. 9) handelte es sich nicht um den Blutschänder aus Nr. 6.
1 Im Sinn von „Reue".

12   2. Thess. III, 14—15

14. Εἰ δέ τις οὐχ ὑπακούει τῷ λόγῳ ἡμῶν διὰ τῆς ἐπιστολῆς, τοῦτον σημειοῦσθε μὴ συναναμίγνυσθαι αὐτῷ, ἵνα ἐντραπῇ· 15. καὶ μὴ ὡς ἐχθρὸν ἡγεῖσθε, ἀλλὰ νουθετεῖτε ὡς ἀδελφόν.

13   1. Tim. I, 18—20

18. Ταύτην τὴν παραγγελίαν παρατίθεμαί σοι, τέκνον Τιμόθεε, κατὰ τὰς προαγούσας ἐπὶ σὲ προφητείας, ἵνα στρατεύῃ ἐν αὐταῖς τὴν καλὴν στρατείαν, 19. ἔχων πίστιν καὶ ἀγαθὴν συνείδησιν, ἥν τινες ἀπωσάμενοι περὶ τὴν πίστιν ἐναυάγησαν· 20. ὧν ἐστιν Ὑμέναιος καὶ Ἀλέξανδρος,
5 οὓς παρέδωκα τῷ σατανᾷ, ἵνα παιδευθῶσιν μὴ βλασφημεῖν.

14   ibidem V, 19—22 et 24

19. Κατὰ πρεσβυτέρου κατηγορίαν μὴ παραδέχου, ἐκτὸς εἰ μὴ ἐπὶ δ ύ ο ἢ τ ρ ι ῶ ν μ α ρ τ ύ ρ ω ν. 20. Τοὺς ἁμαρτάνοντας ἐνώπιον πάντων ἔλεγχε, ἵνα καὶ οἱ λοιποὶ φόβον ἔχωσιν. 21. Διαμαρτύρομαι ἐνώπιον τοῦ θεοῦ καὶ Χριστοῦ Ἰησοῦ καὶ τῶν ἐκλεκτῶν ἀγγέλων ἵνα ταῦτα φυλάξῃς
5 χωρὶς προκρίματος, μηδὲν ποιῶν κατὰ πρόσκλισιν. 22. Χεῖρας ταχέως μηδενὶ ἐπιτίθει μηδὲ κοινώνει ἁμαρτίαις ἀλλοτρίαις· σεαυτὸν ἁγνὸν τήρει.
... 24. Τινῶν ἀνθρώπων αἱ ἁμαρτίαι πρόδηλοί εἰσιν προάγουσαι εἰς κρίσιν, τισὶν δὲ καὶ ἐπακολουθοῦσιν·

15   2. Tim. II, 19—21. 24—25

19. Ὁ μέντοι στερεὸς θεμέλιος τοῦ θεοῦ ἕστηκεν, ἔχων τὴν σφραγῖδα ταύτην· ἔ γ ν ω κ ύ ρ ι ο ς τ ο ὺ ς ὄ ν τ α ς α ὐ τ ο ῦ, καί· ἀποστήτω ἀπὸ ἀδικίας πᾶς ὁ ὀνομάζων τὸ ὄνομα κυρίου. 20. Ἐν μεγάλῃ δὲ οἰκίᾳ οὐκ

13, 5 cf. nr. 6, 7 s.
14, 1 s. cf. nr. 2, 3 s.
15, 2 cf. Num. 16, 5

2. Thess. III, 14—15

14. Wenn jemand unserm brieflichen Wort nicht gehorcht, den merkt euch und habet keinen Umgang mit ihm [1], damit er beschämt wird. 15. Aber betrachtet ihn nicht als Feind, sondern weiset ihn zurecht wie einen Bruder.

1. Tim. I, 18—20

18. Diese Weisung übergebe ich dir, mein Sohn Timotheus, im Anschluss an die früher über dich ergangenen Weissagungen, damit du mit ihrer Hilfe den guten Kampf kämpfest; 19. halte dabei den Glauben fest und ein gutes Gewissen. Dieses haben einige von sich geworfen und am Glauben Schiffbruch erlitten. 20. Zu ihnen gehören Hymenäus und Alexander, die ich dem Satan übergeben habe [1], damit sie durch die Züchtigung lernen, nicht zu lästern.

Ebenda V, 19—22 und 24

19. Gegen einen Ältesten nimm eine Klage nur an, wenn *zwei oder drei Zeugen* da sind. 20. Wer sündigt, den weise im Beisein aller zurecht, damit auch alle andern sich fürchten. 21. Ich beschwöre dich vor Gott und Christus Jesus und den auserwählten Engeln, dies ohne Vorurteil zu befolgen und nichts nach Gunst zu tun. 22. Erteile niemandem die Handauflegung in Eile, und werde nicht mitschuldig an fremden Sünden. Bewahre dich selbst rein [1]. ... 24. Mancher Menschen Sünden sind offenbar und gehen ihnen ins Gericht voraus, andern dagegen folgen sie erst nach [2].

2. Tim. II, 19—21. 24—25

19. Doch das feste Fundament Gottes bleibt bestehen und trägt dieses Siegel: *Der Herr kennt die Seinen,* und: Jeder, der den Namen des Herrn nennt, lasse ab vom Unrecht. 20. In einem grossen Hause gibt es aber

---

[1] Zum Boykott vgl. 1. Kor. 5, 6 ss. (Nr. 6), 2. Thess. 3, 6; Röm. 16, 17 und 2. Tim. 3, 5.
[1] Vgl. Nr. 6.
[1] Wahrscheinlich ist an die Rekonziliation von Büssern zu denken, nicht an die Ordination von Presbytern. Vgl. P. Galtier, Rech. de sc. rel. 39, 1951/52, 317—320; G. Bornkamm in Kittels Theol. Wörterbuch zum NT, 6, 666 Anm. 93.
[2] Die offenbaren Sünden können schon jetzt gestraft werden, die andern erst von Gott. — Zum Vorausgehen der Werke s. M. Dibelius im Handb. z. NT zur Stelle.

ἔστιν μόνον σκεύη χρυσᾶ καὶ ἀργυρᾶ, ἀλλὰ καὶ ξύλινα καὶ ὀστράκινα, καὶ
ἃ μὲν εἰς τιμὴν ἃ δὲ εἰς ἀτιμίαν· 21. ἐὰν οὖν τις ἐκκαθάρῃ ἑαυτὸν ἀπὸ
τούτων, ἔσται σκεῦος εἰς τιμήν, ἡγιασμένον, εὔχρηστον τῷ δεσπότῃ, εἰς
πᾶν ἔργον ἀγαθὸν ἡτοιμασμένον. ... 24. Δοῦλον δὲ κυρίου οὐ δεῖ μάχεσθαι,
ἀλλὰ ἤπιον εἶναι πρὸς πάντας, διδακτικόν, ἀνεξίκακον, 25. ἐν πραΰτητι
παιδεύοντα τοὺς ἀντιδιατιθεμένους, μήποτε δῴη αὐτοῖς ὁ θεὸς μετάνοιαν
εἰς ἐπίγνωσιν ἀληθείας.

16   Tit. III, 10—11

10. Αἱρετικὸν ἄνθρωπον μετὰ μίαν καὶ δευτέραν νουθεσίαν παραιτοῦ,
11. εἰδὼς ὅτι ἐξέστραπται ὁ τοιοῦτος καὶ ἁμαρτάνει ὢν αὐτοκατάκριτος.

17   Hebr. VI, 1—8

1. Διὸ ἀφέντες τὸν τῆς ἀρχῆς τοῦ Χριστοῦ λόγον ἐπὶ τὴν τελειότητα
φερώμεθα, μὴ πάλιν θεμέλιον καταβαλλόμενοι μετανοίας ἀπὸ νεκρῶν
ἔργων καὶ πίστεως ἐπὶ θεόν, 2. βαπτισμῶν διδαχῆς ἐπιθέσεώς τε χειρῶν,
ἀναστάσεως νεκρῶν καὶ κρίματος αἰωνίου. 3. Καὶ τοῦτο ποιήσομεν, ἐάνπερ
ἐπιτρέπῃ ὁ θεός. 4. Ἀδύνατον γὰρ τοὺς ἅπαξ φωτισθέντας γευσαμένους
τε τῆς δωρεᾶς τῆς ἐπουρανίου καὶ μετόχους γενηθέντας πνεύματος ἁγίου
5. καὶ καλὸν γευσαμένους θεοῦ ῥῆμα δυνάμεις τε μέλλοντος αἰῶνος, 6. καὶ
παραπεσόντας, πάλιν ἀνακαινίζειν εἰς μετάνοιαν, ἀνασταυροῦντας ἑαυτοῖς
τὸν υἱὸν τοῦ θεοῦ καὶ παραδειγματίζοντας. 7. Γῆ γὰρ ἡ πιοῦσα τὸν ἐπ᾽
αὐτῆς ἐρχόμενον πολλάκις ὑετὸν καὶ τίκτουσα βοτάνην εὔθετον ἐκείνοις
δι᾽ οὓς καὶ γεωργεῖται, μεταλαμβάνει εὐλογίας ἀπὸ τοῦ θεοῦ· 8. ἐκφέρουσα
δὲ ἀκάνθας καὶ τριβόλους ἀδόκιμος καὶ κατάρας ἐγγύς, ἧς τὸ τέλος εἰς
καῦσιν.

16, 1 καὶ δευτέραν: *om. pauci*
17, 3 διδαχῆς: διδαχήν *uar.*
     4 s. *Vers. 3 del. Scheidweiler.*

nicht nur goldene und silberne Gefässe, sondern auch hölzerne und irdene, und solche zu ehrenvoller Bestimmung, andere aber zu entehrender. 21. Wenn sich nun jemand hiervon [1] reinigt, wird er ein Gefäss mit ehrenvoller Bestimmung sein, geheiligt, dem Herrn nützlich, zu jedem guten Werk geeignet. ... 24. Ein Knecht des Herrn soll nicht streiten, sondern freundlich sein zu allen, geschickt im Lehren, geduldig im Leiden; 25. er soll die Widersätzlichen mit Sanftmut zurechtweisen, ob ihnen Gott etwa Umkehr (Busse) zur Erkenntnis der Wahrheit schenkt.

Tit. III, 10—11

10. Mit einem Sektierer brich nach einer ersten und zweiten Ermahnung die Beziehungen ab 11. in dem Bewusstsein, dass ein solcher Mensch verdreht ist und in Sünde steckt, wobei er sich selbst das Urteil spricht.

Hebr. VI, 1—8

1. Deshalb wollen wir die Elementarlehre über Christus beiseite lassen und auf die Vollkommenheit zugehen; wir wollen nicht wiederum das Fundament legen der Abkehr von toten Werken und des Glaubens an Gott, 2. der Lehre von den Taufen [1] und der Handauflegung, von der Auferstehung der Toten und vom ewigen Gericht. — 3. Auch dies [2] werden wir tun, falls Gott es zulässt. — 4. Denn es ist unmöglich, die einmal Erleuchteten, die die himmlische Gabe geschmeckt haben, des Heiligen Geistes teilhaftig geworden sind 5. und das schöne Wort Gottes und die Kräfte der kommenden Weltzeit geschmeckt haben 6. und dann abgefallen sind, wieder zur Busse zu erneuern; denn sie kreuzigen für ihre Person den Sohn Gottes [3] und machen ihn zum Gespött. 7. Denn ein Land, das den wiederholt auf es fallenden Regen getrunken hat und denen, für die es bebaut wird, nützliches Gewächs hervorbringt, empfängt von Gott Segen. 8. Bringt es aber Dornen und Disteln hervor, so ist es verworfen und vom Fluche bedroht, dessen Ende die Verbrennung ist.

---

1 Entweder von den in V. 17 genannten schandbaren Menschen oder ihren in V. 16 und 18 genannten Handlungen.
1 Oder „Waschungen".
2 Die Wiederholung der Anfangsgründe. — Nach F. Scheidweiler (Hermes 83, 1955, 229) wäre V. 3 „der Zusatz oder die Randbemerkung eines Theologen ...", der den ersten leisen Protest gegen den Rigorismus des Hebr.-Briefes anmeldete".
3 Oder: „sie kreuzigen bei sich selbst ... noch einmal".

ibidem X, 26—31

26. Ἑκουσίως γὰρ ἁμαρτανόντων ἡμῶν μετὰ τὸ λαβεῖν τὴν ἐπίγνωσιν τῆς ἀληθείας, οὐκέτι περὶ ἁμαρτιῶν ἀπολείπεται θυσία, 27. φοβερὰ δέ τις ἐκδοχὴ κρίσεως καὶ π υ ρ ὸ ς ζ ῆ λ ο ς ἐ σ θ ί ε ι ν μέλλοντος τ ο ὺ ς ὑ π ε ν - α ν τ ί ο υ ς. 28. Ἀθετήσας τις νόμον Μωϋσέως χωρὶς οἰκτιρμῶν ἐ π ὶ δ υ σ ὶ ν ἢ τ ρ ι σ ὶ ν μ ά ρ τ υ σ ι ν ἀ π ο θ ν ή σ κ ε ι· 29. πόσῳ δοκεῖτε χείρονος ἀξιωθήσεται τιμωρίας ὁ τὸν υἱὸν τοῦ θεοῦ καταπατήσας καὶ τὸ αἷμα τῆς διαθήκης κοινὸν ἡγησάμενος, ἐν ᾧ ἡγιάσθη, καὶ τὸ πνεῦμα τῆς χάριτος ἐνυβρίσας. 30. Οἴδαμεν γὰρ τὸν εἰπόντα· Ἐ μ ο ὶ ἐ κ δ ί κ η σ ι ς, ἐ γ ὼ ἀ ν τ α π ο δ ώ σ ω· καὶ πάλιν· Κ ρ ι ν ε ῖ κ ύ ρ ι ο ς τ ὸ ν λ α ὸ ν α ὐ τ ο ῦ. 31. Φοβερὸν τὸ ἐμπεσεῖν εἰς χεῖρας θεοῦ ζῶντος.

ibidem XII, 14—17

14. Εἰρήνην διώκετε μετὰ πάντων καὶ τὸν ἁγιασμόν, οὗ χωρὶς οὐδεὶς ὄψεται τὸν κύριον, 15. ἐπισκοποῦντες μή τις ὑστερῶν ἀπὸ τῆς χάριτος τοῦ θεοῦ, μή τις ῥίζα πικρίας ἄνω φύουσα ἐνοχλῇ καὶ διὰ ταύτης μιανθῶσιν οἱ πολλοί, 16. μή τις πόρνος ἢ βέβηλος ὡς Ἡσαῦ, ὃς ἀντὶ βρώσεως μιᾶς ἀπέδοτο τὰ πρωτοτόκια ἑαυτοῦ. 17. Ἴστε γὰρ ὅτι καὶ μετέπειτα θέλων κληρονομῆσαι τὴν εὐλογίαν ἀπεδοκιμάσθη, μ ε τ α ν ο ί α ς γὰρ τ ό π ο ν οὐχ εὗρεν, καίπερ μετὰ δακρύων ἐκζητήσας αὐτήν.

Iac. V, 14—16 et 19—20

14. Ἀσθενεῖ τις ἐν ὑμῖν; Προσκαλεσάσθω τοὺς πρεσβυτέρους τῆς ἐκκλησίας καὶ προσευξάσθωσαν ἐπ᾽ αὐτὸν ἀλείψαντες ἐλαίῳ ἐν τῷ ὀνόματι τοῦ κυρίου. 15. Καὶ ἡ εὐχὴ τῆς πίστεως σώσει τὸν κάμνοντα, καὶ ἐγερεῖ αὐτὸν ὁ κύριος· κἂν ἁμαρτίας ᾖ πεποιηκώς, ἀφεθήσεται αὐτῷ. 16. Ἐξομολογεῖσθε οὖν ἀλλήλοις τὰς ἁμαρτίας καὶ προσεύχεσθε ὑπὲρ ἀλλήλων, ὅπως

18, 3 s. cf. Is. 26, 11
    4 s. cf. Deut. 17, 6
    8 ss. cf. Deut. 32, 35 s. etc. (Rom. 12, 19)
19, 6 s. cf. Sap. 12, 10

Ebenda X, 26—31

26. Denn wenn wir bewusst und mit Willen [1] sündigen, nachdem wir die Erkenntnis der Wahrheit erlangt haben, steht hinfort kein Opfer für Sünden mehr zur Verfügung, 27. sondern nur die schreckliche Gerichtserwartung und *der Eifer des Feuers, das die Widersacher verzehren* wird. 28. Wenn jemand das Gesetz des Mose nicht achtet, *stirbt er* ohne Erbarmen *auf die Aussage von zwei oder drei Zeugen hin.* 29. Wieviel schlimmer ist eures Ermessens die Strafe, die dem zuerkannt wird, der den Sohn Gottes mit Füssen tritt und das Bundesblut, durch das er geheiligt worden ist, nicht für heilig hält und den Geist der Gnade verspottet! 30. Wir kennen ja den, der gesagt hat: *Mein ist die Rache, ich will vergelten,* und wiederum: *Der Herr wird sein Volk richten.* 31. Schrecklich ist es, in die Hände des lebendigen Gottes zu fallen.

Ebenda XII, 14—17

14. Trachtet nach Frieden mit allen und nach der Heiligung, ohne die keiner den Herrn schauen wird; 15. sehet zu, dass keiner die Gnade Gottes versäume, dass in ihm keine bittere Wurzel aufschiesse und Schaden anrichte und durch sie die Gesamtheit befleckt wird; 16. dass keiner ein Hurer oder gemeiner Mensch sei wie Esau, der für eine einzige Mahlzeit sein Erstgeburtsrecht dahingab. 17. Ihr wisst ja, dass er auch später, als er den Segen als Erbe empfangen wollte, verworfen wurde; denn er fand keine *Möglichkeit zur Umkehr* [1], obwohl er sie unter Tränen suchte.

Jak. V, 14—16. 19—20

14. Ist einer unter euch krank? Dann rufe er die Ältesten der Gemeinde zu sich; sie sollen ihn im Namen des Herrn mit Öl salben [1] und über ihm beten. 15. Und das Glaubensgebet wird den Kranken retten, und der Herr wird ihn aufstehen lassen. Und wenn er Sünden begangen hat, wird ihm vergeben werden. 16. Bekennet daher einander [2] die Sünden und betet füreinander, damit ihr geheilt werdet. Viel vermag das

---

[1] Zur Unterscheidung versehentlicher und willentlicher Übertretungen s. besonders Num. 15, 22—31 und Hauck in Kittels Theol. Wörterb. z. NT 2, 468.
[1] Gemeint ist nicht die Reue, sondern die von dem Gekränkten (im besonderen von Gott und der Kirche) angenommene Busse, so dass die Strafe unterbleibt. Vgl. Poschmann, Paen. sec. 51, A. 2.
[1] Zur Heilung der Krankheit.
[2] Entweder ein Gemeindeglied dem andern oder vor den Presbytern; vgl. Poschmann, Paen. sec. 58 s. und 2. Clem. 17, 2—3 (Nr. 74).

ἰαθῆτε. Πολὺ ἰσχύει δέησις δικαίου ἐνεργουμένη. ... 19. Ἀδελφοί μου, ἐάν τις ἐν ὑμῖν πλανηθῇ ἀπὸ τῆς ἀληθείας καὶ ἐπιστρέψῃ τις αὐτόν, 20. γινώσκετε ὅτι ὁ ἐπιστρέψας ἁμαρτωλὸν ἐκ πλάνης ὁδοῦ αὐτοῦ σώσει ψυχὴν αὐτοῦ ἐκ θανάτου καὶ κ α λ ύ ψ ε ι πλῆθος ἁ μ α ρ τ ι ῶ ν.

21   2. Petr. III, 9

Οὐ βραδύνει κύριος τῆς ἐπαγγελίας, ὥς τινες βραδύτητα ἡγοῦνται, ἀλλὰ μακροθυμεῖ εἰς ὑμᾶς, μὴ βουλόμενός τινας ἀπολέσθαι, ἀλλὰ πάντας εἰς μετάνοιαν χωρῆσαι.

22   1. Ioh. I, 7—II, 2

I, 7. Ἐὰν δὲ ἐν τῷ φωτὶ περιπατῶμεν, ὡς αὐτός ἐστιν ἐν τῷ φωτί, κοινωνίαν ἔχομεν μετ᾽ ἀλλήλων καὶ τὸ αἷμα Ἰησοῦ τοῦ υἱοῦ αὐτοῦ καθαρίζει ἡμᾶς ἀπὸ πάσης ἁμαρτίας. 8. Ἐὰν εἴπωμεν ὅτι ἁμαρτίαν οὐκ ἔχομεν, ἑαυτοὺς πλανῶμεν καὶ ἡ ἀλήθεια οὐκ ἔστιν ἐν ἡμῖν. 9. Ἐὰν
5 ὁμολογῶμεν τὰς ἁμαρτίας ἡμῶν, πιστός ἐστιν καὶ δίκαιος, ἵνα ἀφῇ ἡμῖν τὰς ἁμαρτίας καὶ καθαρίσῃ ἡμᾶς ἀπὸ πάσης ἀδικίας. 10. Ἐὰν εἴπωμεν ὅτι οὐχ ἡμαρτήκαμεν, ψεύστην ποιοῦμεν αὐτὸν καὶ ὁ λόγος αὐτοῦ οὐκ ἔστιν ἐν ἡμῖν.
II, 1. Τεκνία μου, ταῦτα γράφω ὑμῖν, ἵνα μὴ ἁμάρτητε. Καὶ ἐάν τις
10 ἁμάρτῃ, παράκλητον ἔχομεν πρὸς τὸν πατέρα, Ἰησοῦν Χριστὸν δίκαιον·
2. καὶ αὐτὸς ἱλασμός ἐστιν περὶ τῶν ἁμαρτιῶν ἡμῶν, οὐ περὶ τῶν ἡμετέρων δὲ μόνον ἀλλὰ καὶ περὶ ὅλου τοῦ κόσμου.

23   ibidem III, 9

Πᾶς ὁ γεγεννημένος ἐκ τοῦ θεοῦ ἁμαρτίαν οὐ ποιεῖ, ὅτι σπέρμα αὐτοῦ ἐν αὐτῷ μένει· καὶ οὐ δύναται ἁμαρτάνειν, ὅτι ἐκ τοῦ θεοῦ γεγέννηται.

24   ibidem V, 16—17

16. Ἐάν τις ἴδῃ τὸν ἀδελφὸν αὐτοῦ ἁμαρτάνοντα ἁμαρτίαν μὴ πρὸς θάνατον, αἰτήσει, καὶ δώσει αὐτῷ ζωήν, τοῖς ἁμαρτάνουσιν μὴ πρὸς

20, 9 cf. Prou. 10, 12 hebr. (1. Petr. 4, 8)

Gebet eines Gerechten, wenn es sich auswirkt. ... 19. Meine Brüder, wenn jemand unter euch von der Wahrheit abirrt und einer ihn zur Umkehr bringt, 20. dann sollt ihr wissen: Wer einen Sünder von seinem falschen Wege zurückbringt, der wird seine [3] Seele vom Tode erretten und eine Menge *Sünden zudecken.*

2. Petr. III, 9

Der Herr säumt nicht mit der Verheissung, wie einige es für Saumseligkeit halten, sondern er ist euch gegenüber langmütig. Denn er will nicht, dass jemand verlorengeht, sondern dass alle zur Busse gelangen.

1. Joh. I, 7—II, 2

I, 7. Wenn wir im Lichte wandeln, wie er (Gott) im Lichte ist, so haben wir Gemeinschaft miteinander, und das Blut Jesu, seines Sohnes, reinigt uns von aller Sünde. 8. Wenn wir sagen: Wir haben keine Sünde, betrügen wir uns selbst, und die Wahrheit ist nicht in uns. 9. Wenn wir unsre Sünden bekennen, ist er treu und gerecht, so dass er uns die Sünden vergibt und uns von jedem Unrecht reinigt. 10. Wenn wir sagen: Wir haben nicht gesündigt, machen wir ihn zum Lügner, und sein Wort ist nicht in uns.

II, 1. Meine Kinder, dies schreibe ich euch, damit ihr nicht sündigt. Und wenn jemand sündigt, haben wir einen Fürsprecher beim Vater, Jesus Christus, den Gerechten. 2. Er ist die Versöhnung für unsre Sünden, aber nicht nur für die unsrigen, sondern auch für die der ganzen Welt.

Ebenda III, 9

Jeder, der von Gott gezeugt ist, sündigt nicht, weil sein Same in ihm bleibt; und er kann nicht sündigen, weil er von Gott gezeugt ist.

Ebenda V, 16—17

16. Wenn jemand sieht, wie sein Bruder eine Sünde begeht, die nicht zum Tode führt, der soll Fürbitte tun, und er (Gott) wird ihm das Leben schenken, — denen, die nicht zum Tode sündigen. Es gibt eine

---

[3] Die eigne Seele; die Rettung des Sünders wäre selbstverständlich.

θάνατον. Ἔστιν ἁμαρτία πρὸς θάνατον· οὐ περὶ ἐκείνης λέγω ἵνα ἐρωτήσῃ. 17. Πᾶσα ἀδικία ἁμαρτία ἐστίν, καὶ ἔστιν ἁμαρτία οὐ πρὸς θάνατον.

25   2. Ioh. 10—11

10. Εἴ τις ἔρχεται πρὸς ὑμᾶς καὶ ταύτην τὴν διδαχὴν οὐ φέρει, μὴ λαμβάνετε αὐτὸν εἰς οἰκίαν καὶ χαίρειν αὐτῷ μὴ λέγετε· 11. ὁ λέγων γὰρ αὐτῷ χαίρειν κοινωνεῖ τοῖς ἔργοις αὐτοῦ τοῖς πονηροῖς.

26   3. Ioh. 9—10

9. Ἔγραψά τι τῇ ἐκκλησίᾳ· ἀλλ' ὁ φιλοπρωτεύων αὐτῶν Διοτρέφης οὐκ ἐπιδέχεται ἡμᾶς. 10. Διὰ τοῦτο, ἐὰν ἔλθω, ὑπομνήσω αὐτοῦ τὰ ἔργα ἃ ποιεῖ λόγοις πονηροῖς φλυαρῶν ἡμᾶς, καὶ μὴ ἀρκούμενος ἐπὶ τούτοις οὔτε αὐτὸς ἐπιδέχεται τοὺς ἀδελφοὺς καὶ τοὺς βουλομένους κωλύει καὶ ἐκ τῆς ἐκκλησίας ἐκβάλλει.

27   Apoc. Ioh. II, 14—16 (Christus ad Pergamenos)

14. Ἀλλ' ἔχω κατὰ σοῦ ὀλίγα, ὅτι ἔχεις ἐκεῖ κρατοῦντας τὴν διδαχὴν Βαλαάμ, ὃς ἐδίδασκεν τῷ Βαλὰκ βαλεῖν σκάνδαλον ἐνώπιον τῶν υἱῶν Ἰσραήλ, φαγεῖν εἰδωλόθυτα καὶ πορνεῦσαι. 15. Οὕτως ἔχεις καὶ σὺ κρατοῦντας τὴν διδαχὴν τῶν Νικολαϊτῶν ὁμοίως. 16. Μετανόησον οὖν· εἰ
5 δὲ μή, ἔρχομαί σοι ταχὺ καὶ πολεμήσω μετ' αὐτῶν ἐν τῇ ῥομφαίᾳ τοῦ στόματός μου.

Clemens (Romanus), Epistula I (ca. 96), ed. K. Bihlmeyer,
Die Apostolischen Väter I, 1924 (² 1956 mit einem Nachtrag von W. Schneemelcher)

28   II, 3—6

3. Μεστοί τε ὁσίας βουλῆς, ἐν ἀγαθῇ προθυμίᾳ μετ' εὐσεβοῦς πεποιθήσεως ἐξετείνετε τὰς χεῖρας ὑμῶν πρὸς τὸν παντοκράτορα θεόν, ἱκετεύοντες αὐτὸν ἵλεων γενέσθαι, εἴ τι ἄκοντες ἡμάρτετε. 4. Ἀγὼν ἦν ὑμῖν

27, 2 s. cf. Num. 31, 16 et 25, 1 s.

24, 4 οὐ: *om. alii (fort. recte), cf. Tert., nr. 138, lin. 398*
28, 3 ἄκοντες: ἑκόντες *unus e codd.*

Sünde zum Tode; dass er für diese bitten soll, sage ich nicht[1]. 17. Jede Ungerechtigkeit ist Sünde, und es gibt eine Sünde, die nicht zum Tode ist.

2. Joh. 10—11

10. Wenn jemand zu euch kommt und diese Lehre nicht bringt, den nehmt nicht ins Haus auf und bietet ihm keinen Gruss. 11. Denn wer ihn begrüsst, hat Anteil an seinen bösen Werken.

3. Joh. 9—10

9. Ich habe an die Gemeinde etwas geschrieben; aber Diotrephes, der die Leitung bei ihnen beansprucht, nimmt uns nicht auf. 10. Deshalb will ich, wenn ich komme, an seine Werke erinnern, die er tut, indem er mit bösen Worten über uns schwatzt; und damit nicht zufrieden, nimmt er selbst die Brüder nicht auf und hindert auch die, die es tun wollen, und schliesst sie aus der Gemeinde aus[1].

Apok. Joh. II, 14—16 (Christus an die Gemeinde zu Pergamon)

14. Aber ich habe einiges wenige gegen dich. Du hast nämlich Leute in deiner Mitte, die an der Lehre Bileams festhalten; er lehrte den Balak, den Kindern Israels einen Anstoss zur Sünde zu geben, dass sie Götzenopferfleisch ässen und Unzucht trieben. 15. So hast auch du etliche, die ebenso an der Lehre der Nikolaiten festhalten. 16. Tu also Busse; sonst komme ich bald über dich und werde gegen sie kämpfen mit dem Schwerte meines Mundes.

Klemens (von Rom), Brief I

II, 3—6

3. Voll heiligen Willens, in guter Zuversicht mit frommem Vertrauen strecktet ihr eure Hände aus zu dem allmächtigen Gott und flehet ihn an, er möge sich gnädig erweisen, wenn ihr wider Willen[1] irgendwie

---

[1] Man könnte auch übersetzen: „für diese, sage ich, soll er nicht bitten".
[1] Vgl. E. Käsemann, Ketzer und Zeuge. Ztschr. f. Theol. u. Kirche 48, 1951, 292—311 (= Exeget. Versuche und Besinnungen 1, 1960, 168—187).
[1] Zur willentlichen Sünde vgl. Hebr. 10, 26 (Nr. 18). — Angeredet ist die Gemeinde in Korinth.

ἡμέρας τε καὶ νυκτὸς ὑπὲρ πάσης τῆς ἀδελφότητος εἰς τὸ σώζεσθαι μετ'
5 ἐλέους καὶ συνειδήσεως τὸν ἀριθμὸν τῶν ἐκλεκτῶν αὐτοῦ. 5. Εἰλικρινεῖς
καὶ ἀκέραιοι ἦτε καὶ ἀμνησίκακοι εἰς ἀλλήλους. 6. Πᾶσα στάσις καὶ πᾶν
σχίσμα βδελυκτὸν ἦν ὑμῖν. Ἐπὶ τοῖς παραπτώμασιν τῶν πλησίον ἐπενθεῖτε·
τὰ ὑστερήματα αὐτῶν ἴδια ἐκρίνετε.

29   ibidem VII, 2—5

2. Διὸ ἀπολίπωμεν τὰς κενὰς καὶ ματαίας φροντίδας καὶ ἔλθωμεν ἐπὶ
τὸν εὐκλεῆ καὶ σεμνὸν τῆς παραδόσεως ἡμῶν κανόνα 3. καὶ ἴδωμεν, τί
καλὸν καὶ τί τερπνὸν καὶ τί προσδεκτὸν ἐνώπιον τοῦ ποιήσαντος ἡμᾶς.
4. Ἀτενίσωμεν εἰς τὸ αἷμα τοῦ Χριστοῦ καὶ γνῶμεν, ὡς ἔστιν τίμιον
5 τῷ πατρὶ αὐτοῦ, ὅτι διὰ τὴν ἡμετέραν σωτηρίαν ἐκχυθὲν παντὶ τῷ κόσμῳ
μετανοίας χάριν ὑπήνεγκεν. 5. Διέλθωμεν εἰς τὰς γενεὰς πάσας καὶ
καταμάθωμεν, ὅτι ἐν γενεᾷ καὶ γενεᾷ μετανοίας τόπον ἔδωκεν ὁ
δεσπότης τοῖς βουλομένοις ἐπιστραφῆναι ἐπ' αὐτόν.

30   ibidem VIII, 5

Πάντας οὖν τοὺς ἀγαπητοὺς αὐτοῦ βουλόμενος μετανοίας μετασχεῖν
ἐστήριξεν τῷ παντοκρατορικῷ βουλήματι αὐτοῦ.

31   ibidem XLIV, 4

Ἁμαρτία γὰρ οὐ μικρὰ ἡμῖν ἔσται, ἐὰν τοὺς ἀμέμπτως καὶ ὁσίως
προσενεγκόντας τὰ δῶρα τῆς ἐπισκοπῆς ἀποβάλωμεν.

32   ibidem XLVII, 4

Ἀλλ' ἡ πρόσκλισις ἐκείνη ἥττονα ἁμαρτίαν ὑμῖν προσήνεγκεν· προσ-
εκλίθητε γὰρ ἀποστόλοις μεμαρτυρημένοις καὶ ἀνδρὶ δεδοκιμασμένῳ παρ'
αὐτοῖς.

29,7 cf. Hebr. 12,17 (nr. 19)

28, 5 συνειδήσεως: ἀγαθῆς add. alii

gefehlt hättet. 4. Sorge truget ihr Tag und Nacht für die ganze Bruderschaft, damit durch eure Barmherzigkeit und Gewissenhaftigkeit die Zahl seiner Auserwählten gerettet werde. 5. Lauter und rein waret ihr und truget einander das Böse nicht nach. 6. Jeder Streit und jede Spaltung waren euch zuwider. Über die Sünden der Nächsten truget ihr Leid[2]; ihre Verfehlungen saht ihr als eure eignen an.

Ebenda VII, 2—5

2. Darum wollen wir die leeren, nichtigen Gedanken lassen, uns zu der herrlichen und ehrwürdigen Regel unsrer Überlieferung halten 3. und sehen, was gut, was heilsam und was unserm Schöpfer wohlgefällig ist. 4. Lasst uns auf das Blut Christi schauen und erkennen, wie kostbar es seinem Vater ist, weil es, zu unsrer Rettung vergossen, der ganzen Welt die Gnade der Busse gebracht hat. 5. Lasst uns zu allen Geschlechtern hingehen und lernen, dass in jedem Geschlecht der Herr denen, die sich zu ihm kehren wollten, die *Möglichkeit der Busse* gegeben hat.

Ebenda VIII, 5

Weil er (Gott) also alle seine Geliebten an der Busse teilhaben lassen wollte, setzte er diese durch seinen allmächtigen Willen fest.

Ebenda XLIV, 4

Denn es wird für uns eine nicht geringe Sünde bedeuten, wenn wir die, die untadelig und heilig die Opfer dargebracht haben[1], aus dem Bischofsamt entfernen.

Ebenda XLVII, 4

Aber jene Parteibildung[1] brachte leichtere Sünde über euch. Denn ihr hieltet ja zu den Aposteln, die ein Zeugnis (sc. von Gott) besassen, und zu dem Manne, der sich bei ihnen bewährt hatte.

---

2 Zum „Trauern" vgl. 1. Kor. 5, 2 (Nr. 6).
1 Nämlich die Gebete und eucharistischen Gaben.
1 In Korinth zur Zeit des Paulus.

33   ibidem XLVIII, 1

Ἐξάρωμεν οὖν τοῦτο ἐν τάχει καὶ προσπέσωμεν τῷ δεσπότῃ καὶ κλαύσωμεν ἱκετεύοντες αὐτόν, ὅπως ἵλεως γενόμενος ἐπικαταλλαγῇ ἡμῖν καὶ ἐπὶ τὴν σεμνὴν τῆς φιλαδελφίας ἡμῶν ἁγνὴν ἀγωγὴν ἀποκαταστήσῃ ἡμᾶς.

34   ibidem L, 5

Μακάριοί ἐσμεν, ἀγαπητοί, εἰ τὰ προστάγματα τοῦ θεοῦ ἐποιοῦμεν ἐν ὁμονοίᾳ ἀγάπης εἰς τὸ ἀφεθῆναι ἡμῖν δι' ἀγάπης τὰς ἁμαρτίας.

35   ibidem LI, 1—3

1. Ὅσα οὖν παρεπέσαμεν καὶ ἐποιήσαμεν διά τινας παρεμπτώσεις τοῦ ἀντικειμένου, ἀξιώσωμεν ἀφεθῆναι ἡμῖν· καὶ ἐκεῖνοι δέ, οἵτινες ἀρχηγοὶ στάσεως καὶ διχοστασίας ἐγενήθησαν, ὀφείλουσιν τὸ κοινὸν τῆς ἐλπίδος σκοπεῖν. 2. Οἱ γὰρ μετὰ φόβου καὶ ἀγάπης πολιτευόμενοι
5 ἑαυτοὺς θέλουσιν μᾶλλον αἰκίαις περιπίπτειν ἢ τοὺς πλησίον· μᾶλλον δὲ ἑαυτῶν κατάγνωσιν φέρουσιν ἢ τῆς παραδεδομένης ἡμῖν καλῶς καὶ δικαίως ὁμοφωνίας. 3. Καλὸν γὰρ ἀνθρώπῳ ἐξομολογεῖσθαι περὶ τῶν παραπτωμάτων ἢ σκληρῦναι τὴν καρδίαν αὐτοῦ . . . .

36   ibidem LII, 1

Ἀπροσδεής, ἀδελφοί, ὁ δεσπότης ὑπάρχει τῶν ἁπάντων· οὐδὲν οὐδενὸς χρῄζει εἰ μὴ τὸ ἐξομολογεῖσθαι αὐτῷ.

37   ibidem LVI, 1—2

1. Καὶ ἡμεῖς οὖν ἐντύχωμεν περὶ τῶν ἔν τινι παραπτώματι ὑπαρχόντων, ὅπως δοθῇ αὐτοῖς ἐπιείκεια καὶ ταπεινοφροσύνη εἰς τὸ εἶξαι αὐτοὺς μὴ ἡμῖν ἀλλὰ τῷ θελήματι τοῦ θεοῦ· οὕτως γὰρ ἔσται αὐτοῖς ἔγκαρπος καὶ τελεία ἡ πρὸς τὸν θεὸν καὶ τοὺς ἁγίους μετ' οἰκτιρμῶν μνεία. 2. Ἀνα-
5 λάβωμεν παιδείαν, ἐφ' ᾗ οὐδεὶς ὀφείλει ἀγανακτεῖν, ἀγαπητοί. Ἡ νουθέτησις ἣν ποιούμεθα εἰς ἀλλήλους καλή ἐστιν καὶ ὑπεράγαν ὠφέλιμος· κολλᾷ γὰρ ἡμᾶς τῷ θελήματι τοῦ θεοῦ.

34, 1 ἐσμέν: ἦμεν *uar*.

Ebenda XLVIII, 1

Lasst uns also dieses (sc. Streiten) schleunigst aufgeben, vor dem Herrn niederfallen und ihn unter Tränen bitten, er möge sich gnädig erzeigen, sich mit uns versöhnen und uns zu unserm ehrwürdigen, heiligen Wandel in Bruderliebe zurückführen.

Ebenda L, 5

Selig sind wir, Geliebte, wenn wir die Gebote Gottes in einträchtiger Liebe ausgeführt haben[1], damit uns um der Liebe willen die Sünden vergeben werden.

Ebenda LI, 1—3

1. Für all das nun, was wir wegen einiger hinterlistiger Anschläge des Widersachers gefehlt und begangen haben, wollen wir um Vergebung bitten. Und auch jene, die die Anführer der Empörung und der Spaltung waren, müssen auf die gemeinsame Hoffnung blicken. 2. Denn die, die in Furcht und Liebe wandeln, wollen, dass sie lieber selbst in schmachvolle Pein geraten als ihre Nächsten. Und sie verurteilen lieber sich selbst als die uns schön und gerecht überlieferte Eintracht. 3. Denn es ist für einen Menschen besser, seine Sünden zu bekennen, als sein Herz zu verhärten... .

Ebenda LII, 1

Brüder, der Herr des Alls ist ohne jeden Mangel; er hat überhaupt nichts nötig, ausser dass man ihm ein Bekenntnis ablegt[1].

Ebenda LVI, 1—2

1. Auch wir wollen daher für die bitten, die in irgendwelche Schuld geraten sind, dass ihnen Sanftmut und Demut geschenkt werden, damit sie nachgeben, nicht uns, sondern dem Willen Gottes. Denn so wird das barmherzige Gedenken vor Gott und den Heiligen für sie fruchtbringend und vollkommen sein. 2. Lasst uns die Zurechtweisung annehmen, über die niemand ungehalten sein darf, meine Lieben. Die Ermahnung, die wir einander erteilen, ist gut und überaus nützlich. Denn sie verbindet uns fest mit dem Willen Gottes.

---

[1] Die andere Lesart ergibt: „Selig wären wir, wenn wir ... ausführten".
[1] Ἐξομολογεῖσθαι schliesst auch die Bedeutung „preisen, loben" ein.

38   ibidem LVII, 1

Ὑμεῖς οὖν οἱ τὴν καταβολὴν τῆς στάσεως ποιήσαντες ὑποτάγητε τοῖς πρεσβυτέροις καὶ παιδεύθητε εἰς μετάνοιαν, κάμψαντες τὰ γόνατα τῆς καρδίας ὑμῶν.

39   ibidem LIX, 4

Ἀξιοῦμέν σε, δέσποτα, βοηθὸν γενέσθαι καὶ ἀντιλήπτορα ἡμῶν. ... τοὺς πεπτωκότας ἔγειρον, ... τοὺς πλανωμένους τοῦ λαοῦ σου ἐπίστρεψον ....

40   ibidem LX, 1—3

1. ... ἐλεῆμον καὶ οἰκτίρμον, ἄφες ἡμῖν τὰς ἀνομίας ἡμῶν καὶ τὰς ἀδικίας καὶ τὰ παραπτώματα καὶ πλημμελείας. 2. Μὴ λογίσῃ πᾶσαν ἁμαρτίαν δούλων σου καὶ παιδισκῶν, ἀλλὰ καθάρισον ἡμᾶς τὸν καθαρισμὸν τῆς σῆς ἀληθείας .... 3. Ναί, δέσποτα, ἐπίφανον τὸ πρόσωπόν σου ἐφ᾽ ἡμᾶς εἰς ἀγαθὰ ἐν εἰρήνῃ, εἰς τὸ σκεπασθῆναι ἡμᾶς τῇ χειρί σου τῇ κραταιᾷ καὶ ῥυσθῆναι ἀπὸ πάσης ἁμαρτίας τῷ βραχίονί σου τῷ ὑψηλῷ ....

De Elchasaeo (Elkesai) (ca. 100—115)

41   a) *Hippolytus,* Refutatio omnium haeresium (post 222) IX, 13, 3—5 et 15,1—16,1, ed. P. Wendland, GCS 26, 1916

13, 3. ... Ταῦτα τερατολογῶν (sc. Ἀλκιβιάδης) νομίζει ταράσσειν τοὺς μωρούς, λέγων λόγον τοῦτον· 4. εὐηγγελίσθαι τοῖς ἀνθρώποις καινὴν ἄφεσιν ἁμαρτιῶν ἐπὶ Τραϊανοῦ βασιλείας τρίτῳ, καὶ βάπτισμα ὁρίζει, ὃ καὶ αὐτὸ διηγήσομαι, φάσκων τοὺς ἐν πάσῃ ἀσελγείᾳ καὶ μιασμῷ καὶ ἀνομήμασιν ἐμφυρέντας, εἰ καὶ πιστὸς εἴη, ἐπιστρέψαντα καὶ τῆς βίβλου κατακούσαντα καὶ πιστεύσαντα [ὁρίζει] βαπτίσματι λαμβάνειν ἄφεσιν ἁμαρτιῶν. Ταῦτα δὲ ἐτόλμησε τεχνάσαι τὰ πανουργήματα ἀπὸ τοῦ προειρημένου δόγματος ἀφορμὴν λαβών, οὗ παρεστήσατο Κάλλιστος.

Ebenda LVII, 1   38

Ihr also, die ihr den Parteistreit angefangen habt, unterstellt euch den Ältesten[1], lasst euch zur Busse zurechtweisen und beuget die Knie eures Herzens.

Ebenda LIX, 4   39

Wir bitten dich, Herr, sei unser Beistand und Helfer. ... Die Gefallenen richte auf, ... die Irrenden in deinem Volke bringe zur Umkehr ...[1].

Ebenda LX, 1—3   40

1. ... Gnädiger und Barmherziger, vergib uns unsre Sünden und Übertretungen und Vergehen und Verfehlungen. 2. Rechne keine Sünde deiner Knechte und Mägde an, sondern reinige uns mit der Reinigung deiner Wahrheit. ... 3. Ja, Herr, lass dein Angesicht über uns in Frieden zum Guten leuchten, dass wir durch deine starke Hand bedeckt und durch deinen hohen Arm vor aller Sünde bewahrt werden ... .

Elkesai

a) *Hippolyt,* Widerlegung aller Häresien IX, 13, 3—5 und 15, 1—16, 1   41

13, 3. ... Mit solchen Wundergeschichten glaubt Alkibiades[1], die Unvernünftigen verwirren zu können, wobei er sagt, 4. im dritten Jahre der Regierung Trajans sei den Menschen eine neue Sündenvergebung verkündigt worden. Er setzt auch eine Taufe ein, von der ich noch sprechen werde, mit der Bemerkung, wer in alle möglichen Ausschweifungen, Befleckung und Gesetzlosigkeiten versunken sei, auch ein Christ, der empfange, wenn er umkehre, auf das Buch höre und ihm Glauben schenke, durch die Taufe Vergebung der Sünden. Er wagte es, seine Frevel listig ins Werk zu setzen, wobei er die oben erwähnte Anweisung Kallists[2]

---

1 Gegen diese hatte sich eine Gruppe von Pneumatikern erhoben.   38
1 Nr. 39 und 40 stammen aus dem grossen römischen Gemeindegebet.   39
1 Alkibiades kam bald nach 200 nach Rom mit einem Buche des Elkesai, aus dem Hippolyt unten zitiert. Über Elkesai vgl. G. Strecker im RAC 4, 1171—1186, auch Harnack, Dogmengesch. 1⁵, 328 f.   41
2 Über Kallists Anschauung s. unten Nr. 124.

5. Ἡδομένους γὰρ κατανοήσας πολλοὺς ἐπὶ τοιαύτῃ ἐπαγγελίᾳ εὐκαίρως ἐνόμισεν ἐπιχειρεῖν. ...

15, 1. Τὸ μὲν οὖν βάπτισμα ... οὕτως παραδίδωσι, τοιάδε λέγων τοῖς ἀπατωμένοις· „Εἴ τις οὖν, τέκνα, ἐπλησίασεν οἱῳδήποτε ζῴῳ ἢ ἄρρενι ἢ ἀδελφῇ ἢ θυγατρί, ἢ ἐμοίχευσεν ἢ ἐπόρνευσε, καὶ θέλει ἄφεσιν λαβεῖν τῶν ἁμαρτιῶν, ἀφ᾽οὗ ἂν ἀκούσῃ τῆς βίβλου ταύτης, βαπτισάσθω ἐκ δευτέρου ἐν ὀνόματι τοῦ μεγάλου καὶ ὑψίστου θεοῦ καὶ ἐν ὀνόματι υἱοῦ αὐτοῦ ⟨τοῦ⟩ μεγάλου βασιλέως. 2. ⟨Καὶ⟩ καθαρισάτω καὶ ἁγνευσάτω καὶ ἐπιμαρτυρησάσθω αὐτῷ τοὺς ἑπτὰ μάρτυρας γεγραμμένους ἐν τῇ βίβλῳ ταύτῃ, τὸν οὐρανὸν καὶ τὸ ὕδωρ καὶ τὰ πνεύματα τὰ ἅγια καὶ τοὺς ἀγγέλους τῆς προσευχῆς καὶ τὸ ἔλαιον καὶ τὸ ἅλας καὶ τὴν γῆν." Ταῦτα τὰ θαυμάσια μυστήρια τοῦ Ἠλχασαῒ τὰ ἀπόρρητα καὶ μεγάλα, ἃ παραδίδωσι τοῖς ἀξίοις μαθηταῖς· οἷς οὐκ ἀρκεῖται ὁ ἄνομος, ἀλλ᾽ ἐπὶ δύο καὶ τριῶν μαρτύρων ἐνσφραγίζει τὰ ἑαυτοῦ κακά, πάλιν οὕτως λέγων· 3. „Πάλιν λέγω, ὦ μοιχοὶ καὶ μοιχαλίδες καὶ ψευδοπροφῆται, ἐὰν θέλητε ἐπιστρέψαι, ἵνα ἀφεθήσωνται ὑμῖν αἱ ἁμαρτίαι, καὶ ὑμῖν εἰρήνη καὶ μέρος μετὰ τῶν δικαίων, ἀφ᾽ οὗ ἂν ἀκούσητε τῆς βίβλου ταύτης καὶ βαπτισθῆτε ἐκ δευτέρου σὺν τοῖς ἐνδύμασιν." 4. ... „Ἄν τιν᾽ οὖν ἄνδρα ἢ γυναῖκα ἢ νεώτερον ἢ νεωτέραν κύων λυσσῶν καὶ μαινόμενος ... δάκῃ ἢ περι(σχ)ίσῃ ἢ προσψαύσῃ, ἐν αὐτῇ τῇ ὥρᾳ δραμέτω ... καὶ καταβὰς εἰς ποταμὸν ἢ εἰς πηγήν ... 5. βαπτισάσθω ⟨σὺν⟩ παντὶ τῷ φορέματι αὐτοῦ καὶ προσευξάσθω τῷ μεγάλῳ καὶ ὑψίστῳ θεῷ ἐν καρδίας πίστει, καὶ τότε ἐπιμαρτυρη(σά)σθω τοὺς ἑπτὰ μάρτυρας ... 6. Τούτους τοὺς ἑπτὰ μάρτυρας μαρτύρομαι, ὅτι οὐκέτι ἁμαρτήσω, οὐ μοιχεύσω, οὐ κλέψω, οὐκ ἀδικήσω, οὐ πλεονεκτήσω, οὐ μισήσω, οὐκ ἀθετήσω οὐδὲ ἐν πᾶσι πονηροῖς εὐδοκήσω ...." 16, 1. Ἕτερα δὲ πλεῖστα φλυαρεῖ, ταὐτὰ καὶ ἐπὶ φθισικοῖς ἐπιλέγειν διδάσκων καὶ βαπτίζεσθαι ἐν ψυχρῷ τεσσαρακοντάκις ἐπὶ ἡμέρας ἑπτά, ὁμοίως καὶ ἐπὶ δαιμονῶντας. ...

41, 21 s. cf. Matth. 18, 16 (nr. 2)
   24 cf. Matth. 24, 51; Luc. 12, 46; Ioh. 13, 8

41, 16 καθαρισάτω: καθαρισάσθω coni. Wendland

zum Anlass nahm. 5. Als er nämlich sah, dass viele sich über ein solches Anerbieten freuten, meinte er, die Zeit sei für sein Vorhaben günstig.

15, 1. Die Taufe nun überliefert er ... folgendermassen. Er sagt den Getäuschten[3]: „Kinder, wenn nun jemand mit irgendeinem Tiere oder einem Mann oder seiner Schwester oder Tochter geschlechtlich verkehrt hat oder die Ehe gebrochen oder gehurt hat und Vergebung seiner Sünden begehrt, dann soll er, nachdem er dieses Buch hat vorlesen hören, sich zum zweiten Male taufen lassen im Namen des grossen und höchsten Gottes und im Namen seines Sohnes, des grossen Königs. 2. Er vollziehe die Reinigung, halte sich unbefleckt und rufe für sich die sieben Zeugen an, die in diesem Buche verzeichnet sind, den Himmel und das Wasser und die heiligen Geister und die Gebetsengel und das Öl und das Salz und die Erde." Dies sind die wunderbaren, geheimnisvollen, grossen Mysterien des Elkesai, die er den würdigen Schülern überliefert. Aber damit begnügt sich der Frevler nicht, sondern er versiegelt seine Frevel *mit zwei und drei Zeugen,* indem er weiter so sagt: 3. „Wiederum sage ich, ihr Ehebrecher, Ehebrecherinnen und falschen Propheten, wenn ihr umkehren wollt, damit euch die Sünden vergeben werden: auch für euch gibt es Friede und *Anteil* mit den Gerechten[4], sobald ihr dieses Buch gehört habt und zum zweiten Mal mitsamt euren Kleidern getauft worden seid!" 4. ... „Wenn nun ein tollwütiger Hund einen Mann oder eine Frau, einen jungen Mann oder ein junges Mädchen gebissen oder ihnen die Kleider zerrissen oder sie angerührt hat, soll der Betreffende sofort hinlaufen ... und in einen Fluss oder eine Quelle steigen. ... 5. Er soll sich mit seiner ganzen Kleidung untertauchen und zu dem grossen und höchsten Gott in herzlichem Vertrauen beten und soll dabei die sieben Zeugen anrufen: ... 6. ‚Diese sieben Zeugen rufe ich zum Zeugnis, dass ich in Zukunft nicht mehr sündige, nicht ehebreche, nicht stehle, nicht Unrecht tue, nicht übervorteile, nicht hasse, nicht übertrete und an nichts Bösem mehr Gefallen habe.' ..." 16, 1. Noch sehr viel anderes faselt er und lehrt, dasselbe auch bei den Schwindsüchtigen zu sagen und sie in kaltem Wasser innerhalb von sieben Tagen vierzigmal sich untertauchen zu lassen, ebenso bei Besessenen[5].

---

[3] Hier beginnt das Zitat aus dem Buche Elkesais, das nach Kap. 17, 1 nicht allgemein zugänglich war.
[4] Oder „einen Platz unter den Gerechten".
[5] Die heilenden Bäder sind deutlich von der zweiten Taufe unterschieden. E. Peterson deutet die Tollwut als Bild des sexuellen Verlangens, das als Hauptsünde nach dem Götzendienst gegolten habe (Die Behandlung der Tollwut bei den Elchasaiten nach Hippolyt, in: Frühkirche, Judentum und Gnosis, 1959, 221—235). Zur judenchristlichen Herkunft einer zweiten Sündenvergebung s. Daniélou: Théologie du Judéo-Christianisme, 1958, p. 78.

42   b) Verba *Origenis,* quae affert *Eusebius,* Historia ecclesiastica VI, 38,
        ed E. Schwartz, GCS 9, 1903/09

„... Φησὶν δὲ (sc. ἡ τῶν Ἑλκεσαϊτῶν γνώμη) ὅτι τὸ ἀρνήσασθαι ἀδιάφορόν ἐστιν καὶ ὁ μὲν νοήσας τῷ μὲν στόματι ἐν ἀνάγκαις ἀρνήσεται, τῇ δὲ καρδίᾳ οὐχί. Καὶ βίβλον τινὰ φέρουσιν, ἣν λέγουσιν ἐξ οὐρανοῦ πεπτωκέναι καὶ τὸν ἀκηκοότα ἐκείνης καὶ πιστεύοντα ἄφεσιν λήψεσθαι
5 τῶν ἁμαρτημάτων, ἄλλην ἄφεσιν παρ' ἣν Χριστὸς Ἰησοῦς ἀφῆκεν."

Ignatius (Antiochenus), Epistulae (ca. 110), ed. K. Bihlmeyer (cf. nr. 28)

43   Ad Ephesios VII, 1—2

1. Εἰώθασιν γάρ τινες δόλῳ πονηρῷ τὸ ὄνομα περιφέρειν, ἄλλα τινὰ πράσσοντες ἀνάξια θεοῦ· οὓς δεῖ ὑμᾶς ὡς θηρία ἐκκλίνειν. Εἰσὶν γὰρ κύνες λυσσῶντες, λαθροδῆκται· οὓς δεῖ ὑμᾶς φυλάσσεσθαι ὄντας δυσθεραπεύτους. 2. Εἷς ἰατρός ἐστιν, σαρκικός τε καὶ πνευματικός, γεννητὸς
5 καὶ ἀγέννητος, ἐν σαρκὶ γενόμενος θεός, ἐν θανάτῳ ζωὴ ἀληθινή, καὶ ἐκ Μαρίας καὶ ἐκ θεοῦ, πρῶτον παθητὸς καὶ τότε ἀπαθής, Ἰησοῦς Χριστὸς ὁ κύριος ἡμῶν.

44   ibidem XI, 1

Ἔσχατοι καιροί· λοιπὸν αἰσχυνθῶμεν, φοβηθῶμεν τὴν μακροθυμίαν τοῦ θεοῦ, ἵνα μὴ ἡμῖν εἰς κρίμα γένηται. Ἢ γὰρ τὴν μέλλουσαν ὀργὴν φοβηθῶμεν ἢ τὴν ἐνεστῶσαν χάριν ἀγαπήσωμεν, ἓν τῶν δύο· μόνον ἐν Χριστῷ Ἰησοῦ εὑρεθῆναι εἰς τὸ ἀληθινὸν ζῆν.

45   ibidem XIV, 2

Οὐδεὶς πίστιν ἐπαγγελλόμενος ἁμαρτάνει οὐδὲ ἀγάπην κεκτημένος μισεῖ. **Φανερὸν τὸ δένδρον ἀπὸ τοῦ καρποῦ αὐτοῦ**· οὕτως οἱ ἐπαγγελλόμενοι Χριστοῦ εἶναι δι' ὧν πράσσουσιν ὀφθήσονται. Οὐ γὰρ νῦν ἐπαγγελίας τὸ ἔργον, ἀλλ' ἐν δυνάμει πίστεως ἐάν τις εὑρεθῇ εἰς τέλος.

45, 2 cf. Matth. 12, 33

42, 2 ὁ μὲν νοήσας: ὁ ἐννοήσας Wendland

b) *Origenes,* bei *Euseb,* Kirchengeschichte VI, 38   42

„... Die Lehre der Elkesaiten sagt, Glaubensverleugnung sei keine Sünde, und wer das richtig verstehe, der werde in der Bedrängnis zwar mit dem Munde verleugnen, aber mit dem Herzen nicht. Sie benutzen auch ein Buch, das vom Himmel gefallen sein soll [1]. Wer auf es hört und glaubt, der werde Vergebung der Sünden empfangen, eine andere Vergebung als die, die Christus Jesus gewährt hat."

Ignatius (von Antiochien), Briefe

An die Epheser VII, 1—2   43

1. Es pflegen nämlich manche Leute arglistig den Namen (sc. Christi) umherzutragen, während sie irgendwelche anderen Dinge tun, die Gottes unwürdig sind. Diese müsst ihr meiden wie wilde Tiere. Sie sind tolle Hunde, heimtückische Beisser. Vor denen müsst ihr euch hüten, weil sie schwer zu heilen sind. 2. Nur einer ist Arzt, aus Fleisch und aus Geist zugleich, gezeugt und ungezeugt, im Fleische geborener Gott, im Tode wahrhaftiges Leben, sowohl aus Maria als auch aus Gott, zuerst dem Leiden ausgesetzt und dann unfähig zu leiden, Jesus Christus, unser Herr.

Ebenda XI, 1   44

Die letzten Zeiten sind da. Deshalb wollen wir uns schämen und die Langmut Gottes fürchten, damit sie uns nicht zur Verdammnis werde. Wir sollten ja entweder den künftigen Zorn fürchten oder die gegenwärtige Gnade lieben, eins von beiden; nur müssen wir in Christus Jesus erfunden werden zum wahrhaftigen Leben.

Ebenda XIV, 2   45

Keiner, der sich zum Glauben bekennt, sündigt, und wer Liebe besitzt, hasst nicht. *Ein Baum ist an seiner Frucht zu erkennen;* so werden die, die sich als Eigentum Christi bekennen, an ihren Taten erkannt werden. Denn es kommt jetzt nicht auf das Bekenntnis an, sondern ob einer in des Glaubens Kraft erfunden werde bis ans Ende.

---

[1] Zum Himmelsbrief vgl. Hermas, Vis. 2 (Nr. 65).   42

46   Ad Magnesios X, 2

Ὑπέρθεσθε οὖν τὴν κακὴν ζύμην τὴν παλαιωθεῖσαν καὶ ἐνοξίσασαν καὶ μεταβάλεσθε εἰς νέαν ζύμην, ὅ ἐστιν Ἰησοῦς Χριστός. Ἁλίσθητε ἐν αὐτῷ, ἵνα μὴ διαφθαρῇ τις ἐν ὑμῖν, ἐπεὶ ἀπὸ τῆς ὀσμῆς ἐλεγχθήσεσθε.

47   Ad Philadelphenos VIII, 1

Ἐγὼ μὲν οὖν τὸ ἴδιον ἐποίουν ὡς ἄνθρωπος εἰς ἕνωσιν κατηρτισμένος. Οὗ δὲ μερισμός ἐστιν καὶ ὀργή, θεὸς οὐ κατοικεῖ. Πᾶσιν οὖν μετανοοῦσιν ἀφίει ὁ κύριος, ἐὰν μετανοήσωσιν εἰς ἑνότητα θεοῦ καὶ συνέδριον τοῦ ἐπισκόπου. Πιστεύω τῇ χάριτι Ἰησοῦ Χριστοῦ, ὃς λύσει ἀφ᾽ ὑμῶν πάντα
5 δεσμόν.

48   ibidem XI, 1

Περὶ δὲ Φίλωνος τοῦ διακόνου..., ὃς καὶ νῦν ἐν λόγῳ θεοῦ ὑπηρετεῖ μοι ἅμα Ῥέῳ Ἀγαθόποδι..., κἀγὼ τῷ θεῷ εὐχαριστῶ ὑπὲρ ὑμῶν, ὅτι ἐδέξασθε αὐτοὺς ὡς καὶ ὑμᾶς ὁ κύριος. Οἱ δὲ ἀτιμάσαντες αὐτοὺς λυτρωθείησαν ἐν τῇ χάριτι τοῦ Ἰησοῦ Χριστοῦ.

49   Ad Smyrnaeos IV, 1

Ταῦτα δὲ παραινῶ ὑμῖν, ἀγαπητοί, εἰδὼς ὅτι καὶ ὑμεῖς οὕτως ἔχετε. Προφυλάσσω δὲ ὑμᾶς ἀπὸ τῶν θηρίων τῶν ἀνθρωπομόρφων, οὓς οὐ μόνον δεῖ ὑμᾶς μὴ παραδέχεσθαι ἀλλ᾽ εἰ δυνατὸν μηδὲ συναντᾶν, μόνον δὲ προσεύχεσθαι ὑπὲρ αὐτῶν, ἐάν πως μετανοήσωσιν, ὅπερ δύσκολον. Τούτου
5 δὲ ἔχει ἐξουσίαν Ἰησοῦς Χριστός, τὸ ἀληθινὸν ἡμῶν ζῆν.

50   ibidem V, 2—3

2. Καὶ γὰρ περὶ ἡμῶν τὸ αὐτὸ φρονοῦσιν. Τί γάρ με ὠφελεῖ τις, εἰ ἐμὲ ἐπαινεῖ, τὸν δὲ κύριόν μου βλασφημεῖ, μὴ ὁμολογῶν αὐτὸν σαρκοφόρον; Ὁ δὲ τοῦτο μὴ λέγων τελείως αὐτὸν ἀπήρνηται, ὢν νεκροφόρος. 3. Τὰ

46, 1 s. cf. 1. Cor. 5, 7 (nr. 6)

Ignatius, An die Magnesier X, 2 — 46

Rückt nun den schlechten *Sauerteig,* der alt und bitter geworden ist, beiseite und wendet euch dem neuen Sauerteig zu, Jesus Christus. Lasst euch durch ihn salzen, dass keiner unter euch verderbe; denn vom Geruch werdet ihr überführt werden.

Ignatius, An die Philadelphier VIII, 1 — 47

Ich habe nun das Meinige getan als ein Mensch, der zur Einigung geschaffen ist. Wo aber Spaltung ist und Zorn (sc. gegeneinander), da wohnt Gott nicht. Allen jedoch, die in Busse umkehren, vergibt der Herr, wenn sie zur Einheit Gottes und der Ratsversammlung des Bischofs umkehren[1]. Ich vertraue der Gnade Jesu Christi, der jedes Band von euch lösen wird.

Ebenda XI, 1 — 48

Was den Diakon Philo betrifft ..., der mir auch jetzt zusammen mit Rheus Agathopus am Worte Gottes dient ..., so danke auch ich Gott für euch, dass ihr sie aufgenommen habt, wie auch euch der Herr aufgenommen hat. Jene aber, die sie missachtet haben, mögen durch die Gnade Jesu Christi erlöst werden.

Ignatius, An die Smyrnäer IV, 1 — 49

Dieses befehle ich euch an, Geliebte, obwohl ich weiss, dass ihr es ebenso haltet. Ich wache für euch gegen die wilden Tiere in Menschengestalt, die ihr nicht nur nicht aufnehmen, sondern denen ihr wenn möglich nicht einmal begegnen dürft; nur beten sollt ihr für sie, ob sie vielleicht Busse tun, — was freilich schwierig[1] ist. Dazu aber hat Jesus Christus, unser wahrhaftiges Leben, Vollmacht.

Ebenda V, 2—3 — 50

2. Auch über uns denken sie ja dasselbe. Was hilft es mir denn, wenn mich jemand lobt, aber meinen Herrn lästert, indem er ihn nicht als Fleischesträger bekennt? Wer das aber nicht bekennt, hat ihn ganz und gar verleugnet und ist selbst Totenträger. 3. Ihre Namen aber, die ja

---

[1] Ähnlich Ad Philad. 3, 2—3. — 47
[1] Zu δύσκολον vgl. Hermas, Mand. 4, 3, 6 (Nr. 67). — 49

δὲ ὀνόματα αὐτῶν ὄντα ἄπιστα οὐκ ἔδοξέν μοι ἐγγράψαι. Ἀλλὰ μηδὲ
5 γένοιτό μοι αὐτῶν μνημονεύειν, μέχρις οὗ μετανοήσωσιν εἰς τὸ πάθος,
ὅ ἐστιν ἡμῶν ἀνάστασις.

51   ibidem VI, 2 et VII, 2

VI, 2. Καταμάθετε δὲ τοὺς ἑτεροδοξοῦντας εἰς τὴν χάριν Ἰησοῦ Χριστοῦ τὴν εἰς ἡμᾶς ἐλθοῦσαν, πῶς ἐναντίοι εἰσὶν τῇ γνώμῃ τοῦ θεοῦ. . . .
VII, 2. Πρέπον οὖν ἐστιν ἀπέχεσθαι τῶν τοιούτων καὶ μήτε κατ᾽ ἰδίαν περὶ αὐτῶν λαλεῖν μήτε κοινῇ, προσέχειν δὲ τοῖς προφήταις, ἐξαιρέτως
5 δὲ τῷ εὐαγγελίῳ, ἐν ᾧ τὸ πάθος ἡμῖν δεδήλωται καὶ ἡ ἀνάστασις τετελείωται. Τοὺς δὲ μερισμοὺς φεύγετε ὡς ἀρχὴν κακῶν.

52   ibidem IX, 1

Εὔλογόν ἐστιν λοιπὸν ἀνανῆψαι ἡμᾶς, ὡς ἔτι καιρὸν ἔχομεν εἰς θεὸν μετανοεῖν. Καλῶς ἔχει θεὸν καὶ ἐπίσκοπον εἰδέναι. Ὁ τιμῶν ἐπίσκοπον ὑπὸ θεοῦ τετίμηται· ὁ λάθρα ἐπισκόπου τι πράσσων τῷ διαβόλῳ λατρεύει.

53   *Plinius (Minor)*, Epistula X, 96, 6 (ad Traianum, ca. 111—113), ed. M. Schuster, editionem tertiam curauit R. Hanslik, 1958

Alii ab indice nominati esse se christianos dixerunt et mox negauerunt; ⟨alii⟩ fuisse quidem, sed desisse, quidam ante triennium, quidam ante plures annos, non nemo etiam ante uiginti. ⟨Hi⟩ quoque omnes et imaginem tuam deorumque simulacra uenerati sunt et Christo maledixe-
5 runt.

53, 2 ⟨alii⟩ *scripsi*
   3 hi: *add.* Keil

ungläubig sind, wollte ich nicht schreiben. Ich möchte vielmehr nicht einmal an sie denken, bis sie sich zu dem Leiden bekehren, das unsre Auferstehung ist.

Ebenda VI, 2 und VII, 2   51

VI, 2. Erkennt doch, wie jene, die über die auf uns gekommene Gnade Jesu Christi irriger Meinung sind, zum Sinn Gottes im Gegensatz stehen.

VII, 2. Es ist deshalb angebracht, sich von solchen Leuten fernzuhalten und weder im persönlichen Verkehr noch in der Öffentlichkeit von ihnen zu reden, sondern sich an die Propheten, besonders aber an das Evangelium zu halten, in dem uns das Leiden verkündet und die Auferstehung vollendet ist. Die Spaltungen aber fliehet als den Anfang des Unheils.

Ebenda IX, 1   52

Es ist vernünftig, hinfort nüchtern zu werden, solange wir noch Zeit haben, uns zu Gott zu bekehren. Gut ist es, auf Gott und den Bischof zu achten. Wer den Bischof ehrt, steht bei Gott in Ehren. Wer ohne Wissen des Bischofs etwas tut, leistet seinen Gottesdienst dem Teufel.

Plinius (der Jüngere)

Brief X, 96, 6 (an Kaiser Trajan)   53

Andere von dem Angeber Genannte erklärten, Christen zu sein, widerriefen aber gleich darauf; andere [1] erklärten, sie seien es gewesen, hätten es aber aufgegeben, einige vor drei Jahren, einige vor mehr Jahren, einzelne sogar vor zwanzig Jahren. Auch sie erwiesen alle deinem Bilde und den Götterbildern Verehrung und verfluchten Christus [2].

---

1 Zum Einschub des Wortes alii vgl. Karpp, Rhein. Museum 105, 1962, 270—275. Nach K. Müller dagegen meint der Text (ohne alii) kirchliche Büsser (Kirchengeschichte 1, 1, ³1941, 137 und 255).   53

2 Dass Plinius im folgenden Satz (§ 7) von einer der Eucharistie vorausgehenden Bussfeier spricht (so Th. Mayer-Maly, Der rechtsgeschichtliche Gehalt der ‚Christenbriefe' von Plinius und Trajan. Studia et Documenta Historiae et Iuris 22, 1956, 323), ist höchst fraglich.

54 *Aristides,* Apologia (ca. 125), XV, 11, ed. H. J. M. Milne, Journal of Theological Studies 25, 1923/24, p. 76 (= Theol. Literaturzeitung 49, 1924, 47 s.)

Ἐὰν δὲ καὶ ἀποθάνῃ τις εὐσεβὴς ἐξ αὐτῶν, χαίρουσιν καὶ εὐχαριστοῦσιν καὶ προσεύχονται περὶ αὐτοῦ καὶ προπέμπουσιν ὡς ἀποδημοῦντα. Ἐπὰν δὲ τέκνον γεννηθῇ αὐτοῖς, εὐχαριστοῦσιν τῷ θεῷ· ἐὰν δὲ νήπιον ἐξέλθῃ, ὑπερευχαριστοῦσιν ὅτι ἀναμάρτητον ἀπῆλθεν. Ἐὰν δὲ ἁμαρτίας τις ἔχων
5 ἀποθάνῃ, κλαίουσιν ὡς ἐπὶ κόλασιν ἀπερχομένου αὐτοῦ.

Barnabas, Epistula (ca. 130—140), ed. K. Bihlmeyer (cf. nr. 28)

55 IV, 1—2 et 13

1. Δεῖ οὖν ἡμᾶς περὶ τῶν ἐνεστώτων ἐπιπολὺ ἐρευνῶντας ἐκζητεῖν τὰ δυνάμενα ἡμᾶς σῴζειν. Φύγωμεν οὖν τελείως ἀπὸ πάντων τῶν ἔργων τῆς ἀνομίας, μήποτε καταλάβῃ ἡμᾶς τὰ ἔργα τῆς ἀνομίας· καὶ μισήσωμεν τὴν πλάνην τοῦ νῦν καιροῦ, ἵνα εἰς τὸν μέλλοντα ἀγαπηθῶμεν. 2. Μὴ
5 δῶμεν τῇ ἑαυτῶν ψυχῇ ἄνεσιν, ὥστε ἔχειν αὐτὴν ἐξουσίαν μετὰ ἁμαρτωλῶν καὶ πονηρῶν συντρέχειν, μήποτε ὁμοιωθῶμεν αὐτοῖς. ... 13. ἵνα μήποτε ἐπαναπαυόμενοι ὡς κλητοὶ ἐπικαθυπνώσωμεν ταῖς ἁμαρτίαις ἡμῶν καὶ ὁ πονηρὸς ἄρχων λαβὼν τὴν καθ' ἡμῶν ἐξουσίαν ἀπώσηται ἡμᾶς ἀπὸ τῆς βασιλείας τοῦ κυρίου.

56 ibidem X, 5

... οὐ μὴ ... ὁμοιωθήσῃ κολλώμενος ἀνθρώποις τοιούτοις, οἵτινες εἰς τέλος εἰσὶν ἀσεβεῖς καὶ κεκριμένοι ἤδη τῷ θανάτῳ ... .

57 ibidem XVI, 7—9

7. Εὑρίσκω οὖν ὅτι ἔστιν ναός. Πῶς οὖν οἰκοδομηθήσεται ἐπὶ τῷ ὀνόματι κυρίου, μάθετε. Πρὸ τοῦ ἡμᾶς πιστεῦσαι τῷ θεῷ ἦν ἡμῶν τὸ κατοικητήριον τῆς καρδίας φθαρτὸν καὶ ἀσθενές, ὡς ἀληθῶς οἰκοδομητὸς

Aristides

Apologie XV, 11

54

Wenn ein Frommer aus ihrer Mitte stirbt, freuen sie (sc. die Christen) sich, sagen Dank und beten für ihn und geleiten ihn, als trete er eine Reise an. Wenn ihnen ein Kind geboren wird, danken sie Gott; und wenn es in früher Jugend stirbt, so danken sie ganz besonders, dass es ohne Sünde aus dem Leben geschieden ist. Wenn aber jemand in Sünden gestorben ist, so weinen sie, da er zu seiner Bestrafung scheide [1].

Brief des Barnabas

IV, 1—2 und 13

55

1. Wir müssen also die gegenwärtige Lage gewissenhaft prüfen, um herauszufinden, was uns retten kann. Lasst uns daher alle Werke der Gottlosigkeit gänzlich meiden, damit uns die Werke der Gottlosigkeit nicht ergreifen; und lasst uns den Irrtum der jetzigen Zeit hassen, damit wir in der zukünftigen geliebt werden [1]. 2. Wir wollen unsrer Seele nicht freien Lauf lassen, so dass sie die Möglichkeit hätte, mit Sündern und Verworfenen sich zusammenzufinden, damit wir nicht etwa ihnen gleich werden! ... 13. Wir wollen uns niemals im Bewusstsein unsrer Berufung der Ruhe überlassen und auf unsren Sünden einschlafen, und der böse Machthaber soll nicht die Gewalt über uns gewinnen und uns vom Reiche des Herrn wegstossen.

Ebenda X, 5

56

Werde ja nicht ... durch enge Gemeinschaft solchen Menschen gleich, die vollkommen gottlos und schon zum Tode verurteilt sind.

Ebenda XVI, 7—9

57

7. Ich finde nun, dass es einen Tempel gibt [1]. Begreifet, wie er denn im Namen des Herrn gebaut werden soll! Bevor wir zum Glauben an Gott kamen, war die Behausung unsres Herzens vergänglich und schwach,

---

[1] Vgl. Poschmann, Paen. sec. 209.   54
[1] Möglich ist auch Windischs Übersetzung: „damit wir durch Liebe in die zukünftige (Zeitperiode) gebracht werden".   55
[1] Das könnte nach dem Vorhergehenden zweifelhaft sein, weil die jüdische Schätzung des steinernen Tempels abgelehnt wurde.   57

ναὸς διὰ χειρός, ὅτι ἦν πλήρης μὲν εἰδωλολατρείας καὶ ἦν οἶκος δαιμονίων
διὰ τὸ ποιεῖν, ὅσα ἦν ἐναντία τῷ θεῷ. 8. Οἰκοδομηθήσεται δὲ
ἐπὶ τῷ ὀνόματι κυρίου. Προσέχετε δὲ ἵνα ὁ ναὸς τοῦ κυρίου
ἐνδόξως οἰκοδομηθῇ. Πῶς, μάθετε. Λαβόντες τὴν ἄφεσιν τῶν ἁμαρτιῶν
καὶ ἐλπίσαντες ἐπὶ τὸ ὄνομα ἐγενόμεθα καινοί, πάλιν ἐξ ἀρχῆς κτιζόμενοι·
διὸ ἐν τῷ κατοικητηρίῳ ἡμῶν ἀληθῶς ὁ θεὸς κατοικεῖ ἐν ἡμῖν. 9. Πῶς;
Ὁ λόγος αὐτοῦ τῆς πίστεως, ἡ κλῆσις αὐτοῦ τῆς ἐπαγγελίας, ἡ σοφία
τῶν δικαιωμάτων, αἱ ἐντολαὶ τῆς διδαχῆς, αὐτὸς ἐν ἡμῖν προφητεύων,
αὐτὸς ἐν ἡμῖν κατοικῶν, τοὺς τῷ θανάτῳ δεδουλωμένους ἀνοίγων ἡμῖν
τὴν θύραν τοῦ ναοῦ, ὅ ἐστιν στόμα, μετάνοιαν διδοὺς ἡμῖν εἰσάγει εἰς
τὸν ἄφθαρτον ναόν.

58   ibidem XIX, 4. 10. 12

4. ... Οὐ μή σου ὁ λόγος τοῦ θεοῦ ἐξέλθῃ ἐν ἀκαθαρσίᾳ τινῶν.
Οὐ λήμψῃ πρόσωπον ἐλέγξαι τινὰ ἐπὶ παραπτώματι. Ἔσῃ
πραΰς, ἔσῃ ἡσύχιος, ἔσῃ τρέμων τοὺς λόγους οὓς ἤκουσας. Οὐ μνησι-
κακήσεις τῷ ἀδελφῷ σου. ... 10. Μνησθήσῃ ἡμέραν κρίσεως νυκτὸς καὶ
ἡμέρας καὶ ἐκζητήσεις καθ' ἑκάστην ἡμέραν τὰ πρόσωπα τῶν ἁγίων, ἢ
διὰ λόγου κοπιῶν καὶ πορευόμενος εἰς τὸ παρακαλέσαι καὶ μελετῶν εἰς
τὸ σῶσαι ψυχὴν τῷ λόγῳ, ἢ διὰ τῶν χειρῶν σου ἐργάσῃ εἰς λύτρωσιν
ἁμαρτιῶν σου. ... 12. Οὐ ποιήσεις σχίσμα, εἰρηνεύσεις δὲ μαχομένους
συναγαγών. Ἐξομολογήσῃ ἐπὶ ἁμαρτίαις σου. Οὐ προσήξεις ἐπὶ προσ-
ευχὴν ἐν συνειδήσει πονηρᾷ. Αὕτη ἐστὶν ἡ ὁδὸς τοῦ φωτός.

Doctrina Apostolorum (Διδαχή) (ca. 140—150 aut 90—100),
ed. K. Bihlmeyer (cf. nr. 28)

59   X, 6

... Εἴ τις ἅγιός ἐστιν, ἐρχέσθω· εἴ τις οὐκ ἔστι, μετανοείτω· μαρὰν
ἀθά· ἀμήν.

57, 5 s. cf. 2. Reg. 7, 13
58, 2 cf. Deut. 1, 17

58, 7 λύτρωσιν: λύτρον uar., fort. recte
9 ἁμαρτίαις: ἁμαρτίᾳ uar.
59, 1 s. μαραναθα cod., *separare malim* μαρὰνα θά

wie ein wirklich mit Händen gebauter Tempel; denn sie war voll von Götzendienst und war eine Wohnstatt der Dämonen, weil wir taten, was widergöttlich war. 8. *Er wird aber gebaut werden auf den Namen des Herrn.* Achtet doch darauf, dass der Tempel des Herrn herrlich gebaut wird. Erfahret, wie. Als wir die Vergebung der Sünden empfingen und unsre Hoffnung auf seinen Namen setzten, wurden wir erneuert und wieder von neuem geschaffen. Deshalb wohnt in uns wirklich Gott in unsrer Behausung. 9. Wieso? Sein Wort des Glaubens, seine Berufung in der Verheissung[2], die Weisheit der Forderungen, die Weisungen der Lehre, er selbst, der in uns weissagt, er selbst, der in uns wohnt, führt die dem Tode Verfallenen, indem er uns die Türe des Tempels auftut, die der Mund ist, und uns Busse gewährt, in den unvergänglichen Tempel[3].

Ebenda XIX, 4. 10. 12

4. ... Keinesfalls darf dein Gotteswort ausgehen bei Unreinheit mancher (sc. Zuhörer). *Sieh nicht die Person an, wenn du* jemanden wegen eines Vergehens *zurechtweisest.* Sei sanftmütig, bleibe ruhig, zittere vor den Worten, die du gehört hast. Du sollst deinem Bruder Böses nicht nachtragen. ... 10. Denke an den Tag des Gerichts bei Nacht und bei Tag, und suche täglich das Angesicht der Heiligen. Entweder wirke mit dem Wort und gehe hin, Zuspruch zu erteilen, und mühe dich, durch das Wort eine Seele zu retten, oder arbeite mit deinen Händen zur Sühnung deiner Sünden. ... 12. Errege keine Spaltung, sondern stifte Frieden und führe Streitende zusammen. Lege ein Bekenntnis über deine Sünden ab. Komm zum Gebet nicht mit schlechtem Gewissen. Dies ist der Weg des Lichtes[1].

Die Lehre der Apostel (Didache)

X, 6

Wenn einer heilig ist, so trete er herzu. Wenn einer es nicht ist, so tue er Busse. Unser Herr, komm[1]! Amen.

---

2 Es könnte die Taufe gemeint sein; vgl. Hermas, Mand. 4, 3, 6 (Nr. 67).
3 Die Bedeutung des Tempels schwankt zwischen dem Leibe des einzelnen Christen und der Gemeinde (vgl. 1. Kor. 6, 19 und anderseits 3, 17). — Da der „unvergängliche Tempel" auf die Vollendung vorausweist, dürfte an die Busse nach der Taufe zu denken sein. Auch die Tempora sprechen dafür.
1 Mit § 12 stimmt Didache 4, 3. 14 überein, nur heisst es dort: „Bekenne deine Verfehlungen in der Gemeinde".
1 Nach Bihlmeyers Worttrennung: „Unser Herr ist gekommen".

60 ibidem XIV, 1—2

1. Κατὰ κυριακὴν δὲ κυρίου συναχθέντες κλάσατε ἄρτον καὶ εὐχαριστήσατε προεξομολογησάμενοι τὰ παραπτώματα ὑμῶν, ὅπως καθαρὰ ἡ θυσία ὑμῶν ᾖ. 2. Πᾶς δὲ ἔχων τὴν ἀμφιβολίαν μετὰ τοῦ ἑταίρου αὐτοῦ μὴ συνελθέτω ὑμῖν, ἕως οὗ διαλλαγῶσιν, ἵνα μὴ κοινωθῇ ἡ θυσία ὑμῶν.

61 ibidem XV, 3—4

3. Ἐλέγχετε δὲ ἀλλήλους μὴ ἐν ὀργῇ, ἀλλ' ἐν εἰρήνῃ, ὡς ἔχετε ἐν τῷ εὐαγγελίῳ· καὶ παντὶ ἀστοχοῦντι κατὰ τοῦ ἑτέρου μηδεὶς λαλείτω μηδὲ παρ' ὑμῶν ἀκουέτω, ἕως οὗ μετανοήσῃ. 4. Τὰς δὲ εὐχὰς ὑμῶν καὶ τὰς ἐλεημοσύνας καὶ πάσας τὰς πράξεις οὕτω ποιήσατε, ὡς ἔχετε ἐν τῷ
5 εὐαγγελίῳ τοῦ κυρίου ἡμῶν.

Polycarpus (Smyrnaeus), Epistula ad Philippenses (ca. 135),
ed. K. Bihlmeyer (cf. nr. 28)

62 VI, 1—2

1. Καὶ οἱ πρεσβύτεροι δὲ εὔσπλαγχνοι, εἰς πάντας ἐλεήμονες, ἐ π ι σ τ ρ έ φ ο ν τ ε ς   τ ὰ   ἀ π ο π ε π λ α ν η μ έ ν α, ἐπισκεπτόμενοι πάντας ἀσθενεῖς, μὴ ἀμελοῦντες χήρας ἢ ὀρφανοῦ ἢ πένητος· ἀλλὰ π ρ ο ν ο ο ῦ ν τ ε ς   ἀ ε ὶ   τ ο ῦ   κ α λ ο ῦ   ἐ ν ώ π ι ο ν   θ ε ο ῦ   κ α ὶ   ἀ ν θ ρ ώ π ω ν, ἀπεχόμε-
5 νοι πάσης ὀργῆς, προσωποληψίας, κρίσεως ἀδίκου, μακρὰν ὄντες πάσης φιλαργυρίας, μὴ ταχέως πιστεύοντες κατά τινος, μὴ ἀπότομοι ἐν κρίσει, εἰδότες ὅτι πάντες ὀφειλέται ἐσμὲν ἁμαρτίας. 2. Εἰ οὖν δεόμεθα τοῦ κυρίου, ἵνα ἡμῖν ἀφῇ, ὀφείλομεν καὶ ἡμεῖς ἀφιέναι· ἀπέναντι γὰρ τῶν τοῦ κυρίου καὶ θεοῦ ἐσμὲν ὀφθαλμῶν, καὶ πάντας δεῖ π α ρ α σ τ ῆ ν α ι
10 τ ῷ   β ή μ α τ ι   τ ο ῦ   Χ ρ ι σ τ ο ῦ   καὶ   ἕ κ α σ τ ο ν   ὑ π ὲ ρ   α ὐ τ ο ῦ   λ ό γ ο ν   δ ο ῦ ν α ι.

60, 3 s. cf. Matth. 5, 23 s.
61, 1 ss. cf. Matth. 18, 15—22 (nr. 2); 2. Thess. 3, 14 s. (nr. 12)
62, 1 s. cf. Ez. 34, 4; 1. Petr. 2, 25
    3 s. cf. Prou. 3, 4
    7 s. cf. Matth. 6, 12
    9 s. cf. Rom. 14, 10. 12; 2. Cor. 5, 10

60, 2 προεξομ. *Harnack:* προσεξομ. *cod.*
    3 τὴν *cod.:* τινά *Gebhardt (Harnack)*
61, 2 ἑτέρου *cod.:* ἑταίρου *Harris (cf. nr. 60, 3)*
    3 ἀκουέτω *cod.:* ἀκουέσθω *Hilgenfeld, Funk, fort. recte*

Ebenda XIV, 1—2

1. Am Herrentage kommt zusammen, brecht das Brot und feiert die Eucharistie, nachdem ihr zuvor eure Sünden bekannt habt, damit euer Opfer rein sei. 2. Es soll aber keiner, der mit seinem Nächsten Streit hat, mit euch zusammenkommen, bis sie sich ausgesöhnt haben, damit euer Opfer nicht entweiht werde.

Ebenda XV, 3—4

3. Weiset einander nicht im Zorn zurecht, sondern im Frieden, wie ihr es im Evangelium seht. Und mit jedem, der sich gegen den Nächsten verfehlt, soll keiner sprechen noch soll er von euch etwas hören[1], bis er Busse getan hat. 4. Eure Gebete aber, eure Almosen und alle eure Handlungen begeht so, wie ihr es im Evangelium unsres Herrn findet.

Polykarp (von Smyrna), Brief an die Philipper

VI, 1—2

1. Auch die Presbyter sollen mitfühlend sein und barmherzig gegen alle; sie sollen *das Verirrte auf den rechten Weg bringen,* alle Kranken besuchen, keine Witwe oder Waise und keinen Armen vernachlässigen. Sondern sie sollen stets *bedacht sein auf das, was vor Gott und den Menschen recht ist,* frei sein von jedem Zorn, Ansehen der Person, ungerechtem Urteilsspruch, fern von aller Geldgier, nicht leichtgläubig bei Beschuldigungen, nicht hart im Urteilen; denn sie sollen wissen, dass wir alle der Sünde verschuldet sind. 2. Wenn wir nun den Herrn bitten, uns zu vergeben, dann müssen auch wir vergeben. Denn wir stehen vor den Augen des Herrn und Gottes und müssen alle *vor den Richtstuhl Christi treten* und *ein jeder für sich Rechenschaft ablegen.*

---

[1] Oder nach Vermutung neuerer Herausgeber: „noch soll er von euch gehört werden".

63 ibidem XI, 1—2 et 4

1. Nimis contristatus sum pro Valente, qui presbyter factus est aliquando apud uos, quod sic ignoret is locum qui datus est ei. Moneo itaque ut abstineatis uos ab auaritia et sitis casti et ueraces. Abstinete uos ab omni malo. 2. Qui autem non potest se in his gubernare, quomodo alii pronuntiat hoc? ... 4. Valde ergo, fratres, contristor pro illo et pro coniuge eius, quibus *det dominus paenitentiam* ueram. Sobrii ergo estote et uos in hoc; et *non sicut inimicos* tales *existimetis,* sed sicut passibilia membra et errantia eos reuocate, ut omnium uestrum corpus saluetis. Hoc enim agentes uos ipsos aedificatis.

Hermas, Pastor (ca. 140), ed. M. Whittaker, GCS 48, 1956 (48 ², 1967)

64 Visio I, 1, 1—3, 2

1. Ὁ θρέψας με πέπρακέν με Ῥόδῃ τινὶ εἰς Ῥώμην· μετὰ πολλὰ ἔτη ταύτην ἀνεγνωρισάμην καὶ ἠρξάμην αὐτὴν ἀγαπᾶν ὡς ἀδελφήν. 2. Μετὰ χρόνον τινὰ λουομένην εἰς τὸν ποταμὸν τὸν Τίβεριν εἶδον καὶ ἐπέδωκα αὐτῇ τὴν χεῖρα καὶ ἐξήγαγον αὐτὴν ἐκ τοῦ ποταμοῦ. Ταύτης οὖν ἰδὼν τὸ κάλλος διελογιζόμην ἐν τῇ καρδίᾳ μου λέγων· Μακάριος ἤμην εἰ τοιαύτην γυναῖκα εἶχον καὶ τῷ κάλλει καὶ τῷ τρόπῳ. Μόνον τοῦτο ἐβουλευσάμην, ἕτερον δὲ οὐδέ. 3. Μετὰ χρόνον τινὰ πορευομένου μου εἰς Κούμας καὶ δοξάζοντος τὰς κτίσεις τοῦ θεοῦ, ὡς μεγάλαι καὶ ἐκπρεπεῖς καὶ δυναταί εἰσιν, περιπατῶν ἀφύπνωσα. Καὶ πνεῦμά με ἔλαβεν καὶ ἀπήνεγκέν με δι᾽ ἀνοδίας τινός, δι᾽ ἧς ἄνθρωπος οὐκ ἐδύνατο ὀδεῦσαι· ἦν δὲ ὁ τόπος κρημνώδης καὶ ἀπερρηγὼς ἀπὸ τῶν ὑδάτων. Διαβὰς οὖν τὸν ποταμὸν ἐκεῖνον ἦλθον εἰς τὰ ὁμαλά, καὶ τιθῶ τὰ γόνατα καὶ ἠρξάμην προσεύχεσθαι τῷ κυρίῳ καὶ ἐξομολογεῖσθαί μου τὰς ἁμαρτίας. 4. Προσ-

---

63, 6 cf. 2. Tim. 2, 25 (nr. 15)
    7 cf. 2. Thess. 3, 15 (nr. 12)

63, 2 ignoret is *edd.:* ignoretis *codd.*

Ebenda XI, 1—2 und 4

1. Tief betrübt bin ich über Valens, der einst bei euch zum Presbyter eingesetzt worden ist, dass er nämlich das ihm übertragene Amt so verkennt. Ich ermahne euch deshalb, euch der Habgier zu enthalten und rein und wahrhaftig zu sein. Haltet euch fern von allem Bösen. 2. Wer sich aber in diesen Dingen nicht selbst gebieten kann, wie mag er das einem andern vorhalten? ... 4. Ich bin also, liebe Brüder, sehr betrübt über jenen und über seine Frau; *der Herr gebe* ihnen aufrichtige *Reue (Busse).* Seid deshalb auch ihr in dieser Sache besonnen. *Achtet* solche Leute *nicht als Feinde,* sondern rufet sie als leidende und irrende Glieder zurück, damit ihr den Leib rettet, den ihr alle bildet. Wenn ihr nämlich das tut, baut ihr euch selbst auf.

Hermas, Der Hirte [1]

Vision I, 1, 1—3, 2

1, 1. Mein Herr [2] verkaufte mich nach Rom an eine gewisse Rhode. Viele Jahre später sah ich sie wieder und begann sie zu lieben wie eine Schwester. 2. Nach einiger Zeit sah ich sie im Tiber baden; ich reichte ihr die Hand und führte sie aus dem Fluss an Land. Wie ich nun ihre Schönheit sah, dachte ich in meinem Herzen: Ich wäre glücklich, wenn ich eine Frau von solcher Schönheit und solchem Wesen hätte! Nur dies dachte ich bei mir, sonst nichts. 3. Als ich einige Zeit später nach Kumä wanderte und die Schöpfungswerke Gottes pries, weil sie so gross, herrlich und gewaltig sind, da fiel ich während des Gehens in Schlaf. Der Geist ergriff mich und trug mich durch eine unwegsame Gegend, durch die kein Mensch gehen konnte; denn die Gegend war abschüssig und vom Wasser zerklüftet. Als ich nun den Fluss, der dort war, durchquert hatte, kam ich in ebenes Gelände, und ich beugte meine Knie und begann zu dem Herrn zu beten und ihm meine Sünden zu bekennen [3]. 4. Wäh-

---

[1] Ein erster Teil des „Hirten" (Vision 1—4) ist vielleicht früher verfasst worden. — Die Übersetzungen von M. Dibelius (Handbuch zum NT, Ergänzungs-Band IV, mit Erklärung, 1923), von H. Weinel (bei E. Hennecke, Neutest. Apokryphen, ²1924) und von R. Joly (Sources Chrétiennes 53, 1958) sind dankbar benutzt. — Über den religionsgeschichtlichen und literarischen Charakter des „Hirten" vergleiche die drei Beiträge von E. Peterson, Frühkirche, Judentum und Gnosis, 1959, S. 254—309.

[2] Wörtlich: der, der mich (als Sklaven) in seinem Hause aufgezogen hatte.

[3] Dieses allgemeine Sündenbekenntnis ist (wie Vis. 3, 1, 5) ein Akt der Demütigung und hat mit dem kirchlichen Bussverfahren nichts zu tun.

ευχομένου δέ μου ηνοίγη ὁ οὐρανός, καὶ βλέπω τὴν γυναῖκα ἐκείνην ἣν ἐπεθύμησα ἀσπαζομένην με ἐκ τοῦ οὐρανοῦ, λέγουσαν· Ἑρμᾶ, χαῖρε. 5. Βλέψας δὲ εἰς αὐτὴν λέγω αὐτῇ· Κυρία, τί σὺ ὧδε ποιεῖς; Ἡ δὲ ἀπεκρίθη μοι· Ἀνελήμφθην ἵνα σου τὰς ἁμαρτίας ἐλέγξω πρὸς τὸν κύριον. 6. Λέγω αὐτῇ· Νῦν σύ μου ἔλεγχος εἶ; Οὔ, φησίν, ἀλλὰ ἄκουσον τὰ ῥήματα ἅ σοι μέλλω λέγειν. Ὁ θεὸς ὁ ἐν τοῖς οὐρανοῖς κατοικῶν καὶ κτίσας ἐκ τοῦ μὴ ὄντος τὰ ὄντα καὶ πληθύνας καὶ αὐξήσας ἕνεκεν τῆς ἁγίας ἐκκλησίας αὐτοῦ ὀργίζεταί σοι ὅτι ἥμαρτες εἰς ἐμέ. 7. Ἀποκριθεὶς αὐτῇ λέγω· Εἰς σὲ ἥμαρτον; Ποίῳ τρόπῳ; Ἢ πότε σοι αἰσχρὸν ῥῆμα ἐλάλησα; Οὐ πάντοτέ σε ὡς θεὰν ἡγησάμην; Οὐ πάντοτέ σε ἐνετράπην ὡς ἀδελφήν; Τί μου καταψεύδῃ, ὦ γύναι, τὰ πονηρὰ ταῦτα καὶ ἀκάθαρτα; 8. Γελάσασά μοι λέγει· Ἐπὶ τὴν καρδίαν σου ἀνέβη ἡ ἐπιθυμία τῆς πονηρίας. Ἢ οὐ δοκεῖ σοι ἀνδρὶ δικαίῳ πονηρὸν πρᾶγμα εἶναι, ἐὰν ἀναβῇ αὐτοῦ ἐπὶ τὴν καρδίαν ἡ πονηρὰ ἐπιθυμία; Ἁμαρτία γέ ἐστιν καὶ μεγάλη, φησίν. Ὁ γὰρ δίκαιος ἀνὴρ δίκαια βουλεύεται. Ἐν τῷ οὖν δίκαια βουλεύεσθαι αὐτὸν κατορθοῦται ἡ δόξα αὐτοῦ ἐν τοῖς οὐρανοῖς καὶ εὐκατάλλακτον ἔχει τὸν κύριον ἐν παντὶ πράγματι αὐτοῦ. Οἱ δὲ πονηρὰ βουλευόμενοι ἐν ταῖς καρδίαις αὐτῶν θάνατον καὶ αἰχμαλωτισμὸν ἑαυτοῖς ἐπισπῶνται, μάλιστα οἱ τὸν αἰῶνα τοῦτον περιποιούμενοι καὶ γαυριῶντες ἐν τῷ πλούτῳ αὐτῶν καὶ μὴ ἀντεχόμενοι τῶν ἀγαθῶν τῶν μελλόντων. 9. ⟨Οὐ⟩ μετανοήσουσιν αἱ ψυχαὶ αὐτῶν, οἵτινες οὐκ ἔχουσιν ἐλπίδα, ἀλλὰ ἑαυτοὺς ἀπεγνώκασιν καὶ τὴν ζωὴν αὐτῶν. Ἀλλὰ σὺ προσεύχου πρὸς τὸν θεόν, καὶ ἰάσεται τὰ ἁμαρτήματά σου καὶ ὅλου τοῦ οἴκου σου καὶ πάντων τῶν ἁγίων.

2, 1. ... Ἔλεγον δὲ ἐν ἐμαυτῷ· Εἰ αὕτη μοι ἡ ἁμαρτία ἀναγράφεται, πῶς δυνήσομαι σωθῆναι; Ἢ πῶς ἐξιλάσομαι τὸν θεὸν περὶ τῶν ἁμαρτιῶν μου τῶν τελείων; Ἢ ποίοις ῥήμασιν ἐρωτήσω τὸν κύριον ἵνα ἱλατεύσηταί μοι; 2. Ταῦτά μου συμβουλευομένου ... ἦλθεν γυνὴ πρεσβῦτις ἐν ἱματισμῷ λαμπροτάτῳ ... 3. καὶ εἶπέν μοι· Τί στυγνός, Ἑρμᾶ ...; Κἀγὼ εἶπον αὐτῇ· Ὑπὸ γυναικὸς ἀγαθωτάτης λεγούσης μοι ὅτι ἥμαρτον εἰς αὐτήν. 4. Ἡ δὲ ἔφη· Μηδαμῶς ἐπὶ τὸν δοῦλον τοῦ θεοῦ τὸ πρᾶγμα τοῦτο.

64, 36 cf. Deut. 30, 3

64, 22 τρόπῳ: τόπῳ *uar*.

34 ⟨οὐ⟩ μεταν. *scripsi*: μετανοήσουσιν *unus e codd., alii aliter,* ἀπολοῦνται *uel similiter* Dibelius

rend ich betete, öffnete sich der Himmel, und ich sah jene Frau, die ich mir gewünscht hatte. Sie begrüsste mich aus dem Himmel und sprach: Sei gegrüsst, Hermas! 5. Ich blickte sie an und sagte zu ihr: Herrin, was tust du hier? Sie antwortete mir: Ich wurde hierher erhöht[4], um vor dem Herrn deine Sünden aufzudecken. 6. Ich sagte zu ihr: Jetzt bist du also mein Ankläger? Nein, sagte sie, höre vielmehr die Worte, die ich dir sagen will. Gott, der im Himmel wohnt und das, was ist, aus dem Nichts schuf und es vermehrte und wachsen liess um seiner heiligen Kirche willen, zürnt dir, weil du an mir Unrecht getan hast. 7. Ich antwortete ihr und sagte: An dir habe ich Unrecht getan? In welcher Weise? Oder wann habe ich zu dir ein ungehöriges Wort gesagt? Habe ich nicht immer zu dir aufgesehen wie zu einer Göttin? Habe ich dich nicht immer geachtet wie eine Schwester? Warum, Frau, bringst du lügnerisch solche bösen, unreinen Dinge gegen mich vor? 8. Lachend sagte sie zu mir: In dein Herz ist die böse Lust aufgestiegen. Oder scheint dir das nicht böse für einen gerechten Mann zu sein, wenn in sein Herz die böse Lust aufsteigt? Sünde ist es ja, und zwar eine grosse Sünde, sprach sie[5]. Denn der gerechte Mann sinnt nur auf Gerechtes. Indem er also auf Gerechtes sinnt, wird sein Ruhm im Himmel gefestigt, und er findet den Herrn bei all seinem Tun wohlwollend. Die aber in ihrem Herzen auf Böses sinnen, die ziehen sich Tod und Gefangenschaft[6] zu, vor allem die, welche diese Welt gewinnen wollen, sich ihres Reichtums rühmen und sich nicht an die zukünftigen Güter halten. 9. Nicht werden die Seelen derer Busse tun, die keine Hoffnung haben, sondern an sich und ihrem Leben verzweifelt sind. Aber du bete zu Gott, so *wird er deine Sünden heilen* und die deines ganzen Hauses und aller Heiligen.

2, 1. ... Ich sprach bei mir selber: Wenn mir diese Sünde angeschrieben wird, wie werde ich gerettet werden können? Oder wie kann ich Gott versöhnen für meine vollendeten[7] Sünden? Oder mit welchen Worten soll ich den Herrn bitten, mir gnädig zu sein? 2. Während ich dies dachte, ... kam eine Greisin in leuchtendem Gewand[8] ... 3. und sagte zu mir: Warum bist du traurig, Hermas? ... Und ich anwortete ihr: Wegen einer vortrefflichen Frau, die mir sagte, ich wäre an ihr schuldig geworden. 4. Sie entgegnete: Keinesfalls kommt für den Knecht Gottes

---

[4] Vermutlich ist Rhode nur zur Offenbarung des göttlichen Urteils über die Gedankensünde des Hermas in den Himmel versetzt gedacht; sie braucht also nicht verstorben zu sein.
[5] Vgl. Mand. 4, 1, 1 f. (unten Nr. 67).
[6] Gemeint sind der ewige Tod und die ewige Haft; vgl. 1. Petr. 3, 19.
[7] Ebenso Barnab. 8, 1 und Philo, De uita Mos. 1, 96.
[8] Nach Vis. 2, 4, 1 stellt die Greisin die Kirche dar.

45 Ἀλλὰ πάντως ἐπὶ τὴν καρδίαν σου ἀνέβη περὶ αὐτῆς. Ἔστιν μὲν τοῖς δούλοις τοῦ θεοῦ ἡ τοιαύτη βουλὴ ἁμαρτίαν ἐπιφέρουσα . . . .
3, 1. Ἀλλ' οὐχ ἕνεκα τούτου σοι ὀργίζεται ὁ θεός, ἀλλ' ἵνα τὸν οἶκόν σου τὸν ἀνομήσαντα εἰς τὸν κύριον καὶ εἰς ὑμᾶς τοὺς γονεῖς αὐτῶν ἐπιστρέψῃς. . . . Ἀλλὰ ἰάσεταί σου πάντα τὰ προγεγονότα πονηρὰ ἐν τῷ
50 οἴκῳ σου· διὰ γὰρ τὰς ἐκείνων ἁμαρτίας καὶ ἀνομήματα σὺ κατεφθάρης ἀπὸ τῶν βιωτικῶν πράξεων. 2. Ἀλλ' ἡ πολυσπλαγχνία τοῦ κυρίου ἠλέησέν σε καὶ τὸν οἶκόν σου καὶ ἰσχυροποιήσει σε καὶ θεμελιώσει σε ἐν τῇ δόξῃ αὐτοῦ. . . . Μὴ διαλίπῃς οὖν νουθετῶν σου τὰ τέκνα· οἶδα γὰρ ὅτι, ἐὰν μετανοήσουσιν ἐξ ὅλης καρδίας αὐτῶν, ἐγγραφήσονται εἰς τὰς βίβλους
55 τῆς ζωῆς μετὰ τῶν ἁγίων.

65 ibidem Visio II, 1, 1 et 3; 2, 1 et 4—7; 3, 1—2. 4; 4, 2—3

1, 1. Πορευομένου μου εἰς Κούμας κατὰ τὸν καιρὸν ὃν καὶ πέρυσι, περιπατῶν ἀνεμνήσθην τῆς περυσινῆς ὁράσεως, καὶ πάλιν με αἴρει πνεῦμα καὶ ἀποφέρει εἰς τὸν αὐτὸν τόπον ὅπου καὶ πέρυσι. . . . 3. Μετὰ δὲ τὸ ἐγερθῆναί με ἀπὸ τῆς προσευχῆς βλέπω ἀπέναντί μου τὴν πρεσβυτέραν ἣν καὶ πέρυ-
5 σιν ἑωράκειν, περιπατοῦσαν καὶ ἀναγινώσκουσαν βιβλαρίδιον. Καὶ λέγει μοι· Δύνῃ ταῦτα τοῖς ἐκλεκτοῖς τοῦ θεοῦ ἀναγγεῖλαι; Λέγω αὐτῇ· Κυρία, τοσαῦτα μνημονεῦσαι οὐ δύναμαι· δὸς δέ μοι τὸ βιβλίδιον, ἵνα μεταγράψωμαι αὐτό. . . . 2, 1. . . . Ἦν δὲ γεγραμμένα ταῦτα· . . . 4. Μετὰ τὸ γνωρίσαι σε ταῦτα τὰ ῥήματα αὐτοῖς ἃ ἐνετείλατό μοι ὁ δεσπότης ἵνα σοι
10 ἀποκαλυφθῇ, τότε ἀφίενται αὐτοῖς αἱ ἁμαρτίαι πᾶσαι ἃς πρότερον ἥμαρτον καὶ πᾶσιν τοῖς ἁγίοις τοῖς ἁμαρτήσασι μέχρι ταύτης τῆς ἡμέρας, ἐὰν ἐξ ὅλης τῆς καρδίας μετανοήσουσιν καὶ ἄρωσιν ἀπὸ τῆς καρδίας αὐτῶν τὰς διψυχίας. 5. Ὤμοσεν γὰρ ὁ δεσπότης κατὰ τῆς δόξης αὐτοῦ ἐπὶ τοὺς ἐκλεκτοὺς αὐτοῦ· ἐὰν ὡρισμένης τῆς ἡμέρας ταύτης ἔτι ἁμάρτησις γένη-
15 ται, μὴ ἔχειν αὐτοὺς σωτηρίαν· ἡ γὰρ μετάνοια τοῖς δικαίοις ἔχει τέλος· πεπλήρωνται αἱ ἡμέραι μετανοίας πᾶσιν τοῖς ἁγίοις· καὶ τοῖς δὲ ἔθνεσιν

65, 11 τοῖς ἁγίοις: ἄφεσις ἔσται add. alii

eine solche Tat in Frage. Aber jedenfalls kam in dein Herz ein Verlangen nach der Frau; und die Knechte Gottes bringt ein solcher Gedanke in Sünde[9]. ...

3, 1. Aber nicht deswegen zürnt dir Gott, sondern damit du deine Kinder bekehrst, die sich an dem Herrn und an euch, ihren Eltern, vergangen haben. ... Aber er wird all das in deinem Hause eingetretene Unheil heilen. Denn wegen ihrer Sünden und Vergehen bist du um dein Vermögen gekommen. 2. Aber die grosse Barmherzigkeit des Herrn hat sich deiner und deines Hauses erbarmt und wird dich stärken und dir einen festen Platz geben in seiner Herrlichkeit. ... Werde nur nicht müde, deine Kinder zu ermahnen; denn ich weiss[10], wenn sie von ganzem Herzen Busse tun, werden sie in die Bücher des Lebens eingetragen werden zu den Heiligen.

Ebenda Vision II, 1, 1 und 3; 2, 1 und 4—7; 3, 1—2. 4; 4, 2—3

1, 1. Ich wanderte nach Kumä um dieselbe Zeit wie im Jahre zuvor, und im Gehen dachte ich an die Vision des Vorjahres. Wieder ergriff mich der Geist und trug mich an denselben Ort wie im Jahre zuvor. ... 3. Als ich mich vom Gebet erhob, sah ich die Greisin vor mir, die ich auch im vorigen Jahre gesehen hatte, wie sie im Gehen ein kleines Buch las. Und sie sprach zu mir: Kannst du das den Auserwählten Gottes verkündigen? Ich antwortete: Herrin, soviel kann ich nicht behalten. Gib mir das Büchlein zum Abschreiben. ... 2,1. ... Es stand aber folgendes darin geschrieben[1]. ... 4. Wenn du ihnen[2] diese Worte mitgeteilt hast, die mir der Herr dir zu offenbaren befohlen hat, dann werden ihnen alle Sünden, die sie bis dahin begangen haben, vergeben und auch allen Heiligen, die bis zu diesem Tage Sünde begangen haben, falls sie von ganzem Herzen Busse tun (bereuen) und aus ihrem Herzen die Zweifel[3] entfernen. 5. Denn geschworen hat der Herr bei seiner Herrlichkeit über seine Auserwählten: Wenn nach Festsetzung dieser Frist noch Sünde begangen wird, so finden sie keine Rettung mehr. Denn die (Frist der) Busse hat für die Gerechten ein Ende; beendet sind die Tage der Busse für alle Heiligen. Den Heiden aber bleibt die Busse bis zum jüngsten

---

9 Es geht Hermas auch um eine genauere und strengere Bestimmung des Begriffes Sünde.
10 Erst diese Offenbarung macht über die Möglichkeit der Vergebung gewiss.
1 Es handelt sich um einen sogenannten Himmelsbrief, der schwer zu verstehen ist und plötzlich wieder verschwindet. Dazu s. Dibelius zu Vis. 2, 1, 4 und L. Röhrich, RGG ³3, 338 s.
2 Seinen Kindern und seiner Frau.
3 Zum Zweifel vgl. besonders Mand. 9, auch Vis. 3, 4, 3.

μετάνοιά ἐστιν ἕως ἐσχάτης ἡμέρας. 6. Ἐρεῖς οὖν τοῖς προηγουμένοις τῆς ἐκκλησίας ἵνα κατορθώσωνται τὰς ὁδοὺς αὐτῶν ἐν δικαιοσύνῃ, ἵνα ἀπολάβωσιν ἐκ πλήρους τὰς ἐπαγγελίας μετὰ πολλῆς δόξης. 7. Ἐμμείνατε οὖν οἱ ἐργαζόμενοι τὴν δικαιοσύνην καὶ μὴ διψυχήσητε, ἵνα γένηται ὑμῶν ἡ πάροδος μετὰ τῶν ἀγγέλων τῶν ἁγίων. Μακάριοι ὑμεῖς, ὅσοι ὑπομένετε τὴν θλῖψιν τὴν ἐρχομένην τὴν μεγάλην καὶ ὅσοι οὐκ ἀρνήσονται τὴν ζωὴν αὐτῶν. ...

3, 1. Σὺ δέ, Ἑρμᾶ, μηκέτι μνησικακήσῃς τοῖς τέκνοις σου μηδὲ τὴν ἀδελφήν σου ἐάσῃς, ἵνα καθαρισθῶσιν ἀπὸ τῶν προτέρων ἁμαρτιῶν αὐτῶν. Παιδευθήσονται γὰρ παιδείᾳ δικαίᾳ, ἐὰν σὺ μὴ μνησικακήσῃς αὐτοῖς. Μνησικακία θάνατον κατεργάζεται. Σὺ δέ, Ἑρμᾶ, μεγάλας θλίψεις ἔσχες ἰδιωτικὰς διὰ τὰς παραβάσεις τοῦ οἴκου σου, ὅτι οὐκ ἐμέλησέν σοι περὶ αὐτῶν. Ἀλλὰ παρενεθυμήθης καὶ ταῖς πραγματείαις σου συνανεφύρης ταῖς πονηραῖς· 2. ἀλλὰ σώζει σε τὸ μὴ ἀποστῆναί σε ἀπὸ θεοῦ ζῶντος καὶ ἡ ἁπλότης σου καὶ ἡ πολλὴ ἐγκράτεια· Ταῦτα σέσωκέν σε, ἐὰν ἐμμείνῃς, καὶ πάντας σώζει τοὺς τὰ τοιαῦτα ἐργαζομένους καὶ πορευομένους ἐν ἀκακίᾳ καὶ ἁπλότητι. ... 4. Ἐρεῖς δὲ Μαξίμῳ· Ἰδοὺ θλῖψις ἔρχεται· ἐάν σοι φανῇ, πάλιν ἄρνησαι. ...

4, 2. Μετέπειτα δὲ ὅρασιν εἶδον ἐν τῷ οἴκῳ μου. Ἦλθεν ἡ πρεσβυτέρα καὶ ἠρώτησέν με εἰ ἤδη τὸ βιβλίον δέδωκα τοῖς πρεσβυτέροις. Ἠρνησάμην δεδωκέναι. Καλῶς, φησίν, πεποίηκας· ἔχω γὰρ ῥήματα προσθεῖναι. ... 3. Γράψεις οὖν δύο βιβλαρίδια καὶ πέμψεις ἓν Κλήμεντι καὶ ἓν Γραπτῇ. Πέμψει οὖν Κλήμης εἰς τὰς ἔξω πόλεις, ἐκείνῳ γὰρ ἐπιτέτραπται. Γραπτὴ δὲ νουθετήσει τὰς χήρας καὶ τοὺς ὀρφανούς. Σὺ δὲ ἀναγνώσῃ εἰς ταύτην τὴν πόλιν μετὰ τῶν πρεσβυτέρων τῶν προϊσταμένων τῆς ἐκκλησίας.

66   ibidem Visio III, 2, 5—9; 5, 1—7, 6

2, 5. Ἐν τετραγώνῳ δὲ ᾠκοδομεῖτο ὁ πύργος ὑπὸ τῶν ἓξ νεανίσκων τῶν ἐληλυθότων μετ'αὐτῆς· ἄλλαι δὲ μυριάδες ἀνδρῶν παρέφερον λίθους, οἱ μὲν ἐκ τοῦ βυθοῦ, οἱ δὲ ἐκ τῆς γῆς, καὶ ἐπεδίδουν τοῖς ἓξ νεανίσκοις. 6. Ἐκεῖνοι δὲ ἐλάμβανον καὶ ᾠκοδόμουν· τοὺς μὲν ἐκ τοῦ βυθοῦ λίθους

Tage. 6. Sage also den Vorstehern der Gemeinde, sie sollten ihren Wandel in Gerechtigkeit ordnen, damit sie in vollem Masse die Verheissungen mit grosser Herrlichkeit empfangen. 7. So beharret nun, die ihr die Gerechtigkeit übet, und zweifelt nicht, damit ihr eingeht zu den heiligen Engeln. Selig seid ihr alle, die ihr die kommende grosse Trübsal [4] ertraget, und alle, die ihr Leben nicht verleugnen.

3, 1. Du aber, Hermas, trage deinen Kindern das Böse nicht länger nach und überlasse deine Schwester nicht sich selbst, damit sie gereinigt werden von ihren bisherigen Sünden. Denn sie werden in gerechter Zucht erzogen werden, wenn du ihnen das Böse nicht nachträgst. Das Böse nachtragen bewirkt den Tod. Aber du, Hermas, hast grosse persönliche Trübsal erlitten wegen der Sünden deiner Familie; denn du hattest dich um sie nicht gekümmert. Sondern du hattest darüber weggesehen und dich deinen bösen Geschäften ergeben. 2. Aber dich rettet, dass du nicht von dem lebendigen Gott abgefallen bist, und deine Lauterkeit und deine strenge Enthaltsamkeit. Das hat dich gerettet, wenn du darin verharrst, und rettet alle, ... die so handeln und in Unschuld und Reinheit wandeln. ... 4. Sage dem Maximus: Siehe, es naht eine Trübsal; wenn es dir gut scheint, verleugne abermals [5].

4, 2. Danach sah ich ein Gesicht in meinem Hause. Die Greisin kam und fragte mich, ob ich das Büchlein schon den Ältesten gegeben hätte. Ich sagte nein. Das hast du richtig gemacht, sagte sie. Denn ich muss noch etwas hinzufügen. ... 3. Fertige nun zwei Abschriften an und schicke eine dem Klemens, die andere der Grapte. Klemens wird sie dann an die auswärtigen Städte senden; denn das ist seine Aufgabe. Grapte aber wird (daraus) die Witwen und Waisen ermahnen. Du aber sollst das Büchlein in dieser Stadt [6] unter den Presbytern vorlesen, die die Gemeinde leiten.

Ebenda Vision III, 2, 5—9; 5, 1—7, 6

2, 5. Der Turm wurde im Viereck von den sechs Jünglingen erbaut, die mit ihr [1] gekommen waren. Andere Myriaden Männer trugen Steine herzu, teils aus der Tiefe [2], teils vom Lande, und reichten sie den sechs Jünglingen. 6. Diese nahmen sie und bauten. Die aus der Tiefe gezoge-

---

4 Vgl. O'Hagan, The Great Tribulation to Come in the Pastor of Hermas. TU 79, 1961, 305—311.
5 Maximus scheint nach Verleugnung also wieder zur Gemeinde zu gehören.
6 Rom.
1 Die Greisin aus Vis. 2 (= Kirche) zeigt und erklärt auch das folgende Gesicht vom Turmbau. Zur Deutung s. M. Dibelius z. St. und Ph. Vielhauer, Oikodome (Heidelbg. theol. Diss.), 1940, 156—159.
2 Nach Vis. 3, 2, 4 wird der Turm über dem Wasser erbaut.

ἑλκομένους πάντας οὕτως ἐτίθεσαν εἰς τὴν οἰκοδομήν· ἡρμοσμένοι γὰρ ἦσαν καὶ συνεφώνουν τῇ ἁρμογῇ μετὰ τῶν ἑτέρων λίθων· καὶ οὕτως ἐκολλῶντο ἀλλήλοις, ὥστε τὴν ἁρμογὴν αὐτῶν μὴ φαίνεσθαι· ἐφαίνετο δὲ ἡ οἰκοδομὴ τοῦ πύργου ὡς ἐξ ἑνὸς λίθου ᾠκοδομημένη. 7. Τοὺς δὲ ἑτέρους λίθους τοὺς φερομένους ἀπὸ τῆς ξηρᾶς τοὺς μὲν ἀπέβαλλον, τοὺς δὲ ἐτίθουν εἰς τὴν οἰκοδομήν· ἄλλους δὲ κατέκοπτον καὶ ἔρριπτον μακρὰν ἀπὸ τοῦ πύργου. 8. Ἄλλοι δὲ λίθοι πολλοὶ κύκλῳ τοῦ πύργου ἔκειντο καὶ οὐκ ἐχρῶντο αὐτοῖς εἰς τὴν οἰκοδομήν· ἦσαν γάρ τινες ἐξ αὐτῶν ἐψωριακότες, ἕτεροι δὲ σχισμὰς ἔχοντες, ἄλλοι δὲ κεκολοβωμένοι, ἄλλοι δὲ λευκοὶ καὶ στρογγύλοι, μὴ ἁρμόζοντες εἰς τὴν οἰκοδομήν. 9. Ἔβλεπον δὲ ἑτέρους λίθους ῥιπτομένους μακρὰν ἀπὸ τοῦ πύργου καὶ ἐρχομένους εἰς τὴν ὁδὸν καὶ μὴ μένοντας ἐν τῇ ὁδῷ, ἀλλὰ κυλιομένους ἐκ τῆς ὁδοῦ εἰς τὴν ἀνοδίαν· ἑτέρους δὲ ἐπὶ πῦρ ἐμπίπτοντας καὶ καιομένους· ἑτέρους δὲ πίπτοντας ἐγγὺς ὑδάτων καὶ μὴ δυναμένους κυλισθῆναι εἰς τὸ ὕδωρ, καίπερ θελόντων κυλισθῆναι καὶ ἐλθεῖν εἰς τὸ ὕδωρ.

5, 1. Ἄκουε νῦν περὶ τῶν λίθων τῶν ὑπαγόντων εἰς τὴν οἰκοδομήν. Οἱ μὲν οὖν λίθοι οἱ τετράγωνοι καὶ λευκοὶ καὶ συμφωνοῦντες ταῖς ἁρμογαῖς αὐτῶν, οὗτοί εἰσιν οἱ ἀπόστολοι καὶ ἐπίσκοποι καὶ διδάσκαλοι καὶ διάκονοι οἱ πορευθέντες κατὰ τὴν σεμνότητα τοῦ θεοῦ καὶ ἐπισκοπήσαντες καὶ διδάξαντες καὶ διακονήσαντες ἁγνῶς καὶ σεμνῶς τοῖς ἐκλεκτοῖς τοῦ θεοῦ, οἱ μὲν κεκοιμημένοι, οἱ δὲ ἔτι ὄντες· καὶ πάντοτε ἑαυτοῖς συνεφώνησαν καὶ ἐν ἑαυτοῖς εἰρήνην ἔσχαν καὶ ἀλλήλων ἤκουον· διὰ τοῦτο ἐν τῇ οἰκοδομῇ τοῦ πύργου συμφωνοῦσιν αἱ ἁρμογαὶ αὐτῶν. 2. Οἱ δὲ ἐκ τοῦ βυθοῦ ἑλκόμενοι καὶ ἐπιτιθέμενοι εἰς τὴν οἰκοδομὴν καὶ συμφωνοῦντες ταῖς ἁρμογαῖς αὐτῶν μετὰ τῶν ἑτέρων λίθων τῶν ἤδη ᾠκοδομημένων, τίνες εἰσίν; Οὗτοί εἰσιν οἱ παθόντες ἕνεκεν τοῦ ὀνόματος τοῦ κυρίου. 3. Τοὺς δὲ ἑτέρους λίθους τοὺς φερομένους ἀπὸ τῆς ξηρᾶς θέλω γνῶναι τίνες εἰσίν, κυρία. Ἔφη· Τοὺς μὲν εἰς τὴν οἰκοδομὴν ὑπάγοντας καὶ μὴ λατομουμένους, τούτους ὁ κύριος ἐδοκίμασεν, ὅτι ἐπορεύθησαν ἐν τῇ εὐθύτητι τοῦ κυρίου καὶ κατωρθώσαντο τὰς ἐντολὰς αὐτοῦ. 4. Οἱ δὲ ἀγόμενοι καὶ τιθέμενοι εἰς τὴν οἰκοδομὴν τίνες εἰσίν; Νέοι εἰσὶν ἐν τῇ πίστει καὶ πιστοί. Νουθετοῦνται δὲ ὑπὸ τῶν ἀγγέλων εἰς τὸ ἀγαθοποιεῖν, διότι οὐχ εὑρέθη ἐν αὐτοῖς πονηρία. 5. Οὓς δὲ ἀπέβαλλον καὶ ἐρίπτουν, τίνες εἰσίν; Οὗτοί εἰσιν ἡμαρτηκότες καὶ θέλοντες μετανοῆσαι· διὰ τοῦτο μακρὰν οὐκ ἀπερίφησαν ἔξω τοῦ πύργου, ὅτι εὔχρηστοι ἔσονται εἰς τὴν οἰκοδομήν, ἐὰν μετανοήσωσιν. Οἱ οὖν μέλλοντες μετανοεῖν, ἐὰν μετανοήσωσιν, ἰσχυροὶ ἔσονται ἐν τῇ πίστει, ἐὰν νῦν μετανοήσωσιν ἐν ᾧ οἰκοδομεῖται ὁ πύργος.

66, 36 οὐχ: om. alii

nen Steine setzten sie alle ohne weiteres in den Bau. Denn sie waren passend gemacht und fügten sich ganz an die übrigen Steine an, und sie schlossen sich so miteinander zusammen, dass keine Fuge zwischen ihnen zu sehen war. Das Gebäude des Turmes schien aus einem einzigen Stein erbaut zu sein. 7. Die andern Steine aber, die vom Lande gebracht wurden, warfen sie teils fort, teils setzten sie sie in den Bau; andere zerschlugen sie und warfen sie weit vom Turme weg. 8. Viele andere Steine lagen rings um den Turm. Man verwandte sie nicht zum Bauen; denn manche von ihnen waren uneben, andere hatten Risse, manche waren beschädigt, andere aber weiss und rund, so dass sie nicht in den Bau passten. 9. Ich sah aber andere Steine, die weit vom Turm weggeworfen wurden und auf den Weg gelangten und doch nicht auf dem Wege blieben, sondern vom Wege auf das unwegsame Land rollten. Andere fielen ins Feuer und verbrannten; wieder andere fielen in die Nähe des Wassers und konnten sich doch nicht ins Wasser wälzen, obwohl sie wünschten, sich hineinzuwälzen und ins Wasser zu gelangen.

5, 1. Höre nun von den Steinen, die in den Bau eingehen. Die viereckigen Steine, die in ihren Fugen zusammen passen, das sind die Apostel, Bischöfe, Lehrer und Diakonen, die in Gottes Heiligkeit gewandelt sind und ihr Amt als Bischöfe, Lehrer und Diakone für die Auserwählten Gottes untadelig und ehrbar geführt haben; zum Teil sind sie entschlafen, die andern leben noch. Und sie stimmten stets miteinander überein, hielten untereinander Frieden und hörten aufeinander. Deshalb passen im Bau des Turmes ihre Ränder zusammen. 2. Wer sind aber die, die aus der Tiefe gezogen und an den Bau angefügt wurden und mit ihren Rändern an die andern, schon eingebauten Steine [3] passen? Das sind die, die wegen des Namens des Herrn gelitten haben. 3. Ich möchte wissen, Herrin, wer die andern Steine sind, die vom Lande gebracht wurden. Sie sprach: Die in den Bau eingehen, ohne behauen zu werden, an denen hat der Herr festgestellt, dass sie in der Rechtschaffenheit des Herrn gewandelt sind und seine Gebote befolgt haben. 4. Und wer sind die, die herzugebracht und in den Bau eingesetzt wurden? Neulinge im Glauben sind es, doch Gläubige. Sie werden von den Engeln zum Tun des Guten angehalten, weil an ihnen keine Sünde gefunden wurde. 5. Wer sind aber jene, die sie ausschieden und wegwarfen? Das sind die, die gesündigt haben und Busse tun wollen; deshalb wurden sie nicht weit vom Turm weggeworfen, weil sie für den Bau brauchbar sein werden, wenn sie Busse getan haben. Die also, die Busse tun wollen, werden, wenn sie Busse tun, stark sein im Glauben, falls sie jetzt Busse tun, während der Turm noch gebaut wird. Wenn aber der Bau vollendet ist,

---

[3] Die genannten Ämter sind wohl das Fundament des Baus; vgl. Eph. 2, 20.

Ἐὰν δὲ τελεσθῇ ἡ οἰκοδομή, οὐκέτι ἔχουσιν τόπον, ἀλλ' ἔσονται ἔκβολοι. Μόνον δὲ τοῦτο ἔχουσιν, παρὰ τῷ πύργῳ κεῖσθαι.

6, 1. Τοὺς δὲ κατακοπτομένους καὶ μακρὰν ῥιπτομένους ἀπὸ τοῦ πύργου θέλεις γνῶναι; Οὗτοί εἰσιν οἱ υἱοὶ τῆς ἀνομίας· ἐπίστευσαν δὲ ἐν ὑποκρίσει καὶ πᾶσα πονηρία οὐκ ἀπέστη ἀπ'αὐτῶν· διὰ τοῦτο οὐκ ἔχουσιν σωτηρίαν ὅτι οὐκ εἰσιν εὔχρηστοι εἰς οἰκοδομὴν διὰ τὰς πονηρίας αὐτῶν. Διὰ τοῦτο συνεκόπησαν καὶ πόρρω ἀπερίφησαν διὰ τὴν ὀργὴν τοῦ κυρίου, ὅτι παρώργισαν αὐτόν. 2. Τοὺς δὲ ἑτέρους οὓς ἑώρακας πολλοὺς κειμένους, μὴ ὑπάγοντας εἰς τὴν οἰκοδομήν, οὗτοι οἱ μὲν ἐψωριακότες εἰσὶν οἱ ἐγνωκότες τὴν ἀλήθειαν, μὴ ἐπιμένοντες δὲ ἐν αὐτῇ μηδὲ κολλώμενοι τοῖς ἁγίοις· διὰ τοῦτο ἄχρηστοί εἰσιν. 3. Οἱ δὲ τὰς σχισμὰς ἔχοντες τίνες εἰσίν; Οὗτοί εἰσιν οἱ κατ' ἀλλήλων ἐν ταῖς καρδίαις ἔχοντες καὶ μὴ εἰρηνεύοντες ἐν ἑαυτοῖς, ἀλλὰ πρόσωπον εἰρήνης ἔχοντες, ὅταν δὲ ἀπ' ἀλλήλων ἀποχωρήσωσιν, αἱ πονηρίαι αὐτῶν ἐν ταῖς καρδίαις ἐμμένουσιν. Αὗται οὖν αἱ σχισμαί εἰσιν ἃς ἔχουσιν οἱ λίθοι. 4. Οἱ δὲ κεκολοβωμένοι οὗτοί εἰσιν πεπιστευκότες μὲν καὶ τὸ πλεῖον μέρος ἔχουσιν ἐν τῇ δικαιοσύνῃ, τινὰ δὲ μέρη ἔχουσιν τῆς ἀνομίας. Διὰ τοῦτο κολοβοὶ καὶ οὐχ ὁλοτελεῖς εἰσιν. 5. Οἱ δὲ λευκοὶ καὶ στρογγύλοι καὶ μὴ ἁρμόζοντες εἰς τὴν οἰκοδομὴν τίνες εἰσίν, κυρία; Ἀποκριθεῖσά μοι λέγει· Ἕως πότε μωρὸς εἶ καὶ ἀσύνετος καὶ πάντα ἐπερωτᾷς καὶ οὐδὲν νοεῖς; Οὗτοί εἰσιν ἔχοντες μὲν πίστιν, ἔχοντες δὲ καὶ πλοῦτον τοῦ αἰῶνος τούτου· ὅταν δὲ γένηται θλῖψις, διὰ τὸν πλοῦτον αὐτῶν καὶ διὰ τὰς πραγματείας ἀπαρνοῦνται τὸν κύριον αὐτῶν. 6. Καὶ ἀποκριθεὶς αὐτῇ λέγω· Κυρία, πότε οὖν εὔχρηστοι ἔσονται εἰς τὴν οἰκοδομήν; Ὅταν, φησίν, περικοπῇ αὐτῶν ὁ πλοῦτος ὁ ψυχαγωγῶν αὐτούς, τότε εὔχρηστοι ἔσονται τῷ θεῷ. Ὥσπερ γὰρ ὁ λίθος ὁ στρογγύλος, ἐὰν μὴ περικοπῇ καὶ ἀποβάλῃ ἐξ αὐτοῦ τι, οὐ δύναται τετράγωνος γενέσθαι, οὕτω καὶ οἱ πλουτοῦντες ἐν τούτῳ τῷ αἰῶνι, ἐὰν μὴ περικοπῇ αὐτῶν ὁ πλοῦτος, οὐ δύνανται τῷ κυρίῳ εὔχρηστοι γενέσθαι. 7. Ἀπὸ σεαυτοῦ πρῶτον γνῶθι· ὅτε ἐπλούτεις ἄχρηστος ἦς, νῦν δὲ εὔχρηστος εἶ καὶ ὠφέλιμος τῇ ζωῇ. Εὔχρηστοι γίνεσθε τῷ θεῷ· καὶ γὰρ σὺ αὐτὸς χρᾶσαι ἐκ τῶν αὐτῶν λίθων.

7, 1. Τοὺς δὲ ἑτέρους λίθους οὓς εἶδες μακρὰν ἀπὸ τοῦ πύργου ῥιπτομένους καὶ πίπτοντας εἰς τὴν ὁδὸν καὶ κυλιομένους ἐκ τῆς ὁδοῦ εἰς τὰς ἀνοδίας, οὗτοί εἰσιν οἱ πεπιστευκότες μέν, ἀπὸ δὲ τῆς διψυχίας αὐτῶν

finden sie keinen Platz mehr [4] und werden ausgeschlossen sein. Nur das eine wird ihnen zuteil, neben dem Turm zu liegen.

6, 1. Willst du auch wissen, wer die zerschlagenen und weit vom Turm weggeworfenen sind? Das sind die Menschen der Gesetzlosigkeit. Sie haben den Glauben heuchlerisch angenommen und keine Sünde ist von ihnen gewichen; deshalb finden sie keine Rettung, da sie ihrer Sünden wegen für den Bau nicht brauchbar sind. Daher wurden sie zerschlagen und weit weggeworfen wegen des Zornes des Herrn, weil sie ihn erzürnt haben. 2. Die andern aber, die du in grosser Zahl da hast liegen sehen, ohne dass sie in den Bau kamen, das sind einerseits die mit der rauhen Oberfläche, die die Wahrheit erkannt haben, aber nicht in ihr beharren und sich nicht zu den Heiligen halten [5]; deshalb sind sie unbrauchbar. 3. Und wer sind die rissigen? Das sind die, welche etwas gegeneinander auf dem Herzen haben und nicht miteinander Frieden halten, sondern nur ein friedfertiges Gesicht aufsetzen; aber wenn sie auseinandergegangen sind, dann bleiben ihre Bosheiten im Herzen. Das sind also die Risse, die die Steine aufweisen. 4. Die beschädigten aber, das sind solche, die gläubig geworden sind und sich auch überwiegend an die Gerechtigkeit halten, die aber doch auch noch etwas von Ungerechtigkeit an sich haben. Deshalb sind sie beschädigt und nicht unversehrt. 5. Wer aber sind die weissen und runden, Herrin, die nicht in den Bau passen? Sie gab mir zur Antwort: Wie lange bist du so töricht und verständnislos, fragst nach allem und begreifst nichts (von selber)? Das sind die, welche zwar Glauben haben, aber auch Reichtum dieser Welt. Wenn nun eine Bedrängnis kommt, dann verleugnen sie um ihres Reichtums und ihrer Geschäfte willen ihren Herrn. 6. Darauf antwortete ich ihr: Herrin, wann werden sie denn für den Bau brauchbar sein? Sie sprach: Sobald ihr Reichtum, der ihr Herz gewinnt, behauen ist, dann werden sie für Gott brauchbar sein. Wie nämlich der runde Stein nicht viereckig werden kann, wenn er nicht behauen wird und etwas von seinem Umfang einbüsst, so können auch die Reichen in dieser Welt nicht für den Herrn brauchbar werden, wenn nicht ihr Reichtum beschnitten wird. 7. Lerne es zuerst an dir selber: Als du reich warst, da warst du unbrauchbar, jetzt aber bist du brauchbar und verwendbar für das Leben [6]. Werdet brauchbar für Gott! Denn auch du selber bist ein brauchbarer unter diesen Steinen.

7, 1. Die andern Steine aber, die, wie du gesehen hast, vom Turme weit weggeworfen wurden und auf den Weg fielen und vom Wege auf

---

[4] Vgl. den „Raum zur Busse" oben Nr. 19 (Hebr. 12, 17).
[5] Das Fernbleiben von der Gemeinde unterscheidet sie wesentlich von den heuchlerisch Glaubenden.
[6] Das Leben wird beim Einbau in den Turm verliehen.

ἀφίουσιν τὴν ὁδὸν αὐτῶν τὴν ἀληθινήν· δοκοῦντες οὖν βελτίονα ὁδὸν
δύνασθαι εὑρεῖν, πλανῶνται καὶ ταλαιπωροῦσιν περιπατοῦντες ἐν ταῖς
ἀνοδίαις. 2. Οἱ δὲ πίπτοντες εἰς τὸ πῦρ καὶ καιόμενοι, οὗτοί εἰσιν οἱ
εἰς τέλος ἀποστάντες τοῦ θεοῦ τοῦ ζῶντος, καὶ οὐκέτι αὐτοῖς ἀνέβη ἐπὶ
80 τὴν καρδίαν τοῦ μετανοῆσαι διὰ τὰς ἐπιθυμίας τῆς ἀσελγείας αὐτῶν
καὶ τῶν πονηριῶν ὧν ἠργάσαντο. 3. Τοὺς δὲ ἑτέρους τοὺς πίπτοντας
ἐγγὺς τῶν ὑδάτων καὶ μὴ δυναμένους κυλισθῆναι εἰς τὸ ὕδωρ θέλεις
γνῶναι τίνες εἰσίν; Οὗτοί εἰσιν οἱ τὸν λόγον ἀκούσαντες καὶ θέλοντες
βαπτισθῆναι εἰς τὸ ὄνομα τοῦ κυρίου· εἶτα ὅταν αὐτοῖς ἔλθῃ εἰς μνείαν
85 ἡ ἁγνότης τῆς ἀληθείας, μετανοοῦσιν καὶ πορεύονται πάλιν ὀπίσω τῶν
ἐπιθυμιῶν αὐτῶν τῶν πονηρῶν. 4. Ἐτέλεσεν οὖν τὴν ἐξήγησιν τοῦ
πύργου. 5. Ἀναιδευσάμενος ἔτι αὐτὴν ἐπηρώτησα, εἰ ἄρα πάντες οἱ
λίθοι οὗτοι οἱ ἀποβεβλημένοι καὶ μὴ ἁρμόζοντες εἰς τὴν οἰκοδομὴν τοῦ
πύργου, εἰ ἔστιν αὐτοῖς μετάνοια καὶ ἔχουσιν τόπον εἰς τὸν πύργον τοῦτον.
90 Ἔχουσιν, φησίν, μετάνοιαν, ἀλλὰ εἰς τοῦτον τὸν πύργον οὐ δύνανται
ἁρμόσαι· 6. ἑτέρῳ δὲ τόπῳ ἁρμόσουσιν πολὺ ἐλάττονι, καὶ τοῦτο ὅταν
βασανισθῶσιν καὶ ἐκπληρώσωσιν τὰς ἡμέρας τῶν ἁμαρτιῶν αὐτῶν. Καὶ
διὰ τοῦτο μετατεθήσονται, ὅτι μετέλαβον τοῦ ῥήματος τοῦ δικαίου. Καὶ
τότε αὐτοῖς συμβήσεται μετατεθῆναι ἐκ τῶν βασάνων αὐτῶν διὰ τὰ ἔργα
95 ἃ ἠργάσαντο πονηρά. Ἐὰν δὲ μὴ ἀναβῇ ἐπὶ τὴν καρδίαν αὐτῶν μετανοῆσαι, οὐ σῴζονται διὰ τὴν σκληροκαρδίαν αὐτῶν.

67   ibidem Mandatum (sc. Pastoris uel Angeli paenitentiae) IV, 1, 1—2. 4—9. 11;
     2, 2; 3, 1—4, 4

1, 1. Ἐντέλλομαί σοι, φησίν, φυλάσσειν τὴν ἁγνείαν, καὶ μὴ ἀναβαινέτω σου ἐπὶ τὴν καρδίαν περὶ γυναικὸς ἀλλοτρίας ἢ περὶ πορνείας

66, 89 Dubito an post μετάνοια interpungendum sit (,).

94 s. διὰ — πονηρά: om. unus e codd., ἐὰν ἀναβῇ ἐπὶ τὴν καρδίαν αὐτῶν τὰ ἔργα ἃ ἠργάσαντο πονηρά uar. (Joly), τῶν διὰ temptauit Whittaker

95 s. μετανοῆσαι: om. alii

das Ödland rollten, das sind die, die zwar gläubig geworden sind, aber infolge ihres Zweifels ihren richtigen Weg verlassen. Während sie nun meinen, einen besseren Weg finden zu können, gehen sie in die Irre und haben in dem unwegsamen Gelände viel zu leiden. 2. Die aber ins Feuer fielen und verbrannten, das sind die, welche ganz und gar vom lebendigen Gott abgefallen sind; in ihr Herz kam nie mehr der Gedanke, für ihre ausschweifenden Begierden und die begangenen Schandtaten Busse zu tun. 3. Willst du wissen, wer die andern sind, die in die Nähe des Wassers fielen und doch nicht ins Wasser rollen konnten? Es sind die, welche das Wort gehört haben und sich auf den Namen des Herrn taufen lassen wollen; dann aber, wenn ihnen die wahre Keuschheit vor Augen tritt, ändern sie ihren Sinn und gehen wieder ihren bösen Begierden nach.

4. Damit beendete sie die Deutung des Turmes. 5. Ich erdreistete mich aber und fragte sie noch weiter, ob denn alle diese Steine, die weggeworfen wurden und nicht in den Bau des Turmes passten, — ob es für sie eine Busse gebe und sie einen Platz in diesem Turme finden könnten[7]. Die Bussmöglichkeit haben sie, erwiderte sie, aber in diesen Turm können sie nicht eingefügt werden. 6. Aber an einen andern, viel geringeren Platz[8] werden sie passen, und zwar erst, nachdem sie gepeinigt worden sind und die Tage ihrer Sünden erfüllt haben[9]. Sie werden (nur) deshalb an den andern Ort versetzt werden, weil sie an der gerechten Lehre[10] Anteil gehabt haben. Und dann wird ihnen die Versetzung aus ihrer wegen ihrer bösen Werke verhängten Pein zuteil werden. Wenn es ihnen jedoch nicht in den Sinn kommt, Busse zu tun, werden sie wegen ihrer Verstocktheit nicht gerettet werden.

Ebenda Gebot (des Hirten oder Bussengels[1]) IV, 1, 1—2. 4—9. 11; 2, 2; 3, 1—4, 4

1, 1. Ich gebiete dir, sprach er, die Keuschheit zu bewahren, und in dein Herz komme kein Gedanke an eine fremde Frau oder an Unzucht

---

[7] Das Anakoluth lässt sich vermeiden, wenn man übersetzt: „ob denn alle diese Steine ..., falls es für sie Busse gibt, dann auch einen Platz in diesem Turm finden könnten".

[8] Diese Stelle schränkt das in Vis. 2, 2, 5 (ob. Nr. 65) Gesagte ein. Vgl. aber auch Sim. 8, 6, 6 (unt. Nr. 69), dazu Dibelius z. St., Poschmann, Paen. sec. 154 ss. und 172 ss., Grotz, Entwicklung 21 ss. und 44 ss.

[9] Es dürfte gemeint sein: Wenn sie die Zeit des Sündigens abgebüsst haben. Möglich wäre auch (mit Joly): Wenn sie die für ihre Sünden festgesetzte Busszeit geleistet haben.

[10] Die richtige Lehre ist wohl die Bussbotschaft des Hermas; vgl. Sim. 8, 6, 6.

[1] Äth. Henoch 40, 9 begegnet Phanuel als Engel der Busse und der Hoffnung. Zur Gestalt des Hirten s. Joly, S. 49 s. seiner Ausgabe.

τινὸς ἢ περὶ τοιούτων τινῶν ὁμοιωμάτων πονηρῶν. ... 2. ... Ἡ γὰρ ἐνθύμησις αὕτη θεοῦ δούλῳ ἁμαρτία μεγάλη ἐστίν· ἐὰν δέ τις ἐργάσηται τὸ ἔργον τὸ πονηρὸν τοῦτο, θάνατον ἑαυτῷ κατεργάζεται. ... 4. ... Κύριε, φημί, εἰ γυναῖκα ἔχῃ τις πιστὴν ἐν κυρίῳ καὶ ταύτην εὕρῃ ἐν μοιχείᾳ τινί, ἆρα ἁμαρτάνει ὁ ἀνὴρ συνζῶν μετ' αὐτῆς; 5. Ἄχρι τῆς ἀγνοίας, φησίν, οὐχ ἁμαρτάνει· ἐὰν δὲ γνοῖ ὁ ἀνὴρ τὴν ἁμαρτίαν αὐτῆς καὶ μὴ μετανοήσῃ ἡ γυνή ἀλλ' ἐπιμένῃ τῇ πορνείᾳ αὐτῆς καὶ συνζῇ ὁ ἀνὴρ μετ' αὐτῆς, ἔνοχος γίνεται τῆς ἁμαρτίας αὐτῆς καὶ κοινωνὸς τῆς μοιχείας αὐτῆς. 6. Τί οὖν, φημί, κύριε, ποιήσῃ ὁ ἀνήρ, ἐὰν ἐπιμείνῃ τῷ πάθει τούτῳ ἡ γυνή; Ἀπολυσάτω, φησίν, αὐτήν, καὶ ὁ ἀνὴρ ἐφ' ἑαυτῷ μενέτω· ἐὰν δὲ ἀπολύσας τὴν γυναῖκα ἑτέραν γαμήσῃ, καὶ αὐτὸς μοιχᾶται.
7. Ἐὰν οὖν, φημί, κύριε, μετὰ τὸ ἀπολυθῆναι τὴν γυναῖκα μετανοήσῃ ἡ γυνὴ καὶ θελήσῃ ἐπὶ τὸν ἑαυτῆς ἄνδρα ὑποστρέψαι, οὐ παραδεχθήσεται; 8. Καὶ μήν, φησίν, ἐὰν μὴ παραδέξηται αὐτὴν ὁ ἀνήρ, ἁμαρτάνει καὶ μεγάλην ἁμαρτίαν ἑαυτῷ ἐπισπᾶται, ἀλλὰ δεῖ παραδεχθῆναι τὸν ἡμαρτηκότα καὶ μετανοοῦντα· μὴ ἐπὶ πολὺ δέ· τοῖς γὰρ δούλοις τοῦ θεοῦ μετάνοιά ἐστιν μία. Διὰ τὴν μετάνοιαν οὖν οὐκ ὀφείλει γαμεῖν ὁ ἀνήρ. Αὕτη ἡ πρᾶξις ἐπὶ γυναικὶ καὶ ἀνδρὶ κεῖται. 9. Οὐ μόνον, φησίν, μοιχεία ἐστίν, ἐάν τις τὴν σάρκα αὐτοῦ μιάνῃ, ἀλλὰ καὶ ὃς ἂν τὰ ὁμοιώματα ποιῇ τοῖς ἔθνεσιν, μοιχᾶται. Ὥστε καὶ ἐν τοῖς τοιούτοις ἔργοις ἐὰν ἐμμένῃ τις καὶ μὴ μετανοῇ, ἀπέχου ἀπ' αὐτοῦ καὶ μὴ συνζῆθι αὐτῷ· εἰ δὲ μή, καὶ σὺ μέτοχος εἶ τῆς ἁμαρτίας αὐτοῦ. ... 11. Ἐγὼ οὖν, φησίν, οὐ δίδωμι ἀφορμὴν ἵνα αὕτη ἡ πρᾶξις οὕτως συντελῆται, ἀλλὰ εἰς τὸ μηκέτι ἁμαρτάνειν τὸν ἡμαρτηκότα. Περὶ δὲ τῆς προτέρας ἁμαρτίας αὐτοῦ ἔστιν ὁ δυνάμενος ἴασιν δοῦναι· αὐτὸς γάρ ἐστιν ὁ ἔχων πάντων τὴν ἐξουσίαν.

2, 2. Ἐγώ, φησίν, ἐπὶ τῆς μετανοίας εἰμὶ καὶ πᾶσιν τοῖς μετανοοῦσιν σύνεσιν δίδωμι. Ἢ οὐ δοκεῖ σοι, φησίν, αὐτὸ τοῦτο τὸ μετανοῆσαι σύνεσιν εἶναι; Τὸ μετανοῆσαι, φησίν, σύνεσίς ἐστιν μεγάλη. Συνίει γὰρ ὁ ἁμαρτήσας ὅτι πεποίηκεν τὸ πονηρὸν ἔμπροσθεν τοῦ κυρίου, καὶ ἀναβαίνει ἐπὶ τὴν καρδίαν αὐτοῦ ἡ πρᾶξις ἣν ἔπραξεν, καὶ μετανοεῖ καὶ οὐκέτι ἐργάζεται τὸ πονηρόν, ἀλλὰ τὸ ἀγαθὸν πολυτελῶς ἐργάζεται καὶ ταπεινοῖ τὴν ἑαυτοῦ ψυχὴν καὶ βασανίζει, ὅτι ἥμαρτεν. Βλέπεις οὖν ὅτι ἡ μετάνοια σύνεσίς ἐστιν μεγάλη.

oder ähnliches Böse. Denn wenn du das tust, begehst du eine grosse Sünde. ... 2. ... Dieser Gedanke ist nämlich für einen Diener Gottes eine grosse Sünde. Wenn aber jemand diese böse Tat vollbringt, so bringt er den Tod über sich. ... 4. ... Herr, sagte ich, wenn jemand eine Frau hat, die an den Herrn glaubt, und sie bei einem Ehebruch ertappt, sündigt dann der Mann, wenn er mit ihr weiter zusammenlebt? 5. Solange er nichts davon weiss, sagte er, sündigt er nicht. Wenn aber der Mann von ihrer Sünde erfährt und die Frau nicht Busse tut, sondern in ihrer Unzucht verharrt und der Mann weiter mit ihr zusammenlebt, wird er mitschuldig an ihrer Sünde und Mittäter ihres Ehebruches. 6. Herr, sagte ich, was soll denn der Mann tun, wenn die Frau in dieser Leidenschaft beharrt? Er soll sie entlassen, antwortete er, und der Mann soll für sich allein bleiben. Wenn er aber seine Frau entlässt und eine andere heiratet, dann begeht er selber Ehebruch. 7. Herr, sprach ich, wenn nun die Frau nach ihrer Entlassung Busse tut und zu ihrem Mann zurückkehren will, soll sie dann nicht aufgenommen werden? 8. Wahrlich, wenn der Mann sie nicht wieder aufnimmt, sündigt er und zieht sich eine grosse Sünde zu. Sondern wer gesündigt hat und Busse tut, muss aufgenommen werden, — aber nicht mehrmals. Denn für die Diener Gottes gibt es einmalige Busse. Um der (möglichen) Busse willen also darf der Mann nicht (neu) heiraten. Diese Massnahme gilt für die Frau wie für den Mann. 9. Ehebruch, sagte er, liegt aber nicht nur vor, wenn einer sein Fleisch befleckt, sondern auch wer handelt wie die Heiden, bricht die Ehe. Darum halte dich auch, wenn einer bei solchen Werken beharrt und nicht Busse tut, von ihm fern und lebe nicht mit ihm zusammen; andernfalls hast du auch an seiner Sünde teil. ... 11. Ich will jedenfalls keinen Anlass geben, dass dieses Verfahren (sc. der Trennung) in dieser Weise ausgeführt wird, sondern dass der, der gesündigt hat, nicht mehr sündigt. Für seine frühere Sünde aber gibt es einen, der Heilung gewähren kann: es ist eben der, der Gewalt hat über alles [2].

2, 2. Er antwortete mir und sprach: Ich bin über die Busse gesetzt und gewähre allen Büssenden Einsicht. Oder scheint dir nicht, sprach er, eben dieses Bussetun Einsicht zu sein? Das Bussetun ist eine grosse Einsicht, sprach er. Denn der Sünder sieht ein, dass er getan hat, was vor dem Herrn böse ist, und die Tat, die er getan, geht ihm zu Herzen, und er bereut und tut nicht mehr das Böse, sondern tut vielfältig das Gute und demütigt und quält seine Seele, weil er gesündigt hat. Du siehst also, dass die Busse eine grosse Einsicht ist. ...

---

[2] Vgl. Sim. 5, 7, 3: „Für die früheren, in Unwissenheit begangenen Sünden kann Gott allein Heilung gewähren."

3, 1. Ἔτι, φημί, κύριε, προσθήσω τοῦ ἐπερωτῆσαι. Λέγε, φησίν. Ἤκουσα, φημί, κύριε, παρά τινων διδασκάλων, ὅτι ἑτέρα μετάνοια οὐκ ἔστιν εἰ μὴ ἐκείνη, ὅτε εἰς ὕδωρ κατέβημεν καὶ ἐλάβομεν ἄφεσιν ἁμαρτιῶν ἡμῶν τῶν προτέρων. 2. Λέγει μοι· Καλῶς ἤκουσας· οὕτω γὰρ ἔχει. Ἔδει γὰρ τὸν εἰληφότα ἄφεσιν ἁμαρτιῶν μηκέτι ἁμαρτάνειν, ἀλλ' ἐν ἁγνείᾳ κατοικεῖν. 3. Ἐπεὶ δὲ πάντα ἐξακριβάζῃ, καὶ τοῦτό σοι δηλώσω, μὴ διδοὺς ἀφορμὴν τοῖς μέλλουσι πιστεύειν ἢ τοῖς νῦν πιστεύσασιν εἰς τὸν κύριον. Οἱ γὰρ νῦν πιστεύσαντες ἢ μέλλοντες πιστεύειν μετάνοιαν ἁμαρτιῶν οὐκ ἔχουσιν, ἄφεσιν δὲ ἔχουσι τῶν προτέρων ἁμαρτιῶν αὐτῶν. 4. Τοῖς οὖν κληθεῖσι πρὸ τούτων τῶν ἡμερῶν ἔθηκεν ὁ κύριος μετάνοιαν. Καρδιογνώστης γὰρ ὢν ὁ κύριος καὶ πάντα προγινώσκων ἔγνω τὴν ἀσθένειαν τῶν ἀνθρώπων καὶ τὴν πολυπλοκίαν τοῦ διαβόλου, ὅτι ποιήσει τι κακὸν τοῖς δούλοις τοῦ θεοῦ καὶ πονηρεύσεται εἰς αὐτούς. 5. Πολύσπλαγχνος οὖν ὢν ὁ κύριος ἐσπλαγχνίσθη ἐπὶ τὴν ποίησιν αὐτοῦ καὶ ἔθηκεν τὴν μετάνοιαν ταύτην, καὶ ἐμοὶ ἡ ἐξουσία τῆς μετανοίας ταύτης ἐδόθη. 6. Ἀλλὰ ἐγώ σοι λέγω, φησί· μετὰ τὴν κλῆσιν ἐκείνην τὴν μεγάλην καὶ σεμνὴν ἐάν τις ἐκπειρασθεὶς ὑπὸ τοῦ διαβόλου ἁμαρτήσῃ, μίαν μετάνοιαν ἔχει· ἐὰν δὲ ὑπὸ χεῖρα ἁμαρτάνῃ καὶ μετανοήσῃ, ἀσύμφορόν ἐστι τῷ ἀνθρώπῳ τῷ τοιούτῳ· δυσκόλως γὰρ ζήσεται. 7. Λέγω αὐτῷ· Ἐζωοποιήθην ταῦτα παρὰ σοῦ ἀκούσας οὕτως ἀκριβῶς· οἶδα γὰρ ὅτι, ἐὰν μηκέτι προσθήσω ταῖς ἁμαρτίαις μου, σωθήσομαι. Σωθήσῃ, φησίν, καὶ πάντες ὅσοι ἐὰν ταῦτα ποιήσωσιν.

4, 1. Ἠρώτησα αὐτὸν πάλιν λέγων· Κύριε, ἐπεὶ ἅπαξ ἀνέχῃ μου, ἔτι μοι καὶ τοῦτο δήλωσον. Λέγε, φησίν. Ἐὰν γυνή, φημί, κύριε, ἢ πάλιν ἀνήρ τις κοιμηθῇ καὶ γαμήσῃ τις ἐξ αὐτῶν, μήτι ἁμαρτάνει ὁ γαμῶν; 2. Οὐχ ἁμαρτάνει, φησίν· ἐὰν δὲ ἐφ' ἑαυτῷ μείνῃ τις, περισσοτέραν ἑαυτῷ τιμὴν καὶ μεγάλην δόξαν περιποιεῖται πρὸς τὸν κύριον· ἐὰν δὲ καὶ γαμήσῃ, οὐχ ἁμαρτάνει. 3. Τήρει οὖν τὴν ἁγνείαν καὶ τὴν σεμνότητα, καὶ ζήσῃ τῷ θεῷ. Ταῦτά σοι ὅσα λαλῶ ἢ καὶ μέλλω λαλεῖν, φύλασσε ἀπὸ τοῦ νῦν, ἀφ'

67, 46 s. cf. Act. 1, 24; 15, 8
62 s. cf. 1. Cor. 7, 39 s.

67, 50 ὢν uncis seclusit Whittaker
54 καί: καὶ οὐ uar.

3, 1. Herr, sagte ich, ich möchte noch weiter fragen. Sprich, sagte er. Herr, sagte ich, von einigen Lehrern habe ich gehört, dass es keine andere Busse gibt als jene,(die wir empfingen,) als wir ins Wasser hinabstiegen und Vergebung unsrer früheren Sünden empfingen. 2. Er sprach zu mir: Du hast ganz recht gehört. So verhält es sich auch. Denn wer Vergebung der Sünden empfangen hatte, der hätte nicht mehr sündigen dürfen, sondern musste rein bleiben. 3. Da du aber alles ganz genau wissen willst, will ich dir auch folgendes offenbaren, doch ohne dass ich denen, die in Zukunft an den Herrn gläubig werden oder es jetzt erst geworden sind, Gelegenheit (zum Sündigen) gebe. Denn denen, welche erst jetzt gläubig geworden sind oder es noch werden, gilt die Sündenbusse [3] nicht, jedoch die Vergebung ihrer früheren Sünden empfangen sie. 4. Für die also, die vor diesen Tagen berufen wurden, hat der Herr eine Busse eingesetzt. Denn da der Herr ein *Herzenskenner* ist und alles voraus weiss, erkannte er die Schwachheit der Menschen und die Verschlagenheit des Teufels, dass dieser nämlich den Dienern Gottes etwas Böses antun und schlecht an ihnen handeln werde. 5. Da der Herr nun barmherzig ist, so erbarmte er sich über sein Geschöpf und setzte diese Busse ein [4], und mir wurde die Vollzugsgewalt für diese Busse verliehen. 6. Aber ich sage dir, sprach er: Wenn nach jener grossen und heiligen Berufung jemand, vom Teufel versucht, sündigt, so hat er die eine Busse. Wenn er aber immer wieder sündigt und Busse tut, so nützt das einem solchen Menschen nichts; denn er wird schwerlich [5] das Leben erlangen. 7. Ich sprach zu ihm: Ich habe noch einmal das Leben empfangen dadurch, dass ich das so genau von dir erfahren habe. Denn ich weiss (jetzt), dass ich gerettet werde, wenn ich zu meinen Sünden keine weiteren mehr begehe. Du wirst gerettet werden, sagte er, und alle, die so handeln [6].

4, 1. Ich fragte ihn weiter und sagte: Herr, da du nun einmal Geduld mit mir hast, so offenbare mir auch folgendes. Sprich, sagte er. Ich sprach: Herr, wenn eine Frau oder auch ein Mann entschläft und der andere der beiden heiratet, sündigt er etwa durch diese Heirat? 2. Er begeht keine Sünde, antwortete er. Wenn aber jemand dann allein bleibt, erwirbt er sich bei dem Herrn besondere Ehre und grossen Ruhm; aber auch wenn er heiratet, sündigt er nicht. 3. Bewahre nun deine Reinheit und Heiligkeit, so wirst du für Gott leben. Alles das, was ich dir sage und noch

---

[3] Metanoia ist hier nicht Reue oder Bussübung, sondern die von Gott angenommene Busse, die „Umkehr". Vgl. Hebr. 12, 17 und Hermas, Vis. 2, 2, 5 (Nr. 19 und Nr. 65).
[4] Sim. 8, 6, 5 (Nr. 69) heissen die, die andere nicht Busse tun liessen, Heuchler.
[5] Zu δυσκόλως (schwerlich, kaum) vgl. Mand. 9, 6; Sim. 8, 10, 2 (Nr. 69); 9, 23, 3 (Nr. 70) und Poschmann, Paen. sec. 169, Anm. 2; Grotz, Entwicklung 33.
[6] Zu Kap. 3 vgl. Peterson, Frühkirche 282.

ἧς μοι παρεδόθης ἡμέρας, καὶ εἰς τὸν οἶκόν σου κατοικήσω. 4. Τοῖς δὲ προτέροις σου παραπτώμασιν ἄφεσις ἔσται, ἐὰν τὰς ἐντολάς μου φυλάξῃς. Καὶ πᾶσι δὲ ἄφεσις ἔσται, ἐὰν τὰς ἐντολάς μου ταύτας φυλάξωσι καὶ πορευθῶσιν ἐν τῇ ἁγνότητι ταύτῃ.

ibidem Similitudo VII, 4—5

4. ... Τῶν οὖν μετανοούντων, φησίν (sc. ὁ ποιμήν), δοκεῖς τὰς ἁμαρτίας εὐθὺς ἀφίεσθαι; Οὐ πάντως· ἀλλὰ δεῖ τὸν μετανοοῦντα βασανίσαι τὴν ἑαυτοῦ ψυχὴν καὶ ταπεινοφρονῆσαι ἐν ἁπάσῃ τῇ πράξει αὐτοῦ ἰσχυρῶς καὶ θλιβῆναι ἐν πολλαῖς θλίψεσι καὶ ποικίλαις· καὶ ἐὰν ὑπενέγκῃ τὰς
5 θλίψεις τὰς ἐπερχομένας αὐτῷ, πάντως σπλαγχνισθήσεται ὁ τὰ πάντα κτίσας καὶ δυναμώσας καὶ ἴασίν τινα δώσει αὐτῷ· 5. καὶ τοῦτο πάντως ἐὰν ἴδῃ τὴν καρδίαν τοῦ μετανοοῦντος καθαρὰν ἀπὸ παντὸς πονηροῦ πράγματος. ...

ibidem Similitudo VIII, 1, 1—2. 5; 2, 4—8; 3, 2—5; 4, 1—11, 3

1, 1. Ἔδειξέ μοι ἰτέαν σκεπάζουσαν πεδία καὶ ὄρη, καὶ ὑπὸ τὴν σκέπην τῆς ἰτέας πάντες ἐληλύθασιν οἱ κεκλημένοι ἐν ὀνόματι κυρίου. 2. Εἱστήκει δὲ ἄγγελος τοῦ κυρίου ἔνδοξος λίαν ὑψηλὸς παρὰ τὴν ἰτέαν, δρέπανον ἔχων μέγα, καὶ ἔκοπτε κλάδους ἀπὸ τῆς ἰτέας καὶ ἐπεδίδου τῷ λαῷ τῷ
5 σκεπαζομένῳ ὑπὸ τῆς ἰτέας· μικρὰ δὲ ῥαβδία ἐπεδίδου αὐτοῖς ὡσεὶ πηχυαῖα. ... 5. Ὁ ἄγγελος ὁ ἐπιδεδωκὼς τῷ λαῷ τὰς ῥάβδους πάλιν ἀπῄτει ἀπ' αὐτῶν· καὶ καθὼς ἔλαβον, οὕτως καὶ ἐκαλοῦντο πρὸς αὐτόν, καὶ εἷς ἕκαστος αὐτῶν ἀπεδίδουν τὰς ῥάβδους. Ἐλάμβανεν δὲ ὁ ἄγγελος τοῦ κυρίου καὶ κατενόει αὐτὰς. ...
10 2, 4. Καὶ τοὺς τὰς ῥάβδους ἐπιδεδωκότας χλωρὰς ὡς ἔλαβον ἀπέλυσεν, δοὺς αὐτοῖς ἱματισμὸν λευκὸν καὶ σφραγῖδα. 5. Μετὰ τὸ ταῦτα τελέσαι τὸν ἄγγελον λέγει τῷ ποιμένι· Ἐγὼ ὑπάγω· σὺ δὲ τούτους ἀπόλυσον εἰς τὰ τείχη, καθώς τις ἄξιός ἐστιν κατοικεῖν. Κατανόησον δὲ τὰς ῥάβδους αὐτῶν

sagen werde, das halte von jetzt ab, von dem Tage an, an dem du mir übergeben wurdest, dann werde ich in deinem Hause wohnen. 4. Aber deine früheren Sünden werden Vergebung finden, wenn du meine Gebote hältst. Und alle werden Vergebung finden, wenn sie diese meine Gebote beachten und in solcher Reinheit wandeln.

Ebenda Gleichnis VII, 4—5

4. ... Du meinst also, sagte der Bussengel, den Büssern würden ihre Sünden sofort vergeben? Keineswegs; sondern der Büsser muss sich peinigen und in all seinem Tun sehr demütig zeigen und viel Trübsal verschiedener Art erleiden, und wenn er die Trübsale, die über ihn kommen, ertragen hat, dann wird sich der, der das All geschaffen und mit Kraft ausgestattet hat, seiner gewiss erbarmen und ihm Heilung schenken; 5. und das jedenfalls, wenn er sieht, dass das Herz des Büssers von allem Bösen rein ist.

Ebenda Gleichnis VIII, 1, 1—2. 5; 2, 4—8; 3, 2—5; 4, 1—11, 3

1, 1. Er zeigte mir einen Weidenbaum [1], der Ebenen und Berge überschattete, und im Schutze des Weidenbaumes versammelten sich alle, die mit dem Namen des Herrn genannt werden. 2. Neben dem Weidenbaum stand ein herrlicher Engel des Herrn von gewaltiger Grösse; er hielt eine grosse Sichel und hieb Zweige von der Weide und gab sie dem Volke, das von der Weide überschattet wurde. Kleine Stäbchen gab er ihnen, etwa eine Elle lang. ... 5. Der Engel, der dem Volke die Stäbe gegeben hatte, forderte sie von ihnen zurück; und in der Reihenfolge, wie sie sie empfangen hatten, wurden sie auch zu ihm gerufen und gaben jeder einzeln die Stäbe zurück. Der Engel des Herrn nahm sie entgegen und sah sie nach.

2, 4. Die, welche ihre Stäbe grün abgaben, wie sie sie empfangen hatten [2], entliess er mit einem weissen Gewand und einem Siegel. 5. Nachdem der Engel dies besorgt hatte, sagte er zu dem Hirten: Ich gehe. Du aber entlasse diese hier in den Bau [3], je nachdem einer würdig ist, darin

---

[1] Zur Symbolik des Weidenbaums s. H. Rahner, Griechische Mythen in christlicher Deutung, 1945, 382—385. Zum Stabwunder vgl. Num. 17, 16 ss.

[2] Sie bilden nach Kap. 1, 16 die Mehrheit; schwere Sünden sind also die Ausnahme. Nach Kap. 2, 9 will der Schöpfer, dass alle, die einen Stab erhalten, leben. Wessen Stab auch noch Schösslinge oder sogar Früchte trägt, der wird beim Eingang in den Turm (zu diesem vgl. Vis. 3) geschmückt.

[3] Eigentlich „die Mauern". Sie bezeichnen hier den Turm selber, im folgenden dagegen Anlagen geringeren Ranges in der Nähe des Turmes. Dazu Dibelius, Kommentar S. 589, Poschmann, Paen. sec. 172 ss. und Grotz 41 ss.

ἐπιμελῶς καὶ οὕτως ἀπόλυσον. Βλέπε, μή τίς σε παρέλθῃ· ἐὰν δέ τίς σε
παρέλθῃ, φησίν, ἐγὼ αὐτοὺς ἐπὶ τὸ θυσιαστήριον δοκιμάσω. Ταῦτα εἰπὼν
τῷ ποιμένι ἀπῆλθεν. 6. Μετὰ τὸ ἀπελθεῖν τὸν ἄγγελον λέγει μοι ὁ ποιμήν·
Λάβωμεν παρὰ πάντων τὰς ῥάβδους καὶ φυτεύσωμεν αὐτάς, εἴ τινες ἐξ
αὐτῶν δυνήσονται ζῆσαι. ... 7. ... Τὸ δένδρον τοῦτο ἰτέα ἐστὶν καὶ
φιλόζωον τὸ γένος· ἐὰν φυτευθῶσι καὶ μικρὰν ἰκμάδα λάβωσι αἱ ῥάβδοι
αὗται, ζήσονται πολλαὶ ἐξ αὐτῶν· εἶτα δὲ πειράσω καὶ ὕδωρ αὐταῖς
παραχέω. Ἐάν τις αὐτῶν δυνηθῇ ζῆσαι, συνχαρήσομαι αὐταῖς· ἐὰν δὲ μὴ
ζήσεται, οὐχ εὑρεθήσομαι ἐγὼ ἀμελής. 8. Ἐκέλευσέν με ὁ ποιμὴν καλέσαι,
καθώς τις αὐτῶν ἐστάθη. Ἦλθον τάγματα τάγματα καὶ ἐπιδίδουν τὰς
ῥάβδους τῷ ποιμένι· ἐλάμβανεν δὲ ὁ ποιμὴν τὰς ῥάβδους καὶ κατὰ τάγματα
ἐφύτευεν αὐτάς· μετὰ τὸ φυτεῦσαι αὐτὰς ὕδωρ αὐταῖς πολὺ παρέχεεν, ὥστε
ἀπὸ τοῦ ὕδατος μὴ φαίνεσθαι τὰς ῥάβδους. ...

3, 2. Ἄκουε, φησίν· τὸ δένδρον τοῦτο τὸ μέγα τὸ σκεπάζον πεδία καὶ
ὄρη καὶ πᾶσαν τὴν γῆν νόμος θεοῦ ἐστιν δοθεὶς εἰς ὅλον τὸν κόσμον· ὁ δὲ
νόμος οὗτος ὁ υἱὸς τοῦ θεοῦ ἐστιν ὁ κηρυχθεὶς εἰς τὰ πέρατα τῆς γῆς· οἱ
δὲ ὑπὸ τὴν σκέπην λαοὶ ὄντες οἱ ἀκούσαντες τοῦ κηρύγματος καὶ πιστεύσαντες αὐτῷ· 3. ὁ δὲ ἄγγελος ὁ μέγας καὶ ἔνδοξος Μιχαὴλ ὁ ἔχων τὴν
ἐξουσίαν τούτου τοῦ λαοῦ καὶ διακυβερνῶν αὐτούς· αὐτὸς γάρ ἐστιν ὁ
διδῶν αὐτοῖς τὸν νόμον εἰς τὰς καρδίας τῶν πιστευόντων. Ἐπισκέπτεται
οὖν αὐτούς, οἷς ἔδωκε τὸν νόμον, εἰ ἄρα τετηρήκασιν αὐτόν. 4. Βλέπεις δὲ
ἑνὸς ἑκάστου τὰς ῥάβδους· αἱ γὰρ ῥάβδοι ὁ νόμος ἐστίν. Βλέπεις οὖν πολλὰς
ἐκ τῶν ῥάβδων ἠχρειωμένας, γνώσῃ δὲ αὐτοὺς πάντας τοὺς μὴ τηρήσαντας
τὸν νόμον, καὶ ὄψῃ ἑνὸς ἑκάστου τὴν κατοικίαν. 5. Λέγω αὐτῷ· Κύριε,
διατί οὓς μὲν ἀπέλυσεν εἰς τὸν πύργον, οὓς δὲ σοὶ κατέλιπεν; Ὅσοι, φησί,
παρέβησαν τὸν νόμον ὃν ἔλαβον παρ' αὐτοῦ, εἰς τὴν ἐμὴν ἐξουσίαν αὐτοὺς
κατέλιπεν εἰς μετάνοιαν· ὅσοι δὲ ἤδη εὐηρέστηκαν τῷ νόμῳ καὶ τετήρηκαν
αὐτόν, ὑπὸ τὴν ἰδίαν ἐξουσίαν αὐτοὺς ἔχει. ...

4, 1. Μετὰ ἡμέρας ὀλίγας ἤλθομεν εἰς τὸν τόπον, καὶ ἐκάθισεν ὁ ποιμὴν
εἰς τὸν τόπον τοῦ ἀγγέλου τοῦ μεγάλου, κἀγὼ παρεστάθην αὐτῷ. ...
2. ... Κάλει, φησίν, τοὺς ἄνδρας, ὧν εἰσιν αἱ ῥάβδοι πεφυτευμέναι, κατὰ
τὰ τάγματα, ὥς τις ἐπέδωκεν τὰς ῥάβδους. Ἀπῆλθον εἰς τὸ πεδίον καὶ
ἐκάλεσα πάντας· καὶ ἔστησαν πάντες τάγματα τάγματα. 3. Λέγει δὲ αὐτοῖς·

69, 46 ἔστησαν πάντες τάγματα τάγματα Lake (*secundum uersionem lat.*):
ἔστησαν (*uel* ἐστάθη) πάντα τὰ τάγματα *codd. graeci*

zu wohnen. Prüfe aber ihre Stäbe sorgfältig, und danach entlasse sie! Gib acht, dass dir keiner entgeht. Wenn dir aber einer entgeht, sagte er, werde ich die Betreffenden am Altar prüfen [4]. Nachdem er dies zu dem Hirten gesagt hatte, ging er fort. 6. Als der Engel fortgegangen war, sprach der Hirte zu mir: Wir wollen von allen die Stäbe nehmen und sie einpflanzen, um zu sehen, ob einige von ihnen wieder aufleben können. ... 7. ... Dieser Baum ist eine Weide und strotzt seiner Art nach von Leben. Wenn nun diese Stäbe eingepflanzt werden und nur ein wenig Feuchtigkeit bekommen, werden viele von ihnen aufleben; danach mache ich den Versuch und begiesse sie mit Wasser. Wenn einer von ihnen wieder leben kann, werde ich mich darüber freuen; lebt er nicht auf, so erweise ich mich wenigstens nicht als pflichtvergessen. 8. Der Hirte befahl mir, sie so, wie sie standen, aufzurufen. Sie kamen gruppenweise und übergaben ihre Stäbe dem Hirten. Der Hirt nahm die Stäbe und pflanzte sie gruppenweise ein, und nach dem Einpflanzen begoss er sie reichlich mit Wasser, so dass die Stäbe vor Wasser nicht zu sehen waren.

3, 2. Höre, sagte er, dieser grosse Baum, der Berge und Täler und die ganze Erde überschattet, ist das Gesetz Gottes, das der ganzen Welt gegeben wurde. Und dieses Gesetz ist der Sohn Gottes, der bis an die Enden der Erde verkündigt wurde. Die Völker in seinem Schutze sind die, welche die Botschaft gehört und ihr geglaubt haben. 3. Der grosse herrliche Engel ist Michael, der die Gewalt über dieses Volk hat und sie regiert. Denn er ist es, der ihnen das Gesetz gibt, hinein in die Herzen der Gläubigen. Daher prüft er die, denen er das Gesetz gab, ob sie es auch gehalten haben. 4. Du siehst aber die Stäbe der Einzelnen: — die Stäbe sind nämlich das Gesetz. Du siehst nun viele unbrauchbare unter den Stäben; daran erkennst du alle die, welche das Gesetz nicht gehalten haben, und du wirst den Platz eines jeden sehen. 5. Ich fragte ihn: Herr, warum hat er die einen in den Turm geschickt, die andern aber dir überlassen? Er antwortete: Alle, die das von ihm empfangene Gesetz übertreten haben, hat er in meiner Gewalt gelassen zur Busse. Aber alle, die dem Gesetz schon Genüge getan und es gehalten haben, die behält er unter seiner Gewalt.

4, 1. Nach einigen Tagen kamen wir wieder an die Stelle; der Hirt setzte sich an den Platz des grossen Engels, und ich stellte mich neben ihn. ... 2. ... Er sprach: Rufe die Leute, deren Stäbe eingepflanzt sind, gruppenweise auf, wie sie ihre Stäbe abgegeben haben. Ich ging in die Ebene und rief sie alle, und sie traten alle Gruppe für Gruppe herzu.

---

[4] Zum himmlischen Altar vgl. Mand. 10, 3, 3 und Apok. Joh. 6, 9. — In Sim. 9, 6, 2 ss. und 9, 12, 7 s. prüft Christus selber, während hier aus der jüdischen Tradition Michael beibehalten ist. Vgl. Dibelius S. 589 und Joly zu Kap. 3, 3.

Ἕκαστος ἐκτιλάτω τὰς ῥάβδους τὰς ἰδίας καὶ φερέτω πρός με. 4. Πρῶτοι ἐπέδωκαν οἱ τὰς ξηρὰς καὶ κεκομμένας ἐσχηκότες· ὡσαύτως εὑρέθησαν ξηραὶ καὶ κεκομμέναι· ἐκέλευσεν αὐτοὺς χωρὶς στῆναι. 5. Εἶτα ἐπέδωκαν
50 τὰς ῥάβδους οἱ τὰς ξηρὰς καὶ μὴ κεκομμένας ἔχοντες· τινὲς ἐξ αὐτῶν ἐπέδωκαν τὰς ῥάβδους χλωράς, τινὲς δὲ ξηρὰς καὶ κεκομμένας ὡς ὑπὸ σητός. Τοὺς ἐπιδεδωκότας χλωρὰς ἐκέλευσεν χωρὶς στῆναι, τοὺς δὲ ξηρὰς καὶ κεκομμένας μετὰ τῶν πρώτων ἐκέλευσεν στῆναι. 6. Εἶτα ἐπέδωκαν οἱ τὰς ἡμίσους ξηροὺς καὶ σχισμὰς ἐχούσας· πολλοὶ ἐξ αὐτῶν χλωρὰς ἐπ-
55 έδωκαν καὶ μὴ ἐχούσας σχισμάς· τινὲς δὲ χλωρὰς καὶ παραφυάδας ἐχούσας καὶ εἰς τὰς παραφυάδας καρπούς, οἵας ἔσχον οἱ εἰς τὸν πύργον πορευθέντες ἐστεφανωμένοι· τινὲς δὲ ἐπέδωκαν ξηρὰς καὶ βεβρωμένας, τινὲς δὲ ξηρὰς καὶ ἀβρώτους, τινὲς δὲ οἷαι ἦσαν ἡμίξηροι καὶ σχισμὰς ἔχουσαι. Ἐκέλευσεν αὐτοὺς ἕκαστον αὐτῶν χωρὶς στῆναι, τοὺς μὲν πρὸς τὰ ἴδια τάγματα, τοὺς
60 δὲ χωρίς.

5, 1. Εἶτα ἐπεδίδουν οἱ τὰς ῥάβδους χλωρὰς μὲν ἔχοντες, σχισμὰς δὲ ἐχούσας· οὗτοι πάντες χλωρὰς ἐπέδωκαν καὶ ἔστησαν εἰς τὸ ἴδιον τάγμα. Ἐχάρη ὁ ποιμὴν ἐπὶ τούτοις, ὅτι πάντες ἠλλοιώθησαν καὶ ἀπέθοντο τὰ σχίσματα αὐτῶν. 2. Ἐπέδωκαν δὲ καὶ οἱ τὸ ἥμισυ χλωρόν, τὸ δὲ ἥμισυ
65 ξηρόν· τινῶν εὑρέθησαν αἱ ῥάβδοι ὁλοτελεῖς χλωραί, τινῶν ἡμίξηροι, τινῶν ξηραὶ καὶ βεβρωμέναι, τινῶν δὲ χλωραὶ καὶ παραφυάδας ἔχουσαι. 3. Οὗτοι πάντες ἀπελύθησαν ἕκαστος πρὸς τὸ τάγμα αὐτοῦ. Εἶτα ἐπέδωκαν οἱ τὰ δύο μέρη χλωρὰ ἐσχηκότες, τὸ δὲ τρίτον ξηρόν· πολλοὶ ἐξ αὐτῶν χλωρὰς ἐπέδωκαν, πολλοὶ δὲ ἡμιξήρους, ἕτεροι δὲ ξηρὰς καὶ βεβρωμένας·
70 οὗτοι πάντες ἀπεστάλησαν ἕκαστος εἰς τὸ ἴδιον τάγμα. 4. Ἕτεροι δὲ ἐπεδίδοσαν τὰς ῥάβδους αὐτῶν, τὰ δύο μέρη ξηρά, τὸ δὲ τρίτον χλωρόν· πολλοὶ ἐξ αὐτῶν ἐπέδωκαν ἡμιξήρους, τινὲς δὲ ξηρὰς καὶ βεβρωμένας, τινὲς δὲ ἡμιξήρους καὶ σχισμὰς ἐχούσας· ἐλάχιστοι δὲ χλωρὰς ἐπέδωκαν· οὗτοι πάντες ἔστησαν εἰς τὸ ἴδιον τάγμα. 5. Ἐπέδωκαν δὲ οἱ τὰς ῥάβδους
75 χλωρὰς ἐσχηκότες, ἐλάχιστον δὲ ξηρὸν καὶ σχισμὰς ἐχούσας. Ἐκ τούτων τινὲς χλωρὰς ἐπέδωκαν, τινὲς δὲ χλωρὰς καὶ παραφυάδας ἐχούσας. Ἀπῆλθον καὶ οὗτοι εἰς τὸ τάγμα αὐτῶν. 6. Εἶτα ἐπέδωκαν οἱ ἐλάχιστον ἔχοντες χλωρόν, τὰ δὲ λοιπὰ μέρη ξηρά· τούτων αἱ ῥάβδοι εὑρέθησαν τὸ πλεῖστον μέρος χλωραὶ καὶ παραφυάδας ἔχουσαι καὶ καρπὸν ἐν ταῖς παραφυάσιν,
80 καὶ ἕτεραι χλωραὶ ὅλαι. Ἐπὶ ταύταις ταῖς ῥάβδοις ἐχάρη ὁ ποιμὴν μεγάλως, ὅτι οὕτως εὑρέθησαν. Ἀπῆλθον καὶ οὗτοι ἕκαστος εἰς τὸ ἴδιον τάγμα.

6, 1. Μετὰ τὸ πάντων κατανοῆσαι τὰς ῥάβδους τὸν ποιμένα λέγει μοι· Εἶπόν σοι ὅτι τὸ δένδρον τοῦτο φιλόζωόν ἐστιν. Βλέπεις, φησί, πόσοι μετε-

---

69, 53 κεκομμένας: ἐπιδεδωκότας add. alii
65 ξηρόν: ξ. ἔχοντες codd. plur., fort. rectius
72 s. καὶ βεβρωμένας — ἡμιξήρους: om. alii

3. Da sprach er zu ihnen: Jeder ziehe seinen Stab heraus und bringe ihn mir. 4. Als erste gaben die ihre Stäbe ab, die dürre und verstümmelte gehabt hatten; diese wurden so dürr und verstümmelt befunden wie vorher. Er gebot ihnen, sich abseits aufzustellen. 5. Dann gaben die ihre Stäbe ab, die dürre, aber nicht verstümmelte gehabt hatten; einige von ihnen gaben ihre Stäbe grün ab, andere verdorrt und wie von Würmern zerfressen[5]. Die, die sie grün abgaben, liess er gesondert sich aufstellen, dagegen liess er die, die dürre und verstümmelte abgaben, zur ersten Gruppe treten. 6. Dann gaben die ab, die halbvertrocknete und rissige Stäbe hatten. Viele von ihnen brachten grüne ohne Risse, einige dagegen grüne mit Schösslingen und Früchten an den Schösslingen, wie die gehabt hatten, die bekränzt in den Turm hineingegangen waren; einige gaben dürre und zerfressene Stäbchen ab, manche aber dürre und nicht zerfressene, andere brachten sie halb dürr und rissig, wie sie gewesen waren. Er befahl ihnen, jeder solle seine eigene Stelle aufsuchen, die einen bei ihrer zugehörigen Gruppe, die andern für sich.

5, 1. Dann lieferten die ab, die grüne, aber rissige Stäbe gehabt hatten. Sie alle gaben sie grün ab und traten zu ihrer Gruppe. Der Hirt freute sich über sie, dass sie sich alle gewandelt und ihre Risse beseitigt hatten. 2. Es gaben auch die ab, bei denen die eine Hälfte des Stabes grün, die andere dürr gewesen war. Bei einigen erwiesen sich die Stäbe vollständig grün, bei manchen halb dürr, bei andern verdorrt und zerfressen, bei einigen grün mit Schösslingen. 3. Sie wurden alle entlassen, jeder zu seiner Gruppe. Danach gaben die ab, deren Stab zu zwei Dritteln grün, im letzten Drittel dürr gewesen war. Von ihnen gaben viele ihre Stäbe grün ab, viele aber halbverdorrt, andere verdorrt und zerfressen. Sie alle wurden zu der betreffenden Gruppe geschickt. 4. Andere übergaben ihre Stäbe, die an zwei Dritteln dürr, an einem grün gewesen waren. Viele von ihnen gaben halbverdorrte ab, manche aber dürre und zerfressene, einige halbverdorrte und rissige. Nur sehr wenige gaben grüne ab. Sie alle traten zu ihrer Gruppe. 5. Es lieferten auch die ab, deren Stäbe grün gewesen waren, aber rissig und ein kleines Stück weit verdorrt. Von ihnen gaben einige sie grün ab, einige grün mit Schösslingen. Auch sie gingen zu ihrer Gruppe. 6. Dann gaben die ab, an deren Stäben nur ein kleiner Teil grün, die übrigen Teile dürr gewesen waren. Ihre Stäbe zeigten sich grösstenteils grün mit Schösslingen und Frucht an den Schösslingen, andere als ganz grün. Über diese Stäbe freute sich der Hirt gewaltig, dass sie so angetroffen wurden. Auch diese gingen jeder zu seiner Gruppe.

6, 1. Nachdem der Hirt die Stäbe aller nachgesehen hatte, sagte er zu mir: Ich habe dir ja gesagt, dass dieser Baum zählebig ist. Siehst du, sagte

---

[5] „Verstümmelt" und „zerfressen" sind gleichbedeutend.

νόησαν καὶ ἐσώθησαν; Βλέπω, φημί, κύριε. Ἵνα εἰδῇς, φησίν, τὴν πολυ-
85 σπλαγχνίαν τοῦ κυρίου, ὅτι μεγάλη καὶ ἔνδοξός ἐστιν καὶ ἔδωκεν πνεῦμα
τοῖς ἀξίοις οὖσι μετανοίας. 2. Ὅτι οὖν, φημί, κύριε, πάντες οὐ μετενόησαν;
Ὧν εἶδεν, φησίν, ὁ κύριος τὴν καρδίαν μέλλουσαν καθαρὰν γενέσθαι καὶ
δουλεύειν αὐτῷ ἐξ ὅλης καρδίας, τούτοις δέδωκε τὴν μετάνοιαν· ὧν δὲ
εἶδε τὴν δολιότητα καὶ πονηρίαν καὶ μέλλοντας ἐν ὑποκρίσει μετανοεῖν,
90 ἐκείνοις οὐκ ἔδωκεν, μήποτε πάλιν βλασφημήσωσιν τὸν νόμον αὐτοῦ.
3. Λέγω αὐτῷ· Κύριε, νῦν μοι ἐπίλυσον τοὺς τὰς ῥάβδους ἀποδεδωκότας
ποταπός τις αὐτῶν ἐστι, καὶ τὴν τούτων κατοικίαν, ἵνα ἀκούσαντες οἱ
πιστεύσαντες καὶ εἰληφότες τὴν σφραγῖδα καὶ τεθλακότες αὐτὴν καὶ μὴ
τηρήσαντες ὑγιῆ, ἐπιγνόντες τὰ ἑαυτῶν ἔργα μετανοήσωσιν, λαβόντες
95 ὑπὸ σοῦ σφραγῖδα, καὶ δοξάσωσι τὸν κύριον, ὅτι ἐσπλαγχνίσθη ἐπ᾽ αὐτοῖς
καὶ ἐξαπέστειλέν σε τοῦ ἀνακαινίσαι τὰ πνεύματα αὐτῶν. 4. Ἄκουε,
φησίν· ὧν αἱ ῥάβδοι ξηραὶ καὶ βεβρωμέναι ὑπὸ σητὸς εὑρέθησαν, οὗτοί
εἰσιν ἀποστάται καὶ προδόται τῆς ἐκκλησίας καὶ βλασφημήσαντες ἐν ταῖς
ἁμαρτίαις αὐτῶν τὸν κύριον, ἔτι δὲ καὶ ἐπαισχυνθέντες τὸ ὄνομα τοῦ
100 κυρίου τὸ ἐπικληθὲν ἐπ᾽ αὐτούς. Οὗτοι οὖν εἰς τέλος ἀπέθανον τῷ θεῷ.
Βλέπεις ὅτι οὐδὲ εἷς αὐτῶν μετενόησε, καίπερ ἀκούσαντες τὰ ῥήματα
ἃ ἐλάλησας αὐτοῖς, ἅ σοι ἐνετειλάμην· ἀπὸ τῶν τοιούτων ἡ ζωὴ ἀπέστη.
5. Οἱ δὲ τὰς ξηρὰς καὶ ἀσήπτους ἐπιδεδωκότες, καὶ οὗτοι ἐγγὺς αὐτῶν·
ἦσαν γὰρ ὑποκριταὶ καὶ διδαχὰς ἑτέρας εἰσφέροντες καὶ ἐκστρέφοντες
105 τοὺς δούλους τοῦ θεοῦ, μάλιστα δὲ τοὺς ἡμαρτηκότας, μὴ ἀφίοντες αὐτοὺς
μετανοεῖν, ἀλλὰ ταῖς διδαχαῖς ταῖς μωραῖς πείθοντες αὐτούς. Οὗτοι οὖν
ἔχουσιν ἐλπίδα τοῦ μετανοῆσαι. 6. Βλέπεις δὲ ἐξ αὐτῶν πολλοὺς μετανενοηκότας ἀφότε ἐλάλησας αὐτοῖς τὰς ἐντολάς μου· καὶ ἔτι μετανοήσωσιν. Ὅσοι δὲ οὐ μετανοήσουσιν, ἀπώλεσαν τὴν ζωὴν αὐτῶν· ὅσοι
110 δὲ μετενόησαν ἐξ αὐτῶν, ἀγαθοὶ ἐγένοντο, καὶ ἐγένετο ἡ κατοικία αὐτῶν
εἰς τὰ τείχη τὰ πρῶτα· τινὲς δὲ καὶ εἰς τὸν πύργον ἀνέβησαν. Βλέπεις
οὖν, φησίν, ὅτι ἡ μετάνοια τῶν ἁμαρτωλῶν ζωὴν ἔχει, τὸ δὲ μὴ μετανοῆσαι θάνατον.

69, 86 ὅτι: οὗτοι *uar.*
  90 ἔδωκεν: μετάνοιαν add. codd. plur.
  94 s. Fort. καὶ *ex lin.* 95 ante λαβόντες *ponendum est.*

er, wie viele Busse getan haben und gerettet worden sind? Ja, Herr, antwortete ich. Du sollst erkennen, sprach er, dass die Barmherzigkeit des Herrn gross und herrlich ist und dass er seinen Geist [6] denen gegeben hat, die der Busse würdig sind. 2. Herr, fragte ich, warum haben nun nicht alle Busse getan? Denen, sagte er, deren Herz der Herr bereit sah, rein zu werden und ihm von ganzem Herzen zu dienen, schenkte er die Busse. Wo er aber Verschlagenheit und Bosheit sah und die Bereitschaft, heuchlerisch Busse zu tun, da gab er keine, damit sie nicht noch einmal sein Gesetz schändeten. 3. Ich sprach zu ihm: Herr, nun gib mir Auskunft über die Beschaffenheit der Leute, die die Stäbe abgegeben haben, und über ihre Plätze. Denn hören sollen es die, die zum Glauben gekommen sind und das Siegel empfangen, es aber zerbrochen und nicht unversehrt erhalten haben; sie sollen ihre Taten erkennen und Busse tun, wobei sie von dir ein Siegel [7] empfangen, und sie sollen den Herrn preisen, weil er sich über sie erbarmt und dich gesandt hat, ihre Geister zu erneuern. 4. Höre, sprach er. Die, deren Stäbe sich als verdorrt und von Würmern zerfressen erwiesen haben, sind Abtrünnige und Verräter der Kirche, die mit ihren Sünden den Herrn gelästert haben und sich dazu auch des Namens des Herrn geschämt haben, der über ihnen genannt ist. Sie sind nunmehr für Gott endgültig tot. Du siehst, dass von ihnen auch nicht einer Busse getan hat, obwohl sie doch die Worte gehört haben, die du in meinem Auftrag ihnen gesagt hast. Von solchen Leuten ist das Leben gewichen. 5. Ihnen stehen die nahe, die dürre, aber nicht zerfressene Stäbe abgegeben haben. Sie waren nämlich Heuchler, führten abweichende Lehren ein und verwirrten die Knechte Gottes, und ganz besonders die, welche in Sünde gefallen waren. Denn sie gestatteten ihnen nicht, Busse zu tun, sondern verführten sie mit ihren törichten Lehren [8]. Diese nun haben Hoffnung, Busse zu tun. 6. Du siehst auch, dass viele von ihnen Busse getan haben, seitdem du ihnen meine Gebote verkündet hast. Und es werden noch weitere Busse tun. Aber alle, die nicht Busse tun werden, haben ihr Leben verloren; dagegen sind von ihnen alle, die Busse getan haben, heil geworden, und sie haben ihren Platz innerhalb der ersten Mauern erhalten; einige durften sogar in den Turm hinaufgehen. Du siehst also, sprach er, dass die Busse der Sünder das Leben bringt, Unterlassung der Busse aber den Tod.

---

[6] Durch schwere Sünden war der Geist verlorengegangen.
[7] Am Anfang des Satzes bezeichnet das Siegel die Taufe (wie Sim. 9, 16, 4), an der zweiten Stelle aber die Bussgnade. Vgl. A. Hamman, La signification de σφραγίς dans le Pasteur d'Hermas, TU 79, 1961, 286—290.
[8] Vielleicht gnostischen.

7, 1. Ὅσοι δὲ ἡμιξήρους ἐπέδωκαν καὶ ἐν αὐταῖς σχισμὰς εἶχον, ἄκουε περὶ αὐτῶν. Ὅσων ἦσαν αἱ ῥάβδοι ἡμίξηροι, δίψυχοί εἰσιν· οὔτε γὰρ ζῶσιν οὔτε τεθνήκασιν. 2. Οἱ δὲ ἡμιξήρους ἔχοντες καὶ ἐν αὐταῖς σχισμάς, οὗτοι καὶ δίψυχοί εἰσιν καὶ κατάλαλοι, μηδέποτε εἰρηνεύοντες ἐν ἑαυτοῖς, ἀλλὰ διχοστατοῦντες πάντοτε. Καὶ τούτοις, φησίν, ἔτι κεῖται μετάνοια. Βλέπεις, φησίν, ἤδη τινὰς ἐξ αὐτῶν μετανενοηκότας. Καὶ ἔτι ἐλπίς ἐστιν ἐν αὐτοῖς μετανοίας. 3. Ὅσοι οὖν, φησίν, ἐξ αὐτῶν μετανενοήκασιν, τὴν κατοικίαν εἰς τὸν πύργον ἔχουσιν· ὅσοι δὲ ἐξ αὐτῶν βραδύτερον μετανοήσουσιν, εἰς τὰ τείχη κατοικήσουσιν· ὅσοι δὲ οὐ μετανοήσουσιν, ἀλλ᾽ ἐμμενοῦσιν ἐν ταῖς πράξεσιν αὐτῶν, θανάτῳ ἀποθανοῦνται. 4. Οἱ δὲ χλωρὰς ἐπιδεδωκότες τὰς ῥάβδους αὐτῶν καὶ σχισμὰς ἐχούσας, οὗτοι πάντοτε πιστοὶ καὶ ἀγαθοὶ ἐγένοντο, ἔχοντες δὲ ζῆλόν τινα ἐν ἀλλήλοις περὶ πρωτείων καὶ περὶ δόξης τινός· ἀλλὰ πάντες οὗτοι μωροί εἰσιν, ἐν ἀλλήλοις ἔχοντες ζῆλον περὶ πρωτείων. 5. Ἀλλὰ καὶ οὗτοι ἀκούσαντες τῶν ἐντολῶν μου, ἀγαθοὶ ὄντες, ἐκαθάρισαν ἑαυτοὺς καὶ μετενόησαν ταχύ. Ἐγένετο οὖν ἡ κατοίκησις αὐτῶν εἰς τὸν πύργον· ἐὰν δέ τις αὐτῶν πάλιν ἐπιστραφῇ εἰς τὴν διχοστασίαν, ἐκβληθήσεται ἐκ τοῦ πύργου καὶ ἀπολέσει τὴν ζωὴν αὐτοῦ. 6. Ἡ ζωὴ πάντων ἐστὶ τῶν τὰς ἐντολὰς τοῦ κυρίου τηρούντων· ἐν ταῖς ἐντολαῖς δὲ περὶ πρωτείων ἢ περὶ δόξης οὐκ ἔστιν, ἀλλὰ περὶ μακροθυμίας καὶ περὶ ταπεινοφροσύνης ἀνδρός. Ἐν τοῖς τοιούτοις οὖν ἡ ζωὴ τοῦ κυρίου, ἐν δὲ τοῖς διχοστάταις καὶ παρανόμοις θάνατος.

8, 1. Οἱ δὲ ἐπιδεδωκότες τὰς ῥάβδους ἥμισυ χλωράς, ἥμισυ ξηράς, οὗτοί εἰσιν οἱ ταῖς πραγματείαις αὐτῶν ἐμπεφυρμένοι καὶ τοῖς ἁγίοις μὴ κολλώμενοι. Διὰ τοῦτο τὸ ἥμισυ αὐτῶν ζῇ καὶ τὸ ἥμισυ ἀπέθανεν. 2. Πολλοὶ οὖν ἀκούσαντες τῶν ἐντολῶν μου μετενόησαν. Ὅσοι οὖν μετενόησαν, ἡ κατοικία αὐτῶν εἰς τὸν πύργον. Τινὲς δὲ αὐτῶν εἰς τέλος ἀπέστησαν. Οὗτοι οὖν μετάνοιαν οὐκ ἔχουσιν· διὰ τὰς πραγματείας γὰρ αὐτῶν ἐβλασφήμησαν τὸν κύριον καὶ ἀπηρνήσαντο αὐτόν. Ἀπώλεσαν οὖν τὴν ζωὴν αὐτῶν διὰ τὴν πονηρίαν ἣν ἔπραξαν. 3. Πολλοὶ δὲ ἐξ αὐτῶν ἐδιψύχησαν. Οὗτοι ἔτι ἔχουσι μετάνοιαν, ἐὰν ταχὺ μετανοήσωσιν, καὶ ἔσται ἡ κατοικία αὐτῶν εἰς τὸν πύργον· ἐὰν δὲ βραδύτερον μετανοήσωσιν, κατοικήσουσιν εἰς τὰ τείχη· ἐὰν δὲ μὴ μετανοήσωσι, καὶ αὐτοὶ ἀπώλεσαν τὴν ζωὴν αὐτῶν. 4. Οἱ δὲ τὰ δύο μέρη χλωρά, τὸ δὲ τρίτον ξηρὸν ἐπιδεδωκότες, οὗτοί εἰσιν οἱ ἀρνησάμενοι ποικίλαις ἀρνήσεσι. 5. Πολλοὶ οὖν μετενόησαν ἐξ αὐτῶν καὶ ἀπῆλθον εἰς τὸν πύργον κατοι-

---

69, 134 διχοστάταις edd.: - στάτοις codd.

7, 1. Höre nun auch von all denen, die halbverdorrte Stäbe mit Rissen abgegeben haben. Deren Stäbe halb dürr waren, die sind alle Zweifler; denn sie sind weder lebendig noch tot. 2. Die aber vertrocknete hatten mit Rissen, die sind zugleich Zweifler und Verleumder, die niemals in Frieden miteinander leben, sondern ständig streiten. Auch für sie, sagte er, ist noch Busse vorgesehen. Du siehst, sprach er, einige von ihnen haben bereits Busse getan, und für sie [9] besteht noch weiter Hoffnung auf Busse. 3. Alle die nun unter ihnen, sagte er, die Busse getan haben, haben ihren Platz im Turm; dagegen werden die von ihnen, die nur säumig Busse tun werden, innerhalb der Mauern wohnen. Und alle die, die gar keine Busse tun, sondern in ihrem Tun verharren werden, werden des Todes sterben. 4. Die aber ihre Stäbe grün und rissig abgegeben haben, die waren zwar allezeit gläubig und gut, aber sie hegten Eifersucht gegeneinander wegen des ersten Platzes und der Ehrenstellung. Doch alle diese sind töricht, dass sie wegen des Vorrangs aufeinander eifersüchtig sind. 5. Aber da sie ja gut waren, haben auch sie, als sie meine Gebote hörten, sich gereinigt und schnell Busse getan. So bekamen sie ihren Platz im Turm. Wenn aber einer von ihnen wieder in die Streitsucht zurückfällt, wird er aus dem Turm ausgestossen werden und sein Leben verlieren. 6. Das Leben wird allen zuteil, die des Herrn Gebote beachten; aber in den Geboten steht nichts von ersten Plätzen und von Ehre, sondern von Geduld und Demut des Menschen. In solchen Menschen also ist das Leben des Herrn, in den Streitsüchtigen aber und Ungehorsamen der Tod.

8, 1. Die aber, die ihre Stäbe halb grün und halb dürr abgegeben haben, das sind die, welche in ihre Geschäfte verstrickt sind und sich nicht fest zu den Heiligen halten. Deshalb sind sie zur Hälfte lebendig und zur Hälfte abgestorben. 2. Viele taten nun, als sie meine Gebote hörten, Busse. Alle, die also Busse taten, haben ihren Platz im Turm. Einige von ihnen sind freilich endgültig abgefallen. Für sie gibt es daher keine Busse mehr; denn um ihrer Geschäfte willen haben sie den Herrn gelästert und ihn verleugnet. Sie haben nunmehr ihr Leben verloren wegen der Schlechtigkeit, die sie begangen haben. 3. Viele von ihnen sind jedoch wankend geworden. Diese haben noch eine Möglichkeit der Busse, wenn sie schnell Busse tun, und dann bekommen sie ihren Platz im Turm. Wenn sie aber spät Busse tun, werden sie nur innerhalb der Mauern wohnen. Falls sie aber keine Busse tun, haben sie gleichfalls ihr Leben verloren. 4. Die aber, die zwei Drittel ihres Stabes grün, aber das dritte dürr abgegeben haben, das sind die, welche mannigfach verleugnet haben. 5. Viele unter ihnen haben jedoch Busse getan und durften in den Turm gehen, um dort

---

[9] Alle aus §§ 1—2.

κεῖν· πολλοὶ δὲ ἀπέστησαν εἰς τέλος τοῦ θεοῦ· οὗτοι τὴν ζωὴν εἰς τέλος ἀπώλεσαν. Τινὲς δὲ ἐξ αὐτῶν ἐδιψύχησαν καὶ ἐδιχοστάτησαν· τούτοις οὖν ἔτι ἐστὶν μετάνοια, ἐὰν ταχὺ μετανοήσωσιν καὶ μὴ ἐπιμείνωσιν ταῖς ἡδοναῖς αὐτῶν· ἐὰν δὲ ἐπιμείνωσιν ταῖς πράξεσιν αὐτῶν, καὶ αὐτοὶ θάνατον ἑαυτοῖς ἐργάζονται.

9, 1. Οἱ δὲ ἐπιδεδωκότες τὰς ῥάβδους τὰ μὲν δύο μέρη ξηρά, τὸ δὲ τρίτον χλωρόν, οὗτοί εἰσιν πιστοὶ μὲν γεγονότες, πλουτήσαντες δὲ καὶ γενόμενοι ἐνδοξότεροι παρὰ τοῖς ἔθνεσιν· ὑπερηφανίαν μεγάλην ἐνεδύσαντο καὶ ὑψηλόφρονες ἐγένοντο καὶ κατέλιπον τὴν ἀλήθειαν, καὶ οὐκ ἐκολλήθησαν τοῖς δικαίοις, ἀλλὰ μετὰ τῶν ἐθνῶν συνέζησαν, καὶ αὕτη ἡ ὁδὸς αὐτοῖς ἡδυτέρα ἐγένετο· ἀπὸ δὲ τοῦ θεοῦ οὐκ ἀπέστησαν, ἀλλ' ἐνέμειναν τῇ πίστει, μὴ ἐργαζόμενοι δὲ τὰ ἔργα τῆς πίστεως. 2. Πολλοὶ οὖν ἐξ αὐτῶν μετενόησαν καὶ ἐγένετο ἡ κατοίκησις αὐτῶν εἰς τὸν πύργον. 3. Ἕτεροι δὲ εἰς τέλος μετὰ τῶν ἐθνῶν συνζῶντες καὶ φερόμενοι ταῖς κενοδοξίαις τῶν ἐθνῶν ἀπέστησαν ἀπὸ τοῦ θεοῦ καὶ ἔπραξαν τὰς πράξεις τῶν ἐθνῶν. Οὗτοι οὖν μετὰ τῶν ἐθνῶν ἐλογίσθησαν. 4. Ἕτεροι δὲ ἐξ αὐτῶν ἐδιψύχησαν μὴ ἐλπίζοντες σωθῆναι διὰ τὰς πράξεις ἃς ἔπραξαν· ἕτεροι δὲ ἐδιψύχησαν καὶ σχίσματα ἐν ἑαυτοῖς ἐποιήσαντο. Τούτοις οὖν τοῖς διψυχήσασιν διὰ τὰς πράξεις αὐτῶν μετάνοια ἔτι ἐστίν· ἀλλ' ἡ μετάνοια αὐτῶν ταχινὴ χρῄζει εἶναι, ἵνα ἡ κατοικία αὐτῶν γένηται εἰς τὸν πύργον· τῶν δὲ μὴ μετανοούντων ἀλλὰ ἐπιμενόντων ταῖς ἡδοναῖς, ὁ θάνατος ἐγγύς.

10, 1. Οἱ δὲ τὰς ῥάβδους ἐπιδεδωκότες χλωράς, αὐτὰ δὲ τὰ ἄκρα ξηρὰ καὶ σχισμὰς ἔχοντα, οὗτοι πάντοτε ἀγαθοὶ καὶ πιστοὶ καὶ ἔνδοξοι παρὰ τῷ θεῷ ἐγένοντο, ἐλάχιστον δὲ ἥμαρτον διὰ μικρὰς ἐπιθυμίας καὶ μικρὰ κατ' ἀλλήλων ἔχοντες· ἀλλὰ ἀκούσαντές μου τῶν ῥημάτων τὸ πλεῖστον μέρος ταχὺ μετενόησαν, καὶ ἐγένετο ἡ κατοικία αὐτῶν εἰς τὸν πύργον. 2. Τινὲς δὲ ἐξ αὐτῶν ἐδιψύχησαν, τινὲς δὲ διψυχήσαντες διχοστασίας μείζονας ἐποίησαν. Ἐν τούτοις οὖν ἔτι ἐστὶν ἐλπὶς μετανοίας, ὅτι ἀγαθοὶ πάντοτε ἐγένοντο· δυσκόλως δέ τις αὐτῶν ἀποθανεῖται. 3. Οἱ δὲ τὰς ῥάβδους αὐτῶν ἐπιδεδωκότες ξηράς, ἐλάχιστον δὲ χλωρόν, οὗτοί εἰσιν πιστεύσαντες μόνον, τὰ δὲ ἔργα τῆς ἀνομίας ἐργασάμενοι· οὐδέποτε δὲ ἀπέστησαν ἀπὸ τοῦ θεοῦ καὶ τὸ ὄνομα ἡδέως ἐβάστασαν καὶ ἡδέως εἰς τοὺς οἴκους αὐτῶν ὑπεδέξαντο τοὺς δούλους τοῦ θεοῦ. Ἀκούσαντες οὖν ταύτην τὴν μετάνοιαν ἀδιστάκτως μετενόησαν καὶ ἐργάζονται πᾶσαν ἀρετὴν δικαιοσύνης. 4. Τινὲς δὲ ἐξ αὐτῶν καὶ παθοῦνται καὶ ἡδέως θλίβονται γινώσκοντες τὰς πράξεις αὐτῶν ἃς ἔπραξαν. Τούτων οὖν πάντων ἡ κατοικία εἰς τὸν πύργον ἔσται.

69, 165 cf. Matth. 18, 17 (nr. 2)

69, 167 οὖν: οὖν καὶ *uar.*

zu wohnen. Viele aber sind für immer von Gott abgefallen; sie haben ihr Leben für immer verloren. Einige von ihnen sind jedoch wankend geworden und unschlüssig. Für sie gibt es noch eine Busse, wenn sie bald Busse tun und nicht in ihren Lüsten verharren. Wenn sie aber an ihrem Tun festhalten, bereiten auch sie sich den Tod.

9, 1. Die nun, die die Stäbe zu zwei Dritteln verdorrt und zu einem Drittel grün abgegeben haben, das sind die, die zwar gläubig geworden sind, aber zu Reichtum und Ansehen bei den Heiden gelangt sind. Sie haben eine grosse Überheblichkeit angenommen, sind hochmütig geworden und haben die Wahrheit aufgegeben, und sie haben sich nicht zu den Gerechten gehalten, sondern mit den Heiden gelebt, und dieser Weg war ihnen angenehmer. Von Gott abgefallen sind sie aber nicht, sondern im Glauben geblieben, freilich ohne die Werke des Glaubens zu tun. 2. Viele von ihnen haben nun Busse getan und ihren Platz im Turm erhalten. 3. Andere aber, die ganz und gar das Leben der Heiden teilten und sich von dem Irrtum der Heiden mitreissen liessen, sind von Gott abgefallen und haben die Taten der Heiden getan. Sie sind daher unter die Heiden gerechnet worden. 4. Wieder andere unter ihnen gerieten in Zweifel, da sie wegen der Taten, die sie getan hatten, nicht mehr auf Rettung hofften. Andere gerieten in Zweifel und riefen gegenüber anderen Spaltungen hervor. Für die nun, die ihrer Taten wegen Zweifel bekommen haben, gibt es noch eine Busse, aber ihre Busse muss rasch sein, damit sie im Turm ihren Platz finden können. Denen aber, die nicht Busse tun, sondern in ihren Lüsten verharren, ist der Tod nahe.

10, 1. Die aber ihre Stäbe grün übergeben haben, nur mit vertrockneten Spitzen und mit Rissen, die waren jederzeit rechtschaffen und gläubig und bei Gott angesehen, aber sie begingen ganz geringe Sünden aus kleinen Begierden und in kleinen Streitigkeiten. Doch als sie meine Worte hörten, haben sie grösstenteils schnell Busse getan und haben ihren Platz im Turm erhalten. 2. Einige aber von ihnen gerieten in Zweifel, andere richteten in ihrem Zweifel grössere Streitigkeiten an. Für sie gibt es doch noch Hoffnung auf Busse, weil sie immer gut waren; schwerlich wird einer von ihnen den Tod erleiden. 3. Aber die ihre Stäbe dürr und mit nur wenig Grün abgegeben haben, das sind die, die nur geglaubt, aber gottlose Werke getan haben. Doch sind sie niemals von Gott abgefallen, und den Namen haben sie gern getragen und gern die Knechte Gottes in ihren Häusern aufgenommen. Als sie nun von dieser Busse hörten, haben sie ohne Zögern Busse getan und üben jede rechtschaffene Tugend. 4. Einige von ihnen nehmen auch Leiden auf sich und ertragen willig Qualen im Bewusstsein der Taten, die sie begangen haben. Sie alle werden in den Turm aufgenommen werden.

11, 1. Καὶ μετὰ τὸ συντελέσαι αὐτὸν τὰς ἐπιλύσεις πασῶν τῶν ῥάβδων λέγει μοι· Ὕπαγε καὶ πᾶσι λέγε ἵνα μετανοήσωσι καὶ ζήσωσι τῷ θεῷ· ὅτι ὁ κύριος ἐσπλαγχνίσθη καὶ ἔπεμψέ με δοῦναι πᾶσι τὴν μετάνοιαν, καίπερ τινῶν μὴ ὄντων ἀξίων σωθῆναι διὰ τὰ ἔργα αὐτῶν· ἀλλὰ μακρόθυμος ὢν ὁ κύριος θέλει τὴν κλῆσιν τὴν γενομένην διὰ τοῦ υἱοῦ αὐτοῦ σωθῆναι. 2. Λέγω αὐτῷ· Κύριε, ἐλπίζω ὅτι πάντες ἀκούσαντες αὐτὰ μετανοήσουσιν. Πείθομαι γὰρ ὅτι εἷς ἕκαστος τὰ ἴδια ἔργα ἐπιγνοὺς καὶ φοβηθεὶς τὸν θεὸν μετανοήσει. 3. Ἀποκριθείς μοι λέγει· Ὅσοι, φησίν, μετανοήσωσιν ἐξ ὅλης καρδίας αὐτῶν καὶ καθαρίσωσιν ἑαυτοὺς ἀπὸ τῶν πονηριῶν αὐτῶν τῶν προειρημένων καὶ μηκέτι προσθῶσι μηδὲν ταῖς ἁμαρτίαις αὐτῶν, λήμψονται ἴασιν παρὰ τοῦ κυρίου τῶν προτέρων ἁμαρτιῶν, ἐὰν μὴ διψυχήσωσιν ἐπὶ ταῖς ἐντολαῖς ταύταις, καὶ ζήσονται τῷ θεῷ. Ὅσοι δὲ προσθῶσι ταῖς ἁμαρτίαις αὐτῶν καὶ πορεύσονται ταῖς ἐπιθυμίαις τοῦ αἰῶνος τούτου κατακρινοῦσιν ἑαυτοὺς εἰς θάνατον.

---

ibidem Similitudo IX, 2, 1—4, 8; 5, 7; 6, 3—9, 1. 3—5. 7; 10, 3—4; 12, 1. 4. 7—14, 3; 15, 1—4; 16, 5—17, 2. 4—18, 3. 5—20, 2. 4—22, 1. 3—23, 5; 26, 1—8; 30, 1—31, 2; 32, 1—2. 5

2, 1. Εἰς μέσον δὲ τοῦ πεδίου ἔδειξέ μοι πέτραν μεγάλην λευκὴν ἐκ τοῦ πεδίου ἀναβεβηκυῖαν. Ἡ δὲ πέτρα ὑψηλοτέρα ἦν τῶν ὀρέων, τετράγωνος δέ, ὥστε δύνασθαι ὅλον τὸν κόσμον χωρῆσαι. 2. Παλαιὰ δὲ ἦν ἡ πέτρα ἐκείνη πύλην ἐκκεκομμένην ἔχουσα· ὡς πρόσφατος δὲ ἐδόκει μοι εἶναι ἡ ἐκκόλαψις τῆς πύλης. Ἡ δὲ πύλη οὕτως ἔστιλβεν ὑπὲρ τὸν ἥλιον, ὥστε με θαυμάζειν ἐπὶ τῇ λαμπηδόνι τῆς πύλης. 3. Κύκλῳ δὲ τῆς πύλης εἱστήκεισαν παρθένοι δώδεκα. Αἱ οὖν τέσσαρες αἱ εἰς τὰς γωνίας ἑστηκυῖαι ἐνδοξότεραί μοι ἐδόκουν εἶναι· καὶ αἱ ἄλλαι δὲ ἔνδοξοι ἦσαν. Εἱστήκεισαν δὲ εἰς τὰ τέσσαρα μέρη τῆς πύλης, ἀνὰ μέσον αὐτῶν ἀνὰ δύο παρθένοι. 4. Ἐνδεδυμέναι δὲ ἦσαν λινοῦς χιτῶνας καὶ περιεζω-

11,1. Nachdem er die Deutung aller Stäbe beendet hatte, sprach er zu mir: Geh hin und sage allen, sie sollen Busse tun und für Gott leben [10]. Denn der Herr hat sich erbarmt [11] und mich gesandt, allen die Busse zu schenken, auch wenn manche nach ihren Werken der Rettung nicht würdig sind. Aber in seiner Langmut will der Herr, dass die durch seinen Sohn ergangene Berufung [12] erhalten bleibt. 2. Ich sagte zu ihm: Herr, ich hoffe, dass alle es hören und Busse tun. Denn ich bin gewiss, dass jeder einzelne, der seine Werke erkennt und den die Furcht vor Gott ergreift, Busse tun wird. 3. Er antwortete mir: Alle, sagte er, die von ganzem Herzen Busse tun, sich von den genannten Verwerflichkeiten reinigen und hinfort keine weiteren Sünden mehr begehen, werden vom Herrn Heilung ihrer bisherigen Sünden empfangen, wenn sie an diesen Geboten nicht zweifeln, und werden für Gott leben. Alle aber, die noch weitere Sünden begehen und in den Begierden dieser Welt wandeln, werden sich selber zum Tode verurteilen [13].

Ebenda Gleichnis IX, 2, 1—4, 8; 5, 7; 6, 3—9, 1. 3—5. 7; 10, 3—4; 12, 1. 4. 7—14, 3; 15, 1—4; 16, 5—17, 2. 4—18, 3. 5—20, 2. 4—22, 1. 3—23, 5; 26, 1—8; 30, 1—31, 2; 32, 1—2. 5

2,1. In der Mitte der Ebene [1] zeigte er mir einen grossen weissen Felsen, der aus der Ebene aufstieg. Der Felsen war höher als die Berge, würfelförmig und derart, dass er die ganze Welt hätte in sich fassen können. 2. Der Felsen war alt und hatte ein Tor, das aus ihm herausgehauen war. Erst neuerdings schien mir das Tor aus dem Felsen gehauen zu sein. Das Tor aber strahlte so viel mehr als die Sonne, dass ich über den Glanz des Tores staunte. 3. Rings um das Tor standen zwölf Jungfrauen. Die vier nun, die an den Ecken standen, schienen mir am herrlichsten zu sein; aber auch die andern waren herrlich. Sie standen an den vier Seiten des Tores, jeweils zwei Jungfrauen in der Mitte von jenen. 4. Bekleidet waren sie mit leinenen Gewändern und waren schön gegürtet; die rechte

---

10 Vgl. F. Barberet, La formule ζῆν τῷ θεῷ dans le Pasteur d'Hermas. Rech. de sc. rel. 46, 1958, 379—407.
11 Vgl. Vis. 1, 3, 2 (Nr. 64) und Mand. 4, 3, 4 s. (Nr. 67).
12 Die Taufe.
13 Das Andauern der Bussfrist widerspricht Vis. 2, 2, 4 s., passt aber zur Unterbrechung des Turmbaus in Sim. 9.
1 Die Einleitung (Kap. 1, 1—3) verknüpft die folgende Offenbarung des Hirten oder Bussengels mit der früheren Belehrung durch die Kirche (Vis. 3, Nr. 66). Diese und auch Sim. 8 werden durch Sim. 9 ergänzt. In dieser Vision, die Hermas auf einem Berge Arkadiens erfährt (Kap. 1, 4—2, 7), sieht er zunächst zwölf Berge, die in Farbe, Form, Flora und Fauna sehr verschieden sind.

σμέναι ἦσαν εὐπρεπῶς, ἔξω τοὺς ὤμους ἔχουσαι τοὺς δεξιοὺς ὡς μέλλουσαι φορτίον τι βαστάζειν. Οὕτως ἕτοιμαι ἦσαν· λίαν γὰρ ἱλαραὶ ἦσαν καὶ πρόθυμοι. 5. Μετὰ τὸ ἰδεῖν με ταῦτα ἐθαύμαζον ἐν ἐμαυτῷ, ὅτι μεγάλα καὶ ἔνδοξα πράγματα ἔβλεπον. Καὶ πάλιν ἠπορούμην ἐπὶ ταῖς
15 παρθένοις, ὅτι τρυφεραὶ οὖσαι οὕτως ἀνδρείως εἱστήκεισαν ὡς μέλλουσαι ὅλον τὸν οὐρανὸν βαστάζειν. 6. Καὶ λέγει μοι ὁ ποιμήν· Τί ἐν σεαυτῷ διαλογίζῃ καὶ ἀπορῇ καὶ σεαυτῷ λύπην ἐπισπᾶσαι; ... 7. ... Πάντα δέ σοι ἐγὼ δηλώσω, ὅσα ἐάν σοι δείξω. Ἔμβλεπε οὖν τοῖς λοιποῖς.

3, 1. Εἶδον ἓξ ἄνδρας ἐληλυθότας ὑψηλοὺς καὶ ἐνδόξους καὶ ὁμοίους
20 τῇ ἰδέᾳ· ἐκάλεσαν δὲ πλῆθός τι ἀνδρῶν. Κἀκεῖνοι δὲ οἱ ἐληλυθότες ὑψηλοὶ ἄνδρες καὶ λίαν καλοὶ καὶ δυνατοὶ ἦσαν· καὶ ἐκέλευσαν αὐτοὺς οἱ ἓξ ἄνδρες οἰκοδομεῖν ἐπάνω τῆς πέτρας πύργον τινά. Ἦν δὲ μέγας θόρυβος τῶν ἀνδρῶν ἐκείνων τῶν ἐληλυθότων οἰκοδομεῖν τὸν πύργον, ὧδε κἀκεῖ περιτρεχόντων κύκλῳ τῆς πύλης· 2. αἱ δὲ παρθένοι ἑστηκυῖαι περὶ
25 τὴν πύλην ἔλεγον τοῖς ἀνδράσι σπεύδειν δεῖν οἰκοδομηθῆναι τὸν πύργον. Ἐκπεπετάκεισαν δὲ τὰς χεῖρας αἱ παρθένοι ὡς μέλλουσαί τι λαμβάνειν παρὰ τῶν ἀνδρῶν. 3. Οἱ δὲ ἓξ ἄνδρες ἐκέλευον ἐκ βυθοῦ τινος λίθους ἀναβαίνειν καὶ ὑπάγειν εἰς τὴν οἰκοδομὴν τοῦ πύργου. Ἀνέβησαν δὲ λίθοι ι′ τετράγωνοι λαμπροί, ⟨μὴ⟩ λελατομημένοι. 4. Οἱ δὲ ἓξ ἄνδρες ἐκάλουν
30 τὰς παρθένους καὶ ἐκέλευσαν αὐτὰς τοὺς λίθους πάντας τοὺς μέλλοντας εἰς τὴν οἰκοδομὴν ὑπάγειν τοῦ πύργου βαστάζειν καὶ διαπορεύεσθαι διὰ τῆς πύλης καὶ ἐπιδιδόναι τοῖς ἀνδράσι τοῖς μέλλουσιν οἰκοδομεῖν τὸν πύργον. 5. Αἱ δὲ παρθένοι τοὺς δέκα λίθους τοὺς πρώτους τοὺς ἐκ τοῦ βυθοῦ ἀναβάντας ἐπετίθουν ἀλλήλαις καὶ κατὰ ἕνα λίθον ἐβάσταζον ὁμοῦ.

35 4, 1. Καθὼς δὲ ἐστάθησαν ὁμοῦ κύκλῳ τῆς πύλης, οὕτως ἐβάσταζον αἱ δοκοῦσαι δυναταὶ εἶναι, καὶ ὑπὸ τὰς γωνίας τοῦ λίθου ὑποδεδυκυῖαι ἦσαν· αἱ δὲ ἄλλαι ἐκ τῶν πλευρῶν τοῦ λίθου ὑποδεδύκεισαν καὶ οὕτως ἐβάσταζον πάντας τοὺς λίθους· διὰ δὲ τῆς πύλης διέφερον αὐτούς, καθὼς ἐκελεύσθησαν, καὶ ἐπεδίδουν τοῖς ἀνδράσιν εἰς τὸν πύργον· ἐκεῖνοι δὲ ἔχοντες τοὺς
40 λίθους ᾠκοδόμουν. 2. Ἡ οἰκοδομὴ δὲ τοῦ πύργου ἐγένετο ἐπὶ τὴν πέτραν τὴν μεγάλην καὶ ἐπάνω τῆς πύλης. Ἡρμόσθησαν οὖν οἱ ι′ λίθοι ἐκεῖνοι καὶ ἐνέπλησαν ὅλην τὴν πέτραν. Καὶ ἐγένοντο ἐκεῖνοι θεμέλιος τῆς οἰκοδομῆς τοῦ πύργου. Ἡ δὲ πέτρα καὶ ἡ πύλη ἦν βαστάζουσα ὅλον τὸν πύργον. 3. Μετὰ δὲ τοὺς ι′ λίθους ἄλλοι ἀνέβησαν ἐκ τοῦ βυθοῦ κε′ λίθοι·
45 καὶ οὗτοι ἡρμόσθησαν εἰς τὴν οἰκοδομὴν τοῦ πύργου, βασταζόμενοι ὑπὸ τῶν παρθένων καθὼς καὶ οἱ πρότεροι. Μετὰ δὲ τούτους ἀνέβησαν λε′· καὶ οὗτοι ὁμοίως ἡρμόσθησαν εἰς τὸν πύργον. Μετὰ δὲ τούτους ἕτεροι ἀνέβησαν

70, 22 πέτρας: et super portam ipsam *add. alii*
35 s. Post ἐβάσταζον *interpungere malim* (·) *quam post* εἶναι.

Schulter trugen sie frei, als wollten sie eine Last tragen. So standen sie bereit; denn sie waren sehr heiter und willig. 5. Als ich dies gesehen hatte, wunderte ich mich bei mir selber, weil ich grosse und herrliche Dinge sah. Anderseits konnte ich nicht begreifen, dass die zarten Jungfrauen so männlich dastanden, als wollten sie den ganzen Himmel tragen. 6. Da sprach der Hirt zu mir: Was überlegst du bei dir, grübelst und machst dir selber Kummer? ... 7. ... Ich werde dir alles erklären, was ich dir zeigen werde. Betrachte jetzt das übrige!

3, 1. Da sah ich, dass sechs Männer gekommen waren, hochgewachsen, herrlich und von gleichem Aussehen. Sie riefen eine Menge anderer Männer herbei, und auch diese, die herbeikamen, waren hochgewachsen, sehr schöne und starke Männer[2]. Und die sechs Männer befahlen ihnen, über dem Felsen einen Turm zu bauen. Die Männer, die zum Bauen des Turmes gekommen waren, machten einen grossen Trubel, indem sie rings um das Tor hin und her liefen. 2. Die Jungfrauen aber, die um das Tor herum standen, sagten zu den Männern, der Turm müsse eilends gebaut werden. Die Jungfrauen hatten dabei die Hände ausgestreckt, als wollten sie von den Männern etwas in Empfang nehmen. 3. Aber die sechs Männer befahlen Steinen, aus einem Abgrund emporzusteigen und zum Bau des Turmes zu gehen. Da stiegen zehn glänzende, unbehauene Quader herauf. 4. Und die sechs Männer riefen die Jungfrauen herbei und befahlen ihnen, alle Steine, die in den Turmbau eingehen sollten, aufzunehmen, durch das Tor zu gehen und sie den Männern zu übergeben, die den Turm bauen sollten. 5. Da beluden sich die Jungfrauen gemeinsam mit den ersten zehn aus dem Abgrund heraufgestiegenen Steinen und trugen jeden einzelnen Stein gemeinsam.

4, 1. Wie sie zusammen rings um das Tor gestanden hatten, so trugen sie: Die als stark galten, hatten auch die Ecken des Steines sich aufgeladen, die andern übernahmen die Seiten des Steines, und so trugen sie alle Steine. Sie schafften sie durch das Tor, wie sie geheissen worden waren, und übergaben sie den Männern für den Turm. Wenn diese die Steine bekamen, bauten sie. 2. Die Erbauung des Turmes erfolgte auf dem grossen Felsen und über dem Tor. Die zehn Steine wurden also zusammengefügt und bedeckten den ganzen Felsen, und sie wurden das Fundament für den Turmbau. Der Felsen aber und das Tor trugen den ganzen Turm. 3. Nach den zehn Steinen stiegen noch 25 Steine aus dem Abgrund herauf; auch sie wurden von den Jungfrauen getragen wie die früheren und in den Bau des Turmes eingefügt. Nach ihnen stiegen 35 empor; auch sie wurden ebenso in den Turm eingefügt. Nach ihnen

---

[2] Vgl. die 6 Engel in Vis. 3, 2, 5 (Nr. 66); zu ihnen und den Jungfrauen s. Dibelius z. St. und Kap. 13, 2.

λίθοι μ'· καὶ οὗτοι πάντες ἐβλήθησαν εἰς τὴν οἰκοδομὴν τοῦ πύργου· ἐγένοντο οὖν στοῖχοι τέσσαρες ἐν τοῖς θεμελίοις τοῦ πύργου. 4. Καὶ ἐπαύσαντο ἐκ τοῦ βυθοῦ ἀναβαίνοντες· ἐπαύσαντο δὲ καὶ οἱ οἰκοδομοῦντες μικρόν. Καὶ πάλιν ἐπέταξαν οἱ ἓξ ἄνδρες τῷ πλήθει τοῦ ὄχλου ἐκ τῶν ὀρέων παραφέρειν λίθους εἰς τὴν οἰκοδομὴν τοῦ πύργου. 5. Παρεφέροντο οὖν ἐκ πάντων τῶν ὀρέων χρόαις ποικίλαις λελατομημένοι ὑπὸ τῶν ἀνδρῶν καὶ ἐπεδίδοντο ταῖς παρθένοις· αἱ δὲ παρθένοι διέφερον αὐτοὺς διὰ τῆς πύλης καὶ ἐπεδίδουν εἰς τὴν οἰκοδομὴν τοῦ πύργου. Καὶ ὅταν εἰς τὴν οἰκοδομὴν ἐτέθησαν οἱ λίθοι οἱ ποικίλοι, ὅμοιοι ἐγένοντο λευκοὶ καὶ τὰς χρόας τὰς προτέρας ἤλλασσον. 6. Τινὲς δὲ λίθοι ἐπεδίδοντο ὑπὸ τῶν ἀνδρῶν εἰς τὴν οἰκοδομήν, καὶ οὐκ ἐγίνοντο λαμπροί, ἀλλ᾽ οἷοι ἐτέθησαν, τοιοῦτοι καὶ ἦσαν· οὐ γὰρ ἦσαν ἀπὸ τῶν παρθένων ἐπιδεδομένοι οὐδὲ διὰ τῆς πύλης παρενηνεγμένοι. Οὗτοι οὖν οἱ λίθοι ἀπρεπεῖς ἦσαν ἐν τῇ οἰκοδομῇ τοῦ πύργου. 7. Εἶδον δὲ οἱ ἓξ ἄνδρες τοὺς λίθους τούτους ἀπρεπεῖς ἐν τῇ οἰκοδομῇ καὶ ἐκέλευσαν αὐτοὺς ἀρθῆναι καὶ ἀπενεχθῆναι κάτω εἰς τὸν ἴδιον τόπον ὅθεν ἠνέχθησαν. 8. Καὶ λέγουσι τοῖς ἀνδράσι τοῖς παρεμφέρουσι τοὺς λίθους· Ὅλως ὑμεῖς μὴ ἐπιδίδοτε εἰς τὴν οἰκοδομὴν λίθους· τίθετε δὲ αὐτοὺς παρὰ τὸν πύργον, ἵνα αἱ παρθένοι διὰ τῆς πύλης παρενέγκωσιν αὐτοὺς καὶ ἐπιδιδῶσιν εἰς τὴν οἰκοδομήν. Ἐὰν γάρ, φασίν, διὰ τῶν χειρῶν τῶν παρθένων τούτων μὴ διενεχθῶσι διὰ τῆς πύλης, τὰς χρόας αὐτῶν ἀλλάξαι οὐ δύνανται· μὴ κοπιᾶτε οὖν, φασίν, εἰς μάτην.

5, 7. Καὶ ἐπερωτᾷ ὁ ποιμὴν τὰς παρθένους εἰ ἄρα παραγεγόνει ὁ δεσπότης τοῦ πύργου. Αἱ δὲ ἔφησαν μέλλειν αὐτὸν ἔρχεσθαι κατανοῆσαι τὴν οἰκοδομήν. ...

6, 3. Κατενόει δὲ ὁ ἀνὴρ ἐκεῖνος τὴν οἰκοδομὴν ἀκριβῶς, ὥστε αὐτὸν καθ᾽ ἕνα λίθον ψηλαφᾶν. Κρατῶν δέ τινα ῥάβδον τῇ χειρὶ κατὰ ἕνα λίθον τῶν ᾠκοδομημένων ἔτυπτε. 4. Καὶ ὅταν ἐπάτασσεν, ἐγένοντο αὐτῶν τινες μέλανες ὡσεὶ ἀσβόλη, τινὲς δὲ ἐψωριακότες, τινὲς δὲ σχισμὰς ἔχοντες, τινὲς δὲ κολοβοί, τινὲς δὲ οὔτε λευκοὶ οὔτε μέλανες, τινὲς δὲ τραχεῖς καὶ μὴ συμφωνοῦντες τοῖς ἑτέροις λίθοις, τινὲς δὲ σπίλους πολλοὺς ἔχοντες· αὗται ἦσαν αἱ ποικιλίαι τῶν λίθων τῶν σαπρῶν εὑρεθέντων εἰς τὴν οἰκοδομήν. 5. Ἐκέλευσεν οὖν πάντας τούτους ἐκ τοῦ πύργου μετενεχθῆναι καὶ τεθῆναι παρὰ τὸν πύργον καὶ ἑτέρους ἐνεχθῆναι λίθους καὶ ἐμβληθῆναι εἰς τὸν τόπον αὐτῶν. 6. Καὶ ἐπηρώτησαν αὐτὸν οἱ οἰκοδομοῦντες, ἐκ τίνος ὄρους θέλει ἐνεχθῆναι λίθους καὶ ἐμβληθῆναι εἰς τὸν τόπον αὐτῶν. Καὶ ἐκ μὲν τῶν ὀρέων οὐκ ἐκέλευσεν ἐνεχθῆναι, ἐκ δέ τινος πεδίου ἐγγὺς ὄντος ἐκέλευσεν ἐνεχθῆναι. 7. Καὶ ὠρύγη τὸ πεδίον καὶ εὑρέθησαν λίθοι

kamen 40 andere Steine herauf; auch sie wurden alle in den Turmbau geschafft. So entstanden im Fundament des Turmes vier Lagen. 4. Dann ruhte der Aufstieg aus der Tiefe, und auch die Bauleute ruhten eine Weile. Weiter befahlen die sechs Männer der Menge des Volkes, von den Bergen Steine zum Bau des Turmes heranzuschaffen. 5. Darauf wurden von allen Bergen Steine herbeigeschafft in verschiedenen Farben; sie waren von den Männern behauen worden und wurden den Jungfrauen übergeben. Die Jungfrauen trugen sie durch das Tor und gaben sie weiter zum Bau des Turmes. Und wenn die vielfarbigen Steine in den Bau gesetzt waren, wurden sie ohne Unterschied weiss und verloren ihre frühere Farbe. 6. Einige Steine jedoch wurden von den Männern zum Bau abgeliefert und wurden nicht weiss, sondern wie sie eingesetzt worden waren, so blieben sie auch. Denn sie waren nicht von den Jungfrauen gebracht und auch nicht durch das Tor getragen worden. Diese Steine passten also nicht in den Turmbau. 7. Die sechs Männer sahen diese nicht passenden Steine in dem Bau und befahlen, sie wegzunehmen und hinunterzuschaffen an ihren Ort, von dem man sie geholt hatte. 8. Und sie sagten den Männern, die die Steine herbeiholten: Ihr sollt überhaupt keine Steine zum Bau anreichen. Legt sie vielmehr neben den Turm, damit die Jungfrauen sie durch das Tor tragen und am Bau abliefern. Wenn sie nämlich, sprachen sie, nicht von den Händen dieser Jungfrauen durch das Tor getragen werden, können sie ihre Farben nicht ändern. Macht euch also, sprachen sie, keine vergebliche Mühe!

5, 7. Der Hirt fragte die Jungfrauen, ob der Herr des Turmes schon gekommen sei. Sie antworteten, er werde gleich kommen, um den Bau zu prüfen.

6, 3. Jener Mann [3] prüfte den Bau sorgfältig, so dass er jeden Stein einzeln betastete. Mit einem Stabe, den er in der Hand hielt, schlug er an jeden der zu dem Bau verwandten Steine. 4. Und sooft er traf, wurden einige von ihnen schwarz wie Russ, andere verwittert, andere bekamen Risse, manche zeigten sich beschädigt, einige waren weder weiss noch schwarz, andere rauh und nicht mehr an die anderen Steine angepasst, wieder andere bekamen viele Flecken. So mannigfaltig war das Aussehen jener Steine, die sich als zum Bau ungeeignet erwiesen. 5. Er liess diese nun alle aus dem Turm entfernen und neben den Turm legen und liess andere Steine bringen und an ihre Stelle einsetzen. 6. Da fragten ihn die Bauleute, von welchem Berge er die Steine gebracht haben wollte, um sie an ihrer Stelle einzusetzen. Er befahl, sie nicht aus den Bergen zu holen, sondern befahl, sie von einem nahegelegenen ebenen Platze zu holen. 7. Man grub in der Ebene und fand glänzende Quader, aber auch einige

---

[3] Christus, der Herr der Kirche.

85 λαμπροί τετράγωνοι, τινὲς δὲ καὶ στρογγύλοι. Ὅσοι δέ ποτε ἦσαν λίθοι ἐν τῷ πεδίῳ ἐκείνῳ, πάντες ἠνέχθησαν καὶ διὰ τῆς πύλης ἐβαστάζοντο ὑπὸ τῶν παρθένων. 8. Καὶ ἐλατομήθησαν οἱ τετράγωνοι λίθοι καὶ ἐτέθησαν εἰς τὸν τόπον τῶν ἡρμένων· οἱ δὲ στρογγύλοι οὐκ ἐτέθησαν εἰς τὴν οἰκοδομήν, ὅτι σκληροὶ ἦσαν εἰς τὸ λατομηθῆναι αὐτοὺς καὶ βραδέως ἐγέ-
90 νετο. Ἐτέθησαν δὲ παρὰ τὸν πύργον, ὡς μελλόντων αὐτῶν λατομεῖσθαι καὶ τίθεσθαι εἰς τὴν οἰκοδομήν· λίαν γὰρ λαμπροὶ ἦσαν.

7, 1. Ταῦτα οὖν συντελέσας ὁ ἀνὴρ ὁ ἔνδοξος καὶ κύριος ὅλου τοῦ πύργου προσεκαλέσατο τὸν ποιμένα καὶ παρέδωκεν αὐτῷ τοὺς λίθους πάντας τοὺς παρὰ τὸν πύργον κειμένους, τοὺς ἀποβεβλημένους ἐκ τῆς οἰκο-
95 δομῆς, καὶ λέγει αὐτῷ· 2. Ἐπιμελῶς καθάρισον τοὺς λίθους τούτους καὶ θὲς αὐτοὺς εἰς τὴν οἰκοδομὴν τοῦ πύργου, τοὺς δυναμένους ἁρμόσαι τοῖς λοιποῖς· τοὺς δὲ μὴ ἁρμόζοντας ῥῖψον μακρὰν ἀπὸ τοῦ πύργου. 3. Ταῦτα κελεύσας τῷ ποιμένι ἀπῆλθεν ἀπὸ τοῦ πύργου μετὰ πάντων ὧν ἐληλύθει. Αἱ δὲ παρθένοι κύκλῳ τοῦ πύργου εἰστήκεισαν τηροῦσαι αὐτόν. 4. Λέγω
100 τῷ ποιμένι· Πῶς οὗτοι οἱ λίθοι δύνανται εἰς τὴν οἰκοδομὴν τοῦ πύργου ἀπελθεῖν ἀποδεδοκιμασμένοι; Ἀποκριθείς μοι λέγει· Βλέπεις, φησί, τοὺς λίθους τούτους; Βλέπω, φημί, κύριε. Ἐγώ, φησί, τὸ πλεῖστον μέρος τῶν λίθων τούτων λατομήσω καὶ βαλῶ εἰς τὴν οἰκοδομὴν καὶ ἁρμόσουσι μετὰ τῶν λοιπῶν λίθων. 5. Πῶς, φημί, κύριε, δύνανται περικοπέντες τὸν αὐτὸν
105 τόπον πληρῶσαι; Ἀποκριθεὶς λέγει μοι· Ὅσοι μικροὶ εὑρεθήσονται, εἰς μέσην τὴν οἰκοδομὴν βληθήσονται, ὅσοι δὲ μείζονες, ἐξώτεροι τεθήσονται καὶ συγκρατήσουσιν αὐτούς. 6. Ταῦτά μοι λαλήσας λέγει μοι· Ἄγωμεν καὶ μετὰ ἡμέρας δύο ἔλθωμεν καὶ καθαρίσωμεν τοὺς λίθους τούτους καὶ βάλωμεν αὐτοὺς εἰς τὴν οἰκοδομήν· τὰ γὰρ κύκλῳ τοῦ πύργου πάντα
110 καθαρισθῆναι δεῖ, μήποτε ὁ δεσπότης ἐξάπινα ἔλθῃ καὶ τὰ περὶ τὸν πύργον ῥυπαρὰ εὕρῃ καὶ προσοχθίσῃ καὶ οὗτοι οἱ λίθοι οὐκ ἀπελεύσονται εἰς τὴν οἰκοδομὴν τοῦ πύργου κἀγὼ ἀμελὴς δόξω εἶναι παρὰ τῷ δεσπότῃ. 7. Καὶ μετὰ ἡμέρας δύο ἤλθομεν πρὸς τὸν πύργον καὶ λέγει μοι· Κατανοήσωμεν τοὺς λίθους πάντας καὶ ἴδωμεν τοὺς δυναμένους εἰς τὴν οἰκοδομὴν ἀπελθεῖν.
115 Λέγω αὐτῷ· Κύριε, κατανοήσωμεν.

8, 1. Καὶ ἀρξάμενοι πρῶτον τοὺς μέλανας κατενοοῦμεν λίθους· Καὶ οἷοι ἐκ τῆς οἰκοδομῆς ἐτέθησαν, τοιοῦτοι καὶ εὑρέθησαν. Καὶ ἐκέλευσεν αὐτοὺς

runde Steine. Alle Steine, die es in jener Ebene überhaupt gab, wurden gebracht und von den Jungfrauen durch das Tor getragen. 8. Und die Quader wurden behauen und an Stelle der entfernten eingefügt. Dagegen wurden die runden nicht in den Bau eingesetzt, weil sie zu schwer zu bearbeiten waren und es nur langsam hätte geschehen können. Sie wurden neben den Turm gelegt, um demnächst behauen und in den Bau eingefügt zu werden; denn sie waren sehr glänzend.

7, 1. Als nun der herrliche Mann und Herr des ganzen Turmes dies vollbracht hatte, rief er den Hirten zu sich und übergab ihm alle Steine, die neben dem Turm lagen und aus dem Bau entfernt worden waren, und sprach zu ihm: 2. Reinige diese Steine sorgfältig und setze die in den Turmbau, die sich den übrigen einfügen lassen; aber die sich nicht einfügen, wirf weit weg vom Turm. 3. Nach diesem Befehl an den Hirten entfernte er sich von dem Turm mit all seinen Begleitern. Die Jungfrauen aber blieben rings um den Turm stehen und bewachten ihn. 4. Da fragte ich den Hirten: Wie können diese Steine in den Bau des Turmes kommen, nachdem sie doch verworfen sind? Er antwortete mir: Siehst du, sprach er, diese Steine? Ja, Herr, erwiderte ich. Ich werde, sagte er, den grössten Teil von diesen Steinen behauen und in den Bau schaffen, dann werden sie zu den übrigen Steinen passen. 5. Wie können sie denn, Herr, sagte ich, wenn sie behauen sind, denselben Platz ausfüllen? Er antwortete mir: Die sich als zu klein erweisen, werden alle mitten in den Bau geschafft werden, alle grösseren dagegen werden nach aussen hin gesetzt werden und die andern mit festhalten [4]. 6. Nach diesen Worten sprach er zu mir: Wir wollen gehen und nach zwei Tagen wiederkommen; dann wollen wir diese Steine reinigen und sie in den Bau setzen. Denn der ganze Platz um den Turm herum muss gereinigt werden, damit nicht der Herr plötzlich kommt, den Platz um den Turm schmutzig findet und darüber ergrimmt; denn dann werden diese Steine nicht in den Bau des Turmes gelangen, und ich werde vor dem Herrn als nachlässig erscheinen. 7. Und nach zwei Tagen [5] kamen wir wieder zum Turm. Da sprach er zu mir: Lass uns alle Steine prüfen und die herausfinden, die in den Bau kommen können. Ich antwortete ihm: Ja, Herr, wir wollen sie ansehen.

8, 1. Da fingen wir an und prüften zuerst die schwarzen Steine. Wie man sie aus dem Bau herausgenommen hatte, so beschaffen waren sie

---

[4] Es ist unklar, ob die grossen Steine die Aussen- und Innenseite der Turmwand bilden und die kleinen den Zwischenraum füllen oder ob diese sich im Innenraum des Turmes befinden. In jedem Falle werden verschiedene Grade der Vollendung und Seligkeit der Büsser dargestellt. Vgl. Dibelius und Joly z. St.
[5] Nach Poschmann (Paen. sec. 179) weisen die zwei Tage auf die Busszeit hin.

ὁ ποιμὴν ἐκ τοῦ πύργου μετενεχθῆναι καὶ χωρισθῆναι. 2. Εἶτα κατενόησε τοὺς ἐψωριακότας καὶ λαβὼν ἐλατόμησε πολλοὺς ἐξ αὐτῶν, καὶ ἐκέλευσε
120 τὰς παρθένους ἆραι αὐτοὺς καὶ βαλεῖν εἰς τὴν οἰκοδομήν. Καὶ ἦραν αὐτοὺς αἱ παρθένοι καὶ ἔθηκαν εἰς τὴν οἰκοδομὴν τοῦ πύργου μέσου. Τοὺς δὲ λοιποὺς ἐκέλευσε μετὰ τῶν μελάνων τεθῆναι· καὶ γὰρ καὶ οὗτοι μέλανες εὑρέθησαν. 3. Εἶτα κατενόει τοὺς τὰς σχισμὰς ἔχοντας· καὶ ἐκ τούτων πολλοὺς ἐλατόμησε καὶ ἐκέλευσε διὰ τῶν παρθένων εἰς τὴν οἰκοδομὴν
125 ἀπενεχθῆναι· ἐξώτεροι δὲ ἐτέθησαν, ὅτι ὑγιέστεροι εὑρέθησαν. Οἱ δὲ λοιποὶ διὰ τὸ πλῆθος τῶν σχισμάτων οὐκ ἠδυνήθησαν λατομηθῆναι· διὰ ταύτην οὖν τὴν αἰτίαν ἀπεβλήθησαν ἀπὸ τῆς οἰκοδομῆς τοῦ πύργου. 4. Εἶτα κατενόει τοὺς κολοβούς, καὶ εὑρέθησαν πολλοὶ ἐν αὐτοῖς μέλανες, τινὲς δὲ σχισμὰς μεγάλας πεποιηκότες· καὶ ἐκέλευσε καὶ τούτους τεθῆναι
130 μετὰ τῶν ἀποβεβλημένων. Τοὺς δὲ περισσεύοντας αὐτῶν καθαρίσας καὶ λατομήσας ἐκέλευσεν εἰς τὴν οἰκοδομὴν τεθῆναι. Αἱ δὲ παρθένοι αὐτοὺς ἄρασαι εἰς μέσην τὴν οἰκοδομὴν τοῦ πύργου ἥρμοσαν· ἀσθενέστεροι γὰρ ἦσαν. 5. Εἶτα κατενόει τοὺς ἡμίσεις λευκούς, ἡμίσεις δὲ μέλανας· καὶ πολλοὶ ἐξ αὐτῶν εὑρέθησαν μέλανες. Ἐκέλευσε δὲ καὶ τούτους ἀρθῆναι
135 μετὰ τῶν ἀποβεβλημένων. Οἱ δὲ λοιποὶ πάντες ἤρθησαν ὑπὸ τῶν παρθένων· λευκοὶ γὰρ ὄντες ἡρμόσθησαν ὑπ' αὐτῶν τῶν παρθένων εἰς τὴν οἰκοδομήν· ἐξώτεροι δὲ ἐτέθησαν, ὅτι ὑγιεῖς εὑρέθησαν, ὥστε δύνασθαι αὐτοὺς κρατεῖν τοὺς εἰς τὸ μέσον τεθέντας· ὅλως γὰρ ἐξ αὐτῶν οὐδὲν ἐκολοβώθη. 6. Εἶτα κατενόει τοὺς τραχεῖς καὶ σκληρούς, καὶ ὀλίγοι ἐξ
140 αὐτῶν ἀπεβλήθησαν διὰ τὸ μὴ δύνασθαι λατομηθῆναι· σκληροὶ γὰρ λίαν εὑρέθησαν. Οἱ δὲ λοιποὶ αὐτῶν ἐλατομήθησαν καὶ ἤρθησαν ὑπὸ τῶν παρθένων καὶ εἰς μέσην τὴν οἰκοδομὴν τοῦ πύργου ἡρμόσθησαν· ἀσθενέστεροι γὰρ ἦσαν. 7. Εἶτα κατενόει τοὺς ἔχοντας τοὺς σπίλους, καὶ ἐκ τούτων ἐλάχιστοι ἐμελάνησαν καὶ ἀπεβλήθησαν πρὸς τοὺς λοιπούς. Οἱ δὲ
145 περισσεύοντες λαμπροὶ καὶ ὑγιεῖς εὑρέθησαν· καὶ οὗτοι ἡρμόσθησαν ὑπὸ τῶν παρθένων εἰς τὴν οἰκοδομήν· ἐξώτεροι δὲ ἐτέθησαν διὰ τὴν ἰσχυρότητα αὐτῶν.

9, 1. Εἶτα ἦλθε κατανοῆσαι τοὺς λευκοὺς καὶ στρογγύλους λίθους. ...
3. ... Ἐξελέξατο ἐξ αὐτῶν τοὺς μείζονας καὶ λαμπροὺς καὶ ἐλατόμησεν
150 αὐτούς· αἱ δὲ παρθένοι ἄρασαι ἥρμοσαν εἰς τὰ ἐξώτερα μέρη τῆς οἰκοδομῆς. 4. Οἱ δὲ λοιποὶ οἱ περισσεύσαντες ἤρθησαν καὶ ἀπετέθησαν εἰς τὸ πεδίον, ὅθεν ἠνέχθησαν· οὐκ ἀπεβλήθησαν δέ, "Ὅτι, φησί, λείπει τῷ πύργῳ ἔτι μικρὸν οἰκοδομηθῆναι. Πάντως δὲ θέλει ὁ δεσπότης τοῦ πύργου τούτους ἁρμοσθῆναι τοὺς λίθους εἰς τὴν οἰκοδομήν, ὅτι λαμπροί εἰσι λίαν.
155 5. Ἐκλήθησαν δὲ γυναῖκες δώδεκα, εὐειδέσταται τῷ χαρακτῆρι, μέλανα

70, 121 μέσου: μέσην *uar*.
149 λαμπρούς: λαμπροτάτους *Joly*

auch jetzt noch. Da liess sie der Hirt vom Turm wegtragen und beiseite schaffen. 2. Danach besichtigte er die verwitterten; viele von ihnen nahm er und bearbeitete sie, und er befahl den Jungfrauen, sie aufzuheben und in den Bau zu bringen. Die Jungfrauen hoben sie auf und setzten sie in den Bau des Turmes in seiner Mitte ein. Die übrigen liess er zu den schwarzen legen; denn auch sie fand man schwarz. 3. Dann prüfte er die rissigen. Auch von ihnen bearbeitete er viele und liess sie durch die Jungfrauen zum Bau tragen; sie wurden an die Aussenseiten gesetzt, weil sie sich als besser erwiesen. Die andern aber konnten wegen der Menge der Risse nicht behauen werden; aus diesem Grunde wurden sie vom Bau des Turmes entfernt. 4. Hierauf besichtigte er die beschädigten, und viele unter ihnen wurden schwarz gefunden, andere hatten grosse Risse bekommen. Er liess auch diese zu den ausgeschiedenen bringen. Die übrigen unter ihnen reinigte und bearbeitete er und liess sie in den Bau setzen. Die Jungfrauen hoben sie auf und fügten sie in der Mitte des Turmbaues ein; denn sie waren weniger fest. 5. Dann prüfte er die, die halb weiss und halb schwarz gewesen waren, und viele von ihnen stellten sich als schwarz heraus. Auch diese liess er zu den weggeworfenen schaffen. Alle übrigen wurden von den Jungfrauen weggetragen; denn da sie weiss waren, wurden sie von den Jungfrauen selber in den Bau eingepasst. Und zwar wurden sie aussen eingesetzt, weil sie tadellos waren, so dass sie die in die Mitte gelegten Steine halten konnten. Denn an ihnen war überhaupt nichts beschädigt. 6. Dann besichtigte er die rauhen und harten Steine, und nur wenige von ihnen wurden weggeworfen, weil sie sich nicht behauen liessen; denn sie erwiesen sich als ausserordentlich hart. Die übrigen unter ihnen wurden behauen, von den Jungfrauen aufgehoben und mitten in den Bau des Turmes gefügt; denn sie waren weniger fest. 7. Dann betrachtete er die fleckigen. Von ihnen waren nur ganz wenige schwarz geworden; sie wurden weggeworfen zu den übrigen. Die Mehrzahl aber erwies sich als leuchtend hell und tadellos; sie wurden gleichfalls von den Jungfrauen in den Bau eingefügt, und zwar kamen sie nach aussen hin wegen ihrer Stärke.

9, 1. Danach kam er, um die weissen und runden Steine zu prüfen. ... 3. ... Aus ihnen wählte er die grössten und glänzendsten aus und bearbeitete sie. Die Jungfrauen trugen sie weg und setzten sie in die Aussenseiten des Baues. 4. Die übrigen wurden aufgehoben und in die Ebene weggeschafft, aus der man sie geholt hatte. Aber verworfen wurden sie nicht. Denn, sagte er, der Turm muss noch kurze Zeit weiter gebaut werden; und der Herr des Turmes will unbedingt, dass diese Steine in den Bau eingepasst werden, weil sie sehr leuchtend sind. 5. Da wurden zwölf Frauen herbeigerufen, von sehr schöner Gestalt, schwarz gekleidet, ge-

ἐνδεδυμέναι, περιεζωσμέναι καὶ ἔξω τοὺς ὤμους ἔχουσαι, καὶ τὰς τρίχας λελυμέναι. Ἐδοκοῦσαν δέ μοι αἱ γυναῖκες αὗται ἄγριαι εἶναι. Ἐκέλευσε δὲ αὐτὰς ὁ ποιμὴν ἆραι τοὺς λίθους τοὺς ἀποβεβλημένους ἐκ τῆς οἰκοδομῆς καὶ ἀπενεγκεῖν αὐτοὺς εἰς τὰ ὄρη, ὅθεν καὶ ἠνέχθησαν. ... 7. Ἰδὼν
160 δὲ ὁ ποιμὴν τὸν πύργον εὐπρεπῆ ὄντα τῇ οἰκοδομῇ, λίαν ἱλαρὸς ἦν·
... οὕτω γὰρ ἦν ᾠκοδομημένος, ὡσὰν ἐξ ἑνὸς λίθου, μὴ ἔχων μίαν ἁρμογὴν ἐν ἑαυτῷ. Ἐφαίνετο δὲ ὁ λίθος ὡς ἐκ τῆς πέτρας ἐκκεκολαμμένος· μονόλιθος γάρ μοι ἐδόκει εἶναι.

10, 3. Αἱ δὲ παρθένοι λαβοῦσαι σάρους ἐσάρωσαν καὶ πάντα τὰ κόπρια
165 ἦραν ἐκ τοῦ πύργου καὶ ἔρραναν ὕδωρ, καὶ ἐγένετο ὁ τόπος ἱλαρὸς καὶ εὐπρεπέστατος τοῦ πύργου. 4. Λέγει μοι ὁ ποιμήν· Πάντα, φησί, κεκάθαρται· ἐὰν ἔλθῃ ὁ κύριος ἐπισκέψασθαι τὸν πύργον, οὐκ ἔχει ἡμᾶς οὐδὲν μέμψασθαι. ...

12, 1. Πρῶτον, φημί, πάντων, κύριε, τοῦτό μοι δήλωσον· Ἡ πέτρα καὶ
170 ἡ πύλη τίς ἐστιν; Ἡ πέτρα, φησίν, αὕτη καὶ ἡ πύλη ὁ υἱὸς τοῦ θεοῦ ἐστι. ... 4. Εἶδες, φησίν, τοὺς λίθους τοὺς διὰ τῆς πύλης εἰσεληλυθότας εἰς τὴν οἰκοδομὴν τοῦ πύργου βεβλημένους, τοὺς δὲ μὴ εἰσεληλυθότας πάλιν ἀποβεβλημένους εἰς τὸν ἴδιον τόπον; Εἶδον, φημί, κύριε. Οὕτω, φησίν, εἰς τὴν βασιλείαν τοῦ θεοῦ οὐδεὶς εἰσελεύσεται, εἰ μὴ λάβοι τὸ
175 ὄνομα τοῦ υἱοῦ αὐτοῦ. ... 7. Εἶδες, φησί, τοὺς ἓξ ἄνδρας καὶ τὸν μέσον αὐτῶν ἔνδοξον καὶ μέγαν ἄνδρα τὸν περιπατοῦντα περὶ τὸν πύργον καὶ τοὺς λίθους ἀποδοκιμάσαντα ἐκ τῆς οἰκοδομῆς; Εἶδον, φημί, κύριε. 8. Ὁ ἔνδοξος, φησίν, ἀνὴρ ὁ υἱὸς τοῦ θεοῦ ἐστι, κἀκεῖνοι οἱ ἓξ οἱ ἔνδοξοι ἄγγελοί εἰσι δεξιὰ καὶ εὐώνυμα συγκρατοῦντες αὐτόν. ...
180 13, 1. Ὁ δὲ πύργος, φημί, τίς ἐστιν; Ὁ πύργος, φησίν, οὗτος ἡ ἐκκλησία ἐστίν. 2. Αἱ δὲ παρθένοι αὗται τίνες εἰσίν; Αὗται, φησίν, ἅγια πνεύματά εἰσι· καὶ ἄλλως ἄνθρωπος οὐ δύναται εὑρεθῆναι εἰς τὴν βασιλείαν τοῦ θεοῦ, ἐὰν μὴ αὗται αὐτὸν ἐνδύσωσι τὸ ἔνδυμα αὐτῶν· ἐὰν γὰρ τὸ ὄνομα μόνον λάβῃς, τὸ δὲ ἔνδυμα παρὰ τούτων μὴ λάβῃς, οὐδὲν
185 ὠφελήσῃ· αὗται γὰρ αἱ παρθένοι δυνάμεις εἰσὶ τοῦ υἱοῦ τοῦ θεοῦ. Ἐὰν τὸ ὄνομα φορῇς, τὴν δὲ δύναμιν μὴ φορῇς αὐτοῦ, εἰς μάτην ἔσῃ τὸ ὄνομα αὐτοῦ φορῶν. 3. Τοὺς δὲ λίθους, φησίν, οὓς εἶδες ἀποβεβλημένους, οὗτοι τὸ μὲν ὄνομα ἐφόρεσαν, τὸν δὲ ἱματισμὸν τῶν παρθένων οὐκ ἐνεδύσαντο. Ποῖος, φημί, ἱματισμὸς αὐτῶν ἐστι, κύριε; Αὐτὰ τὰ ὀνόματα, φησίν,
190 ἱματισμός ἐστιν αὐτῶν. Ὃς ἂν τὸ ὄνομα τοῦ υἱοῦ τοῦ θεοῦ φορῇ, καὶ τούτων ὀφείλει τὰ ὀνόματα φορεῖν· καὶ γὰρ αὐτὸς ὁ υἱὸς τὰ ὀνόματα τῶν παρθένων τούτων φορεῖ. 4. Ὅσους, φησί, λίθους εἶδες εἰς τὴν οἰκοδομὴν τοῦ πύργου εἰσεληλυθότας, ἐπιδεδομένους διὰ τῶν χειρῶν αὐτῶν καὶ μείναντας εἰς τὴν οἰκοδομήν, τούτων τῶν παρθένων τὴν
195 δύναμιν ἐνδεδυμένοι εἰσί. 5. Διὰ τοῦτο βλέπεις τὸν πύργον μονόλιθον

gürtet, mit freien Schultern und flatternden Haaren. Mir schienen diese Frauen wild zu sein. Ihnen befahl der Hirte, die verworfenen Steine aus dem Bau aufzuheben und wieder in die Berge zu tragen, von denen sie geholt waren. ... 7. Als der Hirt sah, dass der Turm vorzüglich gebaut war, da war er sehr fröhlich. Denn er war gebaut wie aus einem Stein, ohne jede Fuge. Und der Stein schien aus dem Felsen herausgehauen zu sein; wie ein einziger Stein kam er mir vor.

10, 3. Die Jungfrauen nahmen Besen und kehrten, sie schafften alles Schmutzige vom Turm hinweg und sprengten Wasser. So wurde der Platz beim Turm heiter und sehr schön. 4. Da sprach der Hirt zu mir: Alles ist rein, sagte er. Wenn der Herr kommt, um den Turm zu betrachten, hat er nichts an uns auszusetzen.

12, 1. Herr, sagte ich, zuallererst erkläre mir dies: Was bedeutet der Felsen und das Tor? Dieser Felsen, antwortete er, und das Tor ist der Sohn Gottes. ... 4. Hast du gesehen, fuhr er fort, dass die Steine, die durch das Tor hineingelangt waren, zum Bau des Turmes benutzt wurden, während die nicht (sc. durch das Tor [6]) hineingekommenen wieder an ihren früheren Platz entfernt wurden? Ja, Herr, sagte ich. So wird keiner in das Reich Gottes gelangen, sagte er, der nicht den Namen seines Sohnes empfängt. ... 7. Er fuhr fort: Hast du die sechs Männer gesehen und in ihrer Mitte den herrlichen grossen Mann, der um den Turm herumging und die Steine aus dem Bau aussonderte? Ja, Herr, erwiderte ich. 8. Der herrliche Mann ist der Sohn Gottes, sagte er, und jene sechs sind die herrlichen Engel, die ihn zur Rechten und Linken umgeben. ...

13, 1. Was bedeutet denn der Turm, fragte ich. Der Turm, sagte er, das ist die Kirche. 2. Und wer sind diese Jungfrauen? Er antwortete: Das sind heilige Geister. Und kein Mensch kann ins Reich Gottes kommen, wenn ihn nicht diese mit ihrem Gewand bekleiden. Denn wenn du nur den Namen, aber nicht das Gewand von ihnen empfängst, wird es dir nichts nützen. Diese Jungfrauen sind nämlich Kräfte des Sohnes Gottes. Wenn du den Namen trägst, ohne seine Kraft zu tragen, wirst du seinen Namen vergebens tragen. 3. Die Steine, sagte er, die du beiseite geworfen siehst, die haben zwar den Namen getragen, aber nicht das Gewand der Jungfrauen angelegt. Herr, was ist denn ihr Gewand? fragte ich. Ihre Namen selber sind ihr Gewand. Wer den Namen des Sohnes Gottes trägt, muss auch ihre Namen tragen. Denn auch der Sohn Gottes selber trägt die Namen dieser Jungfrauen. 4. Alle Steine, sprach er, die, wie du sahst, in den Bau des Turmes aufgenommen wurden, die von ihren Händen übergeben wurden und in dem Bau blieben, sind mit der Kraft dieser Jungfrauen bekleidet. 5. Deshalb siehst du, dass der Turm mit dem

---

[6] S. Kap. 4, 6 und 13, 3.

81

γεγονότα ⟨μετὰ⟩ τῆς πέτρας· οὕτω καὶ οἱ πιστεύσαντες τῷ κυρίῳ διὰ
τοῦ υἱοῦ αὐτοῦ καὶ ἐνδιδυσκόμενοι τὰ πνεύματα ταῦτα ἔσονται εἰς ἓν
π ν ε ῦ μ α, ἓ ν σ ῶ μ α, καὶ μία χρόα τῶν ἱματίων αὐτῶν. Τῶν τοιούτων
δὲ τῶν φορούντων τὰ ὀνόματα τῶν παρθένων ἐστὶν ἡ κατοικία εἰς τὸν
200 πύργον. 6. Οἱ οὖν, φημί, κύριε, ἀποβεβλημένοι λίθοι διατί ἀπεβλήθησαν;
Διῆλθον γὰρ διὰ τῆς πύλης καὶ διὰ τῶν χειρῶν τῶν παρθένων ἐτέθησαν
εἰς τὴν οἰκοδομὴν τοῦ πύργου. ... 7. Οὗτοι, φησί, πάντες τὸ ὄνομα τοῦ
υἱοῦ τοῦ θεοῦ ἔλαβον, ἔλαβον δὲ καὶ τὴν δύναμιν τῶν παρθένων τούτων.
Λαβόντες οὖν τὰ πνεύματα ταῦτα ἐνεδυναμώθησαν καὶ ἦσαν μετὰ τῶν
205 δούλων τοῦ θεοῦ, καὶ ἦν αὐτῶν ἓ ν π ν ε ῦ μ α κ α ὶ ἓ ν σ ῶ μ α καὶ
ἓν ἔνδυμα· τὰ γὰρ αὐτὰ ἐφρόνουν καὶ δικαιοσύνην εἰργάζοντο. 8. Μετὰ
οὖν χρόνον τινὰ ἀνεπείσθησαν ὑπὸ τῶν γυναικῶν ὧν εἶδες μέλανα ἱμάτια
ἐνδεδυμένων, τοὺς ὤμους ἔξω ἐχουσῶν καὶ τὰς τρίχας λελυμένας καὶ
εὐμόρφων. Ταύτας ἰδόντες ἐπεθύμησαν αὐτῶν καὶ ἐνεδύσαντο τὴν δύναμιν
210 αὐτῶν, τῶν δὲ παρθένων ἀπεδύσαντο τὸ ἔνδυμα καὶ τὴν δύναμιν. 9. Οὗτοι
οὖν ἀπεβλήθησαν ἀπὸ τοῦ οἴκου τοῦ θεοῦ καὶ ἐκείναις παρεδόθησαν·
οἱ δὲ μὴ ἀπατηθέντες τῷ κάλλει τῶν γυναικῶν τούτων ἔμειναν ἐν τῷ
οἴκῳ τοῦ θεοῦ. Ἔχεις, φησί, τὴν ἐπίλυσιν τῶν ἀποβεβλημένων.

14, 1. Τί οὖν, φημί, κύριε, ἐὰν οὗτοι οἱ ἄνθρωποι τοιοῦτοι ὄντες μετα-
215 νοήσωσι καὶ ἀποβάλωσι τὰς ἐπιθυμίας τῶν γυναικῶν τούτων καὶ ἐπα-
νακάμψωσιν ἐπὶ τὰς παρθένους καὶ ἐν τῇ δυνάμει αὐτῶν καὶ ἐν τοῖς
ἔργοις αὐτῶν πορευθῶσιν, οὐκ εἰσελεύσονται εἰς τὸν οἶκον τοῦ θεοῦ;
2. Εἰσελεύσονται, φησίν, ἐὰν τούτων τῶν γυναικῶν ἀποβάλωσι τὰ ἔργα,
τῶν δὲ παρθένων ἀναλάβωσι τὴν δύναμιν καὶ ἐν τοῖς ἔργοις αὐτῶν
220 πορευθῶσι. Διὰ τοῦτο γὰρ καὶ τῆς οἰκοδομῆς ἀνοχὴ ἐγένετο, ἵνα, ἐὰν
μετανοήσωσιν οὗτοι, ἀπέλθωσιν εἰς τὴν οἰκοδομὴν τοῦ πύργου. Ἐὰν δὲ
μὴ μετανοήσωσι, τότε ἄλλοι εἰσελεύσονται, καὶ οὗτοι εἰς τέλος ἐκβληθή-
σονται. 3. Ἐπὶ τούτοις πᾶσιν ηὐχαρίστησα τῷ κυρίῳ, ὅτι ἐσπλαγχνίσθη
ἐπὶ πᾶσι τοῖς ἐπικαλουμένοις τῷ ὀνόματι αὐτοῦ καὶ ἐξαπέστειλε τὸν
225 ἄγγελον τῆς μετανοίας εἰς ἡμᾶς τοὺς ἁμαρτήσαντας εἰς αὐτὸν καὶ ἀνε-
καίνισεν ἡμῶν τὸ πνεῦμα καὶ ἤδη κατεφθαρμένων ἡμῶν καὶ μὴ ἐχόντων
ἐλπίδα τοῦ ζῆν ἀνενέωσε τὴν ζωὴν ἡμῶν. ...

15, 1. Δήλωσόν μοι, φημί, κύριε, τῶν παρθένων τὰ ὀνόματα καὶ τῶν
γυναικῶν τῶν τὰ μέλανα ἱμάτια ἐνδεδυμένων. Ἄκουε, φησί, τῶν παρθέ-
230 νων τὰ ὀνόματα τῶν ἰσχυροτέρων τῶν εἰς τὰς γωνίας σταθεισῶν. 2. Ἡ
μὲν πρώτη Πίστις, ἡ δὲ δευτέρα Ἐγκράτεια, ἡ δὲ τρίτη Δύναμις, ἡ δὲ

70, 197 s. et 205 cf. Eph. 4, 4

Felsen zu einem einzigen Stein geworden ist. So werden auch die, die an den Herrn durch seinen Sohn gläubig geworden sind und mit diesen Geistern bekleidet sind, zu *einem Geist* und *einem Leibe* werden, und die Farbe ihrer Gewänder wird eine sein. Und alle solche, die die Namen der Jungfrauen tragen, erhalten ihren Wohnplatz im Turm. 6. Herr, fragte ich, weshalb sind denn die verworfenen Steine verworfen worden?[7] Sie gingen doch durch das Tor und wurden von den Händen der Jungfrauen in den Bau des Turmes gesetzt? ... 7. Er antwortete: Sie alle haben den Namen des Sohnes Gottes angenommen, angenommen haben sie auch die Kraft dieser Jungfrauen. Nachdem sie nun diese Geister empfangen hatten, wurden sie stark, hielten sich zu den Dienern Gottes und hatten einen *einzigen Geist, einen Leib* und ein Gewand. Denn sie waren eines Sinnes und übten Gerechtigkeit. 8. Doch nach einiger Zeit liessen sie sich von den Frauen, die du gesehen hast, den schönen in schwarzen Gewändern, mit freien Schultern und flatternden Haaren, verführen. Als sie diese sahen, erfasste sie Verlangen nach ihnen, und sie bekleideten sich mit ihrer Kraft, aber das Gewand und die Kraft der Jungfrauen legten sie ab. 9. Da wurden sie aus dem Hause Gottes verwiesen und jenen übergeben. Dagegen blieben die, welche sich von der Schönheit dieser Frauen nicht verführen liessen, im Hause Gottes. Da hast du, schloss er, die Deutung der weggeworfenen Steine.

14, 1. Wie nun, Herr, fragte ich, wenn diese Menschen, wie sie nun einmal sind, Busse tun, die Begierde nach diesen Frauen ablegen und sich wieder den Jungfrauen zuwenden und in ihrer Kraft und ihren Werken wandeln, werden sie dann nicht in das Haus Gottes gelangen? 2. Doch, erwiderte er, sie werden dorthin gelangen, wenn sie die Werke jener Frauen ablegen, die Kraft der Jungfrauen wieder anlegen und in ihren Werken wandeln. Deshalb ist ja auch der Bau unterbrochen worden, damit diese, wenn sie Busse tun, in den Bau des Turmes kommen. Wenn sie aber nicht Busse tun, dann werden andere hineinkommen, aber jene werden endgültig ausgestossen werden. 3. Für all das dankte ich dem Herrn: dass er sich über alle, die mit seinem Namen genannt werden, erbarmt und den Bussengel zu uns, die wir gegen ihn gesündigt haben, gesandt hat und dass er unsern Geist erneuert und, als wir schon vernichtet waren und keine Hoffnung auf Leben mehr hatten, unser Leben erneuert hat.

15, 1. Ich sprach: Herr, offenbare mir die Namen der Jungfrauen und Frauen in den schwarzen Gewändern. Höre, antwortete er, die Namen der stärksten Jungfrauen, die an den Ecken ihren Platz haben. 2. Die erste heisst Glaube, die zweite Enthaltsamkeit, die dritte Kraft, die

---

[7] Vgl. Kap. 6, 3 ss.

τετάρτη Μακροθυμία· αἱ δὲ ἕτεραι ἀνὰ μέσον τούτων σταθεῖσαι ταῦτα ἔχουσι τὰ ὀνόματα· Ἁπλότης, Ἀκακία, Ἁγνεία, Ἱλαρότης, Ἀλήθεια, Σύνεσις, Ὁμόνοια, Ἀγάπη. Ταῦτα τὰ ὀνόματα ὁ φορῶν καὶ τὸ ὄνομα τοῦ υἱοῦ τοῦ θεοῦ δυνήσεται εἰς τὴν βασιλείαν τοῦ θεοῦ εἰσελθεῖν. 3. Ἄκουε, φησί, καὶ τὰ ὀνόματα τῶν γυναικῶν τῶν τὰ ἱμάτια μέλανα ἐχουσῶν. Καὶ ἐκ τούτων τέσσαρές εἰσι δυνατώτεραι· ἡ πρώτη Ἀπιστία, ἡ δευτέρα Ἀκρασία, ἡ δὲ τρίτη Ἀπείθεια, ἡ δὲ τετάρτη Ἀπάτη. Αἱ δὲ ἀκόλουθοι αὐτῶν καλοῦνται Λύπη, Πονηρία, Ἀσέλγεια, Ὀξυχολία, Ψεῦδος, Ἀφροσύνη, Καταλαλιά, Μῖσος. Ταῦτα τὰ ὀνόματα ὁ φορῶν τοῦ θεοῦ δοῦλος τὴν βασιλείαν μὲν ὄψεται τοῦ θεοῦ, εἰς αὐτὴν δὲ οὐκ εἰσελεύσεται. 4. Οἱ λίθοι δέ, φημί, κύριε, οἱ ἐκ τοῦ βυθοῦ ἡρμοσμένοι εἰς τὴν οἰκοδομὴν τίνες εἰσίν; Οἱ μὲν πρῶτοι, φησίν, οἱ ι' οἱ εἰς τὰ θεμέλια τεθειμένοι, πρώτη γενεά· οἱ δὲ κε' δευτέρα γενεὰ ἀνδρῶν δικαίων· οἱ δὲ λε' προφῆται τοῦ θεοῦ καὶ διάκονοι αὐτοῦ· οἱ δὲ μ' ἀπόστολοι καὶ διδάσκαλοι τοῦ κηρύγματος τοῦ υἱοῦ τοῦ θεοῦ. ...

16, 5. Διατί, φημί, κύριε, καὶ οἱ μ' λίθοι μετ' αὐτῶν ἀνέβησαν ἐκ τοῦ βυθοῦ, ἤδη ἐσχηκότες τὴν σφραγῖδα; Ὅτι, φησίν, οὗτοι οἱ ἀπόστολοι καὶ οἱ διδάσκαλοι οἱ κηρύξαντες τὸ ὄνομα τοῦ υἱοῦ τοῦ θεοῦ, κοιμηθέντες ἐν δυνάμει καὶ πίστει τοῦ υἱοῦ τοῦ θεοῦ ἐκήρυξαν καὶ τοῖς προκεκοιμημένοις καὶ αὐτοὶ ἔδωκαν αὐτοῖς τὴν σφραγῖδα τοῦ κηρύγματος. 6. Κατέβησαν οὖν μετ' αὐτῶν εἰς τὸ ὕδωρ καὶ πάλιν ἀνέβησαν· ἀλλ' οὗτοι μὲν ζῶντες κατέβησαν καὶ ζῶντες ἀνέβησαν· ἐκεῖνοι δὲ οἱ προκεκοιμημένοι νεκροὶ κατέβησαν, ζῶντες δὲ ἀνέβησαν. 7. Διὰ τούτων οὖν ἐζωοποιήθησαν καὶ ἐπέγνωσαν τὸ ὄνομα τοῦ υἱοῦ τοῦ θεοῦ· διὰ τοῦτο καὶ συνανέβησαν μετ' αὐτῶν καὶ συνηρμόσθησαν εἰς τὴν οἰκοδομὴν τοῦ πύργου καὶ ἀλατόμητοι συνῳκοδομήθησαν· ἐν δικαιοσύνῃ γὰρ ἐκοιμήθησαν καὶ ἐν μεγάλῃ ἁγνείᾳ· μόνον δὲ τὴν σφραγῖδα ταύτην οὐκ εἶχον. Ἔχεις οὖν καὶ τὴν τούτων ἐπίλυσιν. Ἔχω, φημί, κύριε.

17, 1. Νῦν οὖν, κύριε, περὶ τῶν ὀρέων μοι δήλωσον· διατί ἄλλαι καὶ ἄλλαι εἰσὶν αἱ ἰδέαι καὶ ποικίλαι; Ἄκουε, φησί. Τὰ ὄρη ταῦτα δώδεκά εἰσι φυλαὶ αἱ κατοικοῦσαι ὅλον τὸν κόσμον. Ἐκηρύχθη οὖν εἰς ταύτας ὁ υἱὸς τοῦ θεοῦ διὰ τῶν ἀποστόλων. 2. Διατί δὲ ποικίλα καὶ ἄλλη καὶ ἄλλη ἰδέα ἐστὶ τὰ ὄρη, δήλωσόν μοι, κύριε. Ἄκουε, φησίν. Αἱ δώδεκα φυλαὶ αὗται αἱ κατοικοῦσαι ὅλον τὸν κόσμον δώδεκα ἔθνη εἰσί· ποικίλα

70, 248 ss. cf. 1. Petr. 3, 19; 4, 6

70, 263 s. ποικίλα — ὄρη *locus fort. corruptus*

vierte Geduld. Die andern, die zwischen ihnen stehen, tragen folgende Namen: Einfalt, Unschuld, Keuschheit, Heiterkeit, Wahrhaftigkeit, Einsicht, Eintracht und Liebe. Wer diese Namen trägt und den Namen des Sohnes Gottes, der kann in das Reich Gottes eingehen. 3. Er fuhr fort: Höre auch die Namen der Frauen in den schwarzen Gewändern. Auch unter ihnen sind vier am stärksten. Die erste heisst Unglaube, die zweite Ausschweifung, die dritte Ungehorsam, die vierte Verführung. Ihre Begleiterinnen heissen Traurigkeit, Bosheit, Schwelgerei, Jähzorn, Lüge, Unvernunft, Verleumdung und Hass. Ein Knecht Gottes, der diese Namen trägt, wird das Reich Gottes zwar sehen, aber nicht hineinkommen. 4. Herr, fragte ich, was bedeuten aber die Steine aus dem Abgrund, die in den Bau eingefügt wurden? Die ersten, antwortete er, die zehn als Fundament gelegten, sind das erste Geschlecht, die 25 das zweite Geschlecht gerechter Männer; die 35 sind die Propheten Gottes und seine Diener; und die 40 sind Apostel und Lehrer der Botschaft vom Sohne Gottes.

16, 5. Herr, fragte ich, weshalb sind auch die 40 Steine mit ihnen aus der Tiefe heraufgestiegen, die doch das Siegel [8] schon empfangen hatten? Er erwiderte: Weil diese Apostel und Lehrer, die den Namen des Gottessohnes gepredigt haben, als sie entschlafen waren, in der Kraft und im Glauben an den Sohn Gottes auch den zuvor Entschlafenen gepredigt und ihnen das Siegel der Predigt gegeben haben. 6. Sie sind also mit ihnen in das Wasser hinab- und wieder heraufgestiegen. Nur sind sie lebend hinab- und lebend heraufgestiegen, jene dagegen, die früher Entschlafenen, sind tot hinabgestiegen und lebend heraufgestiegen. 7. Durch diese Apostel und Lehrer also wurden jene zum Leben erweckt und erkannten den Namen des Sohnes Gottes; deshalb stiegen sie auch mit ihnen empor, wurden in den Bau des Turmes eingefügt und wurden mit eingebaut, ohne behauen zu sein. Sie waren ja in Gerechtigkeit und grosser Keuschheit entschlafen; nur dieses Siegel hatten sie nicht. Nun hast du auch die Deutung dieser Dinge. Ja, Herr, sagte ich.

17, 1. Herr, gib mir jetzt noch Auskunft über die Berge [9]. Warum ist ihr Aussehen so verschieden und bunt? Höre, sprach er. Diese Berge sind die zwölf Stämme, die auf der ganzen Welt wohnen. Ihnen wurde nun der Sohn Gottes durch die Apostel verkündet. 2. Aber erkläre mir, Herr, warum die Berge bunt sind und ihr Aussehen ganz verschieden ist. Höre, entgegnete er. Diese zwölf Stämme, die die ganze Welt bewohnen,

---

[8] Nach §§ 3—4 ist die Taufe gemeint. Zur Taufe der Toten vgl. 1. Kor. 15, 29 und Clemens Al., Strom. 6, (6) 45, 5.
[9] Zur wechselnden Deutung der Berge auf die Völker und die Gläubigen s. Dibelius z. St.

δέ εἰσι τῇ φρονήσει καὶ τῷ νοΐ· οἷα οὖν εἶδες τὰ ὄρη ποικίλα, τοιαῦταί εἰσι καὶ τούτων αἱ ποικιλίαι τοῦ νοὸς τῶν ἐθνῶν καὶ ἡ φρόνησις. Δηλώσω δέ σοι καὶ ἑνὸς ἑκάστου τὴν πρᾶξιν. ... 4. ... πάντα τὰ ἔθνη τὰ ὑπὸ τὸν οὐρανὸν κατοικοῦντα, ἀκούσαντα καὶ πιστεύσαντα ἐπὶ τῷ ὀνόματι
270 ἐκλήθησαν τοῦ υἱοῦ τοῦ θεοῦ. Λαβόντες οὖν τὴν σφραγῖδα μίαν φρόνησιν ἔσχον καὶ ἕνα νοῦν, καὶ μία πίστις αὐτῶν ἐγένετο καὶ μία ἀγάπη, καὶ τὰ πνεύματα τῶν παρθένων μετὰ τοῦ ὀνόματος ἐφόρεσαν· διὰ τοῦτο ἡ οἰκοδομὴ τοῦ πύργου μιᾷ χρόᾳ ἐγένετο λαμπρὰ ὡς ὁ ἥλιος. 5. Μετὰ δὲ τὸ εἰσελθεῖν αὐτοὺς ἐπὶ τὸ αὐτὸ καὶ γενέσθαι ἓν σῶμα, τινὲς ἐξ
275 αὐτῶν ἐμίαναν ἑαυτοὺς καὶ ἐξεβλήθησαν ἐκ τοῦ γένους τῶν δικαίων καὶ πάλιν ἐγένοντο, οἷοι πρότεροι ἦσαν, μᾶλλον δὲ καὶ χείρονες.

18, 1. Πῶς, φημί, κύριε, ἐγένοντο χείρονες θεὸν ἐπεγνωκότες; Ὁ μὴ γινώσκων, φησί, θεὸν καὶ πονηρευόμενος ἔχει κόλασίν τινα τῆς πονηρίας αὐτοῦ, ὁ δὲ θεὸν ἐπιγνοὺς οὐκέτι ὀφείλει πονηρεύεσθαι, ἀλλ' ἀγαθοποιεῖν.
280 2. Ἐὰν οὖν ὁ ὀφείλων ἀγαθοποιεῖν πονηρεύηται, οὐ δοκεῖ πλείονα πονηρίαν ποιεῖν παρὰ τὸν μὴ γινώσκοντα τὸν θεόν; Διὰ τοῦτο οἱ μὴ ἐγνωκότες θεὸν καὶ πονηρευόμενοι κεκριμένοι εἰσὶν εἰς θάνατον, οἱ δὲ τὸν θεὸν ἐγνωκότες καὶ τὰ μεγαλεῖα αὐτοῦ ἑωρακότες καὶ πονηρευόμενοι δισσῶς κολασθήσονται καὶ ἀποθανοῦνται εἰς τὸν αἰῶνα. Οὕτως οὖν καθα-
285 ρισθήσεται ἡ ἐκκλησία τοῦ θεοῦ, 3. ὡς εἶδες ἐκ τοῦ πύργου τοὺς λίθους ἠρμένους καὶ παραδεδομένους τοῖς πνεύμασι τοῖς πονηροῖς καὶ ἐκεῖθεν ἐκβληθέντας· καὶ ἔσται ἓν σῶμα τῶν κεκαθαρμένων. Ὥσπερ καὶ ὁ πύργος ἐγένετο ὡς ἐξ ἑνὸς λίθου γεγονὼς μετὰ τὸ καθαρισθῆναι αὐτόν, οὕτως ἔσται καὶ ἡ ἐκκλησία τοῦ θεοῦ μετὰ τὸ καθαρισθῆναι αὐτὴν καὶ
290 ἀποβληθῆναι τοὺς πονηροὺς καὶ ὑποκριτὰς καὶ βλασφήμους καὶ διψύχους καὶ πονηρευομένους ποικίλαις πονηρίαις. ... 5. ... Ἄκουε, φησί, τῶν ὀρέων τὴν ποικιλίαν καὶ τῶν δώδεκα ἐθνῶν.

19, 1. Ἐκ τοῦ πρώτου ὄρους τοῦ μέλανος οἱ πιστεύσαντες τοιοῦτοί εἰσιν· ἀποστάται καὶ βλάσφημοι εἰς τὸν κύριον καὶ προδόται τῶν δούλων τοῦ
295 θεοῦ. Τούτοις δὲ μετάνοια οὐκ ἔστι, θάνατος δὲ ἔστι, καὶ διὰ τοῦτο καὶ μέλανές εἰσι· καὶ γὰρ τὸ γένος αὐτῶν ἄνομόν ἐστιν. 2. Ἐκ δὲ τοῦ δευτέρου ὄρους τοῦ ψιλοῦ οἱ πιστεύσαντες τοιοῦτοί εἰσιν· ὑποκριταὶ καὶ διδάσκαλοι πονηρίας. Καὶ οὗτοι οὖν τοῖς προτέροις ὅμοιοί εἰσι, μὴ ἔχοντες καρπὸν δικαιοσύνης· ὡς γὰρ τὸ ὄρος αὐτῶν ἄκαρπον, οὕτω καὶ οἱ ἄνθρωποι οἱ
300 τοιοῦτοι ὄνομα μὲν ἔχουσιν, ἀπὸ δὲ τῆς πίστεως κενοί εἰσι καὶ οὐδεὶς ἐν αὐτοῖς καρπὸς ἀληθείας. Τούτοις οὖν μετάνοια κεῖται, ἐὰν ταχὺ μετανοή-

sind zwölf Völker. Sie sind verschieden an Gesinnung und Denkweise. Ebenso bunt nun, wie du die Berge gesehen hast, sind auch Geist und Gesinnung dieser Völker. Ich will dir aber auch das Verhalten eines jeden angeben. ... 4. ... Alle Völker unter dem Himmel wurden, als sie gehört und geglaubt hatten, nach dem Namen des Sohnes Gottes benannt. Als sie nun das Siegel empfingen, bekamen sie eine Gesinnung und einen Geist, und es erfüllte sie ein Glaube und eine Liebe, und mit dem Namen erhielten sie auch die Geister der Jungfrauen. Deshalb wurde der Bau des Turmes in einer einzigen Farbe hellglänzend wie die Sonne. 5. Aber nachdem sie an denselben Ort gelangt und ein Leib geworden waren, befleckten sich einige von ihnen; sie wurden aus dem Geschlecht der Gerechten ausgestossen und wurden wieder so, wie sie früher gewesen waren, vielmehr noch schlechter.

18, 1. Herr, fragte ich, wie konnten sie schlechter werden, nachdem sie Gott erkannt hatten? Er erwiderte: Wer Gott nicht kennt und schlecht handelt, der empfängt eine Strafe für seine Schlechtigkeit; wer aber Gott erkannt hat, darf nicht mehr böse handeln, sondern muss gut handeln. 2. Wenn nun der, der gut handeln muss, schlecht handelt, scheint er dann nicht eine grössere Schlechtigkeit zu begehen als der, der Gott nicht kennt? Deshalb sind zwar die, die Gott nicht erkannt haben und Böses tun, zum Tode verurteilt; aber wenn die, welche Gott erkannt und seine Grosstaten gesehen haben, böse handeln, werden sie doppelt gestraft werden und in Ewigkeit sterben. So wird die Kirche Gottes gereinigt werden, 3. wie in deiner Schau die Steine aus dem Turm herausgenommen, den bösen Geistern übergeben und von dort weggeschafft wurden; und sie wird zu einem einzigen Leibe der Gereinigten werden. Wie der Turm nach seiner Reinigung wie ein Bau aus einem einzigen Stein wurde, so wird auch die Kirche Gottes sein, wenn sie gereinigt ist und wenn die Bösen, die Heuchler, die Lästerer, die Zweifler und Übeltäter aller Art ausgeschieden sind. ... 5. Vernimm, sprach er weiter, die Verschiedenheit der Berge und der zwölf Völker.

19, 1. Von dem ersten Berge, dem schwarzen, stammen die Gläubigen folgender Art: Abtrünnige, Lästerer gegen den Herrn und Verräter der Knechte Gottes. Für sie gibt es keine Busse [10], sondern nur den Tod, und deshalb sind sie auch schwarz; denn ihre Art ist gottlos. 2. Vom zweiten Berge, dem kahlen, kommen die Gläubigen dieser Art: Heuchler und Lehrer der Schlechtigkeit. Sie sind den vorigen ähnlich, da sie auch keine Frucht der Gerechtigkeit bringen. Wie nämlich ihr Berg unfruchtbar ist, so haben auch solche Menschen zwar den Namen, aber sie sind ohne Glauben, und an ihnen findet sich keine Frucht der Wahrheit. Für sie ist

---

10 Vgl. Sim. 8, 6, 4 und 8, 8, 2 (Nr. 69); Grotz, Entwicklung 58.

σωσιν· ἐὰν δὲ βραδύνωσι, μετὰ τῶν προτέρων ἔσται ὁ θάνατος αὐτῶν. 3. Διατί, φημί, κύριε, τούτοις μετάνοιά ἐστι, τοῖς δὲ πρώτοις οὐκ ἔστι; Παρά τι γὰρ αἱ αὐταὶ αἱ πράξεις αὐτῶν εἰσι. Διὰ τοῦτο, φησί, τούτοις μετάνοια κεῖται, ὅτι οὐκ ἐβλασφήμησαν τὸν κύριον αὐτῶν οὐδὲ ἐγένοντο προδόται τῶν δούλων τοῦ θεοῦ· διὰ δὲ τὴν ἐπιθυμίαν τοῦ λήμματος ὑπεκρίθησαν καὶ ἐδίδαξεν ἕκαστος κατὰ τὰς ἐπιθυμίας τῶν ἀνθρώπων τῶν ἁμαρτανόντων. Ἀλλὰ τίσουσι δίκην τινά· κεῖται δὲ αὐτοῖς μετάνοια διὰ τὸ μὴ γενέσθαι αὐτοὺς βλασφήμους μηδὲ προδότας.

20, 1. Ἐκ δὲ τοῦ ὄρους τοῦ τρίτου τοῦ ἔχοντος ἀκάνθας καὶ τριβόλους οἱ πιστεύσαντες τοιοῦτοί εἰσιν· ἐξ αὐτῶν οἱ μὲν πλούσιοι, οἱ δὲ πραγματείαις πολλαῖς ἐμπεφυρμένοι. Οἱ μὲν τρίβολοί εἰσιν οἱ πλούσιοι, αἱ δὲ ἄκανθαι οἱ ἐν ταῖς πραγματείαις ταῖς ποικίλαις ἐμπεφυρμένοι. 2. Οὗτοι οὖν οἱ ἐν πολλαῖς καὶ ποικίλαις πραγματείαις ἐμπεφυρμένοι οὐ κολλῶνται τοῖς δούλοις τοῦ θεοῦ, ἀλλ' ἀποπλανῶνται πνιγόμενοι ὑπὸ τῶν πράξεων αὐτῶν· οἱ δὲ πλούσιοι δυσκόλως κολλῶνται τοῖς δούλοις τοῦ θεοῦ, φοβούμενοι μή τι αἰτισθῶσιν ὑπ' αὐτῶν· οἱ τοιοῦτοι οὖν δυσκόλως εἰσελεύσονται εἰς τὴν βασιλείαν τοῦ θεοῦ. ... 4. Ἀλλὰ τούτοις πᾶσι μετάνοιά ἐστι, ταχινὴ δέ, ἵν' ὃ τοῖς προτέροις χρόνοις οὐκ εἰργάσαντο, νῦν ἀναδράμωσιν ταῖς ἡμέραις καὶ ἀγαθόν τι ποιήσωσιν. Ἐὰν οὖν μετανοήσωσι καὶ ἀγαθόν τι ποιήσωσι, ζήσονται τῷ θεῷ· ἐὰν δὲ ἐπιμείνωσι ταῖς πράξεσιν αὐτῶν, παραδοθήσονται ταῖς γυναιξὶν ἐκείναις, αἵτινες αὐτοὺς θανατώσουσιν.

21, 1. Ἐκ δὲ τοῦ τετάρτου ὄρους τοῦ ἔχοντος βοτάνας πολλὰς τὰ μὲν ἐπάνω τῶν βοτανῶν χλωρά, τὰ δὲ πρὸς ταῖς ῥίζαις ξηρά, τινὲς δὲ καὶ ἀπὸ τοῦ ἡλίου ξηραινόμεναι, οἱ πιστεύσαντες τοιοῦτοί εἰσιν· οἱ μὲν δίψυχοι, οἱ δὲ τὸν κύριον ἔχοντες ἐπὶ τὰ χείλη, ἐπὶ τὴν καρδίαν δὲ μὴ ἔχοντες. 2. Διὰ τοῦτο τὰ θεμέλια αὐτῶν ξηρά ἐστι καὶ δύναμιν μὴ ἔχοντα, καὶ τὰ ῥήματα αὐτῶν μόνα ζῶσι, τὰ δὲ ἔργα αὐτῶν νεκρά ἐστιν. Οἱ τοιοῦτοι οὔτε ζῶσιν οὔτε τεθνήκασιν. Ὅμοιοι οὖν εἰσι τοῖς διψύχοις· καὶ γὰρ οἱ δίψυχοι οὔτε χλωροί εἰσιν οὔτε ξηροί· οὔτε γὰρ ζῶσιν οὔτε τεθνήκασιν. 3. Ὥσπερ γὰρ αὗται αἱ βοτάναι ἥλιον ἰδοῦσαι ἐξηράνθησαν, οὕτω καὶ οἱ δίψυχοι, ὅταν θλῖψιν ἀκούσωσι, διὰ τὴν δειλίαν αὐτῶν εἰδωλολατροῦσι καὶ τὸ ὄνομα ἐπαισχύνονται τοῦ κυρίου αὐτῶν. 4. Οἱ τοιοῦτοι οὖν οὔτε ζῶσιν οὔτε τεθνήκασιν. Ἀλλὰ καὶ οὗτοι ἐὰν ταχὺ μετανοήσωσιν, δυνήσονται ζῆσαι· ἐὰν δὲ μὴ μετανοήσωσιν, ἤδη παραδεδομένοι εἰσὶ ταῖς γυναιξὶ ταῖς ἀποφερομέναις τὴν ζωὴν αὐτῶν.

22, 1. Ἐκ δὲ τοῦ ὄρους τοῦ πέμπτου τοῦ ἔχοντος βοτάνας χλωρὰς καὶ τραχέος ὄντος οἱ πιστεύσαντες τοιοῦτοί εἰσι· πιστοὶ μέν, δυσμαθεῖς δὲ καὶ

70, 317 s. cf. Marc. 10, 23

nun eine Busse möglich, wenn sie rasch Busse tun. Wenn sie aber zögern, wird der Tod sie treffen wie die ersten. 3. Warum, Herr, fragte ich, steht ihnen die Busse offen, den ersten dagegen nicht? Ihre Taten sind doch fast dieselben! Er antwortete: Deshalb steht ihnen die Busse offen, weil sie ihren Herrn nicht gelästert haben und nicht zu Verrätern an den Knechten Gottes geworden sind, sondern aus Gewinnsucht heuchelten sie und lehrte jeder nach den Wünschen der sündigen Menschen. Aber sie werden dafür eine Strafe erleiden; doch bleibt ihnen die Möglichkeit der Busse, weil sie keine Lästerer und Verräter geworden sind.

20, 1. Die Gläubigen von dem dritten Berge, dem mit den Dornen und Disteln, sind folgender Art: Von ihnen sind die einen reich, die andern in viele Geschäfte verstrickt. Die Disteln bedeuten die Reichen, die Dornen die in mancherlei Geschäfte Verflochtenen. 2. Diese nun, die in viele und vielerlei Geschäfte Verwickelten, halten sich nicht zu den Knechten Gottes, sondern gehen, erstickend unter ihren Geschäften, in die Irre. Auch die Reichen halten nur schwer Gemeinschaft mit den Knechten Gottes, da sie fürchten, von ihnen angebettelt zu werden. Solche Menschen also *werden schwerlich in das Reich Gottes kommen.* ... 4. Aber ihnen allen ist die Busse möglich, doch nur eine rasche, damit sie, was sie in den früheren Zeiten unterlassen haben, jetzt in den Tagen [11] nachholen und etwas Gutes tun. Wenn sie nun Busse tun und Gutes vollbringen, werden sie bei Gott leben. Wenn sie aber bei ihrem Tun bleiben, werden sie jenen Frauen übergeben werden, die sie töten werden.

21, 1. Von dem vierten Berge, der viele Gewächse trägt, die in ihrem oberen Teil grün sind, aber an den Wurzeln dürr — und einige sind überhaupt von der Sonne ausgedörrt —, kommen die Gläubigen der folgenden Art: die Zweifler und die, die den Herrn auf den Lippen, aber nicht im Herzen haben. 2. Daher ist ihr Wurzelstock vertrocknet und ohne Kraft, und nur die Worte leben, während ihre Werke tot sind. Solche Menschen sind weder lebendig noch tot. Sie gleichen so den Zweiflern; denn auch die Zweifler sind weder grün noch dürr, sie sind ja weder lebendig noch tot. 3. Denn wie diese Gewächse vertrockneten, als sie die Sonne sahen, so treiben auch die Zweifler, wenn sie etwas von Bedrängnis hören, aus Feigheit Götzendienst und schämen sich des Namens ihres Herrn. 4. Solche Menschen sind also weder lebendig noch tot. Aber auch sie können zum Leben kommen, wenn sie bald Busse tun; wenn sie aber nicht Busse tun, sind sie schon den Frauen ausgeliefert, die ihr Leben hinwegraffen.

22, 1. Vom fünften Berge, der grüne Gewächse trägt und holperig ist, kommen die Gläubigen folgender Art: Sie haben zwar Glauben, sind

---

11 „Tage" deutet vielleicht (gegenüber „Zeiten") auf die Kürze der Bussfrist hin.

340 αὐθάδεις καὶ ἑαυτοῖς ἀρέσκοντες, θέλοντες πάντα γινώσκειν, καὶ οὐδὲν ὅλως γινώσκουσι. ... 3. Διὰ ταύτην οὖν τὴν ὑψηλοφροσύνην πολλοὶ ἐκενώθησαν ὑψοῦντες ἑαυτούς· ... ἐκ τούτων οὖν πολλοὶ ἀπεβλήθησαν, τινὲς δὲ μετενόησαν καὶ ἐπίστευσαν καὶ ὑπέταξαν ἑαυτοὺς τοῖς ἔχουσι σύνεσιν, γνόντες τὴν ἑαυτῶν ἀφροσύνην. 4. Καὶ τοῖς λοιποῖς δὲ τοῖς τοιούτοις
345 κεῖται μετάνοια· οὐκ ἐγένοντο γὰρ πονηροί, μᾶλλον δὲ μωροὶ καὶ ἀσύνετοι. Οὗτοι οὖν ἐὰν μετανοήσωσι, ζήσονται τῷ θεῷ· ἐὰν δὲ μὴ μετανοήσωσι, κατοικήσουσι μετὰ τῶν γυναικῶν τῶν πονηρευομένων εἰς αὐτούς.

23, 1. Οἱ δὲ ἐκ τοῦ ὄρους τοῦ ἕκτου τοῦ ἔχοντος σχισμὰς μεγάλας καὶ μικρὰς καὶ ἐν ταῖς σχισμαῖς βοτάνας μεμαραμμένας πιστεύσαντες τοιοῦτοί
350 εἰσιν. 2. Οἱ μὲν τὰς σχισμὰς τὰς μικρὰς ἔχοντες, οὗτοί εἰσιν οἱ κατ' ἀλλήλων ἔχοντες καὶ ἀπὸ τῶν καταλαλιῶν ἑαυτῶν μεμαραμμένοι εἰσὶν ἐν τῇ πίστει· ἀλλὰ μετενόησαν ἐκ τούτων πολλοί. Καὶ οἱ λοιποὶ δὲ μετανοήσουσιν, ὅταν ἀκούσωσί μου τὰς ἐντολάς· μικραὶ γὰρ αὐτῶν εἰσιν αἱ καταλαλιαὶ καὶ ταχὺ μετανοήσουσιν. 3. Οἱ δὲ μεγάλας ἔχοντες σχισμάς, οὗτοι
355 παράμονοί εἰσι ταῖς καταλαλιαῖς αὐτῶν καὶ μνησίκακοι γίνονται μηνιῶντες ἀλλήλοις· οὗτοι οὖν ἀπὸ τοῦ πύργου ἀπερρίφησαν καὶ ἀπεδοκιμάσθησαν τῆς οἰκοδομῆς αὐτοῦ. Οἱ τοιοῦτοι οὖν δυσκόλως ζήσονται. 4. Εἰ ὁ θεὸς καὶ ὁ κύριος ἡμῶν ὁ πάντων κυριεύων καὶ ἔχων πάσης τῆς κτίσεως αὐτοῦ τὴν ἐξουσίαν οὐ μνησικακεῖ τοῖς ἐξομολογουμένοις τὰς ἁμαρτίας αὐτῶν,
360 ἀλλ' ἵλεως γίνεται, ἄνθρωπος φθαρτὸς ὢν καὶ πλήρης ἁμαρτιῶν ἀνθρώπῳ μνησικακεῖ ὡς δυνάμενος ἀπολέσαι ἢ σῶσαι αὐτόν; 5. Λέγω δὲ ὑμῖν, ὁ ἄγγελος τῆς μετανοίας· ὅσοι ταύτην ἔχετε τὴν αἵρεσιν, ἀπόθεσθε αὐτὴν καὶ μετανοήσατε, καὶ ὁ κύριος ἰάσεται ὑμῶν τὰ πρότερα ἁμαρτήματα, ἐὰν καθαρίσητε ἑαυτοὺς ἀπὸ τούτου τοῦ δαιμονίου· εἰ δὲ μή, παραδοθήσεσθε
365 αὐτῷ εἰς θάνατον. ...

26, 1. Ἐκ δὲ τοῦ ὄρους τοῦ ἐνάτου τοῦ ἐρημώδους τοῦ τὰ ἑρπετὰ καὶ θηρία ἐν αὐτῷ ἔχοντος τὰ διαφθείροντα τοὺς ἀνθρώπους οἱ πιστεύσαντες τοιοῦτοί εἰσιν. 2. Οἱ μὲν τοὺς σπίλους ἔχοντες διάκονοί εἰσι κακῶς διακονήσαντες καὶ διαρπάσαντες χηρῶν καὶ ὀρφανῶν τὴν ζωὴν καὶ ἑαυτοῖς
370 περιποιησάμενοι ἐκ τῆς διακονίας ἧς ἔλαβον διακονῆσαι· ἐὰν οὖν ἐπιμείνωσι τῇ αὐτῇ ἐπιθυμίᾳ, ἀπέθανον καὶ οὐδεμία αὐτοῖς ἐλπὶς ζωῆς· ἐὰν

aber unbelehrbar, eigenwillig und selbstgefällig, sie wollen alles verstehen und verstehen überhaupt nichts. ... 3. Wegen dieses Hochmutes sind viele, die sich selbst erhoben, zunichte geworden. ... Viele von ihnen wurden daher ausgeschieden, andere aber taten Busse, fassten Glauben und unterwarfen sich den Einsichtsvollen, weil sie ihre eigene Unvernunft erkannten. 4. Aber auch den übrigen von dieser Art ist die Busse möglich; denn sie waren nicht schlecht, sondern eher töricht und unverständig. Wenn sie also Busse tun, werden sie bei Gott leben; wenn sie aber keine Busse tun, werden sie ihren Platz bei jenen Frauen erhalten, die schlimm mit ihnen verfahren werden.

23, 1. Die Gläubigen vom sechsten Berge, der grosse und kleine Spalten hat und in den Spalten verwelkte Pflanzen, haben folgende Art: 2. Die mit den kleinen Spalten, das sind die, die etwas gegeneinander haben, und durch ihre gegenseitigen Verleumdungen sind sie im Glauben welk geworden. Aber von ihnen haben viele Busse getan. Und auch die übrigen werden Busse tun, wenn sie meine Gebote hören; denn ihre Verleumdungen sind unbedeutend, und sie werden rasch Busse tun. 3. Aber die mit den grossen Spalten[12], das sind die, welche an ihren Verleumdungen festhalten und in ihrem Groll einander Böses nachtragen. Daher wurden sie vom Turm hinweggeworfen und von der Verwendung beim Bau ausgeschlossen. Solche Menschen werden nur schwer zum Leben kommen. 4. Wenn unser Gott und Herr, der über alles herrscht und die Gewalt über seine ganze Schöpfung hat, denen, die ihre Sünden bekennen, nicht nachträgt, sondern gnädig ist, sollte dann ein Mensch, der doch sterblich ist und voll Sünden, einem andern Menschen das Böse nachtragen, als könnte er ihn vernichten oder erretten? 5. Ich, der Engel der Busse, sage euch: Alle, die ihr diese Meinung habt, legt sie ab und tut Busse, so wird der Herr eure bisherigen Sünden heilen, falls ihr euch von diesem Dämon reinigt; andernfalls werdet ihr ihm zum Tode ausgeliefert werden.

26, 1. Von dem neunten[13] Berge, der wüst daliegt und Schlangen und wilde Tiere birgt, die die Menschen verderben, kommen die Gläubigen folgender Art: 2. Die Gefleckten sind Diakone, die ihren Dienst schlecht besorgt, den Lebensunterhalt der Witwen und Waisen an sich gerissen und sich aus dem Dienst, den sie zum Dienen übernommen hatten, Gewinn verschafft haben. Wenn sie nun eben in dieser Gier beharren, dann sind sie tot und können nicht mehr auf Leben hoffen; wenn sie

---

12 Zu der hier vorausgesetzten Tradition vgl. K. Beyschlag, Clemens Romanus und der Frühkatholizismus, 1966, 194 f.

13 Der 7. und 8. und der 10. bis 12. Berg (Kap. 24—25 und 27—29) stellen Gruppen bewährter Christen dar, die keiner Busse bedürfen.

δὲ ἐπιστρέψωσι καὶ ἁγνῶς τελειώσωσι τὴν διακονίαν αὐτῶν, δυνήσονται ζῆσαι. 3. Οἱ δὲ ἐψωριακότες, οὗτοι οἱ ἀρνησάμενοί εἰσι καὶ μὴ ἐπιστρέψαντες ἐπὶ τὸν κύριον ἑαυτῶν, ἀλλὰ χερσωθέντες καὶ γενόμενοι ἐρημώδεις,
375 μὴ κολλώμενοι τοῖς δούλοις τοῦ θεοῦ, ἀλλὰ μονάζοντες ἀπολλύουσι τὰς ἑαυτῶν ψυχάς. 4. ... οἱ τοιοῦτοι ἄνθρωποι ἑαυτοὺς ἀπεγνώκασι καὶ γίνονται ἄχρηστοι τῷ κυρίῳ ἑαυτῶν ἀγριωθέντες. 5. Τούτοις οὖν μετάνοια γίνεται, ἐὰν μὴ ἐκ καρδίας εὑρεθῶσιν ἠρνημένοι· ἐὰν δὲ ἐκ καρδίας εὑρεθῇ ἠρνημένος τις, οὐκ οἶδα εἰ δύναται ζῆσαι. 6. Καὶ τοῦτο οὐκ εἰς
380 ταύτας τὰς ἡμέρας λέγω, ἵνα τις ἀρνησάμενος μετάνοιαν λάβῃ· ἀδύνατον γάρ ἐστι σωθῆναι τὸν μέλλοντα νῦν ἀρνεῖσθαι τὸν κύριον ἑαυτοῦ· ἀλλ᾽ ἐκείνοις τοῖς πάλαι ἠρνημένοις δοκεῖ κεῖσθαι μετάνοια. Εἴ τις οὖν μέλλει μετανοεῖν, ταχινὸς γενέσθω πρὶν τὸν πύργον ἀποτελεσθῆναι· εἰ δὲ μή, ὑπὸ τῶν γυναικῶν καταφθαρήσεται εἰς θάνατον. 7. Καὶ οἱ κολοβοί, οὗτοι
385 δόλιοί εἰσι καὶ κατάλαλοι· ... τῶν τοιούτων ἀνθρώπων τὰ ῥήματα διαφθείρει τὸν ἄνθρωπον καὶ ἀπολλύει. 8. Οὗτοι οὖν κολοβοί εἰσιν ἀπὸ τῆς πίστεως αὐτῶν διὰ τὴν πρᾶξιν ἣν ἔχουσιν ἐν ἑαυτοῖς· τινὲς δὲ μετενόησαν καὶ ἐσώθησαν. Καὶ οἱ λοιποὶ οἱ τοιοῦτοι ὄντες δύνανται σωθῆναι, ἐὰν μετανοήσωσιν· ἐὰν δὲ μὴ μετανοήσωσιν, ἀπὸ τῶν γυναικῶν ἐκείνων, ὧν
390 τὴν δύναμιν ἔχουσιν, ἀποθανοῦνται. ...

30, 1. Ἄκουε, φησίν, καὶ περὶ τούτων πάντων. Οἱ λίθοι οἱ ἐκ τοῦ πεδίου ἠρμένοι καὶ τεθειμένοι εἰς τὴν οἰκοδομὴν τοῦ πύργου ἀντὶ τῶν ἀποβεβλημένων αἱ ῥίζαι εἰσὶ τοῦ ὄρους τοῦ λευκοῦ τούτου. 2. Ἐπεὶ οὖν οἱ πιστεύσαντες ἐκ τοῦ ὄρους τοῦ λευκοῦ πάντες ἄκακοι εὑρέθησαν, ἐκέλευ-
395 σεν ὁ κύριος τοῦ πύργου τούτους ἐκ τῶν ῥιζῶν τοῦ ὄρους τούτου βληθῆναι εἰς τὴν οἰκοδομὴν τοῦ πύργου· ἔγνω γὰρ ὅτι, ἐὰν ἀπέλθωσιν εἰς τὴν οἰκοδομὴν τοῦ πύργου οἱ λίθοι οὗτοι, διαμενοῦσι λαμπροὶ καὶ οὐδεὶς αὐτῶν μελανήσει. 3. Quodsi de ceteris montibus adiecisset, necesse habuisset rursus uisitare eam turrem atque purgare. Hi autem omnes candidi inuenti
400 sunt, οἱ πιστεύσαντες καὶ μέλλοντες πιστεύειν· ἐκ τοῦ αὐτοῦ γὰρ γένους εἰσίν. Μακάριον τὸ γένος τοῦτο ὅτι ἄκακόν ἐστι. 4. Ἄκουε νῦν καὶ περὶ τῶν λίθων τῶν στρογγύλων καὶ λαμπρῶν. Καὶ αὐτοὶ πάντες ἐκ τοῦ ὄρους τοῦ λευκοῦ εἰσιν. Audi autem quare rotundi sunt reperti. Diuitiae suae eos pusillum obscurauerunt a ueritate atque obfuscauerunt; a deo uero
405 numquam recesserunt, nec ullum uerbum malum processit de ore eorum,

---

70, 395 τῶν ῥιζῶν: om. unus e codd.

398 Graecorum codicum lacunas hinc expleat uersio latina prior; de ceteris uersionibus cf. GCS 48

aber umkehren und ihren Dienst uneigennützig tun, können sie zum Leben gelangen. 3. Die Verwitterten, das sind die, die verleugnet haben und sich nicht wieder zu ihrem Herrn bekehrt haben, sondern versteinert und verödet sind; sie halten sich nicht zu den Knechten Gottes, sondern bleiben für sich; und so verderben sie ihre Seele. 4. ... Diese Menschen haben sich selbst aufgegeben und werden, da sie verwildern, für ihren Herrn wertlos. 5. Ihnen kann nun Busse zuteil werden, wenn sich zeigt, dass sie nicht mit dem Herzen abgefallen sind. Wenn sich aber jemand als Verleugner aus Herzensgrund erweist, dann weiss ich nicht, ob er zum Leben gelangen kann. 6. Das sage ich nicht für die Gegenwart, dass da einer verleugnet und dann Busse empfängt; denn es ist unmöglich, dass einer gerettet wird, der jetzt noch seinen Herrn verleugnen wird. Aber für die, die in der Vergangenheit verleugnet haben, scheint es eine Busse zu geben. Wenn nun jemand Busse tun will, soll er schnell sein, bevor der Turm vollendet wird. Andernfalls wird er von den Frauen zugrunde gerichtet bis zum Tode. 7. Und die Beschädigten, das sind die Listigen und die Verleumder.... Die Worte solcher Menschen verderben den andern und richten ihn zugrunde. 8. Diese sind in ihrem Glauben versehrt durch die Lebensart, die sie an sich haben. Einige freilich haben Busse getan und sind gerettet worden. Auch die übrigen von dieser Art können gerettet werden, wenn sie Busse tun. Wenn sie aber keine Busse tun, so werden sie von jenen Frauen, deren Kraft sie haben, umgebracht werden.

30, 1. Höre, sprach er, auch von diesem allen. Die Steine, die aus der Ebene geholt und anstelle der verworfenen in den Bau des Turmes eingesetzt wurden [14], sind die Wurzeln dieses weissen Berges. 2. Da nun die Gläubigen von dem weissen Berge alle als unschuldig befunden wurden, befahl der Herr des Turmes, sie aus den Wurzeln dieses Berges in den Bau des Turmes zu schaffen. Denn er wusste, dass diese Steine, wenn sie in den Turmbau kommen, hellglänzend bleiben und keiner von ihnen schwarz wird. 3. Hätte er dagegen Steine von den andern Bergen dazugenommen, so hätte er diesen Turm abermals besichtigen und reinigen müssen. Diese aber erwiesen sich alle als weissglänzend, sowohl die zum Glauben Gekommenen wie die noch Kommenden; denn sie sind von derselben Art. Selig ist diese Art, denn sie ist unschuldig. 4. Höre jetzt auch von den runden und glänzenden Steinen. Sie kommen alle ebenfalls von dem weissen Berge. Vernimm aber, weshalb sie sich rund erwiesen. Ihr Reichtum hatte sie ein wenig kurzsichtig gegenüber der Wahrheit und stumpf gemacht; aber von Gott sind sie niemals gewichen, und aus ihrem Munde ist kein böses Wort gekommen, sondern lauter

---

[14] Vgl. Kap. 6, 6—8.

sed omnis aequitas et uirtus ueritatis. 5. Horum ergo mentem cum uidisset dominus, posse eos ueritati fauere, bonos quoque permanere, iussit et opes eorum circumcidi, non enim in totum tolli, ut possint aliquid boni facere de eo quod eis relictum est; et uiuent deo, quoniam
410 ex bono genere sunt. Ideo ergo pusillum circumcisi sunt et positi sunt in structuram turris huius.

31, 1. Ceteri uero, qui adhuc rotundi remanserunt neque aptati sunt in eam structuram, quia nondum acceperunt sigillum, repositi sunt suo loco; ualde enim rotundi reperti sunt. 2. Oportet autem circumcidi hoc
415 saeculum ab illis et uanitates opum suarum, et tunc conuenient in dei regnum. . . . Ex hoc ergo genere non intercidet quisquam. . . .

32, 1. Remediate ergo uos, dum adhuc turris aedificatur. 2. Dominus habitat in uiris amantibus pacem; ei enimuero pax cara est, a litigiosis uero et perditis malitiae longe abest. Reddite igitur ei spiritum integrum,
420 sicut accepistis. . . . 5. . . . Clementiam, inquit, eius calcare nolite, sed potius honorificate eum, quod tam patiens est ad delicta uestra et non est sicut uos. Agite enim paenitentiam; utile est uobis.

De *Cerdone* cf. *Irenaeum,* Adu. haereses III, 4, 3 (nr. 92),
de *Marcione* cf. ibidem III, 3, 4 (nr. 91) et *Tertullianum*
De praescript. haer. XXX, 1—3 (nr. 129)

Clemens (Romanus), Epistula quae dicitur II (ca. 150),
ed. K. Bihlmeyer (cf. nr. 28)

71   VI, 3—5. 8—VII, 3. 6—VIII, 3

VI, 3. Ἔστιν δὲ οὗτος ὁ αἰὼν καὶ ὁ μέλλων δύο ἐχθροί. 4. Οὗτος λέγει μοιχείαν καὶ φθορὰν καὶ φιλαργυρίαν καὶ ἀπάτην, ἐκεῖνος δὲ τούτοις ἀποτάσσεται. 5. Οὐ δυνάμεθα οὖν τῶν δύο φίλοι εἶναι· δεῖ δὲ ἡμᾶς τούτῳ ἀποταξαμένους ἐκείνῳ χρᾶσθαι. . . . 8. Λέγει δὲ καὶ ἡ γραφὴ ἐν
5 τῷ Ἰεζεκιήλ ὅτι, ἐὰν ἀναστῇ Νῶε καὶ Ἰὼβ καὶ Δανιήλ, οὐ ῥύσονται τὰ τέκνα αὐτῶν ἐν τῇ αἰχμαλωσίᾳ. 9. Εἰ δὲ καὶ οἱ τοιοῦτοι δίκαιοι οὐ δύνανται ταῖς ἑαυτῶν δικαιοσύναις ῥύσασθαι τὰ τέκνα αὐτῶν, ἡμεῖς, ἐὰν μὴ τηρήσωμεν τὸ βάπτισμα ἁγνὸν καὶ ἀμίαντον, ποίᾳ

71, 5 s. cf. Ez. 14, 14—20

70, 418 ei *Gebhardt:* et *codd.*

Gerechtigkeit und wahrhaftige Tugend. 5. Als nun der Herr ihre Gesinnung erkannt hatte, dass sie nämlich der Wahrheit dienen und gut bleiben können, da liess er ihren Reichtum behauen, doch nicht ganz wegnehmen, so dass sie von dem, was ihnen geblieben ist, noch einiges Gute tun können. So werden sie Gott leben, da sie von guter Art sind. Deshalb sind sie also ein wenig behauen und in den Bau dieses Turmes eingesetzt worden.

31, 1. Die andern aber, die weiterhin rund blieben und in diesen Bau nicht eingepasst wurden, weil sie noch nicht das Siegel empfangen haben, wurden an ihren Platz zurückgeschafft; denn sie erwiesen sich als arg rund. 2. Aber diese Welt und die Eitelkeit ihrer Schätze muss von ihnen abgehauen werden; dann werden sie in das Reich Gottes eingehen [15]. ... Aus dieser Art wird also keiner umkommen. ...

32, 1. Heilt euch also, solange der Turm noch gebaut wird. 2. Der Herr wohnt in Männern, die den Frieden lieben; denn ihm ist wahrlich der Friede lieb; aber von den Streitsüchtigen und in Schlechtigkeit Verlorenen ist er weit entfernt. Gebt ihm also den Geist lauter zurück, wie ihr ihn empfangen habt. ... 5. ... Tretet seine Gnade nicht mit Füssen, sagte er, sondern ehret ihn lieber, weil er so viel Geduld hat mit euren Sünden und nicht ist wie ihr. Tut ja Busse; das ist euch nützlich.

Über *Kerdon* cf. Irenäus, Adu. haereses III, 4, 3 (Nr. 92),
über *Marcion* cf. ebenda III, 3, 4 (Nr. 91) und *Tertullian*,
De praescript. haer. XXX, 1—3 (Nr. 129)

Sog. Zweiter Klemensbrief

VI, 3—5. 8—VII, 3. 6—VIII, 3

VI, 3. Es sind aber dieser Aeon und der zukünftige zwei Feinde. 4. Dieser gebietet Ehebruch, Schändung, Habgier und Betrug, jener dagegen sagt sich von diesen Dingen los. 5. Wir können daher nicht mit beiden Freund sein; vielmehr müssen wir uns von diesem lossagen und an jenen halten. ... 8. Es sagt auch die Schrift im (Buche) Ezechiel: Wenn Noah und Hiob und Daniel auferstünden, würden sie doch nicht ihre Kinder erretten, die in der Gefangenschaft sind. 9. Wenn aber sogar solche Gerechte durch ihre Gerechtigkeit nicht ihre Kinder retten können, mit welcher Zuversicht werden wir dann in das Reich Gottes eingehen,

---

15 Möglich wäre auch die Übersetzung: „in das Reich Gottes passen".

πεποιθήσει εἰσελευσόμεθα εἰς τὸ βασίλειον τοῦ θεοῦ; Ἢ τίς ἡμῶν παρά-
10 κλητος ἔσται, ἐὰν μὴ εὑρεθῶμεν ἔργα ἔχοντες ὅσια καὶ δίκαια;
VII, 1. Ὥστε οὖν, ἀδελφοί μου, ἀγωνισώμεθα εἰδότες ὅτι ἐν χερσὶν ὁ
ἀγὼν καὶ ὅτι εἰς τοὺς φθαρτοὺς ἀγῶνας καταπλέουσιν πολλοί, ἀλλ᾽ οὐ
πάντες στεφανοῦνται εἰ μὴ οἱ πολλὰ κοπιάσαντες καὶ καλῶς ἀγωνισάμενοι.
2. Ἡμεῖς οὖν ἀγωνισώμεθα, ἵνα πάντες στεφανωθῶμεν. 3. . . . καὶ εἰ μὴ
15 δυνάμεθα πάντες στεφανωθῆναι, κἂν ἐγγὺς τοῦ στεφάνου γενώμεθα. . . .
6. Τῶν γὰρ μὴ τηρησάντων, φησίν, τὴν σφραγῖδα ὁ σκώληξ αὐτῶν
οὐ τελευτήσει καὶ τὸ πῦρ αὐτῶν οὐ σβεσθήσεται, καὶ
ἔσονται εἰς ὅρασιν πάσῃ σαρκί.
VIII, 1. Ὡς οὖν ἐσμὲν ἐπὶ γῆς, μετανοήσωμεν. 2. Πηλὸς γάρ ἐσμεν
20 εἰς τὴν χεῖρα τοῦ τεχνίτου· ὃν τρόπον γὰρ ὁ κεραμεύς, ἐὰν ποιῇ σκεῦος
καὶ ἐν ταῖς χερσὶν αὐτοῦ διαστραφῇ ἢ συντριβῇ, πάλιν αὐτὸ ἀναπλάσσει,
ἐὰν δὲ προφθάσῃ εἰς τὴν κάμινον τοῦ πυρὸς αὐτὸ βαλεῖν, οὐκέτι βοηθήσει
αὐτῷ, οὕτως καὶ ἡμεῖς, ἕως ἐσμὲν ἐν τούτῳ τῷ κόσμῳ, ἐν τῇ σαρκὶ ἃ
ἐπράξαμεν πονηρὰ μετανοήσωμεν ἐξ ὅλης τῆς καρδίας, ἵνα σωθῶμεν
25 ὑπὸ τοῦ κυρίου, ἕως ἔχομεν καιρὸν μετανοίας. 3. Μετὰ γὰρ τὸ ἐξελθεῖν
ἡμᾶς ἐκ τοῦ κόσμου οὐκέτι δυνάμεθα ἐκεῖ ἐξομολογήσασθαι ἢ μετανοεῖν
ἔτι.

72   ibidem IX, 7—10

7. Ὡς ἔχομεν καιρὸν τοῦ ἰαθῆναι, ἐπιδῶμεν ἑαυτοὺς τῷ θεραπεύοντι
θεῷ, ἀντιμισθίαν αὐτῷ διδόντες. 8. Ποίαν; Τὸ μετανοῆσαι ἐξ εἰλικρινοῦς
καρδίας. 9. Προγνώστης γάρ ἐστιν τῶν πάντων καὶ εἰδὼς ἡμῶν τὰ ἐν
καρδίᾳ. 10. Δῶμεν οὖν αὐτῷ αἶνον, μὴ ἀπὸ στόματος μόνον, ἀλλὰ καὶ
ἀπὸ καρδίας, ἵνα ἡμᾶς προσδέξηται ὡς υἱούς.

73   ibidem XIII, 1

Ἀδελφοὶ οὖν, ἤδη ποτὲ μετανοήσωμεν, νήψωμεν ἐπὶ τὸ ἀγαθόν· μεστοὶ
γάρ ἐσμεν πολλῆς ἀνοίας καὶ πονηρίας. Ἐξαλείψωμεν ἀφ᾽ ἡμῶν τὰ
πρότερα ἁμαρτήματα καὶ μετανοήσαντες ἐκ ψυχῆς σωθῶμεν, καὶ μὴ γινώ-

---

71, 16 ss. Is. 66, 24; cf. Marc. 9, 44. 46. 48
19—22 cf. Ier. 18, 4—6; Rom. 9, 20 s.

71, 25 μετανοίας: *om. unus e codd.*

wenn wir die Taufe nicht rein und unbefleckt halten? Oder wer wird unser Beistand sein, wenn wir nicht im Besitz heiliger und gerechter Werke angetroffen werden?

VII, 1. Darum also, meine Brüder, lasst uns kämpfen in dem Bewusstsein, dass die Zeit des Kampfes da ist und dass zu den vergänglichen Kämpfen viele hinreisen, aber nicht alle bekränzt werden, sondern nur die, die sich viel gemüht und recht gekämpft haben. 2. Wir hingegen wollen kämpfen, um alle bekränzt zu werden. 3. ... Und wenn wir nicht alle bekränzt werden können, wollen wir wenigstens dem Kranze nahekommen. ... 6. Denn bei denen, die das Siegel[1] nicht bewahren, heisst es: *Ihr Wurm wird nicht sterben, und ihr Feuer wird nicht erlöschen, und sie werden ein Schauspiel sein für alles Fleisch.*

VIII, 1. Solange wir nun auf Erden sind, lasst uns Busse tun[2]. 2. Denn wir sind Ton in der Hand des Arbeiters. Wie nämlich der Töpfer, wenn er ein Gefäss macht und es unter seinen Händen schief wird oder zerbricht, es wieder neu formt, wenn er es aber bereits in den Brennofen geschoben hat, ihm nicht mehr nachhelfen wird, so wollen auch wir, solange wir in dieser Welt sind, von ganzem Herzen bereuen, was wir im Fleische Böses getan haben, damit wir vom Herrn gerettet werden, solange wir Zeit zur Busse haben. 3. Denn sobald wir aus der Welt herausgegangen sind, können wir an jenem Orte nicht mehr ein Bekenntnis ablegen oder noch Busse tun.

Ebenda IX, 7—10

7. Solange wir Zeit haben, geheilt zu werden, wollen wir uns dem heilenden Gott hingeben, indem wir ihm das Entgelt geben. 8. Welches? Busse zu tun aus lauterem Herzen. 9. Er erkennt ja alles im voraus und weiss, was in unsern Herzen ist. 10. Lasst uns ihm daher Lob spenden, nicht allein mit dem Munde, sondern auch mit dem Herzen, auf dass er uns als Söhne annehme.

Ebenda XIII, 1

Also, ihr Brüder, lasst uns jetzt endlich Busse tun, lasst uns nüchtern sein zum Guten; denn wir sind voll vieler Unvernunft und Schlechtigkeit. Lasst uns die früheren Sünden von uns abtun und uns durch aufrichtige Busse retten lassen. Und lasst uns nicht Menschen gefällig sein,

---

[1] Die Taufe, wie Hermas, Simil. 8, 6, 3 (Nr. 69).
[2] Die Homilie redet teils Ungetaufte, teils Getaufte an; vgl. Knopf im Handbuch zum NT zur Stelle.

μεθα ἀνθρωπάρεσκοι μηδὲ θέλωμεν μόνον ἑαυτοῖς ἀρέσκειν, ἀλλὰ καὶ
τοῖς ἔξω ἀνθρώποις ἐπὶ τῇ δικαιοσύνῃ, ἵνα τὸ ὄνομα δι' ἡμᾶς μὴ βλασφημῆται.

74 ibidem XVI, 1—XVII, 2

XVI, 1. Ὥστε, ἀδελφοί, ἀφορμὴν λαβόντες οὐ μικρὰν εἰς τὸ μετανοῆσαι, καιρὸν ἔχοντες ἐπιστρέψωμεν ἐπὶ τὸν καλέσαντα ἡμᾶς θεόν, ἕως ἔτι ἔχομεν τὸν παραδεχόμενον ἡμᾶς. 2. Ἐὰν γὰρ ταῖς ἡδυπαθείαις ταύταις ἀποταξώμεθα καὶ τὴν ψυχὴν ἡμῶν νικήσωμεν ἐν τῷ μὴ ποιεῖν τὰς ἐπιθυμίας αὐτῆς τὰς πονηράς, μεταληψόμεθα τοῦ ἐλέους Ἰησοῦ. 3. Γινώσκετε δὲ ὅτι ἔρχεται ἤδη ἡ ἡ μ έ ρ α τῆς κρίσεως ὡς κ λ ί β α ν ο ς κ α ι ό μ ε ν ο ς καὶ τακήσονταί τινες τῶν οὐρανῶν καὶ πᾶσα ἡ γῆ ὡς μόλιβος ἐπὶ πυρὶ τηκόμενος· καὶ τότε φανήσεται τὰ κρύφια καὶ φανερὰ ἔργα τῶν ἀνθρώπων. 4. Καλὸν οὖν ἐλεημοσύνη ὡς μετάνοια ἁμαρτίας· κρείσσων νηστεία προσευχῆς, ἐλεημοσύνη δὲ ἀμφοτέρων· ἀ γ ά π η δ ὲ κ α λ ύ π τ ε ι π λ ῆ θ ο ς ἁ μ α ρ τ ι ῶ ν, προσευχὴ δὲ ἐκ καλῆς συνειδήσεως ἐκ θανάτου ῥύεται. Μακάριος πᾶς ὁ εὑρεθεὶς ἐν τούτοις πλήρης· ἐλεημοσύνη γὰρ κούφισμα ἁμαρτίας γίνεται.

XVII, 1. Μετανοήσωμεν οὖν ἐξ ὅλης καρδίας, ἵνα μή τις ἡμῶν παραπόληται. Εἰ γὰρ ἐντολὰς ἔχομεν, ἵνα καὶ τοῦτο πράσσωμεν, ἀπὸ τῶν εἰδώλων ἀποσπᾶν καὶ κατηχεῖν, πόσῳ μᾶλλον ψυχὴν ἤδη γινώσκουσαν τὸν θεὸν οὐ δεῖ ἀπόλλυσθαι; 2. Συλλάβωμεν οὖν ἑαυτοῖς καὶ τοὺς ἀσθενοῦντας ἀνάγειν περὶ τὸ ἀγαθόν, ὅπως σωθῶμεν ἅπαντες καὶ ἐπιστρέψωμεν ἀλλήλους καὶ νουθετήσωμεν.

75 ibidem XVIII, 1—XIX, 1

XVIII, 1. Καὶ ἡμεῖς οὖν γενώμεθα ἐκ τῶν εὐχαριστούντων τῶν δεδουλευκότων τῷ θεῷ καὶ μὴ ἐκ τῶν κρινομένων ἀσεβῶν. 2. Καὶ γὰρ αὐτὸς πανθαμαρτωλὸς ὢν καὶ μήπω φυγὼν τὸν πειρασμόν, ἀλλ' ἔτι ὢν ἐν μέσοις τοῖς ὀργάνοις τοῦ διαβόλου σπουδάζω τὴν δικαιοσύνην διώκειν, ὅπως ἰσχύσω κἂν ἐγγὺς αὐτῆς γενέσθαι, φοβούμενος τὴν κρίσιν τὴν μέλλουσαν.

XIX, 1. Ὥστε, ἀδελφοὶ καὶ ἀδελφαί, μετὰ τὸν θεὸν τῆς ἀληθείας ἀναγινώσκω ὑμῖν ἔντευξιν εἰς τὸ προσέχειν τοῖς γεγραμμένοις, ἵνα καὶ

74, 6 s. cf. Mal. 3, 19 (= 4,1) et Is. 34,4 (LXX)
11 cf. 1. Petr. 4, 8

74, 7 τινές: αἱ δυνάμεις Lightfoot (cf. Is. 34, 4)

aber auch nicht bloss einander zu gefallen suchen, sondern auch den Menschen draussen, und zwar durch die Gerechtigkeit, damit der Name (sc. des Herrn) durch uns nicht geschmäht wird.

Ebenda XVI, 1—XVII, 2

XVI, 1. Darum, meine Brüder, weil wir keine geringe Gelegenheit zur Busse empfangen haben, lasst uns, solange wir noch Zeit haben, zu Gott, der uns berufen hat, umkehren, solange wir noch den haben, der uns annimmt. 2. Denn wenn wir diesen Lüsten entsagen und unsre Seele besiegen, indem wir ihre bösen Begierden nicht ausführen, wird uns das Erbarmen Jesu zuteil werden. 3. Erkennet, dass der *Tag* des Gerichtes schon kommt *wie ein brennender Ofen,* und es werden einige der Himmel schmelzen und die ganze Erde wie Blei, das über dem Feuer schmilzt. Und dann werden die geheimen und offenbaren Werke der Menschen sichtbar werden. 4. Almosen ist nun so gut wie Reue über Sünde; besser ist Fasten als Gebet, aber Almosen besser als beides. *Liebe* aber *deckt eine Menge von Sünden zu,* das Gebet aus gutem Gewissen errettet vom Tode. Selig ist jeder, der an diesen Dingen reich gefunden wird; denn Almosen erleichtert von Sünde.

XVII, 1. Lasst uns also von ganzem Herzen Busse tun, damit keiner von uns verlorengehe. Wenn wir nämlich Gebote haben, auch dies zu tun, nämlich von den Götzen wegzuführen und (sc. im Glauben) zu unterweisen, um wieviel mehr muss eine Seele, die Gott schon kennt, vor dem Untergang bewahrt bleiben? 2. Helfen wir daher einander, auch die Schwachen im Guten zu fördern, damit wir alle gerettet werden und uns einander bekehren und zurechtweisen.

Ebenda XVIII, 1—XIX, 1

XVIII, 1. Auch wir wollen nun zu den Dankenden gehören, die Gott gedient haben, und nicht zu denen, die als gottlos verurteilt werden. 2. Auch ich selber, der ich ganz und gar ein Sünder bin und der Versuchung noch nicht entflohen, sondern noch mitten unter den Werkzeugen des Teufels bin, strebe der Gerechtigkeit nachzujagen, damit ich ihr wenigstens nahezukommen vermag; denn ich fürchte das künftige Gericht.

XIX, 1. Daher, ihr Brüder und Schwestern, lese ich euch, nachdem der Gott der Wahrheit gesprochen hat[1], diese Mahnung vor, damit ihr

---

[1] In der vorausgegangenen Schriftlesung.

ἑαυτοὺς σώσητε καὶ τὸν ἀναγινώσκοντα ἐν ὑμῖν· μισθὸν γὰρ αἰτῶ ὑμᾶς
10 τὸ μετανοῆσαι ἐξ ὅλης καρδίας σωτηρίαν ἑαυτοῖς καὶ ζωὴν διδόντας. ...

Iustinus (Martyr), Apologia (I) (150—155),
ed. E. J. Goodspeed, Die ältesten Apologeten, 1914

76   XVI, 8 et 14

8. Οἳ δ᾽ ἂν μὴ εὑρίσκωνται βιοῦντες, ὡς ἐδίδαξε (sc. ὁ Χριστός),
γνωριζέσθωσαν μὴ ὄντες χριστιανοί, κἂν λέγωσιν διὰ γλώττης τὰ τοῦ
Χριστοῦ διδάγματα· οὐ γὰρ τοὺς μόνον λέγοντας, ἀλλὰ τοὺς καὶ τὰ ἔργα
πράττοντας σωθήσεσθαι ἔφη. ... 14. Κολάζεσθαι δὲ τοὺς οὐκ ἀκολούθως
5 τοῖς διδάγμασιν αὐτοῦ βιοῦντας, λεγομένους δὲ μόνον χριστιανοὺς καὶ
ὑφ᾽ ὑμῶν ἀξιοῦμεν.

77   ibidem LXVI, 1

Καὶ ἡ τροφὴ αὕτη καλεῖται παρ᾽ ἡμῖν εὐχαριστία, ἧς οὐδενὶ ἄλλῳ
μετασχεῖν ἐξόν ἐστιν ἢ τῷ πιστεύοντι ἀληθῆ εἶναι τὰ δεδιδαγμένα ὑφ᾽
ἡμῶν καὶ λουσαμένῳ τὸ ὑπὲρ ἀφέσεως ἁμαρτιῶν καὶ εἰς ἀναγέννησιν
λουτρόν καὶ οὕτως βιοῦντι ὡς ὁ Χριστὸς παρέδωκεν.

Iustinus (Martyr), Dialogus cum Tryphone Iudaeo (ca. 160),
ed. Goodspeed (cf. nr. 76)

78   XXXXVII, 4—5

4. ... Τοὺς δὲ ὁμολογήσαντας καὶ ἐπιγνόντας τοῦτον εἶναι τὸν Χριστὸν
καὶ ἡτινιοῦν αἰτίᾳ μεταβάντας ἐπὶ τὴν ἔννομον πολιτείαν, ἀρνησαμένους
ὅτι οὗτός ἐστιν ὁ Χριστός καὶ πρὶν τελευτῆς μὴ μεταγνόντας, οὐδ᾽ ὅλως
σωθήσεσθαι ἀποφαίνομαι. ... 5. Ἡ γὰρ χρηστότης καὶ ἡ φιλαν-
5 θρωπία τοῦ θεοῦ καὶ τὸ ἄμετρον τοῦ πλούτου αὐτοῦ τὸν
μετανοοῦντα ἀπὸ τῶν ἁμαρτημάτων, ὡς δι᾽ Ἰεζεκιὴλ μηνύει, ὡς δίκαιον
καὶ ἀναμάρτητον ἔχει· καὶ τὸν ἀπὸ εὐσεβείας ἢ δικαιοπραξίας μετατιθέ-
μενον ἐπὶ ἀδικίαν καὶ ἀθεότητα ὡς ἁμαρτωλὸν καὶ ἄδικον καὶ ἀσεβῆ
ἐπίσταται. Διὸ καὶ ὁ ἡμέτερος κύριος Ἰησοῦς Χριστὸς εἶπεν· Ἐν οἷς
10 ἂν ὑμᾶς καταλάβω, ἐν τούτοις καὶ κρινῶ.

76, 3 s. cf. Matth. 7, 21 ss.
78, 4 s. cf. Tit. 3, 4 et Rom. 2, 4
    6 cf. Ez. 33, 10—20
    9 s. cf. Resch, Agrapha² (TU 30, 1—2), nr. 76

auf das Geschriebene achtet, auf dass ihr sowohl euch selbst rettet als auch den, der unter euch vorliest. Denn als Lohn erbitte ich von euch, dass ihr von ganzem Herzen Busse tut und euch damit Heil und Leben verschafft.

Justin (der Märtyrer)

(Erste) Apologie XVI, 8 und 14   76

8. Bei denen sich aber herausstellt, dass sie nicht so leben, wie er (Christus) gelehrt hat, die soll man nicht als Christen anerkennen, auch wenn sie mit der Zunge die Lehren Christi nachsprechen. Denn er hat gesagt, dass nicht die, die nur davon reden, gerettet werden, sondern die, welche auch die Werke tun. ... 14. Wir verlangen aber auch von euch[1], dass die bestraft werden, die nicht gemäss seinen Lehren leben und nur Christen genannt werden.

Ebenda LXVI, 1   77

Diese Nahrung heisst bei uns Eucharistie. An ihr darf nur teilnehmen, wer glaubt, dass unsre Lehren wahr sind, das Bad zur Vergebung der Sünden und zur Wiedergeburt empfangen hat und so lebt, wie Christus es geboten hat[1].

Justin (der Märtyrer), Dialog mit dem Juden Tryphon XXXXVII, 4—5   78

4. Wer bekannt und erkannt hat, dieser sei der Christus, dann aber aus irgendeinem Grunde zum Wandel nach dem Gesetz übergeht und leugnet, dass dieser der Christus ist, und nicht vor seinem Ende umkehrt, der wird, so erkläre ich, keinesfalls gerettet werden. ... 5. Denn wie Hesekiel verkündigt, nimmt *die Güte und Menschenfreundlichkeit Gottes* und sein unermesslicher *Reichtum* den, der sich von seinen Sünden bekehrt, für gerecht und sündlos. Und in dem, der von Frömmigkeit und gerechtem Wandel zur Ungerechtigkeit und Gottlosigkeit übergeht, erkennt er einen Sünder, Ungerechten und Gottlosen. Deshalb hat auch unser Herr Jesus Christus gesagt: *Mit welchen ich euch antreffe, mit denen werde ich euch auch richten.*

---

1 D. h. von den heidnischen Kaisern, an die Justin seine Apologie richtet.   76
1 Zur Gemeindezucht im Zusammenhang mit dem Abendmahl s. 1. Kor. 11, 27 ss. (Nr. 7) mit Anmerkung und Didache 10, 6 und 14, 1—2 (Nr. 59 und 60).   77

79   ibidem LXXXX, 5

... Τίς γὰρ οὐκ ἐπίσταται ὑμῶν (sc. τῶν Ἰουδαίων), ὅτι μάλιστα μὲν ἡ μετὰ οἴκτου καὶ δακρύων εὐχὴ μειλίσσεται τὸν θεὸν καὶ ἡ ἐν πρηνεῖ κατακλίσει καὶ ἐν γόνασιν ὀκλάσαντός τινος; ...

80   ibidem CXXXXI, 2

Εἰ δὲ ὁ λόγος τοῦ θεοῦ προμηνύει πάντως τινὰς καὶ ἀγγέλους καὶ ἀνθρώπους κολασθήσεσθαι μέλλοντας, διότι προεγίνωσκεν αὐτοὺς ἀμεταβλήτως γενησομένους πονηρούς, προεῖπε ταῦτα, ἀλλ' οὐχ ὅτι αὐτοὺς ὁ θεὸς τοιούτους ἐποίησεν. Ὥστε, ἐὰν μετανοήσωσι, πάντες βουλόμενοι
5 τυχεῖν τοῦ παρὰ τοῦ θεοῦ ἐλέους δύνανται, καὶ μακαρίους αὐτοὺς ὁ λόγος προλέγει εἰπών· Μακάριος, ᾧ οὐ μὴ λογίσηται κύριος ἁμαρτίαν· τοῦτο δέ ἐστιν, ὃς μετανοήσας ἐπὶ τοῖς ἁμαρτήμασι τῶν ἁμαρτημάτων παρὰ τοῦ θεοῦ λάβῃ ἄφεσιν, ἀλλ' οὐχ, ὡς ὑμεῖς ἀπατᾶτε ἑαυτοὺς καὶ ἄλλοι τινὲς ὑμῖν ὅμοιοι κατὰ τοῦτο, οἳ λέγουσιν ὅτι, κἂν
10 ἁμαρτωλοὶ ὦσι, θεὸν δὲ γινώσκουσιν, οὐ μὴ λογίσηται αὐτοῖς κύριος ἁμαρτίαν.

De Iustino cf. etiam *Irenaeum,* Adu. haeres. V, 26, 2 (nr. 97)

De Montanistis uel Cataphrygibus

81   a) *Anonymus* (fortasse *Apollinaris* uel Apollinarius, episcopus oppidi Hierapolis),
       Contra haeresim Montanistarum libri III (ca. 160—180)
       = *Eusebius,* Hist. eccles. V, 16, 10 (cf. nr. 42)

„... τῶν γὰρ κατὰ τὴν Ἀσίαν πιστῶν πολλάκις καὶ πολλαχῇ τῆς Ἀσίας εἰς τοῦτο συνελθόντων καὶ τοὺς προσφάτους λόγους ἐξετασάντων καὶ βεβήλους ἀποφηνάντων καὶ ἀποδοκιμασάντων τὴν αἵρεσιν, οὕτω δὴ τῆς τε ἐκκλησίας ἐξεώσθησαν καὶ τῆς κοινωνίας εἴρχθησαν."

82   b) *Apollonius,* Contra Montanistas (ca. 190—200)
       = *Eusebius,* Hist. eccles. V, 18, 5—7 (cf. nr. 42)

„5. Ἔτι δὲ καὶ Θεμίσων ... πλήθει χρημάτων ἀποθέμενος τὰ δεσμά, δέον ἐπὶ τούτῳ ταπεινοφρονεῖν, ὡς μάρτυς καυχώμενος ἐτόλμησεν ...

80, 6 s. Psalm. 31 (32), 2

81, 2 τοῦτο: ταὐτό *Schwartz, fort. recte*

Ebenda LXXXX, 5

Wer von euch (Juden) weiss denn nicht, dass ein Gebet, das einer unter Klagen und Tränen in vorgebeugter Stellung und auf die Knie geduckt spricht, Gott am ehesten besänftigt?

Ebenda CXXXXI, 2

Wenn der Logos Gottes ankündigt, gewisse Engel und Menschen würden ganz gewiss bestraft werden, so hat er dies vorausgesagt, weil er vorauswusste, sie würden Sünder ohne Umkehr sein, aber nicht, weil Gott sie dazu machte. Deshalb können durch Busse alle, die es wollen, Gottes Barmherzigkeit erlangen. Und der Logos preist sie im voraus selig, indem er sagt: *Selig ist, wem der Herr die Sünde nicht anrechnet;* das heisst: der, welcher seine Sünden bereut und von Gott Vergebung der Sünden empfängt; aber nicht (heisst das), wie ihr euch selbst betrügt und einige andere es tun, die euch darin gleichen und sagen: Wenn sie auch Sünder sind, aber Gott kennen, dann rechnet ihnen der Herr die Sünde nicht an.

Über Justin vgl. auch *Irenäus,* Gegen die Häretiker V, 26, 2 (Nr. 97)

Die Montanisten oder Kataphryger

a) Ein *unbekannter* Verfasser (vielleicht *Apollinaris* oder Apollinarius, Bischof von Hierapolis), Drei Bücher gegen die Häresie der Montanisten = *Euseb,* Kirchengeschichte V, 16, 10

„Die Gläubigen der (Provinz) Asia kamen mehrmals an verschiedenen Orten der Asia in der Absicht[1] zusammen, prüften die neuen Lehren, erwiesen sie als nichtig und verwarfen die Sekte. So wurden sie also aus der Kirche ausgestossen und aus der Gemeinschaft ausgeschlossen."

b) *Apollonius,* Gegen die Montanisten = *Euseb,* Kirchengeschichte V, 18, 5—7

„5. Ferner hat Themiso ... sich gegen einen grösseren Geldbetrag von der Haft losgekauft. Während er sich dafür hätte demütigen

---

[1] Nach der Vermutung von Schwartz wäre zu übersetzen: „an einer Stelle".

83 *Dionysius (Cor.)* — *Ep. ecclesiarum Viennensis et Lugd.*

καθολικήν τινα συνταξάμενος ἐπιστολήν κατηχεῖν ... τοὺς ἄμεινον αὐτοῦ πεπιστευκότας .... 6. "Ἵνα δὲ μὴ περὶ πλειόνων λέγωμεν, ἡ προφῆτις
5 ἡμῖν εἰπάτω τὰ κατὰ Ἀλέξανδρον τὸν λέγοντα ἑαυτὸν μάρτυρα, ᾧ συνεστιᾶται, ᾧ προσκυνοῦσιν καὶ αὐτῷ πολλοί· οὗ τὰς λῃστείας καὶ τὰ ἄλλα τολμήματα ἐφ' οἷς κεκόλασται οὐχ ἡμᾶς δεῖ λέγειν, ἀλλὰ ὁ ὀπισθόδομος ἔχει. 7. Τίς οὖν τίνι χαρίζεται τὰ ἁμαρτήματα; Πότερον ὁ προφήτης τὰς λῃστείας τῷ μάρτυρι ἢ ὁ μάρτυς τῷ προφήτῃ τὰς πλεονεξίας;
10 Εἰρηκότος γὰρ τοῦ κυρίου· Μὴ κτήσησθε χρυσὸν μήτε ἄργυρον μηδὲ δύο χιτῶνας, οὗτοι πᾶν τοὐναντίον πεπλημμελήκασιν περὶ τὰς τούτων τῶν ἀπηγορευμένων κτήσεις."

c) Cf. infra *Tertulliani* locos
De anima LVIII, 8 (nr. 137) et De pudicitia XXI, 7 (nr. 138)

83 *Dionysius (Corinthius),* Epistula ad ecclesiam Amastrianorum et Ponti (ca. 170), secundum *Eusebium,* Hist. eccles. IV, 23, 6 (cf. nr. 42)

... πολλὰ δὲ περὶ γάμου καὶ ἁγνείας τοῖς αὐτοῖς παραινεῖ, καὶ τοὺς ἐξ οἵας δ' οὖν ἀποπτώσεως, εἴτε πλημμελείας εἴτε μὴν αἱρετικῆς πλάνης, ἐπιστρέφοντας δεξιοῦσθαι προστάττει.

Epistula ab ecclesiis Viennensi Lugdunensique de persecutione anni 177/178 ad fratres Asiae et Phrygiae *data* = *Eusebius,* Hist. eccles. (cf. nr. 42)

84 V, 1, 45—46 et 48 (de christianis in carcere inclusis)

„45. Ὁ δὲ διὰ μέσου καιρὸς οὐκ ἀργὸς αὐτοῖς οὐδὲ ἄκαρπος ἐγίνετο, ἀλλὰ διὰ τῆς ὑπομονῆς αὐτῶν τὸ ἀμέτρητον ἔλεος ἀνεφαίνετο Χριστοῦ·

82, 10 s. cf. Matth. 10, 9 s.

müssen¹, rühmte er sich als Märtyrer und wagte es, ... in einem Gemeindebrief diejenigen zu belehren, die ihren Glauben besser gewahrt hatten als er.... . 6. Statt dass wir aber von weiteren Leuten sprechen, soll uns die Prophetin über Alexander berichten, der sich Märtyrer nennt, mit dem sie zusammen schmaust und den viele sogar hoch verehren. Von seinen Räubereien und den übrigen Bubenstücken, für die er bestraft worden ist, brauchen wir nicht zu reden; sondern das Archiv bewahrt diese auf. 7. Wer vergibt nun die Sünden und wem? Vergibt der Prophet dem Märtyrer seine Räubereien oder der Märtyrer dem Propheten seine habsüchtigen Machenschaften? Denn obwohl der Herr gesagt hat: *Erwerbt weder Gold noch Silber noch zwei Röcke!,* haben diese ganz im Gegenteil mit dem Erwerb dieser verbotenen Dinge gesündigt."

c) Vgl. *Tertullian,* Über die Seele LVIII, 8 (Nr. 137) und Über die Ehrbarkeit XXI, 7 (Nr. 138)

Dionysius (von Korinth)

Brief an die Gemeinden von Amastris und Pontus nach *Euseb,* Kirchengeschichte IV, 23, 6

Er erteilt ihnen auch viele Mahnungen über die Ehe und die Keuschheit und gebietet ihnen, die freundlich wieder aufzunehmen, die sich von irgendeinem Fall bekehren, sei es nun eine (sittliche) Verfehlung, sei es eine Verirrung in Häresie¹.

Brief der Gemeinden zu Vienne und Lyon

an die Brüder in der Asia und Phrygien über die Verfolgung des Jahres 177/78

= *Euseb,* Kirchengeschichte V, 1, 45—46 und 48 (über Christen im Gefängnis)

„45. Die Zwischenzeit¹ verlief für sie nicht ohne Tätigkeit und Frucht, sondern in ihrer Standhaftigkeit offenbarte sich die unermessliche

---

1 Nämlich in Busse. Von endgültigem Ausschluss sagt der Text nichts.
1 Über δεξιοῦσθαι s. Hoh, Die kirchl. Busse 88 s.; Poschmann, Paen. sec. 267 s.; zur „Verfehlung" cf. Origenes, De orat. 28, 9 (Nr. 143).
1 Über gefangengehaltene Christen, die römische Bürger waren, erwartete der Statthalter die Entscheidung des Kaisers.

διὰ γὰρ τῶν ζώντων ἐζωοποιοῦντο τὰ νεκρά, καὶ μάρτυρες τοῖς μὴ μάρτυσιν ἐχαρίζοντο, καὶ ἐνεγίνετο πολλὴ χαρὰ τῇ παρθένῳ μητρί, οὓς
5 ὡς νεκροὺς ἐξέτρωσε, τούτους ζῶντας ἀπολαμβανούσῃ. 46. Δι' ἐκείνων γὰρ οἱ πλείους τῶν ἠρνημένων † ἀνεμετροῦντο καὶ ἀνεκυΐσκοντο καὶ ἀνεζωπυροῦντο καὶ ἐμάνθανον ὁμολογεῖν καὶ ζῶντες ἤδη καὶ τετονωμένοι προσῄεσαν τῷ βήματι, ἐγγλυκαίνοντος τοῦ τὸν μὲν θάνατον τοῦ ἁμαρτωλοῦ μὴ βουλομένου, ἐπὶ δὲ τὴν μετάνοιαν χρηστευομένου θεοῦ, ἵνα καὶ πάλιν
10 ἐπερωτηθῶσιν ὑπὸ τοῦ ἡγεμόνος. ... 48. Ἐδοξάζετο δὲ μεγάλως ὁ Χριστὸς ἐπὶ τοῖς πρότερον ἀρνησαμένοις, τότε παρὰ τὴν τῶν ἐθνῶν ὑπόνοιαν ὁμολογοῦσιν. ..."

85   ibidem V, 2, 5—7 (de confessoribus)

„5. Ἐταπείνουν ἑαυτοὺς ὑπὸ τὴν κραταιὰν χεῖρα, ὑφ' ἧς ἱκανῶς νῦν εἰσιν ὑψωμένοι. Τότε δὲ πᾶσι μὲν ἀπελογοῦντο, κατηγόρουν δὲ οὐδενός· ἔλυον ἅπαντας, ἐδέσμευον δὲ οὐδένα· καὶ ὑπὲρ τῶν τὰ δεινὰ διατιθέντων ηὔχοντο, καθάπερ Στέφανος ὁ τέλειος
5 μάρτυς „Κύριε, μὴ στήσῃς αὐτοῖς τὴν ἁμαρτίαν ταύτην". Εἰ δ' ὑπὲρ τῶν λιθαζόντων ἐδέετο, πόσῳ μᾶλλον ὑπὲρ τῶν ἀδελφῶν;"

„6. ... Οὗτος γὰρ καὶ μέγιστος αὐτοῖς πρὸς αὐτὸν ὁ πόλεμος ἐγένετο διὰ τὸ γνήσιον τῆς ἀγάπης, ἵνα ἀποπνιχθεὶς ὁ θὴρ οὓς πρότερον ᾤετο
10 καταπεπωκέναι, ζῶντας ἐξεμέσῃ. Οὐ γὰρ ἔλαβον καύχημα κατὰ τῶν πεπτωκότων, ἀλλ' ἐν οἷς ἐπλεόναζον αὐτοί, τοῦτο τοῖς ἐνδεεστέροις ἐπήρκουν μητρικὰ σπλάγχνα ἔχοντες, καὶ πολλὰ περὶ αὐτῶν ἐκχέοντες δάκρυα πρὸς τὸν πατέρα ζωὴν ᾐτήσαντο, 7. καὶ ἔδωκεν αὐτοῖς· .... Εἰρήνην ἀγαπήσαντες ἀεὶ καὶ εἰρήνην ἡμῖν παρεγγυήσαντες, μετ' εἰρήνης ἐχώρη-
15 σαν πρὸς θεόν, μὴ καταλιπόντες πόνον τῇ μητρὶ μηδὲ στάσιν καὶ πόλε-

---

84, 8 s. cf. Ez. 18, 23; 33, 11
85, 1 s. cf. 1. Petr. 5, 6
  3 cf. Matth. 18, 18 (nr. 2)
  5 s. Act. 7, 60
  9 s. cf. Ion. 2, 1. 11

84, 6 ἀνεμετροῦντο (uerbum corruptum): ἀνενεοῦντο uel (quod malim) ἀνεμητροῦντο coni. scriptores singulorum codicum, ἀνεμαιοῦντο coni. Schwartz

Barmherzigkeit Christi. Denn durch das Lebendige wurde lebendig, was tot war, die Märtyrer [2] gewährten denen Verzeihung, die nicht Märtyrer geworden waren, und der jungfräulichen Mutter [3] widerfuhr grosse Freude, als sie die, welche sie als Tote ausgestossen hatte, als Lebende zurückerhielt. 46. Durch jene (Märtyrer) nämlich wurden die meisten Verleugner von neuem empfangen, im Mutterschoss getragen [4] und mit Leben erfüllt; sie lernten bekennen und traten nunmehr voll Leben und Spannkraft vor den Richtstuhl, um sich noch einmal von dem Statthalter verhören zu lassen. Das erleichterte ihnen Gott, der *nicht den Tod des Sünders will,* sondern gütig ist, um Busse zu erwecken [5]. ... 48. Hoch verherrlicht wurde Christus in denen, die vorher verleugnet hatten, jetzt aber gegen die Erwartung der Heiden ihr Bekenntnis ablegten."

Ebenda V, 2, 5—7 (über die Bekenner)

„5. Sie *demütigten sich unter die gewaltige Hand (sc. Gottes),* von der sie jetzt hoch *erhöht* worden sind. Damals hatten sie für alle eine Entschuldigung, keinen klagten sie an. Alle *lösten* sie, niemand *banden* sie; und für die, welche die schrecklichen Strafen an ihnen vollzogen, beteten sie wie der vollkommene Märtyrer Stephanus: *Herr, rechne ihnen diese Sünde nicht an!* Wenn er also für die bat, die ihn steinigten, wieviel mehr tat er es für die Brüder!

6. Um der Echtheit ihrer Liebe willen führten sie diesen besonders schweren Kampf gegen das Untier [1], damit es erwürgt würde und die, welche es schon verschlungen zu haben glaubte, lebendig wieder ausspeie. Denn sie wurden gegenüber den Gefallenen nicht stolz, sondern mit dem, was sie selber reichlich besassen, unterstützten sie in mütterlicher Liebe die Bedürftigen; und für sie baten sie unter vielen Tränen den Vater um Leben. 7. Und er gab es ihnen. ... Nachdem sie den Frieden immer geliebt und uns den Frieden ans Herz gelegt hatten, gingen sie im Frieden zu Gott; sie hinterliessen der Mutter keine Mühsal und den Brü-

---

[2] Der Bericht nennt auch die Glaubenszeugen Märtyrer, die ihr Zeugnis noch nicht durch den Tod vollendet haben; sie selber bezeichnen sich in Kap. 2, 3 genauer als Bekenner (Konfessoren).
[3] Die Kirche.
[4] Im Anschluss an das Bild der Fehlgeburt (ἐξέτρωσε, Z. 5; vgl. 1. Kor. 15, 8) führen die Verfasser des Briefes das neutestamentliche Bild der Wiedergeburt genauer aus als Rückkehr in den Mutterleib der Kirche. Vgl. auch Theol. Rundschau 29, 1963, 180 s.
[5] Möglich wäre auch die Übersetzung „gütig angesichts der Busse", aber sie entspräche weniger der vorschwebenden Stelle Ezechiels.
[1] Der Satan, wie Kap. 1, 25 zeigt.

μον τοῖς ἀδελφοῖς, ἀλλὰ χαρὰν καὶ εἰρήνην καὶ ὁμόνοιαν καὶ ἀγάπην."

86   *Celsus,* Ἀληθὴς λόγος (ca. 178)
    secundum *Origenem,* Contra Celsum VI, 15, ed. P. Koetschau, GCS 3, 1899

Εἶτα μετὰ ταῦτα ὁ Κέλσος ὡς περιηχηθεὶς τὰ περὶ ταπεινοφροσύνης καὶ μὴ ἐπιμελῶς αὐτὴν νοήσας βούλεται μὲν τὴν παρ᾽ ἡμῖν κακολογεῖν, οἴεται δ᾽ αὐτὴν παράκουσμα εἶναι τῶν Πλάτωνος λόγων, ὅς φησι πού ἐν τοῖς Νόμοις· „Ὁ μὲν δὴ θεός, ὥσπερ καὶ ὁ παλαιὸς λόγος, ἀρχήν τε
5 καὶ τελευτὴν καὶ μέσα τῶν ὄντων ἁπάντων ἔχων εὐθείᾳ περαίνει κατὰ φύσιν περιπορευόμενος· τῷ δ᾽ ἀεὶ ξυνέπεται δίκη τῶν ἀπολελειμμένων τοῦ θείου νόμου τιμωρός, ἧς ὁ μὲν εὐδαιμονήσειν μέλλων ἐχόμενος ξυνέπεται ταπεινὸς καὶ κεκοσμημένος"· οὐχ ὁρῶν ὅτι παρὰ τοῖς πολὺ Πλάτωνος ἀρχαιοτέροις λέλεκται ἐν εὐχῇ τό· Κύριε, οὐχ ὑψώθη μου ἡ
10 καρδία, οὐδὲ ἐμετεωρίσθησαν οἱ ὀφθαλμοί μου, οὐδὲ ἐπορεύθην ἐν μεγάλοις οὐδὲ ἐν θαυμασίοις ὑπὲρ ἐμέ, εἰ μὴ ἐταπεινοφρόνουν. Ἅμα δὲ δηλοῦται διὰ τούτων ὅτι οὐ πάντως ὁ ταπεινοφρονῶν ἀσχημόνως καὶ ἀπαισίως ταπεινοῦται, χαμαιπετὴς ἐπὶ τῶν γονάτων καὶ πρηνὴς ἐρριμμένος, ἐσθῆτα δυστήνων ἀμφι-
15 σκόμενος καὶ κόνιν ἐπαμώμενος. Ὁ γὰρ κατὰ τὸν προφήτην ταπεινοφρονῶν ... ταπεινοῖ ἑαυτὸν ὑπὸ τὴν κραταιὰν χεῖρα τοῦ θεοῦ.

De Marco (Valentiniano) (ca. 180)

87   *Hippolytus,* Refutatio omnium haeresium (cf. nr. 41) VI, 41, 1—3

1.... Πολλοὺς τοίνυν ἐξαφανίσας καὶ πολλοὺς τοιούτους μαθητὰς αὐτοῦ γενομένους προεβίβασεν εὐκόλους μὲν εἶναι διδάξας πρὸς τὸ ἁμαρτάνειν, ἀκινδύνους δὲ διὰ τὸ εἶναι τῆς τελείας δυνάμεως καὶ μετέχειν τῆς ἀνεννοήτου ἐξουσίας· 2. οἷς καὶ μετὰ τὸ βάπτισμα ἕτερον ἐπαγγέλλονται, ὃ

86, 4 ss. Plato, Leg. 4, 715 e—716 a
    9—12 Psalm. 130 (131), 1—2
    16 s. cf. 1. Petr. 5, 6

87, 4 βάπτισμα: πρῶτον βάπτ. coni. Wendland

dern nicht Zwietracht und Streit, sondern Freude und Friede, Eintracht und Liebe" ².

Celsus, Wahre Lehre

(nach dem Bericht des *Origenes,* Gegen Celsus VI, 15)

Anschliessend will Celsus dann, weil er von der Demut viel gehört, aber sie nicht gründlich verstanden hat, die christliche Demut schmähen; er meint, sie sei ein Missverständnis der Worte Platos, der irgendwo in den Gesetzen sagt: „Gott nun hält, wie auch die alte Lehre sagt, Anfang, Ende und Mitte aller Dinge und vollendet dabei stracks seine naturgemässe Bahn. Ihn begleitet stets die Gerechtigkeit (Dike) und straft die, die das göttliche Gesetz verfehlen. Wer glückselig werden will, hält sich an sie und folgt ihr demütig [1] und ordentlich." Celsus sieht nicht, dass es bei Männern, die lange vor Plato gelebt haben, im Gebete heisst: *Herr, mein Herz ist nicht stolz, und meine Augen sind nicht hochfahrend; ich wandle auch nicht in grossen Dingen und in Wundern, die mir zu hoch sind, sondern ich halte mich demütig.* Zugleich machen diese Worte deutlich, dass sich der Demütige durchaus nicht in unwürdiger und ungehöriger Weise demütigt, indem er auf dem Boden kniet und sich kopfüber hinwirft, sich in das Gewand der Unglücklichen hüllt und sich mit Staub bedeckt [2]. Denn wer sich im Sinne des Propheten demütigt, ... *demütigt sich unter die gewaltige Hand Gottes.*

Über Markus, einen valentinianischen Gnostiker

Hippolyt, Widerlegung aller Häresien VI, 41, 1—3

1. ... Viele nun, die er täuschte, und viele solche, die seine Schüler wurden, brachte er durch seine Lehren dazu, es mit dem Sündigen leicht zu nehmen und sich dabei sicher zu fühlen, da sie der vollkommenen Kraft angehörten und an der unbegreiflichen Macht Anteil hätten.

---

2 Die Gemeinde billigte also die Wiederaufnahme der Abgefallenen durch die Märtyrer. Manche Forscher bestreiten allerdings, dass die Märtyrer von Lyon eine Vollmacht der Sündenvergebung ausübten; so z. B. d'Alès, L'Édit de Calliste 244 ss. und Poschmann, Paen. sec. 270 ss.; dagegen H. von Campenhausen, Kirchl. Amt u. geistl. Vollmacht in den ersten drei Jahrhunderten, 1953, 241.

1 Oder „bescheiden".

2 Origenes zitiert hier Worte, mit denen Celsus offenbar die Bussriten der Christen als Zeichen ihrer Unbildung verspottet; vgl. H. Chadwick, Origen: Contra Celsum, 1953, Anmerkung zur Stelle, und A. Dihle, RAC 3, 753 s.

καλοῦσιν ἀπολύτρωσιν, καὶ ἐν τούτῳ ἀναστρέφοντες κακῶς τοὺς αὐτοῖς παραμένοντας ἐπ' ἐλπίδι τῆς ἀπολυτρώσεως, ⟨ὡς⟩ δυναμένους μετὰ τὸ ἅπαξ βαπτισθῆναι πάλιν τυχεῖν ἀφέσεως· .3. καὶ διὰ τοῦ τοιούτου πανουργήματος συνέχειν δοκοῦσι τοὺς ἀκροατάς . . . .

De Marco cf. etiam *Irenaeum,* Adu. haereses I, 13, 5 (nr. 88)

Irenaeus, Aduersus haereses (ca. 180—200), ed. W. W. Harvey, 1857 (cum numeris Massuetii); librum III ed. P. Sagnard, Sources Chrétiennes 34, 1952; librum IV ed. A. Rousseau, Sources Chrétiennes 100, 1965

I, 13, 5 et 7 (= *Epiphanius,* Panarion haereseon XXXIV, 3, 1 et 10, ed. K. Holl, GCS 31, 1922)

5. Ὅτι δὲ φίλτρα καὶ ἀγώγιμα πρὸς τὸ καὶ τοῖς σώμασιν αὐτῶν ἐνυβρίζειν ἐμποιεῖ οὗτος ὁ Μάρκος ἐνίαις τῶν γυναικῶν, εἰ καὶ μὴ πάσαις, αὗται πολλάκις ἐπιστρέψασαι εἰς τὴν ἐκκλησίαν τοῦ θεοῦ ἐξωμολογήσαντο καὶ κατὰ τὸ σῶμα ἠχρειῶσθαι ὑπ' αὐτοῦ καὶ ἐρωτικῶς πάνυ αὐτὸν πεφιληκέναι· ὥστε καὶ διάκονόν τινα τῶν ἐν τῇ Ἀσίᾳ τῶν ἡμετέρων ὑποδεξάμενον αὐτὸν εἰς τὸν οἶκον αὐτοῦ περιπεσεῖν ταύτῃ τῇ συμφορᾷ, τῆς γυναικὸς αὐτοῦ εὐειδοῦς ὑπαρχούσης καὶ τὴν γνώμην καὶ τὸ σῶμα διαφθαρείσης ὑπὸ τοῦ μάγου τούτου καὶ ἐξακολουθησάσης αὐτῷ πολλῷ χρόνῳ· ἔπειτα μετὰ πολλοῦ κόπου τῶν ἀδελφῶν ἐπιστρεψάντων αὐτὴν τὸν ἅπαντα χρόνον ἐξομολογουμένη διετέλεσε, πενθοῦσα καὶ θρηνοῦσα ἐφ' ᾗ ἔπαθεν ὑπὸ τοῦ μάγου διαφθορᾷ. ... 7. Τοιαῦτα δὴ λέγοντες καὶ πράττοντες καὶ ἐν τοῖς καθ' ἡμᾶς κλίμασι τῆς Ῥοδανουσίας πολλὰς ἐξηπατήκασι γυναῖκας, αἵτινες κεκαυτηριασμέναι τὴν συνείδησιν αἱ μὲν καὶ εἰς φανερὸν ἐξομολογοῦνται, αἱ δὲ δυσωπούμεναι τοῦτο, ἡσυχῇ δέ πως ἑαυτὰς ἀπηλπικυῖαι τῆς ζωῆς τοῦ θεοῦ ἔνιαι μὲν εἰς τὸ παντελὲς ἀπέστησαν, ἔνιαι δὲ ἐπαμφοτερίζουσι καὶ τὸ τῆς παροιμίας πεπόνθασι μήτε ἔξω μήτε ἔσω οὖσαι, ταύτην ἔχουσαι τὴν ἐπικαρπίαν τοῦ σπέρματος τῶν τέκνων τῆς γνώσεως.

88,13 cf. 1. Tim. 4, 2

87, 7 βαπτισθῆναι *Bunsen:* βαπτισθέντας *cod.*
88, 5 τῶν (II): *del.* Holl
    9 αὐτήν: αὐτή *uar.*
    15 Post ἑαυτάς *add.* χωρίζουσιν *Stieren,* ὑποσπῶσαι *coni.* Holl.

2. Ihnen verheisst man nach der Taufe noch eine zweite, die man Erlösung (Apolytrosis) nennt[1]. Auch hiermit verführen sie die zu einem schlechten Wandel, die in der Hoffnung auf die Erlösung bei ihnen aushalten, als könnten sie nach der einmaligen Taufe abermals Vergebung erlangen. 3. Mit solchem Betrug scheinen sie die Zuhörer festzuhalten.

Über Markus vgl. auch *Irenäus*, Adu. haer. I, 13, 5 (Nr. 88)

Irenäus

Gegen die Häretiker I, 13, 5 und 7

5. Dass dieser Markus[1], wenn auch nicht allen, so doch einigen Frauen Liebestränke und Zaubermittel eingibt, um auch an ihrem Leibe zu freveln, das haben diese Frauen mehrfach nach ihrer Umkehr zur Kirche Gottes gestanden, nämlich auch leiblich von ihm verdorben worden zu sein und ihn sehr leidenschaftlich geliebt zu haben. So nahm ihn auch ein Diakon der kirchlichen Christen in der Asia in sein Haus auf und stürzte dadurch in das Unglück, dass seine schöne Frau von diesem Gaukler an Seele und Leib verdorben wurde und ihm lange Zeit hindurch anhing. Als die Brüder sie dann mit grosser Mühe zur Umkehr brachten, verharrte sie die ganze Zeit in Busse[2] und trauerte und weinte über ihre Verführung durch den Gaukler. ... 7. Mit solchen Worten und Taten haben sie[3] auch in unserer Gegend des Rhonegebietes viele Frauen betrogen; *mit einem Brandmal in ihrem Gewissen* tun die einen öffentlich Busse, die andern, die sich davor schämen[4] und in der Stille ihre Hoffnung auf das göttliche Leben aufgegeben haben, sind teils ganz und gar abgefallen, teils schwanken sie nach beiden Seiten, und es geht ihnen nach dem Sprichwort, dass sie weder draussen noch drinnen sind[5]; das ist die Frucht, die sie vom Samen der Kinder der Gnosis haben.

---

1 Vgl. die Elkesaiten oben Nr. 41 und Kallist unten Nr. 124. — Nach Irenäus, Adu. haer. I, 21, 2 bewirkt diese „Erlösung" als die „andere Taufe" aus Luk. 12, 50 Par. nicht nur Busse und Vergebung wie die kirchliche Taufe, sondern die pneumatische Vollendung. Vgl. auch H. Leisegang, Die Gnosis, ⁴1955, 345 s.

1 Vgl. Nr. 87.
2 Die (lebenslängliche?) Dauer des „Bekennens" weist auf die kirchliche Busse. Hierzu und zu § 7 vgl. Poschmann, Paen. sec. 222 ss. und Scheppens, Rech. de sc. rel. 35, 1948, 282—288.
3 § 7 handelt von anderen Wanderpredigern.
4 Zur öffentlichen Busse und der Scheu vor ihr s. Tertullian, De paen. 10—11 (Nr. 134) und Origenes, In Psalm. 37 Hom. 2, 6 (Nr. 177).
5 Vielleicht bleiben sie freiwillig der Eucharistie fern.

89   ibidem I, 16, 3 ΄ (= Epiphanius ibidem XXXIV, 13, 2—4)

... Ὅσοι δὲ ἀφίστανται τῆς ἐκκλησίας καὶ τούτοις τοῖς γραώδεσι μύθοις πείθονται, ἀληθῶς αὐτοκατάκριτοι, οὓς ὁ Παῦλος ἐγκελεύεται ἡμῖν μετὰ μίαν καὶ δευτέραν νουθεσίαν παραιτεῖσθαι. Ἰωάννης δὲ ὁ τοῦ κυρίου μαθητὴς ἐπέτεινε τὴν καταδίκην
5 αὐτῶν, μηδὲ χαίρειν αὐτοῖς ὑφ᾽ ἡμῶν λέγεσθαι βουληθείς· Ὁ γὰρ λέγων αὐτοῖς, φησί, χαίρειν, κοινωνεῖ τοῖς ἔργοις αὐτῶν τοῖς πονηροῖς. Καὶ εἰκότως· Οὐκ ἔστι γὰρ χαίρειν τοῖς ἀσεβέσι, λέγει κύριος.

90   ibidem I, 31, 3

A talibus matribus et patribus et proauis eos qui a Valentino sint, sicut ipsae sententiae et regulae ostendunt eos, necessarium fuit manifeste arguere et in medium afferre dogmata ipsorum, si qui forte ex iis paenitentiam agentes et conuertentes ad unum solum conditorem et deum
5 factorem uniuersitatis saluari possint.

91   ibidem III, 3, 4 (= Eusebius, Hist. eccles. IV, 14, 5—7)

(De Polycarpo) ... Ὃς καὶ ἐπὶ Ἀνικήτου ἐπιδημήσας τῇ Ῥώμῃ πολλοὺς ἀπὸ τῶν προειρημένων αἱρετικῶν ἐπέστρεψεν εἰς τὴν ἐκκλησίαν τοῦ θεοῦ, μίαν καὶ μόνην ταύτην ἀλήθειαν κηρύξας ὑπὸ τῶν ἀποστόλων παρειληφέναι τὴν ὑπὸ τῆς ἐκκλησίας παραδεδομένην. Καὶ εἰσὶν οἱ ἀκηκοότες
5 αὐτοῦ, ὅτι Ἰωάννης ὁ τοῦ κυρίου μαθητὴς ἐν τῇ Ἐφέσῳ πορευθεὶς λούσασθαι καὶ ἰδὼν ἔσω Κήρινθον ἐξήλατο τοῦ βαλανείου μὴ λουσάμενος, ἀλλ᾽ ἐπειπών· Φύγωμεν, μὴ καὶ τὸ βαλανεῖον συμπέσῃ, ἔνδον ὄντος Κηρίνθου τοῦ τῆς ἀληθείας ἐχθροῦ. Καὶ αὐτὸς δὲ ὁ Πολύκαρπος Μαρκίωνί ποτε εἰς ὄψιν αὐτῷ ἐλθόντι καὶ φήσαντι· Ἐπιγίνωσκε ἡμᾶς, ἀπεκρίθη· Ἐπιγινώ-
10 σκω ἐπιγινώσκω τὸν πρωτότοκον τοῦ σατανᾶ. Τοσαύτην οἱ ἀπόστολοι καὶ οἱ μαθηταὶ αὐτῶν ἔσχον εὐλάβειαν πρὸς τὸ μηδὲ μέχρι λόγου κοινωνεῖν τινι τῶν παραχαρασσόντων τὴν ἀλήθειαν, ὡς καὶ Παῦλος ἔφησεν· Αἱρε-

---

89, 1 s. cf. 1. Tim. 4, 7
2—4 cf. Tit. 3, 10 s. (nr. 16)
5—7 cf. 2. Ioh. 10—11
7 s. Is. 48, 22
91, 12—15 Tit. 3, 10 s. (nr. 16)

89, 2 ἀληθῶς: ἀληθῶς εἰσιν Holl (cf. uers. lat.)

Ebenda I, 16, 3   89

Alle, die von der Kirche abfallen und diesen *Altweiberfabeln* Glauben schenken, *sprechen sich* wahrhaftig *selbst das Urteil*. *Paulus gebietet uns, nach einer ersten und zweiten Ermahnung die Beziehungen zu ihnen abzubrechen*. Und Johannes, der Jünger des Herrn, verschärfte ihre Verurteilung noch, indem er wünschte, wir sollten *sie nicht* einmal *grüssen*. Er sagt nämlich: *Wer sie grüsst (ihnen Frieden wünscht), hat Anteil an ihren bösen Werken*. Und mit Recht; denn *die Gottlosen können keinen Frieden haben, spricht der Herr*.

Ebenda I, 31, 3   90

Dass die Valentinianer von solchen Müttern, Vätern und Grosseltern herstammen, wie ihre Lehren und Anweisungen sie selbst zeigen, musste ich offen darlegen und ihre Dogmen bekanntmachen; vielleicht können einige von ihnen gerettet werden, wenn sie Busse tun und sich zu dem einen und einzigen Schöpfer und Gott bekehren, der das All geschaffen hat[1].

Ebenda III, 3, 4   91

Als Polykarp zur Zeit Anikets[1] in Rom weilte, führte er viele der erwähnten Häretiker zur Kirche Gottes zurück, indem er predigte, er habe von den Aposteln einzig und allein diese Wahrheit empfangen, die von der Kirche überliefert ist. Und einige haben ihn sagen hören, Johannes, der Jünger des Herrn, sei in Ephesus zum Baden gegangen, aber als er drinnen den Kerinth erblickte, sei er, ohne zu Baden, aus dem Badehaus gesprungen und habe dazu gesagt: Lasst uns fliehen, das Bad könnte einstürzen; denn drinnen ist Kerinth, der Feind der Wahrheit.

Dem Polykarp selber begegnete einmal Marcion und sagte: Erkenne mich doch! Da antwortete Polykarp: Ja, ich erkenne den Erstgeborenen des Satans. Solche Furcht hatten die Apostel und ihre Schüler davor, auch nur im Gespräch mit einem von denen Gemeinschaft zu haben, die die Wahrheit verfälschen, wie ja auch Paulus gesagt hat: *Mit einem Sektierer*

---

[1] Zur Möglichkeit der Busse für Häretiker cf. Irenäus 2, 11, 2; 3, 14, 4 Ende; 4, 9, 3 und Poschmann, Paen. sec. 364 ss.   90

[1] Etwa 155 bis etwa 166 Bischof von Rom.   91

τικὸν ἄνθρωπον μετὰ μίαν καὶ δευτέραν νουθεσίαν παραιτοῦ, εἰδὼς ὅτι ἐξέστραπται ὁ τοιοῦτος καὶ ἁμαρ-
15 τάνει ὢν αὐτοκατάκριτος.

92   ibidem III, 4, 3 (= *Eusebius* ibidem IV, 11, 1)

... Κέρδων δ' ὁ πρὸ Μαρκίωνος ... ἐπὶ Ὑγίνου, ὃς ἦν ἔνατος ἐπίσκοπος, εἰς τὴν ἐκκλησίαν ἐλθὼν καὶ ἐξομολογούμενος οὕτως διετέλεσεν, ποτὲ μὲν λαθροδιδασκαλῶν, ποτὲ δὲ πάλιν ἐξομολογούμενος, ποτὲ δὲ ἐλεγχόμενος ἐφ' οἷς ἐδίδασκεν κακῶς καὶ ἀφιστάμενος τῆς τῶν ἀδελφῶν συνοδίας.

93   ibidem III, 11, 9 et 14, 4 (= *Anastas. Sin.*, Quaest. 144)

11, 9. Τούτων δὲ οὕτως ἐχόντων μάταιοι πάντες καὶ ἀμαθεῖς προσέτι δὲ καὶ τολμηροὶ οἱ ἀθετοῦντες τὴν ἰδέαν τοῦ εὐαγγελίου καὶ εἴτε πλείονα εἴτε ἐλάττονα τῶν εἰρημένων παρεισφέροντες εὐαγγελίων πρόσωπα, οἱ μὲν ἵνα πλείονα δόξωσι τῆς ἀληθείας ἐξευρηκέναι, οἱ δὲ ἵνα τὰς οἰκονομίας
5 τοῦ θεοῦ ἀθετήσωσιν. ... Per haec igitur omnia peccantes in spiritum dei in inremissibile incidunt peccatum.

14, 4. ... Non enim conceditur eis ab his qui sensum habent quaedam quidem recipere ex his quae a Luca dicta sunt, quasi sint ueritatis, quaedam uero refutare, quasi non cognouisset ueritatem. ... Si autem et
10 reliqua suscipere cogentur intendentes perfecto euangelio et apostolorum doctrinae, oportet eos paenitentiam agere, ut saluari a periculo possint.

94   ibidem III, 23, 3

... Hoc idem autem et dominus in euangelio his qui a sinistris inueniuntur ait: *Abite, maledicti, in ignem aeternum, quem praeparauit pater meus diabolo et angelis eius,* significans quoniam non homini principaliter praeparatus est aeternus ignis, sed ei qui seduxit et offendere fecit

---

93, 5 cf. Marc. 3, 29 par. (nr. 3)
94, 2 s. cf. Matth. 25, 41

91, 13 καὶ δευτέραν *om. Irenaei interpres latinus (cf. nr. 16)*
92, 2 *Ante* εἰς *uersio lat. add.* saepe.
   3 πάλιν: *om. alii*

brich nach ein- und zweimaliger Ermahnung die Beziehung ab in dem Bewusstsein, dass ein solcher Mensch verdreht ist und in Sünde steckt, wobei er sich selbst das Urteil spricht [2].

Ebenda III, 4, 3

Kerdon kam vor Marcion zur Zeit des neunten Bischofs Hyginus [1] in die Kirche und unterzog sich der Busse. Er verharrte in diesem Zustand. Bald verbreitete er heimlich seine Lehren, bald dagegen verhielt er sich wieder als Büsser, bald wurde er wegen seiner falschen Lehren zurechtgewiesen und sonderte sich von der Gemeinde der Brüder ab.

Ebenda III, 11, 9 und 14, 4

11, 9. Unter diesen Umständen erweisen sich alle als unverständig, ungebildet und dazu dreist, die die Gestalt des Evangeliums [1] verwerfen und entweder mehr oder weniger Fassungen der Evangelien einführen, als wir betrachtet haben; die einen wollen den Anschein erwecken, sie hätten mehr von der Wahrheit entdeckt, die andern wollen die Heilspläne Gottes verwerfen. ... Mit alldem also sündigen sie gegen den Geist Gottes und fallen in unvergebbare Sünde.

14, 4. Kein Verständiger wird ihnen zugestehen, einiges aus den Worten des Lukas als wahr anzunehmen, anderes aber zu verwerfen, als hätte er die Wahrheit nicht erkannt. ... Werden sie aber genötigt, auch das übrige anzuerkennen und sich an das vollständige Evangelium und die Lehre der Apostel zu halten, dann müssen sie Busse tun, um vor dem Verderben bewahrt zu werden [2].

Ebenda III, 23, 3

Dasselbe sagt aber im Evangelium auch der Herr zu denen, die sich zu seiner Linken finden: *Geht weg, ihr Verdammten, in das ewige Feuer, das mein Vater für den Teufel und seine Engel bereitet hat.* Damit gibt er zu verstehen, dass das ewige Feuer nicht an erster Stelle für den Men-

---

2 An eigentliche Exkommunikation ist in diesem und dem folgenden Text nicht zu denken; von Campenhausen, Kirchl. Amt 158 s.
1 Um 140 römischer Bischof. — Zur Busse Kerdons vgl. auch F. Kattenbusch, Das apostol. Symbol 2, 1900, 74.
1 Nämlich die Überlieferung in vier Evangelien.
2 Die Zusammengehörigkeit von Kap. 14, 4 mit 11, 9 zeigt, dass nach Irenäus auch für Sünde gegen den Heiligen Geist Busse möglich ist.

₅ hominem, ei, inquam, qui princeps apostasiae est (principi abscessionis) et his angelis qui apostatae facti sunt cum eo; quem quidem iuste percipient etiam hi qui similiter ut illi sine paenitentia et sine regressu in malitiae perseuerant operibus.

95   ibidem III, 23, 5

... Ab altero ... (Adam) seductus sub occasione inmortalitatis statim timore corripitur et absconditur. ... *Timor* autem *domini initium intelligentiae;* intellectus uero transgressionis fecit paenitentiam; paenitentibus autem largitur benignitatem suam deus. Etenim per *succinctorium* in
₅ facto ostendit suam paenitentiam, *foliis ficulneis* semetipsum contegens, existentibus et aliis foliis multis, quae minus corpus eius uexare potuissent. ...

96   ibidem IV, 27, 2 (Doctrina presbyteri)

... Si enim hi qui praecesserunt nos in charismatibus ueteres, propter quos nondum filius dei passus erat, delinquentes in aliquo et concupiscentiae carnis seruientes tali affecti sunt ignominia, quid passuri sunt qui nunc sunt, qui contempserunt aduentum domini et deseruierunt uolup-
₅ tatibus suis? Et illis quidem curatio et remissio peccatorum mors domini fuit; propter eos autem qui nunc peccant *Christus iam non morietur, iam enim mors non dominabitur eius;* sed ueniet filius in gloria patris, exquirens ab actoribus et dispensatoribus suis pecuniam quam eis credidit cum usuris, et quibus plurimum dedit, plurimum ab eis exiget. Non debemus
₁₀ ergo, inquit ille senior, superbi esse neque reprehendere ueteres, sed ipsi timere, ne forte post agnitionem Christi agentes aliquid quod non placeat deo remissionem ultra non habeamus delictorum, sed excludamur a regno eius. ...

94, 5 cf. 2. Thess. 2, 3
95, 1—5 cf. Gen. 3, 4—8
   2 s. Prou. 9, 10; cf. 1, 7; Psalm. 110 (111), 10
96, 6 s. cf. Rom. 6, 9
   7—9 cf. Matth. 25, 14—30; Luc. 19, 12—27

94, 5 ei *edd.:* et *codd.*
95, 3 fecit: facit *coni. Karpp*

schen vorbereitet ist, sondern für den, der den Menschen verführt und zum Sündigen verleitet hat, ich meine, für den Fürsten der Apostasie, den Fürsten des Abfalls, und jene Engel, die mit ihm abgefallen sind. Doch mit Recht werden auch die dieses Feuer erleiden, die ähnlich wie jene ohne Reue und ohne Umkehr in ihren bösen Taten verharren.

Ebenda III, 23, 5

Von einem andern ... wurde Adam unter dem Angebot der Unsterblichkeit verführt, aber sofort wurde er von Furcht ergriffen und verbarg sich. ... *Die Furcht des Herrn* aber *ist der Anfang der Erkenntnis.* Die Erkenntnis der Übertretung aber bewirkt Reue (Busse), und den Büssenden erweist Gott seine Güte. Denn mit dem *Schurz* bewies Adam seine Reue durch die Tat, da er sich mit *Feigenblättern* bedeckte, während es doch viele andere Blätter gab, die seinen Leib hätten weniger quälen können.

Ebenda IV, 27, 2 (Die Lehre des Ältesten)

Denn wenn schon die Alten, die uns im Empfang von Gnadengaben vorangegangen sind und für die der Sohn Gottes noch nicht gelitten hatte, falls sie irgendwie sündigten und der Fleischeslust dienten, solche Schmach erleiden mussten, was werden dann die heute Lebenden erleiden, die das Kommen des Herrn verachten und ihren Lüsten dienen? Für jene bedeutete der Tod des Herrn Heilung und Vergebung der Sünden; aber für die, die jetzt sündigen, *wird Christus nicht noch einmal sterben,* denn *der Tod wird nicht länger über ihn herrschen.* Sondern der Sohn wird kommen in der Herrlichkeit des Vaters und wird von seinen Verwaltern und Geschäftsführern das anvertraute Geld mit Zinsen einfordern, und denen er sehr viel gegeben hat, von denen wird er sehr viel fordern. Wir dürfen deshalb, sagte jener Älteste, nicht hochmütig sein und nicht die Alten tadeln, sondern wir müssen uns fürchten, dass wir womöglich, falls wir nach der Erkenntnis Christi etwas tun, was Gott nicht gefällt, keine weitere Vergebung der Sünden empfangen, sondern von seinem Reiche ausgeschlossen werden.

97   ibidem V, 26, 2 (= *Eusebius,* Hist. eccles. IV, 18, 9 et quaedam catena)

Καλῶς ὁ Ἰουστῖνος ἔφη ὅτι πρὸ μὲν τῆς τοῦ κυρίου παρουσίας οὐδέποτε ἐτόλμησεν ὁ σατανᾶς βλασφημῆσαι τὸν θεόν, ἅτε μηδέπω εἰδὼς αὐτοῦ τὴν κατάκρισιν· διὰ τὸ ἐν παραβολαῖς καὶ ἀλληγορίαις κεῖσθαι· μετὰ δὲ τὴν παρουσίαν τοῦ κυρίου ἐκ τῶν λόγων αὐτοῦ καὶ τῶν ἀποστόλων μαθὼν
5 ἀναφανδόν, ὅτι πῦρ αἰώνιον αὐτῷ ἡτοίμασται κατ᾽ ἰδίαν γνώμην ἀποστάντι τοῦ θεοῦ καὶ πᾶσι τοῖς ἀμετανοήτως παραμείνασι ἐν τῇ ἀποστασίᾳ, διὰ τῶν τοιούτων ἀνθρώπων βλασφημεῖ τὸν τὴν κρίσιν ἐπάγοντα κύριον. ...

98   Pauli quae dicitur *Epistula ad Corinthios tertia* (ca. 180—200), 21 et 39, ed. M. Testuz, Papyrus Bodmer X—XII: Bibliotheca Bodmeriana, 1959, p. 38 et 44

21. Οὕστινας ἀποτρέπεσθε καὶ ἀπὸ τῆς διδασκαλίας αὐτῶν ἀποφεύγετε. ... 39. Οὓς ἀποτρέπεσθε ἐν τῇ τοῦ κυρίου δυνάμει.

99   *Symbolum Romanum (Vetus)* (ca. 200), ed. A. Hahn, Bibliothek der Symbole und Glaubensregeln der Alten Kirche, 3. Auflage, 1897, § 18

Πιστεύω εἰς θεόν, πατέρα, παντοκράτορα·
καὶ εἰς Χριστὸν Ἰησοῦν... ·
καὶ εἰς πνεῦμα ἅγιον, ἁγίαν ἐκκλησίαν, ἄφεσιν ἁμαρτιῶν, σαρκὸς ἀνάστασιν.

97, 5 cf. Matth. 25, 41

Ebenda V, 26, 2

Ganz richtig sagte Justin, vor der Ankunft des Herrn habe der Satan niemals gewagt, Gott zu lästern, weil er von seiner eignen Verdammung noch nichts wusste, da sie in Gleichnissen und Allegorien ausgesprochen war. Dagegen habe er nach der Ankunft des Herrn aus dessen Worten und denen der Apostel offen ersehen, dass ihm, weil er aus eignem Entschluss von Gott abgefallen ist, *ewiges Feuer bereitet ist* und all denen, die ohne Reue in ihrem Abfall beharren, und durch solche Menschen lästere er nun den Herrn, der das Gericht heraufführe.

(Apokrypher) Dritter Korintherbrief

21. Wendet euch von ihnen ab und fliehet vor ihrer Lehre.
... 39. Wendet euch von ihnen ab in der Kraft des Herrn [1].

Symbolum Romanum (ca. 200) [1]

Ich glaube an Gott, den Vater, den Allmächtigen,
und an Christus Jesus ...,
und an den Heiligen Geist, die heilige Kirche, die Vergebung der Sünden [2], die Auferstehung des Fleisches.

---

[1] Der lateinische Text (repellite) zeigt „Anfänge einer wirklichen Exkommunikationspraxis" (H. von Campenhausen, Kirchl. Amt u. geistl. Vollmacht 158 s.). Dagegen spricht das neu gefundene griechische Original nur vom Meiden der Irrlehrer (ἀποτρέπεσθε).

[1] Oder Mitte des 2. Jahrhunderts? In dieser Zeit jedenfalls nennt das fünfgliedrige Bekenntnis der Epistola Apostolorum (Kap. 5) an letzter Stelle die Vergebung der Sünden.

[2] Es ist nicht wahrscheinlich, dass um diese Zeit ein Taufsymbol (für Erwachsene) ausser der Vergebung in der Taufe auch die durch Busse meint; dagegen spricht Hermas, Mand. 4, 3 (Nr. 67), vielleicht auch Tertullian, De paen. 7 (Nr. 134). Doch vgl. K. Prümm, Der christliche Glaube und die altheidnische Welt, 2, 1935, 464, Anm. 122 (gegen K. Holl, Gesammelte Aufsätze zur Kirchengeschichte 2, 1928, 122); J. N. D. Kelly, Early Christian Creeds, ²1960, 160—163 und besonders K. Rahner, Ztschr. für kathol. Theol. 70, 1948, 450—455 über die Regula fidei bei Irenäus, Adv. haeres. 1, 10, 1 Ende. Dort heisst es, Christus werde denen das ewige Leben schenken, „die ... in der Liebe zu ihm geblieben sind, teils von Anfang an, teils seit der Umkehr (metanoia)".

De Natalio (ca. 200—215)

Anonymi (uel Hippolyti Romani?) Aduersus Artemonis haeresim uerba, quae affert *Eusebius,* Hist. eccles. V, 28, 8—12 (cf. nr. 42)

„8. ... Νατάλιός ἦν τις ὁμολογητής, οὐ πάλαι, ἀλλ᾿ ἐπὶ τῶν ἡμετέρων γενόμενος καιρῶν. 9. Οὗτος ἠπατήθη ποτὲ ὑπὸ Ἀσκληπιοδότου καὶ ἑτέρου Θεοδότου τινὸς τραπεζίτου· ἦσαν δὲ οὗτοι ἄμφω Θεοδότου τοῦ σκυτέως μαθηταὶ τοῦ πρώτου ἐπὶ ταύτῃ τῇ φρονήσει, μᾶλλον δὲ ἀφροσύνῃ ἀφορι-
5 σθέντος τῆς κοινωνίας ὑπὸ Βίκτορος ... τοῦ τότε ἐπισκόπου. 10. Ἀνεπείσθη δὲ ὁ Νατάλιος ὑπ᾿ αὐτῶν ἐπὶ σαλαρίῳ ἐπίσκοπος κληθῆναι ταύτης τῆς αἱρέσεως, ὥστε λαμβάνειν παρ᾿ αὐτῶν μηνιαῖα δηνάρια ρν΄. 11. Γενόμενος οὖν σὺν αὐτοῖς δι᾿ ὁραμάτων πολλάκις ἐνουθετεῖτο ὑπὸ τοῦ κυρίου· ὁ γὰρ εὔσπλαγχνος θεὸς καὶ κύριος ἡμῶν Ἰησοῦς Χριστὸς οὐκ ἐβούλετο
10 ἔξω ἐκκλησίας γενόμενον ἀπολέσθαι μάρτυρα τῶν ἰδίων παθῶν. 12. Ἐπεὶ δὲ ῥαθυμότερον τοῖς ὁράμασιν προσεῖχεν, δελεαζόμενος τῇ τε παρ᾿ αὐτοῖς πρωτοκαθεδρίᾳ καὶ τῇ πλείστους ἀπολλυούσῃ αἰσχροκερδίᾳ, τελευταῖον ὑπὸ ἁγίων ἀγγέλων ἐμαστιγώθη δι᾿ ὅλης τῆς νυκτὸς οὐ μικρῶς αἰκισθείς, ὥστε ἕωθεν ἀναστῆναι καὶ ἐνδυσάμενον σάκκον καὶ σποδὸν καταπασάμενον
15 μετὰ πολλῆς σπουδῆς καὶ δακρύων προσπεσεῖν Ζεφυρίνῳ τῷ ἐπισκόπῳ, κυλιόμενον ὑπὸ τοὺς πόδας οὐ μόνον τῶν ἐν κλήρῳ, ἀλλὰ καὶ τῶν λαϊκῶν, συγχέαι τε τοῖς δάκρυσιν τὴν εὔσπλαγχνον ἐκκλησίαν τοῦ ἐλεήμονος Χριστοῦ πολλῇ τε τῇ δεήσει χρησάμενον δείξαντά τε τοὺς μώλωπας ὧν εἰλήφει πληγῶν μόλις κοινωνηθῆναι."

100, 1 Νατάλιος: Ἀνατόλιος *uar.*

Über Natalius

Auszug aus der Schrift eines *unbekannten* Verfassers (oder Hippolyts?) „Gegen die Häresie des Artemon" bei *Euseb,* Kirchengeschichte V, 28, 8—12.

„8. ... Natalius war ein Bekenner, der nicht vor langer Zeit, sondern in unsern Tagen lebte. 9. Er wurde einst von Asklepiodot und dem andern Theodot, dem Geldwechsler, verführt. Diese waren beide Schüler Theodots des Schusters, den der damalige Bischof Viktor als ersten wegen dieser Gesinnung, vielmehr wegen dieses Unsinns [1], aus der (sc. kirchlichen) Gemeinschaft ausgeschlossen hatte. 10. Natalius liess sich von ihnen überreden, gegen eine monatliche Vergütung von 150 Denaren Bischof dieser Sekte zu werden. 11. Nachdem er sich also ihnen angeschlossen hatte, wurde er wiederholt vom Herrn in Gesichten verwarnt [2]. Denn unser barmherziger Gott und Herr Jesus Christus wollte nicht, dass ein Zeuge seiner eigenen Leiden ausserhalb der Kirche gerate und zugrunde gehe. 12. Da Natalius aber diese Gesichte leicht nahm, weil er sich von dem Ehrenplatz unter ihnen und von der Habgier, die so viele verdirbt, ködern liess, wurde er schliesslich von heiligen Engeln die ganze Nacht hindurch gegeisselt und tüchtig gepeinigt. Daraufhin stand er am Morgen auf und warf sich, mit dem Bussgewand bekleidet und mit Asche bestreut [3], in grossem Eifer und unter Tränen vor dem Bischof Zephyrin nieder. Nicht nur den Klerikern warf er sich zu Füssen, sondern auch den Laien und rührte mit seinen Tränen die barmherzige Gemeinde des gnädigen Christus. Nachdem er viele Bitten vorgebracht und die Striemen der empfangenen Schläge gezeigt hatte, wurde er nur mit Mühe wieder in die Gemeinschaft aufgenommen" [4].

---

[1] Gemeint sind die Anhänger der dynamistischen oder adoptianischen Christologie. Sie warben in Rom unter Viktor (um 189 bis um 199) für ihre Lehre, Christus sei ein mit göttlicher Kraft erfüllter Mensch. — Zum Ausschluss Theodots cf. Euseb. § 6 und Harnack, Lehrbuch der Dogmengeschichte 1, ⁴1909 (= ⁵1931), S. 709.

[2] Νουθετεῖν (mahnen, zurechtweisen) ist Fachausdruck des Busswesens.

[3] Auch im Heidentum und Judentum waren „Sack" und Asche Zeichen der Trauer und der Busse.

[4] Die Möglichkeit der Häretikerbusse scheint nie umstritten gewesen zu sein.

Clemens (Alexandrinus) († ante 215), Paedagogus, ed. O. Stählin, GCS 12, ²1936
101   I, (2) 4, 2—3

2. ... ἡμεῖς δέ, ὅση δύναμις, ὡς ὅτι ἐλάχιστα ἁμαρτάνειν πειρώμεθα. Κατεπείγει γὰρ οὐδὲν τοσοῦτον ὡς ἡ τῶν παθῶν καὶ νοσημάτων ἀπαλλαγὴ πρῶτον, ἔπειτα δὲ καὶ ἡ κώλυσις τῆς εἰς τὴν συνήθειαν τῶν ἁμαρτημάτων εὐεμπτωσίας. 3. Ἄριστον μὲν οὖν τὸ μηδ᾽ ὅλως ἐξαμαρτάνειν κατὰ μηδένα
5 τρόπον, ὃ δή φαμεν εἶναι θεοῦ· δεύτερον δὲ ⟨τὸ⟩ μηδενὸς τῶν κατὰ γνώμην ἐφάψασθαί ποτε ἀδικημάτων, ὅπερ οἰκεῖον σοφοῦ· τρίτον ⟨δὲ τὸ⟩ μὴ πάνυ πολλοῖς τῶν ἀκουσίων περιπεσεῖν, ὅπερ ἴδιον παιδαγωγουμένων εὐγενῶς· τὸ δὲ μὴ ἐπὶ μήκιστον διατρῖψαι τοῖς ἁμαρτήμασι τελευταῖον τετάχθω· ἀλλὰ καὶ τοῦτο [δὲ] τοῖς εἰς μετάνοιαν ἀνακαλουμένοις ἀναμαχέσασθαι
10 σωτήριον.

102   ibidem I, (8) 64, 4—65, 2

64, 4. Θεραπεύεται δὲ πολλὰ τῶν παθῶν τιμωρίᾳ καὶ προστάξει αὐστηροτέρων παραγγελμάτων καὶ δὴ καὶ διὰ τῆς ἐνίων θεωρημάτων διδασκαλίας. Ἔστι δὲ οἰονεὶ χειρουργία τῶν τῆς ψυχῆς παθῶν ὁ ἔλεγχος, ἀπόστασις δὲ τὰ πάθη, τῆς ἀληθείας ἃ χρὴ διελέγχειν διαιροῦντα τῇ τομῇ.
5 65, 1. Φαρμακεία δὲ ἔοικεν ὁ ὀνειδισμὸς τὰ τετυλωμένα ἀναλύων τῶν παθῶν καὶ τὰ ῥυπαρὰ τοῦ βίου, τὰς λαγνείας, ἀνακαθαίρων, πρὸς δὲ καὶ τὰς ὑπερσαρκώσεις τοῦ τύφου ἐξομαλίζων, εἰς τὸν ὑγιῆ καὶ ἀληθινὸν ἀνασκευάζων τὸν ἄνθρωπον. 2. Ἡ νουθέτησις οὖν οἰονεὶ δίαιτά ἐστι νοσούσης ψυχῆς, ὧν χρὴ μεταλαμβάνειν συμβουλευτικὴ καὶ ὧν οὐ χρὴ ἀπαγο-
10 ρευτική· τὰ δὲ πάντα εἰς σωτηρίαν καὶ ἀίδιον ὑγείαν διατείνει. Ἀλλὰ καὶ ὁ στρατηγὸς χρημάτων ζημίας καὶ τὰς εἰς αὐτὰ τὰ σώματα διηκούσας αἰκίας μετὰ δεσμῶν καὶ τῆς ἐσχάτης ἀτιμίας προσφέρων τοῖς ἠδικηκόσιν, ἔσθ᾽ ὅτε δὲ καὶ θανάτῳ κολάζων τινάς, τέλος ἔχει τὸ ἀγαθὸν ὑπὲρ νουθεσίας τῶν ὑπηκόων στρατηγῶν.

Klemens (von Alexandrien)

Der Erzieher. Übersetzt von O. Stählin (Bibliothek der Kirchenväter, 2. Reihe, Band 7 u. 8, 1934. Verlag Josef Kösel und Friedrich Pustet, München.)

I, (2) 4, 2—3

2. ... Wir aber wollen, soweit es in unserer Macht steht, versuchen, so wenig wie möglich zu sündigen. Nichts ist so dringend nötig wie, dass wir uns zuerst von den Leidenschaften und Krankheiten der Seele befreien und sodann es vermeiden, leichtfertig in die Gewohnheit der Sünden zu verfallen. 3. Das beste ist, überhaupt nicht zu sündigen, in gar keiner Weise, was, wie wir wissen, Gottes Sache ist; das zweite ist, sich nie mit irgendeiner absichtlichen Übeltat zu befassen, was Eigenart des Weisen ist; das dritte ist, nicht in gar zu viele unfreiwillige Verfehlungen zu geraten, was denen zu eigen ist, die gut erzogen wurden; an letzter Stelle soll genannt sein, dass man nicht allzu lange bei seinen Fehlern verharrt [1]; aber auch dieses bedeutet für die zur Busse Gerufenen eine heilbringende Wiederaufnahme des Kampfes.

Ebenda I, (8) 64, 4—65, 2

64, 4. Viele Leidenschaften werden aber wirksam bekämpft durch Strafe und durch die Verordnung strengerer Gebote und schliesslich auch durch den Unterricht in einigen Grundsätzen. Es ist aber der Tadel gleichsam die Behandlung der Krankheiten der Seele durch einen Wundarzt; die Leidenschaften sind gleichsam eitrige Geschwüre, die man mit dem Messer der Wahrheit aufschneiden und offenlegen muss.

65, 1. Einer Behandlung mit Arzneimitteln aber gleicht es, wenn man Vorwürfe macht, durch die man die Verhärtungen der Leidenschaften löst und wie durch Brechmittel von den schmutzigen Lebensgewohnheiten, dem wollüstigen Treiben, befreit und ferner die Geschwülste der Hoffart zum Verschwinden bringt und so den Menschen zur Gesundheit und Wahrheit zurückführt. 2. Die Ermahnung ist nun gleichsam die Anleitung zu einer richtigen Ernährung für eine kranke Seele, indem sie rät, was man nehmen soll, und verbietet, wessen man sich enthalten muss. Alles aber hat als Ziel die Genesung und immerwährende Gesundheit. Aber auch wenn der Heerführer Geldbussen und die auf den Körper selbst sich erstreckenden Strafen zusammen mit Fesseln und der schlimmsten Entehrung über die Übeltäter verhängt, manchmal sogar einzelne mit dem Tode bestraft, hat er dabei das Gute als Ziel, indem er zur Warnung für seine Untergebenen sein Führeramt verwaltet.

---

[1] Ähnlich schon Philo, De agric. 178; De Abrah. 26.

103   ibidem III, (12) 93, 3

Τὴν δὲ μετάνοιαν τοῦ ἁμαρτωλοῦ ἀσπάζεται τὴν ἑπομένην ταῖς ἁμαρτίαις μετάνοιαν ἀγαπῶν· μόνος γὰρ ἀναμάρτητος αὐτὸς ὁ λόγος . . . .

Clemens (Alexandrinus), Stromateis, ed. O. Stählin, GCS 15 et 17, 1906 et 1909
(Vol. 15³ = Vol. 52, 1960)

104   I, (17) 84, 2—5

2. Ἐπεὶ δὲ τῶν ἁμαρτημάτων προαίρεσις καὶ ὁρμὴ κατάρχει, διημαρτημένη δὲ ὑπόληψις ἔσθ' ὅτε κρατεῖ, ἧς ἀγνοίας καὶ ἀμαθίας οὔσης ὀλιγωροῦμεν ἀποστῆναι, 3. εἰκότως ἂν κολάσειε (καὶ γὰρ τὸ πυρέττειν ἀκούσιον· ἀλλ' ὅταν δι' ἑαυτόν τις καὶ δι' ἀκρασίαν πυρέττῃ, αἰτιώμεθα
5 τοῦτον) [ὣς δὲ] καὶ τῆς κακίας ἀκουσίου οὔσης· 4. οὐ γὰρ αἱρεῖταί τις κακὸν ᾗ κακόν, τῇ δὲ περὶ αὐτὸ ἡδονῇ συναπαγόμενος ἀγαθὸν ὑπολαβὼν ληπτὸν ἡγεῖται. 5. Ὧν οὕτως ἐχόντων τὸ ἀπαλλάττεσθαι τῆς τε ἀγνοίας τῆς τε αἱρέσεως τῆς φαύλης καὶ ἐπιτερποῦς καὶ πρὸ τούτων τὸ μὴ συγκατατίθεσθαι ταῖς ἀπατηλαῖς ἐκείναις φαντασίαις ἀπόκειται ἐφ'
10 ἡμῖν.

105   ibidem I, (27) 171, 2—4

2. Ἀλλ' ἄρα τῆς μὲν τοῦ σώματος ὑγείας ἕνεκα καὶ τομὰς καὶ καύσεις καὶ φαρμακοποσίας ὑφιστάμεθα . . . · 3. τῆς δὲ ψυχῆς ἕνεκα οὐχ ὁμοίως ὑποστησόμεθα ἐάν τε φεύγειν ἐάν τε ἐκτίνειν ζημίας ἐάν τε δεσμά, εἰ μέλλοι τις μόνον ἐξ ἀδικίας ποτὲ δικαιοσύνην κτᾶσθαι; 4. Ὁ γὰρ νόμος
5 κηδόμενος τῶν ὑπηκόων πρὸς μὲν τὴν θεοσέβειαν παιδεύει καὶ ὑπαγορεύει τὰ ποιητέα εἴργει τε ἕκαστον τῶν ἁμαρτημάτων, δίκας ἐπιτιθεὶς τοῖς μετρίοις αὐτῶν, ὅταν δέ τινα οὕτως ἔχοντα κατίδῃ ὡς ἀνίατον δοκεῖν εἰς ἔσχατον ἀδικίας ἐλαύνοντα, τότε ἤδη τῶν ἄλλων κηδόμενος,

---

104, 3 ἂν κολάσειε Schwartz: αἱ κολάσεις cod.

Ebenda III, (12) 93, 3

Aber die Reue des Sünders sieht er [1] gern, und er ist zufrieden mit der Reue, die auf die Sünden folgt; denn ohne Sünde ist allein der Logos selbst.

Klemens (von Alexandrien), Teppiche (Stromateis). Übersetzt von O. Stählin (Bibl. der Kirchenväter, 2. Reihe, Band 17. 19. 20, 1936. 1937. 1938; vgl. Nr. 101.)

I, (17) 84, 2—5.

2. Da aber den Anfang zu den Verfehlungen die Neigung und das Streben macht und dafür manchmal eine irrige Voraussetzung entscheidend ist, von der wir versäumen, uns freizumachen, obwohl sie Mangel an Kenntnis und an Einsicht ist, so kann uns Gott mit Recht strafen, auch wenn die böse Tat nicht beabsichtigt war. 3. Denn man hat auch nicht mit Absicht Fieber; aber wenn jemand durch eigene Schuld und infolge von Unmässigkeit Fieber bekommt, machen wir ihm Vorwürfe. 4. Denn niemand wählt etwas Schlechtes, weil es schlecht ist, sondern von der mit ihm verbundenen Lust verführt, hält man es für gut und glaubt, es wählen zu sollen [1]. 5. Da sich dies so verhält, steht es bei uns, uns von der Unwissenheit und der schlimmen, von der Lust bedingten Neigung freizumachen und schon vorher nicht jenen trügerischen Vorstellungen nachzugeben.

Ebenda I, (27) 171, 2—4

2. Nun ertragen wir ja der Gesundheit unseres Körpers wegen Schneiden und Brennen und das Einflössen von bitteren Arzneien .... 3. Sollten wir da nicht der Seele wegen in gleicher Weise Verbannung oder Geldstrafen oder Gefängnis ertragen, wenn man nur aus der Ungerechtigkeit je Gerechtigkeit gewinnen kann? 4. Denn das Gesetz, das sich der Gehorsamen fürsorglich annimmt, erzieht zur Gottesfurcht, befiehlt das, was man tun soll, und sucht jeden von den Verfehlungen abzuhalten, indem es für die geringeren Verfehlungen Strafen auferlegt; wenn es aber jemand so beschaffen sieht, dass er unheilbar erscheint, weil er den Gipfel der Ungerechtigkeit erreicht hat, dann erst entfernt es aus Für-

---

[1] D. h. der Erzieher oder Christus.
[1] Stählin verzeichnet zu dieser und vielen anderen Stellen antike Parallelen, von denen diese Ausgabe nur einige erwähnt. Auch die Angabe der Bibelzitate weicht zuweilen ab.

ὅπως ἂν μὴ διαφθείρωνται πρὸς αὐτοῦ, ὥσπερ μέρος τι τοῦ παντὸς σώματος ἀποτεμὼν οὕτω που τὸν τοιοῦτον ὑγιέστατα ἀποκτείννυσι.

106   ibidem II, (6) 26, 5—27, 1

26, 5. Οὐδὲ μὴν τῷ τέλει παραμετρεῖται μόνῳ τὰ πράγματα, ἀλλὰ καὶ τῇ ἑκάστου κρίνεται προαιρέσει, εἰ ῥᾳδίως εἵλετο, εἰ ἐφ᾽ οἷς ἥμαρτεν μετενόησεν, εἰ σύνεσιν ἔλαβεν ἐφ᾽ οἷς ἔπταισεν καὶ μετέγνω, ὅπερ ἐστὶ μετὰ ταῦτα ἔγνω· βραδεῖα γὰρ γνῶσις μετάνοια, γνῶσις δὲ ἡ πρώτη ἀναμαρτησία.

27, 1. Πίστεως οὖν καὶ ἡ μετάνοια κατόρθωμα· ἐὰν γὰρ μὴ πιστεύσῃ ἁμάρτημα εἶναι ᾧ προκατείχετο, οὐδὲ μεταθήσεται· κἂν μὴ πιστεύσῃ κόλασιν μὲν ἐπηρτῆσθαι τῷ πλημμελοῦντι, σωτηρίαν δὲ τῷ κατὰ τὰς ἐντολὰς βιοῦντι, οὐδ᾽ οὕτως μεταβαλεῖται. Ἤδη δὲ καὶ ἡ ἐλπὶς ἐκ πίστεως συνέστηκεν.

107   ibidem II, (12—15) 55, 6—59, 3. 6—60, 1; 61, 1—63, 1; 64, 3—66, 1. 4; 69, 2—4; 70, 3

55, 6. Ὁ δὲ αὐτὸς (sc. ὁ Ποιμὴν) καὶ τὴν μετάνοιαν „σύνεσιν" εἶναί φησι „μεγάλην"· μετανοῶν γὰρ ἐφ᾽ οἷς ἔδρασεν οὐκέτι ποιεῖ ἢ λέγει, βασανίζων δὲ ἐφ᾽ οἷς ἥμαρτεν τὴν ἑαυτοῦ ψυχὴν ἀγαθοεργεῖ. Ἄφεσις τοίνυν ἁμαρτιῶν μετανοίας διαφέρει, ἄμφω δὲ δείκνυσι τὰ ἐφ᾽ ἡμῖν.
56, 1. Τὸν οὖν εἰληφότα τὴν ἄφεσιν τῶν ἁμαρτιῶν οὐκέτι ἁμαρτάνειν χρή. Ἐπὶ γὰρ τῇ πρώτῃ καὶ μόνῃ μετανοίᾳ τῶν ἁμαρτιῶν (αὕτη ἂν εἴη τῶν προϋπαρξάντων κατὰ τὸν ἐθνικὸν καὶ πρῶτον βίον, τὸν ἐν ἀγνοίᾳ λέγω) αὐτίκα τοῖς κληθεῖσι πρόκειται μετάνοια ἡ καθαίρουσα τὸν τόπον τῆς ψυχῆς ἀπὸ τῶν πλημμελημάτων, ἵνα ἡ πίστις θεμελιωθῇ. 2. Καρδιογνώστης δὲ ὢν ὁ κύριος καὶ τὰ μέλλοντα προγινώσκων τό τε εὐμετάβολον τοῦ ἀνθρώπου καὶ τὸ παλίμβολον καὶ πανοῦργον τοῦ διαβόλου ἄνωθεν ἀρχῆθεν προεῖδεν, ὡς ζηλώσας ἐπὶ τῇ ἀφέσει τῶν ἁμαρ-

---

107, 1—46 cf. Hermas, Mand. 4, 2, 2 et 4, 3, 1—6 (nr. 67)
9 s. cf. Act. 15, 8

sorge für die anderen, damit sie nicht von ihm ins Verderben gezogen werden, gleichsam ein Glied des ganzen Körpers und tötet einen solchen Menschen zum grössten Segen für die anderen [1].

Ebenda II, (6) 26, 5—27, 1

26, 5. Indessen wird das Handeln nicht nur nach dem Endergebnis bemessen, sondern auch nach der Absicht jedes einzelnen beurteilt, ob er sich leicht entschloss, ob er seine Fehler bereute, ob er einsah, worin er zum Falle kam, und seinen Sinn änderte, d. h. nachher zur Besinnung kam; denn die Reue ist eine späte (erst hintennach kommende) Erkenntnis, dagegen Erkenntnis gleich von vorne herein ist die völlige Sündlosigkeit.

27, 1. Also ist auch die Busse eine gute Tat des Glaubens; denn wenn man nicht glaubt, dass Sünde ist, worin man zuvor verstrickt war, so wird man sich auch nicht bessern. Und wenn man nicht glaubt, dass für den Sünder Strafe bestimmt ist, Heil dagegen für den, der nach den Geboten lebt, so wird man sich auch dann nicht ändern. Ferner entsteht aber auch die Hoffnung aus Glauben.

Ebenda II, (12—15) 55, 6—59, 3. 6—60, 1; 61, 1—63, 1; 64, 3—66, 1. 4; 69, 2—4; 70, 3—15

55, 6. Der nämliche (sc. der Hirt des Hermas) sagt auch, dass die Reue „eine gewaltige Einsicht" sei; denn wer das bereut, was er getan hat, tut und sagt es nicht mehr; vielmehr macht er seiner Seele Vorwürfe wegen dessen, was er falsch gemacht hat, und tut Gutes. Nun unterscheidet sich Vergebung der Sünden von Reue, beide aber beweisen unsere eigene Entscheidungsfreiheit.

56, 1. Wer also die Sündenvergebung empfangen hat, sollte nicht mehr sündigen; denn mit der ersten und einzigartigen Busse für die Sünden (dieses ist die Busse für die zuvor während des früheren Lebens im Heidentum, ich meine in dem Leben in der Unwissenheit, vorhandenen Sünden) ist für die Berufenen sofort die Busse als Aufgabe gesetzt; sie soll den Raum der Seele von den Verfehlungen reinigen, damit in ihr der Grund des Glaubens gelegt werden kann. 2. Da aber der Herr ein *Herzenskenner* ist und die Zukunft vorherweiss, sah er gleich von Anfang her voraus, wie leicht wandelbar der Mensch und wie falsch und tückisch der Teufel ist; er wusste, dass der Teufel den Menschen wegen der

---

[1] Zur Exkommunikation und zur Unheilbarkeit vgl. Grotz, Entwicklung des Bussstufenwesens 329 s. und 332 ss.

τιῶν τὸν ἄνθρωπον προστρίψεταί τινας αἰτίας τῶν ἁμαρτημάτων τοῖς δούλοις τοῦ θεοῦ, φρονίμως πονηρευόμενος, ὅπως δὴ καὶ αὐτοὶ συνεκπέσοιεν αὐτῷ.

57, 1. Ἔδωκεν οὖν ἄλλην ἔτι τοῖς κἂν τῇ πίστει περιπίπτουσί τινι πλημμελήματι πολυέλεος ὢν μετάνοιαν δευτέραν, ἵν᾿, εἴ τις ἐκπειρασθείη μετὰ τὴν κλῆσιν, βιασθεὶς δὲ καὶ κατασοφισθείς, μίαν ἔτι μ ε τ ά ν ο ι α ν ἀ μ ε τ α ν ό η τ ο ν λάβῃ. 2. Ἑ κ ο υ σ ί ω ς γ ὰ ρ ἁ μ α ρ τ α ν ό ν τ ω ν ἡ μ ῶ ν μ ε τ ὰ τ ὸ λ α β ε ῖ ν τ ὴ ν ἐ π ί γ ν ω σ ι ν τ ῆ ς ἀ λ η θ ε ί α ς, ο ὐ κ έ τ ι π ε ρ ὶ ἁ μ α ρ τ ι ῶ ν ἀ π ο λ ε ί π ε τ α ι θ υ σ ί α, φ ο β ε ρ ὰ δ έ τ ι ς ἐ κ δ ο χ ὴ κ ρ ί σ ε ω ς κ α ὶ π υ ρ ὸ ς ζ ῆ λ ο ς ἐ σ θ ί ε ι ν μ έ λ λ ο ν τ ο ς τ ο ὺ ς ὑ π ε ν α ν τ ί ο υ ς. 3. Αἱ δὲ συνεχεῖς καὶ ἐπάλληλοι ἐπὶ τοῖς ἁμαρτήμασι μετάνοιαι οὐδὲν τῶν καθάπαξ μὴ πεπιστευκότων διαφέρουσιν ἢ μόνῳ τῷ συναίσθεσθαι ὅτι ἁμαρτάνουσι· καὶ οὐκ οἶδ᾿ ὁπότερον αὐτοῖν χεῖρον, ἢ τὸ εἰδότα ἁμαρτάνειν ἢ μετανοήσαντα ἐφ᾿ οἷς ἥμαρτεν πλημμελεῖν αὖθις· 4. τῷ ἐλέγχεσθαι γὰρ ἑκατέρωθεν ἡ ἁμαρτία φαίνεται, ἣ μὲν ἐπὶ τῷ πραχθῆναι καταγινωσκομένη πρὸς τοῦ ἐργάτου τῆς ἀνομίας, ἣ δὲ τὸ πραχθησόμενον προγινώσκοντος ὡς φαῦλον ἐπιχειροῦντος. Καὶ ὁ μὲν θυμῷ χαρίζεται ἴσως καὶ ἡδονῇ, οὐκ ἀγνοῶν τίσι χαρίζεται· ὁ δὲ ἐφ᾿ οἷς ἐχαρίσατο μετανοῶν, εἶτα παλινδρομῶν αὖθις εἰς ἡδονήν, συνάπτει τῷ τὴν ἀρχὴν ἑκουσίως ἐξαμαρτάνοντι· ἐφ᾿ ᾧ γάρ τις μετενόησεν, αὖθις τοῦτο ποιῶν, οὗ πράσσει κατεγνωκώς, τοῦτο ἑκὼν ἐπιτελεῖ.

58, 1. Ὁ μὲν οὖν ἐξ ἐθνῶν καὶ τῆς προβιότητος ἐκείνης ἐπὶ τὴν πίστιν ὁρμήσας ἅπαξ ἔτυχεν ἀφέσεως ἁμαρτιῶν· ὁ δὲ καὶ μετὰ ταῦτα ἁμαρτήσας, εἶτα μετανοῶν, κἂν συγγνώμης τυγχάνῃ, αἰδεῖσθαι ὀφείλει, μηκέτι λουόμενος εἰς ἄφεσιν ἁμαρτιῶν. 2. Δεῖ γὰρ οὐ τὰ εἴδωλα μόνον καταλιπεῖν ἃ πρότερον ἐξεθείαζεν, ἀλλὰ καὶ τὰ ἔργα τοῦ προτέρου βίου τ ὸ ν ο ὐ κ ἐ ξ α ἱ μ ά τ ω ν ο ὐ δ ὲ ἐ κ θ ε λ ή μ α τ ο ς σ α ρ κ ό ς, ἐ ν

107, 18 s. cf. 2. Cor. 7, 10 (nr. 9)
19—23 Hebr. 10, 26 s. (nr. 18)
40 Ioh. 1, 13

107, 29 τὸ: τοῦ τὸ Früchtel

Sündenvergebung beneiden und deshalb den Knechten Gottes dadurch, dass er mit seinen Freveltaten etwas Verständiges zu tun schien, manchen Anlass zu Verfehlungen geben werde, damit auch sie mit ihm verworfen würden.

57, 1. Daher gab Gott in seiner grossen Barmherzigkeit denen, die auch, nachdem sie gläubig geworden waren, noch in eine Sünde verfielen, noch die Möglichkeit einer zweiten Busse, damit jemand, der nach der Berufung durch Gewalt oder durch List verführt werden sollte, noch eine Möglichkeit einer *Reue, die man nie bereuen kann,* erlange. 2. *Denn wenn wir mit Willen sündigen, nachdem wir die volle Erkenntnis der Wahrheit erlangt haben, so bleibt uns kein Opfer für Sünden mehr übrig, sondern wir haben ein schreckliches Gericht und brennendes Feuer zu erwarten, das die Widersacher verzehren soll* [1]. 3. Das fortgesetzte und schnell aufeinanderfolgende Bereuen der Sünden unterscheidet sich von dem Verhalten derer, die überhaupt nicht zum Glauben gekommen sind, durch nichts als dadurch, dass man sich dabei des Sündigens bewusst ist. Und ich weiss nicht, was von beidem schlimmer ist, mit vollem Bewusstsein zu sündigen oder, nachdem man seine Fehler bereut hat, sich wieder zu verfehlen. 4. Denn in beiden Fällen wird die Sünde dadurch, dass sie als solche überführt wird, offenbar, das eine Mal, indem sie von dem Täter der Sünde sofort nach der Ausführung verurteilt wird, das andere Mal, indem er etwas beginnt, obwohl er im voraus weiss, dass das, was er tun will, etwas Schlechtes ist. Und der eine frönt vielleicht seiner Leidenschaft und seiner Lust, obwohl er recht wohl weiss, wem er frönt; der andere aber, der Reue über das empfindet, dem er nachgegeben hatte, und dann doch wieder zur Lust zurückkehrt, macht sich dem ähnlich, der von vorneherein mit Willen sündigt; denn wenn einer das wieder tut, was er bereut hatte, obwohl er das verurteilt hatte, was er tut, vollbringt er dies mit Willen.

58, 1. Wer sich also aus dem Heidentum und jenem früheren Leben dem Glauben zugewendet hat, der hat einmal Sündenvergebung erlangt. Wer aber auch darnach sündigte und dann wieder Busse tat, der muss, auch wenn er Vergebung erlangt, sich doch fürchten [2], da ihm nicht noch einmal das Reinigungsbad zur Sündenvergebung zuteil wird. 2. Denn nicht nur die Götzen, die er zuvor als Götter verehrte, sondern auch die Taten seines früheren Lebens muss der verlassen, der *nicht aus Blut und*

---

[1] Über freiwillige Sünde s. meinen Aufsatz in der Ztschr. f. die neutest. Wiss. 43, 1950/51, 229 ss.; anders Méhat, Vig. Christ. 8, 1954, 227 ss. — Zur Wiederholung der Busse (§ 57, 3) s. Grotz 340 s.

[2] Weil Reue und Bussleistung unvollkommen sein können und ein Rückfall möglich ist.

πνεύματι δὲ ἀναγεννώμενον· 3. ὅπερ εἴη ἂν τὸ μὴ εἰς ταὐτὸν ὑπενεχθέντα
πλημμέλημα μετανοῆσαι· μελέτη γὰρ ἔμπαλιν ἁμαρτιῶν τὸ πολλάκις μετανοεῖν καὶ ἐπιτηδειότης εἰς εὐτρεψίαν ἐξ ἀνασκησίας.

59, 1. Δόκησις τοίνυν μετανοίας, οὐ μετάνοια, τὸ πολλάκις αἰτεῖσθαι
συγγνώμην ἐφ᾽ οἷς πλημμελοῦμεν πολλάκις· Δικαιοσύνη δὲ ἀμώμους ὀρθοτομεῖ ὁδούς, κέκραγεν ἡ γραφή. ... 2. Ναὶ μὴν
καθὼς οἰκτείρει πατὴρ υἱούς, ᾠκτείρησεν κύριος
τοὺς φοβουμένους αὐτὸν ὁ Δαβὶδ γράφει· 3. οἱ σπείρον-
τες οὖν ἐν δάκρυσιν ἐν ἀγαλλιάσει θεριοῦσι τῶν ἐν
μετανοίᾳ ἐξομολογουμένων· μακάριοι γὰρ πάντες οἱ φοβούμενοι τὸν κύριον. Ὁρᾷς τὸν ⟨τοῖς⟩ ἐν τῷ εὐαγγελίῳ ἐμφερῆ
μακαρισμόν; ... 6. Ὁρμὴ μὲν οὖν φορὰ διανοίας ἐπί τι ἢ ἀπό του·
πάθος δὲ πλεονάζουσα ὁρμὴ ἢ ὑπερτείνουσα τὰ κατὰ τὸν λόγον μέτρα
ἢ ὁρμὴ ἐκφερομένη καὶ ἀπειθὴς λόγῳ· παρὰ φύσιν οὖν κίνησις ψυχῆς
κατὰ τὴν πρὸς τὸν λόγον ἀπείθειαν τὰ πάθη (ἡ δ᾽ ἀπόστασις καὶ ἔκστα-
σις καὶ ἀπείθεια ἐφ᾽ ἡμῖν, ὥσπερ καὶ ἡ ὑπακοὴ ἐφ᾽ ἡμῖν· διὸ καὶ τὰ
ἑκούσια κρίνεται)· αὐτίκα καθ᾽ ἓν ἕκαστον τῶν παθῶν εἴ τις ἐπεξίοι,
ἀλόγους ὀρέξεις εὕροι ἂν αὐτά.

60, 1. Τὸ γοῦν ἀκούσιον οὐ κρίνεται (διττὸν δὲ τοῦτο, τὸ μὲν γινόμε-
νον μετ᾽ ἀγνοίας, τὸ δὲ ἀνάγκῃ)· ἐπεὶ πῶς ἂν καὶ δικάσειας περὶ τῶν
κατὰ τοὺς ἀκουσίους τρόπους ἁμαρτάνειν λεγομένων; ...

61, 1. Ἐκράτει μὲν οὖν ὁ νόμος τότε καὶ τὸν ἀκουσίως φονεύσαντα
ὡς τὸν ἀκουσίως γονορρυῆ, ἀλλ᾽ οὐ κατ᾽ ἴσον τῷ ἑκουσίως. 2. Καίτοι
κἀκεῖνος ὡς ἐπὶ ἑκουσίῳ κολασθήσεται, εἴ τις μεταγάγοι τὸ πάθος ἐπὶ
τὴν ἀλήθειαν· τῷ ὄντι γὰρ κολαστέος ὁ ἀκρατὴς τοῦ γονίμου λόγου, ὃ
καὶ αὐτὸ πάθος ἐστὶ ψυχῆς ἄλογον, ἐγγὺς ἀδολεσχίας ἰόν· π ι σ τ ὸ ς   δ ὲ

107, 45 s. Prou. 11, 5
47 s. Psalm. 102 (103), 13
48 s. Psalm. 125 (126), 5
50 s. Psalm. 127 (128), 1
62 s. cf. Num. 35, 22—28; Deut. 19, 5
63 Leu. 15, 16 etc.
66 s. Prou. 11, 13

nicht aus dem Willen des Fleisches, sondern im Geiste wiedergeboren wird. 3. Das bedeutet aber, dass er sich nicht in die gleiche Verfehlung verstricken lassen darf, so dass er noch einmal Busse tun müsste. Denn oft Busse zu tun, ist andererseits eine Übung im Sündigen und infolge von Mangel an Selbstzucht die Neigung, immer wieder nach der anderen Seite umzuschlagen.

59, 1. Es ist also nur der Schein von Busse, nicht wirkliche Busse, wenn man oft um Verzeihung für die häufig von uns begangenen Verfehlungen bittet. *Die Gerechtigkeit macht die Wege untadelig und gerade,* ruft die Schrift mit lauter Stimme . . . . 2. Und in der Tat, wie David schreibt: *Wie sich ein Vater über seine Kinder erbarmt, so erbarmt sich der Herr über die, so ihn fürchten.* 3. Daher *werden, die in Tränen säen, mit dem Frohlocken* derer *ernten,* die in ihrer Busse bekennen: Denn *selig sind alle, die den Herrn fürchten.* Siehst du, wie die Seligpreisung denen im Evangelium ähnlich ist? ... 6. Trieb (ὁρμή) ist die Bewegung des Denkens zu etwas hin oder von etwas weg. Leidenschaft (πάθος) dagegen ist ein übermässiger oder das vernünftige Mass überschreitender Trieb oder ein von der Vernunft sich losreissender oder ihr ungehorsamer Trieb. Die Leidenschaften sind also eine naturwidrige Bewegung der Seele entsprechend einem Ungehorsam gegen die Vernunft[3]. Das Abweichen und Abgehen (von der Vernunft) und der Ungehorsam stehen in unserer Macht, ebenso wie auch der Gehorsam in unserer Macht steht; deshalb werden auch die Taten des freien Entschlusses gerichtet. Jedenfalls wird man, wenn man so jede einzelne Leidenschaft genau untersucht, finden, dass sie unvernünftige Regungen sind.

60, 1. Die unfreiwilligen Handlungen unterliegen freilich keinem Gericht (sie sind aber zweierlei Art; die eine geschieht aus Unkenntnis, die andere unter einem Zwang); denn wie sollte man über Leute ein gerichtliches Urteil fällen, von denen man sich sagen muss, dass sie nur auf Grund der verschiedenen Möglichkeiten unfreiwilligen Handelns fehlen?

61, 1. Nun erfasste zwar seinerzeit das Gesetz auch den, der ohne seine Absicht getötet hatte, ebenso wie den, der einen unfreiwilligen Samenfluss gehabt hatte, aber nicht in gleicher Weise wie den, der das absichtlich verschuldet hatte. 2. Jedoch wird auch jener wie wegen einer absichtlichen Tat bestraft werden müssen, wenn man den Vorfall in übertragenem Sinne auffasst und auf seine wahre Bedeutung zurückführt. Denn in der Tat verdient Strafe, wer die lebenzeugende Lehre nicht bei sich behält; denn auch das ist eine unvernünftige Gemütsbewegung, da sie sich nahe

---

[3] Chrysippos Fr. mor. 377 v. Arnim (so Stählin z. St.).

ἤρηται πνοῇ κρύπτειν πράγματα. Τὰ προαιρετικὰ τοίνυν κρίνεται. 3. Κύριος γὰρ ἐτάζει καρδίας καὶ νεφρούς· καὶ ὁ ἐμβλέψας πρὸς ἐπιθυμίαν κρίνεται. Διὸ Μηδὲ ἐπι-
70 θυμήσῃς λέγει καὶ Ὁ λαὸς οὗτος τοῖς χείλεσί με τιμᾷ φησίν, ἡ δὲ καρδία αὐτῶν πόρρω ἐστὶν ἀπ' ἐμοῦ. 4. Εἰς αὐτὴν γὰρ ἀφορᾷ τὴν γνώμην ὁ θεός....

62, 1. Τὸ δ' ἑκούσιον ἢ τὸ κατ' ὄρεξίν ἐστιν ἢ τὸ κατὰ προαίρεσιν ἢ τὸ κατὰ διάνοιαν. Αὐτίκα παράκειταί πως ταῦτα ἀλλήλοις, ἁμάρτημα,
75 ἀτύχημα, ἀδίκημα. 2. Καὶ ἔστιν ἁμάρτημα μὲν φέρε εἰπεῖν τὸ τρυφητικῶς καὶ ἀσελγῶς βιοῦν, ἀτύχημα δὲ τὸ φίλον ὡς πολέμιον ὑπ' ἀγνοίας βαλεῖν, ἀδίκημα δὲ ἡ τυμβωρυχία ἢ ἡ ἱεροσυλία. 3. Τὸ δὲ ἁμαρτάνειν ἐκ τοῦ ἀγνοεῖν κρίνειν ὅ τι χρὴ ποιεῖν συνίσταται ἢ τοῦ ἀδυνατεῖν ποιεῖν, ὥσπερ ἀμέλει καὶ βόθρῳ περιπίπτει τις ἤτοι ἀγνοήσας ἢ ἀδυνατήσας
80 ὑπερβῆναι δι' ἀσθένειαν σώματος. 4. Ἀλλ' ἐφ' ἡμῖν γε ἥ τε πρὸς τὴν παιδείαν ἡμῶν παράστασις ἥ τε πρὸς τὰς ἐντολὰς ὑπακοή.

63, 1. Ὧν εἰ μὴ μετέχειν βουληθείημεν θυμῷ τε καὶ ἐπιθυμίᾳ ἐκδότους σφᾶς αὐτοὺς ἐπιδόντες, ἁμαρτησόμεθα, μᾶλλον δὲ ἀδικήσομεν τὴν ἑαυτῶν ψυχήν. ...

85 64, 3. Ἀτύχημα μὲν οὖν παράλογός ἐστιν ἁμαρτία, ἡ δὲ ἁμαρτία ἀκούσιος ἀδικία, ἀδικία δὲ ἑκούσιος κακία. Ἔστιν οὖν ἡ μὲν ἁμαρτία ἐμὸν ἀκούσιον. 4. Διὸ καί φησιν· Ἁμαρτία γὰρ ὑμῶν οὐ κυριεύσει· οὐ γάρ ἐστε ὑπὸ νόμον, ἀλλ' ὑπὸ χάριν, τοῖς ἤδη πεπιστευκόσι λέγων ὅτι Τῷ μώλωπι αὐτοῦ ἡμεῖς ἰάθημεν. 5. Ἀτυχία
90 δέ ἐστιν ἄλλου εἰς ἐμὲ πρᾶξις ἀκούσιος, ἡ δὲ ἀδικία μόνη εὑρίσκεται ἑκούσιος εἴτε ἐμὴ εἴτε ἄλλου.

65, 1. Ταύτας δ' αἰνίσσεται τῶν ἁμαρτιῶν τὰς διαφορὰς ὁ ψαλμῳδὸς μακαρίους λέγων ὧν ὁ θεὸς τὰς μὲν ἀπήλειψεν ἀνομίας, τὰς δὲ ἐπεκάλυψεν ἁμαρτίας, οὐκ ἐλογίσατό τε τὰς ἄλλας καὶ ἀφῆκε τὰς λοιπάς. 2. „Γέγρα-
95 πται γάρ· „Μακάριοι ὧν ἀφέθησαν αἱ ἀνομίαι καὶ ὧν ἐπεκαλύφθησαν αἱ ἁμαρτίαι· μακάριος ἀνὴρ ᾧ οὐ μὴ λογίσηται κύριος ἁμαρτίαν οὐδὲ ἔστιν ἐν τῷ στόματι

107, 68 cf. Psalm. 7, 10 etc.
  69 cf. Matth. 5, 28
  69 s. cf. Exod. 20, 17
  70 s. Is. 29, 13 (Marc. 7, 6 par.)
  87 s. Rom. 6, 14
  89 Is. 53, 5
  94—99 1. Clem. 50, 6 s.
  95—98 Psalm. 31 (32), 1 s. (Rom. 4, 7 s.)

107, 85 s. ἀκούσιος *Stählin:* ἑκούσιος *cod.*
  87 ἀκούσιον *Potter:* ἑκούσιον *cod.*

mit Geschwätzigkeit berührt. *Ein Zuverlässiger ist entschlossen, die Dinge in seinem Innern zu verbergen.* Demnach unterliegt dem Gericht das vorsätzliche Tun. 3. Denn *der Herr prüft Herzen und Nieren, und wer so sieht, dass sich seine Begierde dabei entzündet,* wird gerichtet. Deswegen sagt der Herr: *Lass dich nicht gelüsten!* und spricht: *Dieses Volk ehrt mich mit seinen Lippen, aber ihr Herz ist weit von mir entfernt.* 4. Denn Gott schaut auf die Gesinnung selbst . . . .

62, 1. Die absichtliche Tat ist etwas, was man entweder infolge eines Strebens oder eines Vorsatzes oder einer Absicht tut. Andererseits sind Verfehlung, Unglück, Frevel nahe miteinander verwandt. 2. Und eine Verfehlung ist es z. B., wenn man üppig und zuchtlos lebt, ein Unglück, wenn man seinen Freund, weil man ihn nicht erkennt, anstatt eines Feindes trifft, ein Frevel eine Grabschändung oder ein Tempelraub. 3. Die Verfehlung entsteht daraus, dass man nicht zu beurteilen weiss, was man tun soll, oder daraus, dass man zu schwach ist, es auszuführen. So fällt z. B. jemand in eine Grube, entweder, weil er nichts von ihr wusste, oder weil er körperlich zu schwach war, um über sie hinwegzukommen. 4. Aber in unserer Macht steht sowohl, dass man sich unserer Lehre anschliesst, als auch, dass man gegen die Gebote gehorsam ist.

63, 1. Wenn wir uns zu diesem Verhalten nicht entschliessen können, weil wir uns der Leidenschaft und der Begierde hingaben, so werden wir sündigen, ja vielmehr an unserer eigenen Seele freveln. . . .

64, 3. Unglück ist nun eine unbeabsichtige Verfehlung, die Verfehlung ist aber ein unbeabsichtigtes Unrecht, ein vorsätzliches Unrecht dagegen ist Schlechtigkeit. Die Verfehlung ist also etwas, was ohne meinen Willen geschieht. 4. Deshalb sagt auch der Apostel: *Die Verfehlung wird nicht über euch herrschen; denn ihr seid nicht unter dem Gesetz, sondern unter der Gnade,* wobei er zu denen spricht, die bereits zum Glauben gekommen sind; *denn durch seine Striemen wurden wir geheilt.* 5. Unglück ist aber die unbeabsichtigte Handlung eines andern gegen mich; das Unrecht aber erweist sich allein als ein vorsätzliches Handeln, sei es von mir, sei es von einem andern.

65, 1. Auf diese verschiedenen Arten von Verfehlungen spielt der Psalmendichter an, wenn er diejenigen selig nennt, deren Sünden Gott abgewaschen, von deren Verfehlungen er die einen zugedeckt, die anderen nicht angerechnet und die übrigen erlassen hat. 2. „Denn es steht geschrieben: *Selig sind die, deren Gesetzesübertretungen vergeben und deren Sünden zugedeckt wurden; selig ist der Mann, dem der Herr die Sünde nicht anrechnet und in dessen Munde kein Trug ist.* Diese Selig-

αὐτοῦ δόλος. Οὗτος ὁ μακαρισμὸς ἐγένετο ἐπὶ τοὺς ἐκλελεγμένους ὑπὸ τοῦ θεοῦ διὰ Ἰησοῦ Χριστοῦ τοῦ κυρίου ἡμῶν." 3. Κ α λ ύ π τ ε ι μὲν
100 γὰρ ἀ γ ά π η π λ ῆ θ ο ς ἁ μ α ρ τ ι ῶ ν, ἀπαλείφει δὲ ὁ τ ὴ ν μ ε τ ά ν ο ι α ν μ ᾶ λ λ ο ν τ ο ῦ ἁ μ α ρ τ ω λ ο ῦ ἢ τ ὸ ν θ ά ν α τ ο ν α ἱ ρ ο ύ μ ε ν ο ς.
66, 1. Οὐ λογίζονται δὲ ὅσαι μὴ κατὰ προαίρεσιν συνίστανται· ὁ γὰρ ἐ π ι θ υ μ ή σ α ς ἤ δ η μ ε μ ο ί χ ε υ κ ε φησίν. Ἀφίησί τε τὰς ἁμαρτίας ὁ φωτίζων λόγος.... 4. Φαίνεται δὲ καὶ Ἰωάννης ἐν τῇ μείζονι ἐπιστολῇ
105 τὰς διαφορὰς τῶν ἁμαρτιῶν ἐκδιδάσκων ἐν τούτοις· Ἐ ά ν τ ι ς ἴ δ ῃ τ ὸ ν ἀ δ ε λ φ ὸ ν α ὐ τ ο ῦ ἁ μ α ρ τ ά ν ο ν τ α ἁ μ α ρ τ ί α ν μ ὴ π ρ ὸ ς θ ά ν α τ ο ν, α ἰ τ ή σ ε ι, κ α ὶ δ ώ σ ε ι α ὐ τ ῷ ζ ω ή ν, τ ο ῖ ς ἁ μ α ρ τ ά ν ο υ σ ι μ ὴ π ρ ὸ ς θ ά ν α τ ο ν εἶπεν....
69, 2. Πάλιν ὁ κύριος δείκνυσιν ἄντικρυς ἐφ᾽ ἡμῖν καὶ τὰ παραπτώματα
110 καὶ τὰ πλημμελήματα, τρόπους θεραπείας καταλλήλους τοῖς πάθεσιν ὑποτιθέμενος, πρὸς τῶν ποιμένων ἐπανορθοῦσθαι βουλόμενος ἡμᾶς, διὰ Ἰεζεκιὴλ αἰτιώμενος αὐτῶν, οἶμαι, τινὰς ἐφ᾽ οἷς οὐκ ἐτήρησαν τὰς ἐντολάς· 3. Τὸ ἠ σ θ ε ν η κ ὸ ς ο ὐ κ ἐ ν ι σ χ ύ σ α τ ε καὶ τὰ ἑξῆς ἕ ω ς κ α ὶ ο ὐ κ ἦ ν ὁ ἐ π ι ζ η τ ῶ ν ο ὐ δ ὲ ὁ ἀ π ο σ τ ρ έ φ ω ν· μεγάλη γὰρ χαρὰ παρὰ
115 τῷ πατρὶ ἑ ν ὸ ς ἁ μ α ρ τ ω λ ο ῦ σωθέντος, ὁ κύριός φησι. 4. Ταύτῃ πλέον ἐπαινετὸς ὁ Ἀβραὰμ ὅτι ἐ π ο ρ ε ύ θ η κ α θ ά π ε ρ ἐ λ ά λ η σ ε ν α ὐ τ ῷ ὁ κ ύ ρ ι ο ς. ...
70, 3. Τί δέ; Οὐχὶ καὶ ὁ θεὸς μετὰ τὴν ἐπὶ τῷ Κάιν συγγνώμην ἀκολούθως οὐ πολλῷ ὕστερον τὸν μετανοήσαντα Ἐνὼχ εἰσάγει δηλῶν ὅτι συγ-
120 γνώμη μετάνοιαν πέφυκε γεννᾶν; Ἡ συγγνώμη δὲ οὐ κατὰ ἄφεσιν, ἀλλὰ κατὰ ἴασιν συνίσταται. Τὸ δ᾽ αὐτὸ γίνεται κἂν τῇ κατὰ τὸν Ἀαρὼν τοῦ λαοῦ μοσχοποιίᾳ.

107, 99 s. 1. Petr. 4, 8
    100 s. cf. Ez. 18, 23. 32; 33, 11
    103 cf. Matth. 5, 28
    104 ss. 1. Ioh. 5, 16 s. (nr. 24)
    113 s. Ez. 34, 4—6
    114 s. cf. Luc. 15, 7. 10
    116 s. Gen. 12, 4
    118 s. cf. Gen. 4, 15 et 5, 24
    121 s. cf. Exod. 32

  107, 119 s. συγγνώμη μετάνοιαν Klostermann: συγγνώμην μετάνοια cod.

preisung galt denen, die von Gott durch unseren Herrn Jesus Christus auserwählt worden sind." 3. Denn *Liebe deckt der Sünden Menge zu,* und es wäscht sie der ab, der *die Busse des Sünders lieber sieht als seinen Tod* [4].

66, 1. Nicht angerechnet werden aber alle Sünden, die nicht mit Vorsatz begangen werden; denn *wer begehrte, der hat die Ehe schon gebrochen,* heisst es. Es vergibt aber die Sünden der erleuchtende Logos. ...
4. Aber auch Johannes lehrt in seinem grösseren Brief offenbar die verschiedenen Arten von Sünde mit den Worten: *Wenn jemand seinen Bruder sündigen sieht, eine Sünde nicht zum Tode, so soll er für ihn bitten, und er wird ihm zum Leben verhelfen, nämlich denen, die keine Sünde zum Tode begehen,* so sagt er.

69, 2. An einer anderen Stelle zeigt der Herr deutlich, dass die Fehltritte und Vergehen von unserer eigenen Entscheidung abhängen, indem er uns die den Krankheiten entsprechenden Arten der Heilung vor Augen führt. Da er nämlich wünschte, dass wir durch die Hirten auf den rechten Weg gebracht würden, machte er einigen von ihnen, wie ich meine, durch die Worte des Ezechiel Vorwürfe, weil sie seine Befehle nicht erfüllten: 3. *Das Schwachgewordene habt ihr nicht gestärkt* und die folgenden Worte bis *und keiner war da, der sie* (meine Schafe) *gesucht und auf den richtigen Weg zurückgebracht hätte.* Denn gross ist bei dem Vater die *Freude über einen einzigen Sünder,* der gerettet wurde, sagt der Herr. 4. Deshalb ist Abraham um so mehr zu loben, weil *er wandelte, wie es ihm der Herr geboten hatte.*

70, 3. Wie nun? Führt nicht auch Gott, nachdem er Kain verziehen hatte, folgerichtig nicht viel später uns den Enoch, der Busse tat, vor Augen, um anzuzeigen, dass es im Wesen der Verzeihung liegt, Busse herbeizuführen? [5] Die Verzeihung [6] entsteht also nicht auf Grund der Vergebung, sondern auf Grund der Heilung. Das gleiche geschieht, als das Volk unter Aarons Führung das goldene Stierbild gemacht hatte.

---

4 Das freie Zitat könnte man auch übersetzen: „der die Busse ... will und nicht den Tod".
5 Klemens folgt hier Philo; s. Stählin z. St.
6 Dazu Poschmann, Paen. sec. 240.

108   ibidem II, (16) 73, 1—3

1. Ἐπεὶ τοίνυν βούλημά ἐστι τοῦ θεοῦ σῴζεσθαι τὸν ταῖς ἐντολαῖς πειθήνιον τόν τε ἐκ τῶν ἁμαρτημάτων μετανοοῦντα, χαίρομεν δὲ ἡμεῖς ἐπὶ τῇ σωτηρίᾳ ἡμῶν, τὸ χαρτὸν ἡμῶν ἐξιδιοποιήσατο ὁ διὰ τῶν προφητῶν λαλήσας κύριος, καθάπερ ἐν τῷ εὐαγγελίῳ φιλανθρώπως λέγων· Ἐπείνασα καὶ ἐδώκατέ μοι φαγεῖν, ἐδίψησα καὶ ἐδώκατέ μοι πιεῖν· ὃ γὰρ ἑνὶ τούτων τῶν ἐλαχίστων πεποιήκατε, ἐμοὶ πεποιήκατε. 2. Ὥσπερ οὖν τρέφεται μὴ τρεφόμενος διὰ τὸ τεθράφθαι ὅνπερ βούλεται, οὕτως ἐχάρη μὴ τραπεὶς διὰ τὸ ἐν χαρᾷ γεγονέναι τὸν μετανενοηκότα ὡς ἐβούλετο. 3. Ἐπεὶ δὲ πλουσίως ἐλεεῖ ἀγαθὸς ὢν ὁ θεὸς τάς τε ἐντολὰς διδοὺς διὰ νόμου, * διὰ προφητῶν καὶ προσεχέστερον ἤδη διὰ τῆς τοῦ υἱοῦ παρουσίας σῴζων καὶ ἐλεῶν, ὡς εἴρηται, τοὺς ἠλεημένους κυρίως τε ἐλεεῖ ὁ κρείττων τὸν ἐλάσσω καὶ κρείττων μὲν ἄνθρωπος ἀνθρώπου οὐκ ἂν εἴη, καθὸ ἄνθρωπος πέφυκεν, κρείττων δὲ ὁ θεὸς τοῦ ἀνθρώπου κατὰ πάντα, εἰ τοίνυν ὁ κρείττων τὸν ἥσσω ἐλεεῖ, μόνος ἡμᾶς ὁ θεὸς ἐλεήσει.

109   ibidem II, (23) 147, 1—4

1. Τί οὖν ὁ νόμος; Πρὸς ἀναστολὴν τῆς εὐεπιφορίας τῶν παθῶν ἀναιρεῖσθαι προστάττει τὴν μοιχευθεῖσαν καὶ ἐπὶ τούτῳ ἐλεγχθεῖσαν· ἐὰν δὲ ἱέρεια ᾖ, πυρὶ παραδίδοσθαι προστάττει. Λιθοβολεῖται δὲ καὶ ὁ μοιχός, ἀλλ' οὐκ ἐν τῷ αὐτῷ τόπῳ, ἵνα μηδὲ ὁ θάνατος αὐτοῖς κοινὸς ᾖ. 2. Οὐ δὴ μάχεται τῷ εὐαγγελίῳ ὁ νόμος, συνᾴδει δὲ αὐτῷ. Πῶς γὰρ οὐχί, ἑνὸς ὄντος ἀμφοῖν χορηγοῦ τοῦ κυρίου; Ἡ γάρ τοι πορνεύσασα ζῇ μὲν τῇ ἁμαρτίᾳ, ἀπέθανεν δὲ ταῖς ἐντολαῖς, ἡ δὲ μετανοήσασα οἷον ἀναγεννηθεῖσα κατὰ τὴν ἐπιστροφὴν τοῦ βίου παλιγγενεσίαν ἔχει ζωῆς, τεθνηκυίας μὲν τῆς πόρνης τῆς παλαιᾶς, εἰς βίον δὲ παρελθούσης αὖθις τῆς κατὰ τὴν μετάνοιαν γεννηθείσης. 3. Μαρτυρεῖ τοῖς εἰρημένοις διὰ Ἰεζεκιὴλ τὸ

108, 4—7 Matth. 25, 35. 40
   9 s. cf. Eph. 2, 4
109, 1—3 cf. Leu. 20, 10; 21, 9; Deut. 22, 22

108, 10 Post νόμου lacunam indicat Stählin, νουθετῶν τε supplet Schwartz.

Ebenda II, (16) 73, 1—3

1. Da es nun Gottes Wille ist, dass gerettet werde, wer den Geboten gehorsam ist und sich in Busse von seinen Sünden abkehrt, und da wir uns über unsere Rettung freuen, so machte der durch die Propheten redende Herr unsere Veranlassung, uns zu freuen, sich selbst zu eigen [1], gerade so, wie er im Evangelium freundlich sagt: *Ich hungerte, und ihr gabt mir zu essen, ich dürstete, und ihr gabt mir zu trinken; denn was ihr einem dieser Geringsten getan habt, das habt ihr mir getan.* 2. Wie er demnach genährt wird, ohne selbst Nahrung zu sich zu nehmen, dadurch, dass der, den er genährt haben will, genährt worden ist, so freute er sich, ohne eine Veränderung zu erleiden, weil der, der Busse getan hatte, so wie er es wünschte, zur Freude gekommen war. 3. Da aber *Gott,* weil er gut ist, *in reichem Masse Barmherzigkeit übt,* indem er durch das Gesetz die Gebote gab, uns durch die Propheten ermahnte und noch unmittelbarer durch die Erscheinung seines Sohnes die rettete und sich ihrer erbarmte, die, wie gesagt ist, Erbarmen erfahren haben, und da ferner in der Regel sich der Mächtigere des Schwächeren erbarmt und kein Mensch in seiner Eigenschaft als Mensch mächtiger als ein anderer Mensch ist, dagegen Gott in jeder Beziehung mächtiger als der Mensch ist, so wird, sofern wirklich der Mächtigere sich des Schwächeren erbarmt, Gott allein es sein, der sich unser erbarmt.

Ebenda II, (23) 147, 1—4

147, 1. Was bestimmt nun das Gesetz? Um die so leicht der Verführung unterliegenden Leidenschaften einzudämmen, befiehlt das Gesetz, dass die Ehebrecherin, wenn sie des Ehebruchs überführt ist, getötet werde. Wenn sie aber aus dem Priestergeschlechte ist, so soll sie dem Feuer überliefert werden. Aber gesteinigt wird auch der Ehebrecher, jedoch nicht am gleichen Ort, damit sie nicht einmal im Tode vereint seien. 2. Das Gesetz steht also mit dem Evangelium wirklich nicht im Widerspruch, sondern stimmt mit ihm überein. Wie sollte das auch anders sein, da doch der nämliche Herr beide gegeben hat? Denn diejenige, die Unzucht treibt, lebt der Sünde und ist tot für die Gebote; die aber, die Busse tut, ist durch die Bekehrung von ihrem Leben gleichsam wiedergeboren und hat eine Wiedergeburt des Lebens, insofern die alte Sünderin gestorben und die durch die Busse Geborene wieder ins Leben eingetreten ist. 3. Das Gesagte bestätigt der Geist durch Ezechiel, indem er

---

[1] Da Gott frei von Affekten zu denken ist, deutet Klemens die Freude Gottes über die Busse der Sünder (z. B. Luk. 15, 7. 10) um.

πνεῦμα λέγον· Οὐ βούλομαι τὸν θάνατον τοῦ ἁμαρτωλοῦ
ὡς τὸ ἐπιστρέψαι. 4. Αὐτίκα λιθόλευστοι γίνονται ὡς ἂν διὰ σκληροκαρδίαν
ἀποθανόντες τῷ νόμῳ ᾧ μὴ ἐπείσθησαν, τῇ δὲ ἱερείᾳ ἐπιτείνεται
τὰ τῆς κολάσεως, ὅτι ᾧ πλεῖον ἐδόθη, οὗτος καὶ ἀπαιτηθήσε-
15 ται.

110   ibidem IV, (6) 27, 3

Ὁ τοίνυν ἐπιγινώσκων κατὰ τὸν τῆς μετανοίας λόγον ἁμαρτωλὸν τὴν
ψυχὴν ἀπολέσει αὐτὴν τῆς ἁμαρτίας ἧς ἀπέσπασται, ἀπολέσας δὲ εὑρήσει
κατὰ τὴν ὑπακοὴν τὴν ἀναζήσασαν μὲν τῇ πίστει, ἀποθανοῦσαν δὲ τῇ
ἁμαρτίᾳ. Τοῦτ' οὖν ἐστι τὸ εὑρεῖν τὴν ψυχήν, τὸ γνῶναι ἑαυτόν.

111   ibidem IV, (9) 73, 1—3

1. ... ἐκεῖνο δὲ οὐκ ἐπέστησεν (sc. ὁ Ἡρακλέων) ὅτι, εἰ καὶ μὴ πράξει
τινὲς καὶ τῷ βίῳ ὡμολόγησαν τὸν Χριστὸν ἔμπροσθεν τῶν ἀνθρώπων, τῷ
μέντοι κατὰ φωνὴν ὁμολογεῖν ἐν δικαστηρίοις καὶ μέχρι θανάτου βασανι-
ζομένους μὴ ἀρνεῖσθαι ἀπὸ διαθέσεως πεπιστευκέναι φαίνονται· 2. διά-
5 θεσις δὲ ὁμολογουμένη καὶ μάλιστα ἡ μηδὲ θανάτῳ τρεπομένη ὑφ' ἓν ἁπάντων
τῶν παθῶν, ἃ δὴ διὰ τῆς σωματικῆς ἐπιθυμίας ἐγεννᾶτο, ἀποκοπὴν
ποιεῖται· 3. ἔστι γὰρ ὡς ἔπος εἰπεῖν ἐπὶ τέλει τοῦ βίου ἁθρόα κατὰ τὴν
πρᾶξιν μετάνοια καὶ ἀληθὴς εἰς Χριστὸν ὁμολογία ἐπιμαρτυρούσης τῆς
φωνῆς.

112   ibidem IV, (22) 143, 1

Ἱκανὴ δέ, οἶμαι, ἀνθρώπῳ κάθαρσις μετάνοια ἀκριβὴς καὶ βεβαία, εἴ
γε κατεγνωκότες ἑαυτῶν ἐπὶ ταῖς προγενομέναις πράξεσι προῖμεν [εἰς]
τὸ πρόσθεν, μετὰ ταῦτα νοήσαντες καὶ τὸν νοῦν ἐξαναδύντες τῶν τε κατ'
αἴσθησιν τερπόντων καὶ τῶν πρόσθεν πλημμελημάτων.

109, 11 s. Ez. 33, 11
14 s. cf. Luc. 12, 48

sagt: *Ich will nicht den Tod des Sünders, sondern dass er sich bekehre.*
4. So werden sie denn gesteinigt, weil sie wegen ihrer Herzenshärtigkeit dem Gesetze gestorben sind, dem sie nicht gehorchten; für die Priestertochter wird aber die Strafe noch verschärft; denn: *Wem mehr gegeben wurde, von dem wird auch mehr gefordert werden.*

Ebenda IV, (6) 27, 3

Wer also auf dem Wege der Busse seine Seele als sündig erkennt, wird sie verlieren weg von der Sünde, von der sie sich losgerissen hat; wenn er sie aber verloren hat, wird er sie wiederfinden in dem Gehorsam, da sie durch den Glauben zu neuem Leben gelangt, der Sünde aber abgestorben ist. Das also ist der Sinn von „seine Seele finden": sich selbst erkennen.

Ebenda IV, (9) 73, 1—3

1. ... Aber auf eines hat er (sc. Herakleon) nicht geachtet: Wenn manche auch nicht mit der Tat und mit dem Leben Christus vor den Menschen bekannt haben, so ist doch dadurch, dass sie vor Gericht mit der Stimme bekannten und, obwohl sie bis zum Tod gemartert wurden, den Herrn nicht verleugneten, der Beweis erbracht, dass sie mit aufrichtiger Gesinnung geglaubt haben. 2. Eine Gesinnung aber, die sich im Bekenntnis bewährt, und vor allem eine solche, die sich auch beim Tod nicht ändert, beseitigt mit einem Schlage alle Leidenschaften, die durch die körperliche Begierde erzeugt wurden. 3. Denn es gibt sozusagen am Ende des Lebens eine Reue, die alles in der Tat zusammenfasst, und ein wahrhaftiges Bekenntnis zu Christus, wobei auch die Stimme mitbezeugt.

Ebenda IV, (22) 143, 1

Die richtige Reinigung ist aber, meine ich, für einen Menschen gewissenhafte und dauernde Sinnesänderung, wenn wir uns selbst wegen unserer früheren Taten verurteilen und das Vergangene von uns abschütteln, indem wir nachträglich zur Erkenntnis kamen[1] und uns in unserem Herzen von dem freimachten, was die Sinne ergötzt, und von unseren früheren Verfehlungen.

---

[1] Vgl. 2, 26, 5 (Nr. 106).

113   ibidem IV, (24) 153, 3—154, 4

153, 3. Ἀφίενται γοῦν πρὸς τοῦ κυρίου αἱ πρὸ τῆς πίστεως ⟨ἁμαρτίαι⟩, οὐχ ἵνα μὴ ὦσι γενόμεναι, ἀλλ᾽ ὡς μὴ γενόμεναι. 4. Πλὴν οὐδὲ πάσας ὁ Βασιλείδης φησί, μόνας δὲ τὰς ἀκουσίους καὶ κατὰ ἄγνοιαν ἀφίεσθαι, καθάπερ ἀνθρώπου τινός, ἀλλ᾽ οὐ θεοῦ τὴν τοσαύτην παρεχομένου δωρεάν.
5 Τούτῳ φησὶν ἡ γραφή· Ὑπέλαβες, ἄνομε, ὅτι ἔσομαί σοι ὅμοιος. 5. Ἀλλ᾽ εἰ καὶ ἐπὶ ταῖς ἑκουσίοις κολαζόμεθα, οὐχ ἵνα μὴ γένωνται γενόμεναι, ἀλλ᾽ ὅτι ἐγένοντο, τιμωρούμεθα. 6. Κόλασις δὲ τὸν ἁμαρτήσαντα οὐκ ὠφελεῖ εἰς τὸ μὴ πεποιηκέναι, ἀλλ᾽ εἰς τὸ μηκέτι ἁμαρτάνειν μηδὲ μὴν ἄλλον τινὰ τοῖς ὁμοίοις περιπεσεῖν.
10   154, 1. Ἐνταῦθα οὖν ὁ ἀγαθὸς θεὸς διὰ τρεῖς ταύτας παιδεύει αἰτίας· πρῶτον μὲν [τὴν] ἵν᾽ αὐτὸς ἀμείνων αὑτοῦ γένηται ὁ παιδευόμενος, [εἶσ] ἔπειτα ὅπως οἱ δι᾽ ὑποδειγμάτων σωθῆναι δυνάμενοι προανακρούωνται νουθετούμενοι, καὶ τρίτον ὡς μὴ ὁ ἀδικούμενος εὐκαταφρόνητος ᾖ καὶ ἐπιτήδειος ἀδικεῖσθαι. 2. Δύο δὲ καὶ ⟨οἱ⟩ τρόποι τῆς ἐπανορθώσεως, ὁ μὲν
15 διδασκαλικός, ὁ δὲ κολαστικός, ὃν καὶ παιδευτικὸν εἰρήκαμεν. 3. Ἰστέον μέντοι τοὺς μετὰ τὸ λουτρὸν τοῖς ἁμαρτήμασι περιπίπτοντας τούτους εἶναι τοὺς παιδευομένους· τὰ μὲν γὰρ προενεργηθέντα ἀφείθη, τὰ δὲ ἐπιγινόμενα ἐκκαθαίρεται. 4. Περὶ τῶν ἀπίστων εἴρηται λελογίσθαι τούτους ὡς χνοῦν, ὃν ἐκρίπτει ὁ ἄνεμος ἀπὸ προσώπου τῆς γῆς, καὶ ὡς
20 σταγόνα ἀπὸ κάδου.

114   ibidem VI, (12) 97, 3—98, 2

97, 3. Καὶ τί λέγει τὰ ἔργα τῶν ἀνθρώπων; Αὐτὴν τὴν ἁμαρτίαν γνωρίζει, οὐ παραχθεῖσαν ἐπὶ μετάνοιαν (κοινὸν γὰρ τοῦτο καὶ

113, 5 s. cf. Psalm. 49 (50), 21
    18—20 cf. Psalm. 1, 4 et Is. 40, 15
114, 1 cf. Psalm. 16 (17), 4

Ebenda IV, (24) 153, 3—154, 4

153, 3. Vergeben werden also von dem Herrn die Sünden, die vor der Bekehrung zum Glauben geschehen sind, nicht, damit sie nicht existieren, obwohl sie doch geschehen sind, sondern als ob sie nicht geschehen wären. 4. Indessen werden, so behauptet Basileides, nicht alle Sünden vergeben, sondern nur diejenigen, die unabsichtlich und unwissentlich begangen worden sind, gerade als ob ein Mensch und nicht vielmehr Gott die so grosse Gabe (der Sündenvergebung) gewährte. Für ihn ist das Schriftwort gesagt: *Du wähntest, du Frevler, dass ich dir gleich sein würde.* 5. Aber auch wenn wir wegen der vorsätzlichen Sünden bestraft werden, erleiden wir die Strafe nicht, damit sie nicht geschehen seien, da sie ja geschehen sind, sondern deswegen, weil sie geschehen sind. 6. Und die Strafe verhilft dem Sünder nicht dazu, dass er die Sünden nicht begangen hat, sondern dazu, dass er nicht mehr sündigt, und dazu, dass kein anderer in die gleichen Sünden verfällt.

154, 1. Hier ist zu beachten, dass der gütige Gott bei seinen Züchtigungen folgende drei Gründe hat: erstens, damit der Gezüchtigte selbst besser wird, als er bis dahin war, sodann, damit diejenigen, die durch Beispiele gerettet werden können, sich warnen und vom Sündigen zurückreissen lassen, und drittens, damit der, dem man Unrecht tun will, nicht als jemand, den man ungestraft verachten dürfe, und als ein geeignetes Ziel für Kränkungen erscheine. 2. Zwei Arten der Besserung gibt es, die eine erfolgt durch Belehrung, die andere durch Bestrafung, wofür wir auch Züchtigung sagen. 3. Man muss jedoch wissen, dass diejenigen, die nach der Taufe wieder in Sünden fallen, solche sind, die gezüchtigt werden müssen; denn die Taten, die zuvor geschahen, wurden vergeben, die aber, die nachher geschehen, müssen durch Reinigung beseitigt werden. 4. Über die Ungläubigen ist aber gesagt, dass *sie der Spreu gleich geachtet sind, die der Wind vom Erdboden aufwirbelt, und dem Tropfen, der vom Kruge herabfällt* [1].

Ebenda VI, (12) 97, 3—98, 2

97, 3. Und was meint die Schrift mit den *Werken der Menschen*? Sie meint, dass er (der Gnostiker) die Sünde selbst kennt, nicht eine Sünde, die man bereut hat (denn das ist etwas Gewöhnliches, und bei den ande-

---

[1] Die Gläubigen können eine unvollendete Läuterung nach dem Tode fortsetzen, während die Ungläubigen und Unbussfertigen gar nicht zur Läuterung zugelassen werden; vgl. Protr. 10, 90, 3, und Fragm. 69 (Nr. 122). Für „gerechte" Juden und Heiden, die im irdischen Leben Reue gezeigt haben, ergeht die Hadespredigt Jesu und der Apostel (Str. 6, 45, 5).

τῶν ἄλλων πιστῶν), ἀλλ᾽ ὅ ἐστιν ἁμαρτία· οὐδὲ γὰρ τῆσδέ τινος καταγινώσκει, ἀλλ᾽ ἁπλῶς πάσης τῆς ἁμαρτίας· οὐδ᾽ ὃ ἐποίησέν τις κακῶς, ἀλλὰ τὸ μὴ ποιητέον συνίστησιν. 4. Ὅθεν καὶ ἡ μετάνοια δισσή· ἣ μὲν κοινὴ ἐπὶ τῷ πεπλημμεληκέναι, ἣ δέ, τὴν φύσιν τῆς ἁμαρτίας καταμαθοῦσα, ἀφίστασθαι τοῦ ἁμαρτάνειν αὐτοῦ κατὰ προηγούμενον λόγον πείθει, ᾧ ἕπεται τὸ μὴ ἁμαρτάνειν.

98, 1. Μὴ τοίνυν λεγόντων ὡς ὁ ἀδικῶν καὶ ἁμαρτάνων κατ᾽ ἐνέργειαν δαιμόνων πλημμελεῖ, ἐπεὶ κἂν ἀθῷος γένοιτο, τὰ δὲ αὐτὰ τοῖς δαιμονίοις κατὰ τὸ ἁμαρτάνειν αἱρούμενος, ἀνέδραστος καὶ κοῦφος καὶ εὐμετάβολος ἐν ἐπιθυμίαις ὡς δαίμων γίνεται ἄνθρωπος δαιμονικός. 2. Αὐτίκα ὁ μὲν κακὸς φύσει ἁμαρτητικὸς διὰ κακίαν γενόμενος φαῦλος καθέστηκεν, ἔχων ἣν ἑκὼν εἵλετο· ἁμαρτητικὸς δὲ ὢν καὶ κατὰ τὰς πράξεις διαμαρτάνει· ἔμπαλιν δὲ ὁ σπουδαῖος κατορθοῖ.

ibidem VI, (14) 109, 1—6

1. Οὐκ ἂν οὖν μετὰ ἀκρασίας πιστός τις εἴη, ἀλλὰ κἂν ⟨μὴ⟩ ἐξέλθῃ τὴν σάρκα, ἀποθέσθαι τὰ πάθη ἀνάγκη τοῦτον, ὡς εἰς τὴν μονὴν τὴν οἰκείαν χωρῆσαι δυνηθῆναι. 2. Πλέον δέ ἐστι τοῦ πιστεῦσαι τὸ γνῶναι, καθάπερ ἀμέλει τοῦ σωθῆναι τὸ καὶ μετὰ τὸ σωθῆναι τιμῆς τῆς ἀνωτάτω ἀξιωθῆναι. 3. Διὰ πολλῆς τοίνυν τῆς παιδείας ἀπεκδυσάμενος τὰ πάθη ὁ πιστὸς ἡμῖν μέτεισιν ἐπὶ τὴν βελτίονα τῆς προτέρας μονῆς, μεγίστην κόλασιν ἐπιφερόμενος τὸ ἰδίωμα τῆς μετανοίας ὧν ἐξήμαρτεν μετὰ τὸ βάπτισμα. 4. Ἀνιᾶται γοῦν ἔτι μᾶλλον ἤτοι μηδέπω ἢ καὶ μηδ᾽ ὅλως τυγχάνων ὧν ἄλλους ὁρᾷ μετειληφότας. 5. Πρὸς δὲ καὶ ἐπαισχύνεται τοῖς πλημμεληθεῖσιν αὐτῷ, αἳ δὴ μέγισται κολάσεις εἰσὶ τῷ πιστῷ. Ἀγαθὴ γὰρ ἡ τοῦ θεοῦ δικαιοσύνη καὶ δικαία ἐστὶν ἡ ἀγαθότης αὐτοῦ. 6. Κἂν παύσωνται ἄρα που αἱ τιμωρίαι κατὰ τὴν ἀποπλήρωσιν τῆς ἐκτίσεως καὶ τῆς ἑκάστου ἀποκαθάρσεως, μεγίστην ἔχουσι παραμένουσαν λύπην οἱ

ren Gläubigen zu finden), sondern das, was Sünde wirklich ist; denn er verurteilt auch nicht irgendeine bestimmte einzelne Sünde, sondern überhaupt jede Sünde, und er stellt nicht die einzelne schlechte Tat, die irgendeiner verübt hat, fest, sondern allgemein das, was man nicht tun darf. 4. Daher gibt es auch zwei Arten von Reue; die eine ist die gewöhnliche, wenn man bereut, sich verfehlt zu haben; die andere, die das Wesen der Sünde ganz erkannt hat, veranlasst in allererster Linie dazu, vom Sündigen selbst abzulassen, und darauf folgt, dass man überhaupt nicht mehr sündigt.

98, 1. Man soll also nicht behaupten, dass derjenige, der Unrecht und Sünde tut, sich infolge der Wirkung von bösen Geistern verfehle; denn dann würde er ja keine Strafe verdienen; vielmehr wählt er beim Sündigen das gleiche wie die bösen Geister, indem er in seinen Leidenschaften unstet und leichtfertig und wankelmütig ist wie ein böser Geist, und wird so ein von bösen Geistern besessener Mensch. 2. Wer aber von Natur böse ist, wird wegen seiner Schlechtigkeit zum Sündigen geneigt und ist so ein böser Mensch geworden, da er sich mit freiem Willen zur Sünde entschloss und sie jetzt an sich trägt; da er zum Sündigen geneigt ist, sündigt er auch mit der Tat, und umgekehrt tut der sittlich Gute auch Gutes.

Ebenda VI, (14) 109, 1—6

1. Es ist also nicht möglich, dass jemand gläubig und zugleich zuchtlos ist; vielmehr muss er, wenn er auch nicht aus dem Fleisch ausscheidet, doch die Leidenschaften von sich ablegen, damit er in die ihm bestimmte Wohnung gelangen kann. 2. Mehr aber als das Glauben ist das Erkennen, ebenso wie natürlich auch mehr als das Gerettetwerden ist, wenn man nach dem Gerettetwerden der höchsten Ehre gewürdigt wird. 3. Infolge gründlicher Erziehung muss daher unser Gläubiger erst die Leidenschaften ablegen, um dann in eine Wohnung zu gelangen, die besser als seine frühere ist, wobei er als schwerste Strafe die besonders geartete Reue über diejenigen Sünden bei sich trägt, die er nach der Taufe begangen hat. 4. Er ist wenigstens noch mehr darüber betrübt, dass er entweder noch nicht oder überhaupt nicht das erreicht hat, woran andere, wie er sieht, bereits Anteil haben. 5. Ausserdem schämt er sich aber auch über seine Verfehlungen, und dies ist die grösste Strafe für den Gläubigen. Denn gut ist die Gerechtigkeit Gottes, und gerecht ist seine Güte. 6. Und wenn auch wohl die Strafen dann aufhören, wenn die Vergeltung für jede einzelne Schuld und die Reinigung davon vollendet ist, so bleibt bei denen, die nur des anderen *Stalles* für würdig erfunden wurden, doch dauernd die

της άλλης άξιοι εύρεθέντες αυλής την επί τω μη συνείναι τοις διά
δικαιοσύνην δοξασθείσιν.

116   ibidem VII, (1) 3, 1—4

1. Θεραπεία τοίνυν του θεού ή συνεχής επιμέλεια της ψυχής τω
γνωστικώ και ή περί το θείον αυτού κατά την αδιάλειπτον αγάπην
ασχολία. 2. Της γαρ περί τους ανθρώπους θεραπείας ή μεν βελτιωτική,
ή δε υπηρετική. Ιατρική μεν σώματος, φιλοσοφία δε ψυχής βελτιωτική.
Γονεύσι μεν εκ παίδων και ηγεμόσιν εκ των υποτεταγμένων υπηρετική
ωφέλεια προσγίνεται· 3. ομοίως δε και κατά την εκκλησίαν την μεν
βελτιωτικήν οι πρεσβύτεροι σώζουσιν εικόνα, την υπηρετικήν δε οι διάκονοι. 4. Ταύτας άμφω τας διακονίας άγγελοί τε υπηρετούνται τω θεώ
κατά την των περιγείων οικονομίαν και αυτός ο γνωστικός, θεώ μεν
διακονούμενος, ανθρώποις δε την βελτιωτικήν ενδεικνύμενος θεωρίαν,
όπως αν και παιδεύειν ή τεταγμένος εις την των ανθρώπων επανόρθωσιν.
Θεοσεβής γαρ μόνος ο καλώς και ανεπιλήπτως περί τα ανθρώπεια εξυπη-
ρετών τω θεώ.

117   ibidem VII, (2) 12, 3—5

3. Έργον ούν της δικαιοσύνης της σωτηρίου επί το άμεινον αιεί κατά
το ενδεχόμενον έκαστον προάγειν. ... 4. Αυτίκα μεταβάλλει παν το ενά-
ρετον εις αμείνους οικήσεις, της μεταβολής αιτίαν την αίρεσιν της γνώσεως έχον, ην αυτοκρατορικήν εκέκτητο η ψυχή. 5. Παιδεύσεις δε αι
αναγκαίαι αγαθότητι του εφορώντος μεγάλου κριτού διά τε των προσεχών
αγγέλων διά τε προκρίσεων ποικίλων και διά της κρίσεως της παντελούς
τους επί πλέον α π η λ γ η κ ό τ α ς εκβιάζονται μετανοείν.

118   ibidem VII, (12 et 13) 80, 1 et 81, 1

80, 1. Ούτος εν έξει γενόμενος ευποιητική θάττον του λέγειν καλώς
ευεργετεί, τα μεν των αδελφών αμαρτήματα μερίσασθαι ευχόμενος εις

115, 14 cf. Ioh. 10,16
117, 7 cf. Eph. 4, 19

überaus grosse Trauer darüber bestehen, dass sie nicht mit denen zusammen sind, die wegen ihrer Gerechtigkeit verklärt sind[1].

Ebenda VII, (1) 3, 1—4   116

1. Der Gottesdienst des Gnostikers besteht also in der fortwährenden Fürsorge für die Seele und in seiner aus unaufhörlicher Liebe erwachsenden Beschäftigung mit dem Göttlichen. 2. Denn die Fürsorge für die Menschen will teils bessern, teils dienen. Die Besserung des Körpers ist Sache der Heilkunst, die der Seele ist Sache der Philosophie. Förderung durch Dienen dagegen wird den Eltern durch die Kinder und den Vorgesetzten durch ihre Untergebenen zuteil. 3. Ebenso versehen in der Kirche die Ältesten (Presbyter) das Amt des Besserns, die Gemeindepfleger (Diakonen) das Amt des Dienens. 4. Diese beiden Dienste erweisen die Engel Gott bei seiner Weltregierung und ebenso auch der Gnostiker selbst, indem er Gott dient und den Menschen seine Weltanschauung darlegt, die geeignet ist, sie zu bessern, dem entsprechend, dass er mit der Erziehung der Menschen zu ihrer Besserung betraut ist; denn fromm ist allein derjenige, der in den menschlichen Beziehungen Gott richtig und tadellos dient.

Ebenda VII, (2) 12, 3—5   117

3. Es ist also die Aufgabe der Gerechtigkeit des Heilands, einen jeden einzelnen je nach der Möglichkeit zu einer immer besseren Stufe emporzuführen. ... 4. Demgemäss wendet sich alles Tugendhafte besseren Wohnstätten zu, wobei der Wechsel durch die Wahl der Erkenntnis verursacht ist, und diese Wahl stand in der völlig unabhängigen Entscheidung der Seele. 5. Aber diejenigen, die noch mehr *verhärtet* sind, werden zur Busse gezwungen durch die notwendigen Züchtigungen, die der alles beaufsichtigende grosse Richter in seiner Güte durch die ihm nahestehenden Engel oder durch mannigfache vorläufige Gerichte und schliesslich durch das letzte, abschliessende Gericht vollziehen lässt.

Ebenda VII, (12 u. 13) 80, 1 und 81, 1   118

80, 1. Wenn bei diesem[1] das Gutestun zum bleibenden Zustand geworden ist, so erweist er schneller, als man es sagen kann, in trefflicher

---

[1] Zum Unterschied von Begnadigung und Verherrlichung vgl. Cyprian, Ep. 55, 20 (Nr. 191).   115
[1] Dem Gnostiker.   118

145

ἐξομολόγησιν καὶ ἐπιστροφὴν τῶν συγγενῶν, κοινωνεῖν δὲ τῶν ἰδίων
ἀγαθῶν προθυμούμενος τοῖς φιλτάτοις, αὐτοὶ δὲ οὕτως αὐτῷ οἱ φίλοι. ...
81, 1. Οὐδέποτε τῶν εἰς αὐτὸν ἁμαρτησάντων μέμνηται, ἀλλὰ ἀφίησι.
Διὸ καὶ δικαίως εὔχεται, Ἄφες ἡμῖν λέγων· καὶ γὰρ ἡμεῖς
ἀφίεμεν·

ibidem VII, (16) 102, 4—5

4. Γίνονται γὰρ καὶ μερικαί τινες παιδεῖαι, ἃς κολάσεις ὀνομάζουσιν,
εἰς ἃς ἡμῶν οἱ πολλοὶ τῶν ἐν παραπτώματι γενομένων ἐκ τοῦ λαοῦ τοῦ
κυριακοῦ κατολισθαίνοντες περιπίπτουσιν. 5. Ἀλλ' ὡς πρὸς τοῦ διδασκά-
λου ἢ τοῦ πατρὸς οἱ παῖδες, οὕτως ἡμεῖς πρὸς τῆς προνοίας κολαζόμεθα.
Θεὸς δὲ οὐ τιμωρεῖται (ἔστι γὰρ ἡ τιμωρία κακοῦ ἀνταπόδοσις), κολάζει
μέντοι πρὸς τὸ χρήσιμον καὶ κοινῇ καὶ ἰδίᾳ τοῖς κολαζομένοις.

Clemens (Alexandrinus). Quis diues saluetur, ed. O. Stählin, GCS 17, 1909

XXXIV, 2—XXXV, 1; XXXVIII, 3—XLI, 1. 4—7

XXXIV, 2. Ἀλλὰ σύ γε μὴ ἐξαπατηθῇς ὁ γεγευμένος ἀληθείας καὶ
κατηξιωμένος τῆς μεγάλης λυτρώσεως, ἀλλὰ τὸ ἐναντίον τοῖς ἄλλοις
ἀνθρώποις σεαυτῷ κατάλεξον στρατὸν ἄοπλον, ἀπόλεμον, ἀναίμακτον,
ἀόργητον, ἀμίαντον, γέροντας θεοσεβεῖς, ὀρφανοὺς θεοριλεῖς, χήρας πρᾳό-
τητι ὡπλισμένας, ἄνδρας ἀγάπῃ κεκοσμημένους. 3. Τοιούτους κτῆσαι τῷ
σῷ πλούτῳ καὶ τῷ σώματι καὶ τῇ ψυχῇ δορυφόρους, ὧν στρατηγεῖ θεός,
δι' οὓς καὶ ναῦς βαπτιζομένη κουφίζεται, μόναις ἁγίων εὐχαῖς κυβερ-
νωμένη, καὶ νόσος ἀκμάζουσα δαμάζεται χειρῶν ἐπιβολαῖς διωκομένη,

---

118, 6 s. cf. Matth. 6, 12; Luc. 11, 4

Weise Wohltaten; er betet darum, sich einen Anteil der Sünden seiner Brüder zuschreiben zu dürfen, um so seine Angehörigen dazu zu veranlassen, ihre Sünden zu bekennen und sich zu bekehren. Er ist eifrig bestrebt, von seinen eigenen Vorzügen seinen besten Freunden mitzuteilen; und seine Freunde sind selbst ebenso gegen ihn gesinnt.

81, 1. Nie trägt er denen, die sich gegen ihn verfehlt haben, etwas nach, sondern verzeiht ihnen. Deshalb hat er auch das Recht zu beten und zu sprechen: *Vergib uns; denn auch wir vergeben.*

Ebenda VII, (16) 102, 4—5

4. Denn es gibt auch Züchtigungen, die sich nur auf einzelne Handlungen des Lebens beziehen, die man Strafen nennt, in welche die meisten von uns, die wir aus dem Volke des Herrn in Verfehlungen geraten sind, hinabgleiten [1] und fallen. 5. Aber wie die Kinder von ihrem Lehrer oder ihrem Vater, so werden wir von der Vorsehung bestraft. Gott rächt sich nicht (die Rache ist nämlich eine Wiedervergeltung von Bösem), sondern straft, um dadurch den Bestraften, sowohl der Gesamtheit wie den einzelnen, zu nützen.

Klemens (von Alexandrien), Welcher Reiche wird gerettet werden? Übersetzt von O. Stählin (Bibl. der Kirchenväter, 2. Reihe, Bd. 8, 1934)

XXXIV, 2—XXXV, 1; XXXVIII, 3—XLI, 1. 4—7

XXXIV, 2. Aber du, der du ja die Wahrheit hast schmecken dürfen und der grossen Erlösung gewürdigt worden bist, lass dich nicht täuschen, sondern im Gegensatz zu den übrigen Menschen wirb dir ein Heer an, das waffenlos, zum Krieg untauglich, nicht mit Blut befleckt, nicht zum Zorn geneigt, fleckenlos rein ist, nämlich gottesfürchtige Greise, von Gott geliebte Waisen, Witwen, die mit Sanftmut gewappnet, Männer, die mit Liebe geschmückt sind! 3. Aus solchen Leuten verschaffe dir mit Hilfe deines Reichtums für deinen Leib und für deine Seele eine Schutzwache, deren Anführer Gott ist! Um ihretwillen kommt auch ein Schiff, das schon im Sinken begriffen ist, wieder in die Höhe, allein durch der Heiligen Gebete gelenkt, und die Gewalt einer Krankheit, die schon auf ihren Höhepunkt gelangt war, wird gebrochen, durch Handauflegen zum Weichen gebracht, und der Ansturm von Räubern wird entwaffnet, durch hei-

---

[1] Méhat (Vig. Christ. 8, 232) gewinnt hier durch die sehr fragwürdige Übersetzung „nous nous laissons exclure du peuple du Seigneur" eine Aussage über die Exkommunikation.

καὶ προσβολὴ ληστῶν ἀφοπλίζεται εὐχαῖς εὐσεβέσι σκυλευομένη, καὶ δαιμόνων βία θραύεται προστάγμασι συντόνοις ἐλεγχομένη.

XXXV, 1. Ἐνεργοὶ οὗτοι πάντες [οἱ] στρατιῶται καὶ φύλακες βέβαιοι, οὐδεὶς ἀργός, οὐδεὶς ἀχρεῖος. Ὁ μὲν ἐξαιτήσασθαί σε δύναται παρὰ θεοῦ, ὃ δὲ παραμυθήσασθαι κάμνοντα, ὃ δὲ δακρῦσαι καὶ στενάξαι συμπαθῶς ὑπὲρ σοῦ πρὸς τὸν κύριον τῶν ὅλων, ὃ δὲ διδάξαι τι τῶν πρὸς τὴν σωτηρίαν χρησίμων, ὃ δὲ νουθετῆσαι μετὰ παρρησίας, ὃ δὲ συμβουλεῦσαι μετ' εὐνοίας, πάντες δὲ φιλεῖν ἀληθῶς, ἀδόλως, ἀφόβως, ἀνυποκρίτως, ἀκολακεύτως, ἀπλάστως. . . .

XXXVIII, 3. Καὶ δικαίως· πίστις μὲν γὰρ ἀπέρχεται, ὅταν αὐτοψίᾳ πεισθῶμεν ἰδόντες θεόν, καὶ ἐλπὶς ἀφανίζεται τῶν ἐλπισθέντων ἀποδοθέντων, ἀγάπη δὲ εἰς πλήρωμα συνέρχεται καὶ μᾶλλον αὔξεται τῶν τελείων παραδοθέντων. 4. Ἐὰν ταύτην ἐμβάληταί τις τῇ ψυχῇ, δύναται, κἂν ἐν ἁμαρτήμασιν ᾖ γεγεννημένος, κἂν πολλὰ τῶν κεκωλυμένων εἰργασμένος, αὐξήσας τὴν ἀγάπην καὶ μετάνοιαν καθαρὰν λαβὼν ἀναμαχέσασθαι τὰ ἐπταισμένα. 5. Μηδὲ γὰρ τοῦτο εἰς ἀπόγνωσίν σοι καὶ ἀπόνοιαν καταλελείφθω, εἰ καὶ τὸν πλούσιον μάθοις ὅστις ἐστὶν (XXXIX, 1.) ὁ χώραν ἐν οὐρανοῖς οὐκ ἔχων καὶ τίνα τρόπον τοῖς οὖσι χρώμενος ἄν τις τό τε ἐπίρρητον τοῦ πλούτου καὶ χαλεπὸν εἰς ζωὴν διαφύγοι καὶ δύναιτο τῶν αἰωνίων [τῶν] ἀγαθῶν ἐπαύρασθαι, εἴη δὲ τετυχηκὼς ἢ δι' ἄγνοιαν ἢ δι' ἀσθένειαν ἢ περίστασιν ἀκούσιον μετὰ τὴν σφραγῖδα καὶ τὴν λύτρωσιν περιπετὴς τισιν ἁμαρτήμασιν ἢ παραπτώμασιν, ὡς ὑπενηνέχθαι τέλεον, ⟨ὅτι⟩ οὗτος κατεψήφισται παντάπασιν ὑπὸ τοῦ θεοῦ. 2. Παντὶ γὰρ τῷ μετ' ἀληθείας ἐξ ὅλης τῆς καρδίας ἐπιστρέψαντι πρὸς τὸν θεὸν ἀνέῳγασιν αἱ θύραι καὶ δέχεται τρισάσμενος πατὴρ υἱὸν ἀληθῶς μετανοοῦντα· ἡ δ' ἀληθινὴ μετάνοια τὸ μηκέτι τοῖς αὐτοῖς ἔνοχον εἶναι, ἀλλὰ ἄρδην ἐκριζῶσαι τῆς ψυχῆς ἐφ' οἷς ἑαυτοῦ κατέγνω θάνατον ἁμαρτήμασιν· τούτων γὰρ ἀναιρεθέντων αὖθις εἰς σὲ θεὸς εἰσοικισθήσεται. 3. Μεγάλην γάρ φησι καὶ ἀνυπέρβλητον εἶναι χαρὰν καὶ ἑορτὴν ἐν οὐρανοῖς τῷ πατρὶ καὶ τοῖς ἀγγέλοις ἑνὸς ἁμαρτωλοῦ ἐπιστρέψαντος καὶ μετανοήσαντος. 4. Διὸ καὶ κέκραγεν· Ἔλεον

120, 18 Antecessit 1. Cor. 13, 13
32 ss. cf. Luc. 15, 20
37—39 cf. Luc. 15, 7. 10. 22—24
39—44 Os. 6, 6 (Matth. 9, 13; 12, 7) et Ez. 33, 11 et Is. 1, 18

120, 28 et 30 εἴη δὲ — περιπετής *cod.*: ἐὰν δὲ — περιπέσῃ Wilamowitz
31 ὅτι add. Stählin, οὐδὲ Wilamowitz, Mayor

lige Gebete seiner Rüstung beraubt, und der Dämonen Macht wird gebrochen, durch strenge Gebote in Ohnmacht verkehrt.

XXXV, 1. Alle diese Leute sind tatkräftige Krieger und zuverlässige Wächter; keiner ist untätig, keiner unnütz. Der eine kann dich von Gott losbitten, der andere dich im Leiden trösten, wieder ein anderer aus Mitleid mit Tränen und Seufzern für dich zum Herrn des Alls kommen, oder er kann dich etwas von dem lehren, was für das Heil nützlich ist, oder er kann dich mit Freimut mahnen oder dir mit Wohlwollen raten; alle aber können dich wahrhaft lieben, ohne Trug, ohne Furcht, ohne Heuchelei, ohne Schmeichelei, ohne Verstellung.

XXXVIII, 3. Und mit Recht (ist dies gesagt); denn der Glaube vergeht, wenn wir Gott schauen und so durch unser eigenes Schauen überzeugt werden; und die Hoffnung verschwindet, wenn das, was wir hofften, erfüllt ist; die Liebe aber geht mit hinein in den Ort der Erfüllung und wächst nur noch mehr, wenn das Vollkommene geschenkt ist. 4. Wenn jemand diese Liebe in seine Seele pflanzt, so kann er, mag er auch in Sünden geboren sein und mag er auch viel von dem getan haben, was verboten ist, doch dadurch, dass er die Liebe mehrt und aufrichtige Reue empfindet, seine früheren Fehltritte wiedergutmachen. 5. Aber auch folgender Gedanke soll nicht als Anlass zur Verzweiflung und Hoffnungslosigkeit in dir bleiben: Wir wollen annehmen, du habest verstanden, wer der Reiche ist, der keinen Platz im Himmel hat, und auf welche Weise jemand seinen Besitz verwenden muss, (XXXIX, 1.) um der üblen Nachrede und den Schwierigkeiten zu entfliehen, durch die der Reichtum den Weg zum Leben zu versperren droht, und um zum Genuss der ewigen Güter gelangen zu können; wir wollen weiter annehmen, das ein solcher Reicher nach der Versiegelung (nach der Taufe) und der Erlösung aus Unwissenheit oder aus Schwäche oder infolge von Umständen, die ohne sein Zutun eintraten, in gewisse Sünden oder Verfehlungen geraten ist, so dass er von ihnen völlig mit fortgerissen wurde: auch dieses soll dir, wie ich sagte, kein Anlass zu dem hoffnungslosen Gedanken sein, dass dieser Mann von Gott völlig verdammt sei. 2. Denn für jeden, der sich in Wahrheit aus ganzem Herzen zu Gott bekehrt, stehen die Türen offen; und mit herzlicher Freude nimmt der Vater den Sohn auf, der wahrhaftig Busse tut. Die wahre Busse besteht aber darin, dass man nicht länger in den nämlichen Fehlern verharrt, dass man vielmehr aus der Seele samt den Wurzeln völlig die Sünden entfernt, um derentwillen man sich selbst des Todes würdig erfunden hat. Denn wenn diese ausgetilgt sind, dann wird Gott wieder zu dir kommen und Wohnung in dir nehmen. 3. Denn er sagt, dass grosse und unvergleichliche Freude und Festfeier in dem Himmel für den Vater und die Engel ist, wenn ein einziger Sünder sich be-

40 θέλω καὶ οὐ θυσίαν· οὐ βούλομαι τὸν θάνατον τοῦ ἁμαρτωλοῦ, ἀλλὰ τὴν μετάνοιαν· κἂν ὦσιν αἱ ἁμαρτίαι
ὑμῶν ὡς φοινικοῦν ἔριον, ὡς χιόνα λευκανῶ, κἂν
μελάντερον τοῦ σκότους, ὡς ἔριον λευκὸν ἐκνίψας
ποιήσω. 5. Θεῷ γὰρ μόνῳ δυνατὸν ἄφεσιν ἁμαρτιῶν παρασχέσθαι
45 καὶ μὴ λογίσασθαι παραπτώματα, ὅπου γε καὶ ἡμῖν παρακελεύεται τῆς
ἡμέρας ἑκάστης ὁ κύριος ἀφιέναι τοῖς ἀδελφοῖς μετανοοῦσιν. 6. Εἰ δὲ ἡμεῖς πονηροὶ ὄντες ἴσμεν ἀγαθὰ δόματα
διδόναι, πόσῳ μᾶλλον ὁ πατὴρ τῶν οἰκτιρμῶν. Ὁ ἀγαθὸς
πατὴρ πάσης παρακλήσεως, ὁ πολύσπλαγχνος καὶ πολυέλεος
50 πέφυκε μακροθυμεῖν· τοὺς ἐπιστρέψαντας περιμένει· ἐπιστρέψαι δέ ἐστιν
ὄντως ἀπὸ τῶν ἁμαρτημάτων τὸ παύσασθαι καὶ μηκέτι βλέπειν εἰς τὰ
ὀπίσω.

XL, 1. Τῶν μὲν οὖν προγεγενημένων θεὸς δίδωσιν ἄφεσιν, τῶν δὲ
ἐπιόντων αὐτὸς ἕκαστος ἑαυτῷ. Καὶ τοῦτ' ἔστι μεταγνῶναι τὸ καταγνῶναι
55 τῶν παρῳχημένων καὶ αἰτήσασθαι τούτων ἀμνηστίαν παρὰ πατρός, ὃς
μόνος τῶν ἁπάντων οἷός τέ ἐστιν ἄπρακτα ποιῆσαι τὰ πεπραγμένα ἐλέῳ
τῷ παρ' αὐτοῦ καὶ δρόσῳ πνεύματος ἀπαλείψας τὰ προημαρτημένα.
2. Ἐφ' οἷς γὰρ ἂν εὕρω ὑμᾶς, φησίν, ἐπὶ τούτοις καὶ
κρινῶ· καὶ παρ' ἕκαστα βοᾷ τὸ τέλος πάντων· 3. ὥστε καὶ τῷ τὰ
60 μέγιστα εὖ πεποιηκότι ⟨κατὰ⟩ τὸν βίον, ἐπὶ δὲ τοῦ τέλους ἐξοκείλαντι
πρὸς κακίαν, ἀνόνητοι πάντες οἱ πρόσθεν πόνοι, ἐπὶ τῆς καταστροφῆς
τοῦ δράματος ἐξάθλῳ γενομένῳ, τῷ τε χεῖρον καὶ ἐπισεσυρμένως βιώσαντι
πρότερον ἔστιν ὕστερον μετανοήσαντι πολλοῦ χρόνου πολιτείαν πονηρὰν
ἐκνικῆσαι τῷ μετὰ τὴν μετάνοιαν χρόνῳ· 4. ἀκριβείας δὲ δεῖ πολλῆς,
65 ὥσπερ τοῖς μακρᾷ νόσῳ πεπονηκόσι σώμασι διαίτης χρεία καὶ προσοχῆς
πλείονος. 5. Ὁ κλέπτης, ἄφεσιν βούλει λαβεῖν; μηκέτι κλέπτε· ὁ μοιχεύ-
σας, μηκέτι πυρούσθω· ὁ πορνεύσας, λοιπὸν ἁγνευέτω· ὁ ἁρπάσας, ἀπο-
δίδου καὶ προσαποδίδου· ὁ ψευδομάρτυς, ἀλήθειαν ἄσκησον· ὁ ἐπίορκος,
μηκέτι ὄμνυε· καὶ τὰ ἄλλα πάθη σύντεμε, ὀργήν, ἐπιθυμίαν, λύπην,
70 φόβον, ἵνα εὑρεθῇς ἐπὶ τῆς ἐξόδου πρὸς τὸν ἀντίδικον ἐνταῦθα διαλε-
λύσθαι φθάνων. 6. Ἔστιν μὲν οὖν ἀδύνατον ἴσως ἀθρόως ἀποκόψαι

120, 45—47 cf. Luc. 17, 3 s.
    47 s. cf. Matth. 7, 11 par.
    48 s. cf. 2. Cor. 1, 3
    58 s. Agraphon, cf. Iustin., Dial. 47, 5 (nr. 78)
    59—64 cf. Ez. 18, 21—24
    70 cf. Matth. 5, 25 par.

kehrt und Busse tut. 4. Deshalb ruft er auch: *Barmherzigkeit will ich und nicht Opfer. Ich will nicht den Tod des Sünders, sondern seine Busse. Und wenn eure Sünden wie Purpurwolle sind, so will ich sie weiss wie Schnee machen; und wenn sie schwärzer als die Finsternis sind, so will ich sie reinwaschen und wie weisse Wolle machen!* 5. Denn für Gott allein ist es möglich, Sündenvergebung zu gewähren und Verfehlungen nicht anzurechnen, zumal da der Herr auch uns befiehlt, *jeden Tag unseren Brüdern zu vergeben, wenn sie ihr Tun bereuen*. 6. Wenn aber wir, die wir *böse sind, gute Gaben zu geben wissen*, um wieviel mehr *der Vater der Barmherzigkeit!* Der gute Vater *alles Trostes*, der Barmherzige und Huldreiche, ist seinem Wesen nach langmütig; er wartet auf die, die sich zu ihm bekehren. Die Bekehrung aber besteht in Wahrheit darin, dass man von den Sünden ablässt und nicht mehr nach rückwärts schaut.

XL, 1. Für die bereits begangenen Sünden gibt also Gott Vergebung, für die aber, die noch in der Zukunft sind, jeder einzelne sich selbst. Und darin besteht die Sinnesänderung, dass man die vergangenen Taten verurteilt und Straferlass für sie von dem Vater erbittet, der allein von allen das Geschehene ungetan zu machen [1] vermag, indem er mit seinem eigenen Erbarmen und mit dem Tau des Geistes die früheren Verfehlungen abwäscht. 2. *Denn worin ich euch treffe,* so sagt er, *darin werde ich euch auch richten,* und bei jeder Gelegenheit weist er nachdrücklich auf das Ende von allem hin. 3. Daher sind auch für den, der in der Hauptsache in seinem Leben recht gehandelt hat, zuletzt aber auf den Irrweg des Lasters geraten ist, alle seine früheren Anstrengungen nutzlos, weil er am entscheidenden Wendepunkt des Dramas die Teilnahme am Kampf aufgegeben hat. Dagegen ist es für den, der zuvor ein schlechteres und leichtfertiges Leben geführt hat, möglich, wenn er hernach seinen Sinn ändert, den schlechten Lebenswandel einer langen Zeit durch die Zeit nach der Sinnesänderung völlig auszutilgen. 4. Aber grosse Sorgfalt ist (dabei) nötig, gerade wie ein durch lange Krankheit geschwächter Körper sorgfältig geregelte Lebensweise und grössere Achtsamkeit nötig hat. 5. Du Dieb, willst du Vergebung erlangen? Stiehl nicht mehr! Der Ehebrecher soll sich von dem Feuer der Lust nicht mehr in Brand setzen lassen! Der Hurer halte sich in Zukunft keusch! Du, der du geraubt hast, gib das Geraubte zurück und gib noch mehr dazu! Du falscher Zeuge, befleissige dich der Wahrheit! Du Meineidiger, schwöre nicht mehr! Und bezähme die übrigen Leidenschaften, den Zorn, die Lust, die Trauer, die Furcht, damit es sich, wenn du von hinnen scheidest, zeigen möge, dass du dich vorher schon hier mit deinem Widersacher ausgesöhnt hast! 6. Nun ist es freilich vielleicht unmöglich, auf einmal alle die Leidenschaften, die mit uns gross

---

[1] Vgl. Strom. 4, 153, 3 (Nr. 113).

πάθη σύντροφα, ἀλλὰ μετὰ θεοῦ δυνάμεως καὶ ἀνθρωπείας ἱκεσίας καὶ ἀδελφῶν βοηθείας καὶ εἰλικρινοῦς μετανοίας καὶ συνεχοῦς μελέτης κατορθοῦται.

75 XLI, 1. Διὸ δεῖ πάντως σε τὸν σοβαρὸν καὶ δυνατὸν καὶ πλούσιον ἐπιστήσασθαι ἑαυτῷ τινα ἄνθρωπον θεοῦ καθάπερ ἀλείπτην καὶ κυβερνήτην. Αἰδοῦ κἂν ἕνα, φοβοῦ κἂν ἕνα, μελέτησον ἀκούειν κἂν ἑνὸς παρρησιαζομένου καὶ στύφοντος ἅμα καὶ θεραπεύοντος. ... 4. Τοῦτον καὶ ὀργισθέντα φοβήθητι καὶ στενάξαντα † λυπήθητι καὶ ὀργὴν παύοντα
80 αἰδέσθητι καὶ κόλασιν παραιτούμενον φθάσον. 5. Οὗτος ὑπὲρ σοῦ πολλὰς νύκτας ἀγρυπνησάτω, πρεσβεύων ὑπὲρ σοῦ πρὸς θεὸν καὶ λιτανείαις συνήθεσι μαγεύων τὸν πατέρα· οὐ γὰρ ἀντέχει τοῖς τέκνοις αὐτοῦ τὰ σπλάγχνα δεομένοις. 6. Δεήσεται δὲ καθαρῶς ὑπὸ σοῦ προτιμώμενος ὡς ἄγγελος τοῦ θεοῦ καὶ μηδὲν ὑπὸ σοῦ λυπούμενος, ἀλλ᾽ ὑπὲρ σοῦ. Τοῦτό ἐστι μετάνοια
85 ἀνυπόκριτος. 7. Θεὸς οὐ μυκτηρίζεται οὐδὲ προσέχει κενοῖς ῥήμασι· μόνος γὰρ ἀνακρίνει μυελοὺς καὶ νεφροὺς καρδίας καὶ τῶν ἐν πυρὶ κατακούει καὶ τῶν ἐν κοιλίᾳ κήτους ἱκετευόντων ἐξακούει καὶ πᾶσιν ἐγγύς ἐστι τοῖς πιστεύουσι καὶ πόρρω τοῖς ἀθέοις, ἂν μὴ μετανοήσωσιν.

121 ibidem XLII, 1. 8—15. 18—19

1. Ἵνα δὲ ἐπιθαρρήσῃς οὕτω μετανοήσας ἀληθῶς, ὅτι σοὶ μένει σωτηρίας ἐλπὶς ἀξιόχρεως, ἄκουσον μῦθον οὐ μῦθον, ἀλλὰ ὄντα λόγον περὶ Ἰωάννου τοῦ ἀποστόλου παραδεδομένον καὶ μνήμῃ πεφυλαγμένον. ... 8. ... Ὁ δέ, ἐπεὶ τὰ ἄλλα ὧν χάριν ἧκεν κατεστήσατο, Ἄγε δή, ἔφη, ὦ
5 ἐπίσκοπε, τὴν παραθήκην ἀπόδος ἡμῖν, ἣν ἐγώ τε καὶ ὁ Χριστός σοι παρακατεθέμεθα ἐπὶ τῆς ἐκκλησίας ἧς προκαθέζῃ μάρτυρος. 9. Ὁ δὲ τὸ μὲν πρῶτον ἐξεπλάγη, χρήματα οἰόμενος ἅπερ οὐκ ἔλαβε συκοφαντεῖσθαι, καὶ οὔτε πιστεύειν εἶχεν ὑπὲρ ὧν οὐκ εἶχεν οὔτε ἀπιστεῖν Ἰωάννῃ· ὡς δὲ Τὸν

120, 85 Gal. 6, 7
86 Psalm. 7, 10 etc.
87 cf. Dan. 3 et Ion. 2

120, 79 στενάξαντα λυπήθητι: στενάξαντος λυπ. Mayor, Wendland, Stählin, στενάξαντα εὐλαβήθητι Segaar

geworden sind, auszurotten, aber mit Gottes Macht und menschlichem Flehen und brüderlicher Hilfe und aufrichtiger Reue und unablässigem Eifer wird es glücklich zuwege gebracht.

XLI, 1. Deshalb ist es unbedingt notwendig, dass du, der du vornehm und mächtig und reich bist, einen Mann Gottes über dich setzest, der dich zum Kampfe schult und der dein Lebensschiff lenkt. Scheue dich wenigstens vor einem einzigen, fürchte dich wenigstens vor einem einzigen, nimm dir vor, wenigstens auf einen einzigen zu hören, wenn er freimütig redet und dich streng zurechtweist und dabei doch freundlich für dich sorgt! ... 4. Vor jenem Mann fürchte dich, wenn er zürnt, und sei betrübt, wenn er seufzt, und ehre ihn, wenn er seinen Zorn unterdrückt, und komme ihm zuvor, wenn er um Abwendung der Strafe bittet! [2] 5. Dieser Mann möge viele Nächte um deinetwillen durchwachen, um deine Anliegen vor Gott zu bringen und um mit vertrauten Gebeten den Vater zu bestimmen; denn er versagt seinen Kindern sein Erbarmen nicht, wenn sie darum bitten. 6. Jener wird aber (für dich) bitten, wenn er in aufrichtiger Weise von dir als ein Bote Gottes geehrt wird und wenn er nicht durch dich, sondern nur für dich Kummer zu ertragen hat. Dieses ist ungeheuchelte Reue. 7. *Gott lässt sich nicht verspotten* und achtet nicht auf leere Worte. Denn er allein *prüft* Mark und *Nieren* des Herzens und hört die, die im Feuer sind, und erhört die, die im Bauch des Seeungeheuers ihn anflehen, und er ist nahe allen, die da glauben, und fern von den Gottlosen, es sei denn, dass sie ihren Sinn ändern.

Ebenda XLII, 1. 8—15. 18—19

XLII, 1. Damit du aber, wenn du so in Wahrheit deinen Sinn geändert hast, der getrosten Zuversicht seiest, dass dir zuverlässige Hoffnung auf Rettung bleibt, so höre eine Erzählung, die nicht nur eine Erzählung, sondern ein wahrer Bericht ist, der über den Apostel Johannes überliefert und für die Erinnerung aufbewahrt ist! [1] ... 8. ... Als dieser die anderen Dinge, derentwegen er gekommen war, geordnet hatte, sagte er: Wohlan, Bischof, gib uns das anvertraute Gut zurück, das ich und Christus dir übergeben haben in Gegenwart der Gemeinde, an deren Spitze du stehst, die dessen Zeuge ist! 9. Der Bischof erschrak zuerst, in der Meinung, er werde fälschlich wegen Geldern angeklagt, die er nicht erhalten hatte, und konnte ebenso wenig den Worten hinsichtlich dessen glauben, was er nicht hatte, wie dem Johannes den Glauben versagen. Wie aber dieser sagte:

---

2 Vgl. die Tätigkeit der Lehrer in Hebr. 13, 17.
1 Johannes hat dem Bischof einen jungen Mann zur Erziehung anvertraut, aber nach der Taufe gerät dieser in schlechte Gesellschaft und sinkt, weil er die Hoffnung auf Gottes Rettung aufgibt (42, 7), immer tiefer.

νεανίσκον, εἶπεν, ἀπαιτῶ καὶ τὴν ψυχὴν τοῦ ἀδελφοῦ, στενάξας κάτωθεν
ὁ πρεσβύτης καί τι καὶ ἐπιδακρύσας, Ἐκεῖνος, ἔφη, τέθνηκε. Πῶς καὶ τίνα
θάνατον; Θεῷ τέθνηκεν, εἶπεν· ἀπέβη γὰρ πονηρὸς καὶ ἐξώλης καὶ τὸ
κεφάλαιον λῃστής, καὶ νῦν ἀντὶ τῆς ἐκκλησίας τὸ ὄρος κατείληφε μεθ᾽ ὁμοί-
ου στρατιωτικοῦ. 10. Καταρρηξάμενος τὴν ἐσθῆτα ὁ ἀπόστολος καὶ μετὰ
μεγάλης οἰμωγῆς πληξάμενος τὴν κεφαλήν, Καλόν γε, ἔφη, φύλακα τῆς
τἀδελφοῦ ψυχῆς κατέλιπον· ἀλλ᾽ ἵππος ἤδη μοι παρέστω καὶ ἡγεμὼν γενέσθω μοί τις τῆς ὁδοῦ. Ἤλαυνεν ὥσπερ εἶχεν αὐτόθεν ἀπὸ τῆς ἐκκλησίας.
11. Ἐλθὼν δὲ εἰς τὸ χωρίον ὑπὸ τῆς προφυλακῆς τῶν λῃστῶν ἁλίσκεται
μήτε φεύγων μήτε παραιτούμενος, ἀλλὰ βοῶν· Ἐπὶ τοῦτ᾽ ἐλήλυθα, ἐπὶ τὸν
ἄρχοντα ὑμῶν ἀγάγετέ με. 12. Ὃς τέως ὥσπερ ὥπλιστο ἀνέμενεν· ὡς δὲ
προσιόντα ἐγνώρισε τὸν Ἰωάννην, εἰς φυγὴν αἰδεσθεὶς ἐτράπετο. Ὁ δὲ
ἐδίωκεν ἀνὰ κράτος ἐπιλαθόμενος τῆς ἡλικίας τῆς ἑαυτοῦ, κεκραγώς· 13. Τί
με φεύγεις, τέκνον, τὸν σαυτοῦ πατέρα, τὸν γυμνόν, τὸν γέροντα; Ἐλέησόν
με, τέκνον, μὴ φοβοῦ· ἔχεις ἔτι ζωῆς ἐλπίδας· ἐγὼ Χριστῷ λόγον δώσω
ὑπὲρ σοῦ· ἂν δέῃ, τὸν σὸν θάνατον ἑκὼν ὑπομενῶ, ὡς ὁ κύριος τὸν ὑπὲρ
ἡμῶν· ὑπὲρ σοῦ τὴν ψυχὴν ἀντιδώσω τὴν ἐμήν. Στῆθι, πίστευσον· Χριστός με ἀπέστειλεν. 14. Ὁ δὲ ἀκούσας πρῶτον ἔστη μὲν κάτω βλέπων,
εἶτα ἔρριψε τὰ ὅπλα, εἶτα τρέμων ἔκλαιε πικρῶς· προσελθόντα δὲ τὸν
γέροντα περιέλαβεν, ἀπολογούμενος ταῖς οἰμωγαῖς ὡς ἐδύνατο καὶ τοῖς
δάκρυσι βαπτιζόμενος ἐκ δευτέρου, μόνην ἀποκρύπτων τὴν δεξιάν. 15. Ὁ
δὲ ἐγγυώμενος, ἐπομνύμενος ὡς ἄφεσιν αὐτῷ παρὰ τοῦ σωτῆρος εὕρηται,
δεόμενος, γονυπετῶν, αὐτὴν τὴν δεξιὰν ὡς ὑπὸ τῆς μετανοίας κεκαθαρμέ-
νην καταφιλῶν ἐπὶ τὴν ἐκκλησίαν ἐπανήγαγε, καὶ δαψιλέσι μὲν εὐχαῖς
ἐξαιτούμενος, συνεχέσι δὲ νηστείαις συναγωνιζόμενος, ποικίλαις δὲ σειρῆσι
λόγων κατεπᾴδων αὐτοῦ τὴν γνώμην οὐ πρότερον ἀπῆλθεν, ὥς φασι, πρὶν

121, 30 ἄφεσιν: ἄφεσις *uar. (apud Eusebium)*

Den Jüngling fordere ich zurück und die Seele des Bruders, da seufzte der alte Mann tief auf und vergoss dazu sogar Tränen. Dann sagte er: Jener ist gestorben. Wie und auf welche Todesart? Gott ist er gestorben [2], erwiderte er; denn er ist ein schlechter und verworfener Mensch und, um die Hauptsache zu sagen, ein Räuber geworden; die Kirche hat er verlassen und ist jetzt in das Gebirge gezogen mit einer Schar ihm ähnlicher Männer. 10. Da zerriss der Apostel sein Gewand, schlug sich mit lautem Klagen auf das Haupt und rief: Da habe ich ja einen trefflichen Wächter für die Seele unseres Bruders zurückgelassen! Doch ein Pferd soll mir sofort zur Stelle sein und ein Führer soll kommen, der mir den Weg zeigen kann! Und wie er war, ritt er sogleich von der Kirche fort. 11. Und wie er an den Ort kam, wird er von den ausgestellten Wachen der Räuber ergriffen, wobei er weder zu fliehen versuchte noch sich aufs Bitten verlegte, sondern vielmehr ausrief: Dazu bin ich gekommen; führt mich zu eurem Anführer! 12. Dieser wartete bewaffnet, wie er war, eine Zeitlang auf sie. Als er aber beim Näherkommen den Johannes erkannte, wandte er sich, von Scham ergriffen, zur Flucht. Johannes aber dachte nicht an sein hohes Alter, sondern setzte ihm mit aller Kraft nach, indem er rief: 13. Warum fliehst du, mein Sohn, vor mir, vor deinem eigenen Vater, vor dem, der unbewaffnet, vor dem, der ein Greis ist? Habe Mitleid mit mir, mein Sohn, fürchte dich nicht! Du hast noch Hoffnungen auf das Leben. Ich selbst will Christus über dich Rechenschaft geben. Wenn es nötig ist, will ich gern den Tod erleiden, den du verdient hast, wie der Herr den Tod für uns erlitt. Für dich will ich mein eigenes Leben hingeben. Bleib stehen! Fasse Vertrauen! Christus hat mich gesandt. 14. Als der Jüngling dies hörte blieb er zuerst stehen und blickte zur Erde; dann warf er seine Waffen weg; dann begann er zu zittern und bitterlich zu weinen. Als der Greis nun herankam, umarmte er ihn, verteidigte sich, so gut er konnte, durch sein Wehklagen und wurde durch die Tränen, die er vergoss, zum zweiten Mal getauft. Dabei verbarg er nur seine rechte Hand. 15. Johannes aber verbürgte sich selbst und versicherte ihm unter Eid, dass er für ihn Vergebung von dem Heiland gefunden habe. Er drang mit Bitten in ihn und fiel vor ihm auf die Knie nieder. Darauf küsste er die rechte Hand selbst, um zu zeigen, dass sie nach seiner Überzeugung durch die Sinnesänderung gereinigt sei, und führte ihn zur Kirche zurück. Mit vielen Gebeten flehte er hier für ihn um Gnade, durch anhaltendes Fasten unterstützte er ihn im Kampf, durch mannigfaltige, herzgewinnende Worte bezwang er wie mit einem Zauber seinen Sinn [3] und ging,

---

[2] Vgl. Origenes, Contra Cels. 3, 51 (Nr. 179).
[3] Die Erzählung zeigt, wie die Busse der schon verbürgten Verzeihung folgt; s. dazu Strom. 2, 70, 3 (Nr. 107).

35 αὐτὸν ἐπιστῆσαι τῇ ἐκκλησίᾳ, διδοὺς μέγα παράδειγμα μετανοίας ἀληθινῆς καὶ μέγα γνώρισμα παλιγγενεσίας, τρόπαιον ἀναστάσεως βλεπομένης. ...
18. Ὁ γὰρ ἐνταῦθα τὸν ἄγγελον τῆς μετανοίας προσιέμενος οὐ μετανοήσει τότε, ἡνίκα ἂν καταλίπῃ τὸ σῶμα, οὐδὲ καταισχυνθήσεται τὸν σωτῆρα προσιόντα μετὰ τῆς αὐτοῦ δόξης καὶ στρατιᾶς ἰδών· οὐ δέδιε τὸ πῦρ· εἰ
40 δέ τις αἱρεῖται μένειν ἐπεξαμαρτάνων ἑκάστοτε ἐπὶ ταῖς ἡδοναῖς καὶ τὴν ἐνταῦθα τρυφὴν τῆς αἰωνίου ζωῆς προτιμᾷ καὶ διδόντος τοῦ σωτῆρος ἄφεσιν ἀποστρέφεται, μήτε τὸν θεὸν ἔτι μήτε τὸν πλοῦτον μήτε τὸ προπεσεῖν αἰτιάσθω, τὴν δὲ ἑαυτοῦ ψυχὴν ἑκουσίως ἀπολουμένην. 19. Τῷ δὲ ἐπιβλέποντι τὴν σωτηρίαν καὶ ποθοῦντι καὶ μετὰ ἀναιδείας καὶ βίας
45 αἰτοῦντι παρέξει τὴν ἀληθινὴν κάθαρσιν καὶ τὴν ἄτρεπτον ζωὴν ὁ πατὴρ ὁ ἀγαθὸς ὁ ἐν τοῖς οὐρανοῖς.

122 Clemens (Alexandrinus), Fragm. LXIX, ed. O. Stählin, GCS 17, 1909

De paenitentia.

Qui in uetito malo perseuerant homines, a sinistri lateris superuenientibus angelis uiolenter percutientur forasque eiecti duris ⟨ligati⟩ uinculis a spiritu deducentur in ignem aeternum. In uanum et sine fructu multos tunc paenitebit. Conuiciis petent nomineque proprio daemones
5 uocabunt fornicatricem, occisorem, adulterum, auarum, cupidum, raptorem. Qui uero *dignos paenitentiae fructus* egerint, illos angeli sinistri lateris neque aspicere in facie neque tangere neque appropinquare ualebunt. Hos autem laudabunt atque amplectentur angeli dextri lateris, summo gaudio illos prosequentes, caelo atque ante omnia ipsi saluatori
10 gratias agentes.

123 Clemens (Alexandrinus), Eclogae propheticae XV, 1—2, ed. O. Stählin, GCS 17, 1909

1. Τῆς πίστεως τὴν εὐχὴν ἰσχυροτέραν ἀπέφηνεν ὁ σωτὴρ τοῖς πιστοῖς ἀποστόλοις ἐπί τινος δαιμονιῶντος, ὃν οὐκ ἴσχυσαν καθαρίσαι, εἰπών· Τὰ

122, 6 cf. Luc. 3, 8; Matth. 3, 8
    8 ss. cf. Luc. 15, 10
123, 1—3 cf. Marc. 9, 14—29 par.

121, 35 ἐπιστῆσαι: alii aliud, e. g. ἀποκαταστῆσαι uel κατέστησε

wie erzählt wird, nicht eher fort, als bis er ihm die Leitung der Kirche anvertraut [4] und damit ein leuchtendes Beispiel wahrer Sinnesänderung und einen deutlichen Beweis der Wiedergeburt gegeben hatte, ein Siegeszeichen der sichtbaren Auferstehung. ... 18. Denn wer hier in dieser Welt den Engel der Busse bei sich aufnimmt, der wird dann nicht Busse tun müssen, wenn er den Leib verlässt, und wird sich nicht schämen müssen, wenn er den Heiland mit seiner Herrlichkeit und mit seiner Heerschar herankommen sieht; er fürchtet sich nicht vor dem Feuer. Wer es aber vorzieht, bei seinen Lüsten zu bleiben, indem er immer Sünde auf Sünde häuft, und das üppige Leben hier auf der Erde höher schätzt als das ewige Leben und sich wegwendet, wenn der Heiland ihm Vergebung anbietet, der soll die Schuld nicht mehr auf Gott noch auf den Reichtum noch auf seine früheren Verfehlungen schieben, sondern auf seine eigene Seele, die vorsätzlich ins Verderben geht. 19. Wer aber nach der Erlösung ausschaut und sich nach ihr sehnt und mit aller Zudringlichkeit und Gewalt um sie bittet, dem wird der gute Vater im Himmel die wahre Reinigung und das unveränderliche Leben schenken.

Klemens (von Alexandrien), Fragment LXIX: Über die Busse

Menschen, die in dem verbotenen Bösen beharren, werden von den hinzukommenden Engeln der linken Seite heftig geschlagen, hinausgeworfen und in harten Fesseln von dem Geist in das ewige Feuer abgeführt werden. Dann wird über viele vergeblich und ohne Frucht die Reue kommen. Dämonen werden ihnen Schmähungen zurufen und sie mit dem ihnen zukommenden Namen nennen: Hure, Mörder, Ehebrecher, Geizhals, Lüstling oder Räuber. Denen aber, die *rechtschaffene Früchte der Busse* gewirkt haben, können die Engel der linken Seite nicht ins Gesicht sehen; diese können sie auch nicht anfassen oder sich ihnen nähern. Sondern sie werden von den Engeln der rechten Seite gerühmt und geehrt, die ihnen voll Freude das Geleit geben und dem Himmel und vor allem dem Erlöser selbst Dank sagen.

Klemens (von Alexandrien), Prophetische Auszüge XV, 1—2

1. Seinen gläubigen Aposteln hat der Erlöser gezeigt, das Gebet sei stärker als der Glaube, indem er angesichts eines Besessenen, den sie nicht heilen konnten, sagte: *Solche Leiden* werden *durch Gebet* geheilt. 2. Wer

---

[4] Andere Lesarten besagen: er gab ihn der Kirche wieder. Das wäre ein Beleg für die Rekonziliation.

τοιαῦτα εὐχῇ κατορθοῦται. 2. Ὁ μὲν πιστεύσας ἄφεσιν ἁμαρτημάτων ἔλαβεν παρὰ τοῦ κυρίου, ὁ δ' ἐν γνώσει γενόμενος ἅτε μηκέτι ἁμαρτάνων παρ' ἑαυτοῦ τὴν ἄφεσιν τῶν λοιπῶν κομίζεται.

De Callisto (episcopo Romano) (ca. 217—222)

124   *Hippolytus*, Refutatio omnium haeresium IX, 12, 20—26,
ed. P. Wendland, GCS 26, 1916

20. Τοιαῦτα ὁ γόης τολμήσας συνεστήσατο διδασκαλεῖον κατὰ τῆς ἐκκλησίας οὕτως διδάξας, καὶ πρῶτος τὰ πρὸς τὰς ἡδονὰς τοῖς ἀνθρώποις συγχωρεῖν ἐπενόησε, λέγων πᾶσιν ὑπ' αὐτοῦ ἀφίεσθαι ἁμαρτίας. Ὁ γὰρ παρ' ἑτέρῳ τινὶ συναγόμενος καὶ λεγόμενος χριστιανὸς εἴ τι. ἂν ἁμάρτῃ, φασίν, οὐ λογίζεται αὐτῷ ἡ ἁμαρτία, εἰ προσδράμοι τῇ τοῦ Καλλίστου σχολῇ. 21. Οὗ τῷ ὅρῳ ἀρεσκόμενοι πολλοὶ συνείδησιν πεπληγότες ἅμα τε καὶ ὑπὸ πολλῶν αἱρέσεων ἀποβληθέντες, τινὲς δὲ καὶ ἐπὶ καταγνώσει ἔκβλητοι τῆς ἐκκλησίας ὑφ' ἡμῶν γενόμενοι, προσχωρήσαντες αὐτοῖς ἐπλήθυναν τὸ διδασκαλεῖον αὐτοῦ. Οὗτος ἐδογμάτισεν ὅπως, εἰ ἐπίσκοπος ἁμάρτοι τι, εἰ καὶ πρὸς θάνατον, μὴ δεῖν κατατίθεσθαι. 22. Ἐπὶ τούτου ἤρξαντο ἐπίσκοποι καὶ πρεσβύτεροι καὶ διάκονοι δίγαμοι καὶ τρί-

---

124, 10 cf. 1. Ioh. 5, 16 (nr. 24)

124, 9 ὅπως: πως *coni*. Wendland

zum Glauben gekommen ist, hat von dem Herrn die Vergebung der Sünden empfangen, wer aber zur Gnosis gelangt ist, erwirkt, weil er ja nicht mehr sündigt, von sich selber die Vergebung für alle übrigen [1].

Über Bischof Kallist (von Rom)

Hippolyt, Widerlegung aller Häresien IX, 12, 20—26

20. Nachdem der Schwindler solches [1] gewagt hatte, gründete er mit dieser Lehre eine von der Kirche abweichende Schule und entschloss sich als erster, mit der Erklärung, allen würden von ihm Sünden vergeben, den Menschen ein Leben in Lüsten zu gestatten. Denn, sagen sie, wenn einer, der sich zu einem anderen hält [2] und den Namen eines Christen trägt, sich irgendwie vergeht, so wird ihm die Sünde nicht angerechnet, falls er sich der Schule Kallists anschliesst. 21. An seiner Anordnung fanden viele Gefallen, die in ihrem Gewissen verletzt und zugleich von vielen Sekten ausgeschlossen worden waren, auch einige, die auf Grund einer Verurteilung von uns aus der Kirche ausgeschlossen worden waren; sie schlossen sich daher jenen an und vergrösserten seine Schule [3]. Kallist stellte auch die Regel auf, ein Bischof dürfe, wenn er sündige, nicht abgesetzt werden, selbst wenn er *zum Tode sündige* [4]. 22. Zu seiner Zeit kam es auf, Bischöfe, Presbyter und Diakone, die in zweiter oder dritter Ehe

---

1 Vgl. 7, 80, 1 (Nr. 118); Grotz, Entwicklung 327. — Nach Strom. 6, 102, 1 betet aber der Gnostiker auch um Vergebung der Sünden und um Reinheit von weiteren Sünden.

1 Christologische Anschauungen, die Hippolyt wegen ihrer Nähe zum Modalismus verwarf. Es kam zu einem Schisma, aus dem sich Hippolyts bissige Darstellung erklärt. Vgl. deren scharfe Kritik durch K. Beyschlag, Theol. Ztschr. 20, 1964 (s. Lit.).

2 Zum Leiter einer der abgespaltenen Gemeinschaften; z. B. Natalius (ob. Nr. 100).

3 Vgl. Tertullian, De pudic. 1, 6 (Nr. 138). Umstritten ist, ob dieser dasselbe „Edikt" meint wie Hippolyt, ferner ob Kallist den Nachlass für Unzuchtssünden nach Hippolyt nur den zu ihm Übertretenden (ohne Busse?) anbot oder auch den eigenen Gemeindegliedern wie jener Bischof, den Tertullian meint. Für die zweite Auffassung und damit für Kallist als Verfasser des Ediktes bei Tertullian hat sich neuerdings besonders Hamel ausgesprochen (Kirche bei Hippolyt S. 59 ss., gegen Poschmann, Galtier u. a.). — Nach Refutat. 9, 13, 1 verbreitete sich Kallists Lehre über die ganze Welt.

4 Auch hier weist der Zusammenhang auf sexuelle Sünden. Nach üblicher Auffassung verliert ein Kleriker durch Todsünde ohne weiteres sein Amt; cf. Cyprian, Ep. 64, 1 (Nr. 194).

γαμοι καθίστασθαι εἰς κλήρους· εἰ δὲ καί τις ἐν κλήρῳ ὢν γαμοίη, μένειν
τὸν τοιοῦτον ἐν τῷ κλήρῳ ὡς μὴ ἡμαρτηκότα, ἐπὶ τούτῳ φάσκων εἰρῆσθαι
τὸ ὑπὸ τοῦ ἀποστόλου ῥηθέν· Σὺ τίς εἶ ὁ κρίνων ἀλλότριον
15 οἰκέτην; Ἀλλὰ καὶ παραβολὴν τῶν ζιζανίων πρὸς τοῦτο ἔφη λέγεσθαι·
Ἄφετε τὰ ζιζάνια συναύξειν τῷ σίτῳ, τουτέστιν ἐν τῇ
ἐκκλησίᾳ τοὺς ἁμαρτάνοντας. 23. Ἀλλὰ καὶ τὴν κιβωτὸν τοῦ Νῶε
εἰς ὁμοίωμα ἐκκλησίας ἔφη γεγονέναι, ἐν ᾗ καὶ κύνες καὶ λύκοι καὶ κόρα-
κες καὶ πάντα τὰ καθαρὰ καὶ ἀκάθαρτα, οὕτω φάσκων δεῖν εἶναι ἐν ἐκ-
20 κλησίᾳ ὁμοίως, καὶ ὅσα πρὸς τοῦτο δυνατὸς ἦν συνάγειν οὕτως ἡρμήνευσεν·
οὗ οἱ ἀκροαταὶ ἡσθέντες τοῖς δόγμασι διαμένουσιν ἐμπαίζοντες ἑαυτοῖς τε
καὶ πολλοῖς, ὧν τῷ διδασκαλείῳ συρρέουσιν ὄχλοι. 24. Διὸ καὶ πληθύνονται
γαυριώμενοι ἐπὶ ὄχλοις διὰ τὰς ἡδονάς, ἃς οὐ συνεχώρησεν ὁ Χριστός· οὗ
καταφρονήσαντες οὐδέν᾽ ἁμαρτεῖν κωλύουσι, φάσκοντες αὐτὸν ἀφιέναι τοῖς
25 εὐδοκοῦσι. Καὶ γὰρ καὶ γυναιξὶν ἐπέτρεψεν, εἰ ἄνανδροι εἶεν καὶ ἡλικίᾳ
γέ τι καίοιντο αἱ ἐν ἀξίᾳ, εἰ ἑαυτῶν ἀξίαν [ἢν] μὴ βούλοιντο καθαιρεῖν
διὰ τοῦ[το] νομίμως γαμηθῆναι, ἔχειν ἕνα ὃν ἂν αἱρήσωνται σύγκοιτον,
εἴτε οἰκέτην εἴτε ἐλεύθερον, καὶ τοῦτον κρίνειν ἀντὶ ἀνδρὸς μὴ νόμῳ
γεγαμημένην. 25. Ἔνθεν ἤρξαντο ἐπιχειρεῖν πισταὶ λεγόμεναι ἀτοκίας
30 φαρμάκοις καὶ περιδεσμεῖσθαι πρὸς τὸ τὰ συλλαμβανόμενα καταβάλλειν
διὰ τὸ μήτε ἐκ δούλου βούλεσθαι ἔχειν τέκνον μήτε ἐξ εὐτελοῦς διὰ τὴν
συγγένειαν καὶ ὑπέρογκον οὐσίαν. Ὁρᾶτε εἰς ὅσην ἀσέβειαν ἐχώρησεν ὁ
ἄνομος μοιχείαν καὶ φόνον ἐν τῷ αὐτῷ διδάσκων· καὶ ἐπὶ τούτοις τοῖς
τολμήμασιν ἑαυτ(οὺ)ς οἱ ἀπηρυθριασμένοι καθολικὴν ἐκκλησίαν ἀποκαλεῖν
35 ἐπιχειροῦσι, καί τινες νομίζοντες εὖ πράττειν συντρέχουσιν αὐτοῖς. 26. Ἐπὶ
τούτου πρώτως τετ(όλμ)ηται δεύτερον αὐτοῖς βάπτισμα. Ταῦτα μὲν οὖν ὁ
θαυμασιώτατος Κάλλιστος συνεστήσατο, οὗ διαμένει τὸ διδασκαλεῖον φυ-
λάσσον τὰ ἔθη καὶ τὴν παράδοσιν, μὴ διακρῖνον τίσιν δεῖ κοινωνεῖν, πᾶσιν
ἀκρίτως προσφέρον τὴν κοινωνίαν· ἀφ᾽ οὗ καὶ τὴν τοῦ ὀνόματος μετέσχον

124, 14 s. Rom. 14, 4
15 s. cf. Matth. 13, 24—30
17 ss. cf. Gen. 6, 19—7, 9

124, 24 αὐτὸν Miller: αὐτῷ cod., αὐτοὺς Bunsen, αὐτοὶ Cruice

lebten, in den Klerus aufzunehmen, und wenn einer als Kleriker heirate [5], bleibe der Betreffende im Klerus, da er nicht gesündigt habe; für diesen Fall, so behauptete er, sei das Wort des Apostels gesagt: *Wer bist du, dass du einen fremden Knecht richtest?* Er sagte, auch das Gleichnis vom Unkraut beziehe sich hierauf: *Lasset das Unkraut mit dem Weizen wachsen,* d. h. die Sünder in der Kirche. 23. Nach seiner Behauptung stellt auch *die Arche des Noah* ein Gleichnis für die Kirche dar, in der Hunde, Wölfe und Raben, überhaupt alles Reine und Unreine sich befindet; und so müsse es auch, behauptete er, in der Kirche sein. Und alles, was er in diesem Sinne (sc. aus der Schrift) zusammentragen konnte, legte er so aus. Seine Zuhörer haben Freude an diesen Lehren und betrügen sich immer weiter und zugleich viele, die in Scharen es mit der Schule halten. 24. Daher wächst ihre Zahl — und sie sind stolz auf ihren grossen Anhang — um der Lüste willen, die Christus nicht gestattet hat. Ihn verachten sie, indem sie niemand hindern zu sündigen, und versichern, er verzeihe denen, die willens sind [6]. Auch gestattete er Frauen, die unverheiratet und in einem unpassenden Alter von Leidenschaft ergriffen wurden oder die nicht durch eine gesetzmässige Ehe ihren Rang verlieren wollten, einen Mann nach ihrer Wahl als Konkubinen zu nehmen, sei es einen Sklaven, sei es einen Freien, und ihn auch ohne gesetzliche Ehe als ihren Mann zu betrachten. 25. Daraufhin begannen Frauen, die sich Christinnen nannten, unfruchtbarmachende Mittel zu gebrauchen und sich zu schnüren, um die Frucht abzutreiben, weil sie wegen ihrer (vornehmen) Familie und ihres gewaltigen Vermögens von einem Sklaven oder einem Manne niedrigen Standes kein Kind haben wollten [7]. Ihr seht, in welche Gottlosigkeit der Frevler geraten ist, der Ehebruch und Mord in einem lehrt! Und zu diesen Dreistigkeiten wagen es die schamlosen Menschen, sich katholische Kirche zu nennen, und manche meinen recht zu handeln, wenn sie mit ihnen übereinstimmen. 26. Zu seiner Zeit wagten sie erstmals eine zweite Taufe [8]. Das also hat der höchst bewundernswerte Kallist getan, dessen Schule an ihren Gewohnheiten und ihrer Überlieferung festhält und nicht prüft, mit wem man Gemeinschaft halten darf, sondern allen ohne Unterschied die Gemeinschaft gewährt. Von ihm haben sie

---

[5] Nämlich zum zweiten oder dritten Male; s. Hamel 71 s.
[6] Das Einverständnis mit der Vergebung zeigt sich in der Übernahme der kirchlichen Busse.
[7] In der Anerkennung des Konkubinates setzt Kallist ein eigenes kirchliches Recht.
[8] Mit dieser Bezeichnung für die Busse will Hippolyt den Kallist an die ketzerischen Elkesaiten heranrücken, die sich ihrerseits auf diesen beriefen; s. 9, 13, 3 (Nr. 41) und Hamel 69. Dagegen denkt Harnack (Lehrb. d. Dogmengesch. 1⁵, 442, Anm. 1) an Wiederholung der Ketzertaufe. — Vgl. die Tränentaufe bei Klemens v. Alex., Quis diues salu. 42, 14 (Nr. 121).

40 ἐπίκλησιν καλεῖσθαι διὰ τὸν πρωτοστατήσαντα τῶν τοιούτων ἔργων Κάλ-
λιστον Καλλιστιανοί.

De *concilio Africano* (ca. 200—220) cf. *Cypriani* Ep. LV, 21 (nr. 191)

125   *Tertullianus* († post 220), Ad martyras I, 4—6 (ca. 197),
       ed. E. Dekkers, CC L 1, 1954

4. Domus quidem diaboli est et carcer.... 5.... inueniat (sc. uos) munitos et concordia armatos, quia pax uestra bellum est illi. 6. Quam pacem quidam in ecclesia non habentes a martyribus in carcere exorare consueuerunt. Et ideo eam etiam propterea in uobis habere et fouere et
5 custodire debetis, ut, si forte, et aliis praestare possitis.

126   *Tertullianus,* Apologeticum XXXIX, 3—5 (a. 197), ed. Dekkers, CC L 1

3. Coimus ad litterarum diuinarum commemorationem, si quid praesentium temporum qualitas aut praemonere cogit aut recognoscere. Certe fidem sanctis uocibus pascimus, spem erigimus, fiduciam figimus, disciplinam praeceptorum nihilominus inculcationibus densamus. 4. Ibidem
5 etiam exhortationes, castigationes et censura diuina. Nam et iudicatur magno cum pondere ut apud certos de dei conspectu, summumque futuri iudicii praeiudicium est, si quis ita deliquerit, ut a communicatione orationis et conuentus et omnis sancti commercii relegetur. 5. Praesident probati quique seniores honorem istum non pretio, sed testimonio adepti,
10 neque enim pretio ulla res dei constat. ...

127   ibidem XLIV, 3

De uestris semper aestuat carcer, de uestris semper metalla suspirant, de uestris semper bestiae saginantur, de uestris semper munerarii noxi-

auch den Beinamen erhalten, so dass sie nach dem Anführer in solchen Taten Kallistianer genannt werden.

Über eine *afrikanische Synode* (zwischen 200 und 220) s. *Cyprian,* Ep. LV, 21 (Nr. 191)

Tertullian

An die Märtyrer I, 4—6

4. Der Kerker ist ja auch eine Stätte des Teufels[1] .... 5. ... Er möge euch gerüstet und mit Eintracht gewappnet finden, weil euer Friede untereinander für ihn Krieg bedeutet. 6. Diesen Frieden pflegen manche, die ihn in der Kirche[2] nicht haben, von den Märtyrern im Kerker zu erflehen. Und daher müsst ihr ihn auch deshalb untereinander haben, pflegen und bewahren, damit ihr ihn gegebenenfalls auch andern zu gewähren vermöget.

Tertullian, Apologetikum XXXIX, 3—5

3. Wir kommen zusammen, um die heiligen Schriften uns zu vergegenwärtigen, wenn die derzeitige Lage eine Weissagung oder eine Besinnung erfordert. Jedenfalls nähren wir an den heiligen Worten unseren Glauben, richten unsere Hoffnung empor, stärken unsere Zuversicht und festigen nicht weniger unseren Gehorsam durch Einschärfen der Gebote. 4. In unserer Versammlung erfolgen auch Ermahnungen, Zurechtweisungen und die Rüge im Namen Gottes. Denn es wird auch mit grossem Ernst Gericht gehalten — sind wir doch gewiss, dass Gott uns dabei sieht —, und es ist ein höchst wichtiger Vorentscheid für das künftige Gericht, wenn jemand sich so vergangen hat, dass er von der Teilnahme am Gebet, an unserer Versammlung und an jedem heiligen Umgang[1] ausgeschlossen wird. 5. Den Vorsitz haben jeweils bewährte Älteste, die dieses ehrenvolle Amt nicht für Geld, sondern durch ihren guten Leumund erlangt haben; es ist ja überhaupt nichts Göttliches käuflich.

Ebenda XXXXIV, 3

Von euren Leuten quillt immer der Kerker über, von euren stammt immer das Seufzen in den Bergwerken, mit euren werden immer die

---

[1] Anderseits wohnt dort bei den Märtyrern der Heilige Geist (§ 3).
[2] D. h. mit der Kirche. Später hat Tert. die Lösegewalt der Märtyrer bestritten (De pudic. 22; Nr. 138).
[1] D. h. Umgang mit Christen. Vgl. z. B. 1. Kor. 5, 9 ss. (Nr. 6).

orum greges pascunt. Nemo illic christianus nisi hoc tantum; aut, si et aliud, iam non christianus.

128   ibidem XLVI, 17

Sed dicet aliquis etiam de nostris excidere quosdam a regula disciplinae. Desinunt tamen christiani haberi penes nos; philosophi uero illi cum talibus factis in nomine et honore sapientiae perseuerant apud uos.

129   *Tertullianus,* De praescriptione haereticorum XXX, 1—3 (ante a. 200), ed. F. Refoulé, CC L 1

1. Vbi tunc Marcion...? ubi tunc Valentinus...? 2. Nam constat illos neque adeo olim fuisse, Antonini fere principatu, et in catholicae primo doctrinam credidisse apud ecclesiam Romanensem sub episcopatu Eleutheri benedicti, donec ob inquietam semper curiositatem, qua fratres
5 quoque uitiabant, semel et iterum eiecti, Marcion quidem cum ducentis sestertiis quae ecclesiae intulerat, nouissime in perpetuum discidium relegati uenena doctrinarum suarum disseminauerunt. 3. Postmodum Marcion paenitentiam confessus cum condicioni datae sibi occurrit, ita pacem recepturus, si ceteros quoque quos perditioni erudisset ecclesiae
10 restitueret, morte praeuentus est.

130   *Tertullianus,* De oratione VII, 1—2 (ca. 198—200), ed. G. F. Diercks, CC L 1

1. ... Sciebat dominus se solum sine delicto esse. Docet itaque petamus *dimitti nobis debita nostra.* Exomologesis est petitio ueniae, quia

---

130, 2 cf. Matth. 6, 12; Luc. 11, 4

129, 1 tunc Val.: Valentinus *uar.*
   3 primo: pene (paene) *uar.*
   7—10 Postmodum ... praeuentus est *del. Preuschen et Rauschen*

wilden Tiere (sc. in der Arena) gemästet, mit euren füllen die Veranstalter der Spiele immer ihre Verbrecherherden auf. Keiner ist dort Christ, oder er ist nur dies; falls er aber noch etwas ausserdem ist, so ist er nicht mehr Christ.

Ebenda XXXXVI, 17

Doch könnte jemand sagen, auch bei uns fielen manche von der Vorschrift für Lehre und Leben ab. Dann gelten sie aber bei uns nicht mehr als Christen; jene Philosophen[1] dagegen behalten bei euch trotz solcher Handlungen weiter den Namen und die Ehre, weise zu sein.

Tertullian, Prozesseinrede gegen die Häretiker XXX, 1—3

1. Wo war damals Marcion...? Wo war damals Valentinus...? 2. Bekanntlich sind sie ja vor gar nicht so langer Zeit aufgetreten, etwa unter der Regierung des Antoninus[1], und haben sich in der römischen Gemeinde anfangs unter dem Episkopat des lobwürdigen Eleutherus zur Lehre der katholischen Kirche bekannt, bis sie wegen ihrer ständigen unruhigen Wissbegier, mit der sie auch die Brüder verdarben, einmal und noch einmal ausgestossen wurden — und zwar Marcion samt seinen zweihunderttausend Sesterzen, die er in die Kirche eingebracht hatte — und zuletzt für immer ausgeschlossen wurden. So haben sie das Gift ihrer Lehren weithin ausgestreut. 3. Später unterzog sich Marcion der Busse. Aber als er der ihm gestellten Bedingung nachkommen wollte, den Frieden erst dann zu erlangen, wenn er auch die übrigen, die er zu ihrem Unheil unterwiesen habe, zur Kirche zurückführe, kam ihm der Tod zuvor.

Tertullian, Über das Gebet VII, 1—2

1. ... Der Herr wusste, dass er allein ohne Sünde sei. Daher lehrt er uns beten, *unsre Schulden* möchten *uns vergeben* werden. Die Bitte

---

[1] Sokrates, der Jünglinge verführt, Speusipp, der die Ehe bricht, usw.
[1] Da Eleutherus etwa 174 bis etwa 189 römischer Bischof war, muss Kaiser Mark Aurel gemeint sein (161—180). — Zum folgenden Bericht über den mehrfachen Ausschluss vgl. Poschmann, Paen. sec. 364 s. und Harnack, Marcion ²1924, S. 23*. — Die unglaubwürdigen Nachrichten von einer Exkommunikation Marcions durch seinen eignen Vater wurden hier nicht aufgenommen (Epiphanius, Haer. 42, 1—2: Ps. Tertullian, Adu. omnes haeres. 6).

qui petit ueniam, delictum confitetur. Sic et paenitentia demonstratur acceptabilis deo, quia *uult eam quam mortem peccatoris.*

5   2. Debitum autem in scripturis delicti figura est, quod perinde iudici debeatur et ab eo exigatur nec euadat iustitiam exactionis, nisi donetur exactio; sicut illi seruo dominus debitum remisit. Huc enim spectat exemplum parabolae totius. . . .

131   ibidem XI, 1

Memoria praeceptorum uiam orationibus sternit ad caelum; quorum praecipuum est, ne prius ascendamus *ad altare* dei quam, si quid discordiae uel offensae cum fratribus contraxerimus, resoluamus. Quale est enim ad pacem dei accedere sine pace? Ad remissionem debitorum cum
5 retentione? Quomodo placabit patrem *iratus in fratrem,* cum omnis ira ab initio interdicta sit nobis?

132   ibidem XIII, 1

Ceterum quae ratio est manibus quidem ablutis, spiritu uero sordente orationem obire, quando et ipsis manibus spiritales munditiae sint necessariae, ut a falso, a caede, a saeuitia, a ueneficiis, ab idololatria ceterisque maculis, quae spiritu conceptae manuum opera transiguntur, purae
5 alleuentur? .

133   *Tertullianus,* De patientia XII, 4—5 (ca. 200—203), ed. J. G. Ph. Borleffs, CC L 1

4. . . . Atenim cum (sc. patientia) omnem speciem salutaris disciplinae gubernet, quid mirum quod etiam paenitentiae ministrat solitae lapsis subuenire? 5. Cum disiuncto matrimonio — ex ea tamen causa qua licet seu uiro seu feminae ad uiduitatis perseuerantiam sustineri — haec expec-
5 tat, haec exoptat, haec exorat paenitentiam quandoque inituris salutem,

---

130, 4 cf. Ez. 18, 23; 33, 11
       5 ss. cf. Matth. 18, 23—34
131 cf. Matth. 5, 22—24
132, 1 cf. Marc. 7, 1 ss. par.
133, 3 s. cf. 1. Cor. 7, 5

um Verzeihung ist ein Schuldbekenntnis [1]; denn wer um Verzeihung bittet, bekennt sein Vergehen. So erweist sich auch die Busse als Gott wohlgefällig, weil er sie *lieber will als den Tod des Sünders.*

2. Schuld aber ist in der Heiligen Schrift ein Bild für ein Vergehen, das ebenso vor den Richter gehört, von diesem eingefordert wird und der gerechten Wiedergutmachung nicht entgeht, wenn die Wiedergutmachung nicht ausdrücklich erlassen wird, wie der Herr jenem Sklaven seine Schuld erliess. Denn darauf zielt ja das Beispiel des ganzen Gleichnisses.

Ebenda XI, 1

Unsern Gebeten bahnt die Erinnerung an die Gebote den Weg zum Himmel. Unter ihnen ist dies besonders wichtig, dass wir *zum Altar* Gottes nicht eher hinaufsteigen, als bis wir, falls wir mit unsern Brüdern in Streit geraten sind oder eine Kränkung vorliegt, diese beseitigt haben. Denn wie wäre es denkbar, zum Frieden Gottes hinzuzutreten ohne Frieden? Zum Nachlass der Schuld mit Nachtragen der Schuld? Wie könnte jemand, der *seinem Bruder zürnt,* den Vater versöhnen, da uns doch jegliches Zürnen von vornherein verboten ist?

Ebenda XIII, 1

Es wäre doch unvernünftig, zwar mit gewaschenen Händen, aber mit beflecktem Geist zu beten, da doch auch die Hände einer geistigen Reinheit bedürfen. Sie sollen rein von Betrug, Mord, Grausamkeit, Giftmischerei, Götzendienst und anderen Befleckungen [1], die im Geist geplant und durch das Werk der Hände ausgeführt werden, emporgehoben werden.

Tertullian, Über die Geduld XII, 4—5

4. ... Aber da die Geduld jede Art heilbringenden Verhaltens leitet, nimmt es dann Wunder, dass sie auch der Busse behilflich ist, dem üblichen Hilfsmittel für Gestrauchelte? 5. Wenn die Ehe unterbrochen ist — freilich aus einem rechtmässigen Grunde für Mann und Frau, wie Verwitwete in der Trennung zu verharren —, dann erwartet, ersehnt und erfleht sie, die Geduld, Busse für die, die irgendwann doch das Heil

---

1 Tert. bezeichnet mit exomologesis (eigentlich das „Bekenntnis") meistens das gesamte Bussverfahren; vgl. De paen. 12 (Nr. 134).

1 Andere Aufzählungen (schwerer) Sünden: Adu. Marc. 4, 9, 6 (Nr. 136); De pudic. 7, 15 und 19, 25 (Nr. 138).

quantum boni utrique confert: alterum adulterum non facit, alterum emendat!

134

Tertullianus, De paenitentia (a. 203—204) I, 1—2. 4—5; II, 12—13; III, 3—5. 7—9; V, 1—7. 9—11; VII, 1—14; VIII, 9—X, 8; XI, 1—2; XII, 1. 5—7, ed. Ph. Borleffs, CSEL 76, 1957

I, 1. Paenitentiam hoc genus homines quod et ipsi retro fuimus, *caeci sine domini lumine,* natura tenus norunt passionem animi quandam esse quae obveniat de offensa sententiae prioris. 2. Ceterum a ratione eius tantum absunt quantum ab ipso rationis auctore. Quippe res dei ratio, quia deus omnium conditor nihil non ratione prouidit, disposuit, ordinauit nihilque non ratione tractari intellegique uoluit. ... 4. Quam autem in paenitentiae actu inrationabiliter deuersentur, uel uno isto satis erit expedire, cum illam etiam in bonis factis suis adhibent. Paenitet fidei, amoris, simplicitatis, liberalitatis, patientiae, misericordiae; 5. prout quid in ingratiam cecidit, semetipsos execrantur quia benefecerint, eamque maxime paenitentiae speciem, quae optimis operibus inrogatur, in corde figunt meminisse curantes, ne quid boni rursus praestent. Contra paenitentiae malorum leuius incubant; denique facilius per eandem delinquunt quam per eandem recte faciunt.

II, 12. At cum iudex deus iustitiae carissimae sibi exigendae tuendaeque praesideat et in eam omnem summam disciplinae suae sanciat, dubitandum est, sicut in uniuersis actibus nostris ita in paenitentiae quoque causa, iustitiam deo praestandam esse? Quod quidem ita impleri licebit, si peccatis solummodo adhibeatur. 13. Porro peccatum nisi malum factum dici non meretur nec quisquam benefaciendo delinquit.

III, 3. Praestringere tamen non pigebit delictorum quaedam esse carnalia, id est corporalia, quaedam uero spiritalia — nam cum ex hac duplicis substantiae congregatione confectus homo sit, non aliunde delin-

---

134, 1 s. cf. Psalm. 145 (146), 8

134, 3 prioris: peioris *uar.*

erlangen sollen; wieviel Gutes erweist sie da beiden: den einen macht sie nicht zum Ehebrecher, den andern bessert sie! [1]

Tertullian, Über die Busse I, 1—2. 4—5; II, 12—13; III, 3—5. 7—9; V, 1—7. 9—11; VII, 1—14; VIII, 9—X, 8; XI, 1—2; XII, 1. 5—7

I, 1. Die Reue (Busse) ist — so meint diese Art Menschen, zu der auch wir früher gehört haben: *blind,* ohne das *Licht des Herrn,* nur in den Grenzen des Natürlichen denkend — ein gewisses Erleiden der Seele, das bei der Verwerfung einer früheren Meinung eintritt. 2. Doch stehen sie ihrem vernünftigen Gebrauch so fern wie dem Schöpfer der Vernunft selbst. Denn die Vernunft ist eine Gabe Gottes, weil Gott, der Schöpfer aller Dinge, schlechthin alles mit Vernunft vorgesehen, bestimmt und geordnet hat und wollte, dass alles mit Vernunft angefasst und begriffen werde. ... 4. Wie unvernünftig sie sich aber bei dem Vorgang der Reue verhalten, kann man schon mit der einen Tatsache hinlänglich belegen, dass sie sie auch bei ihren guten Taten zeigen. Man bereut Treue, Liebe, Arglosigkeit, Freigebigkeit, Geduld und Barmherzigkeit; 5. je nachdem ein solches Verhalten auf Undank stösst, verwünschen sie sich selbst, dass sie wohlgetan haben, und befestigen gerade die Art Reue, die sie ihren guten Taten folgen lassen, im Herzen und im Gedächtnis, um ja nicht wieder Gutes zu tun. Dagegen nehmen sie die Reue über etwas Böses weniger ernst. Kurz, sie sündigen leichter durch die Reue, als dass sie durch sie recht handeln.

II, 12. Wenn aber der richtende Gott darüber wacht, dass die ihm so teure Gerechtigkeit durchgesetzt und gewahrt wird, und wenn er ihr zuliebe seine Sittenlehre in ihrem ganzen Umfang[1] einschärft, besteht dann noch ein Zweifel, dass man auch in Sachen der Reue genauso wie in allen unsern Handlungen überhaupt Gott Gerechtigkeit erweisen muss? Und dies dürfte doch wohl dann geschehen, wenn man sie ausschliesslich im Fall von Sünden anwendet. 13. Die Bezeichnung Sünde verdient aber nur eine schlechte Handlung, und niemand sündigt durch rechtes Handeln.

III, 3. Es wird angebracht sein zu bemerken, dass manche Vergehen fleischlich, d. h. körperlich sind, manche aber geistig. Denn da der Mensch durch die Verbindung dieser doppelten Substanz geschaffen ist, sündigt

---

[1] Die Geduld ermöglicht es den Christen, während der Busszeit ohne Gefährdung der Treue auf die eheliche Gemeinschaft zu verzichten.

[1] Schon im Alten Testament, aber vor allem durch den Bussruf und die Busstaufe des Johannes, die der Erlösung und Spendung des Heiligen Geistes dient (Kap. 2, 4—7).

quit quam unde constat —; 4. sed non eo inter se differunt, quod corpus
et spiritus duo sunt, atquin eo magis paria sunt, quia duo unum efficiunt,
ne quis pro diuersitate materiarum peccata earum discernat, ut alterum
altero leuius aut grauius existimet. 5. Siquidem et caro et spiritus dei
res, alia manu eius expressa, alia adflatu [eius] consummata; cum ergo
ex pari ad dominum pertineant, quodcumque eorum deliquerit, ex pari
dominum offendit. ... 7. ... communis reatus amborum est, communis
et iudex, deus scilicet; communis igitur et paenitentiae medella. 8. Exinde
spiritalia et corporalia nominantur, quod delictum omne aut agitur aut
cogitatur, ut corporale sit quod in facto est, quia factum ut corpus et
uideri et contingi habet, spiritale uero quod in animo est, quia ut spiritus
neque uidetur neque tenetur. 9. Per quod ostenditur non facti solum,
uerum et uoluntatis delicta uitanda et paenitentia purganda esse. Neque
enim, si mediocritas humana facti solummodo iudicat, quia uoluntatis
latebris par non est, idcirco [etiam] crimina eius etiam sub deo negle-
gamus. ...

V, 1. Hoc enim dico paenitentiam, quae per dei gratiam ostensa et
indicta nobis in gratiam nos domino reuocat, semel cognitam atque sus-
ceptam numquam posthac iteratione delicti resignari oportere. 2. Iam
quidem nullum ignorantiae praetextum patrocinatur tibi, quod domino
adgnito praeceptisque eius admissis, denique paenitentia delictorum func-
tus, rursus te in delicta restituis. 3. Ita in quantum ab ignorantia segre-
garis, in tantum contumaciae adglutinaris; nam si idcirco te deliquisse
paenituerat, quia dominum coeperas timere, cur, quod metus gratia ges-
sisti, rescindere maluisti nisi quia metuere desisti? 4. Neque enim timorem alia res quam contumacia subuertit. Cum autem etiam ignorantes
dominum nulla exceptio tueatur a poena, quia deum in aperto constitu-
tum et uel ex ipsis caelestibus bonis conprehensibilem ignorari non licet,

---

134, 28 cf. Gen. 2, 7
     49 ss. cf. Rom. 1, 19 s.

134, 37 facti *Latinius:* factis *codd.,* de factis *Preuschen,* e factis *Leopold*

er mit nichts anderem als dem, woraus er besteht. 4. Aber die Sünden unterscheiden sich nicht darin voneinander, dass Körper und Geist zwei Dinge sind; vielmehr sind sie dadurch erst recht gleich, weil beide eine Einheit bilden. Es darf daher niemand nach der Verschiedenheit der Stoffe deren Sünden so unterscheiden, dass er die eine für leichter oder schwerer als die andere hält. 5. Denn sowohl das Fleisch wie auch der Geist ist Gottes Gabe, jenes von seiner Hand geformt, dieser durch seinen Anhauch gebildet. Da sie also in gleicher Weise zum Herrn gehören, verletzt jedes von ihnen, wenn es sündigt, den Herrn in gleicher Weise. ... 7. Gemeinsam ist beiden die Straffälligkeit, gemeinsam auch der Richter, nämlich Gott, gemeinsam daher auch das Heilmittel der Busse. 8. Geistig und körperlich heissen diese Sünden deshalb, weil jede Sünde entweder in einer Tat oder in Gedanken begangen wird. Körperlich ist dabei das, was in einer Tat besteht, weil eine Tat wie ein Körper gesehen und berührt werden kann; geistig dagegen ist, was im Innern erfolgt, weil es wie der Geist weder zu sehen noch zu greifen ist. 9. Daraus ersieht man, dass man nicht allein Sünden der Tat, sondern auch solche des Willens meiden und durch Busse beseitigen muss. Denn wenn die Schwachheit der Menschen auch einzig und allein die Sünden der Tat beurteilt, weil sie den Schlupfwinkeln des Willens nicht gewachsen ist, wollen wir deshalb doch nicht meinen, dessen Verfehlungen seien auch für Gott nicht zu fassen.

V, 1. Ich behaupte nämlich folgendes. Die Busse[2] ruft uns, wenn sie uns durch Gottes Gnade offenbart und auferlegt ist, zum Herrn in die Gnade; nachdem sie nun das eine Mal erkannt und übernommen worden ist, darf sie danach nie mehr durch Rückfall in Sünde wieder aufgehoben werden. 2. Jetzt kommt dir nicht mehr die Ausrede dafür zu Hilfe, dass du dich wieder in Sünden begibst, nachdem du schon den Herrn erkannt, seine Gebote angenommen und schliesslich Busse für deine Sünden getan hast. 3. Je weiter du dich von der Unwissenheit entfernst, um so mehr klebst du also an der Widerspenstigkeit. Wenn du nämlich deine Sünde deshalb bereut hattest, weil du begonnen hattest, den Herrn zu fürchten, warum anders hast du lieber wieder zunichte gemacht, was du aus Furcht getan hast, als deshalb, weil du aufgehört hast, Gott zu fürchten? 4. Denn nichts anderes als die Widerspenstigkeit macht der Furcht ein Ende. Da aber sogar die, die den Herrn nicht kennen, keine Entschuldigung vor Strafe schützt, weil man an Gott, der klar vor uns steht und wenigstens aus den himmlischen Gütern erkennbar ist, nicht vorübergehen darf, wieviel gefährlicher muss es sein, ihn zu verachten, nachdem man ihn erkannt

---

[2] Tert. meint hier wie in Kap. 4 die paenitentia als Bekehrung zum Christentum, nicht die Busse des Getauften.

quanto cognitum despici periculosum est? 5. Despicit porro qui, bonorum ac malorum intellectum ab illo consecutus, quod intellegit fugiendum quodque iam fugit resumens, intellectui suo id est dei dono contumeliam facit; respuit datorem, cum datum deserit, negat beneficium, cum beneficum non honorat! 6. Quemadmodum ei potest placere cuius munus sibi displicet? Ita in dominum non modo contumax, sed etiam ingratus apparet.

7. Ceterum non leuiter in dominum peccat qui, cum aemulo eius diabolo paenitentia sua renuntiasset et hoc nomine illum domino subiecisset, rursus eundem regressu suo erigit et exultationem eius semetipsum facit, ut denuo malus recuperata praeda sua aduersus dominum gaudeat. . . . 9. Ita qui per delictorum paenitentiam instituerat domino satisfacere, diabolo per aliam paenitentiae paenitentiam satisfaciet eritque tanto magis perosus deo quanto aemulo eius acceptus. 10. Sed aiunt quidam satis dominum habere, si corde et animo suscipiatur, licet actu minus fiat; itaque se saluo metu et fide peccare, hoc est salua castitate matrimonia uiolare, salua pietate parenti uenenum temperare. 11. Sic ergo et ipsi salua uenia in gehennam detrudentur, dum saluo metu peccant. . . .

VII, 1. Hucusque, Christe domine, de paenitentiae disciplina seruis tuis dicere uel audire contingat, quousque etiam delinquere non oportet et audientibus; uel nihil iam de paenitentia nouerint, nihil eius requirant. 2. Piget secundae, immo iam ultimae spei subtexere mentionem, ne retractantes de residuo auxilio paenitendi spatium adhuc delinquendi demonstrare uideamur. 3. Absit ut aliquis ita interpretetur, quasi eo sibi etiamnunc pateat ad delinquendum, quia patet ad paenitendum, et *redundantiam clementiae* caelestis libidinem faciat humanae temeritatis! 4. Nemo idcirco deterior sit, quia dominus melior est, totiens delinquendo quotiens et ignoscitur; ceterum finem utique euadendi habebit, qui offendendi non habebit. Euasimus semel; hactenus periculosos nosmetipsos inferamus, etsi iterum euasuri uidemur. 5. Plerique naufragio liberati exinde repu-

---

134, 76 s. cf. Rom. 5, 17

134, 66 suscipiatur: suspiciatur *uar.*

hat? 5. Es verachtet ihn aber, wer zwar von ihm die Erkenntnis des Guten und Bösen erlangt hat, aber sich doch wieder dem zuwendet, was er als verwerflich erkennt und was er schon verwirft, und damit seine Einsicht, d. h. eine Gabe Gottes, schmäht. Er verschmäht den Geber, indem er die Gabe aufgibt; er leugnet die Wohltat, indem er den Wohltäter nicht ehrt! 6. Wie kann ihm noch der gefallen, dessen Geschenk ihm missfällt? So ist er offensichtlich dem Herrn gegenüber nicht nur widerspenstig, sondern auch undankbar. 7. Im übrigen sündigt gegen den Herrn nicht wenig, wer, nachdem er dessen Feind, dem Teufel, durch seine Busse abgesagt und ihn dadurch dem Herrn unterworfen hat, durch seinen Rückfall den Teufel wieder emporhebt und sich zu dessen Ruhm [3] macht, so dass sich der Böse seiner wiedergewonnenen Beute gegenüber dem Herrn freuen kann. ... 9. Wer begonnen hatte, durch Reue über seine Sünden dem Herrn genugzutun, wird also durch eine andere, eine Reue über seine Reue, dem Teufel genugtun, und Gott wird er um so mehr verhasst sein, je beliebter er seinem Widersacher ist. 10. Manche meinen freilich, Gott sei zufrieden, wenn er im Herzen und im Geiste aufgenommen werde, wenn auch nicht mit der Tat; und so würden sie zwar sündigen, aber unbeschadet ihrer Furcht und ihres Glaubens. Das heisst doch: unbeschadet der Keuschheit ehebrechen, unbeschadet der Ehrfurcht Vater oder Mutter Gift mischen! 11. So werden sie selber unbeschadet der Vergebung in die Hölle fahren müssen, da sie unbeschadet der Gottesfurcht sündigen.

VII, 1. Nur so weit, Herr Christus, sollten deine Diener von der Einrichtung der Busse reden oder hören, wie sie auch als Hörende [4] nicht weiter sündigen sollen; nichts weiter sollten sie von der Busse wissen oder über sie zu erfahren suchen. 2. Nur ungern fügen wir die Erwähnung einer zweiten, vielmehr allerletzten Hoffnung an. Denn es soll nicht der Eindruck entstehen, wir wollten, indem wir wieder von dem noch verbleibenden Heilmittel der Busse sprechen, noch eine Frist zum Sündigen aufzeigen. 3. Möge das keiner so verstehen, als stünde ihm auch jetzt noch die Möglichkeit zu sündigen offen, weil ihm die zur Busse offensteht; möge er nicht die *Überfülle der* himmlischen *Güte* zur Willkür menschlicher Leichtfertigkeit machen! 4. Niemand möge daraufhin schlechter sein, weil der Herr besser ist, und so oft sündigen, wie er Verzeihung findet. Andernfalls stösst der bestimmt an ein Ende seiner Auswege, der kein Ende im Sündigen findet. Einmal sind wir davongekommen. Begeben wir uns nicht weiter in Gefahr, auch wenn es scheint, dass wir noch einmal herauskommen! 5. Die meisten, die einem Schiff-

---

3 Zum „Ruhm" als Person, die den Ruhm eines andern ausmacht, vgl. 2. Kor. 1, 12. 14.
4 Die Anfänger im Katechumenat der Kirche.

dium et naui et mari dicunt et dei beneficium, salutem suam scilicet, memoria periculi honorant. Laudo timorem, diligo uerecundiam: nolunt iterum diuinae misericordiae oneri esse, formidant uideri inculcare quod
85 consecuti sunt. ... 6. Ita modus temeritatis testatio est timoris, *timor autem hominis dei honor* est.

7. Sed enim peruicacissimus hostis ille numquam malitiae suae otium facit, atquin tunc maxime saeuit cum hominem plene sentit liberatum, tunc plurimum accenditur cum extinguitur. 8. Doleat et ingemiscat
90 necesse est uenia peccatorum permissa tot in homine mortis opera diruta, tot titulos dominationis retro suae erasos. Dolet quod ipsum et *angelos* eius Christo seruus ille peccator *iudicaturus est*. 9. Itaque obseruat, obpugnat, obsidet, si qua possit aut oculos concupiscentia carnali ferire aut animum inlecebris saecularibus inretire aut fidem terrenae potestatis
95 formidine euertere aut a uia certa peruersis traditionibus detorquere; non scandalis, non temptationibus deficit. 10. Haec igitur uenena eius prouidens deus clausam licet ignoscentiae ianuam et intinctionis sera obstructam aliquid adhuc permisit patere; conlocauit in uestibulo paenitentiam secundam, quae *pulsantibus patefaciat*, sed iam semel quia iam secundo,
100 sed amplius numquam quia proxime frustra. 11. Non enim et hoc semel satis est? Habes quod iam non merebaris; amisisti enim quod acceperas. Si tibi indulgentia domini adcommodat, unde restituas quod amiseras, iterato beneficio gratus esto, nedum ampliato. 12. Maius [est] enim restituere quam dare, quoniam miserius est perdidisse quam omnino non
105 accepisse. Verum non statim succidendus ac subruendus est animus desperatione, si secundae quis paenitentiae debitor fuerit. 13. Pigeat sane peccare rursus, sed rursus paenitere non pigeat; pudeat iterum periclitari,

---

134, 85 s. cf. Sirach 1, 11
    91 s. cf. 1. Cor. 6, 3
    99 cf. Matth. 7, 7

134, 91 dominationis: damnationis *uar.*
    92 Christo *unus e codd.:* Christi *ceteri, fort. recte*

bruch entronnen sind, geben von da an der Schiffahrt und dem Meere den Abschied und ehren die Hilfe Gottes, d. h. ihre Rettung, durch die Erinnerung an die Gefahr. Ich muss ihre Furcht loben, ihre Scheu lieben. Sie wollen nicht ein zweites Mal der göttlichen Barmherzigkeit zur Last fallen und fürchten, es könnte scheinen, als ob sie die empfangene Gabe mit Füssen träten.... 6. So ist die Begrenzung ihrer Leichtfertigkeit ein Beweis ihrer Furcht, *Furcht des Menschen aber ist eine Ehrung Gottes.* 7. Aber gewiss ruht der hartnäckige Feind nie von seiner Bosheit; vielmehr wütet er gerade dann am meisten, wenn er den Menschen gänzlich befreit sieht, dann brennt er am ärgsten, wenn er ausgelöscht wird [5]. 8. Er kann nicht anders als trauern und seufzen, wenn durch Gewährung der Sündenvergebung im Menschen soviel Werke des Todes zerstört, soviel Rechtsansprüche seiner früheren Herrschaft ausgestrichen sind. Es schmerzt ihn, dass der Sünder als ein Knecht Christi ihn selber und seine *Engel richten wird.* 9. Daher beobachtet, bedrängt und bestürmt er ihn, ob er irgendwie seine Augen mit fleischlicher Begierde zu treffen, sein Herz mit weltlichen Lockungen zu umgarnen oder seinen Glauben durch Angst vor irdischer Macht erschüttern oder durch falsche Überlieferungen vom rechten Wege abzubringen vermag. An Ärgernissen, an Versuchungen lässt er es nicht fehlen. 10. Weil Gott seine verderblichen Anschläge vorauswusste [6], hat er die an sich verschlossene, durch den Riegel der Taufe versperrte Tür der Verzeihung doch noch ein wenig offenstehen lassen. Er hat in der Vorhalle die zweite Busse eingesetzt, die *den Anklopfenden öffnen soll,* aber jetzt nur einmal, weil schon zum zweiten Mal; aber danach nie mehr, weil beim vorigen Mal vergeblich. 11. Ist denn nicht auch dieses eine Mal genug? Du bekommst ja, was du schon nicht mehr verdientest; du hast ja verloren, was du empfangen hattest. Wenn dir die Nachsicht des Herrn die Möglichkeit bietet, das Verlorene wiederherzustellen [7], dann sei dankbar für die Wiederholung der Wohltat, vielmehr für ihre Vergrösserung. 12. Denn wiederherstellen ist mehr als geben, weil es ein grösseres Unglück ist, etwas verloren als gar nicht erhalten zu haben. Aber man darf auch nicht gleich den Mut durch Verzweiflung unterdrücken und untergraben, wenn jemand sich der zweiten Busse unterziehen muss. 13. Es sollte gewiss peinlich sein, wieder zu sündigen, aber wieder Busse zu tun, sollte nicht peinlich sein. Man sollte

---

5 Wie eine Lampe vor dem Verlöschen aufflackert. Vielleicht spielt Tert. auf die Taufe an. Vgl. F. X. Lukman, Das Anblasen des Teufels beim Taufgelöbnis. Festschr. für Rudolf Egger, 1, 1952, S. 343—346.
6 Vgl. Hermas, Mand. 4, 3, 4 s. (Nr. 67).
7 Über restituere s. P. Siniscalco, I significati di „restituere" e „restitutio" in Tertulliano. Atti della Accademia di Torino 93 (1958—1959), p. 1—45.

sed [non] iterum liberari neminem pudeat; iterandae ualitudinis iteranda medicina est. 14. Gratus in dominum extiteris, si quod tibi denuo offert, non recusaueris. Offendisti, sed reconciliari adhuc potes; habes cui satisfacias et quidem uolentem!

VIII, 9. Tantum releuat confessio delictum, quantum dissimulatio exaggerat; confessio enim satisfactionis consilium est, dissimulatio contumaciae.

IX, 1. Huius igitur paenitentiae secundae et unius quanto in arto negotium est, tanto operosior probatio, ut non conscientia sola praeferatur, sed aliquo etiam actu administretur. 2. Is actus, qui magis Graeco uocabulo exprimitur et frequentatur, exomologesis est, qua delictum nostrum domino confitemur, non quidem ut ignaro, sed quatenus satisfactio confessione disponitur, confessione paenitentia nascitur, paenitentia deus mitigatur. 3. Itaque exomologesis prosternendi et humilificandi hominis disciplina est conuersationem iniungens misericordiae inlicem, de ipso quoque habitu atque uictu: 4. mandat *sacco et cineri* incubare, corpus sordibus obscurare, animum maeroribus deicere, illa quae peccant tristi tractatione mutare; ceterum pastum et potum pura nosse, non uentris scilicet sed animae causa; plerumque uero ieiuniis preces alere, ingemiscere, lacrimari et mugire dies noctesque ad dominum deum tuum; presbyteris aduolui, [et] caris dei adgeniculari, omnibus fratribus legationem deprecationis suae iniungere. 5. Haec omnia exomologesis, ut paenitentiam commendet, ut de periculi *timore dominum honoret,* ut in pecca-

---

134, 123 cf. Is. 58, 5; Matth. 11, 21 par.
     130 cf. Sirach 1, 11

  134, 110 potes: potest *unus e codd.*
      128 caris: aris *uar., Borleffs*

sich schämen, nochmals in Gefahr zu geraten, aber nochmals gerettet zu werden, dessen sollte sich niemand schämen. Um wieder gesund zu werden, muss man die Arznei wieder einnehmen. 14. Du erweisest dich gegen den Herrn als dankbar, wenn du nicht verschmähst, was er dir abermals anbietet. Du hast ihn beleidigt, aber noch kannst du mit ihm ausgesöhnt werden; du hast jemand vor dir, dem du Genugtuung leisten darfst, ja, der es gern sieht.

VIII, 9. In dem Masse trägt das Bekenntnis die Sünde ab, wie das Verheimlichen sie aufhäuft; denn das Bekenntnis ist eine Massnahme der Genugtuung, das Verheimlichen eine des Trotzes [8].

IX, 1. Je weniger selbstverständlich also diese zweite und einzige Busse ist, desto mühseliger ist ihr Nachweis: er wird nicht nur im Gewissen geleistet, sondern auch in irgendeiner Handlung vollzogen. 2. Dieser Akt — den man besser und häufiger mit einem griechischen Wort bezeichnet — ist die Exomologese. Mit ihr bekennen wir dem Herrn unsre Sünde, nicht als ob er sie nicht wüsste, sondern sofern durch das Bekenntnis die Genugtuung vollzogen wird [9], aus dem Bekenntnis die Busse (Reue) hervorgeht und durch die Reue Gott besänftigt wird. 3. Daher ist die Exomologese die Zuchtmassnahme, die den Menschen zu Boden wirft und demütigt und ihm eine Lebensweise auferlegt, die schon durch Kleidung und Nahrung Mitleid erregt. 4. Sie gebietet, *in Sack und Asche* zu liegen, den Körper durch Unsauberkeit zu entstellen, das Herz in Trauer zu versenken, die sündigen Glieder [10] durch ihre schmähliche Behandlung umzuwandeln; des weiteren Speise und Trank ohne Zutaten zu geniessen, überhaupt nicht mit Rücksicht auf den Magen, sondern um das Leben zu fristen; die meiste Zeit aber die Gebete durch Fasten zu verstärken, zu seufzen, zu weinen und Tag und Nacht zum Herrn, deinem Gott, zu schreien, sich vor den Priestern niederzuwerfen, vor den Freunden Gottes [11] die Knie zu beugen und alle Brüder zur Fürsprache bei der eignen Abbitte zu drängen [12]. 5. Dieses alles tut die Exomologese, um die Busse (sc. zur Annahme) zu empfehlen, um *den Herrn durch die*

---

[8] Gottes Bereitschaft, dem bussfertigen Christen zu vergeben, hat Kap. 8 bewiesen aus Apok. 2—3; Jer. 8, 4; Hos. 6, 6 und besonders Luk. 15. — Zur contumacia vgl. Kap. 5.

[9] Die Übersetzung „vorbereitet wird" (Kellner in BKV 7) oder „angeordnet wird" ist weniger wahrscheinlich; vgl. auch Le Saint in der Anmerkung zu seiner Übersetzung (Tertullian, Treatises on Penance, ACW 28, 1959).

[10] Eine andere Deutung bei Le Saint zur Stelle.

[11] Vom Gottesfreund spricht auch Clemens Alex. im Zusammenhang mit der Busse (Quis diues salu. 33, 1).

[12] Das Bild der legatio als Fürsprache oder Mitwirkung nimmt Tert. wohl aus 2. Kor. 5, 20.

torem ipsa pronuntians pro dei indignatione fungatur et temporali afflictatione aeterna supplicia non dicam frustretur, sed expungat. 6. Cum igitur prouoluit hominem, magis releuat; cum squalidum facit, magis emundatum reddit; cum accusat, excusat; cum condemnat, absoluit. In quantum non peperceris tibi, in tantum tibi deus, crede, parcet!

X, 1. Plerosque tamen hoc opus ut publicationem sui aut suffugere aut de die in diem differe praesumo pudoris magis memores quam salutis, uelut illi, qui in partibus uerecundioribus corporis contracta uexatione conscientiam medentium uitant et ita cum erubescentia sua pereunt. 2. Intolerandum scilicet pudori domino offenso satisfacere, saluti prodactae reformari! Ne tu uerecundia bonus, ad delinquendum expandens frontem, ad deprecandum uero subducens! 3. Ego rubori locum non facio, cum plus de detrimento eius adquiro, cum ipse hominem quodammodo exhortatur: Ne me respexeris, dicens, pro te mihi melius est perire. 4. Certe periculum eius tunc, si forte, onerosum est, cum penes insultatores in risiloquio consistit, ubi de alterius ruina alter attollitur, ubi prostrato superscenditur; ceterum inter fratres atque conseruos, ubi *communis spes,* metus, *gaudium,* dolor, passio, quia *communis spiritus* de *communi domino et patre,* quid tu hos aliud quam te opinaris? 5. Quid consortes casuum tuorum ut plausores fugis? Non potest corpus de *unius membri uexatione* laetum agere; *condoleat uniuersum et ad remedium conlaboret necesse est.* 6. In uno et altero ecclesia est, ecclesia uero Christus; ergo cum te ad fratrum genua protendis, Christum contrectas, Christum exoras; aeque illi cum super te lacrimas agunt, Christus patitur, Christus patrem deprecatur. Facile inpetratur semper quod filius postulat. 7. Grande plane emolumentum uerecundiae occultatio delicti pollicetur! Videlicet si quid humanae noti-

---

134, 148 s. cf. Eph. 4, 4—6
     151 cf. 1. Cor. 12, 26
     152 s. cf. Matth. 18, 20 (nr. 2)

  134, 144 pro *codd.:* per *Semler aliique*
     146 insultatores *Borleffs:* insultaturos *codd.*

Angst vor der Gefahr *zu ehren,* um durch ihren eigenen Urteilsspruch gegen den Sünder den Gerichtszorn Gottes zu ersetzen und durch zeitliche Drangsal die ewigen Strafen — ich will nicht sagen aufzuheben, sondern — abzutragen. 6. Indem sie also den Menschen zu Boden streckt, erhebt sie ihn vielmehr; indem sie ihn der Pflege beraubt, macht sie ihn vielmehr rein; indem sie ihn beschuldigt, entschuldigt sie ihn; indem sie ihn verdammt, spricht sie ihn frei. Glaube mir, je weniger du dich schonst, desto mehr wird Gott dich schonen!

X, 1. Trotzdem entziehen sich viele dieser Leistung, weil sie darin eine Blossstellung ihrer Person erblicken, oder verschieben sie von einem Tag zum andern und denken, wie ich annehme, mehr an ihr Ehrgefühl als an ihr Heil, gerade wie Menschen, die bei einem Leiden an einer peinlicheren Stelle des Körpers es keinen Arzt wissen lassen und so mitsamt ihrer Schamhaftigkeit zugrunde gehen. 2. Wahrhaftig, es ist unerträglich für das Ehrgefühl, dem gekränkten Herrn Genugtuung zu leisten und sich zur preisgegebenen Seligkeit erneuern zu lassen! Fürwahr, in der Schamhaftigkeit bist du wacker, zum Sündigen ist dein Mut gross, zum Abbitten klein! 3. Ich lasse die Schamröte nicht gelten, wenn ich aus ihrem Verlust vielmehr einen Gewinn habe, wenn sie selbst den Menschen gewissermassen ermuntert und sagt: Nimm auf mich keine Rücksicht; für dich zugrunde zu gehen, ist für mich besser. 4. Sicher ist ihre Gefährdung dann etwa beschwerlich, wenn sie unter Spöttern erfolgt, um Gelächter zu erregen, wo sich der eine auf Kosten des andern erhebt, wo er auf den Gestürzten emporsteigt. Aber unter Brüdern und Mitknechten, wo *Hoffnung* und Furcht, *Freude,* Schmerz und Leiden *gemeinsam* sind, weil der *Geist aus dem gemeinsamen Herrn und Vater gemeinsam* ist, — warum hältst du diese für etwas anderes als dich selbst? 5. Warum meidest du die Genossen deines Missgeschicks wie schadenfrohe Zuschauer? Der Leib kann nicht froh sein, wenn *ein einzelnes Glied leidet;* er muss als ganzer den Schmerz *mitfühlen* und an der Heilung mitarbeiten. 6. Schon wo ein bis zwei beisammen sind, ist die Kirche[13], die Kirche aber ist Christus. Wenn du dich also den Brüdern zu Füssen wirfst, so berührst du Christus und flehst du Christus an. Und wenn sie über dich Tränen vergiessen, leidet entsprechend Christus, und Christus leistet Fürbitte beim Vater. Immer wird ohne Schwierigkeit erfüllt, worum der Sohn bittet. 7. Gross ist offenbar der Gewinn für das Ehrgefühl, den die Verheimlichung des Fehltritts verspricht! Natürlich werden wir, wenn wir etwas der menschlichen Kenntnis vorenthalten haben,

---

13 Vgl. De exhortat. cast. 7, 3: ubi tres, ecclesia est. Nach O. Perler (Zeitschr. für Schweizerische Kirchengesch. 50, 1956, S. 283) meint Tert. dagegen, sowohl der Sünder wie der für ihn Bittende sei Glied der Kirche.

tiae subduxerimus, proinde et dominum celabimus? 8. Adeone existimatio hominum et dei conscientia comparantur? An melius est damnatum latere quam palam absolui? ...

XI, 1. Quid si praeter pudorem, quem potiorem putant, etiam incommoda corporis reformident, quod inlotos, quod sordulentos, quod extra laetitiam oportet deuersari in asperitudine sacci et horrore cineris et oris de ieiunio uanitate? 2. Num ergo in coccino et Tyrio pro delictis supplicare nos condecet? ...

XII, 1. Si de exomologesi retractas, gehennam in corde considera, quam tibi exomologesis extinguet, et poenae prius magnitudinem imaginare, ut de remedii adoptione non dubites. ... 5. Igitur cum scias aduersus gehennam post prima illa intinctionis dominicae munimenta esse adhuc in exomologesi secunda subsidia, cur salutem tuam deseris, cur cessas adgredi quod scias mederi tibi? 6. Mutae quidem animae et inrationabiles medicinas sibi diuinitus adtributas in tempore agnoscunt ...; 7. peccator restituendo sibi institutam a domino exomologesin sciens praeteribit illam, quae Babylonium regem in regna restituit? Diu enim paenitentiam domino immolarat septenni squalore exomologesin operatus ... .

135   *Tertullianus,* Ad uxorem II, 3, 1 (ca. 203), ed. Ae. Kroymann, CC L 1

Haec si ita sunt, fideles gentilium matrimonia subeuntes stupri reos constat esse et arcendos ab omni communicatione fraternitatis, ex litteris apostoli dicentis *cum eiusmodi ne cibum quidem sumendum.* ...

134, 174 ss. cf. Dan. 4
135, 3 cf. 1. Cor. 5, 11 (nr. 6)

134, 158 *Signum interrogationis delere malim.*
168 adoptione *codd.:* adeptione *Harris*

es ebenso auch Gott verheimlichen! 8. Lassen sich denn das Urteil der Menschen und das Wissen Gottes so ganz einander gleichstellen? Oder ist es besser, unerkannt, aber verdammt zu bleiben, als öffentlich losgesprochen zu werden?

XI, 1. Wie aber, wenn man abgesehen von der Schande, die man besonders wichtig nimmt, auch vor den körperlichen Unannehmlichkeiten zurückschreckt? Denn man muss ja ungewaschen, ungepflegt und fern von aller Freude im rauhen Bussgewand, in der schauererregenden Asche und mit einem vom Fasten entstellten Gesicht erscheinen. 2. Ja, passte es denn, dass wir in Scharlach und tyrischem Purpur für unsre Sünden Abbitte leisten?

XII, 1. Wenn du dich aber gegen die Exomologese sträubst, dann bedenke in deinem Herzen die Hölle, die die Exomologese dir auslöschen wird, und stelle dir zuerst einmal die Grösse der Strafe vor, damit du kein Bedenken mehr hast, das Heilmittel anzunehmen. ... 5. Wenn du also weisst, dass es gegen die Hölle nach jenem ersten Bollwerk der Taufe des Herrn in der Exomologese ein zweites Heilmittel gibt, warum gibst du dann deine Rettung auf? Warum zögerst du, das zu unternehmen, was dir, wie du wohl weisst, Heilung verschafft? 6. Die stummen, unvernünftigen Tiere erkennen freilich die ihnen von Gott bestimmten Heilmittel zur rechten Zeit ...; 7. dann sollte der Sünder, der weiss, dass der Herr zu seiner Wiederherstellung die Exomologese eingerichtet hat, sie ausser acht lassen, — sie, die einen König von Babel wieder auf seinen Königsthron gebracht hat? Lange hatte er ja die Busse dem Herrn als Opfer dargebracht und in siebenjähriger Vernachlässigung die Exomologese geübt ....

Tertullian, An seine Frau II, 3, 1

Wenn es so steht [1], dann machen sich Gläubige, die mit einem Heiden die Ehe eingehen, offensichtlich der Hurerei schuldig und sind von jedem Verkehr mit den Brüdern auszuschliessen; so entspricht es dem Brief des Apostels, welcher schreibt, *mit einem solchen dürfe man nicht einmal zusammen essen.*

---

[1] Dass nämlich ein Christ keinen Heiden heiraten darf.

136 *Tertullianus,* Aduersus Marcionem IV, 9, 6 (post a. 207),
ed. Ae. Kroymann, CC L 1

... Heliseus prophetes ... Syro facilius emundato significat † per nationes emundationis in Christo, *lumine* earum, quae septem maculis capitalium delictorum inhorrerent: idolatria, blasphemia, homicidio, adulterio, stupro, falso testimonio, fraude.

137 *Tertullianus,* De anima LVIII, 8 (ca. 212), ed. J. H. Waszink, CC L 2, 1954

In summa, cum *carcerem* illum, quem euangelium demonstrat, inferos intellegimus et *nouissimum quadrantem* modicum quoque delictum mora resurrectionis illic luendum interpretamur, nemo dubitabit animam aliquid pensare penes inferos salua resurrectionis plenitudine per carnem
5 quoque. Hoc etiam paracletus frequentissime commendauit, si qui sermones eius ex agnitione promissorum charismatum admiserit.

138 *Tertullianus,* De pudicitia (ca. 220) I, 5—10. 16. 18—II, 4. 9—V, 1. 4—5. 8—9. 14—15; VII, 1—6. 10. 12—17. 20—23; IX, 9—10. 20; X, 1—2. 9—12. 14—XI, 3; XII, 2—6. 10—XIII, 1. 4. 6—10. 12. 14. 19—23. 25; XIV, 15—16. 24; XVIII, 1—2. 12—18; XIX, 3—6. 22—28; XXI, 1—11. 14—XXII, 4. 6—15,
ed. E. Dekkers, CC L 2

I, 5. Nostrorum bonorum status iam mergitur, christianae pudicitiae ratio concutitur, quae omnia de caelo trahit, et naturam *per lauacrum regenerationis* et disciplinam per instrumentum praedicationis et cen-

---

136, 1 cf. 4. Reg. 5, 9—19
2 cf. Luc. 2, 32
137, 1 s. cf. Matth. 5, 25 s.
138, 2 s. cf. Tit. 3, 5

136, 1 per: propiores *coni. Kroymann*
2 emundationis: -nes *Engelbrecht*
137, 2 quoque: quodque *Rigaltius*

Tertullian, Gegen Marcion IV, 9, 6   136

Der Prophet Elisa ... weist mit der leichteren Heilung eines Syrers darauf hin, dass die Heidenvölker der Reinigung näher sind [1], die in Christus erfolgt, dem *Licht* dieser Völker, die von den sieben Makeln der Kapitalvergehen starrten: Götzendienst, Lästerung, Mord, Ehebruch, Unzucht, falsches Zeugnis und Betrug [2].

Tertullian, Über die Seele LVIII, 8   137

Kurz gesagt, da wir unter jenem *Kerker,* auf den das Evangelium hinweist, die Unterwelt verstehen und den *letzten Pfennig* darauf deuten, dass auch die geringe Sünde dort durch den Aufschub der Auferstehung [1] gesühnt werden muss, dürfte niemand daran zweifeln, die Seele empfange in der Unterwelt einige Vergeltung, ohne dass die volle Auferstehung einschliesslich des Leibes dadurch beeinträchtigt würde. Das hat auch der Paraklet [2] sehr oft eingeschärft; — das sei für den gesagt, der dessen Worte gelten lässt, weil er (sc. in ihm) die verheissenen Gnadengaben erkennt.

Tertullian, Über die Ehrbarkeit [1] I, 5—10. 16. 18—II, 4. 9—V, 1. 4—5. 8—9. 14—15; VII, 1—6. 10. 12—17. 20—23; IX, 9—10. 20; X, 1—2. 9—12. 14—XI, 3; XII, 2—6. 10—XIII, 1. 4. 6—10. 12. 14. 19—23. 25; XIV, 15—16. 24; XVIII, 1—2. 12—18; XIX, 3—6. 22—28; XXI, 1—11. 14—XXII, 4. 6—15   138

I, 5. Der Zustand unsrer eigenen sittlichen Güter [2] sinkt schon ab, das Wesen der christlichen Ehrbarkeit wird erschüttert, die alles vom Himmel herabholt: ihren Ursprung *durch das Bad der Wiedergeburt,* ihre Belehrung durch die Urkunde der Verkündigung und ihre Zucht durch die

---

1 Übersetzung nach der Konjektur Kroymanns.   136
2 Fraus meint vielleicht „Habgier"; vgl. E. Schwartz: Bussstufen u. Katechumenatsklassen S. 9 (= Ges. Schriften 5, 1963, 286). — Nach Tertullian, De idololatria, besonders Kap. 11, sind Christen aus der Gemeinde auszuschliessen, wenn sie einen Beruf ergreifen, dem derartige Sünden anhaften, z. B. den des Gladiators.
1 Nach der Erklärung Waszinks in seinen Ausgaben der Schrift De anima (1933, ²1947) z. St.   137
2 Tertullian schloss sich um das Jahr 207 dem Montanismus oder der „neuen Prophetie" an, die als Erfüllung von Ioh. 14, 16 Parall. auftrat.
1 Man könnte pudicitia auch mit „Keuschheit" oder „Sittenreinheit" wiedergeben; vgl. den Wechsel zwischen „On modesty" in Ante-Nicene Fathers Bd. 4 und „On purity" in ACW 28. Auf die reichen Erläuterungen Le Saints in seiner neuen Übersetzung (ACW 28) sei hier ein für allemal hingewiesen.   138
2 Tert. hat vorher gesagt, die natürliche Sittenreinheit und ihr Begriff befänden sich im Verfall.

suram per iudicia ex utroque testamento, et coacta constantius ex metu
et uoto aeterni ignis et regni. Aduersus hanc nonne dissimulare potuissem? 6. Audio etiam edictum esse propositum et quidem peremptorium.
Pontifex scilicet maximus, quod ⟨est⟩ episcopus episcoporum, edicit:
Ego et moechiae et fornicationis delicta paenitentia functis dimitto.
7. O edictum cui adscribi non poterit: Bonum factum! Et ubi proponetur
liberalitas ista? Ibidem, opinor, in ipsis libidinum ianuis, sub ipsis
libidinum titulis. Illic eiusmodi paenitentia promulganda est, ubi delinquentia ipsa uersabitur. Illic legenda est uenia, quo cum spe eius intrabitur. 8. Sed hoc in ecclesia legitur et in ecclesia pronuntiatur, et uirgo
est. Absit, absit a sponsa Christi tale praeconium! Illa, quae uera est,
quae pudica, quae sancta, carebit etiam aurium macula. 9. Non habet
quibus hoc repromittat, et si habuerit, non repromittit, quod et terrenum
dei templum citius *spelunca latronum* appellari potuit a domino quam
moechorum et fornicatorum. 10. Erit igitur et hic aduersus psychicos
titulus, aduersus meae quoque sententiae retro penes illos societatem,
quo magis hoc mihi in notam leuitatis obiciant. ... 16. ... Cur ergo
et crimina postmodum indulgent paenitentiae nomine, quorum remedia
praestituunt multinubentiae iure? ... 18. Praecauent enim, quasi nolint
admitti tale quid, indulgent autem, quasi uelint admitti; quando si
admitti nolint, non debeant indulgere, si indulgere uelint, non debeant
praecauere. 19. Nec enim moechia et fornicatio de modicis et de mediis
delictis deputabuntur, ut utrumque competat, et sollicitudo quae praecauet et securitas quae indulget. Sed cum ea sint quae culmen crimi-

---

138, 17 cf. Marc. 11, 17 par.

138, 5 s. nonne *ed. princ. (codicis instar)*, nuncne Gelenius, nunc, ne diss. potuissem, audio *Iunius, Rauschen*
  8 fornicationis del. paen. functis Gelenius: fornicationis funes *ed. princ.*
  25 mediis *ed. princ.*: maximis V*rsinus*

Urteile der beiden Testamente; dabei wird sie fester erzwungen durch die Furcht vor dem ewigen Feuer und die Sehnsucht nach der Gottesherrschaft. Hätte ich zu ihrem Schaden etwa darüber hinwegsehen können? 6. Ich höre auch, es sei ein Edikt veröffentlicht worden, und zwar ein abschliessendes. Der Pontifex Maximus nämlich, d. h. der Bischof der Bischöfe, bestimmt: Ich vergebe auch die Sünden des Ehebruchs und der Unzucht denen, welche die Busse geleistet haben³. 7. Was für ein Edikt, über das man nicht schreiben kann „Recht getan" ⁴! Und wo wird man diese Grosszügigkeit öffentlich bekanntmachen? Dort, sollte ich meinen, gleich an den Türen und unter den Aushängeschildern der Wollust. Dort muss man eine derartige Busse bekanntgeben, wo das Vergehen selbst haust; dort muss man von Verzeihung lesen, wo man auf sie hoffen muss, wenn man eintritt. 8. Aber — man liest das in der Kirche, man verkündet es in der Kirche, und die ist doch eine Jungfrau! Fern, fern sei der Braut Christi eine solche Botschaft! Die wahre, die keusche, die heilige Braut⁵ wird sich sogar von einer Befleckung der Ohren fernhalten. 9. Sie hat gar keine Menschen, denen sie derartiges versprechen müsste, und falls sie sie haben sollte, verspricht sie es nicht. Denn der Herr konnte den irdischen Tempel Gottes eher *eine Höhle von Räubern* als von Ehebrechern und Hurern nennen. 10. Es wird sich also auch diese Schrift gegen die Psychiker richten und gegen meine eigene frühere Gesinnungsgemeinschaft mit ihnen, so dass sie mir dies um so mehr als Zeichen der Wankelmütigkeit vorhalten können. ... 16. Warum nun üben sie auf Grund von Busse Nachsicht mit schweren Vergehen, für die sie schon vorher in dem Recht, mehrmals zu heiraten, ein Heilmittel bereitstellen? ⁶ ... 18. Sie treffen nämlich Vorsorge, als wollten sie nicht, dass ein derartiges Vergehen überhaupt begangen werde, üben aber Verzeihung, als wollten sie es, während sie doch, wenn sie nicht wollen, dass es vorkommt, keine Verzeihung gewähren dürfen, wenn sie aber verzeihen wollen, nicht ihre Vorsorge treffen dürfen. 19. Denn Ehebruch und Unzucht wird man ja nicht unter die kleinen und die mittleren ⁷ Sünden rechnen, so dass beides angebracht ist: Besorgnis im Vorbeugen und Unbesorgtheit im Verzeihen. Sondern da sie derart sind, dass sie den Gipfel der Untaten

---

3 Aus den amtlichen Begriffen wie Edikt usw. kann man nicht schliessen, der Bischof von Rom sei der Vertreter und Urheber der bekämpften milderen Busspraxis. Vgl. die Literatur zu Tertullian und Kallist und oben Text Nr. 124.
4 Wahrscheinlich wünschte man einem Edikt mit dieser einleitenden Formel den Segen der Götter.
5 Die Geistkirche der Montanisten, nicht die katholische der blossen „Psychiker".
6 Als Montanist verwirft Tert. die zweite Ehe.
7 Zu Tertullians Einteilung der Sünden vgl. Grotz, Entwicklung des Bussstufenwesens S. 343 ss. und Le Saints Anm. z. St.

num teneant, non capiunt et indulgeri quasi modica et praecaueri quasi
maxima. 20. Nobis autem maxima aut summa sic quoque praecauentur,
30 dum nec secundas quidem post fidem nuptias permittitur nosse, nup-
tialibus et dotalibus, si forte, tabulis a moechiae et fornicationis opere
diuersas, et ideo durissime nos infamantes paracletum disciplinae enor-
mitate digamos foris sistimus. 21. Eundem limitem liminis moechis
quoque et fornicatoribus figimus ieiunas pacis lacrimas profusuris nec
35 amplius ab ecclesia quam publicationem dedecoris relaturis.

II, 1. Ceterum deus, inquiunt, *bonus* et *optimus* et *misericors* et *mise-
rator* et *misericordiae plurimus,* quam *omni sacrificio anteponit, non
tanti ducens peccatoris mortem quam paenitentiam, salutificator omnium
hominum et maxime fidelium.* 2. Itaque et filios dei *misericordes* et
40 *pacificos* esse oportebit, *donantes inuicem, sicut et Christus donauit
nobis, non iudicantes, ne iudicemur. Domino enim suo stat quis uel
cadit; tu quis es, ut seruum iudices alienum? Dimitte, et dimittetur
tibi.* 3. Talia et tanta sparsilia eorum, quibus et deo adulantur et sibi
lenocinantur, effeminantia magis quam uigorantia disciplinam, quantis
45 et nos et contrariis possumus repercutere, quae et dei seueritatem in-
temptent et nostram constantiam prouocent? 4. Quia etsi bonus natura
deus, tamen et iustus. Ex causa enim, sicut *sanare* nouit, ita *et caedere,
faciens pacem, sed et condens mala,* paenitentiam malens, sed et Hiere-
miae mandans, *ne pro populo* peccatore *deprecaretur.* Quod, *et si
50 ieiunauerint,* inquit, *non exaudiam obsecrationem eorum.* . . . 9. Vnde
et apostolus iudicat, et quidem in causa fornicationis, *dedendum eiusmodi
hominem satanae in interitum carnis,* increpans etiam quod fratres *non
apud sanctos iudicarentur.* Adiciens enim inquit: *Vt quid mihi eos qui
foris sunt iudicare?* 10. Dimittis autem, ut dimittatur tibi a deo. Delicta

---

138, 36 s. cf. Ioel 2, 13; Exod. 34, 6; Psalm. 85 (86), 15 etc.
  37 cf. Os. 6, 6
  37 s. cf. Ez. 18, 23; 33, 11
  38 s. cf. 1. Tim. 4, 10
  39 s. cf. Luc. 6, 36; Matth. 5, 7. 9
  40 s. cf. Col. 3, 13
  41 cf. Matth. 7, 1
  41 s. Rom. 14, 4
  42 s. cf. Luc. 6, 37
  47 cf. Iob 5, 18 etc.
  48 cf. Is. 45, 7
  49 s. Ier. 14, 11 s.
  51—54 1. Cor. 5, 1—6, 1 (nr. 6)
  54 cf. Luc. 6, 37; Matth. 6, 14 s.

einnehmen, können sie nicht zugleich verziehen werden, als wären sie klein, und verhütet werden, als wären sie sehr gross. 20. Wir dagegen beugen ihnen als den grössten und schlimmsten Vergehen schon dadurch vor, dass es nach Annahme des Glaubens nicht einmal erlaubt wird, an eine zweite Ehe zu denken, die sich ja vom Tatbestand des Ehebruchs und der Hurerei allenfalls durch den Vertrag über Eheschliessung und Mitgift unterscheidet. Deshalb verweisen wir die Wiederheiratenden mit grösster Härte nach draussen, weil sie dem Parakleten durch ihre Abweichung von der Sittenzucht Schande bereiten [8]. 21. In derselben Weise machen wir auch den Ehebrechern und Unzüchtigen die Schwelle zur Grenzschranke, so dass sie dann Tränen vergiessen, die nicht der Friede wieder stillt, und von der Kirche nichts weiter erhalten als die Blossstellung ihrer Schande [9].

II, 1. Aber Gott, sagt man, ist *gut, sehr gütig, barmherzig, ein Erbarmer, der reich ist an Barmherzigkeit,* die er *jedem Opfer vorzieht;* ihm liegt *weniger am Tode des Sünders als an seiner Busse,* und er ist *der Retter aller Menschen, besonders der Gläubigen.* 2. Daher müssen auch die Kinder Gottes *barmherzig* und *friedfertig* sein und *einander vergeben, wie Christus uns vergeben hat, nicht richten, damit wir nicht auch gerichtet werden. Denn man steht und fällt seinem eignen Herrn. Du aber, wer bist du, dass du einen fremden Knecht richtest? Vergib, dann wird dir vergeben!* 3. Von der Art und Zahl sind ihre zusammengesuchten Stellen, mit denen sie Gott schmeicheln und zugleich sich selbst verführen, Stellen, die die Zucht erweichen statt sie zu stärken. Mit wieviel entgegengesetzten Worten können wir sie widerlegen, die Gottes Strenge androhen und zugleich unsre Standhaftigkeit fordern? 4. Denn mag Gott auch seinem Wesen nach gut sein, so ist er doch auch gerecht. Je nach dem Fall weiss er ja so gut zu *schlagen wie* zu *heilen; er stiftet Frieden, aber schafft auch das Unheil.* Er hat die Busse lieber, aber er befiehlt auch Jeremia, nicht für das sündige Volk zu beten, wenn er sagt: *Auch wenn sie fasten, werde ich ihr Flehen nicht erhören* [10]. ... 9. Daher fällt auch der Apostel, und zwar in einem Fall von Hurerei, das Urteil, *ein solcher Mensch sei dem Satan zu übergeben zum Verderben des Fleisches,* und er tadelt dabei, dass die Brüder *nicht durch die Heiligen gerichtet würden.* Er sagt nämlich weiter: *Was habe ich die zu richten, die draussen sind?* 10. Du vergibst aber, damit Gott dir vergebe. Abgewaschen werden Sün-

---

[8] Möglich wäre auch die Übersetzung: auch wenn wir damit den Parakleten in den Ruf übermässiger Strenge bringen.
[9] Durch die öffentliche Busse ohne Hoffnung auf Wiederaufnahme.
[10] Das wird mit Jer. 11, 14; Jes. 42, 14; Psalm 96 (97), 3 und Matth. 7, 2 belegt.

mundantur quae quis in fratrem, non deum admiserit. Debitoribus denique dimissuros nos in oratione profitemur, sed non decet ultra de auctoritate scripturarum eiusmodi funem contentiosum alterno ductu in diuersa distendere, ut haec restringere frenos disciplinae, illa laxare uideatur quasi incertae, et paenitentiae subsidium illa prosternere per lenitatem, haec negare per austeritatem. 11. Porro et auctoritas scripturae in suis terminis stabit sine alterutra oppositione, et paenitentiae subsidium suis condicionibus determinatur sine passiua concessione, et ipsae prius causae eius distinguuntur sine confusa propositione. 12. Causas paenitentiae delicta condicimus. Haec diuidimus in duos exitus. Alia erunt remissibilia, alia inremissibilia. Secundum quod nemini dubium est alia castigationem mereri, alia damnationem. 13. Omne delictum aut uenia dispungit aut poena, uenia ex castigatione, poena ex damnatione. De ista differentia iam et quasdam praemisimus altercationes scripturarum hinc *retinentium* hinc *dimittentium delicta.* 14. Sed et Iohannes docebit: *Si quis scit fratrem suum delinquere delictum non ad mortem, postulabit et dabitur uita ei; quia non ad mortem delinquit,* hoc erit remissibile. *Est delictum ad mortem; non pro illo dico ut quis postulet,* hoc erit inremissibile. 15. Ita ubi est postulationis ⟨ratio⟩, illic etiam remissionis; ubi nec postulationis, ibi aeque nec remissionis. Secundum hanc differentiam delictorum paenitentiae quoque condicio discriminatur. 16. Alia erit quae ueniam consequi possit, in delicto scilicet remissibili, alia quae consequi nullo modo possit, in delicto scilicet inremissibili. Et superest specialiter de moechiae et fornicationis statu examinare, in quam delictorum partem debeant redigi.

138, 55 s. cf. Matth. 6, 12
    69 cf. Ioh. 20, 23 (nr. 5)
    70—73 1. Ioh. 5, 16 (nr. 24)

138, 59 *Post* uideatur, *non post* incertae *interpunxit Dekkers.*
    61 et *ed. princ.:* si et *Vrsinus, fort. recte*
    73 ratio *add. Vrsinus,* uis *Oehler,* ius *Hartel*

den, die einer gegen seinen Bruder, nicht gegen Gott begangen hat. Kurz gesagt, wir bekennen im Vaterunser, dass wir den Schuldigern vergeben. Aber es gehört sich nicht, noch weiter über die Autorität derartiger Bibelstellen ein Tauziehen zu veranstalten und abwechselnd nach verschiedenen Seiten zu ziehen; dann sähe es aus, als zöge die eine Stelle die Zügel der Gemeindezucht an, die andere lockere sie, als wären sie ungewiss, und als verschleudere diese aus Güte das Hilfsmittel der Busse, während jene es aus Strenge verweigere. 11. Vielmehr wird die Autorität der Schrift in ihren Anweisungen [11] Bestand haben ohne inneren Widerspruch, das Hilfsmittel der Busse seinerseits wird in seinen besonderen Bedingungen genau bestimmt ohne uneingeschränkte Vergebung, und vorher werden ihre Gegenstände und Anlässe unterschieden, die in der Darstellung nicht verwirrt werden dürfen [12]. 12. Wir sind darin einig, dass die Busse ihren Gegenstand und Anlass in den Sünden hat. Diese teilen wir im Hinblick auf ihren Ausgang in zwei Gruppen. Die einen werden vergebbar sein, die andern unvergebbar [13]. Demgemäss bezweifelt niemand, dass die einen Züchtigung, die andern Verdammung verdienen. 13. Jedes Vergehen wird entweder durch Verzeihung behoben oder durch Strafe: durch Verzeihung auf Grund einer Züchtigung, durch Strafe auf Grund von Verdammung. Hinsichtlich dieses Unterschiedes haben wir ja schon einigen Wortwechsel über Schriftstellen vorausgeschickt [14], die teils *die Sünden behalten,* teils sie *vergeben.* 14. Aber auch Johannes kann Auskunft geben: *Wenn jemand weiss, dass sein Bruder eine Sünde begeht, die nicht zum Tode führt, der soll Fürbitte tun, dann wird ihm das Leben geschenkt; denn er sündigt nicht zum Tode,* — das wird eine vergebbare Sünde sein. *Es gibt eine Sünde zum Tode; dass einer für diese bitten soll, sage ich nicht,* — das wird die unvergebbare sein. 15. Wo also Raum ist für die Bitte, da ist er auch für die Vergebung; wo nicht für die Bitte, da ebensowenig für die Vergebung. Nach dieser Unterscheidung der Sünden unterscheidet sich auch das Verfahren der Busse. 16. Die eine wird zur Verzeihung führen können, nämlich die bei einer verzeihbaren Sünde; die andere kann auf keinen Fall zur Verzeihung führen, natürlich die bei einer unverzeihbaren Sünde. Nun bleibt noch übrig, die Lage im besonderen bei Ehebruch und Unzucht zu prüfen und zu fragen, welcher Gruppe von Sünden diese zuzurechnen sind.

---

11 Wollte man terminus mit „Begrenzung" übersetzen, so müsste man an den Geist denken, der den wahren Sinn und die Einheit der biblischen Weisungen bestimmt; vgl. Kap. 19, 3 s. und H. Karpp, Schrift und Geist bei Tertullian, 1955, S. 58 ss.
12 Vgl. über diese schwierige Stelle Le Saints Anmerkung.
13 Dieser Begriff fehlte in De paenitentia noch.
14 §§ 1—9.

III, 1. Sed prius decidam intercedentem et diuerso responsionem ad eam paenitentiae speciem quam cum maxime definimus uenia carere. Si enim, inquiunt, aliqua paenitentia caret uenia, iam nec in totum agenda tibi est. Nihil enim agendum est frustra. 2. Porro frustra agetur paenitentia, si caret uenia. Omnis autem paenitentia agenda est. Ergo omnis ueniam consequatur, ne frustra agatur, quia non erit agenda, si frustra agatur. Porro frustra agitur, si uenia carebit. 3. Merito itaque opponunt, quod huius quoque paenitentiae fructum, id est ueniam, in sua potestate usurpauerunt. Quantum enim ad illos, a quibus pacem humanam consequitur, ⟨frustra agitur⟩. Quantum autem ad nos, qui solum dominum meminimus delicta concedere, et utique mortalia, non frustra agetur. 4. Ad dominum enim remissa et illi exinde prostrata hoc ipso magis operabitur ueniam, quod eam a solo deo exorat, quod delicto suo humanam pacem sufficere non credit, quod ecclesiae mauult erubescere quam communicare. 5. Adsistit enim pro foribus eius et de notae suae exemplo ceteros admonet et lacrimas fratrum sibi quoque aduocat et redit plus utique negotiata, compassionem scilicet quam communicationem. Et si pacem hic non metit, apud dominum seminat. 6. Nec amittit, sed praeparat fructum. Non uacabit ab emolumento, si non uacauerit ab officio. Ita nec paenitentia huiusmodi uana nec disciplina eiusmodi dura est. Deum ambae honorant. ...

IV, 1. Possumus igitur demandata paenitentiae distinctione ad ipsorum iam delictorum regredi censum, an ea sint quae ueniam ab hominibus consequi possint. Inprimis quod moechiam et fornicationem nomi-

---

138, 90 cf. Marc. 2, 7 par.

138, 102 s. hominibus *Latinius:* omnibus *ed. princ.*

III, 1. Zuerst jedoch will ich einen von der Gegenseite vorgebrachten Einwand kurz abtun bezüglich jener Art Busse, die nach unsrer ausdrücklichen Erklärung ohne Verzeihung bleibt. Sie sagen nämlich: Wenn also irgendeine Busse ohne Verzeihung bleibt, dann brauchst du sie überhaupt nicht zu leisten; denn man braucht nichts vergeblich zu tun. 2. Nun leistet man doch die Busse vergeblich, wenn sie ohne Verzeihung bleibt. Man muss aber jederlei Busse tun [15]. Folglich dürfte jede zur Verzeihung führen, damit sie nicht vergeblich geleistet wird. Denn man braucht sie nicht zu leisten, wenn sie vergeblich geleistet wird. Sie wird aber vergeblich geleistet, wenn sie ohne Verzeihung bleibt. 3. Mit Recht nun wenden sie dies ein, weil sie sich die Frucht auch dieser Art Busse, d. h. die Verzeihung, für ihren eignen Machtbereich angemasst haben. In den Augen derer nämlich, von denen sie den menschlichen Frieden erlangt, wird sie vergeblich geübt [16]. Bei uns dagegen, die wir wohl wissen, dass der Herr allein Sünden vergibt, jedenfalls die tödlichen, wird sie nicht vergeblich geleistet werden. 4. Denn an den Herrn verwiesen und daher vor ihm hingestreckt, wird sie gerade deshalb eher die Verzeihung erwirken, weil sie sie von Gott allein erbittet, weil sie nicht glaubt, für ihr Vergehen genüge der menschliche Friede, weil sie lieber vor der Gemeinde errötet als mit ihr Gemeinschaft hat. 5. Sie steht nämlich vor den Türen der Kirche und warnt durch das Beispiel ihrer Schande die übrigen, ruft auch die Tränen der Brüder zu Hilfe und geht nach Hause, nachdem sie sicherlich mehr erwirkt hat, das Mitleid nämlich, nicht die Gemeinschaft [17]. Und wenn sie den Frieden hier nicht erntet, sät sie ihn doch bei dem Herrn. 6. Sie büsst ihre Frucht nicht ein, sondern bereitet sie vor. Sie wird nicht ohne Ertrag bleiben, wenn sie in ihrer Pflichterfüllung nicht müssig wird. So ist denn weder eine derartige Busse sinnlos noch eine Zucht dieser Art hart. Gott ehren sie beide. ...

IV, 1. Nachdem wir innerhalb der Busse eine Unterscheidung getroffen haben, können wir nunmehr zur Beurteilung der Sünden selber zurückkehren [18] und fragen, ob sie derart sind, dass sie von Menschen Verzeihung erlangen können. Zunächst einmal dies: Wenn wir von moechia, Ehebruch, und fornicatio, Hurerei, sprechen [19], so fordert dies der

---

[15] Johannes der Täufer und Jesus haben ja die Busse ohne Einschränkung geboten.
[16] Wenn sie nicht auch, wie es in ihrem Wesen liegt, den Frieden mit Gott erwirkt. Zur potestas vgl. Kap. 21.
[17] Das Mitleid ist mehr, weil es bei Gott wirksamer ist als die zu Unrecht gewährte kirchliche Gemeinschaft.
[18] Vgl. Kap. 2 Ende.
[19] Tert. rechtfertigt es, dass er den Ehebruch zur Hurerei rechnet und neben den antiken Ausdrücken adulterium und stuprum auch moechia und fornicatio verwendet, die der christliche Sprachgebrauch bevorzugt.

namus, usus expostulat. 2. Habet et fides quorundam nominum familiari-
tatem. Ita in omni opusculo usum custodimus. Ceterum si adulterium
et si stuprum dixero, unum erit contaminatae carnis elogium. 3. Nec
enim interest nuptam alienam an uiduam quis incurset, dum non suam
feminam; ... 4. Ita et ubicunque uel in quacunque semetipsum adulte-
rat et stuprat qui aliter quam nuptiis utitur. Ideo penes nos occultae
quoque coniunctiones, id est non prius apud ecclesiam professae, iuxta
moechiam et fornicationem iudicari periclitantur, ne inde consertae ob-
tentu matrimonii crimen eludant. 5. Reliquas autem libidinum furias
impias et in corpora et in sexus ultra iura naturae non modo limine,
uerum omni ecclesiae tecto submouemus, quia non sunt delicta, sed
monstra.

V, 1. Ergo moechia, quod etiam fornicationis est res, secundum opus
criminis quanti aestimanda sit sceleris, prima lex dei praesto est. Siquidem post interdictam alienorum deorum superstitionem ipsorumque
idolorum fabricationem, post commendatam sabbati uenerationem, post
imperatam in parentes secundam a deo religionem nullum aliud in talibus
titulis firmandis muniendisque substruxit praeceptum quam *non moechaberis*. ... 4. Itaque moechia adfinis idololatriae ...; etiam damnatione
cohaerebit illi sicut et dispositione. 5. Eo amplius praemittens *non
moechaberis,* adiungit *non occides.* Honorauit utique moechiam, quam
homicidio anteponit, in prima itaque fronte sanctissimae legis, in primis

---

138, 108 s. cf. 1. Cor. 6, 18
     121 s. Exod. 20, 14
     122 cf. Eph. 5, 5
     124 Exod. 20, 13

138, 109 nuptiis *ed. princ.:* nuptus *Hartel, forte. recte*

Sprachgebrauch. 2. Auch der Glaube hat gewisse ihm eigene Begriffe. So halten wir uns in jeder unsrer Schriften [20] an den Sprachgebrauch. Im übrigen ist, wenn ich von Ehebruch (adulterium) und Hurerei (stuprum) spreche, dies ein und dieselbe Anklage fleischlicher Befleckung. 3. Denn wenn es sich nicht mehr um die eigene Frau handelt, dann ist es einerlei, ob sich jemand mit einer anderen Ehefrau oder einer Witwe einlässt. ... 4. Wo und mit wem es auch sein mag, Ehebruch und Unzucht begeht an sich selbst, wer sich nicht auf die Ehe beschränkt. Deshalb droht bei uns auch den geheimen Verbindungen, d. h. denen, die nicht zuerst öffentlich vor der Gemeinde geschlossen worden sind, mit Ehebruch und Hurerei gleichgestellt zu werden; sie sollen nicht, wenn sie daraus hervorgegangen sind, unter dem Deckmantel der Ehe eine schwere Verfehlung vertuschen. 5. Die sonstige gottlose Raserei der Leidenschaften, die, sei es gegen den Leib, sei es gegen das Geschlecht, wider die Ordnungen der Natur begangen wird, weisen wir nicht allein von der Schwelle, sondern von dem ganzen Haus der Kirche fort, weil es keine Sünden, sondern Ungeheuerlichkeiten sind [21].

V, 1. Um nun das Verbrechen des Ehebruchs, der im Wesen nichts anderes ist als Hurerei, aus dem sündhaften Vorgang nach seiner Schwere zu beurteilen, steht Gottes erstes Gesetz zur Verfügung [22]. Denn nach dem Verbot, fremde Götter zu verehren und Götterbilder herzustellen, nach Anordnung der Sabbatfeier, nach dem Gebot, nächst Gott die Eltern zu ehren, hat es bei der Aufstellung und Einschärfung solcher Artikel kein anderes Gebot unmittelbar folgen lassen als dies: *Du sollst nicht ehebrechen* [23]. ... 4. Der Ehebruch ist also mit dem Götzendienst versippt ...; auch in der Verwerfung wird er mit ihm verbunden sein, ganz wie in der Reihenfolge. 5. Weiter, während das Gesetz vorausschickt: *Du sollst nicht ehebrechen,* schliesst es an: *Du sollst nicht töten.* Sicher hat es den Ehebruch geehrt, wenn es ihn vor den Mord setzt, also an den Anfang des heiligen Gesetzes und unter die ersten Artikel

---

20 Oder: in unserer ganzen Schrift.
21 Bei widernatürlichen Lastern ist unter den Montanisten sogar die vergebungslose Busse im Vorraum der Kirche unmöglich.
22 Das des Alten Bundes und Testamentes. Tert. liebt es, einen Schriftbeweis mit dem AT zu beginnen (hier Kap. 5—6; vgl. auch 18 und 20), dann die Evangelien (hier Kap. 7—11), Apostelgeschichte (Kap. 12), Paulusbriefe (Kap. 13 bis 18) und die übrigen neutestamentlichen Schriften folgen zu lassen (Kap. 19 bis 20).
23 Die Septuaginta ordnet Exod. 20, 13—15: Ehebruch, Diebstahl, Mord, dagegen Deut. 5, 17—19: Ehebruch, Mord, Diebstahl; ebenso Luk. 18, 20; Röm. 13, 9 und Tert. hier. Aber Adu. Marcion. 2, 17 geht er mit dem hebräischen Text. — Zu den sogenannten Triassünden und dem grösseren Umfang der Kapitalsünden vgl. Poschmann, Paen. sec. 305 ss.; Grotz, Entwicklung 343 ss.

titulis caelestis edicti, principalium utique delictorum proscriptione sig-
natam. ... 8. Quis eam ... a cohaerentium corpore diuellet, de uici-
norum criminum nexu ..., ut solam eam secernat ad paenitentiae fructum? 9. Nonne hinc idololatria, inde homicidium detinebunt. ...
130 14. ... Si res uoce deficiunt, adsistit idololatres, adsistit homicida, in
medio eorum adsistit et moechus. Pariter de paenitentiae officio sedent,
in sacco et cinere inhorrescunt, eodem fletu ingemiscunt, eisdem precibus ambiunt, eisdem genibus exorant, eandem inuocant matrem.
15. Quid agis, mollissima et humanissima disciplina? Aut omnibus eis
135 hoc esse debebis, *beati* enim *pacifici,* aut, si non omnibus, nostra esse.
Idololatrem quidem et homicidam semel damnas, moechum uero de
medio excipis? ... *Personae acceptatio* est; miserabiliores paenitentias
reliquisti.

VII, 1. A parabolis licebit incipias, ubi est *ouis perdita* a domino
140 requisita et *humeris eius* reuecta. Procedant ipsae picturae calicum
uestrorum, si uel in illis perlucebit interpretatio pecudis illius, utrumne
christiano an ethnico peccatori de restitutione conliniet. 2. Praescribi-
mus enim ex naturae disciplina ... ea semper responderi quae prouo-
cantur [id est ad ea quae prouocant]. Prouocauit, ut opinor, quod
145 *Pharisaei publicanos et peccatores* ethnicos *admittentem* dominum *et
cum illis de uictu communicantem* indignati *mussitabant.* 3. Ad hoc
dominum pecudis perditae restitutionem cui alii configurasse credendum
est quam ethnico perdito de quo agebatur, non [de] christiano qui
adhuc nemo? ... 4. Sed *ouis* proprie christianus et grex domini eccle-
150 siae populus et *pastor bonus* Christus et ideo christianus in oue intelle-
gendus, qui ab ecclesiae grege errauerit. 5. Ergo nihil ad Pharisaeorum

---

138, 135 cf. Matth. 5, 9
137 cf. Rom. 2, 11
139 s. cf. Luc. 15, 4—7
145 s. cf. Luc. 15, 1 s.
150 cf. Ioh. 10, 11

138, 131 sedent *Gelenius:* sedere *ed. princ.,* sedentes *Vrsinus,* seuerae *Kroymann,* secedunt *coni. Karpp*
150 in oue *cod.:* non *ed. princ.*

des himmlischen Ediktes, ganz einbezogen in die Ächtung der Hauptvergehen. ... 8. Wer möchte den Ehebruch ... aus diesem einheitlichen Ganzen, aus dieser Verbindung mit benachbarten Verbrechen ... losreissen, um ihn allein herauszugreifen für die Frucht der Busse? 9. Wird ihn nicht auf der einen Seite der Götzendienst, auf der andern der Mord festhalten? ... 14. ... Wenn die Tatsachen nicht sprechen können [24], so tritt der Götzendiener heran, es tritt der Mörder heran, und in ihrer Mitte erscheint auch der Ehebrecher. In gleicher Weise sitzen sie wegen der Busspflicht da, sie schaudern zusammen in Sack und Asche, sie seufzen in derselben Klage, erheben die gleichen Bitten um Fürsprache, flehen in gleicher Weise kniefällig und rufen dieselbe Mutter an. 15. Und was tust du, du höchst milde und menschenfreundliche Zucht? Du musst entweder für sie alle so sein — denn *selig sind die Friedfertigen* —, oder, wenn nicht für alle, zu uns halten [25]. Den Götzendiener und den Mörder verdammst du ein für allemal; aber den Ehebrecher nimmst du aus ihrer Mitte heraus? ... Das heisst *die Person ansehen!* Denn damit lässt du Bussen beiseite, die mehr Mitleid verdienen [26].

VII, 1. Bei den Gleichnissen magst du anfangen, in denen von einem *verlorenen Schaf* die Rede ist, das der Herr sucht und auf *seinen Schultern* zurückbringt. Lasst doch sogar die Bilder auf euren Bechern sehen, wenn wenigstens auf ihnen die Bedeutung jenes Tieres klar erkennbar ist, ob es auf die Wiederherstellung eines christlichen oder eines heidnischen Sünders zielt! [27] 2. Auf Grund eines natürlichen Gesetzes ... machen wir nämlich die Voraussetzung, eine Antwort entspreche immer ihrem Anlass, d. h. dem, was die Veranlassung bildet. Die Veranlassung war meines Erachtens die, dass *die Pharisäer* über den Herrn empört waren und *murrten*, weil er heidnische *Zöllner und Sünder zu sich liess und mit ihnen zusammen ass.* 3. Auf wen sonst hat denn, müsste man annehmen, der Herr daher das Bild von der Wiederbringung des verlorenen Schafes bezogen als auf den verlorenen Heiden, um den der Streit ging, nicht auf den Christen, den es noch gar nicht gab? ... 4. Aber (sc. so wendest du ein) das Schaf im eigentlichen Sinne ist der Christ, die Herde des Herrn ist das Volk in der Kirche, *der gute Hirte* ist Christus, und deshalb muss man in dem *Schaf* den Christen erkennen, der

---

[24] Nämlich die Erfahrung, dass Ehebruch, Mord und Götzendienst oft einander nach sich ziehen.
[25] Also allen drei Sünden die Vergebung verweigern.
[26] Nach Kap. 6 gelten die alttestamentlichen Zugeständnisse einer Vergebung des Ehebruchs seit der Fleischwerdung Christi nicht mehr; dieser hat das Verbot des Ehebruchs noch verschärft! — Es folgt der neutestamentliche Teil.
[27] Zur Darstellung des Guten Hirten auf (heidnischen) Bechern vgl. Kap. 10, 12 und Th. Klauser: Jahrb. für Antike u. Christentum 1, 1958, S. 24—32.

mussitationem respondisse uis dominum, sed ad tuam praesumptionem? ... 6. ... Quis magis perit a deo quam ethnicus, quamdiu errat? Quis magis requiritur a deo quam ethnicus, quando reuocatur a
155 Christo? ... 10. Perinde *drachmae* parabolam ut ex eadem materia prouocatam aeque in ethnicum interpretamur, etsi in domo amissam quasi in ecclesia, etsi ad *lucernae* lumen repertam quasi ad dei uerbum. ... 12. Denique et oui et drachmae unus error adscribitur. Nam si iam in christianum peccatorem defingerentur post fidem perditam, et
160 de iterata amissione eorum et restitutione tractaretur. 13. Decedam nunc paulisper de gradu isto, quo magis eum etiam decedendo commendem, cum sic quoque obduxero diuersae partis praesumptionem. Condico christianum iam peccatorem in parabola utraque portendi, non tamen ideo eum adfirmandum, qui de facinore moechiae et fornicationis
165 restitui per paenitentiam possit. 14. Licet enim perisse dicatur, erit et de perditionis genere retractare, quia et ouis non moriendo, sed errando et drachma non interiendo, sed latitando perierunt. Ita licet dici perisse quod saluum est. 15. Perit igitur et fidelis elapsus in spectaculum quadrigarii furoris et gladiatorii cruoris et scaenicae foeditatis
170 et xysticae uanitatis, in lusus, in conuiuia saecularis sollemnitatis, ⟨si⟩ in officium, in ministerium alienae idololatriae aliquas artes adhibuit ⟨aut⟩ incuriosius in uerbum ancipitis negationis aut blasphemiae impegit. 16. Ob tale quid extra gregem datus est uel et ipse forte ira, tumore, aemulatione, quod denique saepe fit, dedignatione castigationis abrupit.
175 Debet requiri atque reuocari. Quod potest recuperari, non perit, nisi foris perseuerauerit. 17. Bene interpretaberis parabolam uiuentem adhuc reuocans peccatorem. Moechum uero et fornicatorem quis non mortuum statim admisso pronuntiabit? Quo ore mortuum restitues in gregem ex

---

138, 155 ss. cf. Luc. 15, 8—10

138, 159 perditam *ed. princ.*: perditum *Esser, fort. recte*
  172 ⟨aut⟩ incuriosius *Reifferscheid-Wissowa*: curiositatis *ed. princ., fort. recte*

von der Herde der Kirche weg in die Irre gegangen ist. 5. Du willst also, dass der Herr gar nicht auf das Murren der Pharisäer geantwortet hat, sondern auf deine vorgefasste Meinung? ... 6. ... Wer ist mehr für Gott verloren als der Heide, solange er in die Irre geht? Wer wird mehr von Gott gesucht als der Heide, wenn Christus ihn zurückruft? ... 10. Ebenso deuten wir wegen der Gleichheit des Anlasses das Gleichnis von der *Drachme* gleichfalls auf den Heiden, obwohl sie im Hause verlorenging, sozusagen in der Kirche, und obwohl sie beim Licht der *Lampe* gefunden wurde, sozusagen unter dem Worte Gottes. ... 12. Schliesslich wird dem Schaf und der Drachme nur eine Verirrung zugeschrieben. Denn falls sie wirklich einen christlichen Sünder darstellten, der den Glauben verloren hat, würde auch von ihrer zweimaligen Verlorenheit und Wiederbringung gesprochen. 13. Ich räume jetzt vorübergehend diese Stellung, um sie gerade durch dieses Räumen noch zu empfehlen, wenn ich auch so noch das Vorurteil der Gegenseite widerlege. Ich räume also ein, beide Gleichnisse meinten einen Sünder, der schon Christ ist, — ohne deshalb zu sagen, er könnte nach dem Verbrechen des Ehebruchs und der Unzucht durch Busse wiederhergestellt werden. 14. Wenn er nämlich ein Verlorener genannt wird, ist immer noch die Art der Verlorenheit zu erörtern. Denn das Schaf war nicht verloren, weil es gestorben war, sondern weil es sich verirrt hatte, und die Drachme war verloren, nicht weil sie nicht mehr vorhanden, sondern weil sie nicht mehr zu sehen war. So kann man also verloren nennen, was noch vorhanden oder am Leben ist. 15. Verloren geht also auch der Gläubige, der abgeirrt ist und dem Wahnsinn auf der Rennbahn zuschaut oder dem Blutvergiessen der Gladiatoren, dem Schmutz auf der Bühne oder der Prahlerei auf dem Fechtboden, der an den Spielen teilnimmt oder an Gelagen weltlicher Festlichkeiten, auch wenn er für andere zur amtlichen Verrichtung und zum Vollzug des Götzendienstes seine Kunstfertigkeit ausgeübt hat oder sich unvorsichtig zu einem Wort halber Verleugnung oder Lästerung hat hinreissen lassen. 16. Wegen eines solchen Vorfalls ist er aus der Herde entfernt worden oder hat sogar selbst etwa aus Empörung, Hochmut oder Eifersucht und, was schliesslich häufig vorkommt, weil er die Züchtigung abgelehnt hat [28], die Gemeinschaft abgebrochen. Man muss ihn suchen und zurückrufen. Was man wiedererlangen kann, geht nur dann verloren, wenn es beharrlich draussen bleibt. 17. Du wirst das Gleichnis richtig verstehen, wenn du einen Sünder zurückrufst, der noch lebt. Einen Ehebrecher und Hurer aber — wer wird den nicht sofort nach seiner Tat [29] tot nennen? Mit welcher Drei-

---

28 Vgl. De paenit. 10 (Nr. 134).
29 Also ohne besondere kirchliche Erklärung.

parabolae eius auctoritate quae non mortuum *pecus* reuocat? ...
20. Iuxta *drachmae* quoque exemplum etiam intra domum dei ecclesiam licet esse aliqua delicta pro ipsius drachmae modulo ac pondere mediocria, quae ibidem delitescentia mox ibidem et reperta statim ibidem cum gaudio emendationis transigantur. 21. Moechiae uero et fornicationis non drachma, sed talentum, quibus exquirendis non *lucernae* spiculo [lumine], sed totius solis lancea opus est. 22. Simul apparuit, statim homo de ecclesia expellitur nec illic manet nec *gaudium* confert repertrici ecclesiae, sed luctum nec *congratulationem aduocat uicinarum* sed contristationem proximarum fraternitatum. 23. Commissa itaque etiam hac nostra cum illorum interpretatione eo magis in ethnicum spectabunt et ouis et drachmae argumenta, quanto nec in eius delicti christianum competere possunt, propter quod in christianum de diuersa parte coguntur.

IX, 9. Nam si christianus est qui acceptam a deo *patre substantiam* utique baptismatis, utique spiritus sancti et exinde spei aeternae longe euagatus a patre *prodigit ethnice uiuens,* si exutus bonis mentis etiam principi saeculi (cui alii quam diabolo?) seruitium suum tradidit et ab eo porcis alendis, immundis scilicet spiritibus curandis praepositus resipuit ad patrem reuerti, iam non moechi et fornicarii, sed idololatrae et blasphemi et negatores et omne apostatarum genus hac parabola patri satisfacient, et elisa est uerissime hoc magis modo tota *substantia* sacramenti. 10. Quis enim timebit prodigere quod habebit postea recuperare?

138, 193 ss. cf. Luc. 15, 11 ss.
195 cf. Gal. 2, 14

138, 199 hac parabola *Gelenius:* hanc parabolam *ed. princ.*

stigkeit [30] wirst du aber einen Toten in die Herde zurückbringen, wenn du dich dafür auf ein solches Gleichnis berufst, in dem das zurückgerufene *Schaf* nicht tot ist? ... 20. Auch nach dem Beispiel der *Drachme* kann es einige Vergehen geben, die klein sind wie der Umfang und das Gewicht einer Drachme, auch innerhalb des Hauses Gottes, der Kirche; hier sind sie verborgen, hier werden sie bald gefunden, und hier werden sie sofort unter Freude über die Besserung behoben [31]. 21. Das Vergehen des Ehebruchs und der Unzucht aber ist keine Drachme, sondern ein Talent. Sie aufzuspüren erfordert nicht das Licht einer *Lampe,* sondern den vollen Schein der ganzen Sonne [32]. 22. Sobald die Sache ans Licht gekommen ist, wird der Mensch sofort [33] aus der Kirche ausgestossen; er bleibt nicht darin und bereitet auch der Kirche, wenn sie ihn findet, nicht *Freude,* sondern Trauer, und sie *ruft* nicht *ihre Nachbarinnen zur Mitfreude,* sondern die nächsten Gemeinden zur Mittrauer. 23. Wenn man also auch unsre zweite Erklärung [34] mit der ihrigen vergleicht, so werden die Beispiele des Schafes und der Drachme desto mehr auf einen Heiden zielen, je weniger sie auf einen Christen passen können mit einer solch schweren Sünde, derentwegen die Gegenpartei sie aber gewaltsam auf den Christen bezieht [35].

IX, 9. Wenn der nämlich ein Christ ist, der mit dem von Gott — dem *Vater* — erhaltenen *Vermögen* — sicher der Taufe, sicher dem Heiligen Geist und damit einer ewigen Hoffnung — weit vom Vater wegzieht und das *Vermögen durchbringt,* indem er *lebt wie ein Heide,* wenn er nach Verlust der geistigen Güter sogar dem Fürsten der Welt — wem anders als dem Teufel? — gedient hat, von ihm beauftragt worden ist, die Schweine zu hüten, d. h. den unreinen Geistern zu dienen, und zu der Einsicht kam, zum Vater zurückzukehren, — wenn der ein Christ ist, dann dürften nach diesem Gleichnis nicht mehr bloss Ehebrecher und Hurer, sondern auch Götzendiener, Gotteslästerer, Verleugner und Abtrünnige aller Art dem Vater Genugtuung leisten; und auf diese Weise ist das *Vermögen* des Glaubens [36] erst recht wirklich vernichtet. 10. Denn wer wird sich fürchten zu verschwenden, was er später wiedererlangen

---

30 Oder ironisch: Mit was für einer Stimme.
31 Über die Bedeutung dieser Stelle für die Einteilung der Sünden nach Tert. s. Le Saint z. St.
32 1 Talent = 6000 Drachmen. Das Licht der Lampe verhält sich zu dem der Sonne wie ein kleiner Stachel (spiculum) zu einer Lanze.
33 Zu statim s. Grotz 363, Anm. 3.
34 Vgl. § 13.
35 In den folgenden Kap. 8—9 zeigt Tert., dass auch das Gleichnis vom verlorenen Sohn Heiden meint (anders De paenit. 8, Nr. 134).
36 Oder: des (Tauf-)Sakramentes.

Quis curabit perpetuo conseruare quod non perpetuo poterit amittere? Securitas delicti etiam libido est eius. ... 20. ... Ceterum si in hoc gestit diuersa pars ouem et drachmam et filii luxuriam christiano pecca-
205 tori configurare, ut moechiam et fornicationem paenitentia donent, aut et cetera delicta pariter capitalia concedi oportebit aut paria quoque eorum moechiam et fornicationem inconcessibilia seruari. ...

X, 1. ... contendunt iam (sc. psychici) nec competere ethnicis paenitentiae denuntiationem, quorum delicta obnoxia ei non sint, ignoran-
210 tiae scilicet imputanda, quam sola natura ream deo faciat. 2. Porro nec remedia sapere quibus pericula ipsa non sapiant, illic autem paenitentiae constare rationem ubi conscientia et uoluntate delinquitur, ubi et culpa sapiat et gratia, illum lugere, illum uolutari, qui sciat et quid amiserit et quid sit recuperaturus, si paenitentiam deo immolarit utique
215 eam magis filiis offerenti quam extraneis. ... 9. Age tu funambule pudicitiae et castitatis et omnis circa sexum sanctitatis, ... 10. Quid itaque in gradu totus es? Pergesne, si potueris, si uolueris, dum tamen securus et quasi in solido es? Nam si qua te carnis uacillatio, animi auocatio, oculi euagatio de tenore decusserit, deus bonus est. 11. Suis,
220 non ethnicis, sinum subicit; secunda te paenitentia excipiet; eris iterum de moecho christianus. Haec tu mihi, benignissime dei interpres. 12. Sed cederem tibi, si scriptura Pastoris, quae sola moechos amat, diuino instrumento meruisset incidi, si non ab omni concilio ecclesiarum, etiam uestrarum, inter apocrypha et falsa iudicaretur, adultera et ipsa et inde patrona

---

138, 215 cf. Marc. 7, 27 par.

kann? Wer wird sich bemühen, für immer zu bewahren, was er nicht für immer verlieren kann? Sicherheit im Sündigen bedeutet geradezu die Lust daran. ... 20. Aber wenn die Gegenseite das Schaf, die Drachme und die Ausschweifungen des Sohnes in der Absicht als Bild eines sündigen Christen zu verstehen sucht, um Ehebruch und Unzucht nach Busse zu verzeihen, dann wird man entweder auch die anderen, gleichfalls kapitalen Sünden [37] vergeben oder auch bei Ehebruch und Unzucht — weil mit ihnen gleich — an der Unvergebbarkeit festhalten müssen.

X, 1. ... Weiter behaupten die Psychiker, die Aufforderung zur Busse passe gar nicht auf die Heiden; deren Vergehen unterlägen ihr nicht, da sie offenbar der Unwissenheit zuzuschreiben seien, die bloss die Natur vor Gott zur Sünde macht [38]. 2. Ferner seien auch die Hilfsmittel denen nicht recht verständlich, die schon die Gefahren nicht recht verstehen könnten; vielmehr sei die Busse nur dort hinreichend begründet, wo man mit Wissen und Willen sündige, wo auch Schuld und Gnade verstanden seien; derjenige trauere und werfe sich zu Boden, der wisse, was er verloren habe und was er wiedererlangen werde, wenn er Gott seine Busse zum Opfer darbringe, der sie natürlich eher seinen Kindern anbiete als den Fremden. ... 9. Wohlan [39], du Seiltänzer in Fragen der Ehrbarkeit, Keuschheit und jeglicher Heiligung des geschlechtlichen Lebens ...! 10. Warum starrst du denn so auf deinen Schritt? Willst du nicht weitergehen, wenn du kannst und wenn du willst, da du doch sicher bist und vermeintlich auf festem Boden? Denn wenn dich ein Schwanken des Fleisches, eine Ablenkung des Geistes, ein Abschweifen des Auges aus der Bahn wirft, — Gott ist gütig! 11. Den Seinen, nicht den Heiden breitet er seine Arme aus. Eine zweite Busse wird dich auffangen; aus einem Ehebrecher wirst du wieder ein Christ werden. Das wagst du mir zu sagen, du überaus gütiger Sprecher Gottes! 12. Doch ich würde dir noch recht geben, wenn die Schrift „Der Hirt", die als einzige den Ehebrechern wohlgesinnt ist, es verdient hätte, unter die Heiligen Schriften aufgenommen zu werden, wenn sie nicht von jedem Konzil der Gemeinden, auch eurer, unter die apokryphen, unechten Schriften gerechnet würde, eine Schrift, die selbst ehebrecherisch [40] ist

---

[37] Cf. Anm. 23.
[38] Die Christen dagegen geben die empfangene Gnade preis. — Zur Unwissenheit der Heiden vgl. Apg. 3, 17; 17, 30 etc.
[39] Nach Thörnell und Dekkers (CC L) spricht der Gegner in §§ 9—11, nach Rauschen (Florilegium Patristicum 10, 1915) nur in § 11. Vielleicht gehört aber die ganze Stelle Tert. selber.
[40] D. h. unecht, nicht kanonisch. — Busse für Ehebrecher: Hermas Mand. 4, 1 (Nr. 67).

sociorum. ... 14. ... Sed et si uenia potius est *paenitentiae fructus,* hanc quoque consistere non licet sine cessatione delicti. Ita cessatio delicti radix est ueniae, ut uenia sit *paenitentiae fructus.*

XI, 1. Exinde quod ad euangelium pertinet, parabolarum quidem discussa iam quaestio est. Si uero et factis aliquid tale pro peccatoribus edidit dominus, ut cum *peccatrici feminae* etiam corporis sui contactum permittit *lauanti lacrimis pedes* eius *et crinibus detergenti et unguento sepulturam* ipsius inaugranti, ut cum *Samaritanae* sexto iam matrimonio non moechae, sed prostitutae, etiam quod nemini facile, quis esset ostendit, nihil ex hoc aduersariis confertur, ac si iam christianis ueniam delictorum praestitisset. 2. Nunc enim, dicimus, soli domino hoc licet, hodie potestas indulgentiae eius operetur. Ad illa tamen tempora, quibus in terris egit, hoc definimus nihil aduersum nos praeiudicare, si peccatoribus etiam Iudaeis uenia conferebatur. 3. Christiana enim disciplina a nouatione testamenti et, ut praemisimus, a redemptione carnis, id est domini passione, censetur. Nemo perfectus ante repertum ordinem fide, nemo christianus ante Christum caelo resumptum, nemo sanctus ante spiritum sanctum de caelo repraesentatum ipsius disciplinae determinatorem. ...

XII, 2. Non in apostolis quoque ueteris legis forma soluta circa moechiae quanta sit demonstrationem, ne forte lenior existimetur in nouitate disciplinarum quam in uetustate. 3. Cum primum intonuit euangelium et uetera concussit, ut de legis retinendae necessitate disceptaretur, primum hanc regulam de auctoritate spiritus sancti apostoli emittunt ad eos qui iam ex nationibus allegi coeperant: 4. *Visum est,* inquiunt, *spiritui sancto et nobis nullum amplius uobis adicere pondus quam eorum a quibus necesse est abstineri, a sacrificiis et a fornicationibus et sanguine. A quibus obseruando recte agetis uetante uos spiritu sancto.* 5. Sufficit et hic seruatum esse moechiae et fornicationi locum honoris sui inter idololatriam et homicidium. ... 6. Porro qualia uideri uolunt apostoli

---

138, 225 ss. cf. Matth. 3, 8 par.
  230—232 cf. Luc. 7, 37 ss. et Marc. 14, 8 par.
  232 s. cf. Ioh. 4, 17—26
  248 ss. Act. 15, 28 s.

138, 234 ac si iam *Rauschen:* et suam *ed. princ.,* et si (etsi *Gelenius*) iam *Dekkers cum Reiff.-Wissowa*
  235 *Etiam ante* dicimus *interpunxi.*

und daher ihre Gesinnungsgenossen beschützt . . . . 14. . . . Aber selbst wenn die *Frucht der Busse* eher in der Vergebung besteht [41], kann auch sie nicht eintreten, ohne dass die Sünde aufhört. Folglich ist das Aufhören der Sünde die Wurzel der Vergebung, so dass die Vergebung die Frucht der Busse ist.

XI, 1. Hiermit ist nun innerhalb des Evangeliums die Befragung der Gleichnisse abgeschlossen. Wenn aber der Herr auch durch Handlungen eine solche Entscheidung zugunsten der Sünder getroffen hat, z. B. als er der *Sünderin* sogar die Berührung seines Leibes gestattete, als sie seine *Füsse mit Tränen netzte und mit ihren Haaren trocknete und mit der Salbung seine Bestattung* einleitete, oder als er der *Samariterin,* die durch ihre sechste Ehe schon nicht mehr eine Ehebrecherin, sondern eine Dirne war, sich sogar — was er kaum jemandem tat — selbst offenbarte, so nutzt alles das unsern Gegnern gar nichts, — als hätte er die Sündenvergebung solchen gewährt, die bereits Christen waren. 2. Erst jetzt nämlich, so sagen wir [42], kommt dies dem Herrn zu, ihm allein; heute mag seine Vollmacht, zu vergeben, wirksam werden. Was aber die Zeit seines irdischen Wirkens betrifft, erklären wir, es bedeute keinerlei Vorentscheidung gegen uns, wenn Sündern, auch jüdischen, verziehen wurde. 3. Christliche Sittenzucht gibt es ja erst seit der Erneuerung des Bundes und, wie gesagt, seit der Erlösung des Fleisches, d. h. seit dem Leiden des Herrn. Niemand ist vollkommen, bevor die Heilsordnung im Glauben gefunden wurde, niemand ein Christ vor Christi Aufnahme in den Himmel, niemand heilig, bevor der Heilige Geist, der Gesetzgeber der Zucht, aus dem Himmel erschien.

XII, 2. Auch die Apostel haben die alttestamentlichen Bestimmungen nicht ausser Kraft gesetzt, soweit sie zeigen, wie schwer der Ehebruch wiegt; denn er sollte nicht etwa in der neuen Sittenlehre als harmloser gelten denn in der alten. 3. Sobald das Evangelium erscholl und alles Alte ins Wanken brachte, so dass es zu einer Auseinandersetzung kam, ob man das Gesetz beibehalten müsse, haben die Apostel aus der Vollmacht des Heiligen Geistes für die, welche aus den Heidenvölkern sich anzuschliessen begonnen hatten, erstmals folgende Regel ausgegeben: 4. *Beschlossen haben,* so schrieben sie, *der Heilige Geist und wir, euch weiter keine Last aufzuerlegen als die Enthaltung von folgenden Dingen: von Götzenopfer, von Hurerei und von Blut. Wenn ihr euch vor diesen bewahrt, weil der Heilige Geist sie euch verbietet, so tut ihr recht.* 5. Es genügt, dass auch hier Ehebruch und Hurerei ihren Ehrenplatz zwischen Götzendienst und Mord behalten haben. . . . 6. Wie sind weiterhin nach der

---

41 Statt in der sittlichen Besserung, wie Tert. vorher annimmt.
42 Dicere als eingeschobenes Verb auch Kap. 22, 3 und De paenit. 10, 3 (Nr. 134).

crimina quae sola in obseruatione de lege pristina excerpunt, quae sola necessario abstinenda praescribunt? Non quod alia permittant, sed quod haec sola praeponant utique non remissibilia, qui ethnicorum causa cetera legis onera remissibilia fecerunt. ... 10. Nouissimi testamenti semper indemutabilis status est, et utique recitatio decreti consiliumque illud cum saeculo desinet. Satis denegauit (sc. spiritus sanctus) ueniam eorum, quorum custodiam elegit, uindicauit quae non perinde concessit. 11. Hinc est, quod neque idololatriae neque sanguini pax ab ecclesiis redditur. De qua finitione sua apostolos excidisse, puto, non licet credere; aut si credere quidam possunt, debebunt probare.

XIII, 1. Nouimus plane et hic suspiciones eorum. Reuera enim suspicantur apostolum Paulum in secunda ad Corinthios eidem fornicatori ueniam dedisse, quem in prima *dedendum satanae in interitum carnis* pronuntiarit, impium patris de matrimonio heredem, quasi uel ipse postea stilum uerterit. ... 4. Quid hic de fornicatore, quid de paterni tori contaminatore, quid de christiano ethnicorum impudentiam supergresso intellegitur, cum proinde utique speciali uenia absoluisset quem speciali ira damnasset? ... 6. De modica scilicet indulgentia agebatur, quae, si forte, nunc aestimaretur, quando maxima quaeque non soleant etiam sine praedicatione donari, tanto abest sine significatione. 7. Et tu quidem paenitentiam moechi ad exorandam fraternitatem in ecclesiam inducens con-

---

138, 265 ss. (cap. XIII—XIV) cf. 1. Cor. 5, 1—5 (nr. 6)
     268 Sequuntur 2. Cor. 2, 5—11 (nr. 8)

138, 271 *Post* agebatur *leuius interpunxi.*
    272 nunc *edd.:* nec *Rauschen*

Meinung der Apostel die Verbrechen zu beurteilen, die sie als einzige zur weiteren Vermeidung aus dem alten Gesetz herausgreifen und die die einzigen sind, deren Unterlassung sie unbedingt fordern? Nicht wollen sie damit die andern gestatten, sondern diese allein als schlechthin nicht nachlassbar hinstellen, während sie die andern Lasten des Gesetzes den Heiden zuliebe für nachlassbar erklärten. ... 10. Die Rechtsordnung des letzten Bundes [43] ist für immer unabänderlich, und jedenfalls wird die Verkündigung des Dekretes und jener Beschluss erst mit der Welt selber sein Ende finden. Deutlich genug hat der Heilige Geist die Verzeihung jener Sünden verweigert, gegen die er Wachsamkeit forderte [44]; er hat unter Strafe gestellt, was er nicht in gleicher Weise zugestand. 11. Daher kommt es, dass die Gemeinden weder bei Götzenopfer noch bei Blutvergiessen den Kirchenfrieden gewähren [45]. Dass die Apostel von dieser seiner [46] Entscheidung abgewichen wären, darf man meines Erachtens nicht glauben; wenn einige das aber fertigbringen, müssen sie es beweisen.

XIII, 1. Wir kennen freilich auch in dieser Beziehung ihre falschen Annahmen. Sie bilden sich nämlich tatsächlich ein, der Apostel Paulus habe im 2. Korintherbrief demselben Hurer die Verzeihung gewährt, den er im ersten Brief als einen ruchlosen Erben der väterlichen Ehe mit seinem Urteilsspruch *dem Satan zum Verderben des Fleisches übergeben* hat, — als hätte der Apostel hinterher seine frühere Entscheidung selbst wieder gelöscht! ... 4. Was erfährt man denn hier (sc. im 2. Kor.-Brief) von einem Hurer, was von einem Schänder der väterlichen Ehe, was von einem Christen, der die Schamlosigkeit der Heiden übertroffen hat? Paulus hätte doch gewiss einen, den er in besonderem, ganz bestimmtem Zorn verdammt hatte, ebenso in einer besonderen, näher bestimmten Vergebung losgesprochen! ... 6. Natürlich, es handelte sich nur um einen geringen Sündennachlass — der allenfalls jetzt veranschlagt würde [47] —, während man die grossen Sünden nicht ohne feierliche Unterweisung zu erlassen pflegt, geschweige ohne sie zu nennen. 7. Wenn du [48] selber den büssenden Ehebrecher in die Kirche führst, um die Brüder anzuflehen, dann lässt du ihn im Bussgewand und in der Asche,

---

43 Durch den Parakleten.
44 Anders Le Saint, aber kaum richtig: which He has set aside for retention (oder: for special restriction).
45 Das kann aber nicht überall Brauch gewesen sein; s. Le Saint z. St.
46 Oder: ihrer eigenen.
47 D. h. von den Montanisten. Möglich wäre auch die Übersetzung: um einen Sündennachlass, der heute allenfalls als ein geringer angesehen würde.
48 Es muss der katholische Bischof gemeint sein. — Zum Verlauf der Busse vgl. De paen. 9—11 (Nr. 134) und De pudic. 5, 14.

ciliciatum et concineratum cum dedecore et horrore compositum proster-
nis in medium ante uiduas, ante presbyteros, omnium lacrimas suaden-
tem, omnium uestigia lambentem, omnium genua detinentem, inque eum
hominis exitum quantis potes misericordiae inlecebris *bonus pastor* et
benedictus papa contionaris et in parabola ouis capras tuas quaeris. 8. Tua
ouis ne rursus de grege exiliat (quasi non exinde iam liceat quod nec
semel licuit), ceteras etiam metu comples cum maxime indulgens. 9. Apostolus uero sceleratam libidinem fornicationis incesto onustam tam pro-
iecte ignouisset, ut nec hunc saltem habitum legatum paenitentiae, quem
ab ipso didicisse deberes, ab eo exegerit? Nihil de postero sit commi-
natus, nihil de cetero allocutus? 10. Quin immo et ultra obsecrat, *consti-
tuerent in eum dilectionem,* quasi satisfaciens, non quasi ignoscens. Et
tamen dilectionem audio, non communicationem. . . . 12. Adeo potuisset
dicere et fornicatori dilectionem solummodo concessam, non et communicationem, incesto uero nec dilectionem, quem scilicet *auferri* iussisset
de medio ipsorum, multo magis utique de animo. . . . 14. Hic iam *carnis
interitum* in officium paenitentiae interpretantur, quod uideatur ieiuniis
et sordibus et incuria omni et dedita opera malae tractationis carnem
exterminando satis deo facere, ut ex hoc argumententur fornicatorem,
immo incestum illum non in perditionem satanae ab apostolo traditum,
sed in emendationem, quasi postea ueniam ob *interitum* id est conflic-
tationem *carnis* consecuturum, igitur et consecutum. . . . 19. *Hymenaei
autem et Alexandri* crimen si *et in isto et in futuro aeuo inremissibile*
est, *blasphemia* scilicet, utique apostolus non aduersus terminum domini
sub spe ueniae dedisset satanae iam a fide in blasphemiam mersos.

138, 278 cf. Ioh. 10, 11
   285 s. cf. 2. Cor. 2, 8 (nr. 8)
   296—305 cf. 1. Tim. 1, 19 s. (nr. 13)
   297 cf. Matth. 12, 31 s. (cf. nr. 3)

138, 279 *Post* quaeris *signum interrogationis posuit Dekkers.*
   283 legatum *ed. princ.:* legitimum *Vrsinus,* legalem *Oehler*

entehrend und abstossend gekleidet, in der Mitte vor den Witwen und
den Presbytern sich niederwerfen; allen entlockt er Tränen, allen küsst
er die Füsse, allen umfasst er die Knie; und um ihm zu diesem Erfolg [49]
zu verhelfen, predigst du als ein *guter Hirt* und gesegneter Vater mit
allen erdenklichen Empfehlungen des Mitleides und suchst im Gleichnis
vom Schaf deine Ziegen [50]. 8. Und damit dein Schaf nicht wieder aus
der Herde ausbricht — als wäre von jetzt ab nicht mehr erlaubt, was
kein einziges Mal erlaubt war! —, erfüllst du, gerade während du ver-
zeihst, auch die übrigen Schafe mit Furcht. 9. Der Apostel aber sollte
die verbrecherische Lust der Unzucht bis zur Blutschande so bereitwillig
verziehen haben, dass er von dem Betreffenden nicht einmal die über-
kommene Bussübung gefordert hätte, die du von ihm hättest lernen
sollen? Er soll keine Drohung für die Zukunft, keine weitere Ermahnung vorgebracht haben? 10. Vielmehr beschwört er sie noch obendrein,
sie möchten gegen den Mann Liebe walten lassen, als wollte er etwas
wiedergutmachen, nicht verzeihen. Trotzdem höre ich nur das Wort
Liebe, nicht Gemeinschaft! [51] ... 12. Er hätte also sagen können, auch
dem Unzüchtigen sei nur die Liebe zugestanden, nicht auch die kirchliche
Gemeinschaft, dem Blutschänder aber nicht einmal die Liebe; denn er
hatte ja angeordnet, diesen *aus ihrer Mitte zu entfernen* und sicher noch
viel mehr aus ihren Herzen. ... 14. Hier deuten sie dann das *Verderben
des Fleisches* auf die Verrichtung der Busse; diese Leistung töte anscheinend durch Fasten, Ungepflegtheit, Vernachlässigung aller Art und absichtliche schlechte Behandlung das Fleisch ab und leiste so Gott Genugtuung. Daraus wollen sie folgern, der Apostel habe jenen Hurer, vielmehr Blutschänder, dem Satan nicht zum Verderben, sondern zur Besserung übergeben, als ob er später wegen des *Verderbens des Fleisches,*
d. h. wegen seiner Kasteiung, Verzeihung erlangen sollte, folglich auch
erlangt habe. ... 19. Wenn aber das schwere Vergehen des *Hymenäus*
und des *Alexander,* bekanntlich *Gotteslästerung, in dieser und der
zukünftigen Weltzeit unvergebbar* ist, dann hätte der Apostel gewiss
nicht gegen den Befehl des Herrn solche, die aus dem Glauben in Lästerung versunken waren, dem Satan mit Hoffnung auf Verzeihung über-

---

[49] Grotz (Entwicklung 366 ss.) bezieht dagegen exitus auf den „Hinausgang" des
Sünders, der zuerst exkommuniziert war, dann aber in die Kirche geführt und unter
die Büsser aufgenommen wurde, zu denen er jetzt hinaus in den Vorraum geht.

[50] Ehebrecher und ihresgleichen sind den Ziegenböcken (haedi) zu vergleichen, die
nach Matth. 25, 32 im Gericht verworfen werden. Der Bischof der Psychiker
aber hält diese „Ziegen" für Lämmer, die gerettet werden. Vielleicht hat Tert.
capra statt haedus gesagt, um eine genauere Entsprechung zu dem Femininum
ouis zu haben.

[51] Es folgt das Zitat 2. Thess. 3, 14 s. (Nr. 12).

300 20. Vnde et *naufragos* eos *iuxta fidem* pronuntiauit, non habentes iam solacium nauis ecclesiae. Illis enim uenia negatur qui de fide in blasphemia impegerunt. Ceterum ethnici et haeretici cotidie ex blasphemia emergunt. 21. Sed et si dixit: *Tradidi eos satanae, uti disciplinam acciperent non blasphemandi,* de ceteris dixit qui illis traditis satanae, id est extra
305 ecclesiam proiectis, erudiri haberent blasphemandum non esse. 22. Sic igitur et incestum fornicatorem non in emendationem, sed in perditionem tradidit satanae. ... 23. Denique *in interitum,* inquit, *carnis,* non in cruciatum, ipsam substantiam damnans, per quam exciderat, quae exinde iam perierat baptismate amisso, *ut spiritus,* inquit, *saluus sit in die*
310 *domini.* ... 25. Superest igitur ut eum *spiritum* dixerit, qui in ecclesia censetur, *saluum* id est integrum praestandum *in die domini* ab immunditiarum contagione eiecto incesto fornicatore. ...

XIV, 15. Quid enim suberat? *Auditur in uobis ... fornicatio ... . Et uos inflati estis et non luxistis potius.* ... 16. Pro quo lugerent? Vtique
315 pro mortuo. Ad quem lugerent? Vtique ad dominum, ut quo modo *auferatur de medio* eorum, non utique ut extra ecclesiam detur (hoc enim non a deo postularetur quod erat in praesidentis officio), sed ut per mortem hanc quoque communem et propriam carnis ipsius, quae iam cadauer, quo captiuum, esset, immunditia inrecuperabili tabiosum,
320 plenius de ecclesia deberet auferri. ... 24. Damnatus autem et quidem in possessionem satanae iam tunc perierat ecclesiae, cum tale facinus admiserat, nedum cum et ab ipsa eierabatur. ...

XVIII, 1. Sed haec, inquit, ad interdictionem pertinebunt omnis impudicitiae et ad indictionem omnis pudicitiae, saluo tamen loco ueniae,

---

138, 319 quo captiuum *ed. princ.:* quod capt. *Gelenius,* quod corruptiuum esset et *Latinius,* corruptiuum esset et *Reifferscheid-Wissowa*

geben⁵². 20. Daher hat er sie auch *Schiffbrüchige im Glauben* genannt; sie haben nicht mehr den Trost des Schiffes der Kirche. Die Vergebung wird ja denen verweigert, die aus dem Glauben in Lästerung gefallen sind. Dagegen erheben sich Heiden und Häretiker täglich aus der Gotteslästerung⁵³. 21. Aber wenn er weiter sagt: *Ich habe sie dem Satan übergeben, dass sie lernten, nicht zu lästern,* so hat er das wegen der andern gesagt; daraus, dass jene dem Satan übergeben, d. h. aus der Kirche ausgestossen wurden, konnten und sollten sie lernen⁵⁴, man dürfe nicht lästern. 22. So hat er also auch den blutschänderischen Unzüchtigen dem Satan nicht zur Besserung, sondern zum Verderben übergeben.... 23. Und schliesslich sagt er *zum Verderben des Fleisches,* nicht: zur Züchtigung. Er verwirft die ganze Substanz, durch die jener gefallen war und die durch den Verlust der Taufe⁵⁵ alsbald selber vernichtet war —, *damit der Geist,* sagt er, *gerettet werde am Tage des Herrn.* ... 25. Es bleibt dann nur die Annahme übrig, dass nach Paulus jener *Geist,* der in der Kirche da ist⁵⁶, *am Tage des Herrn heil* dargebracht werden solle, d. h. nach Ausstossung des blutschänderischen Hurers von der Berührung mit aller Unreinheit unbefleckt.

XIV, 15. Was lag denn vor? *Man hört unter euch ... von Unzucht. ... Und ihr seid hochmütig und habt nicht vielmehr Trauer gezeigt ....* 16. Um wen hätten sie trauern sollen? Gewiss um einen Toten. An wen sollten sie ihre Trauer richten? Natürlich an den Herrn, damit jener *irgendwie aus ihrer Mitte entfernt würde,* sicher nicht, damit er aus der Gemeinde verwiesen würde — man würde ja nicht von Gott erbitten, was zu den Pflichten des Gemeindevorstehers gehörte —, sondern damit er aus der Kirche noch vollständiger entfernt werden sollte, auch durch den gewöhnlichen Tod, der eigentlich dem Fleische zukommt, das schon ein Leichnam, weil etwas Verdorbenes, war, das an unheilbarer Unreinheit eingeht. ... 24. Der — sogar zum Eigentum des Satans — Verurteilte war für die Kirche schon im Augenblick seines Vergehens verloren und erst recht, als sie ihn auch noch feierlich ausstiess.

XVIII, 1. Aber diese Worte⁵⁷, sagt er (sc. der Gegner), zielen auf ein Verbot jeglicher Unkeuschheit und auf ein Gebot jeglicher Keusch-

---

52 Zu ergänzen ist etwa: wie die Psychiker es tun und erwarten.
53 Durch die Taufe.
54 Tertullians Umschreibung mit disciplinam accipere trägt in das Zitat den Gedanken der Zucht und der Strafe ein.
55 Vielleicht ist 14, 17 zu vergleichen: ut sacramento benedictionis exauctoraretur; cf. Le Saint z. St.
56 Denn der Geist des Einzelnen kann nach Tert. nicht ohne den Leib gestraft werden (§ 24).
57 Des Paulus ausserhalb der Korintherbriefe, z. B. Eph. 5, 3—6.

325 quae non statim denegatur, si delicta damnantur, quando ueniae tempus cum damnatione concurrat quam excludit. 2. Sequebatur et hoc psychicos sapere, et ideo reseruauimus huic loco quae aperte ad communicationem ecclesiasticam causis eiusmodi negandam etiam antiquitus cauta sunt. . . .
12. Quid si et hic respondere concipias adimi quidem peccatoribus uel
330 maxime carne pollutis communicationem, sed ad praesens, restituendam scilicet ex paenitentiae ambitu secundum illam clementiam dei quae *mauult peccatoris paenitentiam quam mortem?* 13. Hoc enim fundamentum opinionis uestrae usquequaque pulsandum est. Dicimus itaque: clementiae diuinae si iterasse competisset demonstrationem sui etiam post
335 fidem lapsis, ita apostolus diceret: *Nolite communicare operibus tenebrarum,* nisi paenitentiam egerint, et: *cum talibus ne cibum quidem sumere,* nisi posteaquam caligas fratrum uolutando deterserint, et: *Qui templum dei uitiauerit, uitiabit illum deus,* nisi omnium focorum cineres in ecclesia de capite suo excusserit. 14. Debuerat enim quae damnauerat
340 proinde determinasse, quonam usque et sub ⟨qua⟩ condicione damnasset, si temporali et condicionali et non perpetua seueritate damnasset. 15. Porro cum in omnibus epistolis et post fidem talem prohibeat admitti et admissum a communicatione detrudat sine spe condicionis ullius aut temporis, nostrae magis sententiae adsistit, eam paenitentiam ostendens dominum
345 malle quae ante fidem, quae ante baptisma morte peccatoris potior habeatur, *semel diluendi* per *Christi* gratiam *semel pro peccatis nostris morte functi.* 16. Nam hoc etiam in sua persona apostolus statuit. Adfirmans enim *Christum* ad hoc *uenisse, ut peccatores saluos faceret,*

138, 332 cf. Ez. 18, 23; 33, 11
335 s. cf. Eph. 5, 11
336 s. cf. 1. Cor. 5, 11 (nr. 6)
337 s. cf. 1. Cor. 3, 17
346 s. Hebr. 10, 10 et 1. Petr. 3, 18
348—350 1. Tim. 1, 15. 13

138, 326 concurrat: non concurrat *Dekkers (cum Hartel)*

heit, unbeschadet der Möglichkeit der Verzeihung. Denn diese wird nicht gleich verweigert, wenn die Vergehen verdammt werden, da ja die Zeit bis zur Verzeihung mit der Verdammung wetteifert und diese ausschliesst [58]. 2. Es war folgerichtig, dass die Psychiker sich auch diese Weisheit einfallen liessen. Deshalb haben wir für diese Stelle jene Anweisungen zurückgestellt, die schon in der alten Zeit eindeutig getroffen wurden, um derartigen Fällen die kirchliche Gemeinschaft zu verweigern [59]. ... 12. Wie aber, wenn du auch hier auf den Gedanken kämest zu antworten, die Gemeinschaft werde freilich den Sündern, vor allem den Fleischessündern [60], entzogen, aber für jetzt; sie solle natürlich auf Grund des Busseifers wieder gewährt werden gemäss der Barmherzigkeit Gottes, der lieber die Busse des Sünders will als seinen Tod? 13. Jedenfalls muss dieses Fundament eurer Anschauung ganz und gar beseitigt werden. Wir sagen daher folgendes. Hätte es der göttlichen Milde entsprochen, sich auch den nach Annahme des Glaubens Gefallenen abermals zu erweisen, dann würde der Apostel so sagen: *Habt nicht Gemeinschaft mit den Werken der Finsternis,* wenn sie nicht Busse getan haben; ferner: *Esst nicht einmal mit solchen,* wenn sie sich nicht vorher auf den Boden geworfen und die Schuhe der Brüder abgeküsst haben; und: *Wer den Tempel Gottes entehrt, den wird Gott entehren,* es sei denn, er habe die Asche von allen Herden in der Kirche über sein Haupt geschüttet. 14. Wenn nämlich die Strenge seines Verdammungsurteils befristet, bedingt und nicht bleibend gewesen wäre, dann hätte er das, was er verdammte, entsprechend näher bestimmen müssen, wie lange und unter welcher Bedingung er es verdammte. 15. Aber da er in allen Briefen nach Annahme des Glaubens einen solchen Menschen zuzulassen verbietet und einen Zugelassenen ohne Hoffnung auf irgendeine Einschränkung oder Frist aus der Gemeinschaft verstösst, steht er mehr bei unsrer Auffassung; er zeigt, dass Gott lieber jene Busse will, die vor dem Glauben und vor der Taufe mehr geschätzt ist als des Sünders Tod; denn *einmal* soll dieser durch die Gnade *Christi* abgewaschen werden, *der einmal für unsre Sünden gestorben ist.* 16. Dies hat der Apostel ja auch an seiner eigenen Person herausgestellt. Denn als er erklärte, *Christus sei gekommen, um die Sünder zu retten, unter denen er der erste gewesen*

---

[58] D. h. verdammt wird nur, wer die Busse versäumt. Vgl. Kellner—Esser (BKV) und Le Saint z. St.
[59] Es folgen Prov. 6, 32—34; Jes. 52, 11 (2. Kor. 6, 17); Psalm 1, 1; 25 (26), 4—6; 1. Kor. 5, 9—11 (Nr. 6); 1. Tim. 5, 22 (Nr. 14) usw.
[60] Grotz (Entwicklung 363) verbindet cum maxime mit pollutis. Dann hätten die afrikanischen Katholiken reumütige Unzuchtssünder sofort zur Busse zugelassen, andere erst nach Ausschluss.

quorum primus ipse fuisset, quid adicit? *Et misericordiam sum con-*
350 *secutus, quoniam ignorans feci in incredulitate.* 17. Ita clementia illa dei
malentis paenitentiam peccatoris quam mortem ad ignorantes adhuc et
adhuc incredulos spectat, quorum causa liberandorum uenerit Christus,
non qui iam deum norint et *sacramentum* didicerint *fidei.* 18. Quod
si clementia dei ignorantibus adhuc et infidelibus competit, utique et
355 paenitentia ad se clementiam inuitat, salua illa paenitentiae specie post
fidem, quae aut leuioribus delictis ueniam ab episcopo consequi poterit
aut maioribus et inremissibilibus a deo solo. . . .

XIX, 3. Bene autem quod apostolis et fidei et disciplinae regulis
conuenit. *Siue enim ego,* inquit, *siue illi, sic praedicamus.* Totius itaque
360 sacramenti interest nihil credere ab Iohanne concessum quod a Paulo sit
denegatum. 4. Hanc aequalitatem spiritus sancti qui obseruauerit, ab
ipso deducetur in sensus eius. Haereticam enim feminam, quae quod
didicerat a *Nicolaitis docere* susceperat ⟨et⟩ in ecclesiam latenter intro-
ducebat, [et] merito ad paenitentiam urgebat. 5. Cui enim dubium est
365 haereticum institutione deceptum cognito postmodum casu et paenitentia expiato et ueniam consequi et in ecclesiam redigi? Vnde et apud
nos ut ethnico par, immo et super ethnicum, haereticus etiam per baptisma ueritatis utroque nomine purgatus admittitur. 6. Aut si certus
es mulierem illam post fidem uiuam in haeresi postea exspirasse, ut non
370 quasi haereticae, sed quasi fideli peccatrici cui ueniam ex paenitentia
uindices, sane agat paenitentiam, sed in finem moechiae, non tamen et
restitutionem consecutura. Haec enim erit paenitentia quam et nos
deberi quidem agnoscimus multo magis, sed de uenia deo reseruamus. . . .

22. Iuxta est igitur ut excidisse sibi dicamus Iohannem in primore qui-
375 dem epistola negantem nos sine delicto esse, nunc uero praescribentem
non delinquere omnino, et illic quidem aliquid de uenia blandientem,
hic uero districte negantem filios dei quicumque deliquerint. 23. Sed
absit. Nam nec ipsi excidimus a qua digressi sumus distinctione delic-

---

138, 351 cf. lin. 332
353 cf. 1. Tim. 3, 9
359 1. Cor. 15, 11
362 ss. cf. Apoc. 2, 15. 20 s.
374 ss. cf. 1. Ioh. 1, 8—2, 2 (nr. 22)
375 cf. 1. Ioh. 3, 6—10

138, 363 s. et *transposuit van der Vliet*
371 in finem *Rigaltius:* fidem *ed. princ., Dekkers*

sei, was fügt er da noch hinzu? *Mir ist Barmherzigkeit widerfahren; denn ich habe es unwissend getan im Unglauben.* 17. So bezieht sich also jene Barmherzigkeit, in der Gott *des Sünders Busse lieber will als seinen Tod*, auf noch Unwissende und noch Ungläubige, die zu erlösen Christus gekommen ist, und nicht auf die, die Gott schon kennen und mit dem *Geheimnis des Glaubens* schon vertraut sind. 18. Wenn nun aber die Güte Gottes den noch Unwissenden und Ungläubigen zukommt, dann ruft sicher auch die (sc. entsprechende) Busse diese Güte zu sich herbei. Das berührt aber nicht jene andere Art Busse nach der Taufe, die entweder für leichtere Vergehen vom Bischof die Vergebung erlangen kann oder für schwerere, unvergebbare allein von Gott [61].

XIX, 3. Es ist aber gut, dass unter den Aposteln Einigkeit besteht über die Regeln des Glaubens und der Sittenzucht. *Sei es nun ich oder sie*, heisst es, *so predigen wir*. Es muss dem ganzen Christentum daran gelegen sein zu glauben, Johannes habe nicht etwas erlaubt, was Paulus verweigert habe. 4. Wer dieses einheitliche Wirken des Heiligen Geistes beachtet, den wird er selbst in dessen [62] Gedanken einführen. Denn mit Recht drängte er [63] eine häretische Frau zur Busse, die, was sie bei den *Nikolaiten* gelernt hatte, zu *lehren* begann und heimlich in die Kirche einführte. 5. Wer bezweifelt denn, dass ein Häretiker, der durch die Lehre getäuscht wurde, aber hernach seine Verirrung erkannt und durch Busse gesühnt hat, Vergebung erlangt und auch in die Kirche aufgenommen wird? Daher wird auch bei uns (sc. Montanisten) der Häretiker, weil er dem Heiden gleicht, ja ihn noch übertrifft, durch die wahre Taufe in doppelter Hinsicht gereinigt und zugelassen [64]. 6. Oder wenn du gewiss bist, dass jene Frau erst hernach aus dem lebendigen Glauben in Häresie verfiel, so dass du nicht für eine Häretikerin, sondern für eine christliche Sünderin auf Grund der Busse Vergebung beanspruchst, ja, dann mag sie Busse tun, aber zur Beendigung ihres Ehebruchs, ohne jedoch auch wiederaufgenommen zu werden. Das ist ja die Busse, deren Notwendigkeit auch wir — und wir noch viel mehr — bejahen, aber hinsichtlich der Vergebung überlassen wir das Urteil Gott. ... 22. Es liegt also nahe zu sagen, Johannes sei sich selbst untreu geworden. Am Anfang seines Briefes bestreite er, dass wir ohne Sünde sind, jetzt aber erhebe er die Einrede, wir sündigten überhaupt nicht, und dort sage er schmeichlerisch etwas von Vergebung, hier aber bestreite er entschieden, dass diejenigen Söhne Gottes sind, die gesündigt haben. 23. Aber das sei ferne! Auch wir selber sind nicht abgewichen von der Einteilung der

---

61 Vgl. Le Saint z. St.
62 Des Johannes. So wird seine Übereinstimmung mit Paulus deutlich. Anders BKV.
63 Johannes oder der Hl. Geist.

torum. Et hic enim illam Iohannes commendauit, quod sint quaedam
delicta cotidianae incursionis quibus omnes simus obiecti. 24. Cui enim
non accidet aut irasci inique et ultra solis occasum aut et manum immit-
tere aut facile maledicere aut temere iurare aut fidem pacti destruere
aut uerecundia aut necessitate mentiri? In negotiis, in officiis, in quaestu,
in uictu, in uisu, in auditu quanta temptamur? Vt, si nulla sit uenia
istorum, nemini salus competat. 25. Horum ergo erit uenia per *ex-
oratorem patris Christum*. Sunt autem et contraria istis ut grauiora et
exitiosa quae ueniam non capiant, homicidium, idololatria, fraus, negatio,
blasphemia, utique et moechia et fornicatio et si qua alia uiolatio templi
dei. 26. Horum ultra exorator non erit Christus; haec non admittet
omnino *qui natus ex deo fuerit,* non futurus dei filius, si admiserit. Ita
Iohannis ratio constabit diuersitatis distinctionem delictorum disponen-
tis, cum delinquere filios dei nunc adnuit, nunc abnuit. 27. Prospiciebat
enim clausulam litterarum suarum . . .: *Si quis scit fratrem suum delinquere delictum non ad mortem, postulabit, et dabit ei uitam dominus,
qui non ad mortem delinquit. Est enim delictum ad mortem; non de eo
dico ut quis postulet.* 28. Meminerat et ipse Hieremiam prohibitum a deo
deprecari pro populo mortalia delinquente. *Omnis iniustitia delictum est,
et est delictum ad mortem. Scimus autem quod omnis qui ex deo natus
sit non delinquit,* scilicet delictum quod ad mortem est. Ita nihil iam
superest quam aut neges moechiam et fornicationem mortalia esse delicta
aut inremissibilia fatearis, pro quibus nec exorare permittitur. . . .

XXI, 1. Haec si apostoli magis norant, magis utique curabant. Sed et
in hunc iam gradum decurram, excernens inter doctrinam apostolorum
et potestatem. Disciplina hominem gubernat, potestas adsignat. Seorsum

---

138, 381 cf. Eph. 4, 26
385 s. cf. 1. Ioh. 2, 1; Rom. 8, 34; Hebr. 7, 25
390 cf. 1. Ioh. 3, 9 (nr. 23); 5, 18
393—396 1. Ioh. 5, 16 (nr. 24)
396 s. cf. Ier. 14, 11
397—399 1. Ioh. 5, 17 s.

138, 404 s. Seorsum quid potestas ⟨spiritus⟩ *Esser:* seorsum quod potestas *ed. princ.,* sed rursum quid potestas? Spiritus *Latinius*

Sünden, von der wir ausgegangen sind [65]. Hier hat Johannes sie ja bestätigt, dass es nämlich gewisse Sünden täglicher Gefährdung gibt, denen wir alle ausgesetzt sind. 24. Wem wird es denn nicht unterlaufen, dass er zu Unrecht und über Sonnenuntergang hinaus zürnt oder dass ihm die Hand ausgleitet, dass er leicht einmal flucht oder leichtfertig schwört, eine Vereinbarung bricht oder aus Scham oder Not lügt? Bei der Tätigkeit, im Dienst, im Erwerb, beim Essen, Sehen, Hören, — wie oft werden wir da versucht! Wenn es dafür keine Verzeihung gibt, dann wird niemandem das Heil zuteil. 25. Für diese Sünden wird es also durch *Christus, den Fürsprecher beim Vater,* Verzeihung geben. Es gibt aber auch Sünden entgegengesetzter Art, die, weil sie schwerer sind und tödlich, keine Verzeihung zulassen: Mord, Götzendienst, Betrug [66], Verleugnung, Lästerung, sicher auch Ehebruch, Hurerei und sonstige Entehrung des Tempels Gottes. 26. Für solche Sünden wird Christus nicht länger Fürsprecher sein. Sie begeht der überhaupt nicht, *der aus Gott geboren ist,* der aber kein Sohn Gottes mehr sein wird, wenn er sie begeht. So dürfte also Johannes einen Grund haben für seine Uneinheitlichkeit; er unterscheidet nämlich verschiedene Sünden, wenn er bald bejaht, bald wieder verneint, dass die Kinder Gottes sündigen. 27. Denn er blickte auf den Schluss seines Briefes voraus . . .: *Wenn jemand weiss, dass sein Bruder eine Sünde begeht, die nicht zum Tode führt, der soll Fürbitte tun, und der Herr wird dem das Leben schenken, der nicht zum Tode sündigt. Es gibt nämlich eine Sünde zum Tode; dass er für diese bitten soll, sage ich nicht.* 28. Er dachte gleichfalls daran, dass Gott dem Jeremia verbot, für das Volk zu beten, als es Todsünden beging. *Jede Ungerechtigkeit ist Sünde, und es gibt eine Sünde zum Tode. Wir wissen aber, dass jeder, der aus Gott geboren ist, nicht sündigt,* nämlich mit einer Sünde, die zum Tode führt. So bleibt dir also keine andere Wahl als entweder zu bestreiten, dass Ehebruch und Unzucht tödliche Sünden sind, oder sie als unverzeihbar anzuerkennen, für die nicht einmal die Fürbitte gestattet ist.

XXI, 1. Je genauer die Apostel dies [67] wussten, desto mehr handelten sie auch danach. Doch auch auf diese Streitfrage will ich jetzt eingehen. Dazu unterscheide ich zwischen der Lehre der Apostel und ihrer Vollmacht. Die Lehre leitet den Menschen, die Vollmacht versiegelt ihn.

---

64 Die doppelte Reinigung betrifft den Heiden und Häretiker (so Rauschen z. St.) oder eher den Häretiker und Sünder; denn der Häretiker ist nicht unwissend wie der Heide und „übertrifft" daher jenen.
65 Oben 1, 14; 2, 15; 3, 1.
66 Zu fraus s. Adu. Marc. 4, 9, 6 (Nr. 136).
67 Dass es für Ehebruch und Hurerei keine kirchliche Busse mit Verzeihung gibt. Kap. 20 hat dies am Hebräerbrief und an Leu. 13 s. gezeigt.

405 quid potestas ⟨spiritus⟩. Spiritus autem deus. 2. Quid autem docebat? *Non communicandum operibus tenebrarum.* Obserua quod iubet. Quis autem poterat donare delicta? Hoc solius ipsius est. *Quis enim dimittit delicta ni solus deus?* Et utique mortalia, quae in ipsum fuerint admissa et in *templum eius?* 3. Nam tibi quae in te reatum habeant etiam
410 *septuagies septies* iuberis *indulgere* in persona Petri. Itaque si et ipsos beatos apostolos tale aliquid indulsisse constaret, cuius uenia a deo, non ab homine competeret, non ex disciplina, sed ex potestate fecissent. 4. Nam et mortuos suscitauerunt, quod deus solus, et debiles redintegrauerunt, quod nemo nisi Christus, immo et plagas inflixerunt, quod
415 noluit Christus. Non enim decebat eum saeuire qui pati uenerat. Percussus est Ananias et Elimas, Ananias morte, Elimas caecitate, ut hoc ipso probaretur Christum et haec facere potuisse. 5. Sic et prophetae caedem et cum ea moechiam paenitentibus ignouerant, quia et seueritatis documenta fecerunt. Exhibe igitur et nunc mihi, apostolice, prophetica
420 exempla, ut agnoscam diuinitatem, et uindica tibi delictorum eiusmodi remittendorum potestatem. 6. Quod si disciplinae solius officia sortitus es, nec imperio praesidere, sed ministerio, quis aut quantus es indulgere, qui neque prophetam nec apostolum exhibens cares ea uirtute cuius est indulgere? 7. Sed habet, inquis, potestatem ecclesia delicta donandi.
425 Hoc ego magis et agnosco et dispono, qui ipsum paracletum in prophetis nouis habeo dicentem: „Potest ecclesia donare delictum, sed non faciam, ne et alii delinquant." 8. Quid si pseudopropheticus spiritus pronuntiauit? Atqui magis euersoris fuisset et semetipsum de clementia commendare et ceteros ad delinquentiam temperare. Aut si et hoc secun-
430 dum spiritum ueritatis adfectare gestiuit, ergo spiritus ueritatis potest

---

138, 406 cf. Eph. 5, 11
     407 s. cf. Marc. 2, 7; Luc. 5, 21
     409 cf. 1. Cor. 3, 16 s. etc.
     410 cf. Matth. 18, 22 (nr. 2)
     413 s. cf. Act. 20, 9 ss.; 3, 1 ss. etc.
     414 s. cf. Luc. 9, 54—56
     416 ss. cf. Act. 5, 1—5; 13, 8—11
     417 s. cf. 2. Reg. 12, 13

138, 427 alii *Harnack:* alia *ed. princ.*

Die Vollmacht des Geistes ist etwas Besonderes. Der Geist ist nämlich Gott [68]. 2. Was lehrte er nun? *Man dürfe nicht Gemeinschaft haben mit den Werken der Finsternis.* Beachte, was er befiehlt! Wer aber konnte Sünden vergeben? Das kommt ihm allein zu. Denn *wer vergibt Sünden ausser Gott allein* — ganz sicher Todsünden, die gegen ihn und gegen *seinen Tempel* begangen worden sind? 3. Denn Sünden, die eine Verschuldung gegen dich enthalten, sollst du, wie dir in der Person des Petrus befohlen wird, sogar *siebenundsiebenzigmal erlassen.* Wenn es also sicher wäre, dass die seligen Apostel selber etwas erlassen hätten, dessen Verzeihung Gott, nicht einem Menschen zukam, dann hätten sie es nicht auf Grund der Lehre und Zucht, sondern auf Grund ihrer Vollmacht getan. 4. Sie haben ja auch Tote auferweckt wie Gott allein und Kranke geheilt wie niemand ausser Christus, und sie haben sogar Wunden beigebracht, was Christus nicht tun wollte. Denn es war nicht angemessen, dass der Gewalt übte, der gekommen war, um zu leiden. Sie schlugen Ananias und Elymas, Ananias mit dem Tode, Elymas mit Blindheit, und bewiesen damit, dass Christus dies auch hätte tun können [69]. 5. So hatten schon die Propheten den Büssenden Mord und Ehebruch verziehen, weil sie daneben Beweise ihrer Strenge gaben. Zeige mir also jetzt, du apostolischer Mann, Beispiele deiner Prophetengewalt, damit ich die Gottheit erkenne, und dann beanspruche für dich die Vollmacht, derartige Sünden zu erlassen! 6. Wenn dir aber nur die Pflichten der sittlichen Lehre zugefallen sind und eine Gemeindeleitung, die nicht als Herrschaft, sondern als Dienst auszuüben ist, wer und wie gross bist du, dass du Vergebung gewährst, wenn du weder einen Propheten noch einen Apostel darstellst und daher ohne die Kraft bist, die zum Vergeben nötig ist? 7. Aber die Kirche hat die Vollmacht, Sünden zu vergeben, wendest du ein. Das erkenne ich erst recht an und vertrete es; denn ich habe ja in den neuen Propheten den Parakleten selber, der sagt: „Es kann die Kirche Sünde vergeben, aber ich will es nicht tun, damit nicht auch andere sündigen" [70]. 8. Hat hier vielleicht ein falscher Prophetengeist gesprochen? Nein, von dem Verderber wäre doch viel eher zu erwarten, dass er sich durch Milde empfähle und die andern zum Sündigen anleitete. Oder wenn er auch dies nach dem Vorbild des wahren Geistes heucheln wollte, dann kann also der wahre Geist zwar den

---

68 Vgl. Esser (BKV) und Le Saint (ACW). Die Geistesvollmacht ist ein persönliches Gepräge oder eine Weihe, die die Apostel nicht auf ihre Nachfolger übertragen konnten.
69 Der Jünger hat ja keine grössere Macht als sein Meister.
70 Vgl. den kritischen Apparat. Wie nahe sich alii und alia in der Sache kommen, zeigt Kap. 13, 8. 21. Zur montanistischen Busspraxis vgl. Euseb., Hist. eccles. 5, 18, 5—7 (Nr. 82).

quidem indulgere fornicatoribus ueniam, sed cum plurium malo non uult.
   9. De tua nunc sententia quaero, unde hoc ius ecclesiae usurpes. Si quia dixerit Petro dominus: *Super hanc petram aedificabo ecclesiam meam, tibi dedi claues regni caelestis,* uel: *Quaecumque alligaueris uel solueris in terra, erunt alligata uel soluta in caelis,* idcirco praesumis et ad te deriuasse soluendi et alligandi potestatem, id est ad omnem ecclesiam Petri propinquam? 10. Qualis es, euertens atque commutans manifestam domini intentionem personaliter hoc Petro conferentem? *Super te,* inquit, *aedificabo ecclesiam meam,* et: *Dabo tibi claues,* non ecclesiae, et: *Quaecumque solueris uel alligaueris,* non quae soluerint uel alligauerint. 11. Sic enim et exitus docet. In ipso ecclesia extructa est, id est per ipsum, ipse clauem imbuit . . . . 14. . . . Adeo nihil ad delicta fidelium capitalia potestas soluendi et alligandi Petro emancipata. 15. Cui si praeceperat dominus etiam *septuagies septies delinquenti in eum fratri indulgere,* utique nihil postea alligare id est *retinere* mandasset, nisi forte ea quae in dominum, non in fratrem, quis admiserit. Praeiudicatur enim non dimittenda in deum delicta, cum in homine admissa donantur. 16. Quid nunc et ad ecclesiam et quidem tuam, psychice? Secundum enim Petri personam spiritalibus potestas ista conueniet, aut apostolo aut prophetae. Nam et ipsa ecclesia proprie et principaliter ipse est spiritus, in quo est trinitas unius diuinitatis, pater et filius et spiritus sanctus. Illam ecclesiam congregat quam dominus in tribus posuit. 17. Atque ita exinde etiam numerus omnis qui in hanc fidem conspirauerint ecclesia ab auctore et consecratore censetur. Et ideo ecclesia quidem delicta donabit, sed ecclesia spiritus per spiritalem hominem, non ecclesia numerus episcoporum. Domini enim, non famuli est ius et arbitrium; dei ipsius, non sacerdotis.

   138, 433 ss. Matth. 16, 18 s. (nr. 1)
      444 ss. cf. Matth. 18, 21 s. (nr. 2)
      445 cf. Ioh. 20, 23 (nr. 5)
      452 s. cf. Matth. 18, 20 (nr. 2)

   138, 432 ius *Gelenius:* iussisse *ed. princ.,* ius esse *Karpp*
      437 *Post* propinquam *leuiter interpunxit Rauschen* (:), *fort. recte.*

Hurern Verzeihung gewähren, will es aber nicht tun, wenn es vielen andern schadet.

9. Jetzt frage ich betreffs deiner Ansicht, wie du dazu kommst, dieses Recht für die Kirche zu beanspruchen. Etwa weil der Herr zu Petrus gesagt hat: *Auf diesen Felsen werde ich meine Kirche bauen, dir habe ich die Schlüssel des Himmelreichs gegeben,* oder: *Alles, was du auf Erden binden oder lösen wirst, wird auch im Himmel gebunden oder gelöst sein?* Nimmst du daraufhin an, auch auf dich sei die Gewalt zu lösen und zu binden übergegangen, d. h. auf jede Kirche, die mit Petrus zusammengehört?[71] 10. Wer bist du denn, dass du die offenkundige Absicht des Herrn, die dies dem Petrus persönlich überträgt, umkehrst und veränderst? *Auf dich,* sagt er, *werde ich meine Kirche bauen,* und: *Dir werde ich die Schlüssel geben,* nicht der Kirche, und: *Was du lösen oder binden wirst,* nicht: was sie lösen oder binden werden. 11. So lehrt es ja auch der weitere Verlauf. Auf ihn, d. h. durch ihn, wurde die Kirche errichtet; er selbst hat den Gebrauch des Schlüssels eingeführt ...[72]. 14. ... Folglich hat die dem Petrus übertragene Löse- und Bindegewalt mit Kapitalvergehen der Gläubigen überhaupt nichts zu tun. 15. Nachdem der Herr ihm geboten hatte, *einem Bruder, der sich an ihm vergehe, sogar siebenundsiebenzigmal zu verzeihen,* hätte er ihm bestimmt nicht später aufgetragen, etwas zu binden, d. h. zu *behalten,* es sei denn das, was etwa jemand gegen den Herrn und nicht gegen seinen Bruder gesündigt habe. Denn es ergibt sich im voraus das Urteil, die Sünden gegen Gott seien nicht zu vergeben, wenn die gegen einen Menschen begangenen erlassen werden. 16. Was hat das jetzt mit der Kirche zu tun und vollends mit deiner, mein Psychiker? Wie nämlich die Person des Petrus zeigt, wird diese Vollmacht den Pneumatikern zukommen, also einem Apostel oder einem Propheten. Denn auch die Kirche selbst ist eigentlich an erster Stelle der Geist selber, in welchem die Dreiheit der einen Gottheit besteht, Vater, Sohn und Heiliger Geist. Er versammelt eben die Kirche, die nach dem Willen des Herrn in dreien besteht. 17. So wird seitdem auch jede beliebige Zahl von Menschen, die sich auf diesen Glauben verbinden, von ihrem Gründer und Stifter Kirche genannt. Und deshalb wird zwar die Kirche Sünden vergeben, aber die Kirche, die der Geist ist, durch einen Geistesmenschen, nicht die Kirche als eine Zahl von Bischöfen; denn Recht und Entscheidung liegen beim Herrn, nicht beim Diener, bei Gott selbst, nicht beim Priester.

---

71 Hier wird zum ersten Male überliefert, dass die Kirche ihre Absolutionsgewalt aus Matth. 16, 18 s. herleitet. Wer dies zuerst getan hat (Kallist? ein Afrikaner?), ist umstritten. Vgl. Le Saint z. St.
72 Aber mit Predigt, Lehre und Taufe, nicht mit der Sündenvergebung (§§ 11—14).

XXII, 1. At tu iam et in martyras tuos effundis hanc potestatem. Vt quisque ex consensione uincula induit adhuc mollia in nouo custodiae nomine, statim ambiunt moechi, statim adeunt fornicatores, iam preces circumsonant, iam lacrimae circumstagnant maculati cuiusque, nec ulli magis aditum carceris redimunt quam qui ecclesiam perdiderunt. 2. Violantur uiri ac feminae in tenebris plane ex usu libidinum notis et pacem ab his quaerunt qui de sua periclitantur. Alii ad metalla confugiunt et inde communicatores reuertuntur, ubi iam aliud martyrium necessarium est delictis post martyrium nouis. 3. Quis enim in terris et in carne sine culpa? Quis martyr saeculi incola, *denariis* supplex, *medico* obnoxius et *feneratori?* Puta nunc sub gladio iam capite librato, puta in patibulo iam corpore expanso, puta in stipite iam leone concesso, puta in axe iam incendio adstructo, in ipsa, dico, securitate et possessione martyrii, quis permittit homini donare quae deo reseruanda sunt, a quo ea sine excusatione damnata sunt quae nec apostoli, quod sciam, martyres et ipsi donabilia iudicauerunt? 4. Denique iam *ad bestias depugnauerat* Paulus *Ephesi,* cum *interitum decernit* incesto. Sufficiat martyri propria delicta purgasse. Ingrati uel superbi est in alios quoque spargere, quod pro magno fuerit consecutus. Quis alienam mortem sua soluit nisi solus dei filius? ... 6. Habeo etiam nunc quo probem Christum. Si propterea Christus in martyre est, ut moechos et fornicatores martyr absoluat, *occulta* cordis edicat, ut ita delicta concedat, et Christus est. 7. Sic enim

---

138, 467 s. cf. Matth. 18, 23 ss.; 9, 12 par.; Luc. 7, 41 s.
    473 cf. 1. Cor. 15, 32
    474 cf. 1. Cor. 5, 5 (nr. 6)
    479 cf. Rom. 2, 16

138, 459 consensione *ed. princ.*: confessione *Latinius*

XXII, 1. Aber du überträgst diese Vollmacht grosszügig auch auf deine Märtyrer! Sobald jemand durch Übereinkunft unter der neuen Bezeichnung Haft [73] Fesseln trägt, die ihn noch gar nicht drücken, umschwärmen ihn sofort die Ehebrecher, besuchen ihn sofort die Hurer, schon ertönen ringsum ihre Bitten, schon strömen ringsum die Tränen aller Befleckten, und niemand erkauft sich den Zugang zum Kerker lieber als die, die den zur Kirche verloren haben. 2. Es quälen [74] sich Männer und Frauen an den dunklen Orten, die als Stätten der Unzucht bekannt genug sind, und erbitten den Frieden von denen, die ihres eignen Friedens nicht sicher sind. Andere suchen Zuflucht in den Bergwerken und kehren im Besitz der kirchlichen Gemeinschaft von denen zurück, bei welchen die nach dem Martyrium begangenen neuen Sünden schon ein zweites Martyrium erfordern. 3. Denn wer ist ohne Schuld, solange er auf Erden und im Fleische weilt? Wer ist ein Märtyrer, solange er noch in der Welt wohnt und um *Denare* bittet und auf den *Arzt* und den *Gläubiger* angewiesen ist? [75] Denk dir, sein Haupt sei bereits unter dem Schwert des Henkers gebeugt, denk dir, sein Leib sei bereits am Kreuze ausgespannt, denk ihn dir am Pfahl, wenn schon der Löwe in die Arena losgelassen ist, denk ihn dir auf dem Gerüst, wenn schon das Feuer angelegt ist, also, sage ich, mitten in der Gewissheit und im Besitz des Martyriums — wer gestattet einem Menschen, Sünden zu vergeben, die Gott vorbehalten bleiben müssen, der sie ohne Entschuldigung verdammt hat? Sünden, die auch die Apostel, die meines Wissens selbst Märtyrer waren, nicht für verzeihbar erklärt haben? 4. Schliesslich hatte Paulus schon *in Ephesus mit wilden Tieren gekämpft,* als er über den Blutschänder *das Verderben verhängte!* Es möge einem Märtyrer genügen, seine eignen Vergehen abgewaschen zu haben. Undankbar oder hochmütig ist, wer an andere verschleudert, was er für einen hohen Preis erworben hat. Wer sonst kann den Tod eines andern durch den eignen Tod abtragen als allein der Sohn Gottes? ... 6. Ich habe auch jetzt noch ein Mittel, um die Anwesenheit Christi nachzuweisen. Wenn Christus dazu im Märtyrer weilt, dass der Märtyrer Ehebrecher und Unzüchtige losspricht, dann soll dieser *das Verborgene* des Herzens offenbaren, um so Sünden zu vergeben; dann ist er Christus [76]. 7. Denn so hat der Herr

---

73 Diese custodia (libera) muss leichter gewesen sein als die eigentliche Gefängnishaft; s. Esser z. St. (BKV).
74 Diese Übersetzung ist unsicher.
75 Dazu Le Saint: No certain explanation can be given of the meaning of this sentence. Aber die biblischen Anspielungen beweisen, dass Tert. an die lebenslängliche Gefährdung durch Sünde und Teufel denkt.
76 Zur Anwesenheit Christi im Märtyrer vgl. H. von Campenhausen, Die Idee des Martyriums in der alten Kirche, 1936, S. 89—93.

480 dominus Iesus Christus potestatem suam ostendit: *Quid cogitatis nequam in cordibus uestris? ... Igitur ut sciatis filium hominis habere dimittendorum peccatorum in terris potestatem, tibi dico, paralytice: surge et ambula.* 8. Si dominus tantum de potestatis suae probatione curauit, uti traduceret cogitatus et ita imperaret sanitatem, ne non cre-
485 deretur posse delicta dimittere, non licet mihi eandem potestatem in aliquo sine eisdem probationibus credere. 9. Cum tamen moechis et fornicatoribus a martyre expostulas ueniam, ipse confiteris eiusmodi crimina nonnisi proprio martyrio diluenda, qui praesumis alieno. Quod sciam, et martyrium aliud erit baptisma. 10. *Habeo* enim, inquit, et
490 *aliud baptisma.* Vnde et ex uulnere lateris dominici aqua et sanguis, utriusque lauacri paratura, manauit. 11. Debeo ergo et primo lauacro alium liberare, si possum secundo. Ingeram usque in finem necesse est; quaecumque auctoritas, quaecumque ratio moecho et fornicatori pacem ecclesiasticam reddit, eadem debebit et homicidae et idololatrae paeni-
495 tentibus subuenire, certe negatori, et utique illi quem in proelio confessionis tormentis conluctatum saeuitia deiecit. 12. Ceterum indignum deo et illius misericordia, eius qui *paenitentiam peccatoris morti praeuertit,* ut facilius in ecclesiam redeant qui subdendo quam qui dimicando ceciderunt. ... 13. ... Quae iustior uenia in omnibus causis, quam
500 uoluntarius an quam inuitus peccator implorat? Nemo uolens negare compellitur, nemo nolens fornicator. 14. Nulla ad libidinem uis est nisi ipsa; nescit quo libet cogi. Negationem porro quanta compellunt ingenia carnificis et genera poenarum? Quis magis negauit, qui Christum uexatus an qui delectatus amisit? Qui cum amitteret doluit, an qui cum
505 amitteret lusit? 15. Et tamen illae cicatrices christiano proelio insculptae et utique inuidiosae apud Christum, quia uicisse cupierunt, et sic quo-

---

138, 480 ss. Matth. 9, 4—6 par. (et Luc. 7, 39 ss.; Ioh. 4, 18 s. et 29)
    489 s. cf. Luc. 12, 50
    490 cf. Ioh. 19, 34
    497 s. cf. Ez. 18, 23; 33, 11

  138, 488 proprio *del. Kroymann, fort. recte*
     498 subdendo *cod. et ed. princ.:* subando *Gelenius et edd. complures*
     502 quo libet *ed. princ.:* quolibet *cod., Gelenius,* quod libet *Pamelius*

Jesus Christus seine Vollmacht erwiesen: *Warum denkt ihr Böses in euren Herzen? ... Damit ihr nun wisst, dass der Menschensohn Vollmacht hat, die Sünden auf Erden zu vergeben, sage ich dir, Gichtbrüchiger: Stehe auf und geh!* 8. Wenn der Herr so sehr auf den Nachweis seiner Vollmacht bedacht war, dass er ihre Gedanken ans Licht zog und die Heilung in der Weise gebot, dass man glauben musste, er könne Sünden vergeben, dann darf ich in keinem dieselbe Vollmacht voraussetzen ohne dieselben Beweise. 9. Indem du jedoch für Ehebrecher und Unzüchtige von einem Märtyrer Verzeihung erbittest, gestehst du selbst ein, dass derartige Verbrechen nur durch das eigene Martyrium getilgt werden dürfen, und dabei beanspruchst du doch, es könne durch fremdes Martyrium erfolgen! [77] Meines Wissens dürfte das Martyrium auch eine zweite Taufe sein. 10. *Ich habe* nämlich noch *eine Taufe,* heisst es. Daher rannen auch aus der Seitenwunde des Herrn Wasser und Blut als die Einsetzung beider Taufen. 11. Ich müsste also auch durch die erste Taufe einen andern befreien können, wenn ich es durch die zweite kann. Bis zum Ende muss ich es einhämmern: Jedes autoritative Wort, jede Vernunftüberlegung, die dem Ehebrecher und Unzüchtigen den kirchlichen Frieden wiedergibt, wird auch dem Mörder und Götzendiener, wenn sie Busse tun, zu Hilfe kommen müssen, bestimmt auch dem Leugner, jedenfalls einem solchen, der im Kampfe des Bekennens mit der Folter gerungen hat, bevor ihn die Grausamkeit zu Fall brachte. 12. Aber es ist Gottes und seiner Barmherzigkeit unwürdig, des Gottes, der *die Busse des Sünders seinem Tode vorzieht,* dass die leichter in die Kirche zurückkehren sollen, die durch Preisgabe [78] gefallen sind, als die, die im Kampfe unterlagen. ... 13. ... Welche Verzeihung entspricht in allen Straffällen mehr der Gerechtigkeit: die, die einer erfleht, der freiwillig zum Sünder wurde, oder einer, der es gegen seinen Willen wurde? Niemand wird mit Willen zum Leugnen gezwungen, niemand ist gegen seinen Willen ein Hurer. 14. Zur Wollust nötigt keine Gewalt als nur die Wollust selbst; sie kann nicht gezwungen werden, wohin sie schon selbst will [79]. Wie zahlreich sind dagegen die Kniffe des Henkers und die Arten der Martern, die zur Verleugnung nötigen! Wer hat mehr verleugnet? Wer Christus unter Qualen oder wer ihn in der Lust verloren hat? Wer litt, als er ihn verlor, oder wer sich dabei amüsierte? 15. Jene Narben wurden doch in einem christlichen Kampfe eingegraben und machen gewiss auf Christus Eindruck, weil sie nach dem

---

[77] Vgl. Le Saint z. St. und d'Alès, Rech. de sc. rel. 26, 1936, 366 s.
[78] Die Konjektur subando ergibt: durch Brunst.
[79] Oder (s. kritischen Apparat): Sie lässt sich in keine Richtung zwingen, oder: Was beliebt, kann nicht erst erzwungen werden.

que gloriosae, quia non uincendo cesserunt, in quas adhuc et diabolus ipse suspirat, cum sua infelicitate, sed casta, cum paenitentia maerente, sed non erubescentè ad dominum de uenia, denuo dimittetur reis, cum
510 piaculariter negauerunt. Solis illis caro infirma est. Atquin nulla tam fortis caro quam quae spiritum elidit.

139   *Hippolytus (Romanus)* († 235), In Danielem Commentarius (ca. 202—204), I, 17, 14, ed. G. N. Bonwetsch, GCS 1/1, 1897

Ebenso wieder der, welcher gläubig geworden und die Gebote nicht bewahrt hat, wird beraubt des heiligen Geistes, ausgetrieben seiend aus der Kirche, fortan nicht redend, sondern Erde werdend kehrt er zurück zu seinem alten Menschen.

140   *Hippolytus,* In Prouerbia Fragmentum XXI, ed. H. Achelis, GCS 1/2, 1897, p. 163 s.

(ad Prou. 30, 15) Τῇ βδέλλῃ· τῇ ἁμαρτίᾳ· θυγατέρες· πορνεία, φόνος, εἰδωλολατρεία. Καὶ οὐκ ἐνεπίμπλασαν αὐτήν, οὐ γὰρ πίμπλαται αὕτη ἀεὶ διὰ τούτων τῶν πράξεων, νεκροῦσα ἡ ἁμαρτία τὸν ἄνθρωπον μηδέποτε ἠλλοιωμένη, ἀλλὰ πάντοτε ἐπαύξουσα. . . .

141   *Hippolytus,* Traditio apostolica (ca. 215), ed. F. X. Funk, Didascalia et Constitutiones apostolorum 2, 1905, p. 79, 6—13 (= The Apostolic Tradition of St. Hippolytus of Rome III, 5, ed. G. Dix, 1937)

Καρδιογνῶστα πάντων, δὸς ἐπὶ τὸν δοῦλόν σου τοῦτον, ὃν ἐξελέξω εἰς ἐπισκοπήν σου τὴν ἁγίαν, . . . τῷ πνεύματι τῷ ἀρχιερατικῷ ἔχειν ἐξουσίαν ἀφιέναι ἁμαρτίας κατὰ τὴν ἐντολήν σου, διδόναι κλήρους κατὰ τὸ πρόσταγμά σου, λύειν τε πάντα σύνδεσμον
5 κατὰ τὴν ἐξουσίαν ἣν ἔδωκας τοῖς ἀποστόλοις . . . .
Hippolyti uerba *de Elchasaeo* cf. nr. 41, *de Callisto* cf. nr. 124

138, 510 cf. Matth. 26, 41 par.
141, 2 s. cf. Marc. 2, 10; Ioh. 20, 23 (nr. 5)
    4 cf. Is. 58, 6. 9 (Act. 8, 23; Barn. 3, 3. 5); Matth. 18, 18 (nr. 2)

138, 509 *Post* uenia *grauiter interpunxit Rauschen* (.), *Dekkers leuiter post* dominum.   dimittetur *Gelenius:* dimittuntur *ed. princ.*
    509 s. reis cum piaculariter *Hartel:* resculpiculariter *ed. princ.*
    139, 3 redend (glja): des Herrn (gdn') *dubitans Bonwetsch*
    140, 2 φόνος *Mai:* φθόνος *codd.*

Siege verlangt haben, und sind auch deshalb ehrenvoll, weil sie knapp vor dem Siege unterlegen sind. Solche Narben wünscht sich sogar der Teufel selbst [80], wenn den Schuldigen bei ihrem Unglück, aber einem reinen, bei ihrer trauervollen Busse, die aber wegen der Verzeihung nicht vor dem Herrn erröten muss, ein zweites Mal vergeben wird, da sie so verleugnet haben, dass es zur Sühne dient. Von ihnen allein kann man sagen: Das Fleisch ist schwach. Dagegen ist kein Fleisch so stark wie das, welches den Geist überwältigt.

Hippolyt (von Rom)

Daniel-Kommentar I, 17, 14   139

Ebenso [1] wieder der, welcher gläubig geworden und die Gebote nicht bewahrt hat, wird beraubt des heiligen Geistes, ausgetrieben seiend aus der Kirche, fortan nicht redend, sondern Erde werdend kehrt er zurück zu seinem alten Menschen.

Hippolyt, Fragment XXI zu den Sprüchen (zu Spr. 30, 15)   140

Dem Blutegel: d. h. der Sünde; *Töchter:* Unzucht, Mord, Götzendienst. *Und sie füllten sie nicht aus:* sie (sc. die Sünde) erschöpft sich ja niemals in diesen Handlungen. Die Sünde tötet den Menschen, indem sie sich niemals wandelt, aber immer wächst.

Hippolyt, Apostolische Überlieferung (III, 5)   141

Du Erforscher aller Herzen, schenke diesem deinem Diener, den du zu deinem heiligen Bischofsamt erwählt hast, ... dass er durch den hohepriesterlichen Geist *Vollmacht habe, Sünden zu vergeben* nach deinem Befehl, Weihen zu erteilen nach deinem Gebot und *jedes Band zu lösen* nach der Vollmacht, die du den Aposteln gegeben hast [1].

Hippolyts Bericht *über Elkesai* s. Nr. 41, *über Kallist* s. Nr. 124.

---

[80] Vorausgesetzt, er könnte dadurch auch die Vergebung erlangen.
[1] Wie Adam aus dem Paradies vertrieben wurde. Über den Zusammenhang s.   139
Hamel, Kirche bei Hipp. 40 ss. — Den obigen, im griechischen Original verlorenen Text hat Bonwetsch aus dem Altslawischen übersetzt.
[1] Der von Lagarde (Hippolyti Romani quae feruntur omnia graece, 1853) abge-   141
druckte Text über die Busse aus der verlorenen Schrift Contra gentes ist in Z. 4
bis 15 Zitat aus Clemens Al., Quis diu. salu. 40, 3—4. 6 (vgl. Nr. 120), in Z. 15
bis 17 aus Clemens, Paedag. 1, 81, 3.

Origenes, De oratione (a. 232/34), ed. P. Koetschau, GCS 3, 1899

142   XIV, 6

Δέησιν μὲν οὖν καὶ ἔντευξιν καὶ εὐχαριστίαν οὐκ ἄτοπον καὶ ἀνθρώποις προσενεγκεῖν· ἀλλὰ τὰ μὲν δύο (λέγω δὴ ἔντευξιν καὶ εὐχαριστίαν) οὐ μόνον ἁγίοις, ἀλλὰ δὴ καὶ ⟨ἄλλοις⟩ ἀνθρώποις, τὴν δὲ δέησιν μόνον ἁγίοις, εἴ τις εὑρεθείη Παῦλος ἢ Πέτρος, ἵνα ὠφελή-
5 σωσιν ἡμᾶς, ἀξίους ποιοῦντες τοῦ τυχεῖν τῆς δεδομένης αὐτοῖς ἐξουσίας πρὸς τὸ ἁμαρτήματα ἀφιέναι· εἰ μὴ ἄρα, κἂν μὴ ἅγιός τις ᾖ, ἀδικήσωμεν δὲ αὐτόν, δέδοται συναισθηθέντας τῆς εἰς αὐτὸν ἁμαρτίας τὸ δεηθῆναι καὶ τοῦ τοιούτου, ἵν' ἡμῖν ἠδικηκόσι συγγνώμην ἀπονείμῃ. ...

143   ibidem XXVIII, 8—10

8. ... Πάντες μέντοι γε ἐξουσίαν ⟨ἔχομεν⟩ ἀφιέναι τὰ εἰς ἡμᾶς ἡμαρτημένα· ὅπερ δῆλόν ἐστιν ἔκ τε τοῦ Ὡς καὶ ἡμεῖς ἀφίεμεν τοῖς ὀφειλέταις ἡμῶν καὶ ἐκ τοῦ Καὶ γὰρ αὐτοὶ ἀφίεμεν παντὶ ὀφείλοντι ἡμῖν. Ὁ δὲ ἐμπνευσθεὶς ὑπὸ τοῦ Ἰησοῦ ὡς οἱ ἀπόστολοι
5 καὶ ἀπὸ τῶν καρπῶν γινώσκεσθαι δυνάμενος, ὡς χωρήσας τὸ πνεῦμα τὸ ἅγιον καὶ γενόμενος πνευματικὸς τῷ ὑπὸ τοῦ πνεύματος ἄγεσθαι τρόπον υἱοῦ θεοῦ ἐφ' ἕκαστον τῶν κατὰ λόγον πρακτέων, ἀφίησιν ἃ ἐὰν ἀφῇ ὁ θεὸς καὶ κρατεῖ τὰ ἀνίατα τῶν ἁμαρτημάτων, ὑπηρετῶν ὥσπερ οἱ προφῆται ἐν τῷ λέγειν οὐ τὰ ἴδια, ἀλλὰ τὰ τοῦ θείου βουλήματος τῷ θεῷ οὕτω καὶ
10 αὐτὸς τῷ μόνῳ ἐξουσίαν ἔχοντι ἀφιέναι θεῷ.

9. Ἔχουσι δὲ ἐν τῷ κατὰ Ἰωάννην εὐαγγελίῳ αἱ περὶ τῆς τῶν ἀποστόλων γινομένης ἀφέσεως φωναὶ οὕτως· Λάβετε πνεῦμα ἅγιον· ἄν τινων ἀφῆτε τὰς ἁμαρτίας, ἀφίενται αὐτοῖς· ἄν τινων κρατῆτε, κεκράτηνται. Εἰ δέ τις ἀβασανίστως ἐκλαμ-
15 βάνει ταῦτα, ἐγκαλέσαι τις ἂν τοῖς ἀποστόλοις μὴ πᾶσιν ἀφιεῖσιν, ἵνα πᾶσιν ἀφεθῇ, ἀλλὰ τινων τὰς ἁμαρτίας κρατοῦσιν, ὡς δι' αὐτοὺς καὶ παρὰ θεῷ κρατεῖσθαι αὐτάς. Χρήσιμον δὲ παράδειγμα ἀπὸ

142, 1 ss. cf. 1. Tim. 2, 1
   5 s. cf. Ioh. 20, 23 (nr. 5)
143, 2 s. cf. Matth. 6, 12
   3 s. cf. Luc. 11, 4
   6 cf. Rom. 8, 14
   12—14 Ioh. 20, 22 s. (nr. 5)

142, 2 ἀνθρώποις: ἁγίοις add. Koetschau cum aliis
143, 11 τῆς: τῆς διὰ coni. Karpp (cf. lin. 18)

Origenes

Über das Gebet XIV, 6

Bitte, Fürbitte und *Danksagung* auch an Menschen zu richten ist also nicht ungehörig; aber zweierlei, ich meine *Fürbitte* und *Danksagung*, sind nicht nur an heilige, sondern auch an andere Menschen zu richten, die *Bitte* aber nur an heilige — wenn sich einer als ein Paulus oder Petrus erweist —, damit sie uns helfen, indem sie uns würdig machen, die ihnen verliehene Vollmacht zur Sündenvergebung zu erfahren [1]. Es könnte freilich auch erlaubt sein, wenn einer nicht ein Heiliger ist, wir ihm aber Unrecht zugefügt haben und uns der an ihm begangenen Sünde bewusst werden, auch einen solchen Menschen zu „bitten", damit er uns für unser Unrecht Verzeihung gewähre.

Ebenda XXVIII, 8—10

8. ... Sicher haben wir alle die Vollmacht, die uns selber zugefügten Sünden zu verzeihen; das ergibt sich aus den Worten: *wie auch wir vergeben unsern Schuldigern* und aus den Worten: *denn auch wir selber vergeben jedem, der uns etwas schuldig ist.* Wer aber wie die Apostel vom Geiste Jesu erfüllt ist und an seinen Früchten erkannt werden kann, da er den Heiligen Geist in sich trägt und dadurch geistlich geworden ist, dass er nach der Art eines Sohnes Gottes zu allem, was mit Vernunft getan werden muss, vom Geist getrieben wird, der vergibt alles, was Gott vergibt, und behält die unheilbaren Sünden. Wie die Propheten Gott dienten, indem sie nichts Eigenes, sondern den göttlichen Willen verkündigten, so dient auch er Gott, der allein Vollmacht hat zu vergeben.

9. Im Johannesevangelium lauten die Worte über das Vergeben der Apostel folgendermassen: *Empfangt den Heiligen Geist! Wenn ihr jemandem die Sünden vergebt, dann werden sie ihm vergeben; wenn ihr sie jemandem behaltet, dann sind sie behalten.* Wenn man diese Worte ohne genaue Prüfung vernimmt, dann könnte wohl jemand den Aposteln Vorwürfe machen, dass sie nicht allen vergeben, damit allen (sc. von Gott) vergeben werde, sondern *einigen die Sünden behalten,* so dass sie ihretwegen auch von Gott behalten werden. Um die durch Menschen von

---

[1] Nach Grotz, Entwicklung 222 ss. sind die Heiligen die „Geistlichen" oder Priester; anders Poschmann, Paen. sec. 463 s. Vgl. Harnack, TU 42/3, 1918, 80 s.

τοῦ νόμου λαβεῖν πρὸς τὸ νοηθῆναι τὴν δι' ἀνθρώπων ἄφεσιν ὑπὸ θεοῦ γινομένην ἀνθρώποις ἁμαρτημάτων. Οἱ κατὰ νόμον ἱερεῖς κωλύονται
20 περί τινων προσφέρειν ἁμαρτημάτων θυσίαν, ἵνα ἀφεθῇ τοῖς περὶ ὧν αἱ θυσίαι τὰ πλημμελήματα. Καὶ οὐ δή που τὴν περί τινων ἐξουσίαν ὁ ἱερεὺς ἀκουσίων ἢ πλημμελημάτων ἀναφορὰν ἔχων ἤδη καὶ περὶ μοιχείας ἢ ἑκουσίου φόνου ἤ τινος ἄλλου χαλεπωτέρου πταίσματος προσφέρει ὁλοκαύτωμα καὶ περὶ ἁμαρτίας. Οὕτω τοιγαροῦν καὶ
25 οἱ ἀπόστολοι καὶ οἱ τοῖς ἀποστόλοις ὡμοιωμένοι, ἱερεῖς ὄντες κατὰ τὸν μέγαν ἀρχιερέα, ἐπιστήμην λαβόντες τῆς τοῦ θεοῦ θεραπείας, ἴσασιν, ὑπὸ τοῦ πνεύματος διδασκόμενοι, περὶ ὧν χρὴ ἀναφέρειν θυσίας ἁμαρτημάτων καὶ πότε καὶ τίνα τρόπον, καὶ γινώσκουσι, περὶ ὧν οὐ χρὴ τοῦτο ποιεῖν. Ὁ γοῦν ἱερεὺς Ἡλεὶ ἁμαρτάνοντας ἐπιστάμενος τοὺς υἱοὺς
30 Ὀφνεὶ καὶ Φινεές, ὡς μηδὲν δυνάμενος εἰς ἄφεσιν ἁμαρτημάτων αὐτοῖς συνεργῆσαι, καὶ τὸ ἀπογινώσκειν τοῦτ' ἔσεσθαι ὁμολογεῖ δι' ὧν φησιν· Ἐὰν ἁμαρτάνων ἁμάρτῃ ἀνὴρ εἰς ἄνδρα, καὶ προσεύξονται περὶ αὐτοῦ· ἐὰν δὲ εἰς κύριον ἁμάρτῃ, τίς προσεύξεται περὶ αὐτοῦ;
35 10. Οὐκ οἶδ' ὅπως ἑαυτοῖς τινες ἐπιτρέψαντες τὰ ὑπὲρ τὴν ἱερατικὴν ἀξίαν, τάχα μηδὲ ἀκριβοῦντες τὴν ἱερατικὴν ἐπιστήμην, αὐχοῦσιν ὡς δυνάμενοι καὶ εἰδωλολατρείας συγχωρεῖν μοιχείας τε καὶ πορνείας ἀφιέναι, ὡς διὰ τῆς εὐχῆς αὐτῶν περὶ τῶν ταῦτα τετολμηκότων λυομένης καὶ τῆς πρὸς θάνατον ἁμαρτίας· οὐ γὰρ ἀναγινώσκουσι τὸ Ἔστιν
40 ἁμαρτία πρὸς θάνατον· οὐ περὶ ἐκείνης λέγω ἵνα τις ἐρωτήσῃ.

144 ibidem XXIX, 13 (p. 387, 26—388, 12) (ad Matth. 6, 13; Luc. 11, 4)

Ἡγοῦμαι δὴ τὸν θεὸν ἑκάστην λογικὴν οἰκονομεῖν ψυχήν, ἀφορῶντα εἰς τὴν ἀΐδιον αὐτῆς ζωήν, ἀεὶ ἔχουσαν τὸ αὐτεξούσιον καὶ παρὰ τὴν ἰδίαν αἰτίαν ἤτοι ἐν τοῖς κρείττοσι κατ' ἐπανάβασιν ἕως τῆς ἀκρότητος τῶν ἀγαθῶν γινομένην ⟨ἢ⟩ καταβαίνουσαν διαφόρως ἐξ ἀπροσεξίας ἐπὶ
5 τὴν τοσήνδε ἢ τοσήνδε τῆς κακίας χύσιν. Ἐπεὶ οὖν ἡ ταχεῖα θεραπεία

  143, 19 s. cf. Num. 15, 30
   22 cf. Leu. 5, 15 s.; 4, 22
   24 cf. Psalm. 39 (40), 7
   26 cf. Hebr. 4, 14
   32—34 1. Reg. 2, 25
   39—41 1. Ioh. 5, 16 (nr. 24)

 143, 22 ἢ πλημμελημάτων ἀναφορὰν: ἢ ἑκουσίων πλημμ. ἀναφορᾶς *coni.* Koetschau

Gott den Menschen gewährte Sündenvergebung richtig zu verstehen, ist es gut, ein Beispiel aus dem Gesetz zu nehmen. Den Priestern nach der Ordnung des Gesetzes ist es verwehrt, für gewisse Sünden ein Opfer darzubringen, durch das denen, für die geopfert würde, die Übertretungen vergeben würden. Der Priester bringt doch wohl nicht, weil er die Vollmacht hat, für *Unfreiwilliges* oder *Verfehlungen* ein Opfer darzubringen[1], deshalb auch für einen Ehebruch oder einen vorsätzlichen Mord oder sonst ein schweres Vergehen ein *Brandopfer und Sündopfer* dar. So wissen denn auch die Apostel und die Apostelgleichen[2] als Priester in der Weise des *grossen Hohenpriesters* und aus ihrer Kenntnis des Dienstes[3] Gottes kraft Belehrung durch den Geist, für welche Sünden man Opfer darbringen muss und wann und wie es geschehen muss, und sie erkennen, für welche man es nicht tun darf. Der Priester Eli jedenfalls, der von den Sünden seiner Söhne Hophni und Pinehas wusste, konnte ihnen keinen Beistand zur Vergebung der Sünden leisten und gestand daher auch, dass er hieran verzweifle, mit den Worten: *Wenn einer gegen den andern sündigt, dann wird man für ihn beten; wenn er aber gegen den Herrn sündigt, wer wird dann für ihn beten?*

10. Ich weiss nicht, wie sich einige etwas herausnehmen, was über das Amt eines Priesters hinausgeht, vielleicht weil sie nicht einmal ganz das Wissen eines Priesters haben. Sie rühmen sich nämlich, sie könnten auch Fälle von Götzendienst nachlassen und Ehebruch und Unzucht vergeben, als ob durch ihr Gebet für derartige Frevler auch die *Sünde zum Tode* gelöst würde! Denn sie lesen nicht[4] das Wort: *Es gibt eine Sünde zum Tode; dass man für diese bitten soll, sage ich nicht.*

Ebenda XXIX, 13 (zu Matth. 6, 13; Luc. 11, 4)

Ich glaube also, dass Gott jede vernünftige Seele leitet im Blick auf ihr ewiges Leben. Dabei hat sie immer die Freiheit ihrer Entscheidung, und bei ihr selber liegt die Ursache, wenn sie im höheren Bereich aufsteigend bis zum Gipfel des Guten gelangt oder umgekehrt aus Unachtsamkeit zu einer mehr oder weniger grossen Steigerung der

---

1 Origenes erklärt in Leu. 7, 7 πλημμέλεια (delictum) für leichter als ἁμαρτία (peccatum), versteht sie also als unfreiwillige Verfehlung (In Leu. hom. 5, 4; S. 341, 15 s.). Übersetzt ist nach Koetschaus Konjektur.
2 Nach Exhort. ad martyr. 34 werden wir, wenn wir die an die Apostel gerichtete Mahnung zum Martyrium hören, „beim Hören Brüder der Apostel und zu den Aposteln gezählt".
3 Grotz (Entwicklung 259) übersetzt „Heilungsart"; aber vgl. den Anfang von Kap. 10 („priesterliches Amt").
4 1. Joh. 5, 16 ist also noch nicht zu einer Regel für das Busswesen geworden.

καὶ συντομωτέρα καταφρόνησίν τισιν ἐμποιεῖ τῶν εἰς ἃ ἐμπεπτώκασι νοσημάτων ὡς εὐθεραπεύτων, ὥστε καὶ δεύτερον ἂν μετὰ τὸ ὑγιᾶσθαι τοῖς αὐτοῖς περιπεσεῖν, εὐλόγως ἐπὶ τῶν τοιούτων περιόψεται τὴν ἐπί τι κακίαν αὔξουσαν, καὶ ἐπὶ πλεῖστον χεομένην ἐν αὐτοῖς ἀνίατον ὑπερορῶν,
10 ἵνα τῷ προσδιατρῖψαι τῷ κακῷ καὶ ἐμφορηθῆναι ἧς ἐπιθυμοῦσιν ἁμαρτίας κορεσθέντες αἰσθηθῶσι τῆς βλάβης, καὶ μισήσαντες ὅπερ πρότερον ἀπεδέξαντο δυνηθῶσι θεραπευθέντες βεβαιότερον ὄνασθαι τῆς ἐν τῷ θεραπευθῆναι ὑπαρχούσης ὑγείας τῶν ψυχῶν αὐτοῖς.

145   *Origenes*, Exhortatio ad martyrium (a. 235) XXX, ed. P. Koetschau, GCS 2, 1899

(p. 26, 28) Καὶ ἐπίστησον εἰ τὸ κατὰ τὸ μαρτύριον βάπτισμα, ὥσπερ τὸ τοῦ σωτῆρος καθάρσιον γέγονε τῷ κόσμῳ, καὶ αὐτὸ ἐπὶ πολλῶν θεραπείᾳ καθαιρομένων γίνεται. Ὡς γὰρ οἱ τῷ κατὰ τὸν Μωϋσέως νόμον θυσιαστηρίῳ προσεδρεύοντες διακονεῖν ἐδόκουν δι' αἵματος τράγων καὶ
5 ταύρων ἄφεσιν ἁμαρτημάτων ἐκείνοις, οὕτως αἱ ψυχαὶ τῶν πεπελεκισμένων ἕνεκεν τῆς μαρτυρίας Ἰησοῦ, μὴ μάτην τῷ ἐν οὐρανοῖς θυσιαστηρίῳ παρεδρεύουσαι, διακονοῦσι τοῖς εὐχομένοις ἄφεσιν ἁμαρτημάτων. Ἅμα δὲ καὶ γινώσκομεν ὅτι, ὥσπερ ὁ ἀρχιερεὺς θυσίαν ἑαυτὸν προσήνεγκεν Ἰησοῦς ὁ Χριστός, οὕτως οἱ ἱερεῖς ὧν ἐστιν ἀρχι-
10 ερεὺς θυσίαν ἑαυτοὺς προσφέρουσι· δι' ἣν ὡς παρὰ οἰκείῳ τόπῳ ὁρῶνται τῷ θυσιαστηρίῳ. Ἀλλὰ τῶν ἱερέων οἱ μὲν ἄμωμοι καὶ ἀμώμους προσφέροντες θυσίας ἐθεράπευον τὸ θεῖον, οἱ δὲ μεμωμημένοι μώμοις, οὓς ἀνέγραψε Μωϋσῆς ἐν τῷ Λευϊτικῷ, ἐξωρίζοντο ἀπὸ τοῦ θυσιαστηρίου. Τίς δὲ ὁ ἄμωμος ἱερεὺς ἄμωμον ἱερεῖον προσφέρων ἢ ὁ κρατῶν τῆς
15 ὁμολογίας καὶ πληρῶν πάντα ἀριθμόν, ὃν ἀπαιτεῖ ὁ τοῦ μαρτυρίου λόγος; Περὶ οὗ ἐν τοῖς ἀνωτέρω προειρήκαμεν.

145, 1 s. cf. Marc. 10,38 s. par.
  5 s. cf. Apoc. 20, 4; 6, 9
  11 ss. cf. Leu. 21, 17—23
  16 cf. cap. XI

Schlechtigkeit absteigt. Da nun die schnelle, kürzer dauernde Heilung bei manchen bewirkt, dass sie ihre Krankheiten leicht nehmen, weil sie ja leicht heilbar seien, und daher nach der Genesung unter Umständen ein zweites Mal in dieselben Krankheiten fallen, wird Gott es bei solchen Menschen vernünftigerweise übersehen, wenn ihre Schlechtigkeit ein Stück weit zunimmt, ja er wird auch übersehen, wenn sie in ihnen aufs höchste wächst und unheilbar wird [1]; so sollen sie im Umgang mit dem Bösen und in seinem Genuss die Sünde, nach der sie verlangen, satt bekommen [2] und den Schaden bemerken, und, wenn sie nunmehr hassen lernen, was sie früher gut hiessen, sollen sie fähig werden, sich nach der Behandlung der ihnen darin gewährten Gesundheit der Seele beständiger zu erfreuen.

Origenes, Aufforderung zum Martyrium XXX

Bedenke auch, ob nicht die Martyriumstaufe wie die des Erlösers ein Sühnopfer für die ganze Welt geworden ist, es ebenso bei vielen wird, die durch diesen Dienst gereinigt werden [1]. Denn wie die, die nach dem Gesetz des Mose am Altar Dienst taten, durch das Blut von Böcken und Stieren jenen [2] Vergebung der Sünden zu verschaffen schienen, so verschaffen *die Seelen der wegen ihres Zeugnisses für Jesus Enthaupteten,* die nicht vergeblich am himmlischen Altar Dienst tun, Vergebung der Sünden denen, die darum bitten. Zugleich wissen wir aber auch, dass so, wie der Hohepriester Jesus der Christus sich selbst als Opfer dargebracht hat, auch die Priester, deren Hoherpriester er ist, sich selbst als Opfer darbringen; deshalb sieht man sie beim Altar als dem ihnen zukommenden Platz. Den Gottesdienst verrichteten diejenigen Priester, die fehlerlos waren und fehlerlose Opfer darbrachten; die aber jene Fehler hatten, die Mose im Buche Levitikus aufgezählt hat, wurden vom Altar ausgeschlossen. Wer sonst ist aber ein fehlerloser Priester, der ein fehlerloses Opfer darbringt, als der, der am Bekenntnis festhält und alles erfüllt, was das Wesen des Martyriums fordert? Darüber haben wir weiter oben gesprochen.

---

1 Zur Unheilbarkeit vgl. Nr. 143, Z. 8 und Grotz 251 ss.
2 Als Beispiel nennt Origenes die Vorgänge in Num. 11.

1 Origenes versteht das Martyrium nicht mehr wie manche Vorgänger als Busse für die eignen Sünden; s. H. von Campenhausen, Die Idee des Martyriums in der alten Kirche, 1936, 94 ss.
2 Den Israeliten.

Origenes, In Euangelium Ioannis commentarii (libri VI—XXXII ca. 231—237),
ed. E. Preuschen, GCS 10, 1903

XIX, 14, 84—88

84. Ἔτι πρὸς τὸ Ἐν τῇ ἁμαρτίᾳ ὑμῶν ἀποθανεῖσθε παραθήσεις τὸ ἐκ τοῦ Ἰεζεκιὴλ οὕτως ἔχον· Ψυχὴ ἡ ἁμαρτάνουσα, αὕτη ἀποθανεῖται· θάνατος γὰρ ψυχῆς ἁμαρτία, οἶμαι δὲ ὅτι οὐ πᾶσα, ἀλλ᾽ ἥν φησιν Ἰωάννης πρὸς θάνατον. 85. Ἅμα δὲ καὶ
5 διαστέλλει ὅτι τις ἁμαρτία θάνατός ἐστιν ψυχῆς καί τις ἁμαρτία ἀσθένεια αὐτῆς, τάχα δὲ καὶ τρίτον τις ἁμαρτία ζημία ψυχῆς ἐστιν, ἁμαρτία δηλονότι ἐκ τοῦ Τί ὠφεληθήσεται ἄνθρωπος, ἐὰν ὅλον τὸν κόσμον κερδήσῃ, τὴν δὲ ψυχὴν αὐτοῦ ἀπολέσῃ ἢ ζημιωθῇ; Καὶ ἐκ τοῦ Εἴ τινος τὸ ἔργον κατακαήσεται,
10 ζημιωθήσεται. 86. Τοῖς μὲν οὖν ἐν τῇ ἁμαρτίᾳ ἀποθανουμένοις φησίν· Ὑπάγω καὶ ζητήσετέ με, καὶ ἐν τῇ ἁμαρτίᾳ ὑμῶν ἀποθανεῖσθε· ὅπου ἐγὼ ὑπάγω, ὑμεῖς οὐ δύνασθε ἐλθεῖν· τῷ δὲ Πέτρῳ· Ὅπου ἐγὼ ὑπάγω, οὐ δύνασαί μοι νῦν ἀκολουθῆσαι, ἀκολουθήσεις δὲ ὕστε-
15 ρον· ... 87. ... καὶ εἴπερ ἐστίν τις ἐνεστηκὼς αἰὼν καὶ ἄλλος μέλλων, οὗτοι πρὸς οὕς λέλεκται· Οὐ δύνασθε ἐλθεῖν, κατὰ τὸν ἐνεστηκότα αἰῶνα (πολὺς δὲ ὁ λείπων εἰς τὴν συντέλειαν αὐτοῦ ἐστιν χρόνος) οὐ δύνανται ἐλθεῖν ὅπου Ἰησοῦς, τοῦτ᾽ ἔστιν, ὅπου ἡ ἀλήθεια καὶ ἡ σοφία καὶ ὁ λόγος, τοῦτο γάρ ἐστιν ὅπου Ἰησοῦς. 88. Οἶδα
20 δέ τινας οὐ μόνον ἐν τῷ αἰῶνι τούτῳ, ἀλλὰ καὶ ἐν τῷ μέλλοντι κρατουμένους ὑπὸ τῆς ἰδίας ἁμαρτίας, ὡς τούτους περὶ ὧν φησιν ὁ λόγος· Ἐὰν βλασφημήσῃ εἰς τὸ πνεῦμα τὸ ἅγιον, οὐκ ἔχει ἄφεσιν οὔτε ἐν τούτῳ τῷ αἰῶνι οὔτε ἐν τῷ μέλλοντι· οὐ μέντοι γε εἰ μὴ ἐν τῷ μέλλοντι αἰῶνι, ἤδη οὐδὲ ἐν τοῖς αἰῶσιν τοῖς
25 ἐπερχομένοις.

XXVIII, 4, 26—32 (ad Ioh. 11, 41)

26. ... ὥσπερ οὐ πᾶσιν οὐδὲ ἀεὶ παραληπτέον τὴν κατὰ θεὸν λύπην μετάνοιαν εἰς σωτηρίαν ἀμεταμέλητον ἐργα-

146, 1 et 11 ss. Ioh. 8, 21
2 s. Ez. 18, 20
4 cf. 1. Ioh. 5, 16 (nr. 24)
7—9 Matth. 16, 26 et Luc. 9, 25
9 s. 1. Cor. 3, 15
13—15 Ioh. 13, 36
15 s. cf. Gal. 1, 4
21—23 Marc. 3, 29 (nr. 3) et Matth. 12, 32
147, 1—3 cf. 2. Cor. 7, 10 (nr. 9)

Origenes, Johanneskommentar XIX, 14, 84—88 (zu Joh. 8, 21)

84. Zu dem Wort: *Ihr werdet in eurer Sünde sterben* sollte man noch das aus Ezechiel stellen, welches so lautet: *Eine Seele, die sündigt, die wird sterben.* Die Sünde ist nämlich der Tod der Seele, aber ich denke, nicht jede Sünde, sondern die, die Johannes *zum Tode* nennt. 85. Zugleich stellt er einen Unterschied fest: die eine Sünde ist der Tod der Seele, eine andere Sünde ist ihre Krankheit; vielleicht ist drittens eine Art Sünde eine Schädigung der Seele, nämlich eine Sünde nach dem Wort: *Was nützt es, wenn der Mensch die ganze Welt gewönne, aber seine Seele verlöre oder an ihr Schaden nähme?* und den anderen: *Wenn jemandes Werk verbrannt wird, wird er Schaden erleiden.* 86. Zu denen also, die in ihrer Sünde sterben, sagt er (sc. Jesus): *Ich gehe fort, und ihr werdet mich suchen und werdet in eurer Sünde sterben. Wo ich hingehe, da könnt ihr nicht hinkommen;* zu Petrus aber sagt er: *Wo ich hingehe, kannst du mir jetzt nicht folgen; du wirst aber später folgen.* ... 87. ... Und wenn es eine *gegenwärtige Weltzeit* gibt und eine andere, *zukünftige,* dann können die, zu welchen gesagt ist: *Ihr könnt nicht kommen,* in der gegenwärtigen Weltzeit — bis zu ihrem Ende bleibt noch eine lange Zeit — nicht dorthin kommen, wo Jesus ist, d. h. wo die Wahrheit und die Weisheit und das Wort ist; denn das bedeutet *wo Jesus ist.* 88. Ich kenne aber solche, die nicht nur in dieser Weltzeit, sondern auch in der kommenden von ihrer Sünde festgehalten werden, z. B. die, von denen das Wort sagt: *Wer gegen den heiligen Geist lästert, empfängt keine Vergebung, weder in dieser Weltzeit noch in der kommenden.* Wenn er sie nicht in der kommenden Weltzeit empfängt, so heisst das freilich noch nicht, dass es also auch nicht in den darauffolgenden Weltzeiten geschieht [1].

Ebenda XXVIII, 4, 26—32

26. Jene *gottgemässe Traurigkeit, die eine Reue zum Heile bewirkt, die nicht gereut,* sollen nicht alle auf sich nehmen und nicht immer, sondern nur jeder, der getan hat, was solche Trauer erfordert, und es

---

[1] Origenes rechnet mit einem Weltenzyklus, der zum ursprünglichen Zustand der Welt führt (Apokatastasis, z. B. De principiis 2, 3, 1—5); vgl. unten Nr. 151 gegen Ende. In Num. Hom. 8, 1 fürchtet Origenes, vielleicht reichten nach der Rechnung von Num. 14, 33 s. nicht einmal die saecula saeculorum zum Abbüssen unserer Strafen.

ζομένην, ἀλλ' ἢ μόνῳ καὶ παντὶ τῷ ἄξια τοιαύτης λύπης ποιήσαντι καὶ μεταγινώσκοντι ἐπ' αὐτοῖς, καὶ παραληπτέον γε αὐτὴν σὺν μέτρῳ
5 καὶ μὴ περισσήν, ἵνα μὴ τῇ περισσοτέρᾳ λύπῃ καταποθῇ ὑπὸ τοῦ σατανᾶ, οὕτως μήποτε οὐ παντὶ καθήκει μηδὲ τοὺς ὀφθαλμοὺς ἐπᾶραι θέλειν, ὡς οὐδὲ ἑστάναι μακρόθεν. 27. Ἕκαστος δὲ ἑαυτὸν περὶ τῶν τοιούτων κρινέτω, καὶ δοκιμαζέτω ἄνθρωπος ἑαυτόν, καὶ οὕτως οὐ μόνον ἐκ τοῦ ἄρτου
10 ἐσθιέτω καὶ ἐκ τοῦ ποτηρίου πινέτω, ἀλλὰ καὶ τοὺς ὀφθαλμοὺς ἐπαράτω καὶ αἰρέτω αὐτοὺς ἄνω κατὰ τὴν εὐχήν, ὑποτάσσων ἑαυτὸν θεῷ καὶ ταπεινῶν ἑαυτὸν ἐκείνῳ λεγέτω. 28. Καὶ εἰ νομίζομεν τῷ ὁπωσποτοῦν βιοῦντι καθήκειν ὁμοίως τῷ τελώνῃ μηδὲ τοὺς ὀφθαλμοὺς ἐπᾶραι θέλειν, ὥρα λέγειν ὁμοίως τῷ μὴ ἐπᾶραι θέλειν τοὺς ὀφθαλμοὺς καὶ ἀπὸ
15 μακρόθεν τοῦ ἱεροῦ ἑστάναι δεῖν. 29. Ἱερὸν δὲ ποῖον ἂν εἴη ἢ ⟨ἡ⟩ ἐκκλησία τοῦ ζῶντος θεοῦ; Ἥτις καὶ οἶκος θεοῦ παρὰ τῷ Παύλῳ ὀνομάζεται ... 30. Ὥσπερ οὖν οὐ παντὶ καθήκει μὴ χρῆσθαι τῷ ἄρτῳ καὶ μὴ πίνειν ἐκ τοῦ ποτηρίου καὶ [μὴ] πόρρω εἶναι τοῦ οἴκου τοῦ θεοῦ καὶ τῆς ἐκκλησίας, οὕτως οὐ παντὶ καθήκει τὸ μὴ θέλειν ἐπᾶραι τοὺς
20 ὀφθαλμούς. 31. Ἁμαρτάνει δὲ εἴ τις καθήκοντος αὐτῷ ἐπαίρειν τοὺς ὀφθαλμοὺς μὴ ἐπαίρει καὶ εἴ τις καθήκοντος μὴ ἐπαίρειν ἐπαίρει. 32. Ὁ μὲν οὖν κατὰ τὸ εὐαγγέλιον τελώνης οὐκ ἤθελεν οὐδὲ τοὺς ὀφθαλμοὺς ἐπᾶραι, καθηκόντως ποιῶν· ἐπᾶραι δ' ἂν αὐτοὺς εὐλόγως ὁ παρὼν τῷ Ἰησοῦ μαθητής ... .

ibidem XXVIII, 7 (6), 54—60 (ad Ioh. 11, 43 s.)

54. Χρὴ δὲ εἰδέναι ὅτι εἰσίν τινες καὶ νῦν Λάζαροι μετὰ τὴν φιλίαν Ἰησοῦ ἀσθενήσαντες καὶ ἀποθανόντες καὶ ἐν μνημείῳ καὶ νεκρῶν χώρᾳ μείναντες μετὰ νεκρῶν νεκροὶ καὶ μετὰ τοῦτο τῇ εὐχῇ τοῦ Ἰησοῦ ζωοποιηθέντες καὶ ἀπὸ τοῦ μνημείου ἐπὶ τὰ ἔξω αὐτοῦ ὑπὸ Ἰησοῦ τῇ με-
5 γάλῃ αὐτοῦ φωνῇ καλούμενοι· ᾧ ὁ πειθόμενος ἐξέρχεται, τοὺς ἀξίους τῆς νεκρότητος δεσμοὺς ἐκ τῶν προτέρων ἁμαρτημάτων περι-

---

147, 5 cf. 2. Cor. 2, 7 (nr. 8)
    6 ss. cf. Luc. 18, 13
    8—10 1. Cor. 11, 28 (nr. 7)
    11 s. cf. 1. Petr. 5, 6
    16 cf. 1. Tim. 3, 15
148, 6 cf. Rom. 3, 25

147, 11 εὐχήν: εὐχήν, ἣν *coni. Karpp*
    14 θέλειν: θέλοντι *Wendland, fort. recte*
    15 ἡ *add. Wendland, sed cf. 1. Tim. 3, 15*
    21 ἐπαίρει (II) *Wendland*: ἐπαίροι *codd.*

bereut; und er soll sie mit Mass und nicht übermässig auf sich nehmen, damit er *nicht durch übermässige Traurigkeit* vom Satan *verschlungen wird.* Ebenso kommt es auch niemals einem jeden zu, *nicht einmal die Augen erheben zu wollen,* und auch nicht, *in der Ferne stehenzubleiben.* 27. Jeder prüfe sich in dieser Beziehung selber, und *der Mensch prüfe sich selber, und so esse er* nicht nur *von dem Brote und trinke er aus dem Kelche,* sondern erhebe er auch die Augen und richte er sie empor im Gebet[1], und er spreche es[2], indem er sich Gott unterwirft und sich vor ihm demütigt. 28. Und wenn wir es für angemessen halten, dass einer, der, wer weiss wie, gelebt hat, gleich dem Zöllner nicht einmal seine Augen erheben will, dann müssen wir entsprechend sagen, dass der, der seine Augen nicht erheben will[3], auch fern vom Heiligtum stehen muss. 29. Welches Heiligtum sollte aber sonst gemeint sein als die Gemeinde des lebendigen Gottes? Sie heisst bei Paulus auch *Haus Gottes.* ... 30. Wie es also nicht jedem gebührt, das Brot nicht zu nehmen und nicht aus dem Kelch zu trinken und von dem Hause Gottes und der Gemeinde fernzubleiben, so gebührt es auch nicht jedem, seine Augen nicht erheben zu wollen. 31. Es sündigt, wer seine Augen nicht emporhebt, obwohl es ihm zukommt, sie zu erheben, und wer sie erhebt, obwohl es ihm zukommt, sie nicht zu erheben. 32. Der Zöllner im Evangelium wollte nicht einmal seine Augen erheben und tat recht daran. Aber erheben darf sie mit Recht der Jünger, der bei Jesus ist . . . .

Ebenda XXVIII, 7 (6), 54—60 (zu Joh. 11, 43 s.)

54. Man muss wissen, dass es auch jetzt noch gewisse Lazarusse gibt, die nach der Freundschaft mit Jesus krank wurden und starben und als Tote im Grabe und an der Stätte der Toten bei den Toten blieben und danach durch das Gebet Jesu zum Leben erweckt und von Jesus mit seiner *mächtigen Stimme* aus dem Grabe nach draussen gerufen werden. Wer ihm gehorcht, kommt heraus; er trägt noch die dem Tode gemässen

---

[1] Man betet mit ausgestreckten Händen und emporgerichteten Augen; nur wer Vergebung erbittet, soll knien (De orat. 31, 2).
[2] Nach der Konjektur ἤν.
[3] So der überlieferte Text. — Zum ganzen Abschnitt s. Grotz, Entwicklung 285 ss.

κείμενος καὶ τὴν ὄψιν περιδεδεμένος ἔτι καὶ μήτε βλέπων μήτε
πορευθῆναι δυνάμενος μήτε τι ἐνεργῆσαι διὰ τοὺς τῆς νεκρότητος δεσ-
μούς, ἕως Ἰησοῦς κελεύσῃ τοῖς λῦσαι αὐτὸν δυναμένοις καὶ ἀφιέναι
αὐτὸν ἀπιέναι. Καὶ πειράσθω γε πᾶς ὁ δυνάμενος λέγειν· Ἡ δοκιμὴν ζητεῖτε τοῦ ἐν ἐμοὶ λαλοῦντος Χριστοῦ; τοιοῦτος γενέσθαι, ἵνα [μὲν] αὐτῷ Χριστὸς φωνῇ μεγάλῃ εἴπῃ κραυγάσας
τῷ μετὰ τὸ ἀποθανεῖν † κιρήσαντι μέν, οὐκ ὀξέως δέ, καὶ διὰ τοῦτο δεο-
μένῳ τῆς Ἰησοῦ κραυγῆς τὸ Λάζαρε, δεῦρο ἔξω. 55. Καὶ νόμισον
εἶναι ἐν ᾅδου μετὰ τῶν σκιῶν καὶ τῶν νεκρῶν καὶ ἐν χώρᾳ νεκρῶν ἢ
μνημείοις τὸν μετὰ τὸ λαβεῖν ἐπίγνωσιν ἀληθείας καὶ φωτισθέντα
γευσάμενόν τε τῆς δωρεᾶς τῆς ἐπουρανίου καὶ μέτο-
χον γενόμενον πνεύματος ἁγίου καὶ καλὸν γευσάμε-
νον θεοῦ ῥῆμα δυνάμεις τε μέλλοντος αἰῶνος ἀποστα-
τήσαντα τοῦ Χριστοῦ καὶ ἐπὶ τὸν ἐθνικὸν παλινδρομήσαντα βίον.
56. Ἐπὰν οὖν περὶ τοῦ τοιούτου ἐλθὼν αὐτοῦ εἰς τὸ μνημεῖον καὶ ἔξω
αὐτοῦ στὰς ὁ Ἰησοῦς εὔξηται καὶ ἐπακουσθῇ, αἰτήσας ἐγγενέσθαι δύναμιν τῇ φωνῇ καὶ τοῖς λόγοις αὐτοῦ, φωνῇ μεγάλῃ κραυγάζει, ἐπὶ τὰ ἔξω
τοῦ τῶν ἐθνικῶν βίου καὶ τοῦ μνημείου αὐτῶν καὶ τοῦ σπηλαίου καλῶν
γενόμενον οὕτω φίλον. 57. Ὅτε ἔστιν ἰδεῖν τὸν ἀκολουθοῦντα τῷ Ἰησοῦ
τίνα τρόπον ὁ τοιοῦτος ἐξέρχεται μὲν διὰ τὴν Ἰησοῦ 'φωνήν, ἔτι δὲ
σειραῖς τῶν ἰδίων ἁμαρτημάτων δεδεμένος καὶ ἐσφιγμέ-
νος, διὰ μὲν τὴν μετάνοιαν καὶ τὸ ἀκηκοέναι τῆς Ἰησοῦ φωνῆς ζῶν,
διὰ δὲ τὸ μηδέπω ἀπολελύσθαι τῶν τῆς ἁμαρτίας δεσμῶν μηδὲ ἤδη
δύνασθαι ἐλευθέροις ἐπιβαίνειν τοῖς ποσίν, ἀλλὰ μηδὲ ἐνεργεῖν ἀπολε-
λυμένως τὰ διαφέροντα, δεδεμένος τοὺς πόδας καὶ τὰς χεῖρας δεσμοῖς νεκρῶν κειρίαις. 58. Καὶ ὁ τοιοῦτός γε διὰ τὴν ἐγγενο-
μένην αὐτῷ νεκρότητα πρὸς τοῖς ἐπὶ τῶν χειρῶν καὶ τῶν ποδῶν δεσμοῖς
καὶ τὴν ὄψιν τῇ ἀγνοίᾳ κεκάλυπται καὶ περιδέδεται. 59. Εἶτ' ἐπεὶ † μὴ
μόνον ζῆσαι αὐτὸν βεβούληται ὁ Ἰησοῦς καὶ ἐν τῷ μνημείῳ μένειν, ἐπὶ
τὰ ἔξω τοῦ μνημείου οὗτος ἐλθὼν δέδεται, καθὼς προείρηται, τῆς ζωῆς·
καὶ τῷ ἐξεληλυθέναι ἀπὸ τοῦ μνημείου μὴ δύνασθαι, ὅσον δέδεται, λέγει†
τοῖς δυναμένοις ὑπηρετήσασθαι αὐτῷ ὁ Ἰησοῦς· Λύσατε αὐτὸν καὶ

148, 10 s. 2. Cor. 13, 3
16—19 cf. Hebr. 6, 4 s. (nr. 17)
27 cf. Prou. 5, 22

148, 12 μὲν: *del. Preuschen*, ἐν *Grotz*
13 κιρήσαντι: κινήσαντι *Brooke*, ἀκούσαντι *Lommatzsch*
34—37 *Nescio an locus ualde corruptus ita fere emendari possit:* (lin. 35)
μένειν, ⟨ἀλλ'⟩ ἐπὶ ... ἐλθὼν δέδεται ⟨καὶ⟩, καθὼς προείρηται, τῆς ζωῆς καὶ τῷ
ἐξεληλυθέναι ... μὴ δύναται, ὅσον δέδεται, ⟨κοινωνεῖν,⟩ λέγει ...

Binden von *den früheren Sünden* her an sich und *eine Binde um die Augen*, und weder sieht er noch kann er gehen oder irgend etwas tun wegen der Totenbinden, bis Jesus denen, die ihn *lösen* können, befiehlt, *ihn fortgehen zu lassen*. Und jeder, der sagen kann: *Oder sucht ihr einen Erweis, dass Christus in mir redet?*, versuche, ein solcher zu werden, dass durch ihn Christus dem, der nach dem Tode sich bewegt hat [1], aber nicht heftig und deshalb des Rufes Jesu bedarf, mit lauter Stimme zuruft: *Lazarus, komm heraus!* 55. Und glaube: Wer die Erkenntnis der Wahrheit empfangen hat und *erleuchtet wurde, wer die himmlische Gabe geschmeckt hat und des Heiligen Geistes teilhaftig geworden ist und das schöne Wort Gottes und die Kräfte der kommenden Weltzeit geschmeckt hat*, aber danach von Christus abgefallen und zu dem heidnischen Leben zurückgekehrt ist, der ist bei den Schatten und Toten im Hades und an der Stätte der Toten oder in Gräbern! 56. Wenn nun um eines solchen Menschen willen Jesus an sein Grab kommt und draussen stehend betet und erhört wird mit seiner Bitte, es möge Kraft in seine Stimme und seine Worte kommen, dann erhebt er laut seine Stimme und ruft den, der ihm so lieb war, aus der Heiden Leben, Grab und Höhle. 57. Da kann der, der Jesus nachfolgt [2], sehen, wie ein solcher zwar wegen des Rufes Jesu herauskommt, aber noch mit den *Stricken seiner Sünden* gebunden und von ihnen *geschnürt*; wegen seiner Reue und des Hörens auf Jesu Stimme lebt er zwar, aber er ist noch *an Händen und Füssen mit Grabbinden*, den Fesseln des Todes, *gebunden*, weil er noch nicht von den Fesseln der Sünde gelöst ist und auch noch nicht frei auftreten kann und auch noch nicht frei etwas Zweckmässiges tun kann. 58. Und weil ihm noch der Tod innewohnt, ist ein solcher Mensch, abgesehen von den Banden an Händen und Füssen, auch noch im *Sehen* von Unwissenheit verhüllt und gebunden. 59. Weiter! Da Jesus nicht nur will, dass er lebendig wird und (sc. dann doch) im Grabmal bleibt, aber dieser nach seinem Hervorkommen aus dem Grabmal noch gebunden ist, und, wie gesagt [3], von dem Leben auch durch den Ausgang aus dem Grabmal, sofern er gebunden ist, nicht frei Gebrauch machen kann [4], sagt Jesus

---

[1] Nach den Konjekturen von Grotz (S. 305) und Brooke. Man hätte an die ersten Lebensregungen zu denken, für die Jesus schon vorher (Origenes § 49) gedankt hat. Unsicher ist aber, dass einzig die Priester den entscheidenden Ruf Jesu aussprechen können, wie Grotz annimmt.
[2] Anders die Übersetzung von Gögler (Origenes. Das Ev. nach Johannes, 1959).
[3] Oben § 54.
[4] Übersetzung nach dem Vorschlag im Apparat.

ἄφετε αὐτὸν ὑπάγειν, νομίζω ὅτι μὴ συγκαταθέμενος μὲν τῷ
40 περὶ τῆς ἐπιστροφῆς μετὰ τὸ ἡμαρτηκέναι λόγῳ· ἔτι δὲ ἀτονῶν κατ᾽
αὐτὸν βιοῦν τῷ κατέχεσθαι αὐτοῦ τὰς τῆς ψυχῆς πορευτικὰς καὶ δραστι-
κὰς καὶ θεωρητικὰς δυνάμεις ὁ τοιοῦτος ἐξῆλθεν ἀπὸ τοῦ μνημείου·
καὶ ἔτι ἐστὶν δεδεμένος τοὺς πόδας καὶ τὰς χεῖρας
κειρίαις, καὶ ἡ ὄψις αὐτοῦ σουδαρίῳ περιδέδεται.
45 60. Ἀλλ᾽ ἐπὰν εἰπόντος Ἰησοῦ τοῖς λῦσαι αὐτὸν δυναμένοις διὰ τὴν
πρόσταξιν ὡς δεσπότου τοῦ Χριστοῦ τὸ Λύσατε αὐτὸν καὶ ἄφετε
αὐτὸν ὑπάγειν λυθῇ τοὺς πόδας καὶ τὰς χεῖρας καὶ ἀποθῆται τὸ
ἐπικείμενον αὐτοῦ τῇ ὄψει κάλυμμα ἀφαιρεθέν, πορεύεται τοιαύτην
πορείαν, ὥστε φθάσαι αὐτὸν ἐπὶ τὸ ἓν καὶ αὐτὸν γενέσθαι τῶν συνα-
50 νακειμένων τῷ Ἰησοῦ.

149   ibidem XXVIII, 15 (13), 123—126

123. Οὕτω δὲ ζητήσεως ἄξιόν ἐστιν τὸ περὶ τοῦ ἁγίου πνεύματος εἰ
δύναται εἶναι καὶ ἐν ἁμαρτωλῷ ψυχῇ, ὥστ᾽ ἄν τινα εἰπεῖν ὅτι, εἴπερ
Οὐδεὶς δύναται εἰπεῖν Κύριος Ἰησοῦς εἰ μὴ ἐν πνεύματι ἁγίῳ, πολλοὶ δὲ καὶ τῶν ἁμαρτωλῶν διάκεινται πρὸς τὸν Ἰησοῦν
5 ὡς πρὸς κύριον, καὶ ἐν αὐτοῖς ἂν εἴη τὸ ἅγιον πνεῦμα. 124. Καὶ τάχα
ἐπεὶ οἱ μετὰ τὸ τυχεῖν αὐτοῦ ἁμαρτάνοντες οὐκ ἂν τυγχάνοιεν ἀφέσεως,
διὰ τοῦτο λέγεται περὶ τῶν πρὸ τοῦ ἁγίου πνεύματός τινι ἡμαρτημένων
τὸ Πᾶσα ἁμαρτία καὶ βλασφημία ἀφεθήσεται τοῖς
υἱοῖς τῶν ἀνθρώπων· περὶ δὲ τῶν μετὰ τὸ τυχεῖν ἁγίου πνεύματος
10 ἐπταικότων τὸ 125. Ὁ δὲ εἰς τὸ ἅγιον πνεῦμα βλασφημή-
σας οὐκ ἔχει ἄφεσιν οὔτε ἐν τούτῳ τῷ αἰῶνι οὔτε ἐν
τῷ μέλλοντι. Βλασφημεῖ γὰρ ἔργοις καὶ λόγοις ἁμαρτίας εἰς τὸ
παρὸν πνεῦμα ἅγιον ὁ καὶ παρόντος αὐτοῦ ἐν τῇ ψυχῇ ἁμαρτάνων.
126. Οὕτω δέ τις φήσει εἰρῆσθαι καὶ τὸ ἐν τῇ πρὸς Ἑβραίους τοῦτον
15 ἀναγεγραμμένον τὸν τρόπον. . . .

149, 3 s. 1. Cor. 12, 3
    8 s. Matth. 12, 31 et Marc. 3, 28 (nr. 3)
    10—12 Luc. 12, 10 et Marc. 3, 29 (nr. 3) et Matth. 12, 32
    15 Sequitur Hebr. 6, 4—6 (nr. 17).

148, 39 τῷ Brooke, τοῦ codd.
    39—40 Malim interpungere: . . . ὑπάγειν. Νομίζω ὅτι . . . λόγῳ, ἔτι δὲ . . . .
149, 4 Post ἁγίῳ leuius interpunxi.

zu denen, die ihm Hilfe leisten können: *Löst ihn und lasst ihn gehen!* — ich glaube, weil er der Belehrung über die Umkehr nach der Sünde nicht zustimmte. Noch zu schlaff, um nach ihr zu leben, weil seine Seelenkräfte zum Gehen, Handeln und Betrachten noch gehemmt sind, *ging der Betreffende aus dem Grabmal heraus*, und noch immer ist er *an den Füssen und Händen mit Grabbinden gebunden, und sein Gesicht ist noch mit dem Schweisstuch umwickelt*[5]. 60. Aber wenn Jesus zu denen, die ihn lösen können kraft des Befehls, den der Christus wie ein Herrscher erteilt, das Wort spricht: *Löst ihn und lasst ihn gehen!*, da wird er an Füssen und Händen gelöst und legt die auf seinem Gesicht liegende Decke beiseite, und jetzt schreitet er in solchem Gang einher, dass er dahin kommt, selbst wieder einer von den Tischgenossen Jesu zu werden.

Ebenda XXVIII, 15 (13), 123—126

123. So ist es auch einer Untersuchung wert, ob der Heilige Geist auch in einer sündigen Seele sein kann, so dass wohl jemand sagen möchte: Wenn *niemand sagen kann: Herr ist Jesus, ausser durch den Heiligen Geist*, aber auch unter den Sündigen viele Jesus als Herrn achten, dann ist wohl auch in ihnen der Heilige Geist. 124. Und vielleicht wird deshalb, weil die nach dem Empfang des Geistes Sündigenden keine Vergebung finden, von den Sünden, die einer vor Empfang des Heiligen Geistes begangen hat, gesagt: *Jede Sünde und Lästerung wird den Menschenkindern vergeben werden*, aber über die, die nach dem Empfang des Heiligen Geistes gestrauchelt sind: 125. *Wer aber gegen den Heiligen Geist lästert, empfängt keine Vergebung, weder in dieser noch in der kommenden Weltzeit*. Denn mit sündigen Werken und Worten lästert gegen den anwesenden Heiligen Geist, wer sündigt, während dieser in der Seele anwesend ist[1]. 126. So, könnte man denken, ist auch gemeint, was in folgender Weise im Brief an die Hebräer geschrieben ist . . . .

---

[5] Bei der im Apparat vorgeschlagenen Interpunktion lautet der Satz: Wie ich glaube, ist der Betreffende aus dem Grabmal herausgekommen, ohne nach dem Sündigen der Belehrung über die Busse zugestimmt zu haben, und noch zu schlaff, um nach ihr zu leben, weil seine Seelenkräfte . . . gehemmt sind.
[1] Also jeder Getaufte; vgl. Poschmann, Paen. sec. 427 s.

Origenes, In Euangelium Matthaei Commentarii (Tomoi) (ca. 240/49),
ed. E. Klostermann, GCS 40—41, 1935—1955

150   XII, 14 (p. 98, 6—99, 32)

Ὅρα δὲ ὅσην ἔχει ἐξουσίαν ἡ πέτρα, ἐφ᾽ ἣν ὑπὸ Χριστοῦ οἰκοδομεῖται ἡ ἐκκλησία, καὶ πᾶς ὁ λέγων· Σὺ εἶ ὁ Χριστὸς ὁ υἱὸς τοῦ θεοῦ τοῦ ζῶντος, ὥστε τὰς κρίσεις μένειν βεβαίας τούτου ὡς κρίνοντος ἐν αὐτῷ τοῦ θεοῦ, ἵνα ἐν αὐτῷ τῷ κρίνειν μὴ κατισχύσωσιν
5 αὐτοῦ πύλαι ᾅδου. Τοῦ μὲν οὖν ἀδίκως κρίνοντος καὶ μὴ κατὰ λόγον θεοῦ δεσμεύοντος ἐπὶ γῆς μηδὲ κατὰ βούλησιν αὐτοῦ λύοντος ἐπὶ γῆς, πύλαι ᾅδου κατισχύουσιν. Οὗ δὲ πύλαι ᾅδου οὐ κατισχύουσιν, οὗτος δικαίως κρίνει· διὸ ἔχει τὰς κλεῖδας τῆς βασιλείας τῶν οὐρανῶν, ἀνοίγων τοῖς λελυμένοις
10 ἐπὶ γῆς, ἵνα καὶ ἐν οὐρανοῖς ὦσι λελυμένοι καὶ ἐλεύθεροι, καὶ κλείων τοῖς κρίσει δικαίᾳ αὐτοῦ δεδεμένοις ἐπὶ γῆς, ἵνα καὶ ἐν οὐρανοῖς ὦσι δεδεμένοι καὶ κεκριμένοι. Ἐπεὶ δὲ οἱ τὸν τόπον τῆς ἐπισκοπῆς ἐκδικοῦντες χρῶνται τῷ ῥητῷ ὡς Πέτρος, καὶ τὰς κλεῖδας τῆς τῶν οὐρανῶν βασιλείας ἀπὸ τοῦ σωτῆρος
15 εἰληφότες διδάσκουσί τε τὰ ὑπ᾽ αὐτῶν δεδεμένα, τουτέστι καταδεδικασμένα, καὶ ἐν οὐρανοῖς δεδέσθαι καὶ τὰ ὑπ᾽ αὐτῶν ⟨λελυμένα, τουτέστιν⟩ ἄφεσιν εἰληφότα, καὶ ἐν οὐρανοῖς λελύσθαι, λεκτέον ὅτι ὑγιῶς λέγουσιν, εἰ ἔχουσιν ἔργον δι᾽ ὃ εἴρηται ἐκείνῳ τῷ Πέτρῳ· Σὺ εἶ Πέτρος καὶ εἰ τηλικοῦτοί εἰσιν, ὡς ἐπ᾽ αὐτοῖς ὑπὸ Χριστοῦ οἰκοδομεῖσθαι
20 τὴν ἐκκλησίαν, καὶ ἐπ᾽ αὐτοὺς εὐλόγως τοῦτο ἀναφέροιτ᾽ ἄν. Πύλαι δὲ ᾅδου οὐκ ὀφείλουσι κατισχύειν τοῦ θέλοντος δεσμεῖν καὶ λύειν. Εἰ δὲ σειραῖς τῶν ἁμαρτημάτων αὐτοῦ ἔσφιγκται, μάτην καὶ δεσμεῖ καὶ λύει.

(p. 99, 12) Alioquin ridiculum est ut dicamus eum, qui *uinculis*
25 *peccatorum suorum ligatus est* et *trahit peccata sua sicut funem longum et tamquam iugi lorum uitulae iniquitates suas,* propter hoc solum, quoniam episcopus dicitur, habere huiusmodi potestatem, ut *soluti* ab eo sint *soluti in caelo* aut *ligati in terris* sint *ligati in caelo*.

(p. 99, 22) Καὶ τάχα δύνασαι εἰπεῖν· ἐν τοῖς ἐν τῷ σοφῷ οὐρανοῖς,
30 ταῖς ἀρεταῖς, δέδεται ὁ φαῦλος, καὶ πάλιν δὲ λέλυται ἐν αὐταῖς ὁ σπουδαῖος καὶ ἀμνηστίαν λαβὼν τῶν πρὸ τῆς ἀρετῆς αὐτῷ ἡμαρτημένων.

150, 2 s. Matth. 16, 16
5 ss. cf. Matth. 16, 18 s.
22 ss. cf. Prou. 5, 22
25 s. et 33 cf. Is. 5, 18

150, 16 λελ. τουτέστιν add. Klostermann, *fort. falso*
22 Post ἔσφιγκται lacunam indicauit Klostermann.

Origenes, Matthäus-Kommentar XII, 14

Sieh, welche Macht der Fels hat, auf den Christus die Kirche baut, und überhaupt jeder, der spricht: *Du bist der Christus, der Sohn des lebendigen Gottes!* Seine Urteile bleiben gültig, weil Gott in ihm urteilt, damit ihn gerade beim Urteilen die *Pforten des Hades*[1] nicht überwältigen. Wer also ungerecht urteilt und nicht nach der Weisung Gottes *auf Erden bindet* und nicht nach seinem Willen *auf Erden löst*, den *überwältigen die Pforten des Hades*. Wen aber die Pforten des Hades nicht überwältigen, der urteilt gerecht. Deshalb hat er *die Schlüssel des Himmelreiches* und schliesst denen auf, die *auf Erden gelöst* worden sind, damit sie auch *im Himmel gelöst* sind und frei, und schliesst vor denen zu, die durch sein gerechtes Urteil *auf Erden gebunden* worden sind, damit sie auch *im Himmel gebunden* und verurteilt sind. Da aber die, welche das Bischofsamt wahrnehmen, das Wort wie Petrus anwenden und, nachdem sie *die Schlüssel des Himmelreiches* von dem Erlöser empfangen haben, lehren, was von ihnen gebunden, d. h. verurteilt ist, sei auch im Himmel gebunden und das von ihnen Gelöste, d. h. was Vergebung gefunden hat, sei auch im Himmel gelöst, so muss man ihrer Lehre recht geben, wenn sie ein Wirken aufweisen, dessentwegen jenem Petrus gesagt wurde: *Du bist Petrus*, und wenn sie so sind, dass auf sie Christus *die Kirche baut*, wird wohl auch dieses mit Recht auf sie bezogen. Die Pforten des Hades dürfen den nicht überwältigen, der binden und lösen will. Wenn er aber *mit Stricken seiner Sünden erwürgt wird*, bindet und löst er vergeblich.

Im übrigen ist es lächerlich zu sagen, wer *mit den Stricken seiner Sünden gebunden ist* und *seine Sünden dahinschleppt wie einen langen Strick und seine Übertretungen wie den Jochriemen eines Kalbes*, habe allein deswegen, weil er Bischof heisst, eine solche Vollmacht, dass die von ihm *Gelösten im Himmel gelöst* oder die *auf Erden Gebundenen im Himmel gebunden* sind. Und vielleicht kann man sagen: In den Himmeln, die in dem Weisen sind, d. h. den Tugenden, *ist* der Schlechte *gebunden*, und anderseits *ist* in ihnen *gelöst*, wer rechtschaffen ist und für seine vor dem tugendhaften Leben begangenen Verfehlungen Ver-

---

[1] Die Pforten des Hades sind die Sünden, wie die Tugenden Pforten zum Himmelreich sind. Hierzu und zum ganzen Stück s. Grotz, Entwicklung 218 ss.

Ὥσπερ δὲ τὸν μὴ ἔχοντα σειρὰς ἁμαρτιῶν μηδὲ ἁμαρτίας παραβαλλομένας σχοινίῳ μακρῷ ἢ ζυγοῦ ἱμάντι δαμάλεως οὐδὲ ὁ θεὸς ἂν δήσαιτο, οὕτως οὐδ' ὅστις ἂν ᾖ Πέτρος.

151   ibidem XIII, 30—31 (ad Matth. 18, 15—18 = nr. 2)

30. Ἐὰν δὲ ἁμάρτῃ ὁ ἀδελφός σου, ὕπαγε ἔλεγξον αὐτὸν μεταξὺ σοῦ καὶ αὐτοῦ μόνου.

Ὁ μὲν ἐπερεισάμενος τῇ λέξει ⟨καὶ τὴν⟩ ὑπερβάλλουσαν τοῦ Ἰησοῦ φιλανθρωπίαν παριστὰς φήσει ὅτι τῶν ῥητῶν διαφορὰν ἁμαρτημάτων
5 οὐχ ὑποβαλλόντων περισσὸν ποιήσουσι καὶ παρὰ τὴν χρηστότητα τοῦ Ἰησοῦ οἱ προσυπακούοντες ἐπὶ τῶν ἐλαττόνων ⟨μόνων⟩ ἁμαρτημάτων ταῦτα χώραν ἔχειν λέγεσθαι. Ἄλλος δέ τις καὶ τῇ λέξει ἐπερειδόμενος καὶ μὴ ἔξωθεν προσυπακούειν θέλων ταῦτα μὴ περὶ παντὸς ἁμαρτήματος λέγεσθαι φήσει, ὅτι ὁ τὰ μεγάλα ἐκεῖνα ἁμαρτάνων οὐδὲ ἀδελφός ἐστιν,
10 ἀλλ', εἰ ἄρα, ἀδελφὸς ὀνομαζόμενος, ὥς φησιν ὁ ἀπόστολος . . . . Ὥσπερ οὖν φαντασίᾳ τῆς εἰς ὑπερβολὴν ⟨χρηστότητος⟩ Χριστοῦ ἐπιτριβῆς ἀφορμὰς παρεῖχεν ὁ ἐπὶ παντὸς ἁμαρτήματος λέγων τὰ τοιαῦτα εἰρῆσθαι, κἂν φόνος ᾖ τὸ ἁμάρτημα ἢ φαρμακία ἢ παιδοφθορία ἤ τι τῶν τηλικούτων, οὕτως ἐκ τοῦ ἐναντίου ὁ τὸν ἀδελφὸν διαστειλάμενος ἀπὸ τοῦ ὀνομαζομένου
15 ἀδελφοῦ διδάξαι ἂν τὸν ἐπ' ἐλάττοσι τῶν ἀνθρωπίνων ἁμαρτημάτων μὴ ἐπιστρέφοντα μετὰ τὸν ἔλεγχον ὡς ἐθνικὸν καὶ τελώνην λογισθῆναι ἐπὶ ἁμαρτήμασι τοῖς μὴ πρὸς θάνατον ἤ, ὡς ὠνόμασεν ἐν Ἀριθμοῖς ὁ νόμος, τοῖς μὴ θανατηφόροις· ὅπερ δόξαι ἂν ὠμότερον τυγχάνειν. Οὐ γὰρ οἶμαι ταχέως εὑρεθήσεσθαί τινα τὸν μὴ τρὶς ἐπὶ τῷ
20 αὐτῷ εἴδει τῆς ἁμαρτίας ἐλεγχθέντα, φέρ' εἰπεῖν λοιδορίᾳ (καθ' ἣν οἱ λοιδοροῦντες δυσφημοῦσι τοὺς πέλας) ἤτοι φυσιώσει ἢ πολυποσίᾳ ἢ λόγῳ ψευδεῖ καὶ ἀργῷ, ἤ τινι τῶν ἐν τοῖς πολλοῖς.

Ζητήσεις οὖν, μήποτε λανθάνει τις κατὰ τὸν τόπον τήρησις καὶ τοὺς φαντασίᾳ τῆς τοῦ λόγου χρηστότητος καὶ πρὸς τοὺς τὰ μέγιστα ἡμαρτη-
25 κότας τὸ συγγνωμονικὸν διδόντας, καὶ τοὺς ἐπὶ τοῖς ἐλαχίστοις διδάσκον-

---

151, 10 Sequitur 1. Cor. 5, 11 (nr. 6).
     16 cf. Matth. 18, 17 (nr. 2)
     17 cf. 1. Ioh. 5, 16 (nr. 24)
     18 cf. Num. 18, 22

151, 6 μόνων add. *Klostermann (cf. uers. lat.)*
     11 χρηστότητος: add. *Klostermann*, φαντασία τοῦ εἰς ὑπ. χρηστοῦ *Früchtel*
     12 παρεῖχεν: παρεῖχεν ἂν *coni. Karpp*
     19 τινά: in ecclesia add. *uers. lat.*

zeihung empfangen hat. Ebenso wie Gott keinesfalls einen binden würde, der keine *Stricke der Sünde* trägt und keine Sünden hat, die sich mit einem *langen Strick* oder dem *Jochriemen des Kalbes* vergleichen lassen, so auch kein Petrus.

Ebenda XIII, 30—31

30. *Wenn dein Bruder sündigt, so gehe hin und weise ihn unter vier Augen zurecht.*

Wer sich an den Wortlaut hält und an die übergrosse Menschenliebe Jesu denkt, der wird sagen: Diese Worte deuten nicht auf eine Unterscheidung der Sünden hin; deshalb gehen jene zu weit und über die Güte Jesu hinaus, die in Gedanken hinzufügen, dies könne nur von den geringeren Sünden gesagt sein. ... Ein anderer aber, der sich auch an den Wortlaut hält, aber nichts von aussen in Gedanken hinzufügen will, wird sagen, dies gelte nicht von jeder Sünde, da jemand, der jene grossen Sünden tut, gar kein Bruder sei, sondern allenfalls dem Namen nach ein Bruder, wie der Apostel sagt. ... Nun bot auf der einen Seite der, der solche Worte auf jede Sünde beziehen will, auch wenn die Sünde in Mord, Giftmischerei, Verführung von Kindern oder anderem dieser Art besteht, in seiner Vorstellung von der überschwenglichen Güte Christi einen Anreiz zur Verderbnis; auf der Gegenseite könnte der, der den Bruder von dem sogenannten Bruder unterscheidet, behaupten, wer bei kleineren menschlichen Sünden nach der Zurechtweisung nicht umkehre, sei bei Sünden, die *nicht zum Tode* oder — wie das Gesetz im Buche Numeri sagt — nicht *tödlich* sind, *als ein Heide und Zöllner* anzusehen, was doch wohl zu hart erscheint. Denn man wird, glaube ich, nicht so bald jemand finden, der nicht dreimal wegen derselben Art Sünde zurechtgewiesen worden wäre, z. B. wegen Schmähsucht (bei der die Schmähenden ihre Nächsten herabsetzen), Stolz, Trunksucht oder unwahrem, leerem Gerede oder einer anderen Sünde der grossen Menge.

Man wird daher prüfen, ob nicht eine an dieser Stelle zu machende Beobachtung beiden entgangen ist, sowohl denen, die aus ihrer Vorstellung von der Güte des Logos auch den Menschen mit schwerster Sünde die Möglichkeit der Verzeihung einräumen, als auch denen, die bei den

τας λογίζεσθαι ὡς ἐθνικὸν καὶ τελώνην τὸν μετὰ ⟨τὸ ἐλεγχθῆναι δὶς ἢ⟩ τρὶς τὰ βραχύτερα ἡμαρτηκότα ἀλλότριον ποιοῦντας τῆς ἐκκλησίας. Τὸ δὲ λανθάνον ἑκατέρους τοιοῦτόν μοι φαίνεται· τὸ Ἐκέρδησας τὸν ἀδελφόν σου ἐπὶ τοῦ μόνου ἀκούσαντος τάξας ὁ λόγος οὐκέτι
30 αὐτὸ ἔθηκεν ἐπὶ τοῦ δεύτερον ἢ τρίτον πταίσαντος καὶ ἐλεγχθέντος, ἀλλ' ὡσπερεὶ μετέωρον εἴασε τὸ ἀνάλογον τῷ Ἐκέρδησας τὸν ἀδελφόν σου λεχθησόμενον περὶ τοῦ δεύτερον ἢ τρίτον ἐλεγχθέντος. Οὐ πάντως οὖν κερδαίνεται οὐδὲ πάντως ἀπολεῖται ἢ πληγὰς λήψεται. Καὶ πρόσχες ἐπιμελῶς τῷ πρώτῳ μὲν λέγοντι· Ἐάν σου ἀκούσῃ, ἐκέρδησας
35 τὸν ἀδελφόν σου· τῷ δὲ δευτέρῳ κατὰ τὴν λέξιν τόπῳ φάσκοντι· Ἐὰν δὲ μὴ ἀκούσῃ, παράλαβε μετὰ σεαυτοῦ ἕνα ἢ δύο, ἵνα ἐπὶ στόματος δύο ἢ τριῶν μαρτύρων σταθήσεται πᾶν ῥῆμα.
Τί οὖν μετὰ τὸ σταθῆναι πᾶν ῥῆμα ἐπὶ δύο ἢ τριῶν μαρτύρων ἔσται
40 τῷ τὸ δεύτερον νουθετηθέντι, ἡμῖν ἐννοεῖν καταλέλοιπε. Καὶ πάλιν ἐὰν παρακούσῃ αὐτῶν, δῆλον δ' ὅτι τῶν παραληφθέντων μαρτύρων, εἰπόν, φησί, τῇ ἐκκλησίᾳ· καὶ οὐκ εἶπε τί πείσεται, ἐὰν μὲν ἀκούσῃ τῆς ἐκκλησίας, ἀλλ' ἐδίδαξεν ὅτι, ἐὰν τῆς ἐκκλησίας παρακούσῃ, δεῖ αὐτὸν εἶναι τῷ τρὶς νουθετήσαντι καὶ μὴ ἀκουσθέντι πρὸς τὸ λοιπὸν
45 ὡς τὸν ἐθνικὸν καὶ τὸν τελώνην. Οὐ πάντως οὖν κερδαίνεται οὐδὲ πάντως ἀπολεῖται, ἀλλ' ὅ τί ποτε πείσεται ὁ τὸ πρότερον μὲν μὴ ἀκούσας, μαρτύρων δὲ δεηθείς, ἢ καὶ ὁ τούτων παρακούσας, ἐπὶ τὴν ἐκκλησίαν δὲ ἀχθείς, ὁ θεὸς ἂν εἰδείη. Ἡμεῖς γὰρ οὐκ ἀποφαινόμεθα κατὰ τὸ Μὴ κρίνετε, ἵνα μὴ κριθῆτε . . .
50 Πρὸς δὲ τὸ δοκοῦν σκληρὸν πρὸς τοὺς τὰ ἐλάττονα ἡμαρτηκότας εἴποι τις ἂν ὅτι οὐκ ἔξεστι δὶς ἑξῆς μὴ ἀκούσαντα τὸ τρίτον ἀκοῦσαι, ὡς διὰ τοῦτο μηκέτι εἶναι ὡς ἐθνικὸν καὶ τελώνην καὶ μηκέτι δεηθῆναι τοῦ ἐπὶ πάσης τῆς ἐκκλησίας ἐλέγχου; Δεῖ γὰρ μεμνῆσθαι τοῦ Οὕτως οὐκ ἔστι θέλημα ἔμπροσθεν τοῦ πατρός μου τοῦ ἐν
55 τοῖς οὐρανοῖς, ἵνα ἀπόληται εἷς τῶν μικρῶν τούτων. Καὶ γὰρ εἴπερ δεῖ τοὺς πάντας ἡμᾶς παραστῆναι ἔμπροσθεν τοῦ βήματος τοῦ Χριστοῦ, ἵνα κομίσηται ἕκαστος τὰ διὰ τοῦ σώματος πρὸς ἃ ἔπραξεν, εἴτε ἀγαθὸν εἴτε

151, 49 s. Matth. 7, 1
51 cf. Tit. 3, 10 (nr. 16)
53—55 Matth. 18, 14
56—59 2. Cor. 5, 10

151, 26 *Post* λογίζεσθαι *Klostermann add.* καὶ διὰ τοῦτο εὐθέως, *quod reicit Früchtel.*
42 μὲν *Grotz,* μὴ *codd.*
50—53 *Vers. lat. multum differt.*

kleinsten Vergehen erklären, es werde *als Heide und Zöllner* angesehen, wer wegen einer kleineren Übertretung zwei- oder dreimal [1] zurechtgewiesen worden sei, und ihn aus der Kirche ausschliessen. Was beiden verborgen geblieben ist, scheint mir etwa folgendes zu sein. Die Worte *Du hast deinen Bruder gewonnen*, bringt der Logos [2] bei dem, der auf den einen allein hört, setzt sie aber nicht mehr bei dem, der ein zweites oder drittes Mal sündigt und zurechtgewiesen wird, sondern hält das, was entsprechend dem Wort *Du hast deinen Bruder gewonnen* zu sagen wäre, bei dem zum zweiten oder dritten Mal Zurechtgewiesenen gleichsam in der Schwebe. Er wird also nicht schlechthin gewonnen, wird aber auch nicht schlechthin verlorengehen oder Qualen erleiden. Beachte auch sorgfältig, dass er an der ersten Stelle sagt: *Wenn er auf dich hört, so hast du deinen Bruder gewonnen*, dass er aber nach dem Text an der zweiten Stelle fortfährt: *Hört er aber nicht, so nimm noch einen oder zwei zu dir, damit die ganze Sache durch die Aussage von zwei oder drei Zeugen unangreifbar wird.*

Was nun, nachdem die ganze Sache auf zwei oder drei Zeugen gestellt ist, dem zum zweiten Male Zurechtgewiesenen widerfahren wird, hat er unserem eigenen Nachdenken überlassen. Und wiederum, *wenn er nicht auf sie hört,* nämlich auf die hinzugezogenen Zeugen, dann *sage es,* spricht er, *der Gemeinde.* Aber er hat nicht gesagt, was ihm widerfährt, wenn er auf die Gemeinde hört, sondern lehrt, *wenn er nicht auf die Gemeinde höre,* müsse er für den, der ihn dreimal zurechtgewiesen hat, aber nicht gehört wurde, hinfort *wie ein Heide und Zöllner sein.* Er wird also nicht schlechthin gewonnen und wird nicht schlechthin verlorengehen, sondern was der einmal erleiden wird, der zuerst nicht gehört hat, sondern der Zeugen bedurfte, oder auch der, der auf diese nicht hört und vor die Gemeinde geführt wurde, das wird Gott wissen. Denn wir sagen von uns aus nichts darüber nach dem Wort: *Richtet nicht, damit ihr nicht gerichtet werdet ....* Wenn aber gegenüber den Sündern mit leichteren Vergehen eine Härte vorzuliegen scheint, so könnte man wohl fragen: Ist es nicht möglich, dass einer, der zweimal nacheinander nicht gehört hat, beim dritten Male hört, so dass er daraufhin nicht noch als ein Heide und Zöllner gilt und auch nicht noch der Zurechtweisung vor der ganzen Gemeinde bedarf? Denn man muss an das Wort denken: *So ist es nicht der Wille meines Vaters im Himmel, dass einer dieser Kleinen verlorengehe.* Denn auch wenn *wir alle vor den Richtstuhl Christi* treten müssen, *auf dass ein jeglicher empfange, wie er ge-*

---

[1] Über eine dritte nichtöffentliche Correptio (von der Matth. 18 nichts sagt) s. Grotz 273 s. und 308 ss.
[2] Oder „die Schriftstelle".

φαῦλον, χρὴ ὅση δύναμις τὰ παρ' αὐτὸν ποιεῖν, ἵνα μὴ περὶ πλειόνων
κομίσηται φαύλων διὰ τοῦ σώματος πεπραγμένων, κἂν μέλλῃ περὶ πάντων
ὧν ἐποίησε χειρόνων ἀπολαμβάνειν· φιλοτιμητέον δὲ περὶ πλειόνων
εὐποιῶν μισθὸν κομίσασθαι, ἐπεὶ ᾧ μέτρῳ μετροῦμεν, ἀντι-
μετρηθήσεται ἡμῖν καὶ κατὰ τὰ ἔργα τῶν χειρῶν ἡμῶν
συμβήσεται ἡμῖν. Καὶ οὐκ ἀπειροπλάσια μέν, ἤτοι δὲ διπλάσια
ἢ ἑπταπλάσια λήψονται οἱ ἡμαρτηκότες ἐκ χειρὸς κυρίου τὰ ἁμαρτήματα, ὅταν μὴ [καὶ] κατὰ τὰ ἔργα τῶν χειρῶν τινι ἀπο-
διδῶται, ἀλλὰ πλείονα ὧν πεποίηκεν.... Καὶ ἄλλοι ἂν εὑρεθεῖεν τρόποι
τῆς ἀνταποδόσεως, οὓς ἐὰν νοῶμεν, εἰσόμεθα ὅτι λυσιτελεῖ μεθ' ὁποσαοῦν
ἁμαρτήματα μετανοεῖν, ἵνα πρὸς τῷ μὴ περὶ πλειόνων κολάζεσθαι ἡμᾶς
καὶ περὶ ἀγαθῶν ἐλπίς τις ἡμῖν ὕστερόν ποτε τῶν πεπραγμένων ἀπο-
λειφθῇ, κἂν πρὸ αὐτῶν μυρία ὅσα ἐπταισμένα τινὶ ᾖ· ἄτοπον γὰρ τὰ
μὲν χείρονα λογισθῆναί τινι, τὰ δὲ μετὰ τὰ χείρονα κρείττονα μηδὲν
ὠφελεῖν, ἅπερ καὶ ἀπὸ τοῦ Ἰεζεκιὴλ τοῖς ἐπιμελῶς τηροῦσι τὰ περὶ τῶν
τοιούτων ῥητὰ ἔστι μαθεῖν.

31. Καλῶς δέ μοι δοκεῖ συνῆφθαι τῷ μετὰ τὸ τρὶς νενουθετῆσθαι κρι-
θέντι εἶναι ὡς ὁ ἐθνικὸς καὶ ὁ τελώνης τὸ Ἀμὴν λέγω
ὑμῖν (δηλονότι τοῖς κρίνασιν εἶναί τινα ὡς ὁ ἐθνικὸς καὶ ὁ τελώνης),
ὅσα ἐὰν δήσητε ἐπὶ τῆς γῆς καὶ τὰ ἑξῆς. Δικαίως γὰρ ἔδη-
σεν ὁ τρὶς νουθετήσας καὶ μὴ ἀκουσθεὶς τὸν κριθέντα εἶναι ὡς ἐθνικὸν
καὶ τελώνην. Διόπερ ὁ τοιοῦτος δεδεμένος καὶ δεδικασμένος ὑπὸ τοῦ
τοιουδὶ μένει δεδεμένος, οὐδενὸς τῶν ἐν οὐρανῷ ἀναλύοντος τοῦ δεδεκότος
αὐτὸν τὴν ψῆφον. Οὕτω δὲ καὶ ὁ ἅπαξ νουθετηθεὶς ἄξια ποιήσας τοῦ
κερδηθῆναι, λυθεὶς διὰ τῆς νουθεσίας ⟨τοῦ⟩ κερδήσαντος αὐτὸν καὶ
μηκέτι σειραῖς τῶν ἁμαρτιῶν ἑαυτοῦ περὶ ὧν ἐνουθετήθη
δεδεμένος, λελυμένος κριθήσεται ⟨δικαίως καὶ⟩ ὑπὸ τῶν ἐν οὐρανοῖς.
Πλὴν τὰ ἐν τοῖς ἀνωτέρω μόνῳ τῷ Πέτρῳ δεδομένα ἔοικε δηλοῦσθαι
δεδωκέναι πᾶσι τοῖς τὰς τρεῖς νουθεσίας προσαγαγοῦσι πᾶσι τοῖς ἡμαρ-
τηκόσιν, ἵν', ἐὰν μὴ ἀκουσθῶσιν, δήσωσιν ἐπὶ γῆς τὸν κριθέντα εἶναι ὡς
ἐθνικὸν καὶ τελώνην ὡς δεδεμένου τοῦ τοιούτου ἐν τῷ οὐρανῷ. Ἀλλ' ἐπεὶ
ἐχρῆν, εἰ καὶ κοινόν τι ἐπὶ τοῦ Πέτρου καὶ τῶν νουθετησάντων τρὶς τοὺς
ἀδελφοὺς λέλεκται, ἐξαίρετόν ⟨τι⟩ ἔχειν τὸν Πέτρον παρὰ τοὺς τρὶς νου-

---

151, 62 s. cf. Matth. 7, 2
63 cf. Is. 3, 11
64—66 cf. Is. 40, 2; Psalm. 78 (79), 12
73 cf. Ez. 33, 12—20
84 cf. Prou. 5, 22
86 ss. cf. Matth. 16, 19 (nr. 1)

151, 65 s. *Post* ἁμαρτήματα Klostermann *interpungit* (.) *et* ἔστι δὲ *falso add.;* καὶ *delet.*

handelt hat bei Leibesleben, es sei gut oder böse, muss man nach Kräften das Seine tun, damit man nicht für mehr mit dem Leibe vollbrachte Schlechtigkeiten (sc. Strafe) empfange, auch wenn man sie für alles begangene Böse empfangen wird. Vielmehr muss man streben, für mehr rechtschaffene Taten Lohn zu empfangen, da uns *mit dem Mass, mit dem* wir *messen, wiedergemessen wird* und uns *vergolten wird nach den Werken unsrer Hände.* Und nicht unendlichfach, sondern *zweifach* oder *siebenfach* werden die Sünder aus der Hand des Herrn ihre Sünden empfangen [3], wenn einem nicht *nach den Werken seiner Hände* vergolten wird, sondern ein Vielfaches dessen, was er getan hat .... Man kann sich wohl auch noch andere Weisen der Vergeltung vorstellen. Wenn wir sie bedenken, dann wissen wir, dass es nützlich ist, nach noch soviel [4] Sünden Busse zu tun, damit wir nicht für weitere Sünden [5] bestraft werden und uns ausserdem eine Hoffnung im Blick auf das nachher vollbrachte Gute bleibt, auch wenn jemand vorher unzählige Verfehlungen begangen hat. Denn es wäre unvernünftig, wenn die bösen Taten einem angerechnet würden, aber die nach ihnen begangenen besseren nichts nützten. Wer das hierüber Gesagte sorgfältig beachtet, kann dies von Hesekiel lernen.

31. Mit der Verurteilung des dreimal Ermahnten, er solle sein *wie ein Heide und Zöllner,* scheint mir ganz richtig das Wort verbunden zu sein: *Wahrlich, ich sage euch* (nämlich denen, die jemanden dazu verurteilt haben, wie ein Heide und Zöllner zu gelten), *alles, was ihr auf Erden bindet* usw. Denn mit Recht *bindet* einer, der bei dreimaliger Ermahnung nicht gehört wurde, den, der dazu verurteilt ist, wie ein Heide und Zöllner zu sein. Wenn ein solcher von einem solchen gebunden und verurteilt ist, bleibt er gebunden, und keiner der Himmlischen löst das Urteil dessen auf, der ihn gebunden hat. Entsprechend wird der, der sich bei einmaliger Mahnung so verhält, dass er gewonnen werden kann, wenn er durch die Mahnung dessen, der ihn gewonnen hat, gelöst wird und nicht mehr gebunden ist mit den *Stricken seiner Sünden,* derentwegen er gemahnt wurde, mit Recht auch von den Himmlischen als gelöst beurteilt werden. Aber er (sc. Christus) scheint zu zeigen, dass er die weiter oben allein dem Petrus verliehene Macht allen verliehen hat, die die drei Zurechtweisungen vornehmen, und zwar an allen Sündern; wenn sie kein Gehör finden, sollen sie den, der verurteilt wurde, wie ein Heide und Zöllner zu sein, auf Erden binden, unter der Voraussetzung, dass ein solcher im Himmel gebunden ist. Aber wenn auch von

---

3 D. h. (wie z. B. Jes. 40, 2): Strafen für die Sünden.
4 Oder „noch so grossen".
5 Etwas anders Grotz 310.

θετήσαντας, ἰδίᾳ τοῦτο προτέτακται ἐπὶ τοῦ Πέτρου τὸ Δώσω σοι
τὰς κλεῖς τῆς βασιλείας τῶν οὐρανῶν... τοῦ Καὶ ὅσα
ἐὰν δήσητε ἐπὶ τῆς γῆς καὶ τὰ ἑξῆς. Καίτοιγε εἰ ἐπιμελῶς προσ-
95 έχομεν τοῖς εὐαγγελικοῖς γράμμασι, καὶ ἐν τούτοις εὕροιμεν ἂν καὶ κατὰ
ταῦτα τὰ δοκοῦντα εἶναι κοινὰ πρὸς τὸν Πέτρον καὶ τοὺς τρὶς νουθετή-
σαντας τοὺς ἀδελφοὺς πολλὴν διαφορὰν καὶ ὑπεροχὴν ἐκ τῶν πρὸς τὸν
Πέτρον εἰρημένων παρὰ τοὺς δευτέρους.

Οὐ γὰρ ὀλίγη διαφορὰ ⟨τοῦ⟩ τὸν Πέτρον εἰληφέναι τὰς κλεῖδας οὐχ
100 ἑνὸς οὐρανοῦ, ἀλλὰ πλειόνων, [καὶ] ἵνα, ὅσα ἐὰν δήσῃ ἐπὶ τῆς γῆς, ᾖ
δεδεμένα οὐκ ἐν ἑνὶ ⟨μόνον⟩ οὐρανῷ, ἀλλ' ἐν πᾶσιν οὐρανοῖς, πρὸς τοὺς
πολλοὺς δέοντας ἐπὶ τῆς γῆς καὶ λύοντας ἐπὶ τῆς γῆς, ὥστε ταῦτα δεδέσθαι
καὶ λελύσθαι οὐκ ἐν οὐρανοῖς ὡς ἐπὶ Πέτρου, ἀλλ' ἐν οὐρανῷ ἑνί·
οὐ γὰρ διαβαίνουσι τῇ δυνάμει ὡς Πέτρος, ἵνα δήσωσιν ἢ λύσωσιν ἐν
105 πᾶσιν οὐρανοῖς. Ὅσῳ οὖν βελτίων ὁ δεσμεύων, ⟨τοσοῦτον ὁ δεδεμένος
πλεῖον ἢ ἐν ἑνὶ οὐρανῷ δέδεται, καὶ ὅσῳ βελτίων ὁ λύων,⟩ τοσοῦτον μακα-
ριώτερος ὁ λελυμένος, ὡς πανταχοῦ τῶν οὐρανῶν εἶναι αὐτοῦ τὸ λελύσθαι.

Origenes, In Exodum Homiliae (post 244), ed. W. A. Baehrens, GCS 29, 1920

152   IV, 8 (p. 181, 26—182, 5)

Sane quod in superioribus obseruauimus quaedam prodigia per Aaron,
quaedam per Moysen, quaedam uero per ipsum dominum ministrata,
intelligi eatenus possunt, ut agnoscamus in quibusdam per sacrificia
sacerdotum et obsecrationes pontificum nos esse purgandos, quod Aaron
5 persona designat; in quibusdam uero per scientiam diuinae legis emen-
dandos, ut Moysi designat officium; in aliis autem, sine dubio quae
difficiliora sunt, ipsius domini egere virtutem.

153   ibidem X, 3 (p. 249, 12—23)

De damnis doctorum etiam apostolus docet, cum dicit: *Si cuius* autem
opus arserit, damnum patietur. Ipse autem saluus erit, sic tamen quasi

---

152, 1 s. cf. Exod. 7—12
153, 1—3 1. Cor. 3, 15

151, 93 *Post* οὐρανῶν *Klostermann add. Matth. 16, 19 (ex uers. lat.).*
    99 τοῦ: *add. Früchtel*
    105 s. τοσοῦτον — ὁ λύων: *add. Klostermann (ex uers. lat.)*

Petrus und denen, die dreimal die Brüder ermahnt haben, etwas Gemeinsames gesagt ist, so musste doch Petrus gegenüber denen, die dreimal ermahnt haben, etwas Eigenes haben. Deshalb steht nur bei Petrus der Satz: *Ich will dir die Schlüssel des Himmelreiches geben* ... vor: *Alles, was ihr auf Erden binden werdet* usw. Und bei sorgfältiger Beobachtung des Evangelientextes finden wir sogar in diesen Worten und in dem, was Petrus und die, die die Brüder dreimal ermahnt haben, anscheinend gemeinsam besitzen, doch noch einen grossen Unterschied und Vorrang vor den anderen aufgrund des zu Petrus Gesagten.

Es ist ja kein geringer Unterschied, dass Petrus die Schlüssel nicht nur eines Himmels, sondern mehrerer empfangen hat, damit, was er auf Erden bindet, nicht nur in einem Himmel gebunden ist, sondern in allen Himmeln, während die vielen auf Erden binden und auf Erden lösen, so dass dies gebunden und gelöst ist nicht *in Himmeln* wie bei Petrus, sondern in einem einzigen Himmel; denn sie dringen in ihrer Macht nicht wie Petrus durch, um in allen Himmeln zu binden oder zu lösen. Je vollkommener also der Bindende ist, in desto mehr Himmeln ist der Gebundene gebunden, und je vollkommener der Lösende ist, desto seliger ist der Gelöste, weil seine Lösung überall in den Himmeln gilt.

Origenes, Homilien[1] zu Exodus IV, 8

Wenn wir weiter oben bemerkt haben, dass einige Wunderzeichen durch Aaron, andere durch Mose und wieder andere durch den Herrn selber ausgeführt wurden, so lässt sich das sicher auf die Erkenntnis beziehen, dass wir in manchen Fällen durch die Opfer der Priester und die Gebete der Bischöfe gereinigt werden müssen (darauf weist die Person Aarons), dass wir in einigen aber durch die Kenntnis des göttlichen Gesetzes gebessert werden müssen (wie das Amt des Mose zeigt), in anderen jedoch, zweifellos den schwierigeren, die Kraft des Herrn selber nötig haben.

Ebenda X, 3

Von den Schäden der Lehrer spricht auch der Apostel, indem er sagt: *Wenn aber jemandes Werk brennt, wird er Schaden erleiden; er selbst*

---

[1] Die Homilientexte sind nicht zeitlich geordnet, weil ihre Datierung zu unsicher ist. Rufin hat nach seinem eignen Zeugnis (Migne, Patrol. Graeca 14, 1293 s.) die Homilien zu Josua und Richter und die Erklärung zu Psalm 37 (38) wörtlich übersetzt, dagegen die zu Genesis, Exodus und besonders zu Levitikus frei bearbeitet und ergänzt.

per ignem. Sed et dominus in euangeliis dicit: *Quid enim prodest homini, si uniuersum mundum lucretur, animam autem suam perdat aut dam-*
5 *num faciat?* Vnde uidetur ostendi quod quaedam peccata ad damnum quidem pertineant, non tamen ad interitum; quia qui damnum passus fuerit, *ipse* tamen saluari dicitur, licet *per ignem.* Vnde, credo, et Iohannes apostolus in epistola sua dicit quaedam esse *peccata ad mortem,* quaedam *non* esse *ad mortem.* Quae autem sint species peccatorum ad
10 mortem, quae uero non ad mortem, sed ad damnum, non puto facile a quoquam hominum posse discerni.

Origenes, In Leuiticum Homiliae (post 244), ed. W. A. Baehrens, GCS 29, 1920

154   II, 4 (p. 295, 16—297, 27)

Sed fortasse dicant auditores ecclesiae: melius fere agebatur cum antiquis quam nobiscum, ubi oblatis diuerso ritu sacrificiis peccantibus uenia praestabatur. Apud nos una tantummodo est uenia peccatorum, quae per lauacri gratiam in initiis datur; nulla post haec peccanti miseri-
5 cordia nec uenia ulla conceditur. Decet quidem districtioris esse disciplinae christianum, *pro quo Christus mortuus est.* Pro illis oues, hirci, boues iugulabantur et aves et simila conspergebatur; pro te dei filius iugulatus est et iterum te peccare delectat? Et tamen, ne tibi haec non tam erigant animos pro uirtute quam pro desperatione deiciant, audisti,
10 quanta sint in lege sacrificia pro peccatis; audi nunc, quantae sint remissiones peccatorum in euangeliis. Est ista prima qua baptizamur *in remissionem peccatorum.* Secunda remissio est in passione martyrii. Tertia est quae per eleemosynam datur; dicit enim salvator: *Verum tamen date quae habetis et ecce, omnia munda sunt uobis.* Quarta nobis
15 fit remissio peccatorum per hoc, quod et nos remittimus peccata fratribus nostris. ... Quinta peccatorum remissio est, cum *conuerterit quis peccatorem ab errore uiae suae.* Ita enim dicit scriptura diuina quia: *Qui conuerti fecerit peccatorem ab errore uiae suae, saluat animam a*

153, 3—5 Luc. 9, 25 et Matth. 16, 26
    8 s. cf. 1. Ioh. 5, 16 (nr. 24)
154, 6 cf. Rom. 14, 15
    6 s. cf. Leu. 1—4
    11 s. cf. Marc. 1, 4; Luc. 3, 3
    13 s. Luc. 11, 41
    16 Sequuntur in lacuna Matth. 6, 14. 15. 12.
    16 ss. Iac. 5, 20 (nr. 20)

154, 18 animam: eius *add. alii cum Vulgata*

aber wird errettet werden, doch so wie durch das Feuer hindurch. Auch der Herr sagt in den Evangelien: *Was nützt es denn einem Menschen, wenn er die ganze Welt gewinnt, aber seine Seele verliert oder an ihr Schaden leidet?* Darin liegt wohl ein Hinweis darauf, dass gewisse Sünden Schaden einbringen, jedoch nicht die Vernichtung; denn von dem, der Schaden erleidet, heisst es ja, er werde selber gerettet, freilich *durch das Feuer.* Deshalb, glaube ich, sagt auch der Apostel Johannes in seinem Briefe, manche Sünden seien *zum Tode,* manche seien *nicht zum Tode.* Welche Arten von Sünden aber zum Tode und welche nicht zum Tode, sondern zum Schaden sind, das kann ein Mensch meines Erachtens nur schwer unterscheiden [1].

Origenes, Levitikus-Homilie II, 4 (zu Lev. 1—4)

Aber vielleicht sagen Zuhörer in der Gemeinde: Die Alten hatten es wohl leichter als wir; denn damals wurde den Sündern, wenn nach diesem oder jenem Ritus ein Opfer dargebracht war, Verzeihung gewährt. Bei uns aber gibt es nur eine einzige Sündenvergebung, die durch die Taufgnade bei der Aufnahme gewährt wird; danach wird dem Sünder keinerlei Barmherzigkeit und keine Verzeihung eingeräumt.

Es ist sicher in der Ordnung, dass der Christ, *für den Christus gestorben ist*, einer strengeren Zucht unterliegt [1]. Für die Alten wurden Schafe, Böcke und Rinder geschlachtet und Vögel, und es wurde Feinmehl gestreut; für dich ist der Sohn Gottes getötet worden, — und da magst du noch einmal sündigen? Aber damit dich dies mehr zum sittlichen Kampf aufrichtet als in Verzweiflung stürzt, hast du trotzdem hören dürfen, wieviel verschiedene Opfer es im Gesetz für die Sünden gibt; höre jetzt, wieviel Arten der Sündenvergebung es in den Evangelien gibt.

Die erste ist die, mit der wir getauft werden *zur Vergebung der Sünden.* Die zweite Art Vergebung erfolgt im Erleiden des Martyriums. Die dritte wird für Almosen gewährt; der Erlöser sagt ja: *Aber gebt, was ihr habt, und siehe, dann ist euch alles rein.* Die vierte Art Sündenvergebung wird uns dadurch zuteil, dass auch wir unsern Brüdern die Sünden vergeben. ... Eine fünfte Weise der Sündenvergebung erfolgt, wenn *einer einen Sünder zur Umkehr von seinem falschen Wege bringt;* denn so sagt die Heilige Schrift: *Wer einen Sünder veranlasst, von seinem falschen Wege umzukehren, der rettet die Seele vom Tode und*

---

1 Origenes folgert dann aus Matth. 25, 14 ss. und Luk. 19, 11 ss., es sei ein „Schade", wenn jemand, der 10 Pfunde hätte erhalten können, weniger empfängt, z. B. weil er einem Schwächeren Anstoss im Glauben gegeben hat.

1 Vgl. 11, 2 (Nr. 158).

morte et cooperit multitudinem peccatorum. Sexta quoque fit remissio
per abundantiam caritatis, sicut et ipse dominus dicit: *Amen, dico tibi,
remittuntur ei peccata sua multa, quoniam dilexit multum,* et apostolus
dicit: *Quoniam caritas cooperit multitudinem peccatorum.* Est adhuc
et septima, licet dura et laboriosa, per paenitentiam remisso peccatorum,
cum *lauat* peccator *in lacrimis stratum* suum et *fiunt* ei *lacrimae* suae
panes die ac nocte, cum non erubescit sacerdoti domini indicare peccatum
et quaerere medicinam, secundum eum qui ait: *Dixi: pronuntiabo aduersum me iniustitiam meam domino, et tu remisisti impietatem cordis
mei.* In quo impletur et illud quod Iacobus apostolus dicit: *Si qui autem
infirmatur, uocet presbyteros ecclesiae, et imponant ei manus ungentes
eum oleo in nomine domini. Et oratio fidei saluabit infirmum, et si in
peccatis fuerit, remittentur ei.*

Et tu ergo cum uenis ad gratiam baptismi, uitulum obtulisti, quia in
mortem Christi baptizaris. Cum uero ad martyrium duceris, hircum
obtulisti, quia auctorem peccati diabolum iugulasti. Cum autem eleemosynam feceris ..., altare sacrum haedis pinguibus onerasti. Nam si *ex
corde remiseris peccatum fratri tuo* ..., immolasse te arietem uel agnum
in sacrificium obtulisse confide. Porro autem si diuinis lectionibus instructus *meditando sicut columba* et *in lege domini* uigilando *die ac
nocte* ab errore suo conuerteris peccatorem et abiecta nequitia ad sim-
plicitatem eum columbae reuocaueris atque adhaerendo sanctis feceris
eum societatem turturis imitari, *par turturum aut duos pullos colum-
barum* domino obtulisti. Quod si illa quae spe et fide *maior* est *caritas*
abundauerit in corde tuo, ita ut *diligas proximum tuum* non solum
sicut te ipsum, sed sicut ostendit ille qui dicebat: *Maiorem hac caritatem
nemo habet quam ut animam suam ponat pro amicis suis, panes simi-*

154, 20 s. Luc. 7, 47
22 1. Petr. 4, 8 (Prou. 10, 12 hebr.)
24 cf. Psalm. 6, 7
24 s. cf. Psalm. 41 (42), 4
26—28 Psalm. 31 (32), 5
28—31 Iac. 5, 14 s. (nr. 20)
32 s. cf. Rom. 6, 3
35 s. cf. Matth. 18, 35
38 cf. Is. 38, 14
38 s. cf. Psalm. 1, 2
41 s. Luc. 2, 24 (Leu. 5, 11)
42 cf. 1. Cor. 13, 13
43 s. cf. Marc. 12, 31 par.
44 s. Ioh. 15, 13
45 ss. cf. Leu. 2, 4 et 1. Cor. 5, 8 (nr. 6)

154, 35 nam: iam *Karpp (dubitans)*

deckt eine Menge Sünden zu. Sechstens erfolgt auch Vergebung durch überaus grosse Liebe, wie auch der Herr selber sagt: *Wahrlich, ich sage dir, ihr werden ihre vielen Sünden vergeben, weil sie viel Liebe erzeigt hat,* und der Apostel sagt: *denn Liebe bedeckt die Menge der Sünden.* Als siebte gibt es auch noch die freilich harte und mühselige Sündenvergebung durch Busse, wenn der Sünder *sein Lager mit Tränen badet* und ihm seine *Tränen zur Speise werden bei Tag und Nacht,* wenn er sich nicht schämt, dem Priester des Herrn seine Sünde anzuzeigen und ein Heilmittel zu begehren wie der, der sagt: *Ich habe gesagt, ich will mein Unrecht dem Herrn gegen mich anzeigen, und du hast die Gottlosigkeit meines Herzens vergeben.* Darin erfüllt sich auch, was der Apostel Jakobus sagt: *Wenn aber einer krank ist, dann rufe er die Ältesten der Gemeinde; sie sollen ihn im Namen des Herrn mit Öl salben* und ihm die Hände auflegen. *Und das Glaubensgebet wird den Kranken retten, und wenn er in Sünden steckt, werden sie ihm vergeben werden* [2].

Du hast also, wenn du zur Taufgnade kommst, ein Kalb dargebracht, denn auf Christi Tod wirst du getauft. Wenn du aber zum Martyrium geführt wirst, hast du einen Bock dargebracht, denn den Urheber der Sünde, den Teufel, hast du erwürgt. Und wenn du Almosen gibst . . ., hast du den heiligen Altar mit feisten Böcklein beladen. Sodann [3], wenn *du von Herzen deinem Bruder die Sünde vergibst . . .,* darfst du glauben, du habest einen Widder oder ein Lamm zum Opfer dargebracht. Weiter, wenn du, durch die Heiligen Schriften belehrt, *wie eine Taube nachdenkst* und *über dem Gesetz des Herrn* wachst *bei Tag und bei Nacht* und so einen Sünder von seinem Irrtum abwendest, ihn nach Aufgabe seiner Bosheit zur Einfalt der Taube zurückführst und ihn dazu bringst, durch Anschluss an die Heiligen die Gemeinschaft der Turteltauben nachzuahmen, dann hast du *ein Paar Turteltauben oder zwei junge Tauben* dem Herrn dargebracht. Wenn aber die *Liebe,* die *grösser* ist als die Hoffnung und der Glaube, in deinem Herzen überreichlich ist, so dass du *deinen Nächsten* nicht nur *wie dich selber liebst,* sondern so, wie es der gezeigt hat, der sprach: *Niemand hat grössere Liebe denn die, dass er sein Leben lässt für seine Freunde,* dann wisse, dass du *feinste Wei-*

---

2 Sel. in Psalm. 115 (13, S. 60 Lommatzsch) nennt Origenes als Mittel zur Vergebung Taufe, Martyrium und Busstränen, In Matth. Series 86 die Eucharistie. — Zur Handauflegung vgl. Poschmann, Paen. sec. 420 und 1. Tim. 5, 22 (Nr. 14).
3 Nach meiner Konjektur iam. Das überlieferte nam wäre allenfalls mit „aber" zu übersetzen.

lacios in caritatis *oleo* subactos *sine* ullo *fermento malitiae et nequitiae in azymis sinceritatis et ueritatis* te obtulisse cognosce. Si autem in amaritudine fletus tui fueris luctu, lacrimis et lamentatione confectus, si carnem tuam macerueris et ieiuniis ac multa abstinentia aridam
50 feceris et dixeris quia *Sicut frixorium confrixa sunt ossa mea,* tunc *sacrificium similam a sartagine uel a craticula* obtuleris; et hoc modo inuenieris tu uerius et perfectius secundum euangelium offerre sacrificia, quae secundum legem iam offerre non potest Istrahel.

155 ibidem V, 4 (p. 342, 11—15) (ad Leu. 7, 7 ss.)

Quid autem est *repropitiare delictum?* Si assumpseris peccatorem et monendo, hortando, docendo, instruendo adduxeris eum ad paenitentiam, ab errore correxeris, a uitiis emendaueris et effeceris eum talem, ut ei conuerso propitius fiat deus, *pro delicto repropitiasse* diceris.

156 ibidem VIII, 10

(p. 407, 17—408, 28) ... *lex,* quae *spiritalis est,* talia quaedam decernit: *Vestimenta,* inquit, *eius dissuta sint et caput eius reuelatum et os eius adopertum.* ... Sicut enim is cuius uestimenta dissuta sunt nudam atque intectam gerit turpitudinem corporis, ita oportet eum
5 qui peccatis aliquibus obsaeptus est mala sua et flagitia nullis uerborum assumentis, nullis excusationum uelaminibus operire. ... Vult ergo lex diuina peccatorem non solum uestimenta non assuere, sed et caput non contegere, ut, si quod est capitis delictum, id est si in deum aliquid commissum est, si in fide peccatum est, ne haec quidem habeantur
10 obtecta, sed omnibus publicentur, ut interuentu et correptione omnium emendetur et ueniam mereatur. Verum tamen leprosus iste *os* tantummodo iubetur obtegere.... Nonne palam est et in aperto positum

---

154, 50 Psalm. 101 (102), 4
51 cf. Leu. 2, 4—7
156, 1 cf. Rom. 7, 14
2 s. Leu. 13, 45

154, 52 inuenieris: inueneris *uar.*

zenbrote mit dem *Öl* der Liebe angemacht *ohne* jeden *Sauerteig der Schlechtigkeit und Bosheit mit dem Ungesäuerten der Reinheit und Wahrheit* dargebracht hast. Aber wenn du in bitterem Weinen von Trauer, Tränen und Klagen verzehrt bist, wenn du dein Fleisch zermürbst, es durch Fasten und viele Enthaltung dürr machst und sagst: *Wie dürres Holz sind meine Gebeine geröstet,* dann hast du als *Opfer Feinmehl aus einem Kessel oder von einem Rost* dargebracht; und so erweist es sich, dass du echter und vollkommener nach dem Evangelium Opfer darbringst, die nach dem Gesetz Israel nicht mehr darbringen kann [4].

Ebenda V, 4 (zu Lev. 6, 30 ss.)

Was heisst aber *ein Vergehen versöhnen?* Wenn du [1] den Sünder annimmst und ihn durch Vorhaltungen, Zuspruch, Belehrung und Unterweisung zur Busse (Reue) führst, ihn von seinem Irrtum befreist, seine Fehler heilst und ihn in den Stand bringst, dass ihm nach seiner Umkehr Gott gnädig wird, dann kann man sagen, du *habest* (sc. ihn) *wegen seiner Sünde versöhnt.*

Ebenda VIII, 10

... *Das Gesetz,* das *geistlich ist,* bestimmt folgendes (sc. über den Aussätzigen): *Seine Kleider sollen zerrissen, sein Haupt unverhüllt und sein Mund bedeckt sein.* ... Wie der, dessen Kleider zerrissen sind, die Scham des Leibes nackt und unbedeckt zeigt, so darf ein durch irgendwelche Sünden Abgesonderter seine Vergehen und Schandtaten nicht mit den Flicklappen von Worten und einem Mantel von Entschuldigungen bedecken. ... Das göttliche Gesetz will also, dass der Sünder nicht nur seine Kleider nicht flickt, sondern auch sein Haupt nicht bedeckt. Es sollen also nicht einmal eine „Hauptverletzung", d. h. ein Vergehen gegen Gott oder eine Sünde gegen den Glauben [1], verhüllt bleiben, sondern allen bekanntgegeben werden, damit er durch das Eintreten und die Zurechtweisung aller gebessert und der Verzeihung würdig werde. Doch soll dieser Aussätzige nur den *Mund* verhüllen. ... Ist es nicht völlig klar, dass dem, der am Aussatz der Sünde leidet, das Reden ver-

---

[4] Es ist eine sehr alte Streitfrage (auch zwischen den Konfessionen!), ob diese sieben Mittel selbständig oder nur in Verbindung mit der kirchlichen Busse Vergebung wirken; dazu K. Holl, Enthusiasmus 235, Anm. 1.
[1] Angesprochen ist der Priester. — Zu delictum s. De orat. 28, 9 (Nr. 143).
[1] Dazu Grotz, Entwicklung 249 ss. und zum ganzen Abschnitt dort S. 300 ss.

quod ei, qui in lepra peccati est, clauditur sermo, clauditur ei os, ut
fiducia sermonis et docendi auctoritas excludatur? . . . *Immundus,* inquit, *erit et separatus sedebit foris, extra castra erit conuersatio eius.*
Clarum est quod omnis immundus abiciatur a conuentu bonorum et
segregetur a coetu castrisque sanctorum; et ideo dicit quia: *Extra castra
erit conuersatio eius.* Quod si forte mundatus fuerit, sponte quidem et
a semet ipso non uenit ad sacerdotem, sed *offertur,* inquit, ab alio nec
intrat in castra. Neque enim conueniens erat, ut *eadem die qua munda-
batur,* priusquam fierent pro eo quae competebant, introiret in castra.
Propter quod *sacerdos,* inquit, *exibit* ad eum *foras extra castra.* Semper
enim ad eum, qui nondum potest introire in castra, exit ille, qui potest
exire extra castra, qui dicit: *Ego a deo exiui et ueni in hunc mundum.*
Exit ergo ad eum sacerdos et considerat, si iam recipit sanitatem, si a
leprae contagione purgatur. . . . (p. 409, 10—410, 3) Nondum enim
eadem die is, qui purgatur a lepra, diuino altari dignus efficitur. . . .
Indiget tamen, ut per *lignum cedrinum* purificetur is qui purificatur.
Impossibile namque est sine ligno crucis peccati lepram posse purgari,
nisi adhibeatur et lignum, in quo saluator, sicut apostolus Paulus dicit,
exuit principatus et potestates, triumphans eos in ligno.

157   ibidem VIII, 11 (p. 417, 12—17)

Sic ergo conuersis a peccato purificatio quidem per illa omnia datur,
quae superius diximus, donum autem gratiae spiritus per *olei* imaginem
designatur, ut non solum purgationem consequi possit is, qui conuertitur
a peccato, sed et spiritu sancto repleri, quo et recipere priorem *stolam
et anulum* possit et per omnia reconciliatus patri in locum filii reparari,
per ipsum dominum nostrum Iesum Christum . . . .

```
156, 14 s. Leu. 13, 46
     19—28 cf. Leu. 14, 1—5
     24 Ioh. 16, 28
     31 cf. Col. 2, 15
157, 2 cf. Leu. 14, 17 s.
     4 s. cf. Luc. 15, 22

156, 13 ⟨si⟩ clauditur ei os *coni. Karpp*
```

wehrt und der Mund verschlossen wird, so dass ihm die Übertragung der Predigt und die Vollmacht zu lehren entzogen wird? ... *Er soll unrein sein,* heisst es, *und soll abgesondert draussen bleiben; ausserhalb des Lagers soll er leben.* Es versteht sich, dass jeder Unreine aus der Versammlung der Gesunden ausgeschlossen und von der Gemeinschaft und dem Lager der Heiligen abgesondert wird; und deshalb heisst es: *Ausserhalb des Lagers soll er leben.* Sollte er aber rein geworden sein, so kommt er nicht von selber und freiwillig zum Priester, sondern, so heisst es, er *wird* von einem anderen *herzugebracht* [2] und kommt nicht ins Lager. Denn es war nicht angebracht, dass er *an demselben Tage, an dem er rein wurde,* ins Lager käme, bevor für ihn das Nötige geschah. Deshalb heisst es: *Der Priester soll* zu ihm *hinaus vor das Lager gehen.* Immer geht ja zu dem, der noch nicht in das Lager gehen kann, der hinaus, der aus dem Lager herausgehen kann, der, der sagt: *Ich bin von Gott ausgegangen und in diese Welt gekommen.* Der Priester geht also zu ihm hinaus und prüft, ob er schon gesund wird und ob er schon von dem Befall des Aussatzes rein wird. ... Wer von Aussatz gereinigt wird, wird ja noch nicht an demselben Tage des Altars Gottes würdig. ... Jedoch ist es nötig, dass der, der gereinigt wird, mit *Zedernholz* gereinigt wird. Denn ohne das Holz des Kreuzes kann der Sündenaussatz keinesfalls gereinigt werden; es muss auch das Holz herangezogen werden, an dem der Erlöser, wie der Apostel Paulus sagt, *die Fürstentümer und Gewalten entwaffnet hat, als er am Holz über sie triumphierte.*

Ebenda VIII, 11

So wird also den von der Sünde Umgekehrten durch alles das, was wir oben erwähnt haben, die Reinigung zuteil [1]. Aber die Gnadengabe des Geistes wird mit dem Bilde *des Öles* bezeichnet; d. h. wer sich von der Sünde bekehrt, der kann nicht nur Reinigung finden, sondern auch mit dem Heiligen Geist erfüllt werden, durch den er auch wie früher *Gewand und Ring* empfangen und, mit dem Vater gänzlich versöhnt, wieder in die Stelle eines Sohnes eingesetzt werden kann durch unsern Herrn Jesus Christus.

---

[2] Oder (cf. Vers 4 s.): es wird von einem andern geopfert, und er ....
[1] Nach S. 412, 1—4 gibt es Abstufungen und Fortschritte (differentiae et profectus) im Reinigungsprozess.

ibidem XI, 2

(p. 450, 26) Secundum legem *adulter uel adultera morte moriebantur* nec poterant dicere: Paenitentiam petimus et ueniam deprecamur. ... Apud christianos uero si adulterium fuerit admissum, non est praeceptum, ut adulter uel adultera corporali interitu puniantur, nec potestas data est episcopo ecclesiae adulterum praesenti morte damnare, sicut tunc secundum legem fiebat a presbyteris populi. ... Audi ergo, quomodo neque tunc crudelis fuerit lex neque nunc dissolutum uideatur euangelium propter ueniae largitatem, sed in utroque dei benignitas diuersa dispensatione teneatur. Hoc quod secundum legem uerbi causa adulter uel adultera praesenti morte puniebatur: propter hoc ipsum, quod peccati sui pertulit poenam et commissi sceleris exsoluit digna supplicia, quid erit post haec quod animabus eorum ultionis immineat, si nihil aliud deliquerunt ... ? *Non uindicabit dominus bis in id ipsum;* receperunt enim peccatum suum et consumpta est criminis poena. Et ideo inuenitur hoc genus praecepti non crudele, sicut haeretici asserunt accusantes legem dei et negantes in ea humanitatis aliquid contineri, sed plenum misericordia, idcirco quod per hoc purgaretur ex peccatis populus magis quam condemnaretur. Nunc uero non infertur poena corpori nec purgatio peccati per corporale supplicium constat, sed per paenitentiam; quam utrum quis digne gerat, ita ut mereri pro ea ueniam possit, uideto. Multi sunt enim qui nec ad hoc inclinantur nec paenitentiae refugium quaerunt, sed, cum ceciderint, surgere ultra nolunt; delectantur enim in eo luto quo haeserint uolutari. ... Sunt ergo ista *peccata* quae dicuntur *ad mortem;* unde et consequens est, ut, quotiens commiserit quis tale peccatum, totiens moriatur. Multas enim esse peccati mortes significat etiam apostolus Paulus, cum dicit: *Qui de tantis mortibus eripuit nos et eripiet; in quo speramus quia et adhuc eripiet.* Quas ergo hic mortes plures commemorat nisi peccatorum? ...

158, 1 cf. Leu. 20, 10
13 cf. Nah. 1, 9
23 s. cf. 1. Ioh. 5, 16 (nr. 24)
26 s. 2. Cor. 1, 10

Ebenda XI, 2

Nach dem Gesetz *mussten der Ehebrecher und die Ehebrecherin sterben* und konnten nicht sagen: Wir begehren die Busse und erbitten Verzeihung. ... Bei den Christen dagegen besteht im Falle eines Ehebruches nicht die Vorschrift, den Ehebrecher und die Ehebrecherin mit dem leiblichen Tode zu bestrafen, und dem Bischof der Kirche ist nicht die Vollmacht gegeben, einen Ehebrecher mit sofortigem Tode zu bestrafen, wie es damals nach dem Gesetz durch die Ältesten des Volkes geschah. ... Höre also, inwiefern weder damals das Gesetz grausam war noch jetzt das Evangelium wegen der Weitherzigkeit im Verzeihen als leichtfertig anzusehen ist, sondern in beiden die Güte Gottes gewahrt wird, nur in ganz verschiedenem Verfahren.

Wenn nach dem Gesetz z. B. der Ehebrecher oder die Ehebrecherin mit sofortigem Tode bestraft wurde, — was sollte eben deshalb, weil sie die Strafe für ihre Sünde getragen und für das begangene Verbrechen angemessene Leiden erduldet haben, danach noch für eine Vergeltung ihren Seelen drohen, wenn sie nichts weiter begangen haben ...? *Der Herr wird nicht dasselbe zweimal strafen;* sie haben ja ihre Sünde empfangen, und die Strafe für die Missetat ist abgetragen. Daher erweist sich ein derartiges Gebot nicht als grausam, wie die Häretiker behaupten mit ihrer Anklage gegen Gottes Gesetz, welchem sie jede Menschlichkeit absprechen; sondern es ist voll Barmherzigkeit, weil dadurch das Volk mehr von Sünden gereinigt als verdammt wurde.

Jetzt hingegen wird am Leibe keine Strafe vollzogen, und die Reinigung von der Sünde besteht nicht in leiblicher Züchtigung, sondern in der Busse. Jeder möge zusehen, ob er diese angemessen durchführt, so dass er dafür der Verzeihung würdig werden kann. Denn viele lassen sich nicht hierzu bewegen und nehmen ihre Zuflucht überhaupt nicht zur Busse, sondern wollen sich nach ihrem Fall nicht freiwillig[1] erheben; sie wälzen sich ja mit Freude in dem Schlamm, in dem sie stecken. ... Es gibt also jene *Sünden*, die *zum Tode* genannt werden. Dann ist es folgerichtig, dass einer so oft stirbt, wie er eine solche Sünde begangen hat. Dass es eine Vielheit des Sündentodes gibt, darauf deutet auch der Apostel Paulus hin mit den Worten: *Er hat uns aus so vielen Toden errettet und wird uns erretten; auf ihn hoffen wir, er werde uns auch hinfort erretten.* Von welchem mehrfachen Tode redet denn Paulus hier, es sei denn von dem der Sünden? ...

---

[1] Vgl. 3, 6 (p. 311, 2 s.): de eo enim, qui non sponte compungitur, ... difficilius remedium est, und Grotz 284.

(p. 452, 17) Et ideo secundum ea quae discussimus uidendum est, ne
forte aliquanto etiam grauius sit nobis, qui pro peccato communi hac
morte minime punimur, quam illis, quos legis sententia corporaliter con-
demnabat; quia nobis ultio reponitur in futurum, illos absoluebant commissi sui persoluta supplicia. Quod et si aliquis est, qui forte *praeuentus
est in* huiuscemodi *peccatis*, admonitus nunc uerbo dei ad auxilium con-
fugiat paenitentiae, ut, si semel admisit, secundo non faciat aut, si et
secundo iam aut etiam tertio praeuentus est, ultra non addat. Est enim
apud iudicem iustum poenae moderatio, non solum pro qualitate, uerum
etiam pro quantitate.

159   ibidem XIV, 2—4 (ad Leu. 24, 10—14)

2. (p. 479, 18—26) Ego puto quia docere nos uult sermo diuinus
quod qui peccat dupliciter *exire* dicitur. Primo enim exit a proposito
bono et recta sententia, exit a uia iustitiae, exit a lege dei. Postmodum
uero cum confutatus fuerit pro peccato, exit etiam de coetu et congregatione sanctorum. Vt si uerbi causa dicamus: peccauit aliquis fidelium;
iste, etiamsi nondum abiciatur per episcopi sententiam, iam tamen per
ipsum peccatum quod admisit eiectus est; et quamuis intret ecclesiam,
tamen eiectus est et foris est segregatus a consortio et unanimitate fidelium. ...

3. Verum quoniam sententiam apostoli proposuimus qua dicit male-
dicos a regno dei excludendos, aliquid exposcit iste sermo solacii, ne
omnimodis desperationem uideamur indicere his qui cotidiana paene
maledicendi consuetudine rapiuntur et *ori suo adhibere custodiam uel
ostium* negligunt. Promissionis futurae non unus est modus neque sim-
plex species.... (p. 482, 2—6) Potest ergo fieri, ut aliquis in ceteris
forte operibus et actibus emendatus sit et perfectus, subripiatur ei tamen
in oris uitio lapsuque sermonis; huic etiamsi secundum apostoli sententiam negantur regna caelorum, non tamen alterius beatitudinis absciditur

---

158, 33 s. cf. Gal. 6, 1 (nr. 11)
159, 10 s. et 17 s. cf. 1. Cor. 6, 10
    13 s. cf. Psalm. 140 (141), 3

Nach dem Gesagten muss man daher fragen, ob wir, die wir nicht für die Sünde[2] mit diesem natürlichen Tode bestraft werden, es nicht vielleicht erheblich schwerer haben als jene, welche das Urteil des Gesetzes leiblich verurteilte; denn uns erwartet eine Vergeltung in der Zukunft, während jene durch das Ableisten ihrer Strafen von ihrem Vergehen frei wurden. Sollte jemand *von Sünden* dieser Art *übereilt worden* sein, der lasse sich jetzt von Gottes Wort ermahnen und suche eilends Hilfe bei der Busse; hat er einmal gesündigt, so tue er es nicht ein zweites Mal, oder wenn er sich schon zweimal oder sogar dreimal hat übereilen[3] lassen, so tue er es nicht weiter. Denn bei dem gerechten Richter gibt es eine Begrenzung der Strafe nicht nur nach der Schwere der Sünden, sondern auch nach ihrer Häufigkeit.

Ebenda XIV, 2—4

2. Meines Erachtens möchte das göttliche Wort uns lehren, dass es von dem Sünder in doppeltem Sinne heisst, er *gehe heraus.* Erstens geht er nämlich aus seinem guten Vorsatz und seinem richtigen Urteil heraus, er geht vom rechten Wege ab und tritt aus dem Gesetz Gottes heraus. Sodann geht er, wenn er seiner Sünde wegen zurechtgewiesen ist, auch aus dem Kreise und der Gemeinschaft der Heiligen. Wir können beispielsweise sagen: Einer der Gläubigen hat gesündigt; dann ist er, auch wenn er noch nicht durch den Urteilsspruch des Bischofs ausgestossen wurde, doch schon allein durch die begangene Sünde ausgestossen; und mag er auch die Kirche betreten, er ist doch ausgestossen und ist draussen, abgesondert von der Gemeinschaft und Einmütigkeit der Gläubigen.

3. Da wir nun die Meinung des Apostels vorgetragen haben, wonach die Schmähsüchtigen vom Reiche Gottes auszuschliessen sind, verlangt unsere Predigt doch etwas Trost, damit es nicht so aussieht, als stürzten wir die auf jede Weise in Verzweiflung, die sich fast täglich von der Gewohnheit zu schmähen fortreissen lassen und *ihren Mund* nicht *unter Aufsicht und Verschluss halten* können. Die Zukunftsverheissung hat nicht nur eine Art und nicht eine einzige Gestalt. ... Es kann also sein, dass jemand in seinen sonstigen Werken und Taten so gut wie ganz gebessert und vervollkommnet ist, aber ihm doch eine Verfehlung mit dem Munde und der Zunge unterläuft. Ihm sind zwar nach der Meinung des Apostels die Reiche der Himmel verwehrt, aber deshalb wird ihm

---

[2] Vielleicht gehört communi zu peccato wie Kap. 15, 2 (Nr. 160): „für die gewöhnliche Sünde".
[3] Geht diese auffallende Weitherzigkeit etwa auf den Übersetzer Rufin zurück?

locus. .... (p. 482, 10—20) Possumus adhuc addere etiam illud, quod
20 natura peccati similis est materiae quae igni consumitur, quam aedificari
Paulus apostolus a peccatoribus dicit, qui *supra fundamentum* Christi
aedificant ligna, faenum, stipulam. In quo manifeste ostenditur esse
quaedam peccata ita leuia, ut *stipulae* comparentur, cui utique ignis illa-
tus diu non potest immorari; alia uero *faeno* esse similia, quae et ipsa
25 non difficulter ignis absumat, uerum aliquanto tardius quam in stipulis
immoretur; alia uero esse, quae *lignis* conferantur, in quibus pro qualitate
criminum diutinum et grande pabulum ignis inueniat. Ita ergo unum-
quodque peccatum pro qualitate uel quantitate sui poenarum iusta per-
soluit.
30   4. (p. 486, 17) Hoc est ergo, quod nos scripturae huius locus paucis
sermonibus comprehensus edocuit, ut sciamus multo esse grauius *accipere
peccatum* et habere ac secum ad inferna deferre quam in praesenti
poenas dare commissi. Et ideo haec sciens expedire fidelibus apostolus Paulus dicit de eo qui peccauerat: *Quem tradidi,* inquit, *satanae in*
35 *interitum carnis,* hoc est morte multasse. Qui autem sit fructus mortis
huius, ostendit in sequentibus dicens: *ut spiritus saluus fiat in die domini
nostri Iesu Christi.* Vides ergo quomodo aperte apostolus utilitatem mortis huius exposuit. Quod enim dicit: *tradidi in interitum carnis,* hoc est
in afflictionem corporis, quae solet a paenitentibus expendi, eumque
40 carnis interitum nominauit, qui tamen carnis interitus uitam spiritui con-
ferat. Vnde et nunc si quis forte nostrum recordatur in semet ipso ali-
cuius peccati conscientiam, si qui se obnoxium nouit esse delicto, con-
fugiat ad paenitentiam et spontaneum suscipiat carnis interitum, ut ex-
purgatus in praesenti uita spiritus noster mundus et purus pergat ad
45 Christum dominum nostrum, *cui est gloria et imperium in saecula saeculorum. Amen!*

160   ibidem XV, 2

   (p. 489, 19) In grauioribus enim criminibus semel tantum paenitentiae conceditur locus; ista uero communia, quae frequenter incurrimus,
semper paenitentiam recipiunt et sine intermissione redimuntur.

   159, 21 ss. cf. 1. Cor. 3, 12
      31 s. cf. Leu. 24, 15
      34—38 cf. 1. Cor. 5, 5 (nr. 6)
      45 s. 1. Petr. 4, 11

nicht die Stätte einer anderen Seligkeit versperrt. ... Wir können auch dies noch hinzufügen: Das Wesen der Sünde gleicht dem Baumaterial, das vom Feuer verzehrt wird; nach Paulus wird es von den Sündern aufgerichtet, die *auf dem Fundament, das Christus ist, Holz, Heu und Stroh aufrichten.* Dieser Vergleich zeigt deutlich, dass es Sünden gibt, die so leicht sind, dass sie dem *Stroh* gleichen, an dem das angelegte Feuer jedenfalls nicht lange Nahrung findet; andere gleichen dem *Heu,* die das Feuer gleichfalls ohne Mühe vertilgt, aber es hält sich doch erheblich länger daran auf als an dem Stroh. Wieder andere sind dem *Holz* zu vergleichen, an dem das Feuer, wegen der Beschaffenheit der Sünden, lange und reichlich Nahrung findet. So zahlt also eine jede Sünde nach ihrer Art und Zahl die gerechte Strafe.

4. ... Das ist es also, was uns diese Schriftstelle in wenigen Worten lehrt; wir sollen wissen, dass es viel schlimmer ist, *die Sünde auf sich zu nehmen* und zu behalten und mit sich in den Hades zu nehmen als jetzt Strafe für das Begangene zu leisten. Und weil er weiss, dass dies für die Gläubigen gut ist, deshalb sagt der Apostel Paulus von einem Sünder: *Ich habe ihn dem Satan übergeben zum Verderben des Fleisches,* d. h. er habe ihn mit dem Tode bestraft. Die Frucht aber dieses Todes gibt er in den folgenden Worten an: *damit der Geist gerettet werde am Tage unseres Herrn Jesu Christi.* Du siehst also, wie klar der Apostel den Nutzen dieses Todes darlegt. Denn die Worte: *Ich habe zum Verderben des Fleisches übergeben* bedeuten: zur Peinigung des Leibes, welche die Büssenden zu leisten pflegen, und das hat er Verderben des Fleisches genannt, aber ein solches Verderben des Fleisches, das dem Geiste Leben verschafft. Auch wenn jetzt vielleicht einem unter uns das Bewusstsein von irgendeiner Sünde in den Sinn kommt, wenn jemand weiss, dass er eines Vergehens schuldig ist, der möge daher seine Zuflucht zur Busse nehmen und freiwillig das Verderben des Fleisches auf sich nehmen, damit unser Geist im gegenwärtigen Leben gereinigt werde und lauter und rein zu unserm Herrn Christus eile, *dem Ehre und Macht ist in alle Ewigkeiten. Amen.*

Ebenda XV, 2

Denn bei schweren Vergehen wird nur einmal die Möglichkeit zur Busse gewährt; dagegen lassen die gewöhnlichen Sünden, in die wir oft fallen, immer die Busse zu und lassen sich ohne Unterbrechung ablösen[1].

---

[1] Vielleicht besser „ohne Aufschub", d. h. ohne Exkommunikation (Grotz 282 und 289). Redimuntur lässt sich auch übersetzen „werden wieder gutgemacht".

Origenes, In Numeros Homiliae (post 235), ed. W. A. Baehrens, GCS 30, 1921

161   VIII, 1 (p. 50, 33—51, 10)

In eo enim, quod populus ille pro quadraginta dierum delicto quadraginta annis cruciatur in deserto nec terram sanctam introire permittitur, similitudo quaedam futuri iudicii uidetur ostendi, ubi peccatorum ratio discutienda est; nisi si erit aliqua fortasse etiam bonorum operum com-
5 pensatio uel etiam eorum, quae *in uita sua* unusquisque *mala recipit,* ut Abraham de Lazaro docuit. Sed haec nullius est ad integrum nosse nisi illius, cui *omne iudicium tradidit pater.* Quod autem dies peccati in annum poenae reputetur, non solum in hoc libro, in quo nihil omnino est quod dubitari possit, ostenditur, sed et in libello Pastoris, si cui tamen
10 scriptura illa recipienda uidetur, similia designantur.

162   ibidem X, 1

Qui meliores sunt, inferiorum semper culpas et peccata suscipiunt. Sic enim et apostolus dicit: Vos *qui firmiores estis, imbecillitates infirmorum sustinete.* Istrahelita si peccet, id est laicus, ipse suum non potest auferre peccatum, sed requirit leuitam, indiget sacerdote, immo potius
5 et adhuc horum aliquid eminentius quaerit; pontifice opus est, ut peccatorum remissionem possit accipere. Sacerdos autem si delinquat aut pontifex, ipse suum potest purgare peccatum, si tamen non peccet in deum; de huiusmodi enim peccatis non facile remissionem aliquam uidemus in legis litteris designari. Haec autem diximus pro his quae recitata sunt
10 nobis: *Et dixit,* inquit, *dominus ad Aaron dicens: Tu et filii tui et domus patris tui tecum, sumetis peccata sanctorum....* Mihi tamen non uidetur otiosum, quod sanctorum peccata commemorat; in multis etenim locis scripturae sermo iste repetitur. Vnde requirendum est, quomodo et sancti dicantur aliqui et de peccatis eorum scribatur. Non enim, ut putant qui-
15 dam, statim ut quis sanctus esse coeperit, peccare iam non potest et continuo sine peccato putandus est.... (p. 70, 16) Sancti dicuntur iidemque et peccatores illi, qui deuouerunt se quidem deo et sequestrauerunt a uulgi conuersatione uitam suam ad hoc, ut domino seruiant — huius-

---

161, 5 s. cf. Luc. 16, 25
    7 cf. Ioh. 5, 22
    9 cf. Hermas, Sim. 6, 4, 4
162, 2 s. cf. Rom. 15, 1
    7—9 cf. 1. Reg. 2, 25
    10 s. Num. 18, 1

Origenes, Numeri-Hom. VIII, 1

Darin nämlich, dass jenes Volk für die Verschuldung von vierzig Tagen vierzig Jahre lang in der Wüste gepeinigt wird und nicht in das Heilige Land einziehen darf, wird anscheinend ein Bild des zukünftigen Gerichtes gezeigt, in dem über die Sünden abgerechnet werden muss. Doch gibt es vielleicht auch einen gewissen Ausgleich durch gute Werke oder auch durch *die Übel,* die ein jeder *in seinem Leben empfängt,* wie Abraham von Lazarus gelehrt hat. Aber ein volles Wissen darüber kommt keinem zu als dem, dem *der Vater alles Gericht übergeben hat.* Dass aber für einen Tag Sünde ein Jahr Strafe gerechnet wird, das liest man nicht nur in diesem Buche, in dem schlechterdings nichts anzuzweifeln ist, sondern auch in dem Schriftchen „Der Hirt" wird Ähnliches angeordnet, falls jemand diese Schrift als verbindlich anerkennt.

Ebenda X, 1

Die Vollkommeneren müssen jeweils die Schuld und Sünde der Unvollkommeneren auf sich nehmen. So sagt ja auch der Apostel: Ihr, *die ihr stärker seid, traget die Schwächen der weniger Starken!* Wenn ein Israelit, d. h. ein Laie, sündigt, so kann er seine Sünde nicht selber wegnehmen, sondern er wendet sich an einen Leviten, bedarf eines Priesters und sucht sogar noch etwas Höheres als diese; er hat einen Bischof nötig, um Vergebung der Sünden empfangen zu können. Wenn sich dagegen ein Priester oder Bischof vergeht, kann er sich von seiner Sünde selbst reinigen, vorausgesetzt, dass er nicht gegen Gott sündigt; denn für derartige Sünden finden wir in den Schriften des Gesetzes kaum irgendeine Vergebung angegeben.

Das habe ich aber wegen des verlesenen Textes gesagt: *Und der Herr sprach,* heisst es, *zu Aaron: Du, deine Söhne und das Haus deines Vaters mit dir, ihr sollt die Sünden der Heiligen wegnehmen. . . .* Mir scheint es jedoch nicht überflüssig zu sein, dass er von Sünden der Heiligen spricht; dieser Ausdruck kehrt ja an vielen Stellen der Schrift wieder. Deshalb ist zu fragen, wieso einige Menschen Heilige genannt werden und doch von ihren Sünden geschrieben wird. Es ist ja nicht so, wie manche glauben, dass einer, sobald er anfängt heilig zu sein, nicht mehr sündigen kann und sofort als sündlos anzusehen ist. . . . Heilige und doch zugleich auch Sünder heissen die, welche sich zwar Gott ergeben und ihr Leben von dem Wandel der grossen Masse abgesondert haben, um dem Herrn zu

modi ergo homo secundum hoc, quod se ceteris actibus circumcisis domino mancipauit, sanctus dicitur —, potest autem fieri, ut in hoc ipso, quod domino deseruit, non ita omnia gerat, ut geri competit, sed delinquat in nonnullis et peccet. ...

(p. 71, 3) Ego autem et amplius addo aliquid, quod, nisi sanctum propositum aliquis habeat et sanctitatis studium gerat, cum peccauerit, nescit peccati paenitudinem gerere, nescit delicti remedium quaerere. Qui non sunt sancti, *in peccatis suis moriuntur;* qui sancti sunt, pro peccatis paenitudinem gerunt, uulnera sua sentiunt, intelligunt lapsus, requirunt sacerdotem, sanitatem deposcunt, purificationem per pontificem quaerunt.

163   ibidem XIV, 2 (p. 124, 26—125, 10)

Sed satis age, quomodo magis adsumaris ad societatem Michael angeli, qui orationes sanctorum semper offert deo. ... Vel certe ut adsumaris in societatem et officium Raphael, qui medicinae praeest; si, cum uideris aliquem uulneratum peccatis et sagittis diaboli confixum, adhibueris curationem sermonum ac uerbi dei contuleris medicinam, ut peccati uulnera per paenitentiam sanes et medicinam confessionis ostendas. Si qui ergo huiusmodi opera in hoc mundo agit, ipse se praebet, ut in futuro saeculo *uas electionis* et *utile domino ad omne opus bonum paratum* a conditore formetur; si uero contraria gerat, *uas ad contumeliam* diuinae semet ipsum dispensationi praebebit.

Origenes, In Librum Iesu Naue Homiliae (ca. 244—250)
ed. W. A. Baehrens, GCS 30

164   V, 6 (p. 320, 8—13)

Sed et illud adde quoniam *qui fornicatur, in corpus suum peccat,* non istud corpus solum, quod *templum dei* effectum est, sed et illud, quod dicitur quia omnis *ecclesia corpus Christi est,* et in omnem ecclesiam uidetur delinquere, qui corpus suum maculauerit, quia per unum membrum macula in omne corpus diffunditur.

162, 26 cf. Ioh. 8, 24
163, 8 ss. cf. 2. Tim. 2, 21; Act. 9, 15
164, 1 s. cf. 1. Cor. 6, 18 s. et 3, 17
   3 cf. Col. 1, 18. 24

dienen — ein solcher Mensch heisst also, sofern er sich dem Herrn übergeben und alle anderen Handlungen eingeschränkt hat, ein Heiliger —, aber es kann vorkommen, dass er mitten in seinem Dienst gegen Gott doch nicht alles so tut, wie es sich gehört, sondern in einigem sich verfehlt und sündigt. . . .

Ich möchte aber noch etwas anderes hinzufügen. Wenn einer nicht einen heiligen Vorsatz gefasst hat und sich um Heiligkeit müht, der versteht es nicht, wenn er sündigt, Busse für seine Sünde zu tun, und er versteht es nicht, das Heilmittel für seine Vergehen zu suchen. Die, die nicht heilig sind, *sterben in ihren Sünden;* die heilig sind, tun Busse für ihre Sünden, fühlen ihre Wunden, erkennen ihren Fall, wenden sich an den Priester, verlangen nach Heilung und suchen Reinigung durch den Bischof.

Ebenda XIV, 2

Doch bemühe dich, vielmehr in die Gemeinschaft mit dem Engel Michael aufgenommen zu werden, der immer die Gebete der Heiligen Gott darbringt, oder wenigstens in die Gemeinschaft und den Dienst Raphaels, der sich um das Heilwesen kümmert[1]. Das geschieht, wenn du, sobald du jemand von Sünden verwundet und von den Pfeilen des Teufels durchbohrt siehst, heilende Worte sprichst und die Arznei des Wortes Gottes verabreichst, so dass du die Wunden der Sünde durch Busse heilst und auf die Arznei der Beichte hinweisest[2]. Wenn jemand in dieser Welt derartige Werke tut, der empfiehlt sich selbst dazu, dass ihn der Schöpfer in der kommenden Weltzeit als *Gefäss der Erwählung* bildet, das *dem Herrn nützlich und zu jedem guten Werk bereit* ist. Wenn er aber das Gegenteil tut, wird er sich selber der göttlichen Heilsordnung als ein *Gefäss zur Schmach* darbieten[3].

Origenes, Josua-Homilie V, 6

Zieh aber auch dies in Betracht. *Wer hurt, sündigt gegen seinen Leib,* nicht nur den Leib, der ein *Tempel Gottes* geworden ist, sondern auch jenen Leib, der so heisst, weil die ganze *Kirche der Leib Christi ist;* wer seinen Leib befleckt, verfehlt sich offenbar gegen die ganze Kirche, weil sich durch ein Glied ein Flecken auf dem ganzen Leibe verbreitet.

---

[1] S. Origenes, De princ. 1, 8, 1 und Michl, RAC 5, 243 ss.
[2] Origenes spricht hier zur ganzen Gemeinde.
[3] D. h. er wird auf eine niedere Stufe absteigen.

165   ibidem VII, 6 (ad Ios. 7)

Sed et illud non otiose transcurrendum est, quod uno peccante ira super omnem populum uenit. Hoc quomodo accidit? Quando sacerdotes, qui populo praesunt, erga delinquentes benigni uolunt uideri et uerentes peccantium linguas, ne forte male de his loquantur, sacerdotalis seueri-
5 tatis immemores nolunt complere quod scriptum est: *Peccantem coram omnibus argue, ut ceteri metum habeant.* . . . Neque illud euangelicum implere student ut, si uiderint peccantem, primo secrete conueniant, post etiam *duobus uel tribus arbitris;* quod si contempserit et post *ecclesiae* correptionem non fuerit emendatus, de ecclesia expulsum *uelut gentilem*
10 habeant *ac publicanum.* Et dum uni parcunt, uniuersae ecclesiae moliuntur interitum. . . . Polluitur enim ex uno peccatore populus. Sicut ex una oue morbida grex uniuersus inficitur, sic etiam uno uel fornicante uel aliud quodcumque sceleris committente plebs uniuersa polluitur. Et ideo obseruemus nos inuicem et uniuscuiusque conuersatio nota sit,
15 maxime sacerdotibus et ministris. . . .

166   ibidem XXI, 1 (p. 428, 11—429, 1)

Sicut ergo in euangelio permittuntur zizania simul cum tritico crescere, eodem modo etiam hic *in Hierusalem,* id est in ecclesia, sunt quidam *Iebusaei,* isti qui ignobilem et degenerem vitam ducunt, qui et fide et actibus et omni conuersatione sua peruersi sunt. Neque enim possibile
5 est ad liquidum purgari ecclesiam, dum in terris est, ita ut neque impius in ea quisquam neque peccator residere uideatur, sed sint in ea omnes sancti et beati et in quibus nulla prorsus peccati macula deprehendatur. Sed sicut dicitur de zizaniis: *ne forte eradicantes zizania simul cum illis eradicetis et triticum,* ita etiam super his dici potest, in quibus uel dubia
10 uel occulta peccata sunt. Neque enim dicimus de his, qui manifeste et euidenter criminosi sunt, ut non de ecclesia expellantur.

165, 5 s. cf. 1. Tim. 5, 20 (nr. 14)
  7—10 cf. Matth. 18, 15—17 (nr. 2)
166, 1 et 8 s. cf. Matth. 13, 29 s.
  2 s. cf. Ios. 15, 63

165, 6 ut: ut et *coni. Baehrens*

Ebenda VII, 6

Man darf auch nicht untätig geschehen lassen, dass wegen eines einzigen Sünders der Zorn (sc. Gottes) das ganze Volk trifft. Wie geschieht das? Dann, wenn die Priester, die das Volk leiten, sich gegen Sünder gütig erweisen wollen. Dann fürchten sie sich vor übler Nachrede durch die Sünder, vergessen die priesterliche Strenge und wollen deshalb nicht nach dem Schriftwort handeln: *Wer sündigt, den weise im Beisein aller zurecht, damit alle andern Furcht haben....* Sie bemühen sich auch nicht, der Weisung des Evangeliums nachzukommen, dass sie einen, den sie sündigen sehen, zuerst unter vier Augen zur Rede stellen, dann auch *vor zwei oder drei Zeugen;* dass sie ihn aber, wenn er das missachtet und sich nach der Zurechtweisung *der Gemeinde* nicht bessert, aus der Gemeinde ausschliessen und *wie einen Heiden und Zöllner* ansehen. Indem sie so den Einzelnen schonen, stürzen sie die ganze Gemeinde ins Verderben.... Von einem einzigen Sünder wird ja das Volk befleckt. Wie ein einziges krankes Schaf die ganze Herde ansteckt, so wird auch die ganze Gemeinde befleckt durch einen einzigen, der Unzucht treibt oder irgendein anderes Verbrechen begeht. Deshalb sollen wir aufeinander achten, und der Lebenswandel jedes Einzelnen soll bekannt sein, vor allem den Priestern und Diakonen.

Ebenda XXI, 1

Wie also im Evangelium Unkraut zusammen mit dem Weizen wachsen darf, genauso gibt es auch hier *in Jerusalem,* d. h. in der Kirche, manche *Jebusiter,* nämlich die, die ein schändliches, verkommenes Leben führen und in ihrem Glauben, Handeln und ganzen Wandel verkommen sind. Es ist ja unmöglich, die Kirche, solange sie auf Erden ist, völlig zu reinigen, so dass sich anscheinend in ihr kein Gottloser und Sünder mehr befindet, sondern in ihr lauter Heilige und Selige sind, an denen durchaus kein Sündenmakel zu finden ist [1]. Sondern wie es vom Unkraut heisst: *dass ihr nicht etwa, wenn ihr das Unkraut ausreisst, zugleich mit ihm auch den Weizen ausreisst,* so kann man das auch von denen sagen, an denen zweifelhafte oder verborgene Sünden sind. Von denen aber, die handgreiflich und offensichtlich voll schwerer Sünde sind, sagen wir keineswegs, sie sollten nicht aus der Kirche gewiesen werden.

---

[1] Über die sancti s. In Num. Hom. 10, 1 (Nr. 162).

167 *Origenes,* In Librum Iudicum Homiliae (ca. 240) II, 5, ed. W. A. Baehrens, GCS 30

(p. 479, 1) Et, ut mihi uidetur, dupliciter etiam nunc *traduntur homines de ecclesia in potestate Zabuli:* hoc modo, quo superius diximus, cum delictum eius manifestum fit ecclesiae et per sacerdotes de ecclesia pellitur, ut *notatus* ab hominibus erubescat et conuerso eueniat
5 ei illud, quod sequitur: *ut spiritus saluus fiat in diem domini nostri Iesu Christi;* alio autem modo quis traditur Zabulo, cum peccatum eius manifestum non fit hominibus, deus autem, *qui uidet in occulto,* perspiciens eius mentem et animos uitiis ac passionibus seruientes et in corde eius non se coli, sed aut auaritiam aut libidinem aut iactantiam uel alia huius-
10 modi, istum talem ipse dominus *tradit satanae.* Quomodo eum tradit satanae? Discedit a mente eius et auertit se et refugit a cogitationibus eius malis et desideriis indignis et derelinquit domum cordis eius uacuam. Et tunc complebitur in illo homine quod scriptum est: *Cum autem immundus spiritus exierit ab homine, circuit loca arida; et si non inuenerit*
15 *requiem,* redit *ad domum* suam; *et inueniens eam uacantem et mundatam, assumit secum septem alios nequiores se spiritus, et intrans habitat in domo illa; et tunc fient hominis illius nouissima peiora prioribus.* Hoc ergo modo intelligendum est deum tradere quos tradit, non quia ipse tradat aliquem, sed ex eo quod derelinquit indignos, eos scilicet qui se
20 non ita excolunt et a uitiis purgant, ut libenter in iis habitet deus. . . .

168 ibidem III, 2 (p. 482, 12—14)

Et quanto tempore errasse te nosti, quanto tempore deliquisti, tanto nihilominus tempore humilia te ipsum deo et satisfacito ei in confessione paenitentiae.

167, 1 ss. cf. 1. Cor. 5, 5 (nr. 6)
  4 cf. 2. Thess. 3, 14 (nr. 12)
  7 cf. Matth. 6, 6
  13—17 Matth. 12, 43—45

167, 4 hominibus: omnibus *uar.*

Origenes, Richter-Homilien II, 5

Wie mir scheint, *werden* auch jetzt noch auf zweifache Weise Menschen aus der Kirche in die Gewalt des Teufels *übergeben,* einmal, wie gesagt, wenn das Vergehen des Betreffenden der Gemeinde offenkundig wird und er durch die Priester aus der Kirche verwiesen wird, damit er, von Menschen *gerügt* [1], sich schäme und ihm nach seiner Umkehr zuteil werde, was im Text folgt: *dass der Geist gerettet werde am Tage unsres Herrn Jesu Christi;* auf andere Weise aber wird einer dem Satan übergeben, wenn seine Sünde den Menschen nicht offenkundig wird, aber Gott, *der ins Verborgene sieht,* durchschaut, dass sein Sinn und Mut den Lastern und Leidenschaften ergeben sind und in seinem Herzen nicht Gott, sondern Habgier, Lust, Selbstgefälligkeit oder dergleichen verehrt wird, — und der Herr selbst einen solchen Menschen *dem Satan übergibt.* Wie übergibt er ihn dem Satan? Er trennt sich von seinem Geist und wendet sich ab, entweicht aus seinen bösen Gedanken und ungehörigen Wünschen und lässt das Haus seines Herzens leer zurück. Dann erfüllt sich an jenem Menschen, was geschrieben steht: *Wenn der unsaubere Geist von dem Menschen ausgefahren ist, so durchwandelt er dürre Stätten;* und *wenn er keine Ruhe findet,* so kehrt er wieder um in sein *Haus; und wenn er es leer und gereinigt findet, nimmt er sieben andere Geister zu sich, die schlimmer sind als er; und wenn er hineinkommt, wohnt er* in jenem Hause; *und dann werden die letzten Taten dieses Menschen schlimmer sein als die früheren.* In dieser Weise also ist es zu verstehen, dass Gott übergibt, wen er übergibt: nicht, dass er aus sich einen übergäbe, sondern so, dass er die Unwürdigen sich selbst überlässt, d. h. die, die sich nicht so vervollkommnen und von Lastern reinigen, dass Gott gern in ihnen wohnt.

Ebenda III, 2

So viel Zeit, wie du deines Wissens geirrt und dich verfehlt hast, mindestens ebensoviel Zeit demütige dich vor Gott und leiste ihm Genugtuung mit dem Geständnis deiner Busse [1].

---

[1] Gegenüber 2. Thess. 3, 14 scheint notare (ein term. techn. des römischen Zensors) hier in der Entwicklung zu einem busstechnischen Begriff zu sein. — Auch Tertullian deutete 1. Kor. 5, 5 auf das kirchliche Bussverfahren (De pudic. 13, 14; Nr. 138).

[1] Confessio scheint hier auch das Tatbekenntnis der Bussübung zu umfassen wie exomologesis bei Tertullian, De paen. 9, 2 (Nr. 134).

169 *Origenes,* Adnotationes in Librum I Regum (ad 3, 14),
Migne, Patrologia Graeca 17, 1857, col. 40

Δοκεῖ πως ὧδε ἐμποδίζειν τῇ μετανοίᾳ μὴ διδοὺς αὐτοῖς ἐλπίδα συγχωρήσεως. Ἀλλὰ πρόσχες ἀκριβῶς τῷ ῥητῷ. Φησὶν ὅτι ἐν θυσίαις οὐ συγχωρῶ αὐτοῖς· τουτέστιν ἐὰν μὴ δι' ἔργων καὶ μετανοίας τελείας. Οὐ γὰρ ψιλόν ἐστι τὸ ἁμάρτημα, ἵνα προσαγάγωσι θρέμματα εἰς θυσίαν,
5 ἅτινα ἐπὶ τῶν ἐν ἀγνοίᾳ καὶ ψιλῶν πλημμελημάτων προσάγεται περὶ ἁμαρτίας. Ἐνταῦθα δὲ ὁ θεός ἐστιν ὁ ὑβρισθείς.

Origenes, In Ieremiam Homiliae (post 244?), ed. E. Klostermann, GCS 6, 1901
170   XII, 5 (p. 92, 10—18)

Τοιαῦτα καὶ ἐν ταῖς ἐκκλησίαις γινόμενα ἔστιν ἰδεῖν· ἥμαρτέ τις, ἐδεήθη μετὰ τὴν ἁμαρτίαν περὶ κοινωνίας. Ἐὰν τάχιον ἐλεηθῇ, ἐπιτρίβεται τὸ κοινόν, αὔξεται ἡ ἁμαρτία ἑτέρων. Ἐὰν δὲ λογισμῷ οὐχ ὡς ἀνελεήμων οὐδ' ὡς ὠμὸς ⟨ὁ⟩ δικαστής, ἀλλ' ὡς προνοούμενος καὶ τοῦ ἑνός,
5 πλεῖον δὲ προνοούμενος τῶν πολλῶν παρὰ τὸν ἕνα σκοπήσῃ τὴν ἐσομένην ζημίαν τῷ κοινῷ ἐκ τῆς κοινωνίας τοῦ ἑνὸς καὶ τῆς συγχωρήσεως τοῦ ἁμαρτήματος αὐτοῦ, δῆλον ὅτι ποιήσει ἐκβαλεῖν τὸν ἕνα, ἵνα σώσῃ τοὺς πολλούς.

171   ibidem XIII, 2

(p. 104, 1) Ἕκαστος ἡμῶν ἁμαρτάνων, καὶ μάλιστα εἰ μείζονα, εἰς Ἰησοῦν ἁμαρτάνει. Ἐὰν δὲ καὶ ἀποστάτης ᾖ, ἔτι μάλιστα ταῦτα ποιεῖ τῷ Ἰησοῦ πνευματικῶς ἃ ἐποίησεν αὐτῷ Ἱερουσαλὴμ σωματικῶς. ... Αὐτὸν τὸν υἱὸν τοῦ θεοῦ τὸν ἐρωτήσαντά σοι τὰ εἰς εἰρήνην
5 προέδωκεν ἡ τοῦ ἁμαρτωλοῦ ψυχή· τίς δύναται παρακαλέσαι ἀνακάμψας πάλιν περὶ τῆς εἰρήνης; Γινώσκοντες οὖν ὅτι ἀδύνατον τοὺς ἅπαξ φωτισθέντας ... καὶ παραπεσόντας πάλιν ἀνακαινίζειν εἰς μετάνοιαν, ἀνασταυροῦντας ἐν ἑαυτοῖς τὸν υἱὸν τοῦ θεοῦ καὶ παραδειγματίζον-
10 τας, πάντα πράττωμεν, ἵνα μὴ καὶ περὶ ἡμῶν λέγηται τὸ Τίς φείσεται ἐπὶ σοί, Ἰερουσαλήμ; Καὶ τίς σκυθρωπάσει ἐπὶ σοί; Ἢ τίς ἀνακάμψει ἐρωτῆσαι εἰς εἰρήνην σοι;

171, 4 cf. Luc. 14, 32
    5 s. et 10—12 Ier. 15, 5
    6—10 Hebr. 6, 4—6 (nr. 17)

Origenes, Anmerkungen zum 1. Buche Samuel (zu 3, 14)   169

Er (sc. Gott) scheint so die Busse zu verwehren, indem er ihnen keine Hoffnung auf Verzeihung gibt. Aber achte genau auf den Wortlaut! Er sagt: *Durch Opfer*[1] verzeihe ich ihnen nicht; d. h. es sei denn[2] durch Werke und vollkommene Busse. Denn es handelt sich nicht um eine einfache Sünde, so dass man Tiere zum Opfer bringen kann, die bei den unwissentlichen und einfachen Verfehlungen für die Sünde dargebracht werden. Hier dagegen ist es Gott, gegen den gefrevelt wurde.

Origenes, Jeremia-Homilien XII, 5   170

Derartiges kann man auch in den Gemeinden sich abspielen sehen: Da hat jemand gesündigt, nach der Sünde hat er um Gemeinschaft gebeten. Wenn er zu rasch Erbarmen findet, leidet die Gesamtheit Schaden; die Sünde der andern nimmt zu. Wenn aber der Richter nicht unbarmherzig und nicht hart ist, sondern auch für den einen sorgt, aber mehr für die Gesamtheit als für den einen sorgt und daher gründlich bedenkt, welcher Schaden der Gemeinde aus der Gemeinschaft mit dem einen und der Nachsicht mit seiner Sünde erwachsen wird, dann wird er offenbar den einen ausschliessen lassen, um die Mehrheit zu retten.

Ebenda XIII, 2   171

Jeder von uns, der Sünde tut, zumal eine grössere, sündigt gegen Jesus. Wenn er sogar ein Verleugner des Glaubens ist, tut er im höchsten Masse Jesus geistlich das an, was ihm leiblich Jerusalem getan hat. ... Die Seele des Sünders hat den Sohn Gottes selber, der *für dein Heil gebeten* hat[1], verraten. Wer kann da noch einmal zurückkommen und für dein Heil bitten?

Da wir also wissen, dass *es unmöglich ist, die einmal Erleuchteten, die ... dann abgefallen sind, wieder zur Busse zu erneuern — denn sie kreuzigen für ihre Person den Sohn Gottes und machen ihn zum Gespött —*, wollen wir alles tun, dass nicht auch von uns gesagt werde: *Wer wird sich deiner erbarmen, Jerusalem? Und wer wird deinetwegen traurig aussehen? Oder wer wird herkommen, um nach deinem Wohlergehen zu fragen?*

---

1 Das Opfer der Christen und ihrer Priester ist das Gebet; vgl. De orat. 28, 9 (Nr. 143) und In Exod. Hom. 4, 8 (Nr. 152).   169
2 Zur Übersetzung und zur „vollkommenen Busse" s. Grotz, Entwicklung 299 ss.
1 Origenes hat ἐρωτάω hier nach Luk. 14, 32 als „bitten" verstanden.   171

172   ibidem XIV, 14 (p. 120, 4—13)

Τί οὖν παράδοξον, εἰ θέλων τις ζηλοῦν τὸν βίον τὸν προφητικόν, ἐλέγχων, ἐπιπλήσσων τὸν ἁμαρτάνοντα κακολογεῖται, μισεῖται, ἐπιβουλεύεται; ... Ἔδει γενέσθαι ἐκκλησιαστικὴν ἐκδικίαν, καὶ γέγονεν· πεποίηκεν ὁ ἐγκεχειρισμένος τὸ ἔργον ὃ ἔδει αὐτὸν πεποιηκέναι. Περι-
5 έρχεται ἐκεῖνος λέγων κακῶς τὸν ἐκδικήσαντα τὴν ἀλήθειαν. Ἀλλ' ἡμεῖς τοῦτο μὴ ποιῶμεν, μὴ παρέχωμεν τὰς ἀκοὰς τοῖς διὰ τὸ ἐκβεβλῆσθαι λέγουσι κακῶς τὸν ἐκβαλόντα ἢ τὸν σύμψηφον γενόμενον.

173   ibidem Fragmentum XLVIII (p. 222, 14—22)

Ἴστω δὲ ὁ τῆς Ἱερουσαλὴμ ἐκβληθεὶς ὡς, ἐὰν μὴ ποιήσῃ χρόνον αὐτάρκη πράττων ἔξω τῆς ἐκκλησίας ἃ δεῖ, οὐκ ἐπάνεισιν ἐπὶ τὴν Ἱερουσαλήμ. Ἐκβάλλεται δέ τις ἁμαρτάνων, κἂν μὴ ὑπὸ ἀνθρώπων ἐκβληθῇ. Δεῖ δὲ αὐτὸν ἔξω γεγονότα μὴ ἀμελεῖν τοῦ οἰκοδομεῖν οἰκίαν
5 καὶ φυτεύειν παραδείσους. Ταῦτα γὰρ μὴ ποιῶν μηδὲ πληρώσας τὸν συμβολικὸν ἀριθμὸν τῶν ἐτῶν τῶν ἑβδομήκοντα σαββάτου καὶ ἀναπαύσεως ὄντα οὐκ ἐπάνεισι κοινωνήσων τῇ ἐκκλησίᾳ, μένει δὲ καταδεδικασμένος ἔξω εἶναι τῆς Ἱερουσαλήμ.

Origenes, In Ezechielem Homiliae (ca. 246—249?)
ed. W. A. Baehrens, GCS 33, 1925

174   X, 1

Primum quidem est nullum opus facere confusionis, sed omnia talia, quae possunt deum libera fronte respicere. Quia uero ut homines saepe peccamus, sciendum secundam, ut ita dicam, nauem post confusionis opera esse erubescere et pro sceleribus suis uerecundos oculos deicere
5 neque sic procaci ultu incedere, quasi nihil omnino peccauerit. ... Vnusquisque ... cum diligenter peruiderit cogitationes, facta, sermones, tunc audiens prophetam dicentem: *Et tu confundere,* confundatur. Post quod a propheta iungitur: *et accipe ignominiam tuam* .... Sequitur confusio-

---

173, 4—6 cf. Ier. 36, 5. 10
174, 7 ss. cf. Ez. 16, 52

172, 6 μὴ (I) Diels: μόνον cod.

Ebenda XIV, 14

Was ist nun daran überraschend, wenn einer, der dem Leben eines Propheten nacheifern will und den Sünder zurechtweist und tadelt, dafür beschimpft, gehasst und verfolgt wird? ... Es musste eine kirchliche Bestrafung [1] erfolgen, und sie ist erfolgt; der damit Betraute hat nur die Pflicht erfüllt, die er hatte erfüllen müssen. Nun geht der Betroffene umher und beschimpft den, der der Wahrheit zu ihrem Recht verholfen hat. Aber so wollen wir nicht handeln; wir wollen nicht denen Gehör schenken, die wegen ihres Ausschlusses dem Böses nachsagen, der sie ausgeschlossen oder dem Beschluss zugestimmt hat.

Ebenda Fragment XLVIII (zu Jeremia 36, 4—6)

Wer aus Jerusalem verwiesen ist, soll wissen, dass er nicht nach Jerusalem zurückkehren wird, wenn er nicht eine hinreichende Zeit damit verbringt, ausserhalb der Kirche zu tun, was er tun muss. Wer sündigt, wird aber ausgestossen, auch wenn er nicht von Menschen ausgestossen worden ist [1]. Wenn er aber draussen ist, darf er nicht ablassen, *ein Haus zu bauen* und *Gärten zu pflanzen.* Tut er das nämlich nicht und erfüllt er nicht die symbolische Zahl der *siebzig Jahre,* die Sabbat und Ruhe bedeutet, so wird er nicht in die Gemeinschaft mit der Kirche zurückkehren, sondern bleibt dazu verurteilt, ausserhalb Jerusalems zu sein.

Origenes, Ezechiel-Homilien X, 1

Das erste ist, überhaupt nichts zu tun, dessen man sich schämen muss, sondern nur solche Taten zu tun, die mit freiem Blick vor Gott treten können. Da wir Menschen aber oft sündigen, so muss man wissen, dass es sozusagen ein zweites Schiff [1] nach den beschämenden Werken gibt, wenn man errötet und für seine Vergehen beschämt die Augen niederschlägt, aber nicht mit frechem Blick einhergeht, als habe man überhaupt nicht gesündigt. ... Jeder Einzelne soll ..., wenn er seine Gedanken, Taten und Worte sorgfältig geprüft hat, dann auf das Wort des Propheten: *Schäme auch du dich!* hören und sich schämen. Anschliessend sagt der Prophet: *Und nimm deine Schande auf dich* .... Der Beschämung folgt

---

[1] Oder „Entscheidung".
[1] Vgl. In lib. Iud. Hom. 2, 5 (Nr. 167, Z. 6 ss.). Zur Dauer des Ausschlusses s. Grotz, Entwicklung 275 s.
[1] Zum Bilde von der Rettung aus Seenot s. Tertullian, De paen. 12, 9.

nem ignominia et dat deus ei, qui confusione digna gessit, etiam igno-
10 miniam dicitque ad eum: *et accipe ignominiam tuam*. . . . *(p. 417, 8—24)*
Quomodo enim licet magno principi liberare aliquem de insula et de
exilio et de publicis uinculis, multo magis licet uniuersitatis deo eum,
qui inhonoratus est, in honorem pristinum restituere, si tamen sentiens
delictum suum confessus fuerit se digne sustinuisse quod passus est. Dabo
15 et aliud exemplum de ecclesiastica consuetudine. Infamia est a populo
dei et ab ecclesia separari, dedecus est in ecclesia surgere de consessu
presbyterii, proici de diaconatus gradu. Et quidem eorum, qui abiciuntur,
alii seditiones commouent, alii uero iudicium in se factum cum omni
humilitate suscipiunt. Quicumque igitur eriguntur et dolore depositionis
20 suae congregant populos ad schisma faciendum et sollicitant multidinem
malignorum, non accipiunt inhonorationem suam in praesenti, sed *the-
saurizant sibi* thesaurum *irae*. Qui autem cum omni humilitate, siue digne
siue indigne depositi sunt, deo iudicium derelinquunt et patienter susti-
nent quod de se iudicatum est, isti et a deo misericordiam consequentur
25 et frequenter etiam ab hominibus reuocantur in pristinum gradum et in
gloriam quam amiserant.

175   ibidem XII, 3 (p. 437, 7—9)

Traditur autem tormentis peccator, ut recipiat in praesenti supplicia
et pro peccatis suis cruciatus in futuro refrigerium consequatur et dici
possit de eo: *Recepit mala sua in uita sua.*

Origenes, Explanatio super Psalmum 37 (38) (ca. 240 uel 247?),
ed. C. H. E. Lommatzsch, Opera tom. 12, 1841

176   Homil. II, 1 (p. 258 s.)

. . . Si ergo sit aliquis ita fidelis, ut, si quid conscius sit sibi, procedat
in medium et ipse sui accusator exsistat, hi autem, qui futurum dei iudicium non metuunt, haec audientes *cum infirmantibus* quidem *non infir-
mentur, cum scandalizantibus non urantur, cum* lapsis non iaceant, sed
5 dicant: longe te fac a me, neque accedas ad me, quoniam mundus sum,

---

174, 21 s. cf. Rom. 2, 5
175, 1 ss. cf. 1. Cor. 5, 5 (nr. 6) et Luc. 16, 25
176, 3 s. cf. 1. Cor. 9, 22; 2. Cor. 11, 29

die Schande, und Gott gibt dem, der getan hat, was Beschämung erfordert, auch noch Schande und sagt zu ihm: Und nimm deine Schande auf dich. ... Ein grosser Fürst kann ja jemanden von der Ausweisung auf eine Insel, aus der Verbannung und dem Gefängnis befreien. Noch viel mehr kann der Gott des Alls den Entehrten in seine frühere Ehre wieder einsetzen, wenn er nur sein Vergehen erkannt und eingestanden hat, dass er seine Leiden mit Recht erlitten hat. Ich will auch noch ein Beispiel aus dem kirchlichen Leben beibringen. Es ist eine Schande, vom Volke Gottes und von der Kirche getrennt zu werden; es ist eine Entehrung, in der Kirche von der Bank der Priester aufstehen zu müssen und aus dem Rang des Diakonates ausgestossen zu werden. Von den Ausgestossenen erregen die einen Streit, die andern aber nehmen das über sie ergangene Urteil in aller Demut an. Alle, die sich hoch aufrichten und aus Schmerz über ihre Absetzung Anhänger[2] sammeln, um eine Spaltung herbeizuführen, und eine Menge Missgünstiger aufwiegeln, nehmen also ihre gegenwärtige Entehrung nicht an, sondern *sammeln sich einen Schatz von Zorn.* Die dagegen, die in aller Demut, ob sie nun zu Recht oder Unrecht abgesetzt worden sind, das Urteil Gott überlassen und geduldig ertragen, was über sie verhängt worden ist, die werden von Gott Barmherzigkeit erlangen und werden oft auch von den Menschen in ihre frühere Stellung und in die verlorene Ehre wieder eingesetzt.

Ebenda XII, 3

Der Sünder aber *wird* den Qualen *übergeben,* damit er jetzt die Strafen empfange und, nachdem er für seine Sünden gepeinigt worden ist, in der Zukunft Erquickung finde und man von ihm sagen könne: *Er hat seine Übel zu seinen Lebzeiten empfangen.*

Origenes, Psalmen-Homilien II, 1 (zu Ps. 37 [38], 12)

Wenn also jemand so im Glauben steht, dass er, wenn er sich einer Schuld bewusst ist, in die Öffentlichkeit tritt und sein eigner Ankläger wird, aber die, die Gottes zukünftiges Gericht nicht fürchten, wenn sie das hören, *mit den Schwachen nicht schwach werden, mit den Ärgernis Leidenden nicht brennen,* mit den Gefallenen nicht am Boden liegen, sondern sagen: Geh weg von mir und komm nicht in meine Nähe, denn ich

---

[2] Oder „Gemeinden".

et detestari incipiant eum quem ante admirabantur et ab amicitiis recedant eius, qui delictum suum noluit occultare, super his ergo consequenter dicit, qui exomologesin id est confessionem facit: *Amici mei et proximi mei aduersum me appropinquauerunt et steterunt, et proximi mei de longe steterunt.* ...

177   ibidem Hom. II, 6

... Fortassis enim sicut ii, qui habent intus inclusam escam indigestam aut humoris uel phlegmatis stomacho grauiter et moleste immanentis abundantiam, si uomuerint, releuantur, ita enim hi qui peccauerunt, si quidem occultant et retinent intra se peccatum, intrinsecus urgentur et propemodum suffocantur a phlegmate uel humore peccati, si autem ipse sui accusator fiat, dum accusat semet ipsum et confitetur, simul euomit et delictum atque omnem morbi digerit causam. Tantummodo circumspice diligentius, cui debeas confiteri peccatum tuum. Proba prius medicum, cui debeas causam languoris exponere, qui sciat *infirmari cum infirmante, flere cum flente,* qui condolendi et compatiendi nouerit disciplinam, ut ita demum, si quid ille dixerit, qui se prius et eruditum medicum ostenderit et misericordem, si quid consilii dederit, facias et sequaris. Si intellexerit et praeuiderit talem esse languorem tuum, qui in conuentu totius ecclesiae exponi debeat et curari, ex quo fortassis et ceteri aedificari poterunt et tu ipse facile sanari, multa hoc deliberatione et satis perito medici illius consilio procurandum est. *Quoniam iniquitatem meam ego pronuntiabo, et cogitabo pro peccato meo.* Quicunque uestrum conscius sibi est in aliquo peccato et ita securus est, quasi nihil mali fecerit, commoueatur ex hoc sermone qui dicit: *Cogitabo pro peccato meo.* Bonum est eum qui delinquit non esse securum nec uelut qui nihil deliquerit nullam sollicitudinem gerere nec cogitare, quomodo possit suum delere peccatum. ...

(p. 268, 1) Iudicium dei paruipendis et commonentem te ecclesiam despicis? Communicare non times corpus Christi accedens ad eucha-

---

176, 8—10 Psalm. 37 (38), 12
177, 9 2. Cor. 11, 29; Rom. 12, 15
    16 s. Psalm. 37 (38), 19

177, 5 *Post uerbum* peccati *leuius interpunxi; Lommatzsch alteram sententiam incipit.*
    5 si: si quis *coni.* Karpp
   12 *Post* sequaris *grauius interpunxi.*
   20 delinquit: deliquit *coni.* Karpp

bin rein, und anfangen, den zu verabscheuen, den sie früher bewunderten, und die Freundschaft mit dem abbrechen, der seine Verfehlung nicht verheimlichen wollte, — von denen also sagt, wer seine Exomologese, d. h. sein Schuldbekenntnis, ablegt, zutreffend: *Meine Freunde und meine Nächsten haben sich gegen mich gewandt und gestellt, und meine Nächsten stehen ferne.*

Ebenda II, 6 (zu Ps. 37 [38], 19)

Vielleicht kann man so sagen: Wer im Innern eine unverdauliche Speise hat oder einen Überfluss an Saft oder Schleim, der drückend und beschwerlich sitzenbleibt, der findet Erleichterung, wenn er erbricht. So werden auch die Sünder, wenn sie die Sünde verheimlichen und bei sich behalten, in ihrem Innern gequält und fast erstickt von dem Schleim oder Saft der Sünde; wer aber sein eigner Ankläger wird, der erbricht, indem er sich selbst anklagt und ein Geständnis ablegt, seine Verfehlung, und gleichzeitig beseitigt er die ganze Ursache seiner Krankheit. Nur bedenke recht sorgfältig, wem du deine Sünde bekennen musst. Prüfe zuerst den Arzt, ob du ihm die Ursache deiner Krankheit darlegen sollst, ob er versteht, *schwach zu sein mit einem Schwachen, zu weinen mit einem Weinenden,* ob er die Kunst weiss, Schmerz und Leid mitzufühlen. Erst wenn einer etwas anordnet, der sich vorher sowohl als sachkundiger Arzt wie als barmherzig erwiesen hat, und wenn er einen Rat gibt, tu es und folge. Wenn er erkennt und voraussieht, deine Krankheit sei derart, dass sie in der Versammlung der ganzen Gemeinde dargelegt und geheilt werden müsse, wodurch vielleicht alle andern erbaut werden können und du selber sicherlich geheilt werden kannst, dann ist das mit viel Überlegung und nach dem sehr erfahrenen Rat jenes Arztes auszuführen. *Denn ich zeige meine Missetat an und bin besorgt über meine Sünde.* Wer von euch sich irgendeiner Sünde bewusst ist und dabei so sicher ist, als habe er nichts Böses getan, der lasse sich von diesem Wort erschüttern, welches sagt: *Ich bin besorgt über meine Sünde.* Es ist gut, wenn der, der sündigt, nicht sicher ist und nicht wie ein Unschuldiger ohne jede Unruhe und Besorgnis ist, wie er seine Sünde beseitigen könne. ...

Du machst dir nichts aus Gottes Gericht und verachtest die Ermahnung der Gemeinde? Du scheust dich nicht, den Leib Christi zu entwei-

25 ristiam quasi mundus et purus, quasi nihil in te sit indignum, et in his
omnibus putas, quod effugias iudicium dei? Non recordaris illud quod
scriptum est, quia *Propterea in uobis infirmi et aegri, et dormiunt multi?*
Quare multi infirmi? Quoniam non se ipsos diiudicant neque se ipsos
examinant nec intelligunt, quid est communicare ecclesiae uel quid est
30 accedere ad tanta et tam eximia sacramenta. Patiuntur hoc, quod febrici-
tantes pati solent, cum sanorum cibos praesumunt sibimet ipsis infe-
rentes exitium. Haec de eo quod dictum est: *Cogitabo pro peccato meo.*

178   *Origenes,* In Lucam Homiliae (post 231?) XVII, ed. M. Rauer, GCS 49 (35), 1959

(p. 107, 20) Quamdiu enim absconditae erant cogitationes nec pro-
latae in medium, impossibile erat eas penitus interfici. ... (p. 108, 2)
Si ... reuelauerimus peccata nostra non solum deo, sed et his qui possunt mederi uulneribus nostris atque peccatis, delebuntur peccata nostra
5 ab eo qui ait: *Ecce delebo ut nubem iniquitates tuas et sicut caliginem
peccata tua.* ...

179   *Origenes,* Contra Celsum (ca. 248), III, 51, ed. P. Koetschau, GCS 2, 1899

... Οἱ μὲν γὰρ δημοσίᾳ διαλεγόμενοι φιλόσοφοι οὐ φυλοκρινοῦσι τοὺς
ἀκούοντας, ἀλλ᾽ ὁ βουλόμενος ἕστηκε καὶ ἀκούει· χριστιανοὶ δὲ κατὰ τὸ
δυνατὸν αὐτοῖς προβασανίσαντες τῶν ἀκούειν σφῶν βουλομένων τὰς
ψυχὰς καὶ κατ᾽ ἰδίαν αὐτοῖς προεπᾴσαντες, ἐπὰν δοκῶσιν αὐτάρκως οἱ
5 ἀκροαταὶ πρὶν εἰς τὸ κοινὸν εἰσελθεῖν ἐπιδεδωκέναι πρὸς τὸ θέλειν καλῶς
βιοῦν, τὸ τηνικάδε αὐτοὺς εἰσάγουσιν, ἰδίᾳ μὲν ποιήσαντες τάγμα τῶν
ἄρτι ἀρχομένων καὶ εἰσαγομένων καὶ οὐδέπω τὸ σύμβολον τοῦ ἀποκεκα-
θάρθαι ἀνειληφότων, ἕτερον δὲ τὸ τῶν κατὰ τὸ δυνατὸν παραστησάντων
ἑαυτῶν τὴν προαίρεσιν οὐκ ἄλλο τι βούλεσθαι ἢ τὰ χριστιανοῖς δοκοῦντα·
10 παρ᾽ οἷς εἰσι τινὲς τεταγμένοι πρὸς τὸ φιλοπευστεῖν τοὺς βίους καὶ τὰς
ἀγωγὰς τῶν προσιόντων, ἵνα τοὺς μὲν τὰ ἐπίρρητα πράττοντας ἀποκω-

---

177, 27   1. Cor. 11, 30
178, 5   s. Is. 44, 22

179, 4   προεπᾴσαντες: προετάσαντες *uel* προεξετάσαντες Robinson

hen, indem du zur Echaristiefeier kommst, als wärest du lauter und rein, als wäre an dir nichts Unwürdiges, und meinst bei all dem, du entgingest dem Gericht Gottes? Denkst du nicht an das Schriftwort: *Darum sind unter euch Schwache und Kranke, und viele schlafen?* Warum sind viele schwach? Weil sie nicht selbst über sich ein Urteil sprechen und nicht sich selber prüfen und auch nicht verstehen, was es heisst, Gemeinschaft mit der Kirche zu haben, und was es bedeutet, zu so ungewöhnlich grossen Mysterien zu kommen. Es geht ihnen so, wie es den Fieberkranken zu gehen pflegt, wenn sie vorzeitig die Speise der Gesunden zu sich nehmen und sich damit selber den Tod zuziehen. Soviel über das Wort: *Ich bin besorgt über meine Sünde.*

Origenes, Lukas-Homilien XVII

Solange nämlich unsre (sc. bösen) Gedanken verborgen und nicht offen ausgesprochen waren, konnten sie nicht bis ins Innerste vernichtet werden. ... Wenn wir ... unsre Sünden nicht nur vor Gott, sondern auch vor denen aufdecken, die unsre Wunden und Sünden heilen können, dann werden unsre Sünden von dem beseitigt werden, der sagt: *Siehe, ich will deine Missetaten vertilgen wie eine Wolke und deine Sünden wie den Nebel.*

Origenes, Gegen Celsus III, 51

Die Philosophen, die ihre Lehrgespräche in aller Öffentlichkeit halten[1], wählen sich ja ihre Zuhörer nicht aus, sondern jeder, der will, bleibt stehen und hört zu. Die Christen dagegen prüfen, so gut sie es vermögen, vorher die Herzen derer, die ihnen zuhören wollen, und suchen sie einzeln zu gewinnen[2]; und wenn es scheint, dass die Hörer vor dem Eintritt in die Gemeinde hinreichend fortgeschritten sind in dem Willen, rechtschaffen zu leben, erst dann führen sie sie ein. Dabei bilden sie aus den gerade eingeführten Anfängern, die das Zeichen der Reinheit[3] noch nicht empfangen haben, eine besondere Abteilung und eine andere aus denen, die nach Kräften ihren Entschluss bewiesen haben, sich nur noch nach den Anschauungen der Christen zu richten. Bei ihnen befinden sich einige Leute mit dem Auftrag, die Lebensführung der neu Hinzutretenden sorgfältig zu erkunden; sie sollen die, welche ein verworfenes Leben führen,

---

[1] Die in Kap. 50 erwähnten Kyniker.
[2] Robinsons Konjektur besagt: „sie erforschen sie vorher".
[3] Die Taufe.

λύσωσιν ἥκειν ἐπὶ τὸν κοινὸν αὐτῶν σύλλογον, τοὺς δὲ μὴ τοιούτους ὅλῃ ψυχῇ ἀποδεχόμενοι βελτίους ὁσημέραι κατασκευάζωσιν. Οἷα δ᾽ ἐστὶν αὐτοῖς ἀγωγὴ καὶ περὶ ἁμαρτανόντων καὶ μάλιστα τῶν ἀκολασταινόντων,
15 οὓς ἀπελαύνουσι τοῦ κοινοῦ οἱ κατὰ τὸν Κέλσον παραπλήσιοι τοῖς ἐν ταῖς ἀγοραῖς τὰ ἐπιρρητότατα ἐπιδεικνυμένοις. Καὶ τὸ μὲν τῶν Πυθαγορείων σεμνὸν διδασκαλεῖον κενοτάφια τῶν ἀποστάντων τῆς σφῶν φιλοσοφίας κατεσκεύαζε, λογιζόμενον νεκροὺς αὐτοὺς γεγονέναι· οὗτοι δὲ ὡς ἀπολωλότας καὶ τεθνηκότας τῷ θεῷ τοὺς ὑπ᾽ ἀσελγείας
20 ἤ τινος ἀτόπου νενικημένους ὡς νεκροὺς πενθοῦσι, καὶ ὡς ἐκ νεκρῶν ἀναστάντας, ἐὰν ἀξιόλογον ἐνδείξωνται μεταβολήν, χρόνῳ πλείονι τῶν κατ᾽ ἀρχὰς εἰσαγομένων ὕστερόν ποτε προσίενται· εἰς οὐδεμίαν ἀρχὴν καὶ προστασίαν τῆς λεγομένης ἐκκλησίας τοῦ θεοῦ καταλέγοντες τοὺς φθάσαντας μετὰ τὸ προσεληλυθέναι τῷ λόγῳ ἐπταικέναι.

Cyprianus, Epistulae, rec. G. Hartel, CSEL III, 2, 1871

180   Ep. IV, 4 (a. 249?)

Cyprianus, Caecilius, Victor, Sedatus, Tertullus cum presbyteris qui praesentes aderant Pomponio fratri s.

4. Et idcirco consulte et cum uigore fecisti, frater carissime, abstinendo diaconum qui cum uirgine saepe mansit, sed et ceteros qui cum
5 uirginibus dormire consueuerant. Quod si paenitentiam huius inliciti concubitus sui egerint et ab se inuicem recesserint, inspiciantur interim uirgines ab obstetricibus diligenter, et si uirgines inuentae fuerint, accepta communicatione ad ecclesiam admittantur hac tamen interminatione, ut, si ad eosdem masculos postmodum reuersae fuerint aut si
10 cum isdem in una domo et sub eodem tecto simul habitauerint, grauiore censura eiciantur nec in ecclesiam postmodum tales facile recipiantur. Si autem de eis aliqua corrupta fuerit deprehensa, agat paenitentiam

---

179, 19 cf. Luc. 15, 32

179, 13 οἷα: ὁμοία *Robinson*

am Eintritt in ihre Gemeindeversammlung hindern, dagegen die andern mit ganzem Herzen aufnehmen und von Tag zu Tag bessern [4].

Welche Zucht üben sie aber auch an den Sündern aus und ganz besonders an den Unzüchtigen! Diese weisen sie aus der Gemeinde hinaus, — sie, die Celsus mit Leuten gleichstellt, die auf den Märkten das Verworfenste zur Schau stellen! Die ehrwürdige Schule der Pythagoreer errichtete für die, die von ihrer Philosophie abfielen, leere Grabmäler, weil sie sie als tot ansah. Die Christen aber betrauern als tot die, die der Unkeuschheit oder einer andern Verirrung erlegen sind, weil sie für Gott *verloren* und *tot* sind; und als von den Toten Auferstandene nehmen sie diese, wenn sie eine wirkliche Umwandlung zeigen, später einmal wieder auf, aber erst nach längerer Zeit als bei der ersten Aufnahme. Wer nach Annahme der Lehre zu Fall gekommen ist, den wählt man in kein Amt und keine leitende Stellung in der Kirche, die Kirche Gottes heisst [5].

Cyprian, Briefe

Brief IV, 4. Cyprian, Cäcilius, Viktor, Sedatus, Tertullus mit den anwesenden Presbytern grüssen ihren Bruder Pomponius.

4. Deshalb [1] hast du, lieber Bruder, mit Überlegung und Kraft gehandelt, als du einen Diakon, der wiederholt mit einer Jungfrau die Nacht verbracht hat, aber auch alle andern, die mit Jungfrauen zusammen zu schlafen pflegten, ausgeschlossen [2] hast. Wenn sie über diese ihre unerlaubte nächtliche Gemeinschaft Busse getan und sich voneinander getrennt haben, dann sollen zunächst einmal die Jungfrauen von Hebammen sorgfältig untersucht werden. Erweisen sie sich als Jungfrauen, so sollen sie durch Empfang der Gemeinschaft zur Kirche zugelassen werden, jedoch mit der Androhung, dass sie, falls sie danach wieder zu denselben Männern zurückkehren oder mit ihnen in einem Hause und unter demselben Dache zusammen wohnen, mit grösserer Strenge ausgeschlossen werden und dass solche danach nicht leicht in die Kirche wiederaufgenommen werden. Wenn sich aber eine von ihnen als verführt herausstellt,

---

[4] Zu den beiden Gruppen s. Poschmann, Paen. sec. 443 s. und Grotz, Entwicklung 276 ss.
[5] Nach Poschmann (S. 444, 1) ist dies die früheste Nachricht von einer Rechtsbeschränkung wiederaufgenommener Büsser.
[1] Weil Christen strenge Zucht halten müssen, besonders der Klerus.
[2] Wohl nur vom Abendmahl. — Zu Br. 4 vgl. Poschmann, Paen. sec. 416 s. und Grotz, Entwicklung 77 ss. und 84 ss.

plenam, quia quae hoc crimen admisit, non mariti, sed Christi adultera est, et ideo aestimato iusto tempore postea exomologesi facta ad eccle-
15 siam redeat. Quod si obstinate perseuerant nec se ab inuicem separant, sciant se cum hac sua inpudica obstinatione numquam a nobis admitti in ecclesiam posse, ne exemplum ceteris ad ruinas delictis suis facere incipiant. Nec putent sibi uitae aut salutis constare rationem, si episcopis et sacerdotibus obtemperare noluerint, ... Interfici deus iussit sacer-
20 dotibus suis non obtemperantes, iudicii sui tempus constituit non oboedientibus. Et tunc quidem gladio occidebantur, quando adhuc et circumcisio carnalis manebat; nunc autem quia circumcisio spiritalis esse ad fideles seruos dei coepit, spiritali gladio superbi et contumaces necantur, dum de ecclesia eiciuntur. Neque enim uiuere foris possunt, cum
25 domus dei una sit et nemini salus esse nisi in ecclesia possit. ...

181 ibidem XV (vere a. 250)

Cyprianus martyribus et confessoribus carissimis fratribus s.

1. Sollicitudo loci nostri et timor dei conpellit, fortissimi ac beatissimi martyres, admonere uos litteris nostris ut, a quibus tam deuote et fortiter seruatur fides domini, ab isdem lex quoque et disciplina domini
5 reseruetur. Nam cum omnes milites Christi custodire oporteat praecepta imperatoris sui, tunc uos magis praeceptis eius obtemperare plus conuenit, qui exemplum ceteris facti estis et uirtutis et timoris dei. Et credideram quidem presbyteros et diaconos, qui illic praesentes sunt, monere uos et instruere plenissime circa euangelii legem, sicut in prae-
10 teritis semper sub antecessoribus nostris factum est, ut diaconi ad carcerem commeantes martyrum desideria consiliis suis et scripturarum praeceptis gubernarent. Sed nunc cum maximo animi dolore cognosco non tantum illic non suggeri diuina praecepta, sed adhuc potius impediri, ut ea, quae a uobis ipsis et circa deum caute et circa sacerdotem

dann leiste sie die volle Busse [3]; denn wer dieses Verbrechen begangen hat, hat nicht einem Ehemann, sondern Christus die Ehe gebrochen, und deshalb soll sie erst nach einer angemessen festgesetzten Zeit die Exomologese leisten und zur Kirche zurückkehren. Falls sie aber hartnäckig bleiben und sich nicht voneinander trennen, dann sollen sie wissen, dass sie mit dieser ihrer schamlosen Hartnäckigkeit niemals von uns zur Kirche zugelassen werden können, damit sie nicht etwa durch ihre Vergehen den andern ein verderbliches Beispiel geben. Und sie sollen ja nicht meinen, sie könnten auf ihr Leben oder Heil rechnen, wenn sie ihren Bischöfen und Priestern nicht gehorchen wollen .... Gott hat geboten, wer seinen Priestern nicht gehorche, solle sterben; er hat für die Ungehorsamen die Zeit seines Gerichtes bestimmt. Damals, als es auch noch die leibliche Beschneidung gab, wurden sie mit dem Schwerte hingerichtet; jetzt aber werden, weil die Beschneidung unter den echten Dienern Gottes eine geistliche geworden ist, die Stolzen und Widerspenstigen mit dem geistlichen Schwerte getötet, indem sie aus der Kirche ausgestossen werden. Denn leben können sie draussen nicht, da das Haus Gottes eines ist und es für keinen ausserhalb der Kirche Heil geben kann.

Ebenda XV. Cyprian grüsst die Märtyrer und Bekenner, seine geliebten Brüder.

1. Die Sorge um unser Amt und die Furcht vor Gott drängt uns, ihr tapferen und seligen Märtyrer, euch durch unser Schreiben zu mahnen, es möchten die, die so gottergeben und tapfer den Glauben an den Herrn bewahren, auch das Gesetz und die Zucht des Herrn wahren. Denn wenn auch alle Streiter Christi die Weisungen ihres Feldherrn beachten müssen, so kommt es doch euch noch mehr zu, seine Weisungen zu befolgen, die ihr allen andern zu einem Vorbild der Tapferkeit und der Furcht Gottes geworden seid. Ich hatte allerdings geglaubt, die bei euch weilenden Presbyter und Diakone würden euch ermahnen und gründlich über das Gesetz des Evangeliums belehren; so sind ja früher unter unsern Vorgängern die Diakone immer im Gefängnis aus- und eingegangen und haben mit ihren Ratschlägen und den Weisungen der heiligen Schrift die Wünsche der Märtyrer gelenkt. Jetzt dagegen erkenne ich zu meinem grössten Leidwesen, dass man es bei euch nicht nur unterlässt, die göttlichen Gebote mitzuteilen, sondern ihnen vielmehr noch entgegenwirkt, so dass, was ihr selber in Scheu vor Gott und zugleich in Ehrerbietung gegen den Bischof Gottes unternehmt, von gewissen Presbytern vereitelt wird. Ihr selber

---

[3] In der „Vollbusse" geht der Exomologese eine Satisfaktionsbusse als „Vorstufe" voraus, wie Grotz zeigt. Doch sind die Grenzen zwischen der Busse in und ausserhalb der Kirche viel unbestimmter, als er annimmt.

dei honorifice fiunt, a quibusdam presbyteris resoluantur, qui nec timorem dei nec episcopi honorem cogitantes, cum uos ad me litteras direxeritis, quibus examinari desideria uestra et quibusdam lapsis pacem dari postulastis, cum persecutione finita conuenire in unum cum clero et recolligi coeperimus, illic contra euangelii legem, contra uestram quoque honorificam petitionem, ante actam paenitentiam, ante exomologesim grauissimi atque extremi delicti factam, ante manum ab episcopo et clero in paenitentiam inpositam, offerre pro illis et eucharistiam [dare], id est sanctum domini corpus profanare audeant, cum scriptum sit: *Qui ederit panem aut biberit calicem domini indigne, reus erit corporis et sanguinis domini.*

2. Et lapsis quidem potest in hoc uenia concedi. Quis non mortuus uiuificari properet? Quis non ad salutem suam uenire festinet? Sed praepositorum est praeceptum tenere et uel properantes uel ignorantes instruere, ne, qui ouium pastores esse debent, lanii fiant. Ea enim concedere, quae in perniciem uertant, decipere est; nec erigitur sic lapsus, sed per dei offensam magis inpellitur ad ruinam. Vel ex uobis itaque discant, quando docere debuerant. Petitiones et desideria uestra episcopo seruent, ad pacem uobis petentibus dandam maturum et pacatum tempus expectent. Ante est ut a domino pacem mater prior sumat, tunc secundum uestra desideria de filiorum pace tractetur.

3. Et quoniam audio, fortissimi et carissimi fratres, inpudentia uos quorundam premi et uerecundiam uestram uim pati, oro uos quibus possum precibus, ut euangelii memores et considerantes, quae et qualia in praeteritum antecessores uestri martyres concesserint, quam solliciti in omnibus fuerint, uos quoque sollicite et caute petentium desideria ponderetis, ut pote amici domini et cum illo postmodum iudicaturi inspiciatis et actum et opera et merita singulorum, ipsorum quoque delictorum genera et qualitates cogitetis, ne, si quid abrupte et indigne uel a uobis promissum uel a nobis factum fuerit, apud gentiles quoque ipsos ecclesia nostra erubescere incipiat. Visitamur enim et castigamur fre-

---

181, 23—25 1. Cor. 11, 27 (nr. 7)

181, 34 expectent *Hartel:* expectant *codd.,* expectantes (*pro* expectant ante est) Bayard

habt doch an mich ein Schreiben gerichtet mit dem Ersuchen, eure Wünsche zu prüfen und einigen Gefallenen (Lapsi) den Frieden zu gewähren, sobald wir nach Beendigung der Verfolgung uns wieder mit dem Klerus versammeln und vereinigen könnten; sie dagegen wagen es da, ohne an die Furcht vor Gott und die Ehre des Bischofs zu denken, gegen das Gesetz des Evangeliums, auch gegen euer ehrerbietiges Ersuchen, noch bevor die Busse geleistet, bevor das Bekenntnis ihrer äusserst schweren Sünde abgelegt und bevor der Bischof und der Klerus zur Busse [1] die Hand aufgelegt haben, für die Betreffenden das Opfer darzubringen und ihnen die Eucharistie zu reichen, das heisst, den heiligen Leib des Herrn zu entweihen, während doch geschrieben steht: *Wer in unwürdiger Weise das Brot isst oder den Kelch des Herrn trinkt, wird sich am Leibe und am Blute des Herrn versündigen.*

2. Die Gefallenen selber kann man bei diesem Vorgehen entschuldigen. Denn wer sollte, wenn er tot ist, nicht trachten, bald wieder lebendig zu werden? Wer sollte nicht eilen, seine Rettung zu finden? Die Vorgesetzten dagegen müssen sich an ihre Weisung halten und die teils Voreiligen, teils Unwissenden unterrichten, damit nicht die, die Hirten der Schafe sein sollen, ihre Schlächter werden. Etwas zugestehen, was ins Verderben führt, ist ja ein Betrug; und auf diese Weise wird der Gefallene nicht aufgerichtet, sondern wegen der Kränkung Gottes vielmehr ins Verderben getrieben. Mögen sie daher wenigstens von euch lernen, während sie hätten lehren sollen! Eure Gesuche und Wünsche sollen sie für den Bischof aufbewahren; um auf euern Antrag den Frieden zu gewähren, sollen sie die passende, friedliche Zeit abwarten. Vorher muss zuerst die Mutter vom Herrn den Frieden erhalten, dann soll nach euern Wünschen über den Frieden der Kinder verhandelt werden.

3. Da ich nun höre, meine tapferen, lieben Brüder, dass ihr von der Rücksichtslosigkeit gewisser Leute unter Druck gesetzt werdet und eure Gewissenhaftigkeit Gewalt leidet, so bitte ich euch dringendst: Denkt an das Evangelium und haltet euch vor Augen, was für Zugeständnisse die Märtyrer vor euch in der Vergangenheit gemacht haben und welche Sorgfalt sie in allem bewiesen haben! Wäget deshalb auch ihr die Anträge der Bittsteller sorgfältig und umsichtig! Prüfet als Freunde des Herrn, die mit ihm einst zu Gericht sitzen werden, das Verhalten, die Werke und Verdienste jedes Einzelnen und bedenket auch die Art und Beschaffenheit der Sünden selber. Es soll ja nicht, wenn etwas übereilt und unangemessen von euch versprochen oder von uns ausgeführt wird, unsre Kirche sogar vor den Heiden selber erröten müssen. Denn wir werden oft heimgesucht

---

[1] D. h. zur von Gott angenommenen Busse und damit zur Rekonziliation; vgl. Hermas, Mand. 4, 3, 3 (Nr. 67).

quenter et ut domini mandata incorrupta et inuiolata permaneant, admonemur. Quod quidem nec illic apud uos cessare cognosco, quo minus plurimos quoque ex uobis instruat ad ecclesiae disciplinam diuina censura. Hoc autem totum potest fieri, si ea quae a uobis petuntur religiosa
50 contemplatione moderemini, intellegentes et conprimentes eos, qui personas accipientes in beneficiis uestris aut gratificantur aut inlicitae negotiationis nundinas aucupantur.

4. De hoc et ad clerum et ad plebem litteras feci, quas utrasque uobis legi mandaui. Sed et illud ad diligentiam uestram redigere et emendare
55 debetis, ut nominatim designetis eos quibus pacem dari desideratis. Audio enim quibusdam sic libellos fieri, ut dicatur „communicet ille cum suis", quod numquam omnino a martyribus factum est, ut incerta et caeca petitio inuidiam nobis postmodum cumulet. Late enim patet, quando dicitur „ille cum suis", et possunt nobis et uiceni et triceni et
60 amplius offerri, qui propinqui et adfines et liberti ac domestici esse adseuerentur eius qui accepit libellum. Et ideo peto ut eos, quos ipsi uidetis, quos nostis, quorum paenitentiam satisfactioni proximam conspicitis, designetis nominatim libello et sic ad nos fidei ac disciplinae congruentes litteras dirigatis. Opto uos, fortissimi ac dilectissimi fratres,
65 in domino semper bene ualere et nostri meminisse. Valete.

182   ibidem XVI, 2—4 (uere a. 250).

Cyprianus presbyteris et diaconis fratribus s.

2. ... Contumelias episcopatus nostri dissimulare et ferre possem, sicut dissimulaui semper et pertuli. Sed dissimulandi nunc locus non est, quando decipiatur fraternitas nostra a quibusdam uestrum; qui,
5 dum sine ratione restituendae salutis plausibiles esse cupiunt, magis lapsis obsunt. Summum enim delictum esse, quod persecutio committi coegit, sciunt ipsi etiam qui commiserunt, cum dixerit dominus et iudex noster: *Qui in me confessus fuerit coram hominibus, et ego in illo confitebor coram patre meo qui in caelis est; qui autem me negauerit, et*
10 *ego illum negabo,* et iterum dixerit: *Omnia peccata remittentur filiis hominum et blasphemiae. Qui autem blasphemauerit spiritum sanctum,*

182, 8—10 Matth. 10, 32 s.
    10—12 Marc. 3, 28 s. (nr. 3)

und gezüchtigt und daran erinnert, dass die Gebote des Herrn unversehrt und unverletzt bleiben sollen. Und wie ich erfahre, ist es auch dort bei euch nicht ausgeblieben, dass die göttliche Prüfung[2] auch sehr viele von euch zur Zucht der Kirche anhält. Das kann aber alles erfüllt werden, wenn ihr das, was man von euch begehrt, in gottesfürchtiger Überlegung regelt und dabei die erkennt und hemmt, die bestimmten Personen zuliebe mit euren Vergünstigungen Gefälligkeiten erweisen oder auf unerlaubte Handelsgeschäfte ausgehen.

4. Hierüber habe ich sowohl an den Klerus als auch an die Gemeinde Briefe geschrieben[3], die euch beide vorgelesen werden sollen. Aber auch dies müsst ihr nach eurer Umsicht regeln und bessern, dass ihr nämlich die, denen ihr den Frieden erteilen lassen möchtet, mit Namen bezeichnet. Denn wie ich höre, wird für manche das Empfehlungsschreiben so ausgestellt, dass es heisst: „er möge an der Gemeinschaft teilhaben mitsamt den Seinigen", was die Märtyrer niemals getan haben. So erweckt der unbestimmte und unklare Antrag dann gegen uns eine Fülle von Anfeindungen. Denn der Ausdruck „er mitsamt den Seinen" ist sehr weit gefasst, und man kann uns zwanzig, dreissig oder noch mehr Leute bringen, die als Verwandte, Verschwägerte, als Freigelassene und Hausgenossen dessen ausgegeben werden, der das Empfehlungsschreiben erhalten hat. Deshalb bitte ich, ihr möchtet die, die ihr selbst seht, die ihr kennt und deren Reue nach eurer Beobachtung einer Genugtuung sehr nahekommt, mit Namen in eurer Bescheinigung aufführen und somit ein Schreiben an uns richten, das sich mit Glauben und Zucht verträgt. Ich wünsche euch, tapfere und geliebte Brüder, dass ihr euch in dem Herrn stets wohl befindet und unser gedenkt. Lebet wohl!

Ebenda XVI, 2—4. Cyprian grüsst die Presbyter und Diakone, seine Brüder.

2. Die wiederholte Missachtung unsrer Bischofswürde könnte ich übersehen und tragen, wie ich sie immer übersehen und ertragen habe. Aber jetzt ist zum Übersehen nicht mehr die Zeit, da einige von euch unsre Brüder irreführen. Indem sie ohne Rücksicht auf die Wiedergewinnung des Heils Beifall suchen, schaden sie den Gefallenen vielmehr. Denn dass die Verfolgung diese zu einem sehr schweren Vergehen[1] getrieben hat, das wissen auch die selber, die es begangen haben. Unser Herr und Richter hat ja gesagt: *Wer mich bekennet vor den Menschen, den will ich auch bekennen vor meinem himmlischen Vater; wer mich aber verleugnet, den*

---

[2] Oder „Strafe", z. B. durch nächtliche Visionen; vgl. Ep. 16, 4 (Nr. 182).
[3] Brief 16 (Nr. 182) und 17 (an die Brüder in der Gemeinde).
[1] Ep. 17, 2 nennt Cyprian diese Sünden grauissima et extrema.

non habet remissam, sed reus est aeterni peccati, item beatus apostolus dixerit: *Non potestis calicem domini bibere et calicem daemoniorum. Non potestis mensae domini communicare et mensae daemoniorum.*
15 Haec qui subtrahit fratribus nostris, decipit miseros; ut qui possunt agentes paenitentiam ueram deo qua patri et misericordi iam precibus et operibus suis satisfacere, seducantur, ut magis pereant et qui erigere se possunt plus cadant. Nam cum in minoribus peccatis agant peccatores paenitentiam iusto tempore et secundum disciplinae ordinem ad exo-
20 mologesin ueniant et per manus inpositionem episcopi et cleri ius communicationis accipiant, nunc crudo tempore persecutione adhuc perseuerante, nondum restituta ecclesiae ipsius pace, ad communicationem admittuntur et offertur nomine eorum et nondum paenitentia acta, nondum exomologesi facta, nondum manu eis ab episcopo et clero inposita,
25 eucharistia illis datur, cum scriptum sit: *Qui ederit panem aut biberit calicem domini indigne, reus erit corporis et sanguinis domini.*

3. Sed nunc illi rei non sunt qui minus scripturae legem tenuerunt. Erunt autem rei qui praesunt et haec fratribus non suggerunt, ut instructi a praepositis faciant omnia cum dei timore et cum data ab eo
30 et praescripta obseruatione. . . .

4. (p. 520, 12) . . . scientes quoniam, si ultra in isdem perseuerauerint, utar ea admonitione qua me uti dominus iubet, ut interim prohibeantur offerre, acturi et apud nos et apud confessores ipsos et apud plebem uniuersam causam suam, cum domino permittente in sinum
35 matris ecclesiae recolligi coeperimus. . . .

183   ibidem XVIII (ineunte aestate a. 250)

Cyprianus presbyteris et diaconibus fratribus s.

1. Miror uos, fratres carissimi, ad multas epistulas meas, quas ad uos frequenter misi, nihil rescripsisse, cum fraternitatis nostrae uel utilitas uel necessitas sic utique gubernetur, si a uobis instructi rerum geren-

---

182, 13 s. 1. Cor. 10, 21
     25 s. 1. Cor. 11, 27 (nr. 7)

will ich auch verleugnen, und weiter hat er gesagt: *Alle Sünden werden den Menschenkindern vergeben, auch die Lästerungen; wer aber den Heiligen Geist lästert, der empfängt keine Vergebung, sondern ist ewiger Sünde schuldig.* Auch der selige Apostel hat gesagt: *Ihr könnt nicht den Kelch des Herrn trinken und den Kelch der Dämonen.* Wer diese Worte unsren Brüdern vorenthält, betrügt die Unseligen. Denn Menschen, die durch wahrhaftige Busse Gott als einem barmherzigen Vater wohl mit ihren Gebeten und Werken Genugtuung leisten können, werden verführt, so dass sie vielmehr zugrunde gehen, und die, die sich aufrichten können, noch weiter fallen. Denn bei kleineren Sünden [2] tun die Sünder eine angemessene Zeit hindurch Busse und kommen gemäss der Ordnung der Zucht zur Exomologese, und durch die Handauflegung des Bischofs und des Klerus empfangen sie das Recht auf Gemeinschaft. Jetzt dagegen lässt man sie zur Unzeit, während die Verfolgung noch andauert und die Kirche selber den Frieden noch nicht wiedererlangt hat, zur Gemeinschaft zu, opfert in ihrem Namen, und bevor sie Busse getan, bevor sie die Exomologese geleistet haben, bevor ihnen Bischof und Klerus die Hand aufgelegt haben, reicht man ihnen die Eucharistie, während doch geschrieben steht: *Wer in unwürdiger Weise das Brot isst oder den Kelch des Herrn trinkt, wird sich am Leibe und am Blute des Herrn versündigen.*

3. Aber jetzt sind nicht jene die Schuldigen, die das Gesetz der Schrift nicht gehalten haben. Schuldig werden die sein, die die Leitung haben und die Brüder nicht dazu anhalten, nach Unterweisung durch ihre Leiter alles in Furcht vor Gott und in der von ihm gegebenen und vorgeschriebenen Form auszuführen.

4. ... Dies sollen sie wissen: Wenn sie so weitermachen, werde ich die Zurechtweisung vornehmen, die Gott mir anzuwenden befiehlt. Es wird ihnen einstweilen verboten, die Opfer darzubringen, und sie werden ihre Sache vor uns, vor den Bekennern selber und vor ihrer ganzen Gemeinde zu verantworten haben, sobald wir uns wieder nach Gottes Willen im Schosse der Mutter Kirche versammeln werden.

Ebenda XVIII. Cyprian grüsst die Presbyter und Diakone, seine Brüder.

1. Es wundert mich, geliebte Brüder, dass ihr auf meine zahlreichen Briefe, die ich euch wiederholt gesandt habe, überhaupt nicht geantwortet habt, während für das Wohl oder die Notlage unserer Bruderschaft gerade dann gesorgt wird, wenn ihr uns unterrichtet, so dass wir dann unsern

---

[2] Vgl. Ep. 17, 2: cum in minoribus delictis, quae non in deum committuntur, paenitentia agatur iusto tempore et exomologesis fiat inspecta uita eius, qui agit paenitentiam.

darum consilium limare possimus. Quoniam tamen uideo facultatem ueniendi ad uos nondum esse et iam aestatem coepisse, quod tempus infirmitatibus adsiduis et grauibus infestat, occurrendum puto fratribus nostris, ut qui libellos a martyribus acceperunt et praerogatiua eorum apud deum adiuuari possunt, si incommodo aliquo et infirmitatis periculo occupati fuerint, non expectata praesentia nostra apud presbyterum quemcumque praesentem uel, si presbyter repertus non fuerit et urgere exitus coeperit, apud diaconum quoque exomologesin facere delicti sui possint, ut manu eis in paenitentiam inposita ueniant ad dominum cum pace, quam dari martyres litteris ad nos factis desiderauerunt.

2. Ceteram quoque partem plebis quae lapsa est praesentia uestri fouete et ut a fide et misericordia domini non deficiant, uestro solacio focillate. Neque enim deserentur ab ope et auxilio domini qui mites et humiles et paenitentiam uere agentes in bonis opinionibus perseuerauerint, quo minus illis quoque diuino remedio consulatur. Audientibus etiam, si qui fuerint periculo praeuenti et in exitu constituti, uigilantia uestra non desit, inplorantibus diuinam gratiam misericordia domini non denegetur. ...

ibidem XIX (aestate a. 250)

Cyprianus presbyteris et diaconibus fratribus s.

1. ... Paenitentiam autem ille agit, qui diuini praecepti memor mitis et patiens et sacerdotibus dei obtemperans obsequiis suis et operibus iustis dominum promeretur.

2. ... Ceteri uero qui nullo libello a martyribus accepto inuidiam faciunt, quoniam non paucorum nec ecclesiae unius aut unius prouinciae, sed totius orbis haec causa est, expectent ante de domini protectione ecclesiae ipsius publicam pacem. Hoc enim et uerecundiae et disciplinae et uitae ipsi omnium nostrum conuenit, ut praepositi cum clero conuenientes praesente etiam stantium plebe, quibus et ipsis pro fide et timore suo honor habendus est, disponere omnia consilii com-

Beschluss über die erforderlichen Massnahmen genauer abwägen können. Da ich aber sehe, dass es noch nicht möglich ist, zu euch zu kommen, und schon der Sommer beginnt, also die Jahreszeit, die durch anhaltende, schwere Krankheiten Gefahr bringt, muss man, glaube ich, unsern Brüdern in folgender Weise zu Hilfe kommen. Wenn die, die von den Märtyrern Empfehlungsschreiben (Libelli) erhalten haben und an deren Vorrang [1] eine Hilfe vor Gott finden können, irgendein Unfall oder eine gefährliche Krankheit trifft, so können sie, ohne unsre Anwesenheit abzuwarten, vor irgendeinem anwesenden Presbyter oder, wenn kein Presbyter zu erreichen ist und der Tod nahe bevorsteht, auch bei einem Diakon ein „Bekenntnis" ihrer Sünden ablegen; so kommen sie, nachdem ihnen die Hand zur Busse aufgelegt worden ist, zum Herrn in den Frieden, dessen Gewährung die Märtyrer in den an uns gerichteten Briefen gewünscht haben.

2. Steht auch dem andern Teil des Kirchenvolkes, der gefallen ist, durch eure Fürsorge bei und erquickt sie mit eurem Trost, damit sie nicht am Glauben und an der Barmherzigkeit des Herrn irre werden. Denn Hilfe und Beistand des Herrn verlassen die nicht, die still und demütig wirklich Busse tun und so bei ihrer guten Meinung beharren, sondern auch für sie wird durch das göttliche Heilmittel gesorgt. Und falls Hörer [2] von einer Gefahr ereilt werden und auf dem Sterbebette liegen, soll auch ihnen eure Fürsorge nicht fehlen, und wenn sie die göttliche Gnade anrufen, soll man ihnen die Barmherzigkeit des Herrn nicht versagen.

Ebenda XIX. Cyprian grüsst die Presbyter und Diakone, seine Brüder.

1. Busse tut der, welcher in Erinnerung an das göttliche Gebot ergeben, geduldig und den Priestern Gottes gehorsam durch seine Fügsamkeit und seine gerechten Werke den Herrn geneigt macht.

2. ... Die übrigen aber, die von den Märtyrern kein Empfehlungsschreiben erhalten haben, jedoch Vorwürfe machen, sollen erst von dem Schutz des Herrn den allgemeinen Frieden für die Kirche selber erwarten; denn diese Sache geht nicht einige wenige, auch nicht eine einzige Kirche oder nur eine Provinz an, sondern die ganze Welt. Es entspricht ja der Achtung, der Zucht und überhaupt dem Leben unser aller, dass wir Bischöfe und der Klerus zusammenkommen und in Gegenwart der Gemeinde der standhaft Gebliebenen, denen gleichfalls für ihren Glauben und ihre Gottesfurcht Ehre gebührt, alles in gewissenhafter gemeinsamer Beratung ordnen können. Wie gewissenlos dagegen ist es und auch für die

---

[1] Eigentlich „Erststimmrecht".
[2] Wahrscheinlich Katechumenen; vgl. Origenes, Contra Cels. 3, 51 (Nr. 179).

munis religione possimus. Ceterum quam inreligiosum est et ipsis quoque
festinantibus perniciosum ut, cum extorres facti et patria pulsi ac bonis
suis omnibus spoliati nondum ad ecclesiam redierint, quidam de lapsis
15 confessores ipsos praeuenire et ante ad ecclesiam introire festinent. Qui
si nimium properant, habent in sua potestate quod postulant tempore
ipso sibi plus quam quod postulant largiente. Acies adhuc geritur et
agon cotidie celebratur. Si commissi uere et firmiter paenitent et fidei
calor praeualet, qui differri non potest, potest coronari. ...

185 ibidem XXII, 2 (uere uel aestate a. 250)

   Lucianus Celerino domino si dignus fuero uocari collega in Christo s.

  2. Scire debuisti, quid circa nos actum sit. Cum benedictus martyr
Paulus adhuc in corpore esset, uocauit me et dixit mihi: Luciane, coram
Christo tibi dico ut, si quis post acessitionem meam abs te pacem
5 petierit, da in nomine meo. Sed et omnes, quos dominus in tanta tribu-
latione arcessire dignatus est, uniuersi litteras ex conpacto uniuersis
pacem dimisimus. ... Et ideo, frater, peto ut sicut hic, cum dominus
coeperit ipsi ecclesiae pacem dare, secundum praeceptum Pauli et
nostrum tractatum exposita causa apud episcopum et facta exomologesi
10 habeant pacem, non tantum hae, sed et quas scis ad animum nostrum
pertinere.

186 ibidem XXIII (ca. aestate a. 250)

   Vniuersi confessores Cypriano papati s.

  Scias nos uniuersos quibus ad te ratio constiterit, quid post commissum egerint, dedisse pacem, et hanc formam per te et aliis episcopis
innotescere uolumus. Optamus te cum sanctis martyribus pacem habere.
5 Praesente de clero et exorcista et lectore Lucianus scripsit.

  185, 6 litteras: litteris *pauci*
    7 sicut hic: *corruptum esse putat Hartel*
  186, 2 uniuersos: uniuersis *uar.*

Ungeduldigen selbst verderblich, dass einige von den Gefallenen, während die Ausgewiesenen, aus dem Vaterlande Verbannten und aller ihrer Güter Beraubten noch nicht zur Kirche zurückgekehrt sind, sich beeilen, sogar den Bekennern zuvorzukommen und vor ihnen in die Kirche zu gelangen. Wenn es ihnen ganz besonders eilt, so haben sie die Erfüllung ihres Wunsches in ihrer eigenen Gewalt, da die Zeit ihnen mehr gewährt, als sie begehren: Noch hält der Kampf an, und der Wettkampf wird täglich ausgetragen. Wenn sie ihr Vergehen wahrhaftig und fest bereuen und das Feuer des Glaubens sie treibt, dann kann, wer nicht warten kann, sich krönen lassen [1].

Ebenda XXII, 2. Den Herrn Celerinus grüsst Lucianus, sein, wenn ich mich so nennen darf, Gefährte in Christus [1].

Du musst wissen, was bei uns geschehen ist. Als der gesegnete Märtyrer Paulus noch im Leibe weilte, rief er mich und sprach zu mir: Lucianus, vor dem Angesicht Christi sage ich dir: Wenn jemand nach meiner Heimberufung von dir den Frieden erbittet, gewähre ihn in meinem Namen. Aber auch wir alle, die der Herr in solch grosser Trübsal heimzuholen geruht hat, haben zusammen nach Vereinbarung allen insgesamt in Briefen den Frieden erteilt [2]. ... Und deshalb, lieber Bruder, bitte ich, dass sie (sc. dort bei euch) so wie hier, sobald der Herr erst der Kirche selber den Frieden gewährt, nach der Anweisung des Paulus und unsrer Verabredung — nachdem ihr Fall dem Bischof unterbreitet und die Exomologese geleistet ist — den Frieden empfangen, und nicht allein diese Frauen, sondern auch die andern, die deines Wissens uns nahestehen.

Ebenda XXIII. Sämtliche Bekenner grüssen Bischof Cyprian.

Nimm bitte zur Kenntnis, dass wir gemeinsam denen, die sich vor dir über ihr Verhalten nach ihrem Vergehen verantworten werden [1], den Frieden gewährt haben, und wir möchten, dass diese Entscheidung durch dich auch den anderen Bischöfen bekannt wird. Wir wünschen, du mögest mit den heiligen Märtyrern Frieden haben. In Gegenwart eines Exorzisten und eines Lektors aus dem Klerus hat Lucianus dies geschrieben [2].

---

1 Mit der Märtyrerkrone.
1 In Ep. 21 hatte Celerinus aus Rom den karthagischen Bekenner Lucian für zwei abgefallene Christinnen um Fürsprache bei Christus und um Verzeihung gebeten. — Der kritische Apparat konnte die Vulgarismen nicht berücksichtigen.
2 Vgl. Ep. 23 (Nr. 186).
1 D. h., die Reue und Genugtuung seit ihrem Fall nachweisen können; s. Ep. 15, 4 und 55, 23 (Nr. 191).
2 Vgl. Ep. 22 (Nr. 185) und 27, 2 (Nr. 187).

187   ibidem XXVII, 2—3 (autumno a. 250).

Cyprianus presbyteris et diaconibus Romae constistentibus fratribus s.

2. (p. 542, 4) Scripsit enim (sc. Lucianus) omnium nomine uniuersos eos pacem dedisse et hanc formam per me aliis episcopis innotescere uelle, cuius epistolae exemplum ad uos transmisi. Additum est plane
„quibus ratio constiterit, quid post commissum egerint". Quae res maiorem nobis conflat inuidiam, ut nos cum singulorum causas audire et excutere coeperimus, uideamur multis negare quod se nunc omnes iactant a martyribus et confessoribus accepisse.

3. Denique huius seditionis origo iam coepit. Namque in prouincia nostra per aliquot ciuitates in praepositos impetus per multitudinem factus est et pacem, quam semel cunctis a martyribus et confessoribus datam clamitabant, confestim sibi repraesentari coegerunt, territis et subactis praepositis suis qui ad resistendum minus uirtute animi et robore fidei praeualebant. Apud nos etiam quidam turbulenti, qui uix a nobis in praeteritum regebantur et in nostram praesentiam differebantur, per hanc epistolam uelut quibusdam facibus accensi plus exardescere et pacem sibi datam extorquere coeperunt. ...

188   ibidem XXX, 5—8 (ca. autumno a. 250)

Cypriano papae presbyteri et diaconi Romae consistentes s.

5. (p. 553, 4) Quamquam nobis differendae huius rei necessitas maior incumbat, quibus post excessum nobilissimae memoriae uiri Fabiani nondum est episcopus propter rerum et temporum difficultates constitutus, qui omnia ista moderetur et eorum qui lapsi sunt possit cum auctoritate et consilio habere rationem. Quamquam nobis in tam ingenti negotio placeat, quod et tu ipse tractasti, prius ecclesiae pacem sustinendam, deinde sic conlatione consiliorum cum episcopis, presbyteris, diaconis, confessoribus pariter ac stantibus laicis facta lapsorum tractare rationem. Perquam enim nobis et inuidiosum et onerosum uidetur non per multos examinare quod per multos commissum uideatur fuisse et in unum sententiam dicere, cum tam grande crimen per multos diffusum

---

187, 2 ss. cf. nr. 186.

187, 2 s. uniuersos: uniuersis *uar.*

Ebenda XXVII, 2—3. Cyprian grüsst die Presbyter und Diakone zu Rom, seine Brüder.

2. Lucianus schrieb nämlich im Namen aller (sc. Bekenner), sie hätten gemeinsam den Frieden gewährt und wünschten, dass diese Entscheidung durch mich den andern Bischöfen bekannt werde; von diesem Briefe habe ich euch eine Abschrift übersandt. Ausdrücklich ist hinzugefügt: „denen, die sich über ihr Verhalten nach ihrem Vergehen verantworten werden". Diese Bemerkung vergrössert noch die Missstimmung gegen uns; denn wenn wir anfangen, die Fälle der Einzelnen anzuhören und zu prüfen, dann erweckt das den Anschein, als verweigerten wir vielen, was alle jetzt schon von den Märtyrern und Bekennern empfangen zu haben sich rühmen.

3. Kurz, der Anfang dieser Unruhe hat schon eingesetzt. Denn in einigen Städten unsrer Provinz hat die Menge ihre Vorsteher bestürmt und hat sie genötigt, ihnen unverzüglich den Frieden zu gewähren, der, wie sie riefen, allen auf einmal[1] von den Märtyrern und Bekennern erteilt worden sei. Sie bedrohten und nötigten ihre Vorsteher, die zu wenig Seelenstärke und Glaubenskraft besassen, um ihnen zu widerstehen. Auch bei uns liessen sich einige unruhige Leute, die wir schon vorher kaum zügeln und bis auf unsre Rückkehr vertrösten konnten, durch jenen Brief wie von Fackeln noch mehr in Glut versetzen und suchten den ihnen erteilten Frieden zu erzwingen.

Ebenda XXX, 5—8. Die Presbyter und Diakone in Rom grüssen Bischof Cyprian[1].

5. Auf uns lastet freilich ein stärkerer Zwang, diese Angelegenheit aufzuschieben. Denn nach dem Tode Fabians, eines Mannes ruhmvollen Angedenkens, ist wegen der derzeitigen schwierigen Lage noch kein neuer Bischof erhoben worden, der all dies lenken und sich mit Vollmacht und Weisheit der Gefallenen annehmen könnte. Doch billigen wir in einer so überaus schwierigen Sache deine eigne Auffassung[2], erst müsse man den Frieden der Kirche abwarten und dann die Behandlung der Gefallenen in gemeinsamer Beratung mit den Bischöfen, Presbytern, Diakonen, Bekennern und den standhaft gebliebenen Laien erörtern. Denn es scheint uns äusserst verdrussvoll und beschwerlich zu sein, nicht mit vielen zu untersuchen, was offensichtlich von vielen begangen worden ist, und nicht gemeinsam das Urteil zu sprechen, während sich dieses schwere Verbrechen doch, wie man sieht, durch viele ausgebreitet hat;

---

[1] Oder „nun einmal allen".
[1] Verfasser dieses Briefes ist nach Ep. 55, 5 Novatian.
[2] Cyprians Brief 20 und 27 (Nr. 187).

notetur exisse, quoniam nec firmum decretum potest esse quod non plurimorum uidebitur habuisse consensum. . . .

15 6. (p. 554, 9) Oremus ut effectus indulgentiae lapsorum subsequatur et paenitentiam, ut intellecto suo crimine uelint nobis interim praestare patientiam . . . . Pulsent sane fores, sed non utique confringant. Adeant ad limen ecclesiae, sed non utique transiliant. Castrorum caelestium excubent portis, sed armati modestia qua intellegant se deser-
20 tores fuisse. . . .

7. Immo si dedecoris admissi magnitudinem perhorrescunt, si pectoris et conscientiae suae letalem plagam et sinuosi uulneris altos recessus uere medica manu tractant, erubescant et petere, nisi quia maioris est rursum et periculi et pudoris auxilium pacis non petisse. Sed hoc totum
25 in sacramento, sed in ipsius postulationis lege temporis facto temperamento, sed postulatione demissa, sed prece subdita; quoniam et qui petitur flecti debet, non incitari, et sicut respici debet diuina clementia, sic respici debet et diuina censura, et ut scriptum est: *Donaui tibi omne debitum, quia me rogasti,* sic scriptum est: *Qui me negauerit coram*
30 *hominibus, negabo et ego eum coram patre meo et coram angelis eius.* Deus enim ut est indulgens, ita est praeceptorum suorum exactor et quidem diligens, et sicut ad conuiuia uocat, sic *habitum nuptiarum non habentem manibus et pedibus* extra sanctorum coetum *foras iactat.* Parauit caelum, sed parauit et tartarum. Parauit refrigeria, sed parauit
35 etiam aeterna supplicia. . . .

8. Cuius temperamenti moderamen nos hic tenere quaerentes diu et quidem multi et quidem cum quibusdam episcopis uicinis nobis et adpropinquantibus et quos ex aliis prouinciis longe positis persecutionis istius ardor deiecerat, ante constitutionem episcopi nihil inno-
40 uandum putauimus, sed lapsorum curam mediocriter temperandam esse credidimus, ut interim, dum episcopus dari a deo nobis sustinetur, in suspenso eorum qui moras possunt dilationis sustinere causa teneatur, eorum autem quorum uitae suae finem urgens exitus dilationem non

---

188, 28 s. Matth. 18, 32
29 s. Matth. 10, 33 et Luc. 12, 9
32 s. cf. Matth. 22, 2—14

denn ein Beschluss kann nicht fest bestehen, wenn man nicht sieht, dass er mit grosser Mehrheit zustande gekommen ist.

6. ... Lasst uns beten, dass die Wirkung der Verzeihung erst der Busse der Gefallenen nachfolge[3], dass sie ihr schweres Vergehen einsehen und uns einstweilen Geduld beweisen wollen .... Gewiss mögen sie an die Tür klopfen, aber sie dürfen sie keinesfalls aufbrechen! Sie mögen an die Schwelle der Kirche treten, aber sie dürfen keinesfalls darüber hinwegspringen! Sie mögen an den Toren des himmlischen Lagers auf Wache ziehen, aber gerüstet mit der Demut, mit der sie anerkennen, dass sie fahnenflüchtig geworden sind! ...

7. Vielmehr, wenn sie vor der Grösse der begangenen Schandtat zurückschaudern, wenn sie den tödlichen Schlag gegen ihr Herz und ihr Gewissen und das tiefe Innere ihrer weitverzweigten Wunde mit wahrhaft heilender Hand behandeln, dann sollen sie sich schämen, auch nur zu bitten, — oder nur deshalb bitten, weil es anderseits noch grössere Gefahr und Beschämung bringt, die Hilfe des Friedens nicht zu erbitten. Aber dies alles geschehe nach der heiligen Lehre, nach dem eignen Gesetz des Bittens und unter Berücksichtigung der Zeit, in bescheidener Bitte, in demütigem Flehen. Denn den Gebetenen muss man erweichen, nicht antreiben, und wie man an die göttliche Milde denken muss, so muss man auch an die göttliche Strenge denken; und wie geschrieben steht: *Ich habe dir alle Schuld erlassen, weil du mich gebeten hast,* so steht auch geschrieben: *Wer mich verleugnet vor den Menschen, den werde ich auch verleugnen vor meinem Vater und vor seinen Engeln.* Denn Gott ist zwar nachsichtig, aber anderseits ein Wächter über seine Gebote, und zwar ein genauer; und er lädt zwar zum Gastmahl, aber *er wirft den, der kein Hochzeitsgewand anhat, an Händen und Füssen* aus der Versammlung der Heiligen *hinaus.* Er hat den Himmel bereitet, aber auch die Hölle. Er hat Erquickung bereitet, aber auch ewige Strafen. ...

8. Eine solche massvolle mittlere Haltung suchen wir hier (sc. in Rom) seit langem einzunehmen, und zwar in grosser Zahl und dabei im Einverständnis mit einigen Bischöfen, die aus unsrer Umgebung zu uns kamen oder die die Hitze dieser Verfolgung aus anderen, entlegenen Provinzen vertrieben hatte. Daher meinten wir, vor der Einsetzung eines Bischofs keine Neuerung treffen zu dürfen, sondern glaubten, die Behandlung der Gefallenen massvoll vornehmen zu müssen. Es solle also einstweilen, solange wir darauf warten, dass Gott uns einen Bischof gibt, die Sache derer, die eine Wartezeit vertragen können, in der Schwebe bleiben. Bei denen dagegen, deren nahe bevorstehendes Ende des Lebens

---

[3] D. h. die Verzeihung darf nicht vorweggenommen werden.

potest ferre, acta paenitentia et professa frequenter suorum detestatione
45 factorum, si lacrimis, si gemitibus, si fletibus dolentes ac uere paenitentes animi signa prodiderunt, cum spes uiuendi secundum hominem nulla substiterit, ita demum caute et sollicite subueniri, deo ipso sciente, quid de talibus faciat et qualiter iudicii sui examinet pondera, nobis tamen anxie curantibus ut nec pronam nostram inprobi homines laudent
50 facilitatem nec uere paenitentes accusent nostram quasi duram crudelitatem. Optamus te, beatissime ac gloriosissime papa, semper in domino bene ualere et nostri meminisse.

189   ibidem XXXIII (ca. autumno a. 250)

1. Dominus noster, cuius praecepta metuere et seruare debemus, episcopi honorem et ecclesiae suae rationem disponens in euangelio loquitur et dicit Petro: *Ego tibi dico quia tu es Petrus, et super istam petram aedificabo ecclesiam meam, et portae inferorum non uincent*
5 *eam, et tibi dabo claues regni caelorum, et quae ligaueris super terram erunt ligata et in caelis, et quaecumque solueris super terram erunt soluta et in caelis.* Inde per temporum et successionum uices episcoporum ordinatio et ecclesiae ratio decurrit, ut ecclesia super episcopos constituatur et omnis actus ecclesiae per eosdem praepositos gubernetur.
10 Cum hoc ita diuina lege fundatum sit, miror quosdam audaci temeritate sic mihi scribere uoluisse, ut ecclesiae nomine litteras facerent, quando ecclesia in episcopo et clero et in omnibus stantibus sit constituta. Absit enim nec domini misericordia et potestas eius inuicta patiatur ut ecclesia esse dicatur lapsorum numerus, cum scriptum sit: *Deus non est mortu-*
15 *orum sed uiuorum.* Omnes quidem uiuificari optamus et ut in statum pristinum restituantur precibus nostris et gemitibus oramus. Si autem quidam lapsi ecclesiam se uolunt esse et si apud illos atque in illis est ecclesia, quid superest quam ut ipsi rogentur a nobis ut nos ad eccle-

---

189, 3—7 Matth. 16, 18 s.
14 s. Matth. 22, 32 par.

188, 45 dolentes: dolentis *edd.*
45 s. paenitentes: -tis *uar.*

keinen Aufschub zulässt, die aber Busse getan und den Abscheu gegen ihre Taten wiederholt bekannt[4] haben, solle man, falls sie mit Tränen, mit Seufzen und Klagen Zeichen ihrer Trauer und ihrer wahrhaftigen Busse an den Tag gelegt haben, vorsichtig und behutsam Beistand leisten[5], — aber erst dann, wenn nach menschlichem Ermessen keine Hoffnung auf weiteres Leben mehr besteht. Gott selber weiss, was er mit solchen Menschen macht und wie er die Gewichte seines Gerichtes abwägt, während wir ängstlich dafür sorgen, dass weder verworfene Menschen unser bereitwilliges Entgegenkommen preisen noch wahrhaft Bussfertige über unsre angeblich harte Grausamkeit Klage führen. Wir wünschen dir, seligster und ruhmreicher Vater, du mögest dich im Herrn wohlbefinden und unser gedenken.

Brief XXXIII[1]

1. Unser Herr, dessen Gebote wir fürchten und halten müssen, bestimmt die Würde des Bischofs und die Ordnung seiner Kirche so, dass er im Evangelium erklärt und zu Petrus sagt: *Ich sage dir: Du bist Petrus, und auf diesen Felsen will ich meine Gemeinde bauen, und die Pforten der Unterwelt werden sie nicht überwältigen. Und ich will dir die Schlüssel des Himmelreichs geben, und was du auf Erden bindest, wird auch im Himmel gebunden sein, und alles, was du auf Erden lösest, wird auch im Himmel gelöst sein.* Seitdem erhält sich im Wechsel der Zeiten und Personen die Einsetzung der Bischöfe und die Ordnung der Kirche so, dass die Kirche auf die Bischöfe gegründet wird und jede Handlung der Kirche durch eben diese Vorgesetzten geregelt wird. Da dies im göttlichen Gesetz so begründet ist, wundere ich mich, dass einige in dreister Leichtfertigkeit sich erlaubt haben, mir so zu schreiben, dass sie den Brief im Namen der Kirche abfassten, während die Kirche doch aus dem Bischof, dem Klerus und allen standhaft Gebliebenen besteht. Denn ferne sei es, und des Herrn Barmherzigkeit und unüberwindliche Macht möge es nicht zulassen, dass man von der Gruppe der Gefallenen sage, sie sei die Kirche, während doch geschrieben steht: *Gott ist nicht ein Gott der Toten, sondern der Lebendigen.* Wir wünschen zwar, dass sie alle neu belebt werden, und erbitten mit unserm Flehen und Seufzen, sie möchten wieder in ihren früheren Stand eingesetzt werden. Aber wenn einige Gefallene die Kirche sein wollen und wenn bei ihnen und in ihnen die Kirche ist, was bleibt da anders übrig, als dass wir sie bitten,

---

[4] S. dazu Grotz, Entwicklung 136 und 141, Anm. 30.
[5] Durch Exomologese und Handauflegung.
[1] Der Brief ist ohne Anschrift überliefert.

siam dignentur admittere? Summissos ergo et quietos et uerecundos
20 esse oportet eos, qui delicti sui memores satisfacere deo debent, nec
ecclesiae nomine litteras facere, cum se magis sciant ecclesiae scribere.
    2. (p. 568, 1) . . . peto discernatis desideria uestra et, quicumque estis
qui has litteras nunc misistis, nomina uestra libello subiciatis et libellum
cum singulorum nominibus ad me transmittatis. Ante est enim scire
25 quibus rescribere habeam. Tunc ad singula quae scripsistis pro loci et
actus nostri mediocritate rescribam. Opto uos, fratres, bene ualere et
secundum domini disciplinam quiete et tranquille agere. Valete.

190   ibidem XXXIV, 3 (a. 250)

    Cyprianus presbyteris et diaconibus fratribus s.

    . . . Interea si quis inmoderatus et praeceps siue de nostris presbyteris
uel diaconis siue de peregrinis ausus fuerit ante sententiam nostram
communicare cum lapsis, a communicatione nostra arceatur apud omnes
5 nos causam dicturus temeritatis suae, quando in unum permittente
domino conuenerimus.

191   ibidem LV, 3. 6—7. 12—23. 25—27 (a. 251, fort. exeunte)

    Cyprianus Antoniano fratri s.

    3. . . . quoniam de meo quoque actu motus uideris, mea apud te et
persona et causa purganda est, ne me aliquis existimet a proposito meo
leuiter recessisse et, cum euangelicum uigorem primo et inter initia
5 defenderim, postmodum uidear animum meum a disciplina et censura
priore flexisse, ut his, qui libellis conscientiam suam maculauerint uel

sie möchten uns gütigst zur Kirche zulassen? Demütig, gefasst und ehrerbietig müssen also die sein, die im Bewusstsein ihrer Sünde Gott Genugtuung leisten müssen, und sie dürfen nicht im Namen der Kirche Briefe schreiben, da sie vielmehr wissen müssen, dass sie an die Kirche schreiben.

2. ... Ich bitte euch, bringt eure Wünsche einzeln vor und setzt — wer immer den Brief geschickt haben mag — eure Namen unter das Schreiben und schickt es mir mit den Namen der Einzelnen zu. Denn ich muss erst einmal wissen, wem ich antworten soll; danach werde ich in den bescheidenen Grenzen meiner Stellung und meiner Tätigkeit auf die Einzelheiten eures Briefes antworten. Ich wünsche euch, liebe Brüder, es möge euch wohl ergehen und ihr möchtet euch gemäss der Zucht des Herrn still und ruhig verhalten. Lebet wohl!

Brief XXXIV, 3. Cyprian grüsst die Presbyter und Diakone, seine Brüder.

Falls inzwischen einer von unsern eigenen Presbytern und Diakonen oder von auswärtigen es unbeherrscht und übereilt wagt, vor unserer Entscheidung mit den Gefallenen die Gemeinschaft aufzunehmen, soll er aus unsrer Gemeinschaft verwiesen werden und sich vor uns allen wegen seiner Leichtfertigkeit verantworten, sobald der Herr uns gestattet zusammenzukommen[1].

Ebenda LV, 3. 6—7. 12—23. 25—27. Cyprian grüsst seinen Bruder Antonianus.

3. ... Ich muss, da du anscheinend auch über mein Verhalten beunruhigt bist[1], meine eigne Person und Sache vor dir rechtfertigen. Denn es soll niemand meinen, ich wäre leichtfertig von meinen Grundsätzen abgewichen, und es soll nicht so aussehen, als hätte ich zuerst und in den Anfängen die Entschiedenheit des Evangeliums vertreten, dann aber die frühere Zucht und Strenge aufgegeben[2] und deshalb gemeint, man müsse denen, die ihr Gewissen mit Opferbescheinigungen befleckt

---

[1] Kap. 1 erwähnt bereits erfolgte Ausschlüsse.
[1] Antonianus hatte sich dem Einfluss des römischen Gegenbischofs Novatian geöffnet, der die Wiederaufnahme von Lapsi ablehnte.
[2] Eine anfängliche Strenge könnte man vor allem Testim. 3, 28 finden, wo Cyprian unter der Überschrift „Non posse in ecclesia remitti ei qui in deum deliquerit" Matth. 12, 32, Mark. 3, 28 s. und 1. Reg. 2, 25 zusammenstellt. Daraus folgt aber nicht, dass er damals vor der Verfolgung eine Vergebung schwerer Sünden für unmöglich erklärt hätte; vgl. Testim. 3, 35 und 54 und J. H. Taylor, Theol. Studies 3, 1942, 35 s.

nefanda sacrifica commiserint, laxandam pacem putauerim. Quod utrumque non sine librata diu et ponderata ratione a me factum est.

6. Secundum quod tamen ante fuerat destinatum, persecutione sopita cum data esset facultas in unum conueniendi, copiosus episcoporum numerus, quos integros et incolumes fides sua et domini tutela protexit, in unum conuenimus et scripturis diu ex utraque parte prolatis temperamentum salubri moderatione librauimus, ut nec in totum spes communicationis et pacis lapsis denegaretur, ne plus desperatione deficerent et eo, quod sibi ecclesia cluderetur, secuti saeculum gentiliter uiuerent, nec tamen rursus censura euangelica solueretur, ut ad communicationem temere prosilirent, sed traheretur diu paenitentia et rogaretur dolenter paterna clementia et examinarentur causae et uoluntates et necessitates singulorum, secundum quod libello continetur quem ad te peruenisse confido, ubi singula placitorum capita conscripta sunt. Ac si minus sufficiens episcoporum in Africa numerus uidebatur, etiam Romam super hac re scripsimus ad Cornelium collegam nostrum, qui et ipse cum plurimis coepiscopis habito concilio in eandem nobiscum sententiam pari grauitate et salubri moderatione consensit.

7. De quo tibi necesse nunc fuit scribere, ut scias me nihil leuiter egisse, sed secundum quod litteris meis fueram ante conplexus, omnia ad commune concilii nostri consilium distulisse et nemini quidem ex lapsis prius communicasse, quando adhuc erat unde non tantum indulgentiam, sed et coronam lapsus acciperet, postea tamen, sicut et collegii

---

191, 12 diu: *del. Hartel,* diuinis *edd.*

oder die gottlose Opfer dargebracht haben, den Frieden billiger machen[3]. Beide Massnahmen habe ich nach langem Abwägen und Prüfen der Gründe getroffen[4].

6. Doch als nach dem Einschlafen der Verfolgung eine Zusammenkunft möglich wurde, da kamen wir gemäss dem früheren Beschluss in einer grossen Zahl von Bischöfen, die ihr Glaube und der Schutz des Herrn unbelastet und unversehrt erhalten hat, zusammen[5], und nachdem beide Seiten längere Zeit Schriftstellen vorgebracht hatten[6], gelangten wir in heilsamer Mässigung zu einem wohlabgewogenen Ausgleich: Einerseits sollte den Gefallenen die Hoffnung auf Gemeinschaft und Frieden nicht völlig genommen werden, damit sie nicht aus Verzweiflung noch weiter abirrten und deshalb, weil die Kirche ihnen verschlossen bleibe, der Welt folgten und wie die Heiden lebten; anderseits sollte aber auch nicht die Strenge des Evangeliums preisgegeben werden, so dass sie ohne weiteres zur Gemeinschaft schreiten könnten, sondern die Busse sollte längere Zeit ausgedehnt, die väterliche Milde unter Schmerzen erbeten und bei jedem einzelnen sollten der ganze Fall, die Absicht und der ausgeübte Druck geprüft werden[7]. So steht es ja auch in dem Schriftchen, das gewiss in deine Hände gelangt ist; in ihm sind die Hauptbeschlüsse einzeln aufgeführt[8]. Und für den Fall, dass die Zahl der afrikanischen Bischöfe nicht ausreichend schien, haben wir über diese Sache auch nach Rom an unsern Amtsbruder Cornelius geschrieben. Er hat gleichfalls mit sehr vielen Mitbischöfen eine Synode abgehalten und mit der gleichen Festigkeit und heilsamen Mässigung dieselbe Entscheidung getroffen wie wir.

7. Davon musste ich dir jetzt schreiben, damit du weisst, dass ich nicht leichtfertig verfahren bin, sondern, wie ich es in meinen früheren Briefen ausgesprochen hatte, alles bis zu einer gemeinsamen Beratung unsrer Synode aufgeschoben habe. Ich habe also anfangs keinem der Gefallenen die Gemeinschaft gewährt, solange noch ein Gefallener nicht bloss Verzeihung, sondern sogar die Krone empfangen konnte. Später jedoch habe ich, wie es erforderlich war, um die Einheit mit den Amts-

---

[3] Zu pacem laxare vgl. H. Koch, Cyprianische Untersuchungen, 1926, 266—268.
[4] Kap. 4—5 wiederholen die Haltung des Jahres 250, die aus Ep. 15 bis 27 zu ersehen ist.
[5] Im Frühjahr 251. Nach Ep. 59, 15 waren auch Presbyter und Diakone anwesend; von der angekündigten Mitwirkung der Bekenner hört man nichts mehr.
[6] Oder: „nachdem man Schriftstellen für beide Auffassungen lange Zeit verlesen hatte".
[7] Solche Einzeluntersuchung hatte Cyprian Ep. 27, 2 (Nr. 187) noch vermeiden wollen.
[8] Diese Placita und der Brief an Cornelius sind nicht erhalten.

concordia et conligendae fraternitatis ac medendi uulneris utilitas exigebat, necessitate temporum succubuisse et saluti multorum prouidendum putasse, et nunc ab his non recedere, quae semel in concilio nostro de communi conlatione placuerunt, quamuis multa multorum uocibus uentilentur et mendacia aduersus sacerdotes dei de diaboli ore prolata ad rumpendam catholicae unitatis concordiam ubique iactentur. . . .

12. Sed et quod passim communicare sacrificatis Cornelius tibi nuntiatus est, hoc quoque de apostatarum fictis rumoribus nascitur. . . .

13. Si qui enim infirmitatibus occupantur, illis, sicut placuit, in periculo subuenitur. Postea quam tamen subuentum est et periclitantibus pax data est, offocari a nobis non possunt aut opprimi aut ui et manu nostra in exitum mortis urgeri, ut, quoniam morientibus pax datur, necesse sit mori eos qui acceperint pacem, cum magis in hoc indicium diuinae pietatis et paternae lenitatis appareat, quod qui pignus uitae in data pace percipiunt hic quoque ad uitam percepta pace teneantur. Et idcirco si accepta pace commeatus a deo datur, nemo hoc debet in sacerdotibus criminari, cum semel placuerit fratribus in periculo subueniri. Nec tu existimes, frater carissime, sicut quibusdam uidetur, libellaticos cum sacrificatis aequari oportere, quando inter ipsos etiam qui sacrificauerint et condicio frequenter et causa diuersa sit. Neque enim aequandi sunt ille qui ad sacrificium nefandum statim uoluntate prosiliuit et qui reluctatus et congressus diu ad hoc funestum opus necessitate peruenit, ille qui et se et omnes suos prodidit et qui ipse pro cunctis ad discrimen accedens uxorem et liberos et domum totam periculi sui pactione protexit, ille qui inquilinos uel amicos suos ad facinus conpulit et qui inquilinis et colonis pepercit, fratres etiam plurimos qui extorres et profugi recedebant in sua tecta et hospitia recepit, ostendens et offerens domino multas uiuentes et incolumes animas quae pro una saucia deprecentur.

brüdern zu erhalten und die Sammlung der Bruderschaft[9] und die Heilung ihrer Wunden zu fördern, in der Not der Zeiten nachgegeben und geglaubt, für das Heil einer grossen Menge sorgen zu müssen. Jetzt gehe ich nicht ab von dem, was einmal auf unsrer Synode in gemeinsamer Bemühung beschlossen worden ist, wenn auch noch so vieles von vielen geredet wird und gegen die Beschöfe Gottes überall noch so viele Lügen verbreitet werden, die aus des Teufels Munde hervorgegangen sind, um die Eintracht der katholischen Einheit zu zerbrechen.

12. Aber auch wenn du gehört hast, Kornelius halte unterschiedslos mit den Opferern Gemeinschaft, so stammt auch diese Nachricht gleichfalls aus dem frei erfundenen Gerede der Abtrünnigen. ...

13. Falls nämlich Leute von Krankheit befallen werden, kommt man ihnen gemäss dem Beschluss bei Gefahr zu Hilfe. Nachdem aber Hilfe geleistet und ihnen in Lebensgefahr der Friede gewährt worden ist, können wir sie doch nicht ersticken oder erwürgen oder gewaltsam mit eigner Hand zu Tode bringen! Wer den Frieden empfangen hat, muss doch nicht deshalb sterben, weil nur Sterbenden der Friede gewährt wird! Vielmehr ist doch gerade darin das Anzeichen göttlicher Güte und väterlicher Milde zu sehen, dass die, die mit dem Frieden ein Unterpfand des Lebens empfangen, nach Empfang des Friedens auch hier auf Erden im Leben erhalten werden. Wenn nach Empfang des Friedens Gott Aufschub[10] gewährt, darf das also niemand den Bischöfen zum Vorwurf machen, nachdem einmal beschlossen ist, den Brüdern in Lebensgefahr zu Hilfe zu kommen. Glaube auch nicht, lieber Bruder, man müsse, wie einige meinen, die Inhaber von Opferbescheinigungen den Opferern gleichstellen, da doch schon unter denen, die geopfert haben, die Verhältnisse und die Rechtslage oft ganz verschieden sind. Man kann doch nicht den, der sich sofort freiwillig zu dem gottlosen Opfer drängte, mit dem gleichstellen, der nach langem Sträuben und Ringen sich unter Druck zu dieser verderblichen Tat herbeiliess, oder den, der sich und alle Seinen preisgab, mit dem, der sich für alle in die Gefahr begab und Frau und Kinder und sein ganzes Haus schützte durch eine Vereinbarung, deren Gefahr er allein trug, oder den, der seine Hausgenossen oder Freunde zu der Untat antrieb, mit dem, der seine Hausgenossen und Pächter schonte, ja sogar sehr viele Brüder, die als Vertriebene und Flüchtlinge entweichen mussten, in sein gastliches Haus aufnahm, so dass er jetzt dem Herrn viele lebendige, unverletzte Seelen vorweist und herzubringt, die für die eine verletzte Fürbitte leisten können.

---

[9] Die Wiedergewinnung aller ohne Spaltungen.
[10] Nach Grotz (Entwicklung 159 s.) meinen pignus uitae und commeatus die Eucharistie, aber das ist fraglich. Sie diente freilich als Mittel zur Sündenvergebung; s. D. A. Tanghe, Irénikon 34, 1961, 165—181.

14. Cum ergo inter ipsos qui sacrificauerint multa sit diuersitas, quae inclementia est et quam acerba duritia libellaticos cum his qui sacrificauerint iungere, quando is cui libellus acceptus est dicat: Ego prius legeram et episcopo tractante cognoueram non sacrificandum idolis nec simulacra seruum dei adorare debere et idcirco, ne hoc facerem quod non licebat, cum occasio libelli fuisset oblata, quem nec ipsum acciperem nisi ostensa fuisset occasio, ad magistratum uel ueni uel alio eunte mandaui christianum me esse, sacrificare mihi non licere, ad aras diaboli me uenire non posse, dare me ob hoc praemium, ne quod non licet faciam. Nunc tamen etiam iste qui libello maculatus est, posteaquam nobis admonentibus didicit nec hoc se facere debuisse, etsi manus pura sit et os eius feralis cibi contagia nulla polluerint, conscientiam tamen eius esse pollutam, flet auditis nobis et lamentatur et quod deliquerit nunc admonetur et non tam crimine quam errore deceptus quod iam de cetero instructus et paratus sit contestatur.

15. Quorum si paenitentiam respuamus habentium aliquam fiduciam tolerabilis conscientiae, statim cum uxore, cum liberis, quos incolumes reseruauerant, in haeresim uel schisma diabolo inuitante rapiuntur, et adscribetur nobis in die iudicii nec ouem sauciam curasse et propter unam sauciam multas integras perdidisse . . . .

16. Alia est philosophorum et Stoicorum ratio, frater carissime, qui dicunt omnia peccata paria esse et uirum grauem non facile flecti oportere. Inter christianos autem et philosophos plurimum distat. Et cum apostolus dicat: *Videte ne quis uos depraedetur per philosophiam et inanem fallaciam,* uitanda sunt quae non de dei clementia ueniunt, sed de philosophiae durioris praesumptione descendunt. . . . Opem nostram, medellam nostram uulneratis exhibere debemus. Nec putemus mortuos

---

191, 81 s. Col. 2, 8

14. Da also schon unter den Opferern eine grosse Ungleichheit besteht, was für eine Unerbittlichkeit und was für eine schroffe Härte wäre es dann, die Besitzer von Opferbescheinigungen mit den Opferern auf eine Stufe zu stellen. Denn wer eine Opferbescheinigung angenommen hat, könnte doch sagen: Ich hatte vorher gelesen und den Äusserungen des Bischofs entnommen, man dürfe den Götzen nicht opfern, und ein Knecht Gottes dürfe keine Götterbilder verehren; um daher nicht das Unerlaubte zu tun, habe ich, als sich die Gelegenheit bot, eine Opferbescheinigung zu erhalten, die ich ohne die dargebotene Gelegenheit überhaupt nicht angenommen hätte, die Behörde aufgesucht oder ihr durch einen andern, der hinging, mitgeteilt, ich sei Christ, opfern dürfe ich nicht, zu den Altären des Teufels könne ich nicht kommen, deshalb gäbe ich eine Summe, um nicht tun zu müssen, was ich nicht darf. Jetzt aber erfährt der, der sich mit einer Opferbescheinigung befleckt hat, durch unsre Zurechtweisung, er habe nicht einmal dieses tun dürfen, und wenn auch seine Hand rein sei und keine Berührung mit einer tödlichen Speise seinen Mund befleckt habe, sei doch sein Gewissen befleckt; und auch er weint und klagt nun, wenn er uns gehört hat, und kommt jetzt zur Einsicht, dass er sich vergangen habe, und nachdem er weniger in Schuld als in Irrtum geraten ist, versichert er, für die Zukunft nunmehr unterrichtet und gerüstet zu sein.

15. Wenn wir nun die Reue solcher Menschen zurückweisen, die einige Zuversicht eines leidlich guten Gewissens haben, so geraten sie sogleich durch die Lockung des Teufels mit Frau und Kindern, die sie unversehrt erhalten hatten, in eine Häresie oder ein Schisma. Und uns wird am Tage des Gerichtes angerechnet, dass wir das verwundete Schaf nicht gepflegt und wegen des einen verwundeten viele gesunde haben verlorengehen lassen [11]. ...

16. Anders denken die Philosophen und besonders die Stoiker, lieber Bruder; sie sagen, alle Sünden seien gleich, und ein ernster Mann dürfe sich nicht leicht umstimmen lassen. Aber zwischen Christen und Philosophen ist ein sehr grosser Unterschied. Und nach dem Wort des Apostels: *Sehet zu, dass euch niemand ausplündere, durch Philosophie und leeren Trug* muss man alles meiden, was nicht aus der Milde Gottes kommt, sondern von der Anmassung einer allzu harten Philosophie herrührt [12]. ... Den Verletzten müssen wir unsre Hilfe und unser Heilmittel reichen. Und wir wollen nicht meinen, die seien tot, die wir durch die verderb-

---

[11] Im folgenden zeigt Cyprian an Bibelstellen, wie falsch ein solches Verhalten wäre.
[12] Es folgen u. a. Luk. 6, 36 und Matth. 9, 12. — Zur stoischen Gleichbewertung aller Sünden cf. Wilhelm-Hooijbergh, Peccatum 68—71.

85 esse, sed magis semianimes iacere eos quos persecutione funesta sauciatos uidemus; qui si in totum mortui essent, numquam de isdem postmodum et confessores et martyres fierent.

17. Sed quoniam est in illis, quod paenitentia sequente reualescat ad fidem, et ad uirtutem de paenitentia robur armatur, — quod armari non 90 poterit, si quis desperatione deficiat, si ab ecclesia dure et crudeliter segregatus ad gentiles se uias et saecularia opera conuertat uel ad haereticos et schismaticos reiectus ab ecclesia transeat, ubi, etsi occisus propter nomen postmodum fuerit, extra ecclesiam constitutus et ab unitate atque a caritate diuisus coronari in morte non poterit —: et ideo placuit, frater 95 carissime, examinatis causis singulorum libellaticos interim admitti, sacrificatis in exitu subueniri, quia exomologesis apud inferos non est nec ad paenitentiam quis a nobis conpelli potest, si fructus paenitentiae subtrahatur. Si proelium prius uenerit, corroboratus a nobis inuenietur [armatus] ad proelium; si uero ante proelium infirmitas urserit, cum solacio 100 pacis et communicationis abscedit.

18. Neque enim praeiudicamus domino iudicaturo quo minus, si paenitentiam plenam et iustam peccatoris inuenerit, tunc ratum faciat quod a nobis fuerit hic statutum. Si uero nos aliquis paenitentiae simulatione deluserit, *deus* qui *non deridetur* et qui *cor* hominis *intuetur,* de his quae 105 nos minus perspeximus iudicet et seruorum sententiam dominus emendet, ...

19. Cuius (sc. Christi) pietatem et clementiam cogitantes non acerbi adeo nec duri nec in fouendis fratribus inhumani esse debemus, sed dolere cum dolentibus et *cum flentibus flere* et eos quantum possumus auxilio

---

191, 104 cf. Gal. 6, 7; cf. 1. Reg. 16, 7
     109 cf. Rom. 12, 15

   191, 98 s. armatus: *om. complures,* et armatus *unus e codd.*

liche Verfolgung verwundet sehen, sondern vielmehr, sie lägen halbentseelt am Boden; wären sie nämlich ganz tot, so würden niemals aus ihnen nachher Bekenner und Märtyrer.

17. Nun aber ist in ihnen etwas, was durch die anschliessende Busse wieder zum Glauben gesundet, und durch die Busse wird die Kraft zur tapferen Bewährung entfaltet. Diese Kraft könnte aber nicht entfaltet werden, wenn einer aus Verzweiflung abfiele, wenn er, weil die Kirche ihn hart und grausam ausschliesst, sich heidnischen Wegen und weltlichem Verhalten zuwendete oder zu den Häretikern und Schismatikern überginge, weil ihn die Kirche verstossen hat; denn dort kann er auch dann, wenn er später um des Namens willen getötet wird, im Tode nicht die Krone erlangen, weil er ausserhalb der Kirche steht und von der Einheit und der Liebe abgetrennt ist. Und deshalb, lieber Bruder, wurde beschlossen, die, die sich eine Opferbescheinigung verschafft haben, nach Prüfung der Einzelfälle einstweilen [13] aufzunehmen und den Opferern auf dem Sterbebett zu Hilfe zu kommen, weil es in der Unterwelt keine Beichte [14] gibt und weil wir niemand zur Busse anhalten können, wenn ihm die Frucht der Busse versagt wird. Sollte der Kampf vorher ausbrechen, so wird er sich von uns gestärkt erweisen und zum Kampfe gerüstet; überwältigt ihn aber vor dem Kampfe eine Krankheit, so scheidet er mit dem Trost des Friedens und der Gemeinschaft.

18. Wir greifen damit ja dem Urteil des Herrn nicht vor. Wenn er die Busse des Sünders vollständig und angemessen findet, wird er bestätigen, was wir hier auf Erden bestimmt haben. Wenn uns aber jemand durch vorgetäuschte Busse zum besten hält, mag *Gott*, der sich *nicht verspotten lässt* und der *das Herz* des Menschen *sieht*, über das richten, was wir nicht durchschaut haben, und das Urteil seiner Knechte berichtigen .... [15]

19. Wenn wir Christi Güte und Milde bedenken, dürfen wir nicht so ganz streng und hart und bei der Pflege der Brüder nicht unmenschlich sein, sondern müssen mit den Trauernden trauern und *mit den Weinenden weinen* und sie nach Kräften durch die Hilfe und den Trost unsrer Liebe aufrichten, weder ganz unnachgiebig und abweisend, so dass

---

[13] Die Deutung von interim ist umstritten; vgl. Taylor, Theol. Studies 3, 1942, 39; Grotz, Entwicklung 147 s.; dagegen Hübner, Zeitschr. f. kath. Theol. 84, 1962, 210—214. Vgl. auch A. Stuiber, Refrigerium interim, 1957 (Theophaneia 11), S. 70.

[14] Nach Grotz 140 ist die abschliessende Exomologese vor der vollen Wiederaufnahme gemeint, nicht die confessio am Anfang der Busse. Cypr. kann aber auch an das Bussverfahren im ganzen gedacht haben.

[15] Vgl. Poschmann, Paen. sec. 406 und besonders den dort genannten Aufsatz von B. Capelle; anders Grotz 121.

et solacio nostrae dilectionis erigere, nec adeo inmites et pertinaces ad eorum paenitentiam retundendam nec iterum soluti et faciles ad communicationem temere laxandam. Iacet ecce saucius frater ab aduersario in acie uulneratus. Inde diabolus conatur occidere quem uulnerauit, hinc Christus hortatur, ne in totum pereat quem redemit. Cui de duobus adsistimus, in cuius parte stamus? Vtrumne diabolo fauemus ut perimat et *semianimem* fratrem iacentem sicut in euangelio *sacerdos* et *leuites praeterimus?* An uero ut sacerdotes dei et Christi quod Christus et docuit et fecit imitantes uulneratum de aduersarii faucibus rapimus, hunc curatum deo iudici reseruamus?

20. Nec putes, frater carissime, hinc aut uirtutem fratrum minui aut martyria deficere, quod lapsis laxata sit paenitentia et quod paenitentibus spes pacis oblata. Manet uere fidentium robur inmobile et apud timentes ac diligentes corde toto deum stabilis et fortis perseuerat integritas. Nam et moechis a nobis paenitentiae tempus conceditur et pax datur. Non tamen idcirco uirginitas in ecclesia deficit aut continentiae propositum gloriosum per aliena peccata languescit. ... Aliud est ad ueniam stare, aliud ad gloriam peruenire, ... aliud pro peccatis longo dolore cruciatum emundari et purgari diu igne, aliud peccata omnia passione purgasse, aliud denique pendere in die iudicii ad sententiam domini, aliud statim a domino coronari.

21. Et quidem apud antecessores nostros quidam de episcopis istic in prouincia nostra dandam pacem moechis non putauerunt et in totum paenitentiae locum contra adulteria cluserunt. Non tamen a coepiscoporum suorum collegio recesserunt aut catholicae ecclesiae unitatem uel duritiae uel censurae suae obstinatione ruperunt, ut, quia apud alios adulteris pax dabatur, qui non dabat de ecclesia separaretur. Manente concordiae uinculo et perseuerante catholicae ecclesiae indiuiduo sacramento, actum suum disponit et dirigit unusquisque episcopus rationem propositi sui domino redditurus.

191, 116 s. cf. Luc. 10, 30—32

wir ihre Busse zurückstossen, noch anderseits weich und entgegenkommend, so dass wir die Aufnahme in die Gemeinschaft verantwortungslos leicht machen. Siehe, da liegt ein verletzter Bruder, den der Widersacher im Kampf verwundet hat. Dort versucht der Teufel den zu töten, den er verwundet hat; hier mahnt Christus, der solle nicht ganz zugrunde gehen, den er erlöst hat. Zu wem von beiden halten wir uns? Auf wessen Seite stehen wir? Unterstützen wir den Teufel, damit er töten kann, und *gehen* an dem Bruder, der *halbtot* daliegt, *vorüber* wie der *Priester* und der *Levit* im Evangelium? Oder aber ahmen wir als Priester Gottes und Christi nach, was Christus gelehrt und auch getan hat, und reissen den Verwundeten aus dem Rachen des Widersachers und überlassen ihn, wenn er geheilt ist, dem göttlichen Richter?

20. Und glaube nicht, teurer Bruder, deshalb nehme die Tapferkeit der Brüder ab oder werde das Martyrium seltener, weil den Gefallenen die Busse erleichtert und weil den Büssenden Hoffnung auf Frieden eröffnet wurde. Die Kraft der wahrhaft Gläubigen bleibt unerschüttert, und die Festigkeit derer, die Gott fürchten und von ganzem Herzen lieben, bleibt standhaft und tapfer. Wir räumen ja auch den Ehebrechern eine Busszeit ein und gewähren ihnen den Frieden. Und doch nimmt deshalb die Jungfräulichkeit in der Kirche nicht ab, und der ruhmvolle Vorsatz der Enthaltsamkeit erschlafft nicht durch die Sünden anderer. ... Etwas anderes ist es, um Verzeihung anzustehen, als zur Herrlichkeit zu gelangen; ... etwas anderes, für seine Sünden in langem Schmerz gepeinigt und lange Zeit durch Feuer gereinigt und geläutert zu werden, als alle Sünden durch das Martyrium beseitigt zu haben; etwas anderes ist es schliesslich, am Tage des Gerichtes auf das Urteil des Herrn zu warten, als sofort vom Herrn gekrönt zu werden.

21. Allerdings haben unter unsern Vorgängern [16] einige Bischöfe hier aus unsrer Provinz gemeint, man dürfe Ehebrechern nicht den Frieden gewähren, und haben bei Ehebruch gänzlich die Möglichkeit der Busse verweigert. Aber sie trennten sich nicht von der Gemeinschaft ihrer Mitbischöfe und zerbrachen nicht die Einheit der katholischen Kirche durch Unbeugsamkeit in ihrer Härte und richterlichen Strenge, so dass sie deshalb, weil den Ehebrechern bei andern der Friede gewährt wurde, den, der ihn nicht gewährte, von der Kirche getrennt hätten. Während das Band der Eintracht erhalten bleibt und das unteilbare Mysterium der katholischen Kirche fortbesteht, ordnet und regelt jeder Bischof sein Vorgehen selbständig in dem Bewusstsein, vor dem Herrn seine Grundsätze verantworten zu müssen.

---

16 Vielleicht zur Zeit des Bischofs Agrippinus; Poschmann, Paen. sec. 269 s. und 361.

22. Miror autem quosdam sic obstinatos esse, ut dandam non putent lapsis paenitentiam aut paenitentibus existiment ueniam denegandam, cum scriptum sit: *Memento unde cecideris et age paenitentiam et fac priora opera.* Quod utique ei dicitur quem constet cecidisse et quem dominus hortatur per opera rursus exurgere, quia scriptum est: *Eleemosyna a morte liberat,* et non utique ab illa morte quam semel Christi sanguis extinxit et a qua ⟨aqua⟩ nos salutaris baptismi et redemptoris nostri gratia liberauit, sed ab ea quae per delicta postmodum serpit. Alio item loco *paenitentiae tempus* datur et paenitentiam non agenti dominus comminatur, ...

23. Dominus quoque in euangelio pietatem dei patris ostendens ait: *Quis est ex uobis homo quem si petierit filius eius panem, lapidem porrigat illi, aut si piscem postulauerit, serpentem illi porrigat? Si ergo uos, cum sitis nequam, scitis bona data dare filiis uestris, quanto magis pater uester caelestis dabit bona poscentibus eum?* Conparat hic dominus carnalem patrem et dei patris aeternam largamque pietatem. Quod si iste in terris nequam pater offensus grauiter a filio peccatore et malo, si tamen eundem postmodum uiderit reformatum et depositis prioris uitae delictis ad sobrios et bonos mores et ad innocentiae disciplinam paenitentiae dolore correctum, gaudet et gratulatur et susceptum quem ante proiecerat cum uoto paternae exultationis amplectitur, quanto magis unus ille et uerus pater bonus misericors et pius, immo ipse bonitas et misericordia et pietas, laetatur in paenitentia filiorum suorum nec iram paenitentibus aut plangentibus et lamentantibus poenam comminatur, sed ueniam magis et indulgentiam pollicetur. Vnde dominus in euangelio *beatos* dicit *plangentes,* quia qui plangit misericordiam prouocat; qui peruicax et superbus est, *iram sibi* et poenam iudicii uenientis *exaggerat.* Et idcirco, frater carissime, paenitentiam non agentes nec dolorem delictorum suorum toto corde et manifesta lamentationis suae professione testantes prohibendos omnino censuimus a spe communicationis et pacis, si in infirmitate atque in periculo coeperint deprecari, quia rogare illos non delicti paenitentia, sed mortis urgentis admonitio conpellit, nec dignus est in morte accipere solacium qui se non cogitauit esse moriturum.

191, 142 s. Apoc. 2, 5
    144 s. cf. Tob. 4, 10
    148 s. cf. Apoc. 2, 20—22 etc.
    151—154 Matth. 7, 9—11
    155 ss. cf. Luc. 15, 12 ss.
    164 s. cf. Matth. 5, 4
    166 cf. Rom. 2, 5

191, 146 aqua: *add.* Hartel

22. Zu meiner Verwunderung sind einige so starrsinnig, zu meinen, man dürfe die Gefallenen nicht zur Busse zulassen, oder zu glauben, man müsse den Büssern die Verzeihung versagen, während geschrieben steht: *Gedenke, wovon du gefallen bist, und tue Busse und tue die früheren Werke.* Das ist doch sicher zu einem gesagt, der offenkundig gefallen ist und den der Herr auffordert, sich durch Werke wieder zu erheben; denn es steht geschrieben: *Almosen befreit vom Tode,* und gewiss nicht von jenem Tode, den Christi Blut ein für allemal vertilgt hat und von dem uns das heilbringende Wasser der Taufe und die Gnade unsres Erlösers befreit hat, sondern von dem Tode, der sich hinterher durch die Sünden heimlich einstellt. Ebenso wird an anderer Stelle eine *Zeit zur Busse* gewährt, und dem, der keine Busse tut, droht der Herr. ...

23. Auch der Herr weist im Evangelium auf die Güte Gottes des Vaters hin mit den Worten: *Welcher Mensch unter euch gibt, wenn ihn sein Sohn um Brot bittet, ihm einen Stein, oder gibt ihm, wenn er sich einen Fisch wünscht, eine Schlange? Wenn also ihr, die ihr doch böse seid, euren Kindern gute Gaben zu geben wisst, wieviel mehr wird euer himmlischer Vater Gutes geben denen, die ihn bitten?* Hier vergleicht der Herr einen natürlichen Vater mit der ewigen, reichen Güte des göttlichen Vaters. Dieser irdische, böse Vater, den sein sündiger, verdorbener Sohn schwer gekränkt hat, freut sich und jubelt, wenn er ihn nur danach umgewandelt und nach Ablegung der Sünden seines früheren Lebens im Schmerz der Busse zu verständigen, guten Sitten und untadliger Zucht gebessert sieht, und er nimmt den vorher Verstossenen wieder in einem Ausbruch väterlichen Jubels in seine Arme; wieviel mehr freut sich denn jener eine, wahre Vater, der gut, barmherzig und gütig ist, ja der selbst die Güte, Barmherzigkeit und Gütigkeit ist, über die Busse seiner Kinder und droht den Büssenden nicht seinen Zorn oder den Klagenden und Jammernden seine Strafe an, sondern verspricht ihnen vielmehr Verzeihung und Nachsicht! Deshalb nennt der Herr im Evangelium *die Klagenden selig,* weil der Klagende Mitleid weckt; wer aber starrsinnig und stolz ist, *häuft den Zorn* und die Strafe des künftigen Gerichts *auf sich.* Und deshalb, lieber Bruder, haben wir beschlossen, die, die keine Busse tun und nicht den Schmerz über ihre Sünden von ganzem Herzen und durch sichtbaren Erweis ihres Klagens bezeugen, ganz und gar von der Hoffnung auf Gemeinschaft und Frieden auszuschliessen, wenn sie erst in Krankheit und Lebensgefahr anfangen, um Gnade zu bitten; denn solche treibt nicht die Busse über die Sünde, sondern der Gedanke an den nahen Tod zum Bitten, und wer an seinen Tod nicht vorausgedacht hat, verdient nicht, im Tode den Trost zu empfangen.

25. Tunc deinde quantus adrogantiae tumor est . . . ut quis aut audeat aut facere posse se credat, quod nec apostolis concessit dominus, ut *zizania* a *frumento* putet se posse discernere aut, quasi ipsi *palam* ferre *et aream purgare* concessum sit, *paleas* conetur a *tritico* separare, cumque apostolus dicat: *In domo autem magna non solum uasa aurea sunt et argentea, sed et lignea et fictilia,* aurea et argentea uasa uideatur eligere, lignea uero et fictilia contemnere, abicere, damnare, quando non nisi die domini uasa lignea diuini ardoris incendio concrementur et *fictilia* ab eo cui data est *ferrea uirga frangantur.*

26. Aut si se *cordis et renis scrutatorem* constituit (sc. Nouatianus) et iudicem, per omnia aequaliter iudicet et . . . fraudatores et moechos a latere atque a comitatu suo separet, quando multo et grauior et peior sit moechi quam libellatici causa, cum hic necessitate, ille uoluntate peccauerit . . . . Quibus tamen et ipsis paenitentia conceditur et lamentandi ac satisfaciendi spes relinquitur secundum ipsum apostolum dicentem: *Timeo ne forte ueniens ad uos lugeam multos ex his qui ante peccauerunt et non egerunt paenitentiam de inmunditiis quas fecerunt et fornicationibus et libidinibus.*

27. (p. 645, 14) Ita fit ut, si peccato alterius inquinari alterum dicunt et idololatriam delinquentis ad non delinquentem transire sua adseueratione contendunt, excusari secundum suam uocem non possint ab idololatriae crimine, cum constet de apostolica probatione moechos et fraudatores quibus illi communicant idololatras esse. Nobis autem secundum fidem nostram et diuinae praedicationis datam formam conpetit ratio ueritatis unumquemque in peccato suo ipsum teneri nec posse alium pro altero reum fieri, cum dominus praemoneat et dicat: . . . *Non morientur patres pro filiis et filii non morientur pro patribus. Vnusquisque in peccato suo morietur.* Quod legentes scilicet et tenentes neminem putamus a fructu satisfactionis et spe pacis arcendum, cum sciamus iuxta scrip-

---

191, 174 s. cf. Matth. 13, 24—30
   175 s. cf. Matth. 3, 12 par.
   177 ss. 2. Tim. 2, 20 (nr. 15)
   181 cf. Apoc. 2, 27
   182 cf. Psalm. 7, 10
   188 ss. cf. 2. Cor. 12, 20 s. (nr. 10)
   194 s. cf. Eph. 5, 5 et Col. 3, 5
   198 ss. Deut. 24, 16 (post Ez. 18, 20)

25. Und weiter, welch aufgeblasener Dünkel ist es ..., dass jemand [17] wagt oder sich zutraut zu tun, was der Herr nicht einmal den Aposteln gewährt hat, dass er nämlich meint, er könne das *Unkraut* vom *Weizen* sondern, oder, als wäre es ihm gegeben, die *Wurfschaufel* zu nehmen *und die Tenne zu fegen*, versucht, die *Spreu* vom *Weizen* zu trennen, und dass er, während der Apostel sagt: *In einem grossen Hause gibt es aber nicht nur goldene und silberne Gefässe, sondern auch hölzerne und irdene*, meint, die goldenen und silbernen Gefässe zu erwählen, dagegen die hölzernen und irdenen zu verachten, wegzuwerfen und zu verdammen, während doch erst am Tage des Herrn die hölzernen Gefässe von der Flamme der göttlichen Glut verbrannt und *die irdenen* von dem, dem die *eiserne Rute* übergeben ist, *zerschlagen werden*.

26. Oder wenn sich Novatian als *Erforscher von Herz und Nieren* hinstellt und als Richter, dann soll er doch in allem gerecht richten und ... die Betrüger und Ehebrecher von seiner Seite und aus seiner Umgebung entfernen; denn der Fall eines Ehebrechers ist viel schwerer und schlimmer als der eines Menschen mit einer Opferbescheinigung, weil dieser in Not, jener aus eignem Willen gesündigt hat. ... Und doch wird sogar jenen die Busse zugestanden und die Hoffnung gelassen, zu klagen und Genugtuung zu leisten nach dem Worte des Apostels selber: *Ich fürchte, dass ich, wenn ich zu euch komme, wohl trauern muss um viele von denen, die vorher gesündigt und nicht Busse getan haben über die Unreinheit, Unzucht und Schwelgerei, die sie begangen haben*.

27. ... So ergibt sich folgendes. Wenn sie versichern, die Sünde des einen beflecke den andern, und mit ihrem gewohnten Starrsinn behaupten, der Götzendienst des Täters gehe über auf den, der ihn nicht begangen hat, dann können sie nach ihren eignen Worten nicht von der Schuld des Götzendienstes freigesprochen werden, da ja durch den Beweis des Apostels feststeht, dass die Ehebrecher und Betrüger, mit denen sie Gemeinschaft halten, Götzendiener sind. Uns dagegen ergibt sich aus unserm Glauben und dem überlieferten Wortlaut der göttlichen Botschaft als wahrhaftige Lehre, dass jeder einzelne nur für seine eigne Sünde haftet [18] und nicht der eine für den andern zur Rechenschaft gezogen werden kann; denn der Herr mahnt im voraus und sagt: ... *Die Väter sollen nicht für die Kinder noch die Kinder für die Väter sterben, ein jeder soll für seine eigne Sünde sterben*. Da wir dies lesen und uns daran halten, glauben wir natürlich, dass niemand von der Frucht der Genugtuung und der Hoffnung auf Frieden ausgeschlossen werden

---

17 Wie Novatian; s. Kap. 24 und 26.
18 Das schliesst nicht aus, dass man durch kirchliche Gemeinschaft mit sündigen Gemeindegliedern und Bischöfen selbst schuldig wird (Ep. 67, 3 und 9).

turarum diuinarum fidem auctore et hortatore ipso deo et ad agendam
paenitentiam peccatores redigi et ueniam atque indulgentiam paenitentibus non denegari.

192   ibidem LVII, 1—4 (Epistula synodalis XXXXII episcoporum Africanorum,
data mense Maio uel Iunio a. 252 uel 253)

Cyprianus, Liberalis, Caldonius . . . Cornelio fratri s.

1. Statueramus quidem pridem, frater carissime, participato inuicem
nobiscum consilio ut, qui in persecutionis infestatione subplantati ab
aduersario et lapsi fuissent et sacrificiis se inlicitis maculassent, agerent
5 diu paenitentiam plenam et si periculum infirmitatis urgueret, pacem sub
ictu mortis acciperent. Nec enim fas erat aut permittebat paterna pietas
et diuina clementia ecclesiam pulsantibus cludi et dolentibus ac deprecan-
tibus spei salutaris subsidium denegari, ut de saeculo recedentes sine
communicatione et pace ad dominum dimitterentur, quando permiserit
10 ipse et legem dederit ut *ligata in terris et in caelis ligata* essent, *solui
autem possent illic quae hic prius in ecclesia soluerentur.* Sed enim cum
uideamus diem rursus alterius infestationis adpropinquare coepisse et
crebris atque adsiduis ostensionibus admoneamur, ut ad certamen quod
nobis hostis indicit armati et parati simus, plebem etiam nobis de diuina
15 dignatione commissam exhortationibus nostris paremus et omnes omnino
milites Christi, qui arma desiderant et proelium flagitant, intra castra
dominica colligamus, necessitate cogente censuimus eis, qui de ecclesia
domini non recesserunt et paenitentiam agere et lamentari ac dominum
deprecari a primo lapsus sui die non destiterunt, pacem dandam esse et
20 eos ad proelium quod inminet armari et instrui oportere.

2. . . . Merito enim trahebatur dolentium paenitentia tempore longiore,
ut infirmis in exitu subueniretur, quamdiu quies et tranquillitas aderat . . . .
At uero nunc non infirmis, sed fortibus pax necessaria est nec morientibus, sed uiuentibus communicatio a nobis danda est, ut, quos excitamus
25 et hortamur ad proelium, non inermes et nudos relinquamus, sed protectione sanguinis et corporis Christi muniamus . . . . Aut quomodo ad mar-

---

192, 10 s. cf. Matth. 16, 19; 18, 18 (nr. 1 et 2)

darf; denn aus dem Zeugnis der göttlichen Schriften wissen wir, dass auf Gottes eigne Anordnung und Mahnung hin die Sünder angehalten werden, Busse zu tun, und denen, die Busse tun, die Verzeihung und Nachsicht nicht versagt werden.

> Ebenda LVII, 1—4 (Synodalschreiben von 42 afrikanischen Bischöfen).
> Cyprianus, Liberalis, Caldonius ... grüssen ihren Bruder Cornelius
> 1. Wir hatten vor längerer Zeit[1], lieber Bruder, nach gegenseitigem Meinungsaustausch beschlossen, es sollten die, welche im Ansturm der Verfolgung vom Widersacher überlistet worden und gefallen wären und sich mit unerlaubten Opfern befleckt hätten, lange Zeit volle Busse tun, und wenn sie Krankheitsgefahr bedrohe, sollten sie vor Eintritt des Todes den Frieden erhalten. Denn es wäre nicht recht gewesen und die väterliche Güte und göttliche Barmherzigkeit liess es nicht zu, dass die Kirche den Anklopfenden verschlossen bliebe und den Trauernden und Flehenden die Hilfe der heilbringenden Hoffnung versagt würde, so dass sie beim Scheiden aus der Welt ohne Gemeinschaft und Frieden zum Herrn entlassen würden, während er selbst doch erlaubt und geboten hat, *was auf Erden gebunden sei,* solle *auch im Himmel gebunden* sein, aber es könne dort *gelöst* werden, was vorher hier in der Kirche gelöst werde. Aber nun sehen wir, dass der Tag eines zweiten Ansturms schon näherkommt, und ständig mahnen uns zahlreiche Anzeichen, zu dem Kampf, den der Feind uns ansagt, gerüstet und bereit zu sein, auch das uns durch göttliche Gunst anvertraute Volk mit unsern Ermahnungen bereitzumachen und im Lager des Herrn alle Streiter Christi ohne Ausnahme zu sammeln, die Waffen wünschen und zum Kampfe drängen. In dieser Notlage haben wir es für richtig gehalten, man solle denen, die sich von der Kirche des Herrn nicht zurückgezogen haben und vom ersten Tag ihres Falles an unablässig Busse tun, klagen und den Herrn anflehen, den Frieden gewähren, und man müsse sie zum bevorstehenden Kampfe rüsten und wappnen.
> 2. ... Solange Friede und Ruhe herrschten, zog man mit Recht die Busse der Leidtragenden längere Zeit hin und kam nur den Kranken auf dem Sterbebett zu Hilfe .... Aber jetzt haben nicht Schwache, sondern Starke den Frieden nötig, und nicht Sterbenden, sondern Lebenden müssen wir die Gemeinschaft gewähren. Denn wir dürfen die, die wir zum Kampfe aufrufen und mahnen, nicht ohne Waffen und Schutz lassen, sondern müssen sie mit dem Schutz des Blutes und Leibes Christi aus-

---

[1] Auf dem Frühjahrskonzil 251.

tyrii *poculum* idoneos facimus, si non eos prius ad bibendum in ecclesia poculum domini iure communicationis admittimus?

3. Interesse debet, frater carissime, inter eos, qui uel apostatauerunt et ad saeculum cui renuntiauerant reuersi gentiliter uiuunt uel ad haereticos transfugae facti contra ecclesiam parricidalia cotidie arma suscipiunt, et inter eos, qui ab ecclesiae limine non recedentes et inplorantes iugiter ac dolenter diuina et paterna solacia nunc se ad pugnam paratos esse et pro domini sui nomine ac pro sua salute stare fortiter et pugnare profitentur. ... (l. 24) Si autem, quod dominus auertat a fratribus nostris, aliquis lapsorum fefellerit, ut pacem subdole petat et inpendentis proelii tempore communicationem non proeliaturus accipiat, se ipsum fallit et decipit, qui aliud corde occultat et aliud uoce pronuntiat. Nos in quantum nobis et uidere et iudicare conceditur, faciem singulorum uidemus, cor scrutari et mentem perspicere non possumus. De his iudicat occultorum scrutator et cognitor cito uenturus et de arcanis cordis atque abditis iudicaturus. Obesse autem mali bonis non debent, sed magis mali a bonis adiuuari. Nec ideo martyrium facturis pax neganda est, quia sunt quidam negaturi, cum propter hoc pax danda sit omnibus militaturis, ne per ignorantiam nostram ille incipiat praeteriri qui habet in proelio coronari.

4. Nec quisquam dicat: Qui martyrium tollit, sanguine suo baptizatur, nec pax illi ab episcopo necessaria est habituro gloriae suae pacem et accepturo maiorem de domini dignatione mercedem. ... quomodo potest ad confessionem paratus aut idoneus inueniri, qui non prius pace accepta receperit *spiritum patris, qui* corroborans seruos suos ipse *loquitur* et confitetur *in nobis?* ...

192, 27 cf. Marc. 10, 38 par.
    50 s. cf. Matth. 10, 20

rüsten. ... Oder wie können wir sie fähig machen, den *Kelch* des Martyriums zu *trinken,* wenn wir sie nicht vorher kraft des Rechtes der Gemeinschaft zulassen, in der Kirche den Kelch des Herrn zu trinken?

3. Man muss einen Unterschied machen, lieber Bruder, zwischen denen, die entweder vom Glauben abgefallen und in die Welt, der sie abgesagt hatten, zurückgekehrt sind und dort als Heiden leben oder zu den Irrlehrern übergelaufen sind und gegen die Kirche täglich ihre hochverräterischen Waffen erheben, und anderseits denen, die nicht von der Schwelle der Kirche weichen, beständig voll Trauer den göttlichen, väterlichen Trost erflehen und versichern, jetzt zum Kampfe bereit zu sein und für den Namen ihres Herrn und für ihr eignes Heil tapfer standzuhalten und zu kämpfen. ... Falls aber — was der Herr von unsern Brüdern abwenden möge — einer der Gefallenen eine Täuschung begehen sollte, indem er heuchlerisch um Frieden bittet und im Augenblick drohenden Kampfes ohne die Bereitschaft zu kämpfen die Gemeinschaft empfängt, so betrügt und täuscht er sich selbst; er verbirgt etwas anderes im Herzen, als er mit Worten ausspricht. Wir — soweit es uns überhaupt gegeben ist zu sehen und zu urteilen — sehen bei jedem nur das Äussere; das Herz zu erforschen und die Gesinnung zu durchschauen vermögen wir nicht. Darüber urteilt der, der das Verborgene erforscht und erkennt; er wird bald kommen und über die verborgenen Geheimnisse des Herzens richten. Aber schaden dürfen die Bösen den Guten nicht, sondern sie müssen vielmehr von den Guten Beistand empfangen. Und man darf nicht denen, die dem Blutzeugnis entgegengehen, deswegen den Frieden verweigern, weil einige verleugnen werden; sondern der Friede ist allen, die in den Kampf ziehen, deshalb zu gewähren, damit nicht durch unser Unverständnis vielleicht jener übergangen wird, der im Kampfe gekrönt werden soll.

4. Es sage keiner: Wer das Martyrium auf sich nimmt, wird mit seinem Blute getauft, und der Friede durch den Bischof ist für den nicht nötig, der den Frieden seiner Herrlichkeit besitzen und von der Gnade des Herrn einen noch grösseren Lohn empfangen wird. ... Wie kann sich einer zum Bekenntnis bereit oder befähigt erweisen, der nicht vorher mit dem Frieden den *Geist des Vaters* empfangen hat, *der* seine Knechte stärkt, indem er selbst *in uns redet* und das Bekenntnis ablegt?

193   ibidem LIX, 15—17 (ca. aestate a. 252)
        Cyprianus Cornelio fratri s.

        15. (p. 684, 22) Neque enim sic putramina quaedam colligenda sunt,
        ut quae integra et sana sunt uulnerentur . . . . O si posses, frater
        carissime, istic interesse nobiscum, cum praui isti et peruersi de schismate
     5 reuertuntur; uideres, quis mihi labor sit persuadere patientiam fratribus
        nostris, ut animi dolore sopito recipiendis malis curandisque consentiant.
        Namque ut gaudent et laetantur, cum tolerabiles et minus culpabiles
        redeunt, ita contra fremunt et reluctantur, quotiens inemendabiles et
        proterui et uel adulteriis uel sacrificiis contaminati et post haec adhuc
    10 insuper et superbi sic ad ecclesiam remeant, ut bona intus ingenia corrum-
        pant. Vix plebi persuadeo, immo extorqueo, ut tales patiantur admitti.
        Et iustior factus est fraternitatis dolor ex eo, quod unus atque alius obni-
        tente plebe et contradicente mea tamen facilitate suscepti peiores extite-
        runt quam prius fuerant nec fidem paenitentiae seruare potuerunt, quia
    15 nec cum uera paenitentia uenerant.

        16. De istis uero quid dicam, qui nunc ad te cum Felicissimo omnium
        criminum reo nauigauerunt legati a Fortunato pseudoepiscopo missi . . . ?
        Denique quia conscientiam suam norunt, nec audent uenire aut ad
        ecclesiae limen accedere, sed foris per prouinciam circumueniendis fratri-
    20 bus et spoliandis pererrant et omnibus iam satis noti atque undique pro
        suis facinoribus exclusi illuc etiam ad uos nauigant. Neque enim potest
        illis frons esse ad nos accedendi aut apud nos consistendi, cum sint acer-
        bissima et grauissima crimina quae eis a fratribus ingerantur. Si iudicium
        nostrum uoluerint experiri, ueniant. Denique si qua illis excusatio et
    25 defensio potest esse, uideamus quem habeant satisfactionis suae sensum,
        quem adferant *paenitentiae fructum*. Nec ecclesia istic cuiquam cluditur
        nec episcopus alicui denegatur. Patientia et facilitas et humanitas nostra

---

193, 26 cf. Matth. 3, 8 par.

Ebenda LIX, 15—17. Cyprian grüsst seinen Bruder Cornelius.

15. Man darf nämlich etwas Faules nicht in der Weise wiederaufnehmen, dass geschädigt wird, was heil und gesund ist ... . Ach könntest du doch, lieber Bruder, hier bei uns sein, wenn diese Verirrten und Verführten aus ihrem Schisma[1] zurückkehren! Dann könntest du sehen, welche Mühe ich habe, unsre Brüder zu überreden, Geduld zu üben, dass sie ihren Schmerz beschwichtigen lassen und der Aufnahme und Pflege der Gestrauchelten zustimmen. Denn gewiss freuen sie sich und jubeln sie, wenn solche zurückkehren, die noch tragbar und weniger schuldig sind; aber sie murren und wehren sich jedesmal, wenn unverbesserliche und hochfahrende Leute, die sich mit Ehebruch oder Opfer befleckt haben und dann noch obendrein hochmütig sind, zur Kirche zurückkehren, um die Gutgesinnten in ihr zu verderben. Nur mit Mühe überrede ich die Gemeinde dazu, vielmehr ich ringe es ihr ab, die Zulassung solcher Menschen zu dulden. Und der Unwille der Bruderschaft ist um so berechtigter gewesen, als ein paar Leute, die ich in meinem Entgegenkommen trotz des Sträubens und Widerspruchs der Gemeinde aufgenommen hatte, sich schlechter erwiesen haben, als sie früher gewesen waren, und ihre Busse nicht gewissenhaft halten konnten, weil sie auch nicht in wahrer Busse gekommen waren.

16. Was soll ich nun von denen sagen, die jetzt mit Felicissimus, der aller möglichen Verbrechen schuldig ist, als Gesandte des falschen Bischofs Fortunatus zu dir gereist sind ... ? ... Kurz gesagt, weil sie sich schuldig fühlen, wagen sie nicht zu kommen oder an die Schwelle der Kirche zu treten, sondern irren draussen durch die Provinz, um die Brüder zu hintergehen und auszuplündern, und da sie allen schon reichlich bekannt und überall wegen ihrer Untaten ausgeschlossen sind, reisen sie auch noch zu euch hin. Dazu können sie ja nicht die Stirn haben, an uns heranzutreten oder bei uns zu verweilen, da die Verbrechen, die ihnen die Brüder vorhalten, äusserst schlimm und schwer sind. Wenn sie unseren Urteilsspruch auf sich nehmen wollen, mögen sie kommen[2]. Ja, kann es für sie eine Entschuldigung und Verteidigung geben, so wollen wir sehen, wie sie über ihre Genugtuung denken und welche *Frucht der Busse* sie bringen. Keinem wird hier die Kirche verschlossen, und keinem versagt sich der Bischof. Unsere Geduld, unsere Bereitwilligkeit und

---

[1] Vgl. Kap. 16. — Die Gegner nahmen Abgefallene und Ehebrecher ohne Satisfaktionsbusse und Exomologese auf (Kap. 13 und 14), begnügten sich also wohl mit einem einfachen Schuldbekenntnis.
[2] Das Konzil von 251 hatte ausdrücklich die Verantwortung vor dem zuständigen Bischof angeordnet (Kap. 14).

uenientibus praesto est. Opto omnes in ecclesiam regredi, opto uniuersos conmilitones nostros intra Christi castra et dei patris domicilia concludi.
30 Remitto omnia, multa dissimulo studio et uoto colligendae fraternitatis. Etiam quae in deum commissa sunt, non pleno iudicio religionis examino. Delictis plus quam quod oportet remittendis paene ipse delinquo. Amplector prompta et plena dilectione cum paenitentia reuertentes, peccatum suum satisfactione humili et simplici confitentes.
35 17. Si qui autem sunt qui putant se ad ecclesiam non precibus, sed minis regredi posse aut existimant aditum se sibi non lamentationibus et satisfactionibus, sed terroribus facere, pro certo habeant contra tales clusam stare ecclesiam domini nec castra Christi inuicta et fortia et domino tuente munita minis cedere. ...

194 ibidem LXIV, 1 (a. 251 uel 253)

Cyprianus et ceteri collegae qui in concilio adfuerunt numero LXVI Fido fratri s.

Legimus litteras tuas, frater carissime, quibus significasti de Victore quondam presbytero, quod ei, antequam paenitentiam plenam egisset et
5 domino deo in quem deliquerat satisfecisset, temere Therapius collega noster inmaturo tempore et praepropera festinatione pacem dederit. Quae res nos satis mouit, recessum esse a decreti nostri auctoritate, ut ante legitimum et plenum tempus satisfactionis et sine petitu et conscientia plebis nulla infirmitate urgente ac necessitate cogente pax ei concede-
10 retur. Sed librato apud nos diu consilio satis fuit obiurgare Therapium collegam nostrum, quod temere hoc fecerit et instruxisse ne quid tale de cetero faciat; pacem tamen quomodocumque a sacerdote dei semel datam non putauimus auferendam ac per hoc Victori communicationem sibi concessam usurpare permisimus.

Menschlichkeit stehen für die bereit, die kommen. Mein Wunsch ist es, dass alle in die Kirche zurückkehren, mein Wunsch ist, dass das Heerlager Christi und die Behausungen Gottes des Vaters unsre Mitstreiter insgesamt umschliessen. Ich verzeihe alles, ich übersehe vieles in dem Bemühen und dem Wunsch, die Bruderschaft zu sammeln. Sogar Vergehen gegen Gott untersuche ich nicht mit der vollen Gewissenhaftigkeit eines Gerichts. Indem ich ihre Sünden über Gebühr verzeihe, sündige ich fast selber. Mit entgegenkommender, uneingeschränkter Liebe nehme ich die auf, die mit Reue zurückkehren und ihre Sünde mit demütiger, ungeheuchelter Genugtuung bekennen.

17. Wenn aber einige meinen, sie könnten zur Kirche nicht bittend, sondern drohend zurückkommen, oder denken, sie verschafften sich den Zugang nicht durch Klagen und Genugtuungsleistungen, sondern durch Einschüchterungen, dann sollen sie sicher sein, dass gegen solche die Kirche des Herrn verschlossen bleibt und das Heerlager Christi, das unbesiegbar, tapfer und unter dem Schutz des Herrn gesichert ist, keinen Drohungen nachgibt.

Ebenda LXIIII, 1. Cyprian und die 66 anderen Amtsbrüder, die auf dem Konzil anwesend waren, grüssen ihren Bruder Fidus.

Wir haben dein Schreiben gelesen, lieber Bruder, in dem du über den ehemaligen[1] Presbyter Viktor mitteilst, unser Amtsbruder Therapius habe ihm, bevor er die volle Busse getan und Gott dem Herrn, gegen den er gesündigt hatte, Genugtuung geleistet habe, leichtfertig den Frieden zur Unzeit und in vorschneller Eile gewährt. Es hat uns sehr erschüttert, dass man von unserm gültigen Beschluss[2] abgewichen ist, um ihm vor der vollen, vorgeschriebenen Zeit der Genugtuung und ohne Aufforderung und Mitwissen der Gemeinde den Frieden zuzugestehen, ohne dass eine Krankheit Gefahr brachte und eine Notlage dazu zwang. Aber nachdem wir unsere Massnahme lange miteinander erwogen hatten, haben wir uns damit begnügt, unsern Amtsbruder Therapius wegen seines leichtfertigen Handelns zu tadeln und ihn anzuweisen, in Zukunft nicht mehr so zu verfahren; aber den Frieden, den nun einmal ein Priester Gottes auf welche Weise auch immer erteilt hat, meinten wir nicht entziehen zu dürfen, und wir haben deshalb Viktor gestattet, von der ihm zugestandenen Gemeinschaft Gebrauch zu machen.

---

1 Kleriker verloren durch eine schwere Verfehlung ihr Amt.
2 Wohl vom Frühjahr 251; s. Ep. 55, 6. 13 (Nr. 191).

Cyprianus, De lapsis (uere a. 251), ed. G. Hartel, CSEL III, 1, 1868

XVII—XVIII et XX

XVII. Nemo se fallat, nemo decipiat. Solus dominus misereri potest. Veniam peccatis quae in ipsum commissa sunt solus potest ille largiri qui peccata nostra portauit, qui pro nobis doluit, quem deus tradidit pro peccatis nostris. Homo deo maior non potest esse, nec remittere aut
5 donare indulgentia sua seruus potest quod in dominum delicto grauiore commissum est, ne adhuc lapso et hoc accedat ad crimen, si nesciat esse praedictum: *Maledictus homo qui spem habet in hominem.* Dominus orandus est, dominus nostra satisfactione placandus est, qui negantem negare se dixit, qui omne iudicium de patre solus accepit. Credimus qui-
10 dem posse apud iudicem plurimum martyrum merita et opera iustorum, sed cum iudicii dies uenerit, cum post occasum saeculi huius et mundi ante tribunal Christi populus eius adstiterit.

XVIII. ... (p. 250, 18) Mandant aliquid martyres fieri; si scripta non sunt in domini lege quae mandant, ante est ut sciamus illos de
15 domino inpetrasse quod postulant, tunc facere quod mandant. Neque enim statim uideri potest diuina maiestate concessum quod fuerit humana pollicitatione promissum.

XX. In euangelio dominus loquitur dicens: *Qui confessus me fuerit coram hominibus, et ego confitebor eum coram patre meo qui est in*
20 *caelis; qui autem me negauerit, et ego negabo eum.* Si negantem non negat, nec confitentem confitetur. Non potest euangelium in parte consistere et in parte nutare. ... Ita martyres aut nihil possunt, si euangelium solui potest, aut si euangelium solui non potest, contra euangelium facere non possunt qui de euangelio martyres fiunt. ... ut ab
25 episcopis contra mandatum dei fiat, auctores esse non possunt qui ipsi dei mandata fecerunt. ...

195, 7 cf. Ier. 17, 5
18—20 Matth. 10, 32 s.

Cyprian, Über die Gefallenen XVII—XVIII und XX

XVII. Keiner täusche, keiner betrüge sich! Der Herr allein kann begnadigen. Sünden, die gegen ihn begangen sind, kann er allein verzeihen, der unsre Sünden getragen, der für uns gelitten, den Gott für unsre Sünden dahingegeben hat. Der Mensch kann nicht grösser sein als Gott, und der Diener kann nicht durch seine Güte verzeihen oder erlassen, was in einem schweren Vergehen gegen den Herrn begangen worden ist. Sonst verschlimmert der Gefallene noch seine Schuld, wenn er nämlich die Weissagung nicht versteht: *Verflucht ist der Mensch, der seine Hoffnung auf einen Menschen setzt.* Der Herr muss gebeten werden, der Herr muss durch unsre Genugtuung versöhnt werden, er, der gesagt hat, er verleugne den Verleugner, er, der allein vom Vater das ganze Gericht übernommen hat. Wir glauben zwar, dass die Verdienste der Märtyrer und die Werke der Gerechten bei dem Richter sehr viel ausrichten, aber erst, wenn der Tag des Gerichtes gekommen ist [1], wenn nach dem Untergang dieser zeitlichen Welt das Volk Christi vor seinen Richtstuhl getreten ist.

XVIII. Die Märtyrer ordnen etwas an. Wenn ihre Anordnungen im Gesetz des Herrn nicht geschrieben stehen, müssen wir erst wissen, dass sie von dem Herrn erlangt haben, was sie wünschen, und dann erst kann man tun, was sie anordnen. Denn man kann nicht gleich annehmen, die göttliche Majestät habe gewährt, was ein menschliches Versprechen verheissen hat.

XX. Im Evangelium sagt der Herr also: *Wer mich bekennet vor den Menschen, den will ich auch bekennen vor meinem himmlischen Vater; wer mich aber verleugnet, den will ich auch verleugnen.* Wenn er den Verleugner nicht verleugnet, dann bekennt er auch nicht den Bekenner. Das Evangelium kann nicht im einen Teil feststehen und in einem andern Teil wanken. ... Daher vermögen die Märtyrer entweder nichts, wenn nämlich das Evangelium ausser Kraft gesetzt werden kann, oder wenn das Evangelium nicht ausser Kraft gesetzt werden kann, können die nicht gegen das Evangelium handeln, die wegen des Evangeliums zu Märtyrern werden. ... Dass die Bischöfe gegen das Gebot Gottes handeln, können die nicht veranlassen, die selber Gottes Gebote erfüllt haben. ...

---

[1] Dazu verweist Cyprian in Kap. 18 auf Apok. 6, 10 s.

196   ibidem XXVII—XXVIII

XXVII. Nec sibi quo minus agant paenitentiam blandiantur qui, etsi nefandis sacrificiis manus non contaminauerunt, libellis tamen conscientiam miscuerunt. Et illa professio est denegantis, contestatio est christiani quod fuerat abnuentis. ... Viderit an minore uel dedecore uel crimine apud homines publicauerit quod admisit; deum tamen iudicem fugere et uitare non poterit ... .

XXVIII. Denique quanto et fide maiore et timore meliore sunt qui quamuis nullo sacrificii aut libelli facinore constricti, quoniam tamen de hoc uel cogitauerunt, hoc ipsum apud sacerdotes dei dolenter et simpliciter confitentes exomologesim conscientiae faciant, animi sui pondus exponant, salutarem medellam paruis licet et modicis uulneribus exquirant scientes scriptum esse: *Deus non deridetur.* ... Facilius potest (sc. libellaticus) ad ueniam criminis peruenire, non est tamen inmunis a crimine; nec cesset in agenda paenitentia atque in domini misericordia deprecanda, ne, quod minus esse in qualitate delicti uidetur, in neglecta satisfactione cumuletur.

197   *Cyprianus,* De dominica oratione XII (a. 252),
      ed. G. Hartel (cf. nr. 195) (ad Matth. 6, 9)

(p. 274, 25) Sed quia ipse dixit: *Sancti estote, quoniam et ego sanctus sum,* id petimus et rogamus, ut, qui in baptismo sanctificati sumus, in eo quod esse coepimus perseueremus. Et hoc cottidie deprecamur. Opus est enim nobis cottidiana sanctificatio, ut, qui cottidie delinquimus, delicta nostra sanctificatione adsidua repurgemus. ...

198   *Cyprianus,* De opere et eleemosynis II (a. 252), ed. G. Hartel (cf. nr. 195)

Loquitur in scripturis spiritus sanctus et dicit: *Eleemosynis et fide delicta purgantur.* Non utique illa delicta quae fuerant ante contracta; nam illa Christi sanguine et sanctificatione purgantur. Item denuo dicit:

196, 12 Gal. 6, 7
197, 1 s. Leu. 11, 44
198, 1 s. Prou. 16, 6 (15, 27 a LXX)

Ebenda XXVII—XXVIII

XXVII. Auch diejenigen, die zwar nicht mit verbrecherischen Opfern ihre Hände entweiht, aber doch mit Opferbescheinigungen ihre Gewissen verwirrt haben, sollen sich nicht schmeicheln, sie brauchten keine Busse zu leisten. Auch das ist das Bekenntnis eines Verleugners, die feierliche Erklärung eines Christen, der abstreitet, was er war. ... Er mag sehen, ob er vor den Menschen seine Tat mit weniger Schande und Schuld bekanntmachen kann; vor Gott jedoch und seinem Gericht wird er nicht entfliehen und ausweichen können. ...

XXVIII. Wieviel grösser ist da doch der Glaube und wieviel besser die Furcht jener, die überhaupt nicht in das Vergehen eines Opfers oder einer Opferbescheinigung verwickelt sind und trotzdem, weil sie daran auch nur gedacht haben, selbst dies vor den Priestern Gottes mit Schmerzen unumwunden bekennen und eine Beichte des Gewissens leisten [1], die Last von ihrer Seele ablegen und für ihre doch gewiss kleinen und leichten Wunden das rettende Heilmittel suchen. Denn sie wissen, dass geschrieben steht: *Gott lässt sich nicht spotten.* ... Wer sich eine Opferbescheinigung verschafft hat, kann leichter [2] für seine Schuld Verzeihung erlangen; aber frei von Schuld ist er nicht. Daher säume er nicht, Busse zu tun und Gottes Erbarmen zu erflehen, damit nicht, was nach der Art des Vergehens leichter erscheint, durch Vernachlässigung der Genugtuung sich häuft.

Cyprian, Über das Gebet des Herrn XII

Aber weil er selber gesagt hat: *Ihr sollt heilig sein, weil auch ich heilig bin*, bitten und flehen wir darum, dass wir, die in der Taufe geheiligt worden sind, in dem beharren, was wir zu sein angefangen haben. Und täglich bitten wir inständig darum. Denn wir bedürfen der täglichen Heiligung, damit wir, die wir täglich sündigen, unsre Sünden durch beständige Heiligung wieder abwaschen.

Cyprian, Über gute Werke und Almosen II

In der Schrift spricht der Heilige Geist und sagt: *Durch Almosen und Treue werden Sünden abgewaschen.* Sicher nicht jene Sünden, die vorher begangen worden waren [1]; denn diese werden durch Christi Blut und

---
1 Dazu s. Grotz, Entwicklung S. 88 ss.
2 Leichter als ein Opferer (sacrificatus).

1 Vor der Taufe. Da diese (s. Kap. 1) zur Sündlosigkeit verpflichtet, kommt Gott der menschlichen Ohnmacht mit dem Hinweis auf Vergebung durch Almosen zu Hilfe.

Sicut aqua ignem extinguet, sic eleemosyna extinguet peccatum. Hic quoque ostenditur et probatur quia, sicut lauacro aquae salutaris gehennae ignis extinguitur, ita eleemosynis atque operationibus iustis delictorum flamma sopitur. Et quia semel in baptismo remissa peccatorum datur, adsidua et iugis operatio baptismi instar imitata dei rursus indulgentiam largiatur. Hoc et dominus in euangelio docet. Nam cum denotarentur discipuli eius, quod ederent nec prius manus abluissent, respondit et dixit: *Qui fecit quod est intus, fecit et quod foris est: Verum date eleemosynam, et ecce uobis munda omnia,* docens scilicet et ostendens non manus lauandas esse, sed pectus et sordes intrinsecus potius quam extrinsecus detrahendas, uerum qui purgauerit quod est intus, eum quoque id quod foris est repurgasse et emundata mente cute quoque et corpore mundum esse coepisse. Porro autem monens et ostendens unde mundi et purgati esse possimus, addidit eleemosynas esse faciendas. Misericors monet misericordiam fieri, et quia seruare quaerit quos *magno redemit,* post gratiam baptismi sordidatos docet denuo posse purgari.

198, 4 Sirach 3, 30
   11 s. cf. Luc. 11, 40 s.
   18 cf. 1. Cor. 6, 20; 7, 23

198, 8 dei *codd.*: deum *Routh*

Heiligung abgewaschen. In demselben Sinne sagt er abermals: *Wie Wasser das Feuer löschen wird, so wird Almosen die Sünde auslöschen.* Auch hier wird gezeigt und bewiesen, dass so, wie durch das Bad des heilbringenden Wassers das Feuer der Hölle gelöscht wird, durch Almosen und gerechte Werke [2] die Flamme der Sünden eingeschläfert wird. Und weil nur einmal in der Taufe die Verzeihung der Sünden gewährt wird, soll ein beständiges, dauerndes Wohltun die Taufe nachahmen und abermals Gottes Nachsicht schenken [3]. Das lehrt auch der Herr im Evangelium. Als nämlich seine Jünger getadelt wurden, dass sie ässen, ohne vorher die Hände zu waschen, antwortete er und sprach: *Der das Innere geschaffen hat, hat auch das Äussere geschaffen. Doch gebt Almosen und seht, es ist euch alles rein.* Selbstverständlich hat er damit gelehrt und gezeigt, dass man nicht die Hände waschen solle, sondern das Herz und eher den inneren als den äusseren Schmutz entfernen solle, dass aber der, der das Innere gereinigt hat, auch das Äussere gereinigt hat und durch die Reinigung des Herzens auch an Haut und Körper rein geworden ist. Als er aber weiter vor Augen halten und zeigen wollte, woher wir sauber und rein sein können, fügte er hinzu, man müsse Almosen geben. Der Barmherzige mahnt, Barmherzigkeit zu üben, und weil er die bewahren will, die er *teuer erkauft* hat, lehrt er, wer sich nach der Taufe beflecke, könne von neuem gereinigt werden.

---

[2] D. h. Wohltätigkeit.
[3] Cyprian scheint die geschenkte remissa von der verdienten indulgentia zu unterscheiden; vgl. Clemens Al. Strom. 2, 70, 3 (Nr. 107). — Mit Rouths Konjektur würde der Satz heissen: „Das Wohltun soll nach Art der Taufe, Gott nachahmend, abermals Verzeihung schenken".

Register I

I. Alphabetisches Verfasserverzeichnis der Quellenstücke

Anonymus (Apollinaris Hierapol.?),
Contra haeresim Montanistarum
(= Euseb., Hist. eccl. V, 16, 10) 81

Anonymus (Hippolytus Romanus?),
Adversus Artemonis haeresim
(= Euseb., Hist. eccl. V, 28,
8—12) 100

Apollinaris (Hierapolitanus) (?),
Contra haeresim Montanistarum
(= Euseb., Hist. eccl. V, 16, 10) 81

Apollonius, Contra Montanistas
(= Euseb., Hist. eccl. V, 18,
5—7) 82

Aristides, Apologia XV, 11 54

Barnabas
Epistula IV, 1—2 et 13 55
— X, 5 56
— XVI, 7—9 57
— XIX, 4. 10. 12 58

De Callisto, Hippolytus, Refutat.
IX, 12, 20—26 124

Celsus, Ἀληθὴς λόγος
(= Origenes, Contra Celsum
VI, 15) 86

Clemens (Alexandrinus)
Paedagogus I, (2) 4, 2—3 101
— I, (8) 64, 4—65, 2 102
— III, (12) 93, 3 103
Stromateis I, (17) 84, 2—5 104
— I, (27) 171, 2—4 105
— II, (6) 26, 5—27, 1 106
— II, (12—15) 55, 6—59,
3. 6—60, 1; 61, 1—63, 1; 64,
3—66, 1. 4; 69, 2—4; 70, 3 107
— II, (16) 73, 1—3 108
— II, (23) 147, 1—4 109
— IV, (6) 27, 3 110
— IV, (9) 73, 1—3 111
— IV, (22) 143, 1 112

— IV, (24) 153, 3—154, 4 113
— VI, (12) 97, 3—98, 2 114
— VI, (14) 109, 1—6 115
— VII, (1) 3, 1—4 116
— VII, (2) 12, 3—5 117
— VII, (12 et 13) 80, 1 et 81, 1 118
— VII, (16) 102, 4—5 119
Quis diues saluetur
— XXXIV, 2—XXXV, 1;
XXXVIII, 3—XLI, 1. 4—7 120
— XLII, 1. 8—15. 18—19 121
Fragmentum LXIX 122
Eclogae propheticae XV, 1—2 123

Clemens (Romanus)
Epistula I: II, 3—6 28
— VII, 2—5 29
— VIII, 5 30
— XLIV, 4 31
— XLVII, 4 32
— XLVIII, 1 33
— L, 5 34
— LI, 1—3 35
— LII, 1 36
— LVI, 1—2 37
— LVII, 1 38
— LIX, 4 39
— LX, 1—3 40

(Pseudo-) Clemens (Romanus)
Epistula II: VI, 3—5. 8—VII,
3. 6—VIII, 3 71
— IX, 7—10 72
— XIII, 1 73
— XVI, 1—XVII, 2 74
— XVIII, 1—XIX, 1 75

Cyprianus
Epistula IV, 4 180
— XV 181
— XVI, 2—4 182
— XVIII 183
— XIX 184
— XXII, 2 185
— XXIII 186

Alphabetisches Verfasserverzeichnis der Quellenstücke

— XXVII, 2—3	187
— XXX, 5—8	188
— XXXIII	189
— XXXIV, 3	190
— LV, 3. 6—7. 12—23. 25—27	191
— LVII, 1—4	192
— LIX, 15—17	193
— LXIV, 1	194
De lapsis XVII—XVIIII et XX	195
— XXVII—XXVIII	196
De dominica oratione XII	197
De opere et eleemosynis II	198

Dionysius (Corinthius), Epistula ad eccl. Amast. et Ponti (= Euseb., Hist. eccl. IV, 23, 6)   83

Doctrina Apostolorum (Didache)
IV, 3. 14	58 A.
— X, 6	59
— XIV, 1—2	60
— XV, 3—4	61

De Elchasaeo
a) Hippolytus, Refutat. IX, 13, 3—5; 15, 1—16, 1   41
b) Origenes (= Euseb., Hist. eccl. VI, 38)   42

Epiphanius, Panarion haereseon
— XXXIV, 3, 1 et 10 (Irenaeus)	88
— XXXIV, 13, 2—4 (Irenaeus)	89

Epistula ecclesiarum Viennensis et Lugdunensis (= Euseb., Hist. eccl. V, 1, 45—46. 48)   84
— (= Euseb., Hist. eccl. V, 2, 5—7)   85

Epistula (Ps.-Pauli) ad Corinthios III
21. 39   98

Eusebius (Caesareensis)
Historia ecclesiastica IV, 11, 1 (Irenaeus)	92
— IV, 14, 5—7 (Irenaeus)	91
— IV, 18, 9 (Irenaeus)	97
— IV, 23, 6 (Dionys. Corinth.)	83
— V, 1, 45—46. 48 (Ep. Viennensis)	84
— V, 2, 5—7 (Ep. Viennensis)	85
— V, 16, 10 (Anonym. uel Apollin. Hier.)	81
— V, 18, 5—7 (Apollonius)	82
— V, 28, 8—12 (Anonym. uel fort. Hippolytus Rom.)	100
— VI, 38 (Origenes)	42

Hermas, Pastor
Visio I, 1, 1—3, 2	64
— II, 1, 1. 3; 2, 1. 4—7; 3, 1—2. 4; 4, 2—3	65
— III, 2, 5—9; 5, 1—7, 6	66
Mandatum IV, 1, 1—2. 4—9. 11; 2, 2; 3, 1—4, 4	67
Similitudo VII, 4—5	68
— VIII, 1, 1—2. 5; 2, 4—8; 3, 2—5; 4, 1—11, 3	69
— IX, 2, 1—4, 8; 5, 7; 6, 3—9, 1. 3—5. 7; 10, 3—4; 12, 1. 4. 7—14, 3; 15, 1—4; 16, 5—17, 2. 4—18, 3. 5—20, 2. 4—22, 1. 3—23, 5; 26, 1—8; 30, 1—31, 2; 32, 1—2. 5	70

Hippolytus
Refutatio omnium haeresium
— VI, 41, 1—3	87
— IX, 12, 20—26	124
— IX, 13, 3—5 et 15, 1—16, 1	41

In Danielem Commentarius
I, 17, 14   139
In Prouerbia Fragmentum XXI   140
Traditio apostolica, ed. Funk, p. 79, 6—13   141
fortasse Anonymus, Aduersus Artemonis haeresim
(=Euseb., Hist. eccl. V, 28, 8—12)   100

Ignatius (Antiochenus), Epistulae
Ad Ephesios VII, 1—2	43
— XI, 1	44
— XIV, 2	45
Ad Magnesios X, 2	46
Ad Trallianos VII, 2	52, A. 3
Ad Philadelphenos III, 2—3	47, A. 1
— VIII, 1	47
— XI, 1	48
Ad Smyrnaeos IV, 1	49
— V, 2—3	50
— VI, 2 et VII, 2	51
— IX, 1	52

Irenaeus, Aduersus haereses I, 13, 5. 7
(= Epiphanius, Panarion haereseon XXXIV, 3, 1. 10)   88

- I, 16, 3 (= Epiphan., Pan. haer. XXXIV, 13, 2—4) 89
- I, 31, 3 90
- III, 3, 4 (= Euseb., Hist. eccl. IV, 14, 5—7) 91
- III, 4, 3 (= Euseb., Hist. eccl. IV, 11, 1) 92
- III, 11, 9 et 14, 4 93
- III, 23, 3 94
- III, 23, 5 95
- IV, 27, 2 96
- V, 26, 2 (= Euseb., Hist. eccl. IV, 18, 9 et quaedam catena) 97

Iustinus (Martyr)
Apologia (I) XVI, 8 et 14 76
- (I) LXVI, 1 77
Dialogus XLVII, 4—5 78
- XC, 5 79
- CXLI, 2 80

De Marco (Valentiniano)
Hippolytus, Refut. VI, 41, 1—3 87

De Montanistis uel Cataphrygibus
a) Anonymus (= Eusebius, Hist. eccl. V, 16, 10) 81
b) Apollonius (= Euseb., Hist. eccl. V, 18, 5—7) 82
c) cf. Tertull. nr. 137 et 138

De Natalio, Anonymus (= Eusebius, Hist. eccl. V, 28, 8—12) 100

Origenes
De oratione XIV, 6 142
- XXVIII, 8—10 143
- XXIX, 13 144
Exhortatio ad martyrium XXX 145
In Euangelium Ioannis XIX, 14, 84—88 146
- XXVIII, 4, 26—32 147
- XXVIII, 7 (6), 54—60 148
- XXVIII, 15 (13), 123—126 149
In Euangelium Matthaei XII, 14 150
- XIII, 30—31 151
In Exodum Homiliae IV, 8 152
- X, 3 153
In Leuiticum Homiliae II, 4 154
- V, 4 155
- VIII, 10 156
- VIII, 11 157
- XI, 2 158
- XIV, 2—4 159
- XV, 2 160
In Numeros Homiliae VIII, 1 161
- X, 1 162
- XIV, 2 163
In Librum Iesu Naue Homiliae V, 6 164
- VII, 6 165
- XXI, 1 166
In Librum Iudicum Homiliae II, 5 167
- III, 2 168
Adnotationes in Librum I Regum ad 3, 14 169
In Ieremiam Homiliae XII, 5 170
- XIII, 2 171
- XIV, 14 172
ibidem Fragmentum XLVIII 173
In Ezechielem Homiliae X, 1 174
- XII, 3 175
Explanatio super Psalmum 37 (38) Homil. II, 1 176
- II, 6 177
In Lucam Homiliae XVII 178
Contra Celsum III, 51 179
- VI, 15 86
Homil. in Psalm. 82 (83) apud Eusebium 42

(Pseudo-) Paulus cf. *Ep. ad Corinth.*
Plinius (Minor), Epistula (ad Traianum) X, 96, 6 53
Polycarpus (Smyrnaeus), Epistula ad Philippenses VI, 1—2 62
- XI, 1—2 et 4 63

Symbolum Romanum (Vetus) 99

Tertullianus
Ad martyras I, 4—6 125
Apologeticum, XXXIX, 3—5 126
- XLIV, 3 127
- XLVI, 17 128
De praescript. haeret. XXX, 1—3 129
De oratione VII, 1—2 130
- XI, 1 131
- XIII, 1 132
De patientia XII, 4—5 133
De paenitentia I, 1—2. 4—5; II, 12—13; III, 3—5. 7—9; V, 1—7. 9—11; VII, 1—14;

VIII, 9—X, 8; XI, 1—2; XII, 1. 5—7	134	Rom. XVI, 17	12 Anm.
		1. Cor. V, 1—13	6
Ad uxorem II, 3, 1	135	— VI, 11	
Aduersus Marcionem IV, 9, 6	136	— X, 1—13	
De anima LVIII, 8	137	— XI, 27—33	7
De pudicitia I, 5—10. 16. 18—II, 4. 9—V, 1. 4—5. 8—9. 14—15; VII, 1—6. 10. 12—17. 20—23; IX, 9—10. 20; X, 1—2. 9—12. 14—XI, 3; XII, 2—6. 10—XIII, 1. 4. 6—10. 12. 14. 19—23. 25; XIV, 15—16. 24; XVIII, 1—2. 12—18; XIX, 3—6. 22—28; XXI, 1—11. 14—XXII, 4. 6—15	138	— XVI, 20—22	7 Anm.
		2. Cor. II, 5—11	8
		— VII, 8—10	9
		— XII, 21	10
		Gal. V, 19—21	
		— VI, 11	11
		Eph. V, 7—14	
		1. Thess. V, 23	
		2. Thess. III, 6	12 Anm.
		— III, 14—15	12
Testamentum Nouum		1. Tim. I, 18—20	13
Matth. VI, 12 Parall.		— V, 19—22	14
— XIII, 24—30. 36—43. 47—50		2. Tim. II, 19—21. 24—25	15
— XVI, 19	1	— III, 5	12 Anm.
— XVIII, 15—22	2	Tit. III, 10—11	16
— XVIII, 23—35		Hebr. VI, 1—8	17
— XXII, 11—13		— X, 26—31	18
Marc. I, 4 Parall.		— XII, 14—17	19
— I, 14—15 Parall.		Iac. V, 14—16. 19—20	20
— III, 28—29	3	2. Petr. III, 9	21
Luc. XV		1. Ioh. I, 7—II, 2	22
— XVIII, 9—14		— III, 9	23
— XXII, 31—32	4	— V, 16—17	24
Ioh. VIII, 1—11		2. Ioh. 10—11	25
— XI, 43—44		3. Ioh. 9—10	26
— XIII, 1—17		Iud. 19. 22—23	
— XX, 21—23	5	Apoc. Ioh. II—III	
Act. V, 1—11		— II, 14—16	27
— VIII, 14—24			

Register II

II. Verzeichnis biblischer Zitate (kursiv) und Anspielungen

Gen. 2, 7: 134, 28
   3, 4—8: 95, 1—5
   4, 15: 107, 118 s.
   5, 24: 107, 118 s.
   6, 19—7, 9: 124, 17 ss.
   12, 4: *107, 116 s.*

Exod. 7—12: 152, 1 s.
   20, 13: *138, 124*
   20, 14: *138, 121 s.*
   20, 17: 107, 69 s.
   32: 107, 121 s.
   34, 6: 138, 36 s.

Leu. 1—4: 154, 6 s.
   2, 4: 154, 45 ss.
   2, 4—7: 154, 51
   4, 22: 143, 22
   5, 11: 154, 41 s.
   5, 15 s.: 143, 22
   11, 44: *197, 1 s.*
   13, 45: *156*, **2 s.**
   13, 46: 156, 14 s.
   14, 1—5: 156, 19—28
   14, 17 s.: 157, 2
   15, 16: 107, 63
   19, 17: 2, 1
   20, 10: 109, 1—3; 158, **1**
   21, 9: 109, 1—3
   21, 17—23: 145, 11 ss.
   24, 15: 159, 31 s.

Num. 15, 30: 143, 19 s.
   16, 5: 15, 2
   18, 1: *162, 10 s.*
   18, 22: 151, 18
   25, 1 s.: 27, 2
   31, 16: 27, 2
   35, 22—28: 107, 62 s.

Deut. 1, 17: *58, 2*
   17, 6: 18, 4 s.
   17, 7: *6, 20*
   19, 5: 107, 62 s.
   19, 15: 2, 3 s.

Deut. 22, 22: 109, 1—3
   24, 16: *191, 198 ss.*
   30, 3: 64, 36
   32, 35 s.: *18, 8 ss.*

Ios. 15, 63: 166, 2 s.

1. Reg. 2, 25: *143, 32—34; 162, 7—9*
   16, 7: *191*, 104

2. Reg. 7, 13: 57, 5 s.
   12, 13: 138, 417 s.

4. Reg. 5, 9—19: 136, 1

Iob 5, 18: 138, 47

Tob. 4, 10: 191, 144 s.

Psalm. 1, 2: 154, 38 s.
   1, 4: 113, 18—20
   6, 7: 154, 24
   7, 10: 107, 68; 120, 86; *191*, 182
   16 (17), 4: *114*, 1
   31 (32), 1 s.: *107, 95—98*
   31 (32), 2: 80; 6 s.
   31 (32), 5: *154, 26—28*
   37 (38), 12: *176; 8—10*
   37 (38), 19: *177, 16 s.*
   39 (40), 7: 143, 24
   41 (42), 4: 154, 24 s.
   49 (50), 21: 113, 5 s.
   78 (79), 12: 151, 64—66
   85 (86), 15: 138, 36 s.
   101 (102), 4: *154, 50*
   102 (103), 13: *107, 47 s.*
   110 (111), 10: 95, 2 s.
   125 (126), 5: *107, 48 s.*
   127 (128), 1: *107, 50 s.*
   130 (131), 1—2: 86, 9—12
   140 (141), 3: 159, 13 s.
   145 (146), 8: 134, 1 s.

Prou. 1, 7: 95, 2 s.
   3, 4: 62, 3 s.
   5, 22: 148, 27; 150, 22 ss.; 151, 84
   9, 10: 95, 2 s.
   10, 12: 20, 9; 154, 22

Prou. 11, 5: *107, 45 s.*
    11, 13: *107, 66 s.*
    16, 6 (LXX 15, 27a): *198, 1 s.*
Sap. 12, 10: 19, 6
Sirach 1, 11: 134, 85 s.; 134, 130
    3, 30: *198, 4*
Is. 1, 18: 120, 39—44
    3, 11: 151, 63
    5, 18: 150, 25 s. et 33
    26, 11: 18, 3 s.
    29, 13: *107, 70 s.*
    34, 4 (LXX): 74, 6 s.
    38, 14: 154, 38
    40, 2: 151, 64—66
    40, 15: 113, 18—20
    44, 22: 178, 5 s.
    45, 7: 138, 48
    48, 22: 89, 7 s.
    53, 5: *107, 89*
    58, 5: 134, 123
    58, 6. 9: 141, 4
    66, 24: *71, 16 ss.*
Ier. 14, 11: 138, 396 s.
    14, 11 s.: 138, 49 s.
    14,11 s.: 138, 49 s.
    15, 5: *171, 5 s. et 10—12*
    17, 5: 195, 7
    18, 4—6: 71, 19—22
    36, 5. 10: *173, 4—6*
Ez. 14, 14—20: 71, 5 s.
    16, 52: 174, 7 ss.
    18, 20: *146, 2 s.; 191, 198 ss.*
    18, 21—24: 120, 59—64
    18, 23: 84, 8 s.; 130, 4; 138, 37 s.; 138, 332; 138, 497 s.
    18, 23. 32: 107, 100 s.
    33, 10—20: 78, 6
    33, 11: 84, 8 s.; 107, 100 s.; *109, 11 s.;* 120, 39—44; 130, 4; 138, 37 s.; 138, 332. 497 s.
    33, 12—20: 151, 73
    34, 4: 62, 1 s.
    34, 4—6: *107, 113 s.*
Dan. 3: 120, 87
    4: 134, 174 ss.
Os. 6, 6: *120, 39—44;* 138, 37
Ioel 2, 13: 138, 36 s.
Ion. 2, 1. 11: 85, 9 s.
    2: 120, 87

Nah. 1, 9: 158, 13
Mal. 3, 19 (= 4, 1): 74, 6 s.

Matth. 3, 8: 122, 6; 138, 225 ss.; 193, **26**
    3, 12: 191, 175 s.
    5, 4: 191, 164 s.
    5, 7. 9: 138, 39 s.
    5, 9: 138, 135
    5, 22—24: 131
    5, 23 s.: 60, 3 s.
    5, 25: 120, 70
    5, 25 s.: *137, 1 s.*
    5, 28: 107, 69; 107, 103
    6, 6: 167, 7
    6, 12: 62, 7 s.; 118, 6 s.; 130, 2; 138, 55 s.; *143, 2 s.; 154, 16*
    6, 14 s.: 138, 54; *154, 16*
    7, 1: 138, 41; *151, 49 s.*
    7, 2: 151, 62 s.
    7, 7: 134, 99
    7, 9—11: *191, 151—154*
    7, 11: 120, 47 s.
    7, 21 ss.: 76, 3 s.
    9, 4—6: *138, 480 ss.*
    9, 12: 138, 467 s.
    9, 13: 120, 39—44
    10, 9 s.: 82, 10 s.
    10, 20: 192, 50 s.
    10, 32 s.: 182, 8—10; *195, 18—20*
    10, 33: *188, 29 s.*
    11, 21: 134, 123
    12, 7: 120, 39—44
    12, 31 s.: 138, 297; *149, 8 s.*
    12, 32: 146, 21—23; *149, 10—12*
    12, 33: 45, 2
    12, 43—45: *167, 13—17*
    13, 24—30: 124, 15 s.; 191, 174 s.
    13, 29 s.: 166, 1 et 8 s.
    16, 16: 150, 2 s.
    16, 18 s.: *138, 433 ss.;* 150, 5 ss.; *189, 3—7*
    16, 19: 151, 86 ss.; 192, 10 s.
    16, 26: *146, 7—9; 153, 3—5*
    18, 14: *151, 53—55*
    18, 15—17: 165, 7—10
    18, 15—22: 61, 1 ss.
    18, 16: 41, 21 s.
    18, 17: 69, 165; 151, 16
    18, 18: 85, 3; 141, 4; 192, 10 s.
    18, 20: 134, 152 s.; 138, 452 s.
    18, 21 s.: 138, 444 ss.

Matth. 18, 22: 138, 410
   18, 23 ss.: 138, 467 s.
   18, 23—34: 130, 5 ss.
   18, 32: *188, 28 s.*
   18, 35: 154, 35 s.
   22, 2—14: 188, 32 s.
   22, 32: *189, 14 s.*
   24, 51: 41, 24
   25, 14—30: 96, 7—9
   25, 35. 40: *108, 4—7*
   25, 41: 94, 2 s.; 97, 5
   26, 41: 138, 510
Marc. 1, 4: 154, 11 s.
   2, 7: 138, 90; 138, 407 s.
   2, 10: 141, 2 s.
   3, 28: 149, 8 s.
   3, 28 s.: *182, 10—12*
   3, 29: 93, 5; 146, 21—23; *149, 10—12*
   7, 1 ss.: 132, 1
   7, 6: *107, 70 s.*
   7, 27: 138, 215
   9, 14—29: 123, 1—3
   9, 44. 46. 48: 71, 16 ss.
   10, 23: 70, 317 s.
   10, 23: 70, 317 s.
   10, 38: 192, 27
   10, 38 s.: 145, 1 s.
   11, 17: 138, 17
   12, 31: 154, 43 s.
   14, 8: 138, 230—232
Luc. 2, 24: 154, 41 s.
   2, 32: 136, 2
   3, 3: 154, 11 s.
   3, 8: *122, 6*
   5, 21: 138, 407 s.
   6, 36: 138, 39 s.
   6, 37: 138, 42 s.; 138, 54
   7, 37 ss.: 138, 230—232
   7, 39 ss.: 138, 480 ss.
   7, 41 s.: 138, 467 s.
   7, 47: *154, 20 s.*
   9, 25: 146, 7—9; 153, 3—5
   9, 54—56: 138, 414 s.
   10, 30—32: 191, 116 s.
   11, 4: 118, 6 s.; 130, 2; *143, 3 s.*
   11, 40 s.: 198, 11 s.
   11, 41: *154, 13 s.*
   12, 9: 188, 29 s.
   12, 10: *149, 10—12*
   12, 46: 41, 24
   12, 48: 109, 14 s.

Luc. 12, 50: 138, 489 s.
   14, 32: 171, 4
   15, 1 s.: 138, 145 s.
   15, 4—7: 138, 139 s.
   15, 7. 10: 107, 114 s.
   15, 7. 10. 22—24: 120, 37—39
   15, 8—10: 138, 155 ss.
   15, 10: 122, 8 ss.
   15, 11 ss.: 138, 193 ss.
   15, 12 ss.: 191, 155 ss.
   15, 20: 120, 32 ss.
   15, 22: 157, 4 s.
   15, 32: 179, 19
   16, 25: 161, 5 s.; 175, 1 ss.
   17, 3 s.: 120, 45—47
   18, 13: 147, 6 ss.
   19, 12—27: 96, 7—9
Ioh. 1, 13: 107, 40
   4, 17—26: 138, 232 s.
   4, 18 s. 29: 138, 480 ss.
   5, 22: 161, 7
   8, 21: *146, 1 et 11 ss.*
   8, 24: 162, 26
   10, 11: 138, 150; 138, 278
   10, 16: 115, 14
   13, 8: 41, 24
   13, 36: *146, 13—15*
   15, 13: 154, 44 s.
   16, 28: *156, 24*
   19, 34: 138, 490
   20, 22 s.: *143, 12—14*
   20, 23: 138, 69; 138, 445; 141, 2 s.; 142, 5 s.
Act. 1, 24: 67, 46 s.
   3, 1 ss.: 138, 413 s.
   5, 1—5: 138, 416 ss.
   7, 60: *85, 5 s.*
   8, 23: 141, 4
   9, 15: 163, 8 ss.
   13, 8—11: 138, 416 ss.
   15, 8: 67, 46 s.; 107, 9 s.
   15, 28 s.: *138, 248 ss.*
   20, 9 ss.: 138, 413 s.
Rom. 1, 19 s.: 134, 49 ss.
   2, 4: 78, 4 s.
   2, 5: 174, 21 s.; 191, 166
   2, 11: 138, 137
   2, 16: 138, 479
   3, 25: 148, 6
   4, 7 s.: *107, 95—98*

Rom. 5, 17: 134, 76 s.
    6, 3: 154, 32 s.
    6, 9: 96, 6 s.
    6, 14: *107, 87 s.*
    7, 14: 156, 1
    8, 14: 143, 6
    8, 34: 138, 385 s.
    9, 20 s.: 71, 19—22
    12, 15: 177, 9; *191, 109*
    12, 19: 18, 8 ss.
    14, 4: 124, 14 s.; 138, 41 s.
    14, 10. 12: 62, 9 s.
    14, 15: 154, 6
    15, 1: 162, 2 s.
1. Cor. 3, 12: 159, 21 ss.
    3, 15: *146, 9 s.; 153, 1—3*
    3, 16 s.: 138, 409
    3, 17: 138, 337 s.; 164, 1 s.
    5, 1—6, 1: 138, 51—54
    5, 5: 138, 265 ss.; 138, 474;
        159, 34—38; 167, 1 ss.; 175, 1 ss.
    5, 7: 46, 1 s.
    5, 8: 154, 45 ss.
    5, 11: 135, 3; 138, 336 s.; *151, 10*
    6, 3: 134, 91 s.
    6, 10: 159, 10 s. et 17 s.
    6, 18: 138, 108 s.; 164, 1 s.
    6, 20: 198, 18
    7, 5: 133, 3 s.
    7, 23: 198, 18
    7, 39 s.: 67, 62 s.
    9, 22: 176, 3 s.
    10, 21: *182, 13 s.*
    11, 27: *181, 23—25; 182, 25 s.*
    11, 28: *147, 8—10*
    11, 30: *177, 27*
    12, 3: *149, 3 s.*
    12, 26: 134, 151
    13, 13: *120, 18;* 154, 42
    15, 11: 138, 359
    15, 32: 138, 473
2. Cor. 1, 3: 120, 48 s.
    1, 10: *158, 26 s.*
    2, 5—11: *138, 268*
    2, 7: 147, 5
    2, 8: 138, 285 s.
    5, 10: 62, 9 s.; *151, 56—59*
    7, 10: 107, 18 s.; 147, 1—3
    11, 29: 176, 3 s.; 177, 9
    12, 20 s.: 191, 188 ss.
    13, 3: *148, 10 s.*

Gal. 1, 4: 146, 15 s.
    2, 14: 138, 195
    6, 1: 158, 33 s.
    6, 7: *120, 85;* 191, 104; *196, 12*
Eph. 2, 4: 108, 9 s.
    4, 4: 70, 197 s. et 205
    4, 4—6: 134, 148 s.
    4, 19: 117, 7
    4, 26: 138, 381
    5, 5: 138, 122; 191, 194 s
    5, 11: 138, 335 s.; 138, 406
Col. 1, 18. 24: 164, 3
    2, 8: *191, 81 s.*
    2, 15: 156, 31
    3, 5: 191, 194 s.
    3, 13: 138, 40 s.
2. Thess. 2, 3: 94, 5
    3, 14: 167, 4
    3, 15: 61, 1 ss.; *63, 7*
1. Tim. 1, 13. 15: 138, 348—350
    1, 19 s.: 138, 296—305
    2, 1: 142, 1 ss.
    3, 9: 138, 353
    3, 15: 147, 16
    4, 2: 88, 13
    4, 7: 89, 1 s.
    4, 10: 138, 38 s.
    5, 20: 165, 5 s.
2. Tim. 2, 20: *191, 177 ss.*
    2, 21: 163, 8 ss.
    2, 25: 63, 6
Tit. 3, 4: 78, 4 s.
    3, 5: 138, 2 s.
    3, 10: 151, 51
    3, 10 s.: 89, 2—4; *91, 12—15*
Hebr. 4, 14: 143, 26
    6, 4 s.: 148, 16—19
    6, 4—6: *149, 15; 171, 6—10*
    7, 25: 138, 385 s.
    10, 10: 138, 346 s.
    10, 26 s.: *107, 19—23*
    12, 17: 29, 7
Iac. 5, 14 s.: *154, 28—31*
    5, 20: *154, 16 ss.*
1. Petr. 2, 25: 62, 1 s.
    3, 18: 138, 346 s.
    3, 19: 70, 248 ss.
    4, 6: 70, 248 ss.
    4, 8: 20, 9; 74, 11; *107, 99 s.;* 154, 22

1. Petr. 4, 11: 159, 45 s.
    5, 6: 85, 1 s.; 86, 16 s.; 147, 11 s.

1. Ioh. 1, 8—2, 2: 138, 374 ss.
    2, 1: 138, 385 s.
    3, 6—10: 138, 375
    3, 9: 138, 390
    5, 16: 124, 10; *138, 70—73;*
       138, 393—396; 143, 39—41;
       146, 4; 151, 17; 153, 8 s.;
       158, 23 s.

1. Ioh. 5, 16 s.: *107, 104 ss.*
    5, 17 s.: *138, 397—399*
    5, 18: 138, 390

2. Ioh. 10—11: 89, 5—7

Apoc. 2, 5: *191, 142 s.*
    2, 15. 20 s.: 138, 362 ss.
    2, 20—22: 191, 148 s.
    2, 27: 191, 181
    6, 9: 145, 5 s.
    20, 4: 145, 5 s.

Register III

III. Sachregister

Abendmahl, Bedingungen zur Teilnahme 59. 60. 77. 177, 24 ss.
Almosen (mit Fasten und Beten) 74, 9 ss.; 154, 34 s.; 198
Ausschluss 129 (Marcion, Valentinus). 135 (wegen Ehe mit Heiden). 138, 316; 151
Beichtvater. Seine geistliche Eignung ist zu prüfen 177, 8 ss.
Bischof, Vollmacht zum Vergeben (vgl. Register II: Matth. 16, 18 ...) 138, 6 ss.; 402 ss.; 150. 162, 5 ss.; 181. 182. 185. 188, 36 ss.; 189, 7 ss.; 191, 131 ss.
    Sünde des B. 124, 9 s.
Buch, himmlisches 42, 65
Busse, abgelehnt (wegen der Beschämung) 134, 136 ss.; 158, 21 ss.; 174
    von der Gemeinde mit Misstrauen angesehen 193, 1 ss.
    B. als Heilverfahren 102. 104. 107, 120 s.; 144, 5 ss.; 188, 21 ss.
    B. als Hilfe 158, 34 s.
    B. zu ordnen ist Sache der ganzen Gemeinde 188, ja der ganzen Kirche 184, vgl. 191, 9 ss.
    Möglichkeit der B. unsicher 67, 37 ss.; 96
    Ermutigung zur B. 134, 106 ss.; 193, 24 ss.
Bussbelehrung, Recht und Grenze 134, 70 ss.
Bussedikt 138, 6 ss.
Bussengel 67. 69, 3 ss.; vgl. 117. 163
Bussverfahren, -handlung, -tracht 86. 100, 16 ss.; 134, 115 ss.; 138, 94 s. (montanistisch). 130 ss. 274 ss.; 154, 47 ss.; 155. 156
Christus, seine Milde 151, 11. 24; 191, 107 ss.
Demut (sich demütigen) 82, 2; 86, 13 ss.; 147. 168. 174. 188, 21 ss.
Diakon 165. 181, 9 ss.; 182. 183. 184
Drohungen von schuldig Gewordenen 193, 35 ss.
Ehebruch 41, 12 ss.; 138, 8 ss.; 158. 191, 131 ss.
    verwandt mit dem Götzendienst 138, 116 ss.; 191, 194 s.
Einzelner und Gesamtheit 119; vgl. „Gemeinde"
Evangelium, Gesetz des E. s 181, 9. 19
    Strenge des E. s 191, 16 ss.
Fasten 74, 10 ss.; 121, 33; 134, 124 ss.
Feuer, ewiges 122
Gebet, demütiges 74, 10 s.; 79
Gedankensünde 196, 7 ss.
Geist, Hl. G. und Sünde 149
    durch Sünde verloren, durch den Frieden mit der Kirche wieder verliehen 192, 46 ss.
    G. will nach Montanus die Unzucht nicht vergeben 138, 425 ss.
Genugtuung 134, 119 ss.; 168. 195, 8
Gemeinde, nimmt an der Busse brüderlich anteil 134, 138. 145 ss.
    meidet freiwillige Büsser 176
    beargwöhnt die Wiederaufnahme nach schwerer Sünde 193, 1 ss.

Ihrer Reinheit dient der Ausschluss von Sündern 63. 105. 138, 280 ss.; 165. 166. 170; vgl. 126. 127. 164

Gesetz stimmt mit dem Evangelium überein 69, 27 ss. 109
    G. des Evangeliums 181, 9. 19

Glaubensverleugnung
    von den Elkesaiten nicht als Sünde betrachtet 42

Gnostiker 114. 116. 118. 123

Gott. Nur er vergibt Sünden (gegen Gott) 120, 44 ss.; 195, 1 ss.
    will lieber Busse als Tod des Sünders nach Ez. 18, 23 par (s. Register II)
    sieht Reue und Genugtuung gern 103. 134, 110 s.
    heilt durch Busse 72
    ist gütig und barmherzig 78. 107, 16 s.; 117. 120, 47 ss.; 134, 75 ss.; 191, 150 ss.
    aber nicht gütig ohne Strenge 134, 65 ss. 76 ss.; 138, 36 ss.
    (verschiedene Auffassungen der Psychiker und der Montanisten, vgl. auch Z. 333 ss.) 188, 27 ss.
    G. rächt sich nicht, sondern straft 119
    G. wird durch Busse geehrt 138, 100
    Ein falsches kirchliches Urteil über eine Bussleistung möge Gott berichtigen 191, 101 ss.

Gottesfreunde 134, 128 (cari dei); 181, 40 (amici domini)

Hades (Hölle, Unterwelt), Strafen im H. 137
    in der Hölle (geena) keine Exomologese 135, 166 ss.; vgl. 191, 96
    Die Seele wird dort bestraft 137

Häretiker, Ausschluss 82
    Wiederaufnahme 83. 100. 138, 364 ss.

Handauflegung 181, 21 s.; 182, 24

Hass (und Verleumdung) der Exkommunizierten 172

Heiligkeit und Sünde 162

Heiligung der Christen hat erst angefangen 197

Hoffnungslosigkeit gefährdet oder verhindert Busse 64, 34 s.; 120, 24 ss.; 191, 14 ss.

Kirche, dargestellt durch die Arche Noahs 124, 17 s.
    als Schiff 138, 300 s.
    als Frau 64, 41 ss.; 65, 4 ss.
    als Jungfrau oder Braut Christi 138, 13 ss.
    K. besteht in zweien oder dreien und ist Christus 134, 152 ss.
    K. ist auf die Bischöfe gegründet 189, 7 ss.
    Die Gefallenen (lapsi) sind nicht die Kirche 189, 12 ss.; vgl. 151, 9 s.
    Reinigung der K. 70, 284 ss.

Märtyrer (und Bekenner), ihre Fürsprache im Jüngsten Gericht 195, 9 ss.
    M. gewähren Büssenden die Verzeihung 82. 84. 85. 138, 458 ss.; 181. 183 u. 184
    Empfehlungsschreiben der M. 185. 186. 187
    Ihre Anordnungen dürfen nicht gegen das Evangelium verstossen 195

Martyrium
    als Mittel zur Vergebung der Sünden anderer 145
    der eigenen Sünden 111. 138, 486 ss.; 184, 15 ss.
    Aber auch dazu ist der Friede mit der Kirche nötig 192, 46 ss.

Nachsicht, falsche 165. 181, 26 ss.; vgl. 191, 1 ss.

Novatian 191, 182

Katechumenen (und Büsser) 179. 183, 19 ss.

Presbyter (oder Priester) 62. 65, 41; 156, 19 ss.; 162, 4; 181—184
    P. und Diakone überwachen den Lebenswandel 165

Psychiker 138, 208 ss. 326 s. 448 ss.
Rechtsminderung wiederaufgenommener Büsser 179, 22 ss.
Reichtum 66, 62 ss.; 120
Reue, Definition 106. vgl. 67, 30 ss.
Rüge (notare) 167, 4
Scheinbusse 107, 44
Schutzwehr, geistliche 120, 1 ss.
Seelsorge an Büssern 183, 15 ss.
Selbstausschluss 138, 173 ss.; 159, 1 ss.
Sicherheit, falsche 138, 203; 177, 20 ss.
Strafen,
    nach dem Tode im Endgericht 161 u. ö.
    ewige Str. durch Busse abzutragen 134, 121 ss.; 175
    Gründe für Sündenstrafen 113
    Erwartung der göttlichen Str. ist Voraussetzung für Busse 106, 6 ss.
    Christen werden für Sünden nicht leiblich gestraft, aber Gott hat ihre Str. verschärft 158. vgl. 96. 154, 1 ss.
    Str. für Kleriker 124, 9 ss.
    Gott straft nicht aus Rache 119
Sünde, von Gott zur Erziehung des Menschen gesteigert 144
    Arten der S. 101. 107, 16 ss. 104 s.; 134, 24 ss.; 138, 25 ss. (3 Gruppen). 64 ss. 181 s. (delicta mediocria). 206 (delicta capitalia). 355 ss. 378 ss. 406 ss.; 143, 11 ss.; 146, 1 ss. (S. ist Tod oder Krankheit der Seele); 151, 1 ss.; 153 (Todsünden schwer zu unterscheiden). 154. 158, 38 (Häufigkeit); 160
    S. von Laien und Klerikern 162, 1 ss.
    S. wird dem Christen nicht ohne Reue vergeben 80
    Beendigung des sündhaften Verhaltens ist die Wurzel der Vergebung 120, 34 ss.; 138, 226 s.
Taufe, geht durch Sünde verloren 138, 309
    in der Kirche nicht wiederholbar 107, 35 ss.
    zweite Taufe 41 (Elkesai). 87 (Gnostiker). 121, 29 (durch Tränen der Reue); 124, 34 ss. (Kallist); 138, 489 (Martyrium als zweite T.)
Teufel 134, 59 ss.
Todesgefahr als Anlass zu kirchlicher Verzeihung 191, 38 ss.
Übergabe an den Teufel 167; vgl. 1. Kor. 5, 5 in Register II
Unterschiede der Kirchengebiete im Busswesen 191, 131 ss.
Vergebung. Macht sie die Sünde sozusagen ungeschehen? 113, 1 ss.
    Arten der V. 154, 10 ss.
Vollmacht zum Vergeben (vgl. „Gott", „Bischof", „Märtyrer") 143. 148
    der Apostel persönlich 138, 402 ss.
    der Charismatiker 142
    der alttestamentlichen Propheten 143, 19 ss.
Züchtigung. Durch Z. kann Gott Busse erzwingen 117, 4 ss.
Zurechtweisung (Verwarnung, vgl. „Rüge") 58. 61. 74, 18 s.; 100, 7 ss.; 182, 31 ss.